生态建设与改革发展

2007 林业重大问题调查研究报告

Reform and Development:
Research Reports on China's Major Forestry Issues

贾治邦　主编

中国林业出版社

图书在版编目(CIP)数据

生态建设与改革发展:2007年林业重大问题调查研究报告/贾治邦主编. -北京:中国林业出版社,2008.1

ISBN 978-7-5038-5149-0

Ⅰ.生… Ⅱ.贾… Ⅲ.林业经济-经济发展-研究报告-中国-2007 Ⅳ.F326.23

中国版本图书馆CIP数据核字(2007)第201058号

责任编辑 徐小英 杨长峰
何 鹏 刘香瑞
封面设计 赵 方
版式设计 骐 骥

出版 中国林业出版社(100009 北京西城区刘海胡同7号)
E-mail forestbook@163.com 电话 (010)66162880
网址 www.cfph.com.cn
发行 中国林业出版社
印刷 中国科学院印刷厂
版次 2008年1月第1版
印次 2008年1月第1次
开本 889mm×1194mm 1/16
印张 22.5
字数 620千字
印数 1~2 500册
定价 128.00元

《生态建设与改革发展:2007 年林业重大问题调查研究报告》编辑委员会

省级负责人

强　健　吴学东　张　静　马双柱　乔　云　侯喜丰　王玉明
杨克杰　崔丽萍　葛明宏　陈铁雄　汪炳瑜　吕月良　郭　家
贾崇福　弋振立　樊仁富　邓三龙　张育文　廖培来　周燕华
杨富权　鲁志明　金小麒　白成亮　黄正秋　高永民　火统元
王　谦　李月祥　侯翠花　郭燕吉　石国新　李文达　宋希斌
杨江勇

专题联络员

（按姓氏笔画排序）

尹刚强　王小丽　王春峰　王恩苓　王维胜　伍赛珠　刘志东
刘建杰　刘晓玲　许传德　闫春丽　吴转颖　张　平　张　敏
张利明　张耀恒　陈雪峰　邢　红　周力军　钱能志　彭华福
鲁新政　鲍达明

省级联络员

（按姓氏笔画排序）

王　哲　王小明　王全德　王恩光　平学智　刘　明　牟景君
米仁忠　齐崇辉　严　成　吴三民　吴剑波　吴福林　张小平
张爱军　李国明　李洪波　杨文悦　肖彦元　陆志星　陈　明
陈　永　陈志银　周庆生　姜必祥　姜华先　姜宏伟　赵虎敏
倪陈兴　徐　跃　翁小杰　贾寿珍　高卫民　高志强　曹仁福
童璧刚

序

2007年是现代林业建设的开局之年。为了把握科学发展的主动权，国家林业局党组继续把林业重大问题调查研究，作为科学决策，推动生态建设和林业改革发展的重要基础性工作来推进。一年来，调查研究工作认真贯彻落实全国林业厅局长会议精神，紧紧围绕现代林业建设，突出林业改革，林业碳汇与应对气候变暖，林业生物质能源建设，森林生态文化建设，防沙治沙、石漠化治理等重大林业工程建设，国家主体功能区规划与区域森林生态效益补偿，产业发展，物权法实施与林业产权制度建设等重点。调研工作紧密结合业务需要，深入基层，深入群众，形成了多篇选题准确、分析透彻、建议实用的调研报告，为出台有关政策文件创造了良好的条件，有力地支持了各项林业工作的深入开展。

2007年生态建设稳步推进，改革取得重大进展，产业快速发展，富民兴林成效明显，林业工作领域不断拓展，森林防火工作明显加强。林业的内涵和功能得到了进一步丰富和延伸，林业的生态、经济和社会效益充分发挥，为建设社会主义新农村、构建社会主义和谐社会作出了重要贡献。同时，林业在配合国家“气候外交”，树立负责任大国形象方面扮演了重要角色。

党的十七大高举中国特色社会主义伟大旗帜，对继续推进改革开放和社会主义现代化建设，实现全面建设小康社会的宏伟目标作出了全面部署。十七大报告中提出“建设生态文明，基本形成节约能源资源和保护生态环境的产业结构、增长方式、消费模式。循环经济形成较大规模，可再生能源比重显著上升。主要污染物排放得到有效控制，生态环境质量明显改善。生态文明观念在全社会牢固树立”，要求“加强水利、林业、草原建设，加强荒漠化石漠化治理，促进生态修复。加强应对气候变化能力建设，为保护全球气候作出新贡献”，这为生态建设带来了前所未有的发展机遇，也对林业工作提出了更高的要求，必将引领生态建设与林业改革发展进入一个新的阶段。

深入贯彻落实十七大精神，推动科学发展，促进生态文明与社会和谐，夺取全面建设小康社会新胜利，必须巩固和加强林业的重要地位，走中国特色的现代林业建设道路。目前，我国生态产品供给仍然无法满足建设生态环境良好国家的需要；林业产业发展仍然难以满足为社会提供丰富林产品的需要；生态文化建设仍然难以满足传播生态理念、弘扬先进文化的需要。在发展的新起点上，我们必须清醒地看到现阶段林业发展面临的问题，继续深入开展调查研究，准确把握生态文明建设对林业的新要求，深化林业改革，加快转变发展方式，推进现代林业三大体系建设，努力发挥现代林业在生态文明建设中的重要作用，促进林业又好又快发展，为夺取全面建设小康社会的新胜利作出新的贡献。

賈治邦

2007 年 12 月

目　　录

第二篇 领导专论

第三篇 专题调研

第一篇
高 层 关 注

胡锦涛

关注全球气候变化
构建“亚太森林恢复与可持续管理网络”

2007 年 9 月 8 日，国家主席胡锦涛出席在澳大利亚悉尼召开的亚太经济合作组织第十五次领导人非正式会议第一阶段会议，并发表重要讲话，就气候变化问题阐述了中国政府的主张和建议。

胡锦涛指出，气候变化事关亚太地区的发展，事关亚太地区全体人民的福祉。我们应该本着对人类、对未来高度负责的态度，尊重历史，立足当前，着眼长远，务实合作，统筹经济发展和环境保护。为此，胡锦涛提出以下建议：

第一，坚持合作应对。气候变化是全球性问题，开展合作才能互利共赢。发达国家应该正视自己的历史责任和当前人均排放高的现实，严格履行《京都议定书》确定的减排目标，并在 2012 年后继续率先减排。发展中国家应该根据自身情况采取相应措施，特别是要注重引进、消化、吸收先进清洁技术，为应对气候变化作出力所能及的贡献。国际社会应该加大对发展中国家的支持，发达国家应该履行对发展中国家的技术转让和资金支持承诺，切实帮助发展中国家提高减缓和适应气候变化能力。

第二，坚持可持续发展。气候变化从根本上说是发展问题，只有在可持续发展的前提下才能妥善解决。应该建立适应可持续发展要求的生产方式和消费方式，优化能源结构，推进产业升级，发展低碳经济，努力建设资源节约型、环境友好型社会，从根本上应对气候变化的挑战。

第三，坚持公约主导地位。《联合国气候变化框架公约》及其《京都议定书》奠定了应对气候变化国际合作的法律基础，是最具权威性、普遍性、全面性的国际框架。应该维护公约及其议定书作为应对气候变化的核心机制和主渠道地位，将公约确定的原则作为应对气候变化的指导原则。

第四，坚持科技创新。科技是应对气候变化的重要手段。应该加强研发和推广节能技术、环保技术、低碳能源技术，加强人员培训，充分发挥各方积极性，提高共同应对气候变化能力。

胡锦涛还倡议建立“亚太森林恢复与可持续管理网络”，搭建亚太地区各成员就森林恢复和管理开展经验交流、政策对话、人员培训等活动的平台，共同促进亚太地区森林恢复和增长，增加碳汇，减缓气候变化。

建设生态文明　使中国成为生态环境良好的国家

2007 年 10 月 15 日，胡锦涛总书记在党的十七大报告中指出：

建设生态文明，基本形成节约能源资源和保护生态环境的产业结构、增长方式、消费模式。

加强水利、林业、草原建设，加强荒漠化石漠化治理，促进生态修复。加强应对气候变化能力建设，为保护全球气候作出新贡献。

遏制生态恶化趋势　实现人与自然和谐发展

2007 年春节期间，胡锦涛总书记在甘肃省定西市响河梁考察退耕还林示范基地时指出，要下更大的气力，继续推进天然林资源保护、退耕还林、退牧还草、防沙治沙等工作，努力遏制生态恶化趋势，实现人与自然和谐发展。

完善政策　巩固成果　坚持不懈地做好退耕还林工作

2007 年 11 月 17 日至 19 日，胡锦涛总书记在内蒙古自治区考察时，非常关注当地的生态环境保护，实地察看了位于毛乌素沙地东北边缘的伊金霍洛旗苏布尔嘎镇退耕还林、退牧还草情况。他指出：抓好退耕还林、退牧还草，对于恢复生态、改善民生有着重要作用，符合科学发展观的要求，要进一步完善政策、巩固成果，坚持不懈地把这件利国利民的事情做好。

温家宝

决不能让民勤成为第二个罗布泊

2007 年国庆节期间，国务院总理温家宝来到甘肃省民勤县，深入腾格里沙漠和巴丹吉林沙漠交汇处，察看防沙治沙情况，进入村庄走访农户，与干部群众座谈，研究民勤生态保护、沙漠治理的根本大计。

防沙治沙，关乎民勤的生死存亡。早在 2001 年 7 月 30 日，温家宝总理就在一次批示中指出“决不能让民勤成为第二个罗布泊”。此后，他一直关注着石羊河流域综合治理和民勤防沙治沙工作，有关批示和指示达 11 次。每年全国两会，温总理参加甘肃代表团讨论时，都要了解民勤防沙治沙情况，和代表们共商生态建设的大计。根据总理的要求，国家有关部门多次到民勤调查研究，制定了石羊河流域治理的规划方案，并启动了应急调水工程。

温家宝总理详细考察了民勤的防沙治沙情况，指出：不能让民勤成为第二个罗布泊，这绝不是一个口号，而是一个一定要实现的目标。这也不是一个地区的问题，而是涉及民族生存的重大问题。我们面前就是腾格里和巴丹吉林两大沙漠，是民勤的绿洲把它们隔开了。我们一定要打赢这场“民勤保卫战”，决不能让两大沙漠合龙，决不能让民勤从地图上消失。要实现这个目标，就必须打好三套“组合拳”。一是石羊河上中下游的治理。上游要涵养水源，保护祁连山冰川；中游要加强管理调度，科学合理用水；下游要关井调水，恢复生态。二是通过实施工程、生物、灌溉等措施，兼顾生态、生产、生活，节约用水。三是植树造林，因地制宜，多种沙生植物。温家宝坚定地说，胡杨一千年不死，死了一千年不倒，倒了一千年不朽。只要发扬这种不屈不挠的胡杨精神，一代一代地干下去，就一定能够实现我们的目标。

考察期间，温家宝总理还主持召开了座谈会，同专家、治沙劳模和当地干部共同探讨防沙治沙的措施。他说，民勤治沙工作既起到警示作用，又有示范意义。要把民勤的生态治理作为国家工程，统筹规划，抓紧落实。如果民勤的治沙工作搞好了，绿洲恢复了，说明政府有能力把全国荒漠化的地区逐步治理好。温总理鼓励当地干部群众要有决心、信心、勇气和韧劲，发扬“人一之我十之、人十之我百之”的精神，树立长期艰苦奋斗的思想，百折不挠，克服困难，完成这项艰巨的任务。民勤不但不能成为罗布泊，还要逐步恢复生态，成为全国节水的模范。

坚持不懈长期奋斗　做好防沙治沙工作

——2007 年 3 月 26 日在会见全国防沙治沙大会代表时的讲话

前两天，我看了《人民日报》的一篇文章，叫做《胡杨情》。这篇文章开头几句话是大家所熟知的，说“胡杨活着一千年不死，死了一千年不倒，倒了一千年不朽”，这在西北生活的人都会知道。这篇文章记述了我们的一位治沙英雄，他就是额济纳旗的林业治沙局局长李德平，他从 19 岁开始治沙，40 岁去世，21 年献给了治沙事业。他就像胡杨一样，虽死而千年不朽。今天出席会议的有许多人像他一样，在防沙治沙工作中做出了贡献。我代表党中央、国务院向大家表示深深的谢意！

我国由于特殊的地质、地理环境，沙化土地面积比较大，沙化土地占全国的 1/5，受到沙化影响的地区面积占全国的 1/3，可见影响范围之广，直接涉及群众的生产生活，涉及群众的利益。党中央、国务院一直把防沙治沙工作摆在重要位置，采取了许多有力措施。这些年沙化土地净增的面积在下降，强度在减弱，生态有所改善，沙区经济社会有所发展，群众的生产生活条件也有所变化。但是，我们绝不可以盲目乐观，因为我们面临的防沙治沙任务太艰巨了，这不是一代人可以完成的，要一代接一代人干下去，恐怕需要几十代人艰苦奋斗才能够使防沙治沙工作有显著的成绩，使祖国的山川有显著的变化。

提起防沙治沙，我心里很有感触。几个大的沙漠我基本都走过，从新疆的准噶尔盆地、塔里木盆地的两个大沙漠，往东就是腾格里和巴丹吉林两个沙漠，再往东就是内蒙古毛乌素沙地、浑善达克沙地、科尔沁沙地，这些沙漠、沙地不仅依然存在，而且年年还向南侵袭。这些年来，我担心两件事情，一件事情就是民勤。大家知道甘肃武威地区的民勤在巴丹吉林沙漠的南缘，沙已经把民勤的很多地方覆盖了。几年以前，我就向甘肃的党政领导和人民群众提出来，一定不要让民勤成为第二个罗布泊，现在看来治理相当困难。我最近又在担心敦煌，这是又一件事情。大家知道，敦煌有个鸣沙山，有个月牙泉，四周都是沙漠，中间有一潭水，实际上是地下水。如果地下水用得多的话，那个月牙泉就要干涸。还有北京，每年都有十多次沙尘暴，去年最严重的一次，在北京降落的沙尘达 33 万吨。今年还好，还没有发生大的沙尘暴，但时间还没过去，后面的情况还不好说。

防沙治沙工作要坚持这样一个方针，就是科学防沙治沙、综合防沙治沙、依法防沙治沙。

首先是科学防沙治沙，这就要遵循科学规律，加强防沙治沙工作的基础科学和应用技术研究，总结和推广先进的防沙治沙技术，探索科学防沙治沙的方法，提高防沙治沙效果。因为不是所有的沙漠或戈壁都需要我们来治理的，这不可能，发达国家也没有这样做。我在戈壁滩待过好多年，它上面有一层硬壳，如果不被破坏掉的话，风吹沙就起不来。所以要遵循科学规律，用科学的方法加以治理。

所谓综合防沙治沙，就是要实行生物措施和工程措施相结合，重点防治与区域防治相结合，人工治理和自然修复相结合。也就是说，要采取综合措施来治理沙漠和沙化土地。这些年，在防沙治沙中我们探索了一些行之有效的办法，比如植树造林，就是防沙治沙最为有效的一种办法，还有退耕还林、退耕还牧还草。有些地方加大林草植被的覆盖，该种柠条的种柠条，该种沙棘的种沙棘。水利设施也很重要，最重要的是节约用水，不可超采地下水。有些可以调水的地方，也要科学论证、合理调水。比如，近几年我们从黑河向额济纳旗的嘎顺诺尔和索果诺尔调水，这两个地名就是原来我们说的弱水地区。黑河有多少水呢，共11亿立方米，要调6亿立方米水到额济纳绿洲。居延海前些年已经干涸，现在又出现水了。我们在新疆引乌济腾，也都出现了一些好的效果，这就是工程措施。但是，这也得有个度，不然用水过度的地方就会出现新的沙化土地。

所谓法律措施，就是要依法管理和禁止那些破坏沙区生态环境的违法行为，特别要禁止滥开垦、滥樵采，切实保护好沙区植被。实施法律措施也要以教育为主，先告诉群众这样做是不对的，然后再对那些不听劝阻、造成危害的依法处理，达到普遍禁止的目的。很多地方多年来这样做见到了明显效果。在我看到的一些地方，我觉得治理比较好的是沙坡头。大家知道，沙坡头在宁夏中卫，位于包头经过中卫到兰州的铁路沿线，大约50千米，就是采取综合措施，在铁路线两旁打那种网格状的固沙草，大概33万亩，植树420万棵。从1958年开始，快半个世纪了，基本上保证了包兰铁路的畅通无阻。那年我到新疆，穿越了南疆公路，那是为开采石油而修的一条贯穿南北的公路，这个公路两侧全部是沙漠，他们也采取这个办法，用网格草来固沙，还种红柳。他们计划这条公路能够保持20年的时间，我希望能更长一些。

要发挥各方面的力量，包括有关地方及林业、水利、农业等部门，调动广大群众参与防沙治沙，一代一代人坚持不懈地努力做下去，中国的防沙治沙事业一定能够取得新进展，使我国的大好河山更加秀美，保障经济社会更好地发展。

林权制度改革是土地承包经营在林地上的实践

2007年春节，温家宝总理来到辽宁东部山区的清原满族自治县六家子村，详细询问了村民承包山林的情况。他说：“林权制度改革是土地承包经营在林地上的实践，一定会受到农民欢迎，这一轮承包70年不变。”

谈到小山村的发展，他说：“这里有山有林有水，长远看还是要把山林保护好，发展林业，不光是生态林，还包括经济林、林下产业。将来有条件可以搞点‘农家乐’，发展旅游业。”

集体林权制度改革在山区林区具有历史性的意义

2007年4月20日至22日，温家宝总理在江西省农村和工厂企业，就当前经济社会发展特别是农业和农村情况进行调查研究。

江西是我国南方的重点林区。从2005年开始，江西全面推开了以“明晰产权、减轻税费、放活经营、规范流转”为内容的集体林权制度改革。温总理考察了这项改革的进展情况。他说，中国70%以上是山地。集体林权制度改革如同土地家庭承包改革一样，在山区林区具有历史性的意义。改革调动了农民的积极性，使山更绿、水更清、环境更好，农民的收入更多。要下决心加快推进。

大力发展林果产业　加快林业生态体系建设

2007 年 8 月 16 日至 19 日，温家宝总理到新疆考察工作，8 月 19 日作了题为《大力实施稳疆、兴疆富民固边战略，促进新疆经济社会又好又快发展》的重要讲话。

温家宝专门对新疆林业生态体系建设和产业体系建设作了专门强调。温家宝指出，要大力发展特色果蔬业。坚持优质高效创汇的发展方向，加快建设环塔里木优势林果主产区和吐哈盆地、伊犁河谷、天山北坡特色林果基地，鼓励发展加工、保鲜、储运一条龙生产。采取特色措施，加快南疆三地州发展。要在稳定粮棉生产，提高质量效益的基础上，大力发展优质特色林果业，优化畜牧业品种和生产布局。

温家宝强调，林业生态体系建设要一手抓流域治理，一手抓防沙治沙。尽快制定和实施塔里木盆地周边地区生态治理、准噶尔盆地南缘防沙治沙、艾比湖流域综合治理、草地生态置换等重大生态工程规划，继续搞好三北防护林、退耕还林、退牧还草工程，以及天然林保护和天然草场保护工程。国家已制定了完善退耕还林的政策，新疆要认真落实。

节能减排　强化合作　应对气候变化

2007 年 11 月 21 日，温家宝总理在第三届东亚峰会上发表了题为《携手合作 共同创造可持续发展的未来》的讲话，着重阐述了中国政府在应对气候变化问题上的 5 点看法和主张：

第一，气候变化是全球性问题，需要各国携手合作，共同保护我们的家园。发达国家应该率先减排，并履行对发展中国家的技术转让和资金支持承诺。

第二，气候变化从根本上说是发展问题。应将经济增长、社会发展、环境保护统筹协调起来，建立适应可持续发展要求的生产方式和消费方式。应对气候变化的努力应该促进而不是阻碍各国尤其是发展中国家发展经济、消除贫困。

第三，《联合国气候变化框架公约》确立的“共同但有区别的责任”和公平原则，凝聚了国际社会共识。应该以公约及其《京都议定书》作为国际合作的基本框架，也欢迎将其他开展务实合作的倡议和机制作为有益的补充。

第四，技术进步对减缓和适应气候变化具有决定性作用。国际社会要增加资金投入，扩大信息交流，在技术创新、推广和利用方面加强合作，提高共同应对气候变化的能力。

第五，适应气候变化是发展中国家最为关心的问题，是应对气候变化挑战的重要组成部分。发达国家应积极帮助发展中国家提高适应能力，增强应对气候灾害的能力。

温家宝总理强调中国政府将环境保护作为一项基本国策，将科学发展观作为执政理念，明确提出了节能减排的具体任务，并将继续承担应有的国际责任和义务。

贾庆林

充分认识保护森林发展林业的重大意义
努力促进现代林业又好又快发展

2007年9月26日，全国政协主席、中国绿化基金会名誉主席贾庆林在北京会见关注森林活动总结表彰大会暨全国林业宣传工作会议代表时强调，要深入贯彻落实科学发展观，充分认识保护森林、发展林业的重大意义，努力促进现代林业又好又快发展，为全面建设小康社会做出新的更大贡献。

贾庆林强调，森林是陆地生态系统的主体，是人类文明的摇篮。林业有着巨大的生态效益、经济效益、社会效益，承担着生产物质产品、文化产品、生态产品的重要职能。保护森林发展林业，是减少自然灾害，改善生态环境、缓解全球气候变暖的重要措施，是实现农业稳产高产、增加农民收入，促进社会主义新农村建设的重要途径，是缓解我国能源资源压力，保障木材安全和资源安全的一个重要方式。

贾庆林指出，党中央、国务院一贯高度重视林业工作，把森林问题提高到了可持续发展的战略高度，作出了一系列重大部署。经过不懈努力，我国人工林保存面积居世界第一，森林覆盖率比新中国成立初期提高了一倍，为区域和全球生态保护作出了积极贡献。

贾庆林说，关注森林活动开展以来，围绕林业关系国计民生的一系列重大问题，进行了深入系统的调研和宣传，开展了创建"国家森林城市"等项活动，产生了深远的影响，取得了显著的成绩。希望关注森林活动组委会总结经验，再接再厉，不断创新活动内容和形式，使这项活动越办越有生机，越办越有活力，为促进我国现代林业又好又快发展，更好地造福广大人民群众作出新的贡献。

发展竹藤产业　共创美好世界

2007年11月2日，国际竹藤组织和国家林业局在北京举办国际竹藤组织成立十周年纪念活动和竹藤可持续发展全球论坛。贾庆林出席开幕式并致辞。

贾庆林说，竹藤是十分重要的林业资源，具有巨大的生态功能，对改善生态环境、应对气候变化具有重大意义。竹藤又是十分重要的经济资源，具有巨大的经济功能，对于促进经济发展、改善人民生活具有重大意义。竹藤还是十分重要的文化资源，具有巨大的文化功能，对于弘扬生态文化、建设生态文明具有重大意义。中国政府历来十分重视发展竹产业，弘扬竹文化。2006年中国竹产业年产值已经达到660多亿元。蓬勃发展的竹产业、丰富多彩的竹文化，已经成为一些地区集聚产业、招商引资、发展经济的重要品牌。

贾庆林指出，竹藤是世界贸易中最具价值的两种非木质林产品，每年国际贸易额达50亿美元。世界上有15亿人的生活与竹藤息息相关。为了实现国际竹藤组织到2015年的发展战略和目标，有关方面要做好三个方面的工作。一要高度重视竹藤产业的潜力和价值，把发展竹藤产业纳入本国可持续发展国家计划，与扶贫开发和生态保护有机结合起来，制订扶持政策和国家行动计划。二要加强竹藤产业的机制和技术创新，不断完善发展竹藤产业的体制和机制，研究并推广应用先进适用的竹藤技术，开发更多低能耗、高附加值的竹藤产品，进一步提高竹藤产业对地方经济和生态保护及国际贸易的贡献率。三要加强国际和区域间的交流合作，加快竹藤资源培育，促进技术转让，规范国际标准，扩大国际贸易。

贾庆林说，中国政府愿以国际竹藤组织为平台，加强与各成员国和国际组织的双边和多边交流与合作，大力促进全球竹藤产业发展，为推动世界的持久和平、共同繁荣，为实现人类的美好理想而不懈努力。

曾培炎

搞好生态环境保护　实现人类可持续发展

2007 年 6 月 5 日，全球生态保护论坛在北京人民大会堂举行，中共中央政治局委员、国务院副总理曾培炎出席开幕式并致辞。他指出，生态系统是人类生存与发展的根基，中国愿与国际社会共同努力，搞好生态保护与建设，维护地球生态安全，为保护人类共有家园、实现人类可持续发展作出贡献。

曾培炎说，中国是一个有着 13 亿人口的发展中大国，耕地和淡水资源短缺，各类自然灾害频发，可持续发展面临很大压力。中国政府高度重视生态保护和建设，采取了一系列重大措施，相继实施了三北防护林、天然林保护、退耕还林、退牧还草、防沙治沙、湿地保护、野生动植物保护等生态工程，取得了显著成效，不仅促进了中国生态状况的改善，也为区域和全球生态环境的好转作出了积极贡献。

曾培炎强调，中国正处于城镇化、工业化加快发展的重要时期。我们将深入贯彻落实科学发展观，把生态保护和自然资源管理放在现代化建设的重要位置。根据环境资源承载能力等因素，更好地开发、利用和保护国土空间。继续推进重点生态工程建设，加强植树造林和物种保护，推进荒漠化治理和水污染防治。大力节约能源资源，减少污染物排放，不断改善生态环境质量。采取积极措施，控制温室气体排放，做好应对气候变化的各项工作。

曾培炎指出，面对日趋恶化的全球生态状况，维护生态安全已被世界各国广泛关注，并纳入了各种国际议程。中国作为国际社会负责的一员，愿意广泛开展双边和多边生态环境合作，认真履行国际环境公约，共同研究解决危及生态安全的世界难题，为实现人类社会的可持续发展作出应有的贡献。

巩固成果　完善政策　解决好退耕农户长远生计

2007 年 8 月 14 日，退耕还林补助政策座谈会在北京召开，曾培炎副总理出席并讲话。他指出，退耕还林是我国生态环境保护与建设的重大工程，也是惠民济民的有效措施。要巩固成果，完善政策，解决好退耕农户当前生活和长远生计，努力建立起生态环境改善、农民持续增收和经济社会稳定发展的长效机制。

曾培炎说，国家实施退耕还林工程8年来，工程区林草植被明显增加，生态环境不断改善，农民增收效果明显。一些地方抓住机遇，大力发展畜牧、林果、草业、旅游等特色产业，促进了当地经济发展。但是，当前退耕还林工程区的生态环境仍很脆弱，营造的林木普遍处在未成林或幼林阶段，退耕农户大多缺少创业和增收门路。随着退耕还林政策陆续到期，一旦停止钱粮补助，部分退耕户的基本生活将受到很大影响。

曾培炎指出，完善退耕还林政策有利于加强生态环境保护，改善农民生产生活条件，促进社会主义新农村建设，对于推进西部大开发、加快中西部地区发展具有重要意义。要坚持以邓小平理论和“三个代表”重要思想为指导，深入贯彻落实科学发展观，在退耕还林中坚持巩固成果与解决长远生计相结合，坚持国家支持与自力更生相结合，坚持中央统一政策与省级政府负总责相结合，切实做到退得下、稳得住、不反弹、能致富。

曾培炎提出五点要求。一是巩固退耕还林成果。要加强退耕后林草植被的管护，坚决杜绝砍树复耕。完善退耕还林工程规划，继续安排荒山造林、封山育林任务。二是改善退耕农户生产生活条件。要严格按政策规定，保证补助资金及时足额到户。加强基本口粮田和农村能源建设。三是促进退耕农户增收致富。要大力发展特色农业和畜牧业，抓好农产品基地建设，培育龙头企业，因地制宜搞好生态移民。四是依靠制度创新推进生态建设。做好退耕林地和林木确权发证工作，建立规范有序的林木所有权流转制度。五是抓好政策措施的落实。各省级政府要按照目标、任务、资金、粮食、责任“五到省”的原则，对本地区退耕还林工作负总责，逐乡、逐村、逐户抓好政策落实。国务院建立巩固退耕还林成果部际联席会议制度，加强协调配合，形成工作合力。

回良玉

充分认识林业三大功能　切实推进现代林业建设

2007年1月19日，中共中央政治局委员、国务院副总理回良玉在听取国家林业局党组汇报林业工作时指出，2006年林业发展取得重大进展，林业改革取得重大突破，森林防火取得重要成绩，进一步开创了林业改革与发展的新局面。当前，我国经济社会发展正处在重要的战略机遇期，林业发展也处在一个十分难得的有利时期。林业作为大农业的重要组成部分，作为重要的公益事业和基础产业，林业的功能在不断拓展、效用在不断延伸、内涵在不断丰富，在经济社会发展全局中的地位越来越重要，作用越来越突出，任务越来越繁重。

回良玉指出，要充分认识新时期林业巨大的生态功能，努力加强生态建设和保护，切实担负起促进人与自然和谐发展的神圣使命；要充分认识林业巨大的经济功能，努力保障木材供给和发展林产业，切实担负起促进农民增收、新农村建设和国民经济又好又快发展的光荣任务；要充分认识林业巨大的社会功能，努力增加就业和建设生态文明，切实担负起促进社会和谐、推动社会进步的重要职责。

回良玉在听取汇报后说，党中央、国务院对过去一年林业工作取得的成绩是充分肯定和满意的。2006年，在党中央、国务院的领导下，国家林业局党组坚持以科学发展观为统领，锐意改革，务实创新，团结和带领全国林业战线的广大干部职工，做了大量卓有成效的工作，较好地完成了林业建设的各项任务，进一步开创了林业改革与发展的新局面，实现了“十一五”林业建设开好局、起好步的预期目标，为促进农民增收、扎实推进社会主义新农村建设作出了重要贡献。

回良玉指出，2006年林业工作的成绩很大，突出表现在三个方面：一是林业发展取得重大进展。去年我国造林绿化事业在新的较高起点上继续推进，全年完成营造林任务7 800多万亩，完成义务植树21.6亿株。天然林资源保护、退耕还林、防沙治沙等重点生态工程建设继续推进，湿地保护、林业血防等工程建设开始启动。林业产业保持较快增长势头，实现林业总产值近1万亿元，增长18%以上，成为许多地方振兴经济的优势产业、促进农民增收的富民产业。林业科技创新和推广得到加强，林业发展的质量和效益进一步提高。二是林业改革取得重大突破。重点国有林区改革按照国务院批准的伊春林权制度改革试点方案，顺利进行了试点。集体林权制度改革在全国积极稳妥地推开，取得了明显成效。这项改革顺应发展规律、顺乎农民意愿、合乎农村实际，是加快林业发展、振兴林区经济、富裕广大林农的根本途径，也是全面落实科学发展观、构建社会主义和谐社会、建设社会主义新农村的重要举措，必将对我国经济社会发展产生重大而深远的影响，必将载入中国农村改革发展的史册、中国林业改革发展的史册。三是森林防火取得重大成绩。在党中央、国务院的直接领导下，去年春季扑灭了黑龙江、内蒙古三起特大雷击森林大火，创造了完全靠人力在很短时间内扑灭森林大火的奇迹，表现了林业战线敢打硬仗、善打硬仗的优良作风，得到了党中央、国务院和中央军委的充分肯定。火灾过后，森林防火的一些关键环节得到逐步加强，国务院批准成立了国家森林防火指挥部，健全了森林防火组织体系，加大了森林防火基础设施建设力度，森林防火的现代化装备水平和综合防控能力有所提升。

回良玉指出，当前，我国生态建设任务相当艰巨，林产品供给短缺问题相当突出，森林资源安全隐患依然存在，制约林业发展的体制机制障碍依然很多，加强林业队伍建设的任务依然繁重。建设现代林业，是一项长期而艰巨的任务，必须从我国基本国情出发，遵循客观规律，有重点、有计划、有步骤地扎实推进，促进林业又好又快发展。

回良玉对国家林业局提出2007年的林业工作安排意见给予了充分肯定。他说，2007年的林业工作设想和安排，思路清晰，重点突出，措施扎实，很好地贯彻了中央的决策和部署，很好地体现了落实科学发展观和构建社会主义和谐社会的战略思想，很好地反映了积极发展现代农业、扎实推进社会主义新农村建设的内在要求，很好地把握了林业发展的客观规律。

针对现代林业建设，回良玉提出要坚持不懈地抓好以下六个方面的工作：一要着力抓好造林绿化。造林绿化是发挥林业生态、经济和社会功能的根本途径，也是林业部门最重要、最基本的任务，任何时候都不能放松。春季植树造林季节即将来临，要根据今年的情况和特点，切实加强对造林绿化工作的领导，深入开展全民义务植树活动，搞好国家重点生态工程建设，努力提高造林绿化质量。二要着力深化林业改革。改革是推动林业发展强大而持久的动力。要深化集体林权制度改革，推进国有林场改革，抓好国有林区改革试点工作。林业改革事关重大，要深入调查研究，及时总结经验，加强工作指导，确保改革积极稳妥、规范有序、扎实有效地推进。三要着力培育林业产业。适应经济社会发展和人民生活水平提高的要求，加快用现代科技改造、提升传统林业产业，再创新优势；大力发展竹藤花卉、森林旅游、野生动物驯养繁殖等非木质林业产业，再上新台阶；积极培育生物质能源、生物质材料等新兴林业产业，再增新亮点。四要着力推进防沙治沙。当前，我国荒漠化问题仍然十分严重，土地沙化仍是我国最突出的生态问题，全国还有近4亿人口深受其害，防沙治沙任务十分繁重。国务院将在今年召开全国防沙治沙大会。要以这次全国大会的筹备和召开为契机，进一步加强防沙治沙工作。五要着力加强森林防火。近期全球普遍出现暖冬和早期厄尔尼诺现象，森林防火形势十分严峻，必须警钟长鸣、常抓不懈。要认真汲取去年森林火灾扑救工作的经验教训，切实落实森林防火的各项措施，严防重特大森林火灾的发生。春节前后，正是冬春森林火灾的高发时节，一定要高度戒备，确保人民群众过一个安乐祥和的春节。六要着力加强林业队伍的自身建设。林业战线的广大干部职工要有强烈的政治责任感和历史使命感，要自觉地把林业工作放在党和国家事业发展的全局中去谋划，放在促进经济社会又好又快发展的大局中去推动。要切实加强现代经济、科学技术、社会管理和法律法规的学习培训，全面提升林业建设者的整体素质，建立一支有文化、懂技术、会经营、善管理的新型林业建设队伍，用人的全面发展推动林业事业的前进。按照"勤奋好学，学以致用"的要求，与时俱进地把学习的体会和成果转化为谋划工作的思路、促进工作的措施、指导工作的本领。同时，各项工作都要强化落实，努力改进作风，振奋精神，求真务实地干事，为推进林业的新发展，为促进社会主义新农村建设，为构建社会主义和谐社会，作出新的更大的贡献。

把握重点　做好防沙治沙工作

——2007年3月26日在全国防沙治沙大会上的讲话

党中央、国务院高度重视防沙治沙工作，高度关注沙区经济社会发展，高度关切广大群众的民生民意。胡锦涛总书记指出，植树造林、防风固沙，是功在当代、利在千秋的大事，一定要科学规划，加大投入，全民动员，年复一年地抓下去，为子孙后代多留一片绿荫。温家宝总理多次召开会议专题研究部署防沙治沙工作，今天又亲切接见了治沙英模及会议代表，做了重要讲话，对做好防沙治沙工作提出了明确要求。我们一定要认真学习领会，全面贯彻落实，努力把防沙治沙事业提高到一个新的水平。

这次会议是建国以来国务院召开的第五次全国性的防沙治沙工作会议，距第四次会议已有14年。会议的主要任务是：认真回顾总结防沙治沙的进展情况，深入分析研究土地沙化面临的严峻形势，全面部署安排"十一五"和今后一个时期的防沙治沙工作。长期以来，奋战在防沙治沙第一线的广大干部群众，在环境十分恶劣、条件十分艰苦的情况下，"知难而进，顽强抗争，沙害不除，战斗不止，团结协作，勇于创新"，取得了防沙治沙的一个又一个胜利。他们的先进事迹可歌可泣、令人钦佩，是当前开展社会主义荣辱观教育的生动教材；他们的奉献精神感人至深、催人奋进，是新时期推动防沙治沙事业发展的强大动力。今天表彰的治沙英雄王有德以及60多位先进个人，昔日的治沙英模石光银、牛玉琴、王果香等，就是其中的杰出代表。在此，我代表国务院，再次向受到表彰的单位和个人表示热烈的祝贺，向奋战在防沙治沙一线的广大干部群众和科技工作者致以亲切的问候，向所有关心和支持防沙治沙工作的社会各界人士表示衷心的感谢！

一、充分肯定成绩，认真总结防沙治沙工作的基本经验

长期以来，党和政府始终将防沙治沙作为一项重要战略任务，采取了一系列行之有效的政策举措。建国伊始，就在沙区组织开展了农田防护林和防风固沙林建设。改革开放之初，实施了三北防护林体系建设工程。20 世纪 90 年代初，启动了全国防沙治沙工程，首次对全国防沙治沙工作进行专门部署。世纪之交，开展了一系列重大生态建设工程，防沙治沙事业进入工程带动、政策拉动、科技驱动和法制推动的新阶段。经过几十年、几代人坚持不懈的努力，我国防沙治沙事业取得了举世瞩目的伟大成就，为保障经济社会可持续发展做出了重大贡献。突出表现在三个方面：

第一，土地沙化治理取得重大突破。随着保护和治理力度的不断加大，我国土地沙化总体上实现了从扩展到缩减的历史性转变，沙进人退的局面初步得到遏制。据第三次全国荒漠化沙化监测，我国土地沙化状况发生了三个重大变化：一是沙化面积缩减。从 2000 年到 2004 年，全国沙化土地面积净减少 6 416 平方千米，由 20 世纪 90 年代后期年均扩展 3 436 平方千米转变为年均缩减 1 283 平方千米。二是沙化程度减轻。沙区植被明显增加，流动沙地、半固定沙地面积逐年减少，在沙化土地中的比重由 1999 年的 36.1% 下降到 2004 年的 33.9%。三是扩展区域减少。20 世纪 90 年代后期，全国有 19 个省份沙化面积减少，这次监测，全国已有 27 个省份沙化面积实现缩减。这是重大的历史性转变。

第二，防沙治沙重点工程建设取得重大进展。多年来特别是最近几年，我国相继实施了京津风沙源治理、三北防护林四期、退耕还林、退牧还草、草原保护、小流域综合治理等一系列生态建设工程，对重点地区和薄弱环节进行集中治理，推动了全国生态状况的持续好转。五年来，各类工程累计完成有效治理面积 4.8 万多平方千米，年均有效治理面积近百万公顷，全国已有 20% 的沙化土地得到不同程度治理，重点治理区林草植被盖度增加 20 个百分点以上，一些地方生态状况明显改善。近年来大江大河泥沙淤积逐年减少。这是来之不易的重大变化。

第三，沙区特色产业发展取得重大成效。防沙治沙改善了沙区生态状况和生产生活条件，促进了生产方式转变和产业结构调整。特色种植、养殖、加工和生态旅游等支柱产业不断发展，一批龙头企业和知名品牌初步形成，农民就业增收渠道日益拓展，农民脱贫致富步伐明显加快。一些地方开始呈现生态与经济相互促进、人与自然和谐相处的喜人局面。京津风沙源治理工程区有 1 600 多万农牧民直接受益，2005 年与 2000 年相比，工程区农民人均收入增幅近 50%。特别是，我国沙化土地主要分布在边疆和少数民族地区，防沙治沙和特色产业发展促进了兴边富民，增进了民族团结，维护了社会和谐与稳定。这是了不起的巨大成就。

经过多年的实践和探索，我们已经初步形成了一套行之有效的防沙治沙工作机制。一是构建了防沙治沙的政策框架。国家在财政投入、信贷支持、税费减免、权益保护等方面，出台了一系列扶持政策，调动各方面的积极性、主动性、创造性，呈现出国家、社会和个人共同参与防沙治沙的新局面。二是建立了防沙治沙的科技体系。开展科技攻关，推广了一大批先进适用技术和成功模式，增强了科学防沙治沙的能力，提高了防沙治沙的质量和效益。三是健全了防沙治沙的法律制度。国家公布实施了世界上第一部防沙治沙的专门法律，形成了以防沙治沙法为主体的防沙治沙法律法规体系，奠定了防治治沙的法律基础。四是搭建了防沙治沙的国际合作平台。我国作为联合国防治荒漠化公约缔约国，编制并实施了《中国防治荒漠化国家行动方案》，先后成功承办了一些重要国际会议，成立了荒漠化公约国际培训中心。我国在防治荒漠化

领域积极负责的态度和取得的巨大成就，赢得国际社会的广泛赞誉。

在长期的防沙治沙实践中，我们积累了一些宝贵经验，为进一步做好防沙治沙工作奠定了坚实基础。一是坚持生态优先，实行生态效益与经济效益相结合。始终把改善生态状况作为防沙治沙的首要任务，大力推进生态建设，并注重群众生计和地方经济发展。二是坚持依靠群众，实行国家扶持与农民自力更生相结合。加大防沙治沙投入力度，依靠和组织发动群众，通过自己艰苦奋斗建设美好家园。三是坚持预防为主，实行保护与治理相结合。遵循自然规律，做到自然力与人力并举，封育与治理并重，乔灌草有机结合，农林牧协调发展。四是坚持工程带动，实行重点突破和面上治理相结合。统筹规划，重点突破，全面推进。加强生态脆弱地区和薄弱环节，以重点工程带动面上治理。五是坚持依靠科技，实行现代技术与传统经验相结合。大力推进科技创新，既充分发挥现代技术的作用，又注重总结推广基层的有效经验和做法。六是坚持依法治沙，实行依靠法制与自觉参与相结合。加强法制建设和普法宣传，倡导生态道德观念，营造全国动员、全民动手、全社会参与的氛围，增强防沙治沙的自觉性和主动性。

党和政府领导人民开展防沙治沙的几十年，书写了我国土地沙化治理史上的灿烂篇章，铸就了除害兴利、造福人民的巍巍丰碑。这几十年，是广大沙区人民群众开始摆脱贫困、迈向小康的发展史，是保护环境、改造自然、推进人与自然和谐相处的实践史，是闪耀着中华民族坚韧不拔、自强不息伟大精神的奋斗史。只要我们始终代表人民群众的根本利益，坚持依靠人民群众的力量，充分尊重人民群众的首创精神，全心全意为人民服务，我们的防沙治沙事业就一定会取得更大的成果。

二、清醒认识形势，进一步增强做好防沙治沙工作的紧迫感

我国防沙治沙事业，业绩令人鼓舞，成就催人奋进。但应当清醒地看到，我们面临的机遇前所未有，面临的挑战也前所未有，面临的任务十分繁重和艰巨。目前，我国土地沙化问题还相当严重，是生态建设的重点和难点，是经济社会可持续发展的一个重要制约因素。集中表现为“五个依然”：

一是沙化危害依然突出。目前全国沙化土地面积高达174万平方千米，占国土面积的18.1%。土地沙化吞噬着中华民族生存与发展的空间，制约着沙区经济发展和农民增收致富，冲击着工农业正常生产和交通安全运营，影响着城乡居民的生活质量和身心健康。去年春季我国出现了18次沙尘天气过程，其中沙尘暴和强沙尘暴过程11次，影响范围广，危害程度大，引起社会广泛关注，凸显了土地沙化形势的严峻性。

二是局部扩展依然严重。虽然全国土地沙化趋势总体上得到遏制，但局部地区土地沙化仍在继续扩展。青藏高原、黄河首曲、石羊河下游、塔克拉玛干沙漠周边等地区土地沙化面积仍在增加，致使当地生态状况持续恶化，且日益严重地威胁到全国的生态安全。另外，全国还有近32万平方千米土地具有明显沙化趋势，如果利用不当，极易成为新的沙化土地。

三是治理难度依然很大。在全国现有的沙化土地中，具备治理条件的还有50多万平方千米。如果按现有的治理速度，需要几十年、上百年甚至更长时间才能完成治理。特别是下一步需要重点治理的沙化土地，沙化程度更重，自然条件更差，都是难啃的硬骨头。

四是治理成果依然脆弱。一些已治理的地区，植被刚开始恢复，稳定性差，如果得不到有效巩固，土地沙化极易反弹，就会前功尽弃。一些地方退耕还林、退牧还草后，后续产业没有发展起来，如果不能有效解决农民的长远生计问题，就会导致毁林开荒、毁草种粮回潮，再次造成土地沙化。

五是人为隐患依然较多。我国正处在工业化、城镇化快速推进阶段，经济社会发展对生态的要求日益提高。沙区生产方式落后，滥樵采、滥开垦、滥放牧、水资源不合理利用等问题较为严重，边治理边破坏的现象相当突出。另外，一些地方防沙治沙工作存在着薄弱环节，措施不力，执法不严，破坏生态的行为没有得到有效遏制。

特别值得重视和警惕的是，全球气候变暖对我国经济社会发展带来的重大影响，给我们防沙治沙工作增添的更大压力。过去100年，全球气温持续升高。受此影响，我国西北地区蒸发和干燥度呈增长趋势，冰川面积持续减少，草原退化速度加快，绝大多数湖泊水量入不敷出，正向萎缩方向发展，有的甚至干涸消亡，成为新的沙尘源。未来100年，全球气温仍将持续变暖。这不仅可能导致极端天气与气候事件发生频率增大，而且可能使干旱区范围扩大、荒漠化加重。持续干旱将威胁现有植被的存活，也增加恢复植被的难度。这表明，今后我们在防沙治沙工作中将面临着更加严峻的挑战、更加复杂的局面、更加繁重的任务。

同时，我们要看到，防沙治沙工作也面临宝贵机遇和有利条件。从宏观环境看，全国上下对防沙治沙工作更加重视。中央提出了科学发展观、构建社会主义和谐社会的重大战略思想，加强生态建设、促进可持续发展已成为基本的治国方略，促进人与自然和谐已成为全社会的广泛共识。各级政府加强生态建设的责任感不断增强，社会公众改善生态环境的要求日益迫切，各方面更加关心和支持防沙治沙事业。从经济条件看，我们有能力增加对防沙治沙的投入。随着国民经济持续多年平稳较快发展，财政收入不断增长，我们可以拿出更多的财政资金用于防沙治沙。农民收入稳步增长，社会各界参与公益事业日趋踊跃，可以动员更多的民间资金投入防沙治沙。从工作基础看，防沙治沙站在了新的起点上。科研部门研究推广了一批先进适用的防沙治沙技术，各地也探索出不少适合当地特点的治理模式，沙区群众在实践中积累了许多防沙治沙的成功经验，国家已经制定并将逐步完善防沙治沙的政策法规。

在新的历史时期，进一步加强防沙治沙工作，既十分必要，也非常紧迫。第一，这是保障国土生态安全的迫切需要。土地沙化是我国国土生态安全的主要威胁和重大隐患。只有把土地沙化问题解决好，国家的生态安全状况才能好转，中华民族的生存和长远发展才有保障。第二，这是推进社会主义新农村建设的重要任务。加强防沙治沙，有利于发展特色产业，促进生产发展，因地制宜地推进现代农业建设；有利于加快脱贫致富步伐，增加农民收入，提高农民的生活水平；有利于绿化美化农村环境，实现村容整洁，改善农村的生活条件。第三，这是促进区域协调发展的必然要求。沙区国土面积广阔，人口数量众多，生态环境脆弱，经济发展滞后。只有尽快改善沙区生态状况，加快沙区经济发展，才能增进沙区人民福祉，促进区域协调发展。第四，这是我国履行国际公约的应尽义务。履行《联合国防治荒漠化公约》，是我国政府对国际社会的庄严承诺。树立我国对国际事务高度负责的大国形象，进一步巩固我国的国际地位，扩大国际交流与合作，必须加强防沙治沙。

总之，我们要充分认识防沙治沙的长期性和艰巨性，切实增强做好防沙治沙工作的责任感和紧迫感。要把治理土地沙化、减轻风沙危害，作为促进经济社会又好又快发展的大事来谋划，作为加强生态建设的要事来部署，作为解决沙区民生问题的实事来推进。要始终不渝地担负起防沙治沙重任，不失时机地加大工作力度，持之以恒地落实各项防治措施。只要我们尊重自然规律，坚持科学态度，知难而进，坚持不懈，就一定能够战胜沙害，就一定能够开创防沙治沙新局面。

三、把握重点任务，认真做好新形势下的防沙治沙工作

当前和今后一个时期，是我国加强防沙治沙、促进经济社会可持续发展的重要时期，也是巩固防沙治沙成果、进一步缩小沙化土地面积的关键时期。2005 年，国务院做出的《关于进一步加强防沙治沙工作的决定》和批准的《全国防沙治沙规划(2005～2010 年)》，对防沙治沙工作做出了全面部署，是指导防沙治沙工作的纲领性文件。

防沙治沙工作的基本思路是：以邓小平理论和“三个代表”重要思想为指导，用科学发展观统领防沙治沙工作，坚持预防为主、科学治理、合理利用的方针，遵循自然规律、经济规律和社会发展规律，实行全国动员、全民尽责、全社会参与，以重点工程为依托，以科技为支撑，以法律为保障，注重改善生态与促进农民增收相结合，注重生物措施与工程措施相结合，注重人工治理与自然修复相结合，建立和巩固以林草植被为主体的沙区生态安全体系，推进现代农业建设，促进农牧民增加收入，加快沙区经济社会发展，为建设社会主义新农村、构建社会主义和谐社会服务。

防沙治沙工作的总体目标是：采取综合措施全面保护和增加林草植被，尽快使仍在扩展地区的土地沙化趋势得到遏制，尽快使已治理地区的建设成果得到巩固，尽快使广大沙区的生态状况明显改善。到 2010 年，通过划定封禁保护区实现封育保护面积 3.72 万平方千米，完成治理任务 13 万平方千米，重点治理地区生态状况明显改善；力争到 2020 年，全国一半以上可治理的沙化土地得到治理，沙区生态状况明显改善；力争到本世纪中叶，全国可治理的沙化土地基本得到治理。

切实抓好防沙治沙，如期实现规划目标，要重点做好以下几项工作：

(一)加强封禁保护，发挥自然修复作用。这是遏制沙化土地继续扩展最有效的措施，也是预防发生土地沙化最经济的途径。对依法划定的封禁保护区，要禁止一切破坏植被的活动，通过大自然的自我修复，逐步形成稳定的天然荒漠生态系统。在牧区要推行草原划区轮牧、季节性休牧和围封禁牧制度，推行舍饲圈养和退牧还草，保护和恢复沙化草原草地植被。在生态状况极其恶劣，缺乏基本生活条件的地方，要积极稳妥地进行生态移民。实行封禁保护，关键是要妥善安排好受影响群众的生产生活，使他们退得出、稳得住、逐步能致富。

(二)转变生产方式，严格沙化源头控制。土地沙化成因是多方面的，既有自然气候变化的因素，也有人为破坏的原因。防沙治沙要控制源头，综合治理，狠抓沙区产业结构调整和生产方式转变，以调促防，以转促治。要积极推广保护性耕作，发展沙区设施农业，切实改变一些地方滥开乱垦、粗放经营的做法。调整沙区能源结构，扶持发展太阳能和风能，加强沼气等生物质能源建设，减轻沙区生活用能对植被资源的依赖，防止因滥樵滥采破坏沙区植被。加强流域水资源统一调配和管理，处理好上下游之间的水资源分配关系，科学合理安排生活、生产、生态用水，积极发展旱作节水农业，着力建设节水型社会。

(三)加大投入力度，加快工程治理步伐。防沙治沙是一项社会公益事业，中央和地方都要采取有效措施，以治理工程为依托，切实增加投入。针对一些地区土地沙化仍在扩展的实际，要尽快启动实施一批新的重点治理工程，加大对青藏高原等沙化扩展地区以及东北西部荒漠化地区的治理力度，着力改善这些地区的生态状况，尽快遏制沙化扩展和土地退化。要继续抓好京津风沙源治理、三北防护林四期、退耕还林、退牧还草、草原沙化防治和小流域治理等国家重点工程，在总结经验的基础上，保障投入，强化措施，精心组织，稳步推进。要扶持建设一批全国防沙治沙综合示范区，探索不同沙化类型区防沙治沙的政策措施和技术模式，以点带面，推动全国防沙治沙工作。搞好工程治理，必须坚持质量第一，严格执行技术规程和标准，加强项目资金管理。

（四）发展特色产业，增加沙区农民收入。这是推进沙区新农村建设的必然要求，也是防沙治沙的一项重要任务。沙化土地既带来危害，但也是一种宝贵资源，治理好了可变害为宝。防沙治沙工作要坚持把生态改善与产业发展紧密结合起来，在严格保护和有效治理的前提下，充分发挥沙区光、热等资源优势，大力发展沙区特色种植业、养殖业和精深加工业。具备条件的地方还可以发展沙区旅游业及其他产业。特别要扶持发展资源消耗低、科技含量高、市场前景好的沙产业项目。通过政策扶持，积极培育一批竞争力强、辐射面广的龙头企业，带动沙区调整产业结构、发展产业化经营、促进农牧民增收。

（五）强化科技支撑，提高防沙治沙成效。沙区自然条件恶劣，保护和增加植被极为困难，必须发挥科技的支撑作用。要鼓励科技人员发扬创新精神，针对防沙治沙的关键性技术难题，开展多部门、多学科、多层次的联合攻关。大力推广适宜不同类型沙区生长的抗旱、抗寒、抗碱、抗病虫害植物良种，以及先进适用的造林种草技术和治理模式。建立健全防沙治沙技术推广和服务体系，建设一批科技示范区、示范点。加强对基层技术人员特别是农牧民群众的技术培训，使广大农牧民群众掌握防沙治沙的基础知识和基本技能。

（六）坚持严格执法，规范防沙治沙行为。防沙治沙，必须严格执行法律法规。要尽快制定和完善防沙治沙法的配套法规，健全防沙治沙法律体系。加强防沙治沙执法能力建设，充实执法监管力量，明确执法责任，健全监督机制。加大对破坏沙区植被和野生动植物资源、非法征占用沙化土地等违法行为的打击力度，适时开展集中专项执法行动。对于造成严重沙化的典型案例，要予以重点查处和曝光。要加强相关法制宣传教育，增强人民群众保护沙区植被的意识和履行治沙义务的自觉性。

（七）创新体制机制，增强防沙治沙活力。推动防沙治沙事业又好又快发展，从根本上讲要靠深化改革、激发活力。要积极探索符合市场经济规律和我国国情，能够有效调动全社会参与防沙治沙积极性的体制机制。要继续实行“谁治理、谁管护、谁受益”的政策，延长沙化土地承包和租赁期，将生态治理任务和管护责任承包到户、落实到人。要认真执行好现行防沙治沙税收优惠政策，继续通过财政贴息等途径加大对防沙治沙的信贷支持。要保障治理者合法权益，治理后的沙化土地承包经营权可以依法继承和流转，纳入公益林管理的沙区森林资源要给予投资治理者合理补偿，治理后的沙化土地被征占用或划定为自然保护区、封禁保护区的应予以经济补偿。研究探索由政府出资收购沙区各种社会主体营造的非国有公益林的相关政策。

（八）搞好监测预警，提高防治决策水平。及时、全面、准确地掌握土地沙化的动态及成因，是科学决策的基础。要健全土地沙化监测体系，制订监测技术规范，增强监测装备实力，提高监测能力和水平，加强监测结果的分析研究，为防沙治沙决策提供科学依据。做好重大沙尘暴灾害应急处置工作，完善应急预案，最大限度地防灾减灾。定期组织开展全国土地沙化监测，掌握土地沙化动态变化情况，定期发布监测结果，为评价工程建设成果、检验各地防治成效提供客观依据。沙区各级人民政府要根据监测结果，及时调整完善防治措施。

四、切实加强领导，努力提高防沙治沙工作水平

防沙治沙的指导思想、奋斗目标、方针政策和重点任务都已明确，关键在于加强组织领导，狠抓措施落实。各地区各有关部门要把思想和行动统一到中央的决策和部署上来，真正重视防沙治沙，大力支持防沙治沙，切实把这件关系全局的大事抓出成效。

一要认真落实地方政府负责制。国务院已经明确，防沙治沙工作实行政府负责制，沙区地方各级政府对本行政区域的防沙治沙工作负总责。要进一步增强责任感和使命感，把防沙治沙放在突出位置，纳入重要议事日程，做到思想认识到位、政策措施到位、工作力度到位。沙区县级以上地方政府要定期向同级人民代表大会及其常委会报告防沙治沙工作，自觉接受监督。要把防沙治沙工作纳入沙区地方各级政府政绩考核范围，严格落实行政领导责任，严格奖惩制度，形成守土有责、有功者奖、有过者罚的机制。各地要根据全国防沙治沙规划，抓紧编制本地区的防沙治沙规划，明确建设目标、工作任务和保障措施，并将规划任务分解到年度、细化到项目、落实到地块。这次会上，国家林业局将代表国务院与防沙治沙任务重的省、自治区政府签订防沙治沙目标责任书，有关地区要按照责任书的要求，建立健全责任制，逐级分解任务、落实责任，确保完成。

二要加强各部门的协调配合。防沙治沙具有长期性、日常性、复杂性的特点，涉及多个部门、多个方面，容易出现部门之间工作脱节等问题，所以加强协调配合尤为重要。各有关部门既要明确分工，各司其职，又要密切配合，相互支持，形成推进防沙治沙的工作合力。要重视发挥防治荒漠化协调小组的作用，认真执行部际联席会议制度，适时召开会议，及时研究问题、通报情况、督促工作。林业部门要切实做好全国防沙治沙的组织、协调、指导工作。

三要广泛动员全社会力量。防沙治沙是全社会的共同事业，必须调动一切积极因素、动员全社会力量共同做好这项工作。要切实加强国土沙化的警示教育，大力开展防沙治沙宣传，增强全民的生态保护意识，提高全社会的防沙治沙参与意识。要充分发挥沙区群众的主体作用，积极探索新形势下开展群众性防沙治沙的新机制、新办法，引导沙区群众积极参与防沙治沙。同时，要充分发挥人民解放军、武警部队、民兵以及工会、共青团、妇联和其他社会团体的重要作用。要大力营造激励全社会积极参与防沙治沙的浓厚氛围，对在防沙治沙事业中取得显著成绩的单位和个人，给予表彰和奖励，做出突出贡献的还要予以重奖。

四要加强国际交流合作。搞好防沙治沙，是世界各国的共同责任，需要国际社会的共同努力。我们要认真履行《联合国防治荒漠化公约》，切实承担起应尽的各项义务。同时，要根据我国国情和防沙治沙实际，扩大国际交流与合作，积极引进国外的资金、技术和先进管理经验，努力开拓防沙治沙国际合作新领域，不断提高防沙治沙水平。

防沙治沙使命光荣、责任重大、任务艰巨。我们一定要紧密团结在以胡锦涛同志为总书记的党中央周围，高举邓小平理论和“三个代表”重要思想伟大旗帜，全面落实科学发展观，开拓进取，扎实工作，努力开创防沙治沙新局面，为构建社会主义和谐社会作出新的更大贡献！

推进改革　促林业发展林地增效林农增收

2007年5月13日至15日，国务院副总理回良玉在云南农村考察，实地了解中央各项强农惠农政策落实情况，就集体林权制度改革进行深入调研。他强调，集体林权制度改革是农村改

革和新农村建设的一件大事，务必要高度重视、精心组织，试点先行、完善政策，依法办事、分类指导，充分尊重农民意愿，充分发挥林地效益，积极稳妥地予以推进，确保生态受保护、农民得实惠，促进林业又好又快发展。

云南是我国重点林区和林业用地最多的省份之一，从去年开始开展了集体林权制度改革试点。回良玉进村入户，深入了解改革进展情况，并与村镇干部群众座谈，听取基层干部群众对集体林权制度改革和农业农村工作的意见和建议。他对村民群众说，中央强农惠农的政策不仅不会变，而且还要巩固、完善和强化。他要求当地干部要认真贯彻中央一号文件精神，结合自身实际，切实把好的政策落实到位。回良玉还来到基层林业站，看望慰问一线林业职工，他指出，现在正值森林火灾高发季节，要始终保持高度警惕和戒备，加强预警监测，严格火源管理，完善各项应急措施，保护森林资源和人民群众生命财产安全。他十分关心民族地区产业发展情况，强调要紧紧围绕共同团结奋斗、共同繁荣发展的主题，进一步加快少数民族群众脱贫致富步伐。

回良玉对云南省委省政府高度重视集体林权制度改革，采取先行试点、逐步推开的做法予以充分肯定。他指出，集体林权制度改革是农村又一次大的生产关系变革，适应经济发展规律、顺应群众意愿、合乎农村实际，在试点地区受到了广大农民的热烈欢迎和社会各界的普遍赞誉。要坚持在林地集体所有权不变的前提下，通过集体林权制度改革，把林地的使用权交给农民，让农民依法享有林木的所有权、处置权、收益权，做到“山有其主，主有其权，权有其责，责有其利”，实现“山定权、树定根、人定心”。集体林权制度改革涉及多种利益主体和各方面的利益，政策性很强，操作难度较大，务必要准确把握，正确引导，统筹安排，精心组织。要坚持以兴林富民为宗旨，妥善处理好集体与农民、管理与放活的关系，在充分调查研究的基础上，科学设计方案，合理确定林权，创新林业管理机制。要坚持依法办事，充分尊重农民意愿，注重试点示范，不断探索路子、积累经验、规范操作，做到公平、公正、公开。要认真研究改革的配套政策，妥善处理改革中出现的矛盾和问题，确保改革健康顺利进行。

加强科技创新　建设现代林业　实现林业又好又快发展

2007 年 7 月 12 日，回良玉副总理在中国林学会成立 90 周年纪念大会上强调，在全面建设小康社会、加快推进现代化建设进程中，林业的功能在不断拓展、效用在不断延伸、内涵在不断丰富。要全面落实科学发展观，大力推进林业科技创新，着力转变林业增长方式，加快建设现代林业，实现林业又好又快发展。

回良玉指出，我国经济社会发展已经站在新的历史起点上，林业建设肩负新的历史使命，林业发展面临新的更高要求。维护生态安全、促进人与自然和谐，维护气候安全、缓解全球气候变暖，维护林木安全、解决木材供需矛盾，维护能源安全、发展生物质能源，维护农村社会和谐稳定、促进农民就业增收，都要求林业有一个大的发展，都需要林业作出新的贡献。

充分发挥林业产业协会的作用　不断提升林产品供给能力

2007 年 8 月 20 日，全国林业产业大会暨中国林业产业协会成立大会在浙江杭州召开。回良玉副总理为大会致信。他在信中说，要全面落实科学发展观，加强统筹规划和宏观指导，强化政策扶持和开拓创新，发展林业产业，建设现代林业，为促进经济社会又好又快发展作出新的更大的贡献。他说，林业产业横跨一、二、三产业，资源类型多、产业链条长、市场空间广、发展潜力大。发展林业产业，繁荣林区经济，对加强生态建设、构建和谐社会，对推进新农村建设、全面建设小康社会具有重大战略意义。各级林业部门要深入贯彻落实科学发展观，把林业产业放在更加突出位置，充分发挥林业产业协会的作用，搞好统筹规划，加强宏观指导，强化政策扶持，着力开拓创新，不断提升林产品供给能力，全面提高生态安全保障能力。

林改事关重大　务必强化领导

2007 年 9 月 11 日，回良玉副总理在国家林业局局长贾治邦呈报的《集体林权制度改革南方片座谈会有关情况报告》上批示，集体林权制度改革事关重大，务必强化领导，确保资源管理和生态保护。

回良玉在批示中说，集体林权制度改革南方片座谈会开得很好。集体林权制度改革一定要积极、稳妥、有序地推进。

回良玉强调，在集体林权制度改革实施中应试点先行，坚持依靠群众和民主决策。在不断完善方案、加大培训力度、抓好主体改革的同时，相关配套改革要及时跟进，巩固发展其成果。我们各方应形成合力，把集体林权制度改革这件林业发展的大事办妥，实事抓好。

建设现代林业　实现兴林富民

2007 年 9 月 17 日至 18 日，全国林业推进新农村建设现场会在湖北武汉召开。回良玉副总理为大会致贺信。他在信中指出，林业具有巨大的生态、经济和社会功能，我国林业用地广阔，发展潜力巨大，在推进社会主义新农村建设的历史进程中具有重要的作用。他要求，各级林业部门要全面落实科学发展观，深入贯彻中央一号文件精神，以建设现代林业为主题，以兴林富民为宗旨，以“创绿色家园、建富裕新村”为载体，切实改善农村生产生活环境，大力推广林业科学技术，全面提升林农素质，努力发展林业产业，为建设社会主义新农村作出更大的贡献。

许嘉璐

和谐社会　林字当先

2007年5月9日，全国人大常委会副委员长许嘉璐在第四届中国城市森林论坛开幕式上强调，通过创建国家森林城市活动，推动“让森林走进城市，让城市拥抱森林”的进程。

许嘉璐指出，森林建设关系到国家和民族的兴衰存亡。重视森林，就是重视经济社会可持续发展，就是尊重自然规律和社会规律，就是提高民族的文明程度和文化素养。中国城市森林论坛为改善和提高城市居民的人居环境和生活质量，推动我国城市经济社会可持续健康发展发挥了积极的促进作用。要抓住机遇，把中国城市森林论坛办成国际城市生态建设、生态文明高规格的权威论坛，成为传播城市森林理念的前沿阵地，成为交流经验、集中智慧的最好平台。他强调，要通过建立健全城市森林法律法规体系，促进城市森林建设的健康发展。各地要根据实际情况，制定城市森林建设法律法规，将城市森林纳入林业建设的重要内容，加大城市森林建设、管理和保护力度。

积极探索推广防治石漠化有效方式

2007年6月7日，国家林业局与贵州省人民政府在贵州省兴义市召开第七次局省林业工作联席会议暨黔西南布依族苗族自治州30万亩金银花基地建设总结会议。许嘉璐副委员长出席会议并讲话。

许嘉璐指出，林业承担着生产物质、文化、生态三大产品，又发挥经济、社会、生态三大效益的职责，地位越来越重要，任务越来越繁重。林业在建设社会主义新农村中，大有可为；在经济可持续发展中，起着基础性作用；在构建和谐社会中，非林莫提。林业部门的作用和地位是政府其他部门不可替代的。国家应继续加大对林业投入，同时在体制和机制的改革上加以扶持，促进我国林业事业再迈新台阶。

许嘉璐说，黔西南30万亩金银花基地建设，自2004年由国家林业局、民进中央共同启动，现已全面完成建设任务，并取得了巨大的生态、经济、社会效益，原来的荒山秃岭和石旮旯被金银花覆盖，已减少水土流失、防治石漠化面积200平方千米。2006年，进入花期面积4万余亩，涉及农户4 850户、2.18万人，总产值1 440万元，实现户均收入2 969元、人均收入660元。30万亩金银花基地建设工程是坚持中国共产党领导下多党合作的一项德政工程，也是开展生态扶贫、科技扶贫的一项富民工程，具有重要的生态、经济、社会和政治意义。当前，要巩固金银花种植成果，辐射推广种植面积，积极探索金银花后续产业，形成农民长期增收致富的长效机制。要广泛吸引各种经济组织参与金银花种植，培育大户，并通过大户带动多户。要探索金银花与其他林种混交造林的模式。特别是要加强科技推广、技术服务、信息服务。

热　地

保障防沙治沙事业又好又快发展

2006 年 12 月 29 日，全国人大环境与资源保护委员会、国家林业局在北京举行《中华人民共和国防沙治沙法》实施五周年座谈会。全国人大常委会副委员长热地指出，防沙治沙是事关国家生态安全、事关中华民族生存与发展、事关全面建设小康社会进程的公益事业，各地区、各部门要加强领导，强化协作，落实责任，不断加大执法和监督力度，抓紧完善防沙治沙法律体系。

热地说，《中华人民共和国防沙治沙法》颁布实施 5 年来，是新中国成立以来防沙治沙形势最好、成效最大、发展最快的时期。5 年来，党中央、国务院高度重视防沙治沙工作，加大了投入力度，加快了治理速度，取得了明显实效。继颁布实施《中华人民共和国防沙治沙法》后，国务院又相继作出了《关于进一步加强防沙治沙工作的决定》，批复了《全国防沙治沙规划(2005 ~ 2010 年)》，实施了一系列防沙治沙重点生态建设工程。通过 5 年的努力，目前我国土地沙化面积由 20 世纪末年均扩展3 436平方千米转变为现在年均缩减1 283平方千米。土地沙化扩展的趋势得到初步遏制。

热地指出，尽管我国防沙治沙取得了初步成效，但是我国防沙治沙形势依然严峻，全国现有沙化土地面积 174 万平方千米，仍占国土面积的 18%，影响着近 4 亿人的生产和生活，每年造成的直接经济损失达 500 多亿元，严重制约着经济社会可持续发展。已经治理的沙化土地，生态状况仍很脆弱，特别在沙区，人口、资源、经济压力仍然巨大。

保护湿地　维护生态平衡　实现人与自然和谐

2007 年 8 月 3 日，热地副委员长在西藏自治区党委书记张庆黎，自治区党委常委、秘书长公保扎西，自治区副主席甲热·洛桑丹增等的陪同下，视察了拉鲁湿地国家级自然保护区，对湿地保护与建设工作取得的成绩给予高度评价。他指出，保护湿地对维护生态平衡，改善生态状况，实现人与自然的和谐，促进社会的可持续发展，具有十分重要的意义。

热地副委员长十分关心拉鲁湿地国家级自然保护区的保护、建设和发挥作用情况，为保护和建设拉鲁湿地倾注大量心血。20 世纪 80 年代，他在任西藏自治区党委主要领导时，就多次督促拉萨市主要领导做好拉鲁湿地的保护工作并做了相关批示。2004 年 8 月 12 日，热地副委员长再次视察拉鲁湿地，指出要在完成拉鲁湿地一期建设的基础上，抓好二期项目申报工作，尽快开展二期工程建设，认真做好晋升国家级自然保护区申报工作。2005 年 8 月 29 日热地副委员长亲自为“拉鲁湿地国家级自然保护区”揭碑。

位于拉萨市城区的拉鲁湿地，是目前国内海拔最高、面积最大的城市天然湿地，与世界历史文化遗产布达拉宫相映生辉，构成融天然、人文于一体的独特景观。热地指出，拉鲁湿地的有效保护、建设和合理利用，充分反映出了西藏各级党政组织和广大干部群众的环境保护意识不断提高，西藏的生态建设和环境保护事业正在不断得到加强。西藏良好的生态环境是有目共睹的，对于达赖集团和西方敌对势力在生态环境方面对我们进行的诋毁和污蔑，我们就要用像拉鲁湿地的保护和建设这样的事实，坚决予以反击和批驳。

张思卿

加快现代林业建设　促进人与自然和谐

2007年3月1日，关注森林活动组委会在京召开主任工作会议。全国政协副主席、关注森林活动组委会主任张思卿出席会议并讲话。

张思卿指出，过去八年，关注森林活动始终坚持“动员全社会力量关注林业、支持林业、发展林业”的宗旨，把“推动林业工作、帮助解决问题”放在第一位，组织开展了形式多样、内容丰富、主题突出的林业宣传和调研活动，取得了明显成效。2006年，以“保护自然生态，建设绿化致富文明村”为主题，关注森林活动产生了良好的社会反响。

张思卿指出，林业在国家建设全局中的地位越来越重要，作用越来越突出，任务越来越繁重。必须充分认识林业的巨大生态功能，努力加强生态建设与保护，切实担负起促进人与自然和谐发展的神圣使命；必须充分认识林业巨大的经济功能，努力保障木材供给和发展林业产业，切实担负起促进农民增收、新农村建设和国民经济又好又快发展的光荣任务；必须充分认识林业巨大的社会功能，努力增加就业和建设生态文明，切实担负起促进社会和谐、推动社会进步的重要职责。

张思卿强调，当前林业正处于一个由传统林业向现代林业转变的关键时期，需要全社会的重视、关心和支持。关注森林活动要进一步加强引导、加紧呼吁、加大力度，不断提高人们的生态意识，努力营造一个推动林业又好又快发展的良好氛围。

深入持久地把创建森林城市活动开展好

2007年5月9日，张思卿副主席在第四届中国城市森林论坛开幕式上指出，城市森林具有多种功能和效益，城市森林建设是重要的民生问题。建设城市森林，就是改善人居环境；发展城市森林，就是提高人们的生活水平；保护城市森林，就是保护人类共同的家园。当前，我国城市森林建设任务十分艰巨。要进一步提高认识，树立以人为本、生态优先的城市森林建设理念，兴利民之举，施惠民之策，切实把城市森林建设抓紧抓好，抓出成效。他强调，要充分发挥城市森林的多种功能，为城市居民提供更多更好的生态产品。要积极探索生态建设产业化、产业发展生态化的森林城市建设之路，加快建设完备的城市森林生态体系，加快推进城市森林建设。

王忠禹

发展林业产业　为经济社会又好又快发展做贡献

2007 年 8 月 20 日，全国林业产业大会暨中国林业产业协会成立大会在浙江杭州召开。全国政协副主席、中国林业产业协会名誉会长王忠禹出席大会并发表讲话。

王忠禹指出，森林作为陆地生态系统的主体，是维护国土生态安全促进人与自然和谐发展的重要保障。林业是具有生态、经济和社会三大功能的公益事业和基础产业，提供生态、物质和文化三大产品，发挥生态、经济和社会三大效益。

王忠禹强调，中国林业产业协会要立足经济社会发展大局，服务于现代林业建设，充分发挥“诚信、自律、桥梁、纽带”作用，努力建成一个代表广泛、功能齐全、服务完善、凝聚力强、在国内外同行业中最具影响的社团组织。

第二篇
领 导 专 论

贾治邦

切实贯彻科学发展观
全面推进现代林业建设

我国经济社会发展已经进入了工业化、城镇化、市场化、国际化发展的新阶段，经济体制深刻变革、社会结构深刻变动、利益格局深刻调整、思想观念深刻变化。为实现经济社会又好又快的发展，中央做出了全面落实科学发展观、构建社会主义和谐社会、建设社会主义新农村、建设创新型国家、建立资源节约型和环境友好型社会等一系列重大战略决策。在这种新形势下，林业在经济发展和社会进步中的的地位越来越重要，作用越来越突出，面临的任务也越来越繁重。必须把握时代的脉搏和潮流，适应国内外形势的深刻变化，顺应林业发展的内在规律，积极推进现代林业建设，拓展林业的生态功能、经济功能和社会功能，构建森林生态体系、林业产业体系和森林文化体系。

一、发展现代林业是全面落实科学发展观，构建社会主义和谐社会的必然要求

发展现代林业，在维护森林生态系统健康发展的同时，不断地满足国民经济与社会发展各种生态需求、物质需求和文化需求，是全面落实科学发展观，实现林业可持续发展，构建社会主义和谐社会的客观要求和必然选择。

1. 促进人与自然和谐发展，必须加强现代林业建设。对自然的过度索取，对森林和湿地的过度破坏，必然造成生态危机，导致人与自然不和谐发展，严重影响人民群众的生活质量和身心健康，严重影响社会和谐发展。英国科学家指出，由于森林大量被毁，已经使人类生存的地球出现了比以往任何问题都难以对付的生态危机，生态危机有可能取代核战争，成为人类面临的最大安全威胁。森林和湿地是陆地最重要的两大生态系统，在生物界和非生物界的物质交换、能量流动中扮演着主要角色，对保持陆地生态系统的整体功能、维护地球生态平衡、促进经济与生态协调发展发挥着中枢和杠杆作用。因此，必须把发展现代林业、改善生态环境这件事关人民群众切身利益的大事抓紧做好，发挥林业在提供资源支持和生命支持等方面的重要作用，为构建社会主义和谐社会作出贡献。

2. 满足人民群众日益增长的物质文化和生态需要，必须加强现代林业建设。以人为本是科学发展观的本质和核心。人的价值的实现途径是大力发展经济、推进民主政治建设和发展先进文化，切实保障人民群众的各项基本权利，满足人民群众日益增长的物质文化需要，促进人的全面发展。林业是生产生态产品的主体部门，是实现人与自然和谐的关键和纽带，是重要的基础产业，是生态文化发展的源泉和主要阵地，可以为人们提供多种物质文化和生态产品。发展现代林业，最大限度拓展林业多种功能，可以进一步提高林业生产力和林地综合产出水平，满足国民经济社会发展对林业的多样化需求，为社会创造更多的福祉，支持我国的经济建设、政治建设、文化建设、社会建设，是时代赋予林业的重大历史使命。

3. 建设社会主义新农村，必须加强现代林业建设。实现“生产发展、生活宽裕、乡风文明、村容整洁、管理民主”的社会主义新农村建设的宏伟目标，是全面落实科学发展观、统筹城乡经济社会发展、解决“三农”问题的战略举措，事关全面建设小康社会和现代化建设大局。我国69%、18%的国土面积是山区和沙区，56%的人口、83%的贫困人口聚居在山区。山区的发展、农村的进步是我国实现小康社会和现代化建设目标的难点和关键。发展现代林业，在社会主义新农村建设中具有重要的地位和作用。林地是农村、农民最重要的生产资料。着眼于比耕地大3倍的林地、湿地和可利用的沙地资源开发，进一步挖掘林业发展巨大的潜力，可以为农民就业增收、脱贫致富提供多种途径。发展现代林业，已成为建设社会主义新农村的迫切需要。

4. 立足于中华民族的生存和长远发展，必须加强现代林业建设。人类文明的发展和延续，与生态状况密切相关。生态状况恶化不仅会破坏人们的生存条件，甚至会导致人类文明的消亡。恩格斯在《自然辩证法》曾做过精辟的论述：“美索不达米亚、希腊、小亚细亚以及其他各地的居民，为了想得到耕地，把森林都砍完了，但是他们梦想不到，这些地方今天竟因此成为荒芜不毛之地。”我国也有不少曾经山清水秀、林丰草茂的地区，由于植被破坏和水土流失，已经沦为“有河皆干、有水皆污、土地退化、沙漠碰头”，气候恶劣，生态恶化，水旱灾害严重，治理的成本越来越高。保护生态，就是保护我们赖以生存的家园，就是保护中华民族发展的根基。

二、发展现代林业，应当高度重视林业巨大的发展潜力

林业承担着森林、野生动植物、湿地、沙漠化土地的保护发展和监督管理，这四大资源占国土面积的51%，既是十分重要的生态系统，又是十分重要的自然资源，为人类生存发展提供着基础保障。改革开放以来，我国林业建设取得了巨大成就，但从总体上看，森林总量不足、分布不均、质量不高的问题仍然很突出，蕴含在林地中的生产潜力和促进农民就业增收的潜能还远远没有发挥出来。

1. 充分发掘林地资源的潜力。土地是财富之母，是最重要的生产资料，充分利用广阔的林地、湿地、沙地资源，是农村生产发展的必然选择和潜力所在。全国43亿亩林地，加上8亿亩可治理的沙地和近6亿亩湿地，合计是我国耕地总面积的3倍多。我国林地利用率和生产力都很低，每公顷森林的蓄积量只有世界平均水平的60%～80%，人工林每公顷的蓄积量仅为世界平均水平的1/2。此外，平原农区也有着发展农田林网的巨大潜力。以吉林省德穗县为例，全县实现农田林网化，林木蓄积量达到280万立方米，每年生产木材10万立方米。按此推算，全国近900个平原县实现农田林网化，不仅能够对粮食生产发挥巨大的防护作用，而且还能每年增加生产1亿立方米的木材。

2. 充分发掘物种资源的潜力。我国有木本植物8 000多种、陆生野生动物2 400多种、野生植物30 000多种，还有1 000多个经济价值较高的树种。任何一个物种得到有效开发，都有可能办成一个大产业。比如，从银杏叶中提取的治疗心脑血管疾病的黄酮，从红豆杉中提取的抗癌物质紫杉醇，其价值都超过了黄金，形成了两个大产业。据专家研究，我国生物多样性的显性价值达7万亿元，并且还有难以估量的潜在价值。一是森林中的基因资源丰富。包括已有的农作物、家禽野生近缘种（如原生稻等），以及能在将来创造出许多新生物品种的、各种性状的基因遗传材料。二是丰富的木本粮油物种资源。我国有木本粮油植物100多种，目前人工种植的只有枣、板栗、核桃、油茶等少数几种。如果把适宜栽植木本粮油树种的土地全部开发出来，每年可增加木本粮油产量250亿千克，而且不占耕地，为我们改善食物结构，促进民众健康，保障粮食安全展示了良好前景。

3. 充分发掘市场需求的潜力。从国内市场看，社会对木材等林产品的需求量呈逐年攀升之势，供给缺口越来越大，价格也呈上升趋势。“十五”期间，全国年均消耗森林蓄积量5.5亿立方米，国内供给量为3.7亿立方米，缺口近2亿立方米。过去10年，我国年进口木材类产品折合原木，从0.4亿立方米增加到1.4亿立方米。据预测，到“十一五”期末，我国年森林蓄积总消耗量将达到6.8亿~7亿立方米，国内最大供给量仅4亿立方米，缺口近3亿立方米。从国际市场看，木材等林产品已经成为世界性的紧缺商品。国内外两个巨大的林产品市场，为林业发展展示了广阔前景。

4. 充分发掘安置农村劳动力的潜力。林业是一个与农民关联度高、农村剩余劳力容量大的行业。近年来，福建、江西通过集体林权制度改革，确立了农民经营林业的主体地位，吸引了大批农民从事林业生产经营。江西省近两年共吸引40多万外出打工人员返乡务林；福建省永安市因林业发展新增近6万个就业岗位，占全市新增就业岗位的55%。据测算，全国25亿亩集体林业用地，按人均经营50亩计算，就可使5 000万农民实现安居乐业。加上种苗花卉培植、野生动植物驯养繁育、林产品加工、流通贸易、森林旅游等，还可吸纳大量城乡劳动力。

三、发展现代林业，必须充分发挥林业巨大的生态、经济和社会功能

在新的发展阶段，林业承担着更加艰巨的历史使命，必须承担起维护生态安全、促进人与自然和谐的神圣使命；必须承担起增加农民收入、促进经济发展的重大任务；必须承担起促进社会和谐、推动文明进步的重要职责。

1. 充分认识和开发林业巨大的生态功能。我国生态与环境问题十分突出，推进现代林业建设，恢复和重建森林生态体系，发挥林业巨大的生态功能，是治理生态和环境问题的根本措施。

——发展林业是减少水土流失的治本之策。我国水土流失总面积达356万平方千米，占国土面积的1/3。每年流失土壤的总量达到50多亿吨，相当于1 000万亩土地被剥走了1厘米厚的表土，对耕地安全和粮食安全构成了严重的威胁。“山清才能水秀，穷山必有恶水”。森林能够有效阻隔雨水对土地的直接冲刷。在降雨量为300~400毫米的地方，有林地的土壤冲刷量约为60千克/公顷，仅为裸露地的1/110；森林还可以吸收大量降水，实现“细水长流”。1公顷结构完整、功能良好的森林，能够涵养2 150吨水。

——发展林业是治理沙患的关键措施。我国有沙漠化土地面积约40亿亩，严重沙漠化趋势的土地约5亿亩，两者占国土总面积的30%以上，中华民族生存发展的空间越来越小。全球受到沙漠化影响的人口超过10亿，我国就有近4亿。采取林业措施治理沙漠化，可以降低近地面风速，减少风沙流对地表的侵蚀，促使多种生物的活动和繁衍和稳定的生态系统的形成，起到永久固定流沙，防止风沙危害的作用。

——发展林业对减缓温室效应具有极为重要的作用。二氧化碳排放量不断增长，造成全球气候变暖已经成为一个不争的事实。有关权威机构预测，随着气温和海平面的上升，许多滨海城市和沿海地区将变为一片汪洋，到2035年，将有2亿人沦为“气候难民”，15%~40%的物种面临灭绝，造成的经济损失相当于20世纪上半叶经济大萧条和两次世界大战损失的总和。我国经济高速增长，二氧化碳排放量增长势头不改。森林是陆地生态系统中最大的碳贮库，森林每生长1立方米的蓄积，约吸收1.8吨的二氧化碳，释放1.6吨氧气。如果能够实现到2020年森林覆盖率达到23%的林业发展战略目标，年新增固碳能力可达10亿吨以上，相当于同期碳排放新增量的2~3倍。因此，加快发展林业，提高森林固碳功能，可为切实履行《京都议定书》职责，建设低碳社会作出重要贡献。

——发展林业对涵蓄淡水和净化水质具有根本性作用。我国人均仅拥有水资源2 100多立方米，不到世界水平的三分之一。全国正常年份缺水400亿立方米，400余座城市供水不足，110座城市严重缺水，农田受旱面积近4亿亩，造成的经济损失高达数千亿元。森林具有很强的保持水土、涵养水源作用，其茂密的树冠、深厚的落叶层及发达的根系，可持续吸收降雨量65～270毫米，将大部分自然降水转化为有效水资源。据测算，我国现有的24亿多亩森林，可蓄水3 400多亿吨，相当于我国现有水库总库容。湿地被誉为“地球之肾”。我国各种自然湿地面积为5.4亿亩，维持着全国96%的可利用淡水资源，并对污染的水体发挥着独特的净化作用。

2. 充分认识和开发林业巨大的经济功能

发展现代林业，必须充分发掘林业巨大的经济功能，切实承担起保障资源供给，促进经济发展的重大任务。

——发展林业，立足国内解决木材紧缺问题，是一项十分紧迫的战略任务。木材是支撑经济发展的四大重要原材料之一。我国是世界上木材消耗大国，木材紧缺十分突出，2005年木材消耗量约3.3亿立方米，其中1.2亿立方米依靠进口。随着我国经济社会的快速发展，木材需求呈刚性增长，到2010年供需缺口将高达3亿立方米以上，成为国际社会关注的热点问题。依靠进口解决木材紧缺问题难以为继，立足国内才是根本出路。必须进一步科学经营现有森林，充分利用8亿多亩宜林荒山荒地发展人工用材林，同时努力提高木材利用率，切实增强国内木材供给潜力。

——发展林业，开发生物质能源，对于保障我国能源安全具有重大意义。我国是一个能源问题十分突出的国家，化石能源储量严重不足，能源结构十分不合理，能源消耗增长迅猛，能源不足问题将成为长期制约我国经济与社会可持续发展的重大问题。森林占生物物种50%以上和占生物质总量70%以上，是各国新能源、新材料开发瞄准的重点目标。我国现有林木中，能用于工业能源原料的生物量有3亿多吨，可替代2亿吨标准煤；利用现有林地，可培育能源林1.8亿亩，每年提供生物柴油500多万吨，木质燃料近4亿吨，折合标准煤约2.7亿吨。

3. 充分认识和开发林业巨大的社会功能

发展现代林业，必须充分重视和发挥林业巨大的社会功能，承担起促进社会和谐、构建生态文化、推动文明进步的重要职责。

——发展林业是促进农村社会发展、增加农民就业增收的重要途径。我国是一个农业人口大国。增加农民就业增收，缩小城乡差距，是构建社会主义和谐社会、全面实现小康社会目标重点和难点，既是重大的经济问题，也是必须高度重视的社会问题。我国可利用的林业用地43亿亩，利用率仅有58%，单位产出仅为耕地的3.2%，在依靠耕地增加农民就业和收入的潜力已十分有限的情况下，如果把丰富的林地、物种、劳动力资源潜力和林产品市场潜力充分挖掘并有机结合起来，就可创造出巨大的物质财富和可观的经济效益，满足经济社会发展对林产品的需求，促进亿万农民就业增收致富。2005年浙江省临安市仅发展竹产业，就涌现出10个年产值超千万元的乡，100多个年产值超百万元的村；浙江省安吉县竹业年产值高达58.6亿元。我国现有25亿亩集体林地，按每户经营50亩计算，可为5 000万农户、2.5亿农民提供可靠的就业岗位，这对于缓解社会就业压力，促进农民增加收入，推动经济社会全面协调可持续发展都将发挥历史性的作用。

——发展林业是推进社会文明进步的重大措施。森林是人类重要的精神来源。生态文明是继农业文明和工业文明之后迄今为止人类文明的最高形态，是人类共同的价值追求。实现人与自然和谐，是森林文化的涵义与核心，是和谐思想的重要体现，是21世纪人类先进思想的重要组成部分。建设繁荣的森林文化体系，是经济社会和现代文明发展的要求，是拓宽林业发展空间的要求，是丰富林业建设内容的要求。

发展森林文化，一是可以协调人与自然的关系。走进森林，人们可以了解森林生态系统的内在价值以及生物间相生相克、相辅相成的关系，感悟社会和人生，获得大量的智慧和知识，树立起平等友善对待自然、科学开发利用资源的自然观、价值观和道德观。二是可以协调人与人的关系。不同层次不同年龄的人，可以通过森林得到不同的感悟。从梅和竹上，智者感受到挺拔和独立，贤者感受到博大精深，哲者得到从容与大度，商者得到诚信和守节，僧侣得到宁静和庄严。森林能潜移默化地影响每一个人的个性发展，不断陶冶人们的品德和性格。茅盾先生从白杨树上得到启迪，写出《白杨礼赞》，这是作家赞美自然、以树言志、借物抒情的名篇；《红楼梦》的故事情节始终伴随着花鸟园林，包括人和物的名称都以充满诗情画意的花鸟名称来命名；以树木花鸟为题材的诗歌美术等艺术作品，内涵十分丰富。英国生态学家格兰杰说过："森林是一切生命之源，当一种文化达到成熟或过熟时，它必须返回森林，来使自己返老还童。"无数事实证明，人类走出森林又向往回归森林，人类离不开森林。要像呵护孩子般去呵护森林生态系统，要像孝敬老人般去孝敬森林生态系统。

——发展林业是促进乡风文明、实现村容整洁的重要内容。乡风文明、村容整洁是农村社会发展向现代化迈进的显著标志。发展林业，一是提高农民生态道德意识。通过乡村绿化，提高自身修养，形成良好的生态道德意识，有助于农民改变传统的生活观念和生活方式。二是绿化美化农村生态环境和人居环境。农村生态环境是农民生活质量提高的必要条件，通过构筑农田林网、增加村庄和农户院落的林草覆盖，发展庭院林业，能使农民的家居环境、村庄环境、自然环境更加优美，促进人与自然和谐。

四、发展现代林业，必须加速推进林业六大转变，积极构建林业三大体系

加快我国林业发展，保障可持续发展战略的实施，实现社会生产力持续发展和提高人们生活质量，就必须加速推进林业经营思想、传统技术等方面的转变，充分拓展和开发林业的三大功能，构建现代林业三大体系，提高林业生产力水平。

1. 加速推进林业六大转变

要以现代发展理念为指导，以现代科学技术、设施装备和管理手段为支撑，以市场机制为运行基础，加快提高林业生产力。

——加速推进传统林业经营思想向现代发展理念转变。发展现代林业的理念应当是现代化的、科学的，是辨证的、运动的，不是静止的、形而上学的。要树立兼顾生态建设与科学利用的发展理念，实现"生态建设要产业化，产业建设要生态化"。要树立科学经营的理念，更加重视科学经营森林，提高林分质量。

——加速推进传统技术向现代技术转变。通过品种良种化、施肥有机化、用药仿生化，手段信息化，实现良种壮苗普及、栽培技术实用、防火防虫高效、采伐全树利用，产品加工循环，使现代技术覆盖林业生产的全过程。

——加速推进传统装备向现代装备转变。现代林业必须彻底改变传统的生产方式，改变林业各生产环节劳动强度大、装备简陋、效率低下的状况，不断提高营林生产、采伐作业、产品加工的机械化、智能化水平，提高林业管理、公共服务、执法监管的电子政务、数字林业水平，实现林业生产和管理装备的现代化。

——加速推进低技能劳动者向知识型劳动者转变。发展现代林业，既要重视“劳动密集”的产业特性，又要重视发展“知识密集”的新型林业产业。既要求劳动者队伍数量大，又要求要求务林人具备较为丰富的科学文化知识基础，掌握现代市场经济、政策法规、经营管理等知识，具有运用现代科技成果的技能。

——加速推进落后林业生产力向先进生产力转变。我国目前林业生产力水平低下。与世界水平差距很大。发展现代林业，最终要表现为先进的生产力和较高的林地综合产出水平，努力转变林业增长方式、促进林业又好又快发展。

——加速推进陈旧管理模式向现代管理模式转变。要以高效率、高效益为目标，实现管理组织现代化、管理方法现代化、管理人员现代化。当前，要针对林权制度改革不断推进和物权法即将实施的实际，及时进行林业体制机制创新，更好地适应林业生产力的发展。

2. 积极构建林业三大体系

要按照生态良好、产业发达、文化繁荣、发展和谐的要求，着力构建林业三大体系，充分发挥森林的多种功能和综合效益。

——构建完善的生态体系。通过培育和发展森林资源，着力保护和建设好森林生态系统、荒漠化生态系统、湿地生态系统，充分发挥林业在农田生态系统、草原生态系统、城市生态系统循环发展中的基础性作用，努力构建布局优化、结构合理、功能协调、效益显著的森林生态体系。使森林和湿地生态系统与其他生态系统共同营造和谐的生命支持系统，使林业生态体系在生物多样性保护、增加碳汇、减缓全球气候变暖中发挥重要作用，保证人与自然的和谐共存。

——构建发达的产业体系。遵循市场经济规律和林业发展规律，通过提高林业科学化、机械化和信息化水平，提高林地产出率、资源利用率和劳动生产率，努力构建品种丰富、规模可观、布局合理、优质高效、环境友好、竞争力强的林业产业体系。要以提高林地生产力为核心，以资源培育为基础，做大第一产业；以提高科技含量和附加值为核心，以信息化、机械化、高科技为手段，改造提升第二产业；以改造森林景观、提高文化品位为核心，以人性化、多样化为理念，做活第三产业。要积极培育林业龙头企业，推进林业产业化经营。在特色森林资源丰富地区，培育一批林业特色产业集群和区域品牌。

——构建繁荣丰富的森林文化体系。通过加强森林文化基础设施建设，积极开发森林文化产业，努力构建主题突出、内容丰富、贴近生活、富有感染力的森林文化体系。加强生态文化基础建设，逐步抓好森林博物馆、森林标本馆、自然保护区、森林公园、林业科技馆、城市园林等森林文化设施建设，保护好旅游风景林、古树名木和纪念林。开发森林文化产业，充分利用文化平台弘扬生态文明，通过文学、影视、戏剧、书画、美术、音乐等多种文化形式，普及生态和林业知识。

五、发展现代林业，必须统筹协调推进，多种措施并举

全面推进现代林业建设，是一项长期而艰巨的任务，是一个循序渐进的过程，必须从我国国情出发，遵循客观规律，坚持走有中国特色的林业发展道路，统筹建设目标，多种措施并举，实现建设的有序推进。

1. 坚持以生态建设为主，兼顾产业建设和文化建设

实行以生态建设为主的林业发展战略，是社会发展对林业的根本要求，是实现人与自然和谐，构建和谐社会的重要内容。建设发达的林业产业和繁荣丰富的生态文化体系，也是社会发展赋予林业的重大使命。只有加快林业产业发展，才能更好地满足社会不断增长的林产品需求，增加林业在农民就业增收中的作用，为推进社会主义新农村建设作出应有的贡献。建设繁荣丰富的生态文化，也将为推进21世纪的生态文明建设，提供重要的智力支持和思想保障。

2. 坚持富民兴林，增强林业发展的活力

林业是广大林区和山区人民的生计所在，是千百万人的事业，广大林农和林业经营者是发展林业的主体。富民才能兴林，发展林业要坚持以人为本，处处为群众的根本利益着想，让务林人从中受益，使林业发展更具有生命力和活力。要从政策、体制和机制上下工夫，努力调动广大林业经营者的积极性，推动林业持续、健康和快速发展。

3. 坚持科教兴林，转变增长方式

科技和教育是一个国家竞争力的根本，也是一个行业和产业发展生命力之所在。林业生产地域的广袤性和野外生命体的自然属性，决定了提高林业生产力更需要有科学与教育的支撑。必须千方百计地加快林业科技进步，大力推广和普及适用技术，提高林业生产力水平，提高林地产出率，切实满足我国社会经济发展对林业生态和资源的需求，满足13亿国民对林业多样化的需求。

4. 坚持深化林业改革，保障现代林业发展

深化林业改革是解放和发展社会生产力、不断创新充满活力的体制机制的必然要求，是发展现代林业的强大动力。要切实推进集体林区、重点国有林区和国有林场改革。目前，集体林权制度改革已在福建、江西、辽宁等省深入开展，并显示出强大的生命力和发展后劲，要不失时机地扩大试点，推进配套改革，走出集体林业发展的新路子。重点国有林区和国营林场的改革，关键要寻找国有森林所有权和经营权分离的有效方式，理顺管理体制和机制，提高国有林经营效率，促进林区综合发展。

5. 坚持依法治林，积极推进现代林业法制进程

法制建设是现代林业发展的重要保障。随着《中华人民共和国物权法》的颁布实施，《中华人民共和国森林法》修订工作需要及时摆上议事日程，一系列原有的权利义务关系也需要进行相应的调整。适应林业分类经营改革的政策和法律需要不断调整和完善。商品林与公益林的采伐管理问题，严重的林地逆转问题，种苗管理、物种引进与保护、资源利用、进出口贸易等问题都需要引起我们的高度重视，及时研究对策，加强监管，使林业经营活动都纳入法制轨道。积极履行国际公约，建立健全与国际惯例相适应的法律框架。

切实贯彻落实科学发展观
积极发挥森林在应对气候变化中的重大作用

党的十七大指出：“要全面把握科学发展观的科学内涵和精神实质，增强贯彻落实科学发展观的自觉性和坚定性，着力转变不适应不符合科学发展观的思想观念，着力解决影响和制约科

学发展的突出问题。”“加强水利、林业、草原建设，促进生态修复。加强应对气候变化能力建设，为保护全球气候作出新贡献。”

全球气候变化是人类面临的最严重的危机之一。在应对气候变化的对策中，森林以其特殊功能将发挥不可替代的作用。胡锦涛总书记在今年刚刚结束的APEC会议上，表明了中国应对全球气候变化的坚定立场，提出了应对气候变化的“森林方案”，倡议建立亚太森林恢复与可持续管理网络，受到与会各国首脑的热烈响应，并被写入《悉尼宣言》，树立了中国负责任大国的形象，赢得了国际社会的广泛尊重和好评。这一方案，为人类积极应对气候变化指明了一条最现实、最有效的战略途径，必将对推动全球经济社会可持续发展产生重大而深远的历史性作用。

一、全球气候变化的缘由及危害

当前，全球气候正在发生着以变暖为主要特征的显著变化。从全球情况看，1906～2005年全球地表平均气温升高了0.74℃；从我国情况看，近百年来年平均气温上升了0.5～0.8℃，全球气候变暖已是不争的事实。引起全球气候变化，既有自然因素，也有人为因素。自然因素是指日地关系以及气候系统内部的相互作用与反馈过程，比如太阳活动、火山活动以及海洋、大气、陆面、冰雪等气候系统各子圈层之间的相互作用等。据政府间气候变化专门委员会（IPCC）评估，全球气候变化主要是人为因素引起的。

（一）引起气候变化的两大人为因素。人类活动对气候的影响主要缘于两大因素：一是大规模使用化石燃料，如石油、煤炭、天然气等，排放了大量以二氧化碳为主的温室气体；二是大规模破坏森林资源，不仅全面损害了全球森林的固碳能力，而且使其成为仅次于化石燃料的碳排放源。目前，全球森林已由人类文明初期的76亿公顷减少到38亿公顷。联合国发布的《2000年全球生态环境展望》指出，由于人类对木材和耕地的需求，全球森林减少了一半，9%的树种面临灭绝，30%的森林变成农用地，80%的原始森林遭到破坏，剩余的森林不是支离破碎，就是残次退化，而且分布极不均匀，难以支撑人类文明大厦。据专家研究，林地转化为农地10年后，土壤有机碳平均下降30.3%。另据专家研究，全球毁林引起的碳排放从1850年的每年3亿吨，增加到20世纪50年代初的每年10亿吨，到80年代末达到每年20亿～24亿吨，占同期人类活动碳排放的23%～27%。

正是由于人类大规模使用化石能源和大规模破坏森林植被，引起了大气中以二氧化碳为主的温室气体浓度持续升高。据世界气象组织公布的数字，2005年大气中的二氧化碳浓度较前一年上升了0.5%，达到了379.1微升/升。自18世纪末期以来，空气中的二氧化碳的含量已累计增加了35.4%，产生了温室效应，这就是导致全球气候变暖的根本原因。

（二）气候变化将带来严重的危害和潜在危险。气候变化不仅会对生态安全、能源安全、淡水安全、食物安全和人类健康带来危害，而且对经济发展、社会稳定和全人类的生存发展都会造成严重影响。一是气候变化将直接导致冰川退缩、海平面上升、生物多样性受到破坏等严重问题。研究表明，如果大气中二氧化碳浓度再增加1倍，全球气温将升高1.5～4.5℃，由此造成海平面上升0.3～1米，可能使许多沿海地区受淹，全球30%的人口将被迫迁移。二是气候变化可能引起热浪频率和强度增加，某些传染性疾病的发生和传播机会增大，心血管病、疟疾、登革热和中暑等疾病发生的程度和范围增加；气候变化将造成极端天气气候事件及其引发的气象灾害频繁发生。三是气候变化使国际安全形势更加复杂化，并且已经成为全球性非传统安全问题。气候变化通过影响粮食、水资源、能源等战略资源的供应与再分配，引发社会动荡、边界冲突，扰乱现有国际秩序和地缘政治格局。在容易遭受全球气候变暖影响的地区，由于自然灾害增加，粮食产量下降，人类疾病增加，可用水资源减少，可能成为滋生内部冲突和国际冲突的温床，造成严重和持续的社会灾难。

全球气候变暖已成为21世纪人类共同面临的严峻挑战，因而受到各国首脑、国际组织和科学界的高度关注。联合国秘书长潘基文说，气候变化问题将成为他的首要任务之一。今年9月25日开始的第62届联合国大会将“应对气候变化的挑战”确定为辩论主题。西方八国和五个发展中国家的首脑会议，也将气候变化问题列为重要议题之一。应对气候变化不仅是全球面临的重大责任，也是我国应当主动承担的重要国际义务。

二、森林在应对气候变化中的独特功能

针对导致气候变化的两大主要因素，国际社会在应对气候变化中，正在采取两项战略措施：一是直接减排。即：通过工业、能源领域的技术改造，提高能源利用效率，来减少二氧化碳等温室气体排放；二是间接减排。即：通过以森林为主体的生物吸收大气中的二氧化碳，将已排放到大气中的温室气体吸收固定下来，以达到减少大气中温室气体含量的目的。直接减排十分重要，必须坚持；而通过森林来实现间接减排，成本低、易施行、综合效益大，是目前应对气候变化最经济、最现实、最有效的重要途径。

（一）森林是陆地上最大的储碳库。森林是陆地生态系统的主体，因其具有吸收二氧化碳、放出氧气的特殊功能，而被称为“地球之肺”。森林以其巨大的生物量储存着大量的碳，是陆地上最大的储碳库。据联合国政府间气候变化专门委员会估算：全球陆地生态系统中约储存了2.48万亿吨碳，其中1.15万亿吨碳储存在森林生态系统中。2000年，联合国政府间气候变化专门委员会又发表报告指出，森林面积占全球面积的27.6%，森林植被的碳储量约占全球植被的77%，森林土壤的碳储量约占全球土壤的39%，森林生态系统碳储量占陆地生态系统碳储量的比例为57%。

（二）森林是最经济有效的吸碳器。森林通过光合作用吸收二氧化碳，放出氧气，把大气中的二氧化碳以生物量的形式固定下来，这个过程被称为碳汇。科学研究表明：林木每生长1立方米，平均吸收1.83吨二氧化碳，放出1.62吨氧气。全球森林对碳的吸收和储量占全球每年大气和地表碳流动量的90%。国内专家研究指出，在中国种植1公顷森林，每储存1吨二氧化碳的成本约为122元人民币，这与非碳汇措施减排每吨碳成本高达数百美元形成了鲜明反差。据专家测算：一个20万千瓦机组的煤炭发电厂每年约排放87.78万吨二氧化碳，可被3.2万公顷人工林在1年中吸收的二氧化碳当量抵消；1架波音777飞机从北京到上海来回旅程约4小时，1天1个来回，1年约排放28 032吨二氧化碳，可被1 000公顷人工林在1年中吸收的二氧化碳当量抵消；1辆奥迪A4汽车1年的二氧化碳排放量约为20.2吨，可被0.7公顷人工林在1年中吸收的二氧化碳当量抵消。

（三）森林固定二氧化碳持久而稳定。森林不仅固碳量大，而且固碳时间长，只要不腐烂、燃烧，木制品固碳就会长期、稳定地持续下去。家具等木制品固碳的时间可达几十年、上百年；北京故宫等我国许多的古建筑所用的木材，固碳的时间长达几百年、上千年；新疆的胡杨林有“活着一千年不死，死了一千年不倒，倒了一千年不朽”的特点，固碳的时间则更长。因此，木材及木制品也是十分重要的碳库。

（四）森林固碳有两大明显优势。森林在应对气候变化中不仅具有特殊功能，具有固碳量大、固碳时间长的特点，还有两大明显的优势。一是森林固碳成本低、易施行，而工业直接减排成本较高，推行难度较大。按照美国的分析预测，如果美国签署《京都议定书》，到2012年，其温室气体排放量要比1990年减排7%，这将造成美国4 000亿美元的经济损失和490万人失业。另据测算，如果我国将煤的使用比重降低1个百分点，尽管二氧化碳排放量可以减少0.74%，但同时会造成GDP下降0.64%，居民福利降低0.60%，减少470多万个就业岗位。二是森林不仅具有固碳功能，还具有其他众多的生态功能、经济功能和社会功能。森林不仅是最大的储碳库，还是地球上最大的资源库、能源库、基因库、绿色水库等，对涵养水源、防风固沙、保护物种、调节温湿度、改善小气候、维护生态平衡具有不可替代的作用，同时还能为人类提供众多的林产品和林副产品，增加社会就业，促进经济发展。实行森林间接减排，可获得巨大的综合效益。

（五）森林固碳已经成为缓解气候变化的根本措施之一。恢复和保护森林作为减排的重要措施受到了国际社会的高度重视，并被写入了《京都议定书》。联合国政府间气候变化专门委员会在今年发布的第四次全球气候变化评估报告中指出：与林业相关的措施，可在很大程度上以较低成本减少温室气体排放并增加碳汇，从而缓解气候变化。目前，许多发达国家已在实行森林间接减排。如，日本承诺减排6%，其中3.9%由森林固碳间接减排，2.1%由工业直接减排。围绕后京都议定书的国际谈判，许多国家和国际组织都在积极推动森林间接减排政策的制定，以进一步发挥森林在应对气候变化中的特殊作用。

三、我国森林资源持续增长对全球的重大贡献

我国政府高度重视应对气候变化工作，在“十一五”规划中提出了控制温室气体排放目标，成立了国家应对气候变化和节能减排工作领导小组，并在发展中国家率先编制了《应对气候变化国家方案》。特别是长期以来，邓小平、江泽民、胡锦涛等党和国家领导人年年带领全国人民义务植树，全国有104亿人次，义务植树492亿株，同时国家还投入巨资实施林业重点工程，森林资源保持了持续快速增长，为应对全球气候变化做出了重大贡献。

（一）我国人工林面积居世界首位，受到国际社会的高度评价。目前，全国森林面积达到1.75亿公顷，森林覆盖率达到18.21%，活立木总蓄积达到136.18亿立方米。其中，人工造林保存面积达到5 364.99万公顷，居世界首位。1990～2005年，世界森林资源总体呈减少趋势，而中国的森林资源由1.34亿公顷增加到1.75亿公顷。据联合国粮农组织最新发布的全球森林资源状况报告指出，2000～2005年，在全球森林资源继续减少了约5万平方英里①的情况下，亚洲反而新增了大约4 000平方英里的森林资源，这种可喜状况应主要归功于中国森林的增长。

（二）我国森林吸收了大量二氧化碳，森林碳汇功能持续增长。据我国公布的《应对气候变化国家方案》，2004年中国森林净吸收了约5亿吨二氧化碳当量。专家普遍认为这一数字比较保守，据北京大学的研究结果：我国单位面积森林吸收固定二氧化碳的能力显著增加，已由20世纪80年代初的每公顷吸收固定二氧化碳136.42吨增加到21世纪初的150.47吨；1981～2000年间，以森林为主体的中国陆地植被碳汇抵消了我国同期工业二氧化碳排放量的14.6%～16.1%。

（三）我国重视和推进森林固碳在国际上产生了良好的影响。根据《联合国气候变化框架公约》及《京都议定书》的规定，工业化国家在2008～2012年的第一承诺期内，必须将其温室气体的年排放总量在1990年的基础上降低5.2%。作为发展中国家，我国目前不承担减排义务，但

① 1平方英里约等于2.59平方千米。

中国政府以高度负责的精神，全面加强林业建设，不断扩大森林资源、增加对二氧化碳的吸收，在国际上产生了强烈而良好的影响。2006 年，来自美国、英国、芬兰和中国等 6 位不同学科的国际著名专家共同对中国森林吸收二氧化碳的能力进行评估后认为，1999～2005 年期间，中国是世界上森林资源增长最快的国家，这不仅吸收了大量二氧化碳，而且为中国乃至全球经济社会的可持续发展创造了难以估量的生态价值。他们呼吁世界有关国家向中国学习，以实际行动为应对全球气候变化做出应有的贡献。

四、继续发挥森林固碳的巨大潜力

我国作为一个发展中大国，在应对全球气候变化中承担着重要义务。胡锦涛总书记从维护全球气候安全的战略高度，提出了建立亚太森林恢复与可持续管理网络的重要倡议，并提出到 2010 年中国森林覆盖率将由现在的 18.21% 提高 20% 以上。为了落实胡锦涛总书记向世界作出的承诺，进一步发挥森林固碳的优势与潜力，为应对全球气候变化作出更大贡献，下一步将重点采取以下措施：

（一）积极扩大森林面积，增加森林的固碳总量。目前，我国仍有无林地 5 700 万公顷，荒漠化土地 2.64 亿公顷，沙化土地 1.74 亿公顷，森林覆盖率仅为 18.21%，不到世界平均水平的 2/3，大量林业用地亟待恢复森林植被，发展潜力很大。要深入开展义务植树，继续实施好天然林保护、退耕还林、京津风沙源治理、三北及长江防护林体系建设和速生丰产林基地建设等重点林业工程，同时大力开展村屯绿化、庭院绿化、沿路沿河沿渠沿塘绿化和农田林网绿化以及近山远山绿化，不断挖掘林业的固碳潜力，达到减排的目的，力争通过扩大森林面积，使森林吸收二氧化碳能力得到进一步提升。

（二）大力提高森林质量，增强单位面积森林的固碳功能。目前，发达国家的林分每公顷蓄积量为 210～300 立方米，我国为 84.7 立方米，仅为发达国家单位林分蓄积的 1/3 左右。特别是我国现有大面积的森林属于生物量密度较低的次生林，其固定二氧化碳能力仅为每公顷 91.75 吨，大大低于全球中高纬度地区每公顷 157.81 吨的平均值。要通过加强技术和资金投入，对现有森林进行技术改造、经营抚育，明显提高森林质量和森林生长量，力争使我国单位面积森林的固碳能力有明显提高。

（三）加快采伐迹地更新造林，扩大森林碳库容量。成、过熟林生长趋于平缓，如果合理采伐利用，一方面，90% 的林木仍以实物形态长期贮存碳；另一方面，采伐地更新造林，可为森林固碳提供新的空间。第六次全国森林资源清查期间，我国年均采伐消耗量 3.65 亿立方米，折合新增 243.59 万公顷采伐迹地。要采取有力措施，使更新跟上采伐，力争使再造林形成的森林固碳能力每年达到 0.57 亿吨。

（四）大力发展生物质能源，促进节能减排。据专家估计，到本世纪中叶，生物质能源将占全球总能耗的 40% 以上。我国现有林中，每年可用作工业能源原料的生物量有 3 亿多吨，可替代 2 亿吨标准煤；利用现有宜林荒山荒地，可培育能源林 1 333.3 万公顷，每年可提供生物能源折合标准煤 2.7 亿吨。如果将这些生物质能源开发出来，可有效减少二氧化碳排放量。最近，国家林业局已经和中石油、中粮集团等签订了发展林业生物质能源的协议，先期发展 40 万公顷能源林的计划已经正式启动。

（五）加大以生物措施为主的水土流失治理力度，增强土壤的储碳功能。土壤储存了大量有机碳，水土流失会削弱土壤储碳功能。科学研究表明：将非森林土壤转化为森林土壤，土壤中有机碳可增加50%以上。目前全国水土流失面积达到356万平方千米。要继续加大水土流失治理力度，推行以生物措施为主的治理模式，进一步减少土壤裸露，增强土壤储碳能力，拓展减排空间。

(六)加大对森林火灾、病虫害和非法征占用林地行为的防控力度，以减少森林的碳排放。森林火灾、病虫害和非法征占用林地等都会释放一定的二氧化碳。特别是森林火灾，不仅会造成严重的资源损失，还是森林排放二氧化碳的主要原因。新中国成立以来，我国年均发生森林火灾1.3万起，受害森林面积66.5万公顷。要进一步加强宣传教育，提高全社会的防火意识，重视防扑火队伍和基础设施建设，提高装备水平，完善应急管理，增强综合防控能力，减少森林火灾的发生和损失，降低森林火灾的碳排放量。

(七)适当增加木材使用，延长木材使用寿命，增强木质林产品贮碳功能。据专家研究，1961~2004年，我国木制品固定的二氧化碳储量达到12.46亿~18.51亿吨，到2020年，我国木制品的二氧化碳储量可达23.5亿吨。同时，木质类材料在生产和加工过程中所消耗的能源，也大大低于铁及铝等金属材料，可以抑制化石燃料的消耗。国际能源机构测算，用木结构代替钢结构，能耗可从300降为100，用木结构代替钢筋混凝土结构，能耗可从800降为100。我国研究表明，用木材替代水泥、砖等材料，1立方米木材约可减排0.8吨二氧化碳当量，既节约能源，又减少污染。要鼓励使用天然、绿色、无污染的林产品，并延长使用寿命，以降低能耗、增加减排，扩大木材和林产品的碳库容量。

森林关系人类的前途与命运。应对全球气候变化赋予了林业重大使命。我们将认真贯彻党的十七大精神，全面落实胡锦涛总书记在APEC会议上提出的重要倡议，加强森林与气候领域的国际合作，加快建立亚太森林恢复和可持续经营网络，促进亚太地区森林恢复和可持续森林经营的技术、经验交流，在不断提高自身恢复和管理森林能力的同时，进一步传播我国在造林方面的成功做法，树立我国作为负责任大国的形象，为全球应对气候变化作出更大的贡献。

坚持兴林富民　加快发展步伐
努力构建我国发达的林业产业体系

——在全国林业产业大会暨中国林业产业协会成立大会上的讲话

这次会议，是在以生态建设为主的林业发展战略深入实施、现代林业建设全面推进的关键时期召开的一次重要会议，也是近10年来国家林业局全面部署产业工作、全国林业产业界集聚一堂共谋发展的一次盛会。会议的主要任务是：以邓小平理论和“三个代表”重要思想为指导，全面落实科学发展观，按照建设现代林业的战略构想和总体要求，分析林业产业面临的新形势和新任务，研究加快林业产业发展的对策和措施，凝聚和动员各方面的力量，为全面构建我国发达的林业产业体系作出贡献。

党中央、国务院对林业事业高度重视，对这次产业大会给予了高度关注。回良玉副总理亲自向大会致信，对做好林业产业工作做出重要指示。全国政协副主席王忠禹同志亲自担任中国林业产业协会名誉会长，并在百忙中出席这次会议，刚才又给我们做了非常重要的讲话。这是对林业工作的亲切关怀，是对林业产业界的巨大鼓舞，我们一定要认真学习，深入贯彻。

一、充分认识加快林业产业发展的重大意义

我国现代化建设已经站在新的历史起点上，进入了加快推进的重要时期。以胡锦涛同志为总书记的党中央做出了全面落实科学发展观、构建社会主义和谐社会、建设社会主义新农村、建设资源节约型和环境友好型社会等一系列重大战略决策，为林业建设赋予了新的使命，对林业发展提出了新的要求。维护生态安全、促进人与自然和谐，维护气候安全、缓解全球气候变暖，维护木材安全、解决木材供需矛盾，维护能源安全、发展生物质能源，维护农村社会和谐稳定、促进农民就业增收，都要求林业有更大的发展，都需要林业作出新的贡献。这当中，林业产业充当着重要的角色，发挥着重大作用，具有重大意义。

加快林业产业发展是实施以生态建设为主的林业发展战略的内在要求，对维护国家生态安全具有重要意义。改善生态，是经济社会发展的重要基础，也是经济增长的新途径，是最大、最长远的经济利益。实施生态建设为主的林业发展战略，是党中央、国务院总揽全局，着眼于国家生态安全和经济社会发展做出的英明决策，是林业工作的永恒主题和根本任务。全面实施这一战略，既要坚定不移地加强林业生态建设，也要大力推进林业产业发展。生态和产业相互依存、相互制约、相互促进，是对立统一的辩证关系。只有大力加强生态建设，建立起完善的生态体系，充分发挥林业巨大的生态功能，满足社会和人们对良好生态的需求，形成丰富的森林和足够的资源，林业产业发展才有坚实的物质基础和发展空间。同时，只有大力发展林业产业，建立起发达的产业体系，充分发挥林业巨大的经济功能，满足社会和人们对林产品的需求，积累雄厚的财富和充足的资金，生态建设才有坚实的资金保障和发展动力。那种把生态与产业对立起来的观点，是片面的、形而上学的。只有把两者统筹起来，协调推进，才符合马克思主义的观点和科学发展观的要求。这是坚定地而不是摇摆地贯彻中央的战略，这是全面地而不是片面地落实中央的要求，有利于发展和巩固生态建设成果，有利于加快现代林业建设，有利于实现林业又好又快发展。

加快林业产业发展是建设资源节约型、环境友好型社会的客观需要，对促进经济社会可持续发展具有重要意义。为了解决资源、环境这两大“瓶颈”制约，促进经济社会可持续发展，中央明确提出建设资源节约型、环境友好型社会的目标。森林就其本质而言，既有可再生性又有可降解性，是地球上最大的自然循环经济体。从再生性讲，森林是支持经济发展用之不竭的能源资源，能源当量仅次于煤炭、石油、天然气，是第四大能源资源。据国际能源机构统计，煤炭可供开采年限为220~240年、石油为70~100年、天然气为50~60年。而森林作为典型的再生性能源资源，其木质纤维的发热量平均都在4 000~5 000千卡，用来发电可以直接将其热能转化为电能。有的树木，如麻疯树、黄连木等，其果实或种子能提炼出生物柴油，供动力机械使用。只要科学地培育和利用，就能够为人类文明发展提供丰富的、永续利用的能源保证。从降解性讲，森林又是支持经济发展的绿色原材料。木材与钢材、水泥、塑料被公认为四大原材料，在这四大原材料中，木材及其制品以可降解、绿色环保的优势，越来越受到各国政府和民众的青睐。我国木材及林产品需求一直呈刚性增长，缺口越来越大。2006年，全国木材及其制品供需缺口折合成原木超过1亿立方米。据预测，2010年，我国木材供需缺口将达到1.6亿~1.8亿立方米。综上所述，发展林业产业，既能提供支持经济建设、促进可持续发展的丰富的、可再生的能源资源，又能提供绿色环保产品，完全符合建设资源节约型、环境友好型社会的内在要求，完全可以起到“反弹琵琶”、逆向拉动生态建设的作用，是我国现代化建设的客观需要，有

着广阔的空间和光明的前景。

加快林业产业发展是实现兴林富民的必然途径，对建设社会主义新农村具有重要意义。6月25日，胡锦涛总书记在中央党校发表的重要讲话，再一次告诫我们，必须牢记社会主义初级阶段的基本国情，紧紧扭住经济建设这个中心，始终把实现好、维护好、发展好最广大人民的根本利益作为党和国家一切工作的出发点和落脚点。发展林业的根本目的，就是实现兴林富民。兴林和富民，两者相互依存、相互促进、相得益彰，是辩证统一的整体。只有正确处理兴林和富民的关系，为人民谋利益，为老百姓增福祉，才能促进林业又好又快发展。实际工作中处理好兴林与富民的关系，就要不断地解放和发展林业生产力，通过大力发展林业产业，充分挖掘林业的经济潜力，不断地增加农民的收入。我国山区面积占国土总面积的近70%，有5亿多农民生活在山区，“依山脱贫，靠林致富”是他们的迫切愿望，也是林业承担的历史使命。通过大力发展林业产业，把43亿亩林地的潜力、4万多种物种资源的潜力和林产品市场的潜力转化为现实生产力，把山区林区巨大的资源优势转化为现实的经济效益，可以让广大农民实实在在地分享到林业发展的成果，有效地实现农民增收致富的愿望。广大农民富裕起来后，必然会激发出更高的造林、育林、护林积极性，必然会把更多的生产要素投入到林业建设。林兴则民富，民富则林兴。在这个良性发展的过程中，必然会进一步推动生态建设，推动社会主义新农村建设。

加快林业产业发展是全面建设小康社会的有效保障，对提升人民的生活品质具有重要意义。全面建设小康社会，是我们党和国家到2020年的奋斗目标。按照马斯洛的“需求层次理论”，在推进小康社会建设的进程中，人们对物质文化的需求将向更高层次发展，消费领域不断拓展、消费结构不断改善、消费水平不断提高。林产品以其种类丰富的优势，可再生性的特点，绿色环保的品质，将发挥十分重要的独特作用。根据人类的消费习惯和现代社会的消费趋势，我们完全可以预测，人们今后将越来越多地使用木材、竹子制成的生活用品和生产用具，将越来越多地食用天然绿色的森林食品和森林药品，将越来越多地享受森林景观和文化内涵。可以肯定地说，全面小康社会是林产品十分丰富的社会，是林业产业十分发达的社会。通过大力发展木竹加工业，能够满足人们对天然绿色林产品的需要。通过大力发展木本粮油和森林食品，能够满足人们对改善膳食、营养保健的需要。通过大力发展森林游憩业，能够满足人们对回归自然、休闲娱乐的需要。特别是随着生物技术的发展，许多新药品，如抗生素、止痛药和防治心血管、癌症药的有效成分，不断在森林中发现。通过大力发展林业生物产业，可以满足人们防治疾病、延年益寿的愿望。全面建设小康社会，林业产业必然有一个更大的发展，也必须要有一个更大的发展。

在党中央、国务院的关怀和地方各级党委、政府的重视下，经过全社会特别是林业产业界的共同努力，我国林业产业在曲折中发展、在开拓中前进、在调整中完善，从无到有、从小变大、从弱渐强，取得了显著成绩，为经济社会发展做出了重要贡献。特别是近年来，林业产业持续高速增长，呈现出可喜的发展势头。一是产业规模不断扩大，经济实力进一步增强。2006年，总产值突破了1万亿元大关，是2000年的近3倍。浙江、福建、广东等省的林业产业总产值都超过了千亿元，四川、云南以森林为依托的生态旅游业蓬勃发展，新疆、陕西大力发展特色林果业，林业产业正在变成地方经济增长的新亮点。我国人造板、木质地板、竹材及竹制品、经济林产品、松香、家具等产量都居世界前列，成为林产品生产大国。二是新兴产业方兴未艾，产业内涵进一步丰富。近些年来，我国森林食品、花卉竹藤、森林旅游、野生动植物繁育利用等产业快速发展，林业生物质能源、生物质材料、生物制药等蓬勃兴起。据统计，2006 年，全国花卉种植面积超过 1 000 万亩，产值达到 420 多亿元；森林公园发展到 2 067 处，实现旅游社会综合产值 800 多亿元；野生动植物繁育利用总产值约 2 000 亿元。三是产业集聚度不断提高，区域特色进一步突出。纤维板、木地板行业前 10 名企业的市场占有率，达到了 30% ~50%；纤维板、刨花板单线最大规模分别达到 30 万立方米和 45 万立方米。中东部地区已经成为人造板生产中心，东北已成为森林食品和北药的主要产区，东南沿海已成为花卉产业的主要基地。四是非公有制经济发展迅猛，多元化格局初步形成。“十五”期间，非公有制林业企业占全国林业企业总数的 70% 以上，非公有制林业经济总量占全国林业总产值的 50% 以上。在全国造林面积中，非公有制占了 62%；在产业投入中，超过 90% 是民间和境外资本。五是林产品贸易快速增长，国际化进程明显加快。2006 年，我国林产品贸易额为 470 多亿美元，是 2000 年的 2.6 倍。

经过多年的发展，我国林业产业已经有了一个良好的基础。同时，我们要清醒地看到，林业产业发展仍然存在着不少问题，面临着不少困难。一是林业产业的资源支撑较弱。我国现有森林面积 1.75 亿公顷，森林蓄积量 124.56 亿立方米；人均森林面积 0.13 公顷，人均森林蓄积量 9.42 立方米，分别只有世界平均水平的 22% 和 15%。每公顷森林蓄积量 84.73 立方米，不到世界平均水平的 80%。据统计，“十五”期间，我国年均林木蓄积消耗需求 5.50 亿立方米，而国内只提供了 3.65 亿立方米，近 2 亿立方米靠进口弥补；“十一五”期间，年均消耗需求将达到约 7 亿立方米，国内最多能提供约 4 亿立方米，缺口在 3 亿立方米左右。森林资源供给不足，严重困扰着林业产业的发展。二是林业产业的整体素质不高。生产规模较小，刨花板、中密度纤维板、木浆造纸的平均产量，分别只有世界先进水平的 12.98%、33.33% 和 35%。装备水平较低，除少数大型企业外，多数企业的装备还处于国际上 20 世纪六七十年代的水平，落后 30 年。企业技术创新能力较弱，科技成果转化率低，林业产业科技贡献率仅为 35%，低于其他行业平均 40% 的水平。资源利用效率较差，木材综合利用率仅 60% 左右，较林业发达国家低 30 个百分点左右。三是资源培育业与加工利用业联系不够紧密。一方面，资源培育分散在千家万户，难以满足加工企业对资源数量和品质的要求；另一方面，加工企业不能准确地把需求信息传达到资源培育者，难以引导资源培育的行为。这样，既不能发挥上游产业对下游产业的支撑作用，也不能发挥下游产业对上游产业的带动作用。四是林业产业体制机制和政策支持不够完善。企业改革滞后，政企不分，事企同体，市场主体不明确。企业经营管理不规范，市场体系不健全，中介组织发育滞后。政府指导和扶持不到位，市场、政策、科技等服务十分薄弱，投融资、税收优惠等方面的政策措施不完善。这些问题，都严重制约着我国林业产业持续健康快速发展，在今后的工作中必须高度重视，采取切实措施予以解决。

二、准确把握加快林业产业发展的总体要求

随着我国经济社会的快速发展，林业产业的外延在不断拓展，内涵在不断丰富。林业产业就是以森林资源为基础，以获取经济效益为目的，以技术和资金为手段，有效组织和提供各种物质和非物质产品的行业。林业产业横跨一二三产业，主要包括林木种植业、经济林培育业、花卉培育业、木竹采运业、木竹加工业、人造板制造业、木浆造纸业、林产化工加工业、林副产品采集加工业、森林旅游业等。林业产业作为重要的基础产业，除具有一般产业的共同属性外，还有自身的四大特性，即资源的可再生性，产品的可降解性，三大效益的统一性，一二三产业的同体性。

推进现代林业建设，要高度重视林业产业发展。当前及今后一个时期，林业产业发展要以科学发展观为指导，认真贯彻落实《中共中央国务院关于加快林业发展的决定》，以兴林富民、增加林产品供给为根本目标，以市场为导向，以改革创新为动力，以培育森林资源为基础，着力提升传统产业，大力发展新兴产业，不断优化产业结构和经济结构，加快建设发达的林业产业体系，最大限度地满足经济社会发展对林业的多种需求。到2010年，全国林业产业总产值达到1.5万亿元，林业产业的资源基础进一步巩固，主导产业实力进一步增强，新兴产业进一步壮大，对现代林业建设的支撑和保障作用进一步显现。

为了实现林业产业发展的目标任务，要高度重视和切实坚持五个原则。一要把林业产业放在国家生态安全的大局中来把握。林业是生态建设的主体。林业产业发展，必须服从和服务于国家生态安全的大局，按照林业区划，实行分类经营，做到产业得发展、生态受保护；必须以森林可持续经营和科学利用为基础，切实做到资源越采越多、越用越好，青山常在、永续利用；必须坚持产业与生态相协调，在生态建设中不忘发挥产业功能，在产业发展中不忘兼顾生态要求。二要把林业产业放在社会主义市场经济体制中来谋划。发展林业产业，必须遵循市场经济规律，充分发挥“无形的手”的作用，由经营主体按照市场规则，自主决定各种生产和经营活动，真正让市场对各种生产要素的配置发挥基础性作用。政府要在充分尊重市场的前提下，搞好宏观指导、市场监管和相关服务，为产业发展创造良好条件。三要把林业产业放在全球化和国际化的背景中来运作。林业产业发展，必须按照利用“两种资源、两个市场”的要求，积极探索对外合作的新形式和新机制，建立多元、稳定、安全的资源供应和产品销售体系，拓展林业产业发展的空间。必须按照“引进来、走出去”的战略要求，有所为和有所不为，在全球林业产业分工和转移中占据有利位置，提高林业产业的国际竞争力。四要把因地制宜和发挥优势作为关键问题来解决。林业产业发展，要尊重经济规律和自然规律，因地制宜，合理布局，形成以优势产业和名牌产品为主体的产业带和产业集群。要利用林业资源资产、知识产权的优势，进行合资合作和资本运营，造福于老百姓和林业职工，改变那种“抱着金饭碗要饭吃”的现象和“一卖了之”的做法。五要把转变林业产业增长方式作为重大任务来完成。林业产业发展，必须通过加快科技进步、转变经营机制，走内涵式发展道路，努力实现速度、质量、效益相统一，规模、资源、环境相协调。必须加强上、下游产业的紧密联系，按照循环经济的模式，做到树干、树枝、树根全部利用，废木、废纸、废料回收再利用，形成资源共享和废物循环利用的生态产业链，最有效地利用资源和保护环境，走新型工业化道路。

为了实现林业产业发展的目标任务，还要努力在六个重点领域取得新突破。

第一，充分挖掘林地生产潜力，加快发展以用材林资源培育为主的林业第一产业。构筑雄厚的用材林资源，既是产业发展的重要任务，也是产业发展的重要基础。要认真搞好林业发展区划，在区划的指导下，编制好森林经营方案，严格管好公益林，大力发展商品林。要立足当前，加快发展短周期工业原料林、速生丰产林，切实解决木材供需总量不足的问题；也要着眼长远，积极发展珍贵树种、大径级用材林，逐步缓解木材供需的结构性矛盾。要根据林业产业发展的需要，按照林板一体化、林纸一体化的要求，建设一批丰产优质高效的工业原料林基地。南方地区，要以建设短周期浆纸原料林基地为主，适量发展周期较长的热带和亚热带特有珍贵用材树种。长江中下游地区，要培育以欧美杨和松类、竹类为主的工业原料林，兼顾周期较长的大径级用材林基地建设。东北内蒙古地区，要切实加快以现有中幼林改培为主的原料林基地建设，同时注重珍贵大径级材的培育。平原地区，要大力发展农田防护林，改善农业生产条件，提供大量木材，逐步形成我国新的重要的木材供应基地。目前，一些典型的平原绿化县，活立木蓄积量达到200万～300万立方米，每年生产木材15万～20万立方米。如果全国近1 000个平原县都能这样，每年就可生产木材1.5亿～2.0亿立方米，这对解决我国木材供需矛盾具有重大意义。另外，要积极支持建立各种各样的资源基地，特别是花卉竹藤、林产化工、野生动物驯养繁殖等，夯实林业产业发展的基础。

第二，充分依靠现代科技和装备，全面提升以木材加工为主的林业第二产业。木材加工为主的第二产业是发达的林业产业体系的中心环节。要运用现代科技、装备和工艺，大力培植一批原料有保障、规模适度、辐射面广、竞争力强的木材加工龙头企业，充分发挥林业第二产业的牵引作用。为此，要力求在三个方面取得实质性进展。一是提升人造板制造业的水平。大力发展人工速生材、小径材、“三剩物”为原料的人造板，适度发展大径材为原料的人造板，努力推进林板一体化。南方、东北的人造板产业集群，要以企业改制改造为重点，加快建立现代企业制度，扩大产品生产规模，提高产品质量。中东部地区的人造板产业集群，要针对小型民营企业居多的特点，引导和促进企业联合重组、技术改造和设备更新换代，提升人造板企业的素质和效益。二是提升林浆一体化水平。以市场为导向，以产权、资本和利益为纽带，通过技术升级、管理升级、产品升级，培育和发展林纸一体化的大公司、大集团，形成集制浆造纸与原料林基地建设于一体的发展新格局。三是提升林业机械制造业水平。要切实提高创新能力和创新水平，继续加强木材采运、木材加工、植树造林、林业有害生物防治、森林消防等关键设备的研发，提高参与国际市场竞争的能力。大力发展森林食品加工机械、竹材加工机械和生物质能源综合利用等设备，形成具有自主知识产权的特色产品。

第三，充分开发林业景观资源，大力发展以生态旅游为主的林业第三产业。生态旅游是世界旅游业的新趋势，是极具发展潜力的新兴产业。据统计，近年来，全球生态旅游的年增长率高达30%，美国每年有20多亿人次到森林中旅游，是全国人口数量的7倍左右。我国现有自然保护区1 700多处，森林公园2 000多处，国有林场4 000多个，是做大做强生态旅游的重要资源。要加大对生态旅游的规划指导、合理布局和系统开发，打造许许多多各具特色并相互衔接、相互补充、相互带动的生态旅游精品线，形成大大小小的以生态景观为主体、以其他景观为辅助、以“森林之家”为补充的生态旅游圈，满足人们多层次、多样化的休闲娱乐需求。重点是：一要围绕西双版纳、九寨沟、张家界、神农架、武夷山、五指山、长白山等优质森林景观，全面构建森林生态旅游区；二要围绕鄱阳湖、洞庭湖、太湖、千岛湖、三江源、白洋淀、黑龙江大沾河等优质湿地景观，大力打造湿地生态旅游区；三要围绕浑善达克沙地、腾格里沙漠边缘、塔里木河两岸、河北坝上、甘肃酒泉等优质沙漠景观，加快形成沙漠生态旅游区。

第四，充分发挥森林物种优势，努力壮大以林业生物质能源、生物质材料为主的林业高新技术产业。生物质产业是新世纪的朝阳产业，是未来人类文明发展的重要支撑。林业以丰富的物种资源优势，将在这一产业发展中扮演极其重要的角色。“十一五”期间，将重点扶持林业生物质能源和生物质材料的发展。要充分利用山区、沙区等边际土地和宜林地，大力发展麻疯树、黄连木、油桐、文冠果、光皮树等乡土树种，建设一批林业生物柴油示范基地，当前要特别做好与中石油、中粮集团合作的生物质能源项目。要充分利用退耕还林、防沙治沙发展起来的灌木林资源，以及间伐材和主伐剩余物，加工成固体成型高效燃料，供直接燃烧或发电使用。要积极开发生物质能高效转化发电技术、定向热解气化技术和液化油提炼技术，逐步形成从原料培育、加工生产、市场销售、科技开发的“林能一体化”格局。同时，要抓好生物质新材料、生物制药等的开发利用，培植一批科技含量高、市场竞争力强的高新技术产业和名牌产品，促进林业高新技术产业的发展壮大。

第五，充分借助市场需求的力量，切实推进经济林产业尽快迈上新台阶。发展经济林，是维护国家粮食安全、改善人们膳食结构的一条战略途径。我国山区面积大，经济林树种丰富，许多木本粮油、干鲜果品为我国独有，市场前景十分广阔。要根据市场需求，加快实现经济林产业由数量型向质量型、品牌型的转变，下大力气调整经济林的品种结构，培育发展名特优新品种；加强经济林品牌建设，提高市场竞争力；扶持龙头企业的发展和产品深加工，增强对产业发展的带动力。各地要根据自然条件和形成优势产业带的需要，建立具有区域特色的经济林产业基地，形成一个个集生产、加工、销售为一体的经济林产业集群。要打破部门、行业和所有制的界限，共同搭建生产、加工、流通、科研等平台，引导地方形成区域性规模生产，引导企业提高产品质量，引导科研和生产加工的有效联合，切实解决经济林发展中“小生产与大市场”不对称的问题。

第六，充分利用林下资源，积极发展以种植养殖业、非木质采集业为主的林下产业。林下产业是与老百姓利益密切相关的产业。要充分发挥林下土地资源和环境优势，大力发展林农、林草、林菌、林药、林禽、林畜等林地立体复合经营，积极推进林下种植养殖业资源共享、循环相生、协调发展，全面提高林地产出率。要积极推广适宜林间种植养殖的新品种、新技术，努力探索适合区域特点的林间种养模式，坚持林下经济因地制宜、突出特色。要积极培育生产大户、专业经济组织和龙头企业，发挥他们的示范和带动作用，推进规模化、基地化、标准化生产，不断提高林下产业的聚集效应，推进林下经济向大规模、深层次发展。要通过产品的精深加工，不断延长产业链，提高产品附加值，以加工业的大发展来带动林下经济的大发展。

三、为林业产业又好又快发展创造良好条件

建设发达的林业产业体系，是全面实施以生态建设为主的林业发展战略、推进现代林业建设、实现林业又好又快发展的需要。要切实抓住当前林产品市场需求旺盛，林业生产要素十分活跃的有利时机，培育市场主体，加强宏观指导，强化政策扶持，提高服务质量，规范市场监管，为林业产业的大发展创造良好的条件。

（一）深化改革，培育市场主体。推进林业产业发展，必须通过深化林业改革，理顺体制机制，改造、催生和扶持一大批充满生机与活力的市场主体。一是要认真按照党中央、国务院的决策和部署，加快集体林权制度改革，尽快把集体山林承包到户，明晰林地经营权和林木所有权，落实处置权，保障收益权，建立“物权归属清晰，经营主体到位，责权划分明确，利益保障严格”的现代林业产权制度，使广大林农真正成为林业产业发展的有生力量。同时，要加快推进国有林场和国有重点林区改革。国有林区改革当前要着力推进主辅分离、辅业改制和分离办社会的职能，为深化改革做好充分准备。二是要深化林业企业内部改革，加快建立现代企业制度。现代企业制度包括三个层次：第一层次是产权清晰，建立有效的法人治理结构；第二层次是建立有效的企业内部组织结构，形成责、权、利有效结合的职能和职位体系；第三层次是人、财、物和产、供、销的科学管理。这三个层次之间既彼此联系，又各自独立，要协调全面地推进。

要建立健全企业用工制度、分配制度、社会保障制度，确保职工的合法权益。三是要大力培育龙头企业，特别是非公有制龙头企业。积极扶持规模大、竞争力强、经济效益好、信用等级高、可持续发展能力强的企业，充分发挥龙头企业的辐射带动作用。

（二）加大力度，推进科技创新。构建科技支撑体系，是提高林业产业素质和效益的根本途径。一是加大科技攻关力度。要加强对于全局性、战略性和对林业产业带动力强的生物技术、新材料技术、信息技术、关键性技术、清洁生产技术的研发和推广，为林业产业发展占据科技制高点。二是积极推广现有科技成果。通过加强林产品标准制订，加大标准化、示范化建设，完善林业标准体系等措施，鼓励企业广泛应用新品种、新工艺，加快科技成果向现实生产力的转化。三是加快企业技术创新体系建设。制订出台相关办法，做到在现有科研经费安排上，对国家科研队伍和企业科研队伍一视同仁，对科研推广和技术创新有突出贡献的企业和个人，优先给予经费支持。

（三）配套协调，强化政策扶持。林业产业是朝阳产业，也是弱质产业，要切实加强政策扶持。各地要采取有效措施，把《林业产业政策要点》落到实处，国家林业局将会同有关部门抓好三件事。一是争取各级政府将林业产业项目纳入产业发展资金扶持范畴。逐步建立以政府支持为导向、社会资金为主体的投入机制，支持林业产业基地和基础设施建设，鼓励林产品精深加工和社会效益明显、生态效益突出的产业发展。二是加大政策性信贷扶持力度。政策性银行对林业的贷款年限放宽为10～20年，宽限期为5～10年，有关金融机构开展对林业的小额贷款。中央和地方财政对林业贷款实行贴息政策。三是实行优惠的税费政策。认真落实林业种植养殖业和林产品初级加工免征所得税政策，积极协调解决有关资源性产品的消费税、出口退税和延长资源综合利用产品增值税的即征即退政策。改革育林基金征收制度，降低征收比例，减少林业收费项目。对于实现加工和资源培育一体化的经营主体，应当允许造林成本计入加工产品成本，所征收的育林基金也应返还企业用于造林。

（四）搭建平台，健全市场体系。建立公平竞争、规范有序的市场体系，是林业产业发展的重要基础。一要建设要素市场。各地在推进集体林权制度改革的同时，要积极做好配套改革工作，加快建设林业生产要素市场，为各种林业经营主体方便快捷地进行林权登记、森林资源资产评估、产权交易等提供基础条件，实现森林资源资本化。二要建设产品市场。从用地、资金和税收等方面争取优惠政策，在东北、西南、东南等区域建设较大规模的木材及林产品批发市场，并鼓励各类经济实体建立多层次、专业化的林产品交易市场。积极探索电子商务、连锁经营等现代高效快捷的流通方式，逐步形成设施先进、功能完善、交易规范的林产品市场体系。三要活跃资本市场。开拓各种融资渠道，开发适合林业生产经营特点的金融产品，推行林权抵押贷款、联户联保贷款等做法，探索新型的森林保险制度和林业信贷担保方式，为林业产业发展提供金融支持。

（五）指导监督，加强宏观调控。林业产业是资源约束型产业，要切实加强宏观引导和调控。一是加快“十一五”林地征占用定额编制，严格林地征占用审批，确保林地数量，为资源培育和产业发展奠定坚实基础。二是制订和落实发展规划，落实好产业政策要点，避免低水平重复建设，控制高耗能高污染企业，促进林业循环经济发展，形成布局科学合理的优势产业带和特色产业集群。三是建立健全林木种苗、营造林、野生动植物保护利用、名特优新经济林品种、名贵花卉、木材类产品等标准体系，制订和出台《木材经营加工监督管理办法》等管理办法。加强木竹产品生产流通各环节的追溯管理和监督检查，推进全程监管。四是落实野生动植物产品和木材防腐产品标识制度，执行转基因林业植物标识制度，启动林产品质量安全检验检测体系建设，推进无公害林产品认证和森林认证，推行林产品产地准出制度。

（六）齐心协力，提高服务水平。各级政府、各类林业产业协会、各种林业社会中介机构和林业专业合作组织，要共同为产业的发展搭建服务平台。一是林业主管部门要切实履行“调控、监督、引导、服务”职责，及时掌握市场发展变化趋势，加强有关信息发布工作，为产业发展提供前瞻性服务。支持林业企业“走出去”，组织参与涉林国际公约、规则和标准的制订，充分利用境外资源，开拓国际市场。二是各类林业产业协会要按照王忠禹副主席讲话中提出的要求，在诚信、自律、桥梁、纽带上做好文章，切实加强自身建设，不断提高服务水平，真正成为企业之家、会员之家。三是各类中介组织要积极发挥应有功能和作用，在产品生产、市场营销、咨询评估、技术培训等方面提供优质服务。

形势催人奋进，成绩鼓舞士气，目标凝聚人心，林业产业发展的春天已经来临。我们要牢牢把握加快发展的主题，始终坚持兴林富民的宗旨，只争朝夕，开拓前进，扎实工作，全面构建我国发达的林业产业体系，为实现现代林业建设的宏伟目标而努力奋斗，为全面建设小康社会作出更大贡献！

深化认识　统一思想
大力推进生态文化体系建设

宣传工作，是党的工作的重要内容，是社会主义精神文明、政治文明建设的重要方面，是统一认识、凝聚人心、鼓舞士气的重要手段。胡锦涛总书记指出：“现代社会，宣传舆论的社会影响力越来越大，能不能把宣传舆论工作抓在手上，关系人心向背，关系事业兴衰，关系党的执政地位。”这一精辟论述，深刻揭示了做好宣传工作的重大意义。林业宣传工作，是党的宣传工作的重要组成部分，政治性、思想性、综合性、业务性都很强，关系林业的前途与命运，关系林业兴衰。一定要高度重视林业宣传工作，大力加强和改进林业宣传工作，充分发挥宣传工作对现代林业建设的特殊作用。

2007年年初，局党组决定全面推进现代林业建设，努力构建完善的林业生态体系、发达的林业产业体系和繁荣的生态文化体系，充分发挥林业的多种功能，满足社会对林业的多样化需求。目前，对如何构建完善的林业生态体系和发达的林业产业体系，已经有了明确思路和具体部署。生态文化体系建设是一个新课题，是宣传的一项新工作，怎么去认识、怎么去布置，需要我们认真研究、积极探索、大力推进。

一、深刻认识建设繁荣的生态文化体系的重大意义

生态文化体系建设，是我们面临的一个新课题和宣传工作的一项新任务。应该从历史、时代和全局的高度，深刻认识生态文化体系建设的重大意义，深化认识，统一思想，增强建设生态文化体系的责任感、使命感和紧迫感。

（一）建设繁荣的生态文化体系，是顺应世界文明发展潮流的需要。社会文明发展在经历了原始文明、农业文明和工业文明三个阶段后，正处于从工业文明向生态文明的过渡阶段。在工

业文明进程中，机器化大生产在极大地促进社会生产力发展的同时，也导致了人类向大自然的高额索取，造成了资源的过度消耗和生态的严重破坏。工业文明改造自然、征服自然所造成的负面效应，已经使人与自然的矛盾极其尖锐，迫使人们对工业文明进行深刻的文化反思和新的文明抉择，走生态文明发展之路成为世界文明发展的必然选择。党的十六大明确提出，要走"可持续发展能力不断增强，生态环境得到改善，资源利用效率显著提高，促进人与自然的和谐，推动整个社会走上生产发展、生活富裕、生态良好的文明发展道路。"生态文化是生态文明的时代产物，是生态文明的基础，走生态良好的文明发展道路必须繁荣生态文化。

（二）建设繁荣的生态文化体系，是贯彻落实党和国家重大战略决策的需要。近几年来，中央作出了全面落实科学发展观、构建社会主义和谐社会、建设社会主义新农村等一系列重大战略决策。胡锦涛总书记指出："大量事实表明，人与自然的关系不和谐，往往会影响人与人的关系、人与社会的关系。如果生态环境受到严重破坏、人们的生产生活环境恶化，如果资源能源供应高度紧张、经济发展与资源能源矛盾尖锐，人与人的和谐、人与社会的和谐是难以实现的。"林业是促进人与自然和谐的关键和纽带，是建设社会主义和谐社会的基础。在实现人与自然和谐的进程中，不仅要抓好生态建设和产业发展，以维护国家生态安全、保障林产品供应，还要加强生态文化建设，从基本理论、思想观念、发展理念、社会意识、法律制度等方面为生态建设和产业发展提供理论指导、精神动力和制度保证，促进人们自觉地热爱自然、珍惜自然，与自然和谐相处。

（三）建设繁荣的生态文化体系，是推进现代林业建设的需要。林业的发展过程就是林业生产关系不断调整和生产力不断提高的过程。从这个意义上讲，建设现代林业就是要调整和完善传统的林业生产关系，使林业生产力得到解放和发展，通过重点工程建设和多项林业改革，为林业发展注入强大动力。林业生产关系的调整和生产力的发展，是对林业发展规律、自然规律认识深化的结果，是思想观念的转变和发展理论的创新。他一方面是生态文化产生发展的实践基础、物质基础，一方面又呼唤生态文化对林业生产力的发展、林业生产关系的变革发挥巨大的、能动的推动作用。建设繁荣的生态文化体系，既是现代林业建设的三大任务之一，也是充分发挥生态文化对生态体系和产业体系建设的引领、服务和保证作用。

（四）建设繁荣的生态文化体系，是解决生态危机的需要。随着全球工业化进程的加快，人类陷入了前所未有的生态困境。包括中国在内，世界各国都面临着森林锐减、资源枯竭、物种减少、土地沙化、水土流失、气候异常等严峻挑战，地球出现了比以往任何问题都难以对付的严重的生态危机，人们不得不开始重新反省人与自然的关系。世界著名生态和社会学家唐纳德·沃斯特指出："我们今天所面临的全球性生态危机，起因不在生态系统本身，而在于我们的文化系统。要渡过这一危机，必须尽可能清楚地理解我们的文化对自然的影响。"罗马俱乐部的创始人贝切利指出："人类创造了技术圈，入侵生物圈，进行过多的榨取，从而破坏了人类自己明天的生活基础。因此，如果我们想自救的话，只有进行文化价值观念的革命。"这说明，只有从更深的思想文化层面解决问题，大力繁荣生态文化，才可能从根本上消除生态危机。

总之，建设繁荣的生态文化体系，是局党组在我国经济社会发展进入新的历史阶段，顺应世界发展的大趋势和林业建设的新要求，对林业建设规律认识的深化，也是林业建设和发展面临的新课题、新任务，我们一定要深刻认识生态文化是意识形态范畴的，对生态体系、产业体系具有理论指导、意识引导、道德规范的作用。只有生态文化繁荣之时，才是完善的生态体系、发达的产业体系建成之时。我们必须以更大的决心、更自觉的行动、更有力的措施来推进生态文化体系建设。

二、准确把握生态文化的核心思想

建设生态文化体系，首先要搞清楚什么是文化、什么是生态文化？从广义讲，文化是指人类在社会历史发展过程中所创造的物质和精神财富的总和。从狭义讲，文化特指精神财富，属于社会意识形态。生态文化是探讨和解决人与自然之间复杂关系的文化；是基于生态系统、尊重生态规律的文化；是以实现生态系统的多重价值来满足人的多重需求为目的的文化；是渗透于物质文化、制度文化和精神文化之中，体现人与自然和谐相处的生态价值观的文化。生态文化的核心思想是人与自然和谐；生态文化建设的主要任务就是科学认识、积极倡导和大力推动实现人与自然和谐。

（一）认识自然生态系统的规律，是实现人与自然和谐的前提。人类要与自然和谐相处，首先要对自然规律有清醒的认识，自觉地了解自然，真诚地对待自然，科学地利用自然。要重点认识和宣传自然的三个特征。一是系统性。自然生态系统是一个相互联系、相互依存、相辅相成的大系统。海洋、陆地、大气是相互影响、相互联结的三大系统。森林、湿地、草原、沙漠等自然生态系统与城乡生态系统又是相互影响、相互联结的。对生态系统中任何组成部分的破坏，都会危及到整个生态系统和其他系统，并祸及包括人类在内的所有生命体的生存和发展。二是多样性。自然生态系统的生物多样性，包括物种多样性、遗传多样性和生态多样性。物种多样性是人类基本生存需求的基础，遗传多样性是增加生物生产量和改善生物品质的源泉，生态多样性是维持生态系统多种功能的根本，是物种多样性和遗传多样性存在的保证。保护和利用生物多样性是人类生存与发展的基础。三是难逆转性。自然生态系统一旦受到破坏，想恢复过来很难，即使能恢复，也需要很长时间。特别是物种一旦灭绝，就不可复得，人类就失去了一种独特的基因，并将永远失去利用它的可能性。

（二）解决认识和行为上的偏差，是实现人与自然和谐的关键。自然生态系统十分复杂，人与自然的关系也是十分复杂的。由于经济社会发展水平、科技发展水平和各种利益关系驱动等因素的限制，人们对人与自然关系的认识成为一个更为复杂的问题。在当前，有代表性的认识偏差主要有四种：一是只顾眼前不顾长远，为了当前的利益不惜给后代留下沉重包袱，不惜牺牲子孙后代的利益；二是只顾经济不顾生态，单纯追求经济效益，为追求经济增长不惜破坏生态环境；三是只顾局部不顾整体，为追求本地区短期的经济利益，而不顾对整个流域乃至整体生态系统造成破坏；四是只顾经济规律不顾自然规律，对经济发展的规律认识和运用比较重视，而对于自然规律研究不深，作决策、搞建设不按生态规律办事。由于存在着这些错误认识和行为，在一些地方，生态破坏的范围仍在扩大，程度仍在加剧，危害仍在加深，有的地方甚至造成了严重的生态灾难。因此，普及生态文化，弘扬生态文明，就是要纠正不适应人与自然和谐发展的思想观念和行为方式，切实把改善生态作为人民群众最切身、最根本的利益来维护，把生态效益作为最大、最长远的经济效益来追求，树立不仅要金山银山，更要绿水青山，绿水青山就是金山银山的观念。

（三）树立正确的生态观念，是实现人与自然和谐的核心。观念对人的思想行为有着长期稳定的指导作用。要实现人与自然和谐，必须树立正确的生态观念。一是树立生态价值观。就是把自然与人类放在平等的地位上，既反对极端的人类中心主义，又反对极端的生态中心主义。

要坚持人类生存发展的可持续性，反对把人类当作大自然的主宰。绝不能为满足人类自己的需求，无限度地向大自然索取。要鼓励和倡导人们树立人与自然协调发展的价值取向，在推动经济社会发展算经济账时，首先要算生态账。二是树立生态道德观。生态道德是调整人与自然关系的思想观念和行为规范的总和。树立正确的生态道德观就是要培养和提高人们的生态道德意识、生态道德情感、生态道德能力和生态道德习惯，旗帜鲜明地指出在生态文明社会，应当坚持和提倡什么、反对和抵制什么，努力使人与自然和谐的生态价值观贯穿到社会生活的各个领域，覆盖到各个利益群体，转化为人们的生态道德实践，形成尊重自然、热爱自然、善待自然的生活风尚，从而使每个公民都自觉地履行人类对自然生态系统的义务与责任。三是树立生态政绩观。不能一讲政绩，就以 GDP 论英雄，不惜以牺牲生态换取经济增长，造成“干部出政绩，后代吃恶果”的现象。树立生态政绩观，就是要树立抓经济是政绩，抓生态建设和保护，推动人与自然和谐发展更是政绩的观念，把改善生态环境、建设绿水青山作为整个经济社会的重要内容和目标，既谋求眼前发展，又着眼长远利益。四是树立生态消费观。生态消费观是指以维护自然生态平衡为前提，在满足人的基本生存和发展需要的基础上全面的、可持续的消费观念。生态消费方式对生态文明建设具有基础性作用，是和谐健康的消费方式。生态消费观的确立是社会文明程度的重要标志。据联合国统计，84% 的荷兰人、89% 的美国人、90% 的德国人在购物时会考虑产品是不是有机材料制成的，是不是循环利用、二次再生的，是不是通过种树抵消了二氧化碳排放等因素。美国每年森林旅游、森林休闲达 20 亿人次。

（四）推动人与自然良性互动，是实现人与自然和谐的基本要求。人与自然是互动的，既有良性互动，又有恶性互动。当人类开发、改造自然超过一定限度时就会引发自然的报复。这种报复是大范围的、长久的。人与自然必须共同生存、共同繁荣、共同发展。实现人与自然和谐，归根到底就是人类活动不能打破自然生态系统的平衡。只有平衡才能和谐，平衡程度决定和谐的程度。为此，必须做到“四个注重”。一是必须注重在总体上保持生态系统处于平衡状态。要充分考虑到自然生态整体系统和其各个子系统的平衡。地圈、水圈、生物圈、大气圈之间的平衡，每一个系统内部的平衡都不能破坏。开展各种生产和建设活动，包括对大自然的保护和修复，都不能顾此失彼，不能保护了一个系统而破坏了另一个系统，要使自然生态系统始终处于动态的平衡状态。二是必须注重将经济社会发展的需求限定在不破坏自然生态系统平衡的基础上。以自然承载力为前提制定经济社会发展规划，以自然承载力为前提确定工业和民用建设项目的取舍，以自然承载力为前提确定生产生活消费的规模，牢牢遵守一个原则，即人类的一切活动都必须符合自然规律，一切开发活动都要保护生态环境。三是必须注重运用科技手段提高资源利用率，不断减少对生态平衡的干扰。自然界中本无废物，一个物种的废弃物，很可能就是其他物种的养料。要通过科技创新和技术推广，减少生产生活产生的废弃物，最大限度地提高资源循环利用水平，以物质能量交换的畅通确保自然生态的平衡。四是必须注重运用法律和经济杠杆等手段，建立维护生态平衡的机制。加大立法和执法力度，依靠法律和经济杠杆来调节资源消耗与经济发展的关系，明确支持什么、反对什么，鼓励什么、限制什么，使生产生活过程对生态平衡的破坏不断减少，维持在自然能够承载的水平。

三、充分认识和切实发挥生态文化的重要作用

生态文化在人类经济社会发展历史进程中，发挥了十分重要的作用。在加快推进现代林业建设、实现人与自然和谐的进程中，要更加重视发挥它的重要作用。

一是对社会意识的引领作用。加强生态建设和保护，靠全社会生态意识的提高。生态文化是先进文化的重要内容。大力弘扬生态文化，可以使更多人摆脱落后的思想观念和发展理念，树立符合人与自然和谐要求的生态价值观。生态文化是一面旗帜，直接引领工业文明向生态文明转变；生态文化是一个讲坛，它能够普及生态知识、宣传生态典型、弘扬生态道德；生态文化是一种环境，它渗透于人们的各种生产生活领域，使人们在潜移默化中受到熏陶。加强生态文化体系建设，就是要不断扩大生态文化的影响，引领全社会认识自然规律，了解生态知识，深化对林业与生态、生态与经济、生态与政治、生态与执政理念、生态与环境等重要问题的认识，进而树立人与自然和谐的生态文化价值观，提高整个社会的生态文明素养。

二是对生产生活方式转变的促进作用。工业文明向生态文明的转变，根本问题是生产方式和生活方式的转变。生态文化是大众的文化，是植根于人民群众日常生产生活实践的文化，来源于群众，服务于群众，对人们思想观念和行为方式的影响无处不在、无时不有。生态文化广泛吸收人类的一切文明成果，具有鲜明的时代特征和巨大的现实感召力、影响力，是倡导全社会普遍建立符合人与自然和谐要求的生产生活方式的文化。因此，弘扬生态文化，是宣传阐释什么是先进的、科学的、生态的生产生活方式的重要途径，是宣传阐释可持续发展和绿色消费观念的有效措施，必将有力地促进整个社会生产生活方式的转变。

三是对政府部门决策的影响作用。人类如何对待自然，在很大程度上取决于政府的规范和引导，政府决策具有权威性、导向性、强制性和号召力。城市、乡村、山区和沙区怎么发展，关键还在于政府决策，生态文化融入政府的决策意识，可以使政府的决策有利于促进人与自然和谐。近几年来，通过举办城市森林论坛、创建国家森林城市和开展林业推进新农村建设活动，“让森林走进城市，让城市拥抱森林”逐渐成为城市的决策，“创绿色家园，建富裕新村”已经成为新农村建设的重要行动。山西省从人与自然和谐发展出发，决定实施地方造林绿化六大工程，初步确定投资200多亿元实施矿区生态恢复和可持续发展工程。河南省明确提出要通过发展林业扩大经济发展的生态容量，初步确定投资400多亿元，建设林业生态省。这些重大举措必将对当地乃至全国生态建设产生重要影响。

四是对国家形象的维护作用。当前，国际社会对生态问题高度关注，生态问题已经成为重要的国际政治问题。中国作为最大的发展中国家，生态政策和生态举措已经成为处理外交事务和对外经贸事务的一个重要因素。碳汇、木材贸易、濒危野生动植物进出口等已成为国际敏感问题，履行《气候变化框架公约》、《京都议定书》、《生物多样性公约》、《防治荒漠化公约》、《湿地公约》、《濒危野生动植物种国际贸易公约》等许多重要国际公约，都事关国家形象。因此，广泛传播生态文化，有利于国际社会认识和了解中国政府在加强生态建设、维护全球生态安全上的理念和政策，进一步树立负责任的大国形象。

五是对科学技术的推广作用。科学技术是人类正确认识和处理人与自然关系的保障。科技知识宣传推广如何，能被多少人掌握，最终影响着全社会对人与自然关系的认知程度。生态文化的广泛传播和渗透，可以对唤醒全人类对人与自然关系的重新认识，推动科学技术不断创新发展，提高资源利用效率，改善生态环境发挥更大作用。生态文化是科学研究的新领域、科技推广的新途径。

六是对林业事业的凝聚作用。文化是一个国家、一个民族的软实力，生态文化是生态建设的推动力。加强生态文化体系建设，弘扬生态文化，是吸引更多目光关注林业，凝聚更多力量建设林业，吸纳更多资金投入林业的重要途径。人们越来越关注林业，其实质就是缘于人们对生态状况的关心。此外，林业部门凝聚人心、振奋精神、鼓足干劲，也需要通过生态文化体系建设，来宣传典型、加强引导、弘扬正气，使干部职工认识到使命光荣、责任重大，自觉地为现代林业建设作贡献。

建设繁荣的生态文化体系，大力弘扬生态文化，充分发挥生态文化的重要作用，推动现代林业又好又快发展，要特别注意处理和把握好以下几个重要关系：

1. 一般性和特殊性的关系。生态文化具有丰富的多样性，不同的地域产生不同的生态文化，不同的民族具有不同的生态文化特征。加强生态文化体系建设，既要有一般性的原则指导，也要具体问题具体分析，体现一般性要求和个性化指导的统一。要从所处地域的自然生态、人文地理特点出发，使生态文化具有鲜明的地方特色。我国地域广阔，自然地理类型和生态系统复杂多样，各地文化风俗特色鲜明，这就为建设多样化的生态文化提供了沃土。伊春的红松文化、西双版纳的热带雨林文化、青海湖的湿地文化、腾格里的沙漠生态文化、呼伦贝尔的草原文化、海南的岛屿文化，等等，这些都是生态文化宝库中的奇葩，要精心培养，发扬光大，形成百花齐放、百家争鸣的生动局面。

2. 全面和重点的关系。生态文化体系建设是一个复杂的社会系统工程，要抓住重点带动全面。抓重点就是抓主要矛盾，抓关键环节。不同时期有不同的工作重点。当前，推动生态文化体系建设，一是在工作的切入点上要重点抓传播教育，及时广泛地传播生态文化知识；二是在工作的落脚点上，要重点突出为生态体系建设和产业体系建设服务，生态文化的功能很多，要重点在这方面发挥作用；三是在工作的着力点上，要重点放在加强森林文化建设上，森林文化是生态文化体系的主体，要突出森林文化在生态文化中的主体地位，把挖掘、弘扬森林文化作为生态文化体系建设的工作重点。

3. 继承和创新的关系。任何先进文化总是与传统文化血脉相连的，总是在继承传统文化的基础上不断创新和发展的。纵观中华民族几千年文明史，前人已经创造了十分丰富的生态文化成果，形成了独具特色、博大精深、具有强大生命力的优秀传统生态文化，我们要很好地继承、发扬。但因为整个自然条件和社会条件发生了巨大的变迁，生态文化也要与时俱进，结合新的自然条件和社会条件，结合林业发展和生态建设的实际，结合当今世界生态文明发展的趋势，不断进行研究和创新，使生态文化充分反映时代要求、体现时代精神，始终代表先进文化的前进方向，成为加强生态建设和保护、实现人与自然和谐的重要推动力量。

4. 生态文化体系与林业生态体系、林业产业体系的关系。林业生态与产业体系建设都是物质文明建设，而生态文化体系既是物质文明建设又是精神文明建设，更多的是精神文明建设，它属于上层建筑，属于意识形态。生态文化体系与林业生态体系、林业产业体系是相辅相成、水乳交融的，三者共同构成了现代林业的基本内涵。生态文化是在生态建设和林业产业发展实践中产生的，并随着生态建设和林业产业的发展而发展。先进的生态文化能够促进生态建设和产业发展，落后的生态文化会阻碍生态建设和产业发展。我们加强生态文化体系建设，就是要宣传应该建设什么样的生态体系，什么样的产业体系，什么是科学发展的生态体系和产业体系，以推动建设完善的林业生态体系和发达的林业产业体系，并从生态建设和林业产业发展的实践中汲取养分，赋予生态文化以蓬勃生机和旺盛活力。只有这样，生态文化才能寓于林业生态体系和林业产业体系建设之中，并发挥好引领、推动和保证作用。

四、建设生态文化体系的总体思路

当前和今后一个时期，构建繁荣的生态文化体系的指导思想是：以邓小平理论和“三个代表”重要思想为指导，全面落实科学发展观，紧紧围绕建设中国特色社会主义生态文明，把发扬民族优秀生态文化传统与吸收现代先进生态文明理念结合起来，全面加强生态文化理论研究，深入开展生态文化传播教育，不断丰富生态文化产品，积极发展生态文化产业，着力完善生态文化基础设施，大力倡导人与自然和谐的生态价值观、生产方式和生活方式，为加快现代林业建设，构建社会主义和谐社会提供强大的思想保证和精神动力。主要目标是：通过不懈努力，逐步建成相对完备的生态文化基础设施，专群结合的生态文化建设队伍，健全有效的生态文化工作机制，覆盖广泛的传播教育网络，比较发达的生态文化产业，推出一大批具有广泛影响力和示范作用的生态文化作品和生态文化建设示范基地，使全社会不断增强人与自然和谐的生态价值观，逐步形成热爱自然、尊重自然、善待自然的良好风尚，明显提高生态文明素质。基本原则是：坚持以科学发展观为统领。自觉地把以人为本、全面协调可持续的发展理念贯穿于生态文化体系建设的全过程，运用科学发展观的立场、观点、方法认识和解决生态文化体系建设中的矛盾和问题，使生态文化体系建设沿着科学发展观指引的方向健康发展。坚持遵循社会主义先进文化建设的基本规律。从生态文化植根的人文基础、形成的社会环境、发展繁荣的内外部条件入手，紧紧贴近人们的生产生活和思想文化实际，坚持循序渐进，用群众喜闻乐见的方式，寓教于乐，寓理于事，增强生态文化体系建设的吸引力，使人们在潜移默化中受到影响和熏陶。坚持弘扬人与自然和谐的生态价值观。把弘扬人与自然和谐的生态价值观作为主线贯穿始终，工作设计用这条主线统筹，理论研究围绕这条主线深化。坚持实施以生态建设为主的林业发展战略，这是党中央、国务院确定的林业发展总体战略，生态文化体系建设要遵循这个战略，服务这个战略，保证这个战略得到贯彻实施。坚持林业部门主导、全社会共同参与。林业部门要成为生态文化体系建设的倡导者、组织者、推动者、实践者，同时要广泛发动全社会参与。

围绕构建繁荣的生态文化体系的指导思想和目标、原则，当前和今后一个时期要重点抓好以下八项工作：

1. 加强理论指导。推进生态文化体系建设，必须用科学理论来引领和推动。要全面深入地贯彻马列主义、毛泽东思想、邓小平理论、“三个代表”重要思想和科学发展观关于生态建设、生态保护、人与自然和谐等重大问题的论述，认真学习掌握生态学理论、生态经济理论、可持续发展理论、现代林业理论，同时还要掌握生态政治、生态哲学、生态美学、生态道德等科学知识，打牢指导和推进生态文化体系建设的理论和知识基础。

2. 推进重大课题研究。这是解决生态建设重大现实问题，满足全社会对林业多种需求的必然要求。没有科学研究的创新，传播和教育就是无源之水，无本之木。要深化三个领域的研究。一是围绕国家安全需要，不断研究和宣传林业在生态安全、能源安全、淡水安全、粮食安全、木材安全、气候安全、森林安全、物种安全中的地位和作用。二是围绕经济社会发展，不断研究和宣传林业在构建社会主义和谐社会、建设社会主义新农村、推进城镇化进程、山区综合开发中的地位和作用。三是围绕人民群众身心健康，不断研究林业在提高人们生理健康、心理健康中的不可替代的作用，为提升林业的地位，加强生态建设和保护提供科学依据。

3. 加大传播力度。传播是提高人们认识、改变人们行为的有效途径。要充分利用报纸、杂志、广播、电视等媒体和互联网、手机短信、博客等新兴媒体和方式，全面深入系统地传播生态文化的丰富内涵和科学知识，传播生态文化对人类进步和社会发展的积极作用，传播生态道德、生态伦理、生态哲学、生态美学、生态艺术的重要内容。要特别注重发挥网络传播教育的巨大作用，让先进的生态文化思想在网络传播阵地占据重要位置。

4. 广泛开展教育。生态教育是生态文化体系建设的基础。要坚持把生态教育作为全民教育、全程教育、终身教育的重要内容，把增强全民生态意识上升到提高全民素质的战略高度，大力倡导生态伦理和生态道德，提倡先进的生态价值观和生态审美观，唤起全民的生态意识和生态正义，使广大公民自觉地承担更多的生态责任和生态义务，共建共享生态文明建设成果。要突出抓好未成年人的生态道德教育，做到生态道德教育进教材、进课堂、进校园文化、进户外实践，通过启发式、体验式等教育方法，培育青少年良好的生态道德品质和情操。

5. 丰富文学艺术创作。文学艺术作品是开阔视野、陶冶情操、传播生态文化的重要载体，具有巨大的社会影响力和旺盛的生命力。要针对不同群体的不同需求，创造出丰富的文艺作品，既要有高雅的作品，又要有通俗的作品。高雅作品重在引领社会理念，通俗作品重在普及生态知识。要突出抓好精品战略，鼓励广大文学艺术家、影视创作者走进林区、走进生态建设和保护的重点地区，亲身感受和体验人与自然和谐相处的魅力，激发创作灵感，创作出大量的精品佳作。

6. 大力发展生态文化产业。生态文化产业是生态文化体系建设的重要支撑，是一项前途光明、市场广阔的朝阳产业。既要做大做强山水文化、树文化、竹文化、茶文化、花文化、药文化、森林旅游、森林休闲等物质文化产业，也要努力发展生态文化影视、音乐、书画等精神文化产业，还要充分挖掘生态文化培训、咨询、论坛、传媒、网络等信息文化产业。要鼓励各种投资者投资生态文化产业，提高生态文化产品生产的规模化、专业化和市场化水平。

7. 完善基础设施。要广泛吸引社会投资，在有代表性的林区、森林公园、自然保护区、湿地、荒漠，建设一批规模适当、独具特色的生态文化博物馆、文化馆、科技馆、标本馆、科普教育和生态教育示范基地。要对现有的生态文化基础设施进行改造、整合，完善功能，丰富内涵，使生态文化基础设施不断完善，发挥更大的作用。要充分利用现有的公共文化基础设施，积极融入生态文化内容，丰富和完善生态文化教育功能。要在全国授予一批生态文化教育示范基地，树立典型，规范引导，促进生态文化基础设施建设。

8. 提高保障能力。一是要切实加强组织领导，把生态文化体系建设摆上重要位置，与林业生态体系和林业产业体系统筹谋划、共同推进。二是建立稳定的经费保障渠道，形成政府、社会、个人多种资金齐投入、共受益的良好机制。三是制定科学规划，编制《全国生态文化体系建设规划》，明确方针原则、推进步骤、制度保障、工作机制等。四是抓好队伍建设，立足于生态文化体系建设的现实需要和长远发展，重点建设好生态文化团体、经营管理队伍、基层骨干队伍三支力量。

加强林业宣传工作，一是要更加重视林业宣传工作。各级林业部门的领导要站在林业发展全局来认识林业宣传工作的重要性，摆上重要位置。一把手要亲自抓，主管领导要具体抓，其他领导要共同抓。各业务部门要进一步树立抓宣传就是抓业务，抓业务必须抓宣传的意识，把宣传和业务工作有机结合起来开展。要整合各种宣传资源，形成合力、齐抓共管。二是提高业务素质。各级林业部门的领导干部都要会做宣传工作，不断提高组织领导宣传工作的水平。每一位林业宣传干部都要与时俱进地加强学习研究，提高把握全局的能力，提高利用市场资源策划开展重大活动的能力，提高组织和推动生态文化体系建设的能力，提高运用现代传媒开展林业宣传工作的能力，努力成为政治过硬、业务精通、作风扎实、能够担当起新形势下林业宣传工作重任的高素质人才。三是加强制度建设。要按照党中央、国务院和国家林业局的有关规定，建立完善各级林业部门新闻发言人、新闻发布会、突发公共事件新闻报道制度；建立完善林业日常新闻采访报道制度、林业重要信息通报制度、联合开展林业宣传活动工作制度；建立完善林业舆情研究分析制度、林业重大宣传课题调研制度；建立健全林业宣传专项经费保障制度，林业宣传基本建设投入要纳入同级林业基本建设计划，争取在各级政府预算内基本建设投资中统筹安排解决。四是健全林业宣传机构。目前，林业宣传机构与其所处的重要地位、所承担的繁重任务还有许多不相适应的地方，要根据新的形势和任务作出相应的安排和调整。

李育材

从森林与人类关系角度
谈林业生命基础设施建设

森林是陆地生态系统的主体，在调节大气圈、水圈、地圈的动态平衡中具有重要的作用。在人类社会产生、发展的漫长过程中，森林与人类相互依存、不可分割。

一、森林在人类社会发展中的重大作用

首先，森林是人类生存的基础。森林是人类的摇篮，人类的祖先就是逐步从森林中走出来的。“树叶蔽身、摘果为食、钻木取火、构木为巢”，是森林孕育人类和人类文明的真实写照。森林是一个复杂的生态系统，在生物界和非生物界的物质交换和能量流动中扮演着主要角色，对保持陆地生态系统的整体功能、维护地球生态平衡、促进经济与生态协调发展发挥着中枢和杠杆作用。科学家预言，假如森林从地球上消失，全球 90% 的淡水将白白流入大海，陆地 90% 的生物将灭绝，生物固氮将减少 90%，植物放氧将减少 60%，同时引发一连串的生态灾难，地球的生态平衡就将无法维持。可以说，没有森林，人类就会失去生存基础，失去未来，失去一切。

最近 100 多年来，由于人类对木材和耕地等的需求，人类对森林的破坏达到了十分惊人的程度，全球森林面积已从人类文明初期的 76 亿公顷减少到 20 世纪末期的 34.4 亿公顷。正是由于森林的大量减少，才导致了一系列全球性的生态问题，严重威胁到人类的生存和发展。对此，罗马俱乐部的科学家们早在 1980 年就呼吁：要拯救地球上的生态，首先要拯救地球上的森林。英国科学家则指出：由于森林大量被毁，已经使人类生存的地球出现了比以往任何问题都难以对付的生态危机，生态危机有可能取代核战争，成为人类面临的最大安全威胁。可以这样说，如果地球上没有了森林，我们人类就将失去赖以生存的基础。

其次，森林是人类社会可持续发展的保障。森林作为支撑地球生命的三大系统之一，对人类社会可持续发展具有十分重要的保障作用。《中国可持续发展林业战略研究》指出："森林是自然界最丰富、最稳定和最完善的碳贮库、基因库、资源库、蓄水库和能源库，离开了森林的庇护，人类的生存与发展就会失去依托。"森林不仅能够生产大量木材产品，而且可以为人类提供所需要的能源、纤维、食品、药材、花卉等非木质林产品。除木材之外，森林可向社会提供1 100余种产品，其中很多都是不可替代的，许多新的水果、食品、药品，不断从森林植物中发现和提取出来，并且随着科学技术的迅速发展，其种类、品种及其用途更加层出不穷，这对于改善人们膳食结构、保障粮食安全、促进人体健康具有重要意义。从人类未来的发展看，发展以森林资源为依托的生物产业前景十分广阔。森林是自然界公认生产力最高的生态系统，其丰富的生物多样性和无与伦比的可再生性，为生物产业的发展展现出巨大的发展潜力和发展前景。尤其对我国来说，大力发展生物产业，对于突破经济社会发展面临的资源和环境约束，保障能源安全、粮食安全和生态安全具有重大而深远的意义。

我国是一个多山的国家，山区面积占国土总面积的69%，山区人口占我国人口的56%。山区拥有丰富的自然资源、物种资源和劳动力优势。如果把我国的林地资源潜力、物种资源潜力、林产品市场潜力和丰富的农村劳动力资源有机结合起来，加快森林资源培育，加快林业发展，不仅可以有效地改善生态环境，创造出巨大的物质财富和可观的经济效益，满足经济社会发展和人民生活对林产品的多样化需求，而且对于优化农村产业结构，扩大城乡就业，实现农业增产和农民增收，建设社会主义新农村和全面小康社会也具有重要作用。

第三，森林是人类文明发展的源泉。森林孕育了人类，也孕育了人类文明。人类文明始于森林，衰于森林破坏，止于森林消失。人类历史上曾经有过古巴比伦、古埃及、古印度、古黄河等四大文明，它们都发源和昌盛于森林茂密、水草丰美的地方，又都衰落和消亡于大量砍伐森林、严重破坏自然之后。一位哲学家说过："人类文明从砍倒第一棵树开始，到砍倒最后一棵树结束。"当今时代，以崇尚自然、亲近自然、回归自然、人与自然和谐共荣为主题的生态文明正在蓬勃兴起，并逐步成为21世纪的主流文化、主导文化。人类正在走向生态文明的时代。生态文明是迄今为止人类文明的最高形态，是现代人类高扬的文化旗帜。人与自然和谐是生态文明的核心。建设生态文明，关键是推进人与自然和谐相处核心价值观的形成和传播。

刚刚闭幕的中国共产党第十七次全国代表大会对继续推进改革开放和社会主义现代化建设、实现全面建设小康社会的宏伟目标作出了全面部署。在十七大报告中，胡锦涛同志从战略高度指出，深入贯彻落实科学发展观，要求我们积极构建社会主义和谐社会。同时，十七大报告指出：要"建设生态文明，基本形成节约能源资源和保护生态环境的产业结构、增长方式、消费模式"。党中央首次把"建设生态文明"写入党代会报告，这是建设和谐社会理念在生态与经济发展方面的升华。科学发展和社会和谐成为时代的最强音。构建和谐社会，需要构建人与人、人与社会、人与自然、自然与自然的和谐。实现人与自然的和谐是构建和谐社会的基础，是生态文明建设的重要内容。由于人类对森林的严重破坏，导致了物种灭绝以及物种生境的毁坏，进而导致生物链的断裂，生态系统的失调或崩溃，造成自然与自然、人与人、人与社会的不和谐。历史和现实告诉我们，一部人类的发展史就是一部人与自然的关系史。如果沙尘暴、海啸、水土流失、泥石流、干热风、洪涝等自然灾害频发，生态失衡，天怒人怨，一切和谐都无从谈起。所以，保护了森林，就是保护了人与自然、自然与自然的和谐，破坏了森林，就是破坏了人与自然、自然与自然的和谐，最终必然导致人与人、人与社会的不和谐，这是人类文明的极大灾难。

综上所述，人类的生存和发展与森林息息相关。但是，近百年来，由于世界人口急剧增长，工业化进程大幅加快，人类对资源的消耗和对环境的破坏达到了空前严重的程度，由此而导致的温室效应、土地荒漠化、水土流失、干旱缺水、洪涝灾害、生物灭绝等一系列全球性生态危机，已经对经济社会发展和人类生存构成严重威胁。严酷的现实告诉我们，以牺牲资源和环境为代价的发展道路再也不能走下去了。

二、林业生态建设的显著成效

森林与人类的关系如此紧密，森林对人类生产生活的影响如此深远，那么关注森林、保护森林，不断扩大森林面积，努力提高森林质量，更好地发挥森林的生态、经济和社会效益，有效改善人类的生存和发展条件，这是森林与人类的关系给我们的重要启示。在新中国成立以后的一段时期，我国森林的主要功能是生产木材，为国民经济的恢复和发展作出了重要贡献。但客观上也造成了我国天然林资源的急剧减少。改革开放以来，我国林业进入了恢复和加快发展的时期，以 1978 年实施“三北”防护林工程为标志，生态建设逐步成为我国林业建设的主要任务。进入新世纪以来，党中央、国务院做出了一系列重大决策，颁发了《中共中央 国务院关于加快林业发展的决定》，确立了以生态建设为主的林业发展战略，启动实施了退耕还林、天然林资源保护、京津风沙源治理、“三北”和长江中下游地区等防护林建设、速生丰产用材林基地建设、野生动植物保护及自然保护区建设、湿地保护、石漠化治理、沿海防护林建设等一批重点工程。

这些林业重点工程是立足于新时期经济社会发展对林业的多种需求，为解决生态问题而进行的一次林业生产力战略布局的重大调整。经过几年来各级党委、政府和全社会各方面的共同努力，这些工程建设取得了显著成效。一是我国森林面积持续增长，森林蓄积稳步增加，森林质量明显改善，林种结构渐趋合理。第六次全国森林资源清查结果与第五次相比，全国森林覆盖率由 16.55% 提高到 18.21%，森林蓄积增加 8.9 亿立方米，林分每公顷蓄积平均增加 2.6 立方米。二是我国生态状况得到了有效改善。全国水土流失面积由过去的 367 万平方千米下降到 356 万平方千米，减少了 11 万平方千米。京津风沙源区水蚀面积减少了 14.2%。水土流失强度不断减轻，2003 年全国 11 条主要江河流域土壤流失量大幅度减少，其中长江和淮河减少 50% 左右。沙化土地面积由年均扩展 3 436 平方千米转变为年均缩减 1 283 平方千米，首次实现了逆转。三是有力地促进了地方经济发展和农民增收致富，为解决“三农”问题开辟了重要途径。其中退耕还林工程就使 1.2 亿多人受益。

林业是一个以生命科学为主要特征的行业，林业建设本身是一项“生物工程”、“生命工程”，涉及面广，产业链条长，特别是我国地域辽阔，各个地区经济社会发展水平和自然条件各不相同，生态环境问题差异极大。为此，我们在推进林业重点工程建设时，特别尊重生态适应性和地域分布等自然科学规律，严格按照科学规律办事。一是把握长远建设目标，突出各项工程的针对性。如退耕还林工程主要解决重点地区的水土流失问题；天然林资源保护工程主要解决长江上游、黄河上中游地区和东北、内蒙古等重点国有林区天然林资源的休养生息和恢复发展问题；京津风沙源治理工程主要解决首都周围地区的风沙危害问题。二是根据林业建设点多、线长、面广的特殊性，从种苗选育、林木栽培、森林抚育、灾害防治等生产全过程和资金投入、科技支撑、法制保障、林业改革、资源管理等各个方面，进行系统谋划、整体推进。三是严格按照生物生长的内在规律和特性，因地制宜，适地适树。组织科技人员围绕森林植被与环境的关系、森林生态群落的演替与稳定、困难立地造林、重大病虫害防治、林产品加工利用等重大关键技术开展了联合攻关。同时，加大科技成果和适用技术在林业生产中的推广应用，努力提高工程建设的科技含量。四是始终注重生态效益与经济效益、社会效益的协调统一，全面开发林业的多种功能，不断满足社会对林业的多种需求。

三、大力推进生命基础设施建设

自工业化以来，人类通过技术进步大量开发和消耗自然资源，创造了工业文明和后工业文明，给我们的生活带来了极大的物质上的便利。与此同时，也付出了巨大而沉重的生存环境代价，带来了影响人类自身生存和发展的种种全球性环境问题。反思和审视这一发展过程，我们可以发现，至少有两个方面的问题：一是加快了熵增的过程。人类在社会活动中，大量地、过度地开发和消费了化石能源及其他矿物资源，却忽视了其不可再生性和对环境影响所产生的严重后果；忽视了一切自然资源在人类利用其有效能量的同时，都在产生着无效能量，使能量不断熵化；没有认识到化石能源和其他自然资源消耗转化过程中熵流的无限增加，加速了地球生态系统逆向演替的进程。二是阻止了熵减的过程。人类在认识和利用自然的过程中，忽视了自身与自然生态系统的共生关系，陷入了人类利益主义的误区，无节制地开发、利用自然资源，严重破坏了自然生态系统，降低了自然生态系统增加负熵的能力。基于以上认识，人类要持续生存和发展，必须从以往人类利益主义的理念误区中解放出来，树立在“熵”世界观指导下的可持续发展的理念。

那么，什么是生命基础设施？这是相对于传统的、没有生命的基础设施而言的。在我们的高楼大厦、道路桥梁、电力通信等基础设施建设中，大量地使用了钢材、水泥、化学合成材料等难以降解的物质，它们是没有生命的、无机的、不可再生的；而森林、草原、湿地等自然生态系统是有生命的、有机的、可再生的。可以认为，以此为依托的、为人类生存和发展提供基本条件的基础设施，都可以称之为生命基础设施；保护、恢复和发展这些自然生态系统中有生命的、可再生的资源，为人类生存和发展提供基础条件的建设，都可以理解为生命基础设施建设。因此，生命基础设施建设是可持续的过程。

事实上，生命基础设施建设的理念已经在实践中得到了应用。例如，许多国家已经把城市林业建设、园林绿化纳入了城市基础设施建设；大力推广屋顶绿化，在修建广场、停车场时应用可生长绿色植物的新型建筑材料等。近些年来，国内许多城市林业建设中也有类似的做法，并积累了一定的经验。

大力推进生命基础设施建设，是解决当前全社会面临着人口、资源、环境等一系列问题的有效手段，也是落实科学发展观，构建和谐社会，全面建设小康社会的重要举措。森林是陆地生态系统的主体，湿地是地球之肾，科学、有效的林业生态建设行为本身，就是一个利用绿色植物的光合作用，实现熵减的过程。加快林业生态工程施建设，可以提高生态系统增加负熵的能力，从而抵消由非生命基础设施建设所引起的熵增，使整个生态系统的总熵不再增加。

由此可见，林业重点工程是生命基础设施建设的重要组成部分，也是生命基础设施建设的重要载体。培育森林资源、保护湿地资源、野生动植物保护和自然保护区建设、荒漠化防治、构建大江大河水源涵养林体系和三北、沿海、农田、城镇防护林体系等，都属于生命基础设施建设的核心内容。我们应该从生命基础设施建设的高度来认识和看待林业生态工程建设，要以改善人居生态环境、提高生活质量和发展空间为目标，运用现代科学技术，努力构建完备的林业生态体系，促进人与自然和谐共存，最终实现整个经济社会的可持续发展。

当前，我国林业正面临着前所未有的发展机遇。党中央作出的全面落实科学发展观、构建社会主义和谐社会、建设社会主义新农村、建设资源节约型和环境友好型社会等一系列重大战略决策，为林业建设赋予了新的使命，对林业发展提出了新的要求。维护生态安全，促进人与自然和谐，缓解全球气候变暖，解决木材供需矛盾，发展生物质能源，促进农民就业增收，都要求林业有更大的发展，都需要林业作出更大的贡献。可以说，林业在国家建设全局中的地位越来越重要，作用越来越突出，任务越来越繁重。为此，国家林业局在今年年初提出了全面推进现代林业建设的重大战略任务，其目的就是构建完善的林业生态体系、发达的林业产业体系、繁荣的生态文化体系。我们必须继续坚定不移地推进林业重点工程建设，以工程为载体，加速森林资源总量的增加，加快生态环境的改善，为全面落实科学发展观、推进社会主义新农村建设、构建社会主义和谐社会奠定良好的基础。

杨继平

加强林业党风廉政建设
保证集体林权制度改革健康发展

我国集体林地25亿亩，是一笔巨大的非耕地资源，潜力巨大。集体林权制度改革是农村家庭承包经营制度的延续和发展，是国土资源利用空间的扩展，是农民增收、农村经济发展的重要途径，是林业又好又快发展的强大动力，是改善生态的重要举措，是农村民主政治建设的推动力，意义重大而深远。这一改革，还是加强农村基层党风廉政建设的制度性改革。在改革进程中，十分必要加强党风廉政建设，积极构建林业农村基层惩防腐败体系，努力确保林改工作与廉政相结合、相促进。

一、提高认识，更加重视林业党风廉政建设

新形势下林业的地位更重要了，任务更艰巨了，责任更重大了。党的十七大报告，在贯彻落实科学发展观的基本要求中，提出“坚持生产发展、生活富裕、生态良好的文明发展道路”，“使人民在良好的生态环境中生产生活，实现经济社会永续发展”，“统筹人与自然和谐发展”；在构建社会主义和谐社会中，提出“按照民主法治、公平正义、诚信友爱、充满活力、安全有序、人与自然和谐相处”的总要求；在实现全面建设小康社会奋斗目标的新要求中，提出“建设生态文明，生态环境质量明显改善，生态文明观念在全社会牢固树立”，“到2020年全面建设小康社会目标实现之时，……成为生态良好的国家”；在推进社会主义新农村建设中，提出“改革集体林权制度”；在增强可持续发展能力中，提出“加强水利、林业、草原建设，加强荒漠化、石漠化治理，促进生态修复。加强应对气候变化能力建设，为保护全球气候作出新贡献”。可见，林业在落实科学发展观、实现全面建设小康社会目标、构建社会主义和谐社会、建设社会主义新农村、提高可持续发展能力中肩负着艰巨而光荣的历史使命。

我们要站在党和国家建设中国特色社会主义全局的高度，进一步认清林业在大局中的地位、作用和肩负的使命，把握林业在发展中出现的重大变化，由此来清醒地认识加强林业党风廉政建设的特殊重要性。概括起来，最突出的有四点：

第一，林业的全局性更强了。一是在国际事务中，气候变暖是全球最大的生态危机，森林在应对全球关注的气候变化中作用突出。二是在深化改革中，集体林权制度、国有林场、重点国有林区改革意义重大而深远。三是在国家安全中，林业关系国家生态安全、物种安全、木材安全、森林安全、粮食安全、水资源安全、能源安全。这七个安全关系到我国可持续发展能力的保持和提高。四是在新农村建设中，林业关系发展农村经济、推进城乡一体化进程、农民增收。实现十七大提出的全面建设小康社会目标要求，难点在农村，最难点在经济落后的山区、沙区，而山区、沙区经济发展的希望、潜力在林。

第二，林业的国际性更强了。生态无国界，生态危机已成为人类最难对付的挑战。一是气候变化问题。中国是发展中大国，要发展经济，又是碳排放大国，要尽一个负责任大国的义务。胡锦涛总书记今年9月在APEC亚太首脑会议倡议建立《亚太地区森林和可持续管理网络》是一个战略举措，林业承担着主要任务。二是森林火灾问题。希腊森林火灾给世界的警示是，森林火灾不仅危及资源安全和人民生命安全，而且危及政府安全，还是一个政治问题、国际问题。三是野生动植物保护问题。虎骨、象牙、犀牛角、熊胆等都是国际组织密切关注的问题，涉及国家外交和形象。四是木材问题。木材进口已成为国际密切关注的问题。五是粮食问题。粮食进口也是一个国际影响问题，林业是解决粮食安全的新途径，潜力巨大。另外，沙尘暴也对其他国家带来了危害。

第三，林业的艰巨性更强了。生态建设任务极其艰巨。到2020年全面建设小康社会目标实现之时，中国要成为“生态良好的国家”，这是一个最艰巨、最难完成的任务。我国生态欠债太多。森林总量严重不足，森林覆盖率18.21%，排世界第130位，比世界平均森林覆盖率少10个百分点；沙化土地可治理面积有53万平方千米，潜在沙化面积还有32万平方千米，任务极其艰巨；风沙水旱灾害频繁；水土流失严重，流失面积达356万平方千米，占国土面积的37.4%。其中耕地水土流失面积占全国耕地总面积的43%，达6.3亿亩。另外，湿地锐减、干旱进程加快、地下水位下降、草原退化、大气污染、物种减少、冰川消融等等，生态恶化不断加剧。要实现生态良好、人与自然和谐，其长期性、艰巨性超过任何难题。尽管林业执法体系较健全，力量较强，但全国每年仍发生森林、湿地、野生动植物案件60万起，每年损失林地3 000多万亩，其中有林地1 000万亩，林业执法监管的任务也十分艰巨。

第四，林业的复杂性更强了。一是从经济社会对林业的生态需求、物质需求、精神需求、健康需求看，远远不能满足。二是从生态安全看，要从整体上实现生态良好、人与自然和谐绝不是短时间的事。三是从林业改革看，涉及面广，情况复杂。四是从重点生态工程看，巩固成果，衔接后续政策，建立长效机制，情况更复杂。

这“四个更强了”，既说明林业地位重要，更说明责任重大。近几年，林业取得了快速发展，取得了巨大成绩。要保证林业又好又快发展，更加迫切地需要加强林业党风廉政建设，把各级林业部门建设成坚强的指挥部。应该看到，各级林业部门手中掌握着很大权力。具体表现在“四多”，一是工程项目多。林业重点工程规模大、涉及面广。二是管的资源多。森林、湿地、林地、野生动植物资源都是稀缺资源，加上沙地分布面积，共有74.2亿亩，占国土面积51.2%，是耕地的4.1倍。三是资金多。中央对林业投入巨大，而且大部分资金直接拨到县。四是行政许可(审批)项目多。在大力减少行政许可项目中，林业作为国家重要战略资源管理部门，仍保留了必要的行政许可项目。我们的责任，是使各级林业部门、领导干部正确行使手中的权力。要清醒地看到，近几年，林业部门特别是基层林业干部违纪违法问题比较突出，危及资源安全、资金安全、干部队伍安全。保证林业又好又快发展需要加强林业党风廉政建设，解决当前林业党风廉政建设存在的问题，更需要加强林业党风廉政建设。

二、集体林权制度改革，是加强林业农村基层党风廉政建设的治本之举

集体林权制度改革是农村生产关系的又一次重大调整，是农村生产资料和权力分配的带有根本性的调整，是加强农村基层党风廉政建设制度体制机制的改革。推进集体林权制度改革，是加强农村基层党风廉政建设的历史机遇，对改善生态、发展林业、破解“三农”难题意义重大，对加强农村林业基层党风廉政建设同样意义重大。从这个意义上说，集体林权制度改革，是农村基层最大的廉政建设，是林业最重要的廉政建设。福建省集体林权制度改革推进的4年中，职务犯罪案件是逐年减少的。永安市在集体林权制度改革前，每年涉林党纪政纪案件有几十起，现在没有了。为什么集体林权制度改革为加强廉政建设提供了历史机遇，是一项廉政的制度建设呢?

1. 权力交给了农民。林改的主体改革，是在保持集体林地所有权不变的情况下，采用均山、均股、均利等不同形式，将林地使用权、林木所有权切实分给农民，让农民真正成为林地经营的主体，拥有林地经营权和林木所有权、处置权、收益权，做到“山有其主、主有其权、权有其责、责有其利”。

林改的主体改革，是农村产权制度的改革。把集体林地经营权、林木所有权这些权力，由基层干部掌握和行使，转到农民，归权于民实质上是权力的转移。腐败，都由权力滥用而生，现在把集体资源分配的权力交给农民，等于釜底抽薪，从根本上取消了干部滥用权力的条件，铲除了腐败滋生的土壤。农民说的好：“分了山，去了贪”。

2. 决策民主化。民主，是消除腐败的根本办法。集体林权制度改革是农村最大的民主政治建设。通过集体林权制度改革，村民和村民代表会议的制度更完善了，作用更突出了。林改的一切事项、林地和林木资源的分配、管理模式等，都由村民代表会议讨论决定。讨论成熟的意见就定下来，不成熟则多酝酿一些时间。农民真正拥有知情权、参与权、决策权，山怎么分，什么时候分，分多少，怎么管，都由农民自己说了算。这就取消了少数人说了算、滥用权力的机会。

农村重大事项决策民主化，其运行程序是通过村民会议或村民代表会议进行决策，实质是农民决定集体和农民的事。集体林权制度改革中，主体改革的内容是将商品性林业资源均分到户，重大事项必须经村民代表会议讨论通过。而林业不同于农业，林业改革是多目标的，不仅要解决农民得实惠问题，还要解决生态得改善、保证生态安全问题。林地上是有资源的，森林资源是国家宝贵的战略资源，对资源利用是受国家法律限制的。因此，集体林权制度主体改革的同时，势必要推进一系列配套改革，配套改革搞不好，主体改革的目标就不能真正实现。而配套改革也是一样，如分山分林后，森林经营模式、公益林管护机制、林地流转规范、林地使用费管理、利益再调整机制、林木采伐管理等，都必须经村民代表会议讨论通过，配套改革同样是民主决策。应该看到，配套改革绝不是辅助改革，它与主体改革同样重要，而且情况更加复杂。配套改革的内容，同样是权力转移的内容。像林地的出让流转、森林资源采伐管理及收益、公益林管护和补助资金使用等，都是权力运行的关键领域，都是权力行使的具体体现。林改后，这些重大事项，都由村民代表会议根据国家法律法规进行民主讨论，同时在林改中，又根据新的物权所有形式，调整有关法规和政策，配套改革同样是农村民主决策的重大进展。

3. 信息公开化。信息公开化、透明化是村民民主决策的基础条件，也是公平、公正、公信的基础条件。林改前，群众的知情权、监督权、参与权、决策权之所以不到位，一个重要原因，就是少数村干部"暗箱操作"林地出让、林木采伐和资金使用，甚至以权谋私。通过林改，哪片山林是谁的，每片山林资源状况怎么样，谁的山林需要流转，哪片山林需要采伐多少，采伐指标怎么分配，这些情况都是公开的，张榜公示。县、乡政府建立了林地、林木产权交易中心、林业要素市场，信息共享，公平竞争，公开透明，既方便了农民群众，又从权力运行机制上铲除了少数人"暗箱操作"的条件。

4. 政府职能转变。在林改中，县乡(镇)政府、村集体通过采取一系列措施，将权力行使的重心由对资源资金的直接分配转移到公共服务、行政执法和教育引导上来。一是引导和催生了一系列农村合作经济组织、社会化服务组织。福建全省各类新型合作组织2 534家，经营森林面积1 720万亩；民间护林防火防病虫害组织3 426家，管护森林面积5 860万亩。乡(镇)把工作精力转移到指导、协调、服务林农上，村政权把精力放在为村民办实事上。二是县、乡建立林业产权交易中心，用市场机制公正评估资源价值，公平交易林地、林木资源及林产品。三是建立集中行政审批机构，实行林权确认、转让交易、办证登记、行政审批、信息发布等"一站式"审批，"一条龙"服务，公开办理采伐指标、采伐证、木材运输证等，公开透明、效率高。四是建立林政和资源信息网络，连通到乡镇林业站和农民协会，实行网上审批，网上信息交流。

政府职能的转变，势必带来机构设置的变化。为了履行好监督服务职责，乡镇成立了"村级会计服务中心"、"村公有资产监管中心"、"招投标委托中心"，加强对资源、资产、资金的民主管理。林地分给农民了，林业税费减免了，在林改中省级财政实行转移支付，对村集体给予财政补贴，把林业基层部门纳入财政预算。江西省明确"林业部门行政经费纳入同级财政预算"、"基层站所人员工资和工作经费纳入同级财政预算"，从源头上解决了林业基层单位乱收费、乱罚款的问题。各地还成立了山林纠纷调处机构，解决几十年没解决的难题，从源头上杜绝了对森林资源的乱砍滥伐。

通过集体林权制度改革，使农村基层民主决策、民主监督、民主管理进一步健全，促进了农村民主政治建设；资源、资产、资金管理进一步规范，消除了腐败滋生土壤；各种资源纠纷不断化解，促进了农村和谐稳定；政府职能进一步转变，为民、务实、清廉的正气得到发扬；干部作风进一步改进，群众说，"土改"干部回来了，密切了干群关系。可以说，集体林权制度改革，是农村最大的廉政工程。

三、高度重视，积极探索，在集体林权制度改革中大力加强党风廉政建设

集体林权制度改革是一个系统工程，一个推进的过程，也是对权力转移、规范的过程。应该清醒地看到，由于林业管的工程多、资源多、资金多、行政审批项目多，当前破坏森林资源、特别是基层林业干部违纪违法的问题比较突出。集体林权制度改革与林业农村基层党风廉政建设是相辅相成的关系，既要通过集体林权制度改革促进农村基层党风廉政建设的深化，又要通过加强林业基层党风廉政建设，保证集体林权制度改革健康顺利推进。如何通过林改从根本上建立林业农村党风廉政建设的制度体系，如何通过加强党风廉政建设保证林改健康发展，各地在实践中探索积累了一些好经验。

1. 摆上日程，加强领导。林权制度改革是新旧制度破和立的过程，破什么，立什么，思路应明确。林改的目标是生态得改善、农民得实惠、林业得发展，实现这一目标，必须高度重视党风廉政建设，通过林改，切实建立林业农村基层依法行政、民主执政、廉洁从政的反腐败制度体系，提高林业农村基层党风廉政建设水平。要坚持"两手抓"，把如何从制度机制上加强党风廉政建设作为推进集体林权制度改革的重要任务，纳入改革的总体部署，一起探索、一起推进。"一把手"要亲自思考、亲自调研、亲自抓；各级林业纪检部门、集体林权制度改革领导小组办公室要密切配合，有计划、有步骤地开展工作，及时总结推广好的经验；资源、公安、政法、林业工作站等业务部门要将廉政建设寓于政策制定和调整之中，纳入教育培训、执法监管的日常工作之中，抓住林改的宝贵机遇，加强制度建设，提高执政水平。

2. 加强廉政宣传教育。林改是一个深入推进的过程，林改中的廉政建设也是一个深入推进的过程。林改要加强宣传教育，林改中的廉政建设也要加强宣传教育。林改绝不仅仅是林业系统的事，是由各级政府组织领导、广大农民参与的复杂工程，因此，廉政教育要面向全体干部，使他们增强抓廉政建设、带头廉洁自律的意识和责任感。一是要开展警示教育。用违纪违法典型案例警醒人、震动人，千万不要做后悔事。要珍惜岗位、珍惜荣誉、珍惜组织培养、珍惜家庭幸福。要确保资源安全、资产安全、资金安全、干部安全。警示教育要经常抓，必要时开展集中教育。二是要开展法纪教育。要组织干部学法学纪，知法知纪，增强法纪意识，使每个人守法守纪。三是要开展激励教育。及时发现和总结推广先进人物的先进事迹，用榜样的力量感染人、激励人，大力弘扬正气。

3. 规范从政行为。在深刻的利益调整中，要根据改革带来的新情况、新问题，有针对性地制定纪律规定，严明纪律。福建省针对当前出现的干部低价购买山林、森林资源流转中的不正当交易、违法审批征占用林地、违法采伐和运输林木、违法违规管理使用资金、参与和纵容违法加工企业生产等问题，制定了"不准参与买卖青山，不准利用各种优势地位与民争利，不准在资源评估中牟取私利，不准林业干部搞垄断包，不准乱收费"的"五不准"规定，这很好，还应该增加一条，不准在资源资金审批分配中暗箱操作。云南文山壮族苗族自治州也制定了"六不准"。各地从林权制度改革一开始，就应针对实际，作出纪律规定。

4. 建立长效机制。制度带有根本性、长远性。要在林权制度改革中建立健全廉政制度，用制度管事管人。

一是村务公开制度。重大事项严格按《中华人民共和国村民委员会组织法》，经村民会议或村民代表会议讨论通过，保证村民知情权、参与权和决策权。要实行"五公开"，即林改方法公开、步骤公开、程序公开、内容公开、结果公开，村里的事让村民知道、让村民参与、让村民做主、让村民监督、让村民满意。

二是资源资产资金管理制度。要深化资源资产资金管理改革：规范林地流转，保证农民权益，防止资源遭到破坏和农民失地；改革林木限额采伐管理，科学制定资源培育和利用经营方案，公开公平公正分配采伐指标；抓好林权登记管理机构建设，规范林权登记管理；规范资金管理，严格实行收支两条线。要完善地方法规：江西省出台了《森林资源转让条例》，使资源转让有了法律依据，云南省、广东省正在出台《森林林木林地使用权流转条例》值得借鉴。要建立新的制度：积极探索实行财务托管制度，建立财务托管中心；实行公有资产监管制度，建立公有资产监管中心；实行招投标委托制度，建立招投标委托中心。

三是建全改革和廉政监督制度。要加强向上级纪检监察机关请示报告、向人民检察机关沟通、向各级人大政协汇报，联合执法检查、联合查办案件、联合完善法规，不断加强监督力量，拓展监督渠道。

四是公开办证许可制度。审批林木采伐指标、办理林权证、采伐证、木材运输证等，实行集中公开办证和审批。抓紧完善林政管理电子政务系统，实行网上阳光审批。

五是完善涉林纠纷调处制度。要明确责任，按照“属地管理，分解负责”的原则，由上级政府负责处理下一级政府之间工作范围内的资源纠纷；要加大督办力度，建立案件台账，落实督办责任制，包案到人，尽快解决；要出台新法规，抓紧制定《林木林地权属争议处理办法》、《林木林地权属登记办法》，加强法制保障。

5. 严肃查处违纪违法案件。要坚持惩防并举，严肃查处林改中的违纪违法案件。各级林业纪检监察机关要重视信访工作，及时发现案件线索，对涉及林农切身利益，不实行办事公开，未经过村民或村民代表会议讨论通过，擅自决策造成损失的，对青山买卖、森林资源流转、公有资产处置、资金管理、办证许可中以权谋私的，坚决进行查处。对渎职侵权、贪污受贿构成犯罪的，及时移交，积极配合人民检察机关、人民法院、公安机关的工作。省市林业部门要积极探索与人民检察机关加强联系与协作的联合工作机制，共同防治涉林职务犯罪。

雷加富

努力提高森林资源经营管理水平
为全面推进现代林业建设发挥基础和保障作用

在全面推进现代林业建设的新的历史时期，森林资源经营管理的地位更加突出，任务更加艰巨，责任更加重大。必须全面总结我国森林资源经营管理工作取得的成绩，正确把握我国森林资源经营管理工作的方向和原则，全力做好当前森林资源经营管理的重点工作，积极推进森林资源经营管理工作再上新台阶，为新时期林业的又好又快发展作出更大的贡献。

一、我国森林资源经营管理工作取得了可喜成绩

近年来，各级森林资源管理部门紧紧围绕林业建设中心工作，在改革创新，强化管理，严格执法，优化服务上狠下工夫，积极进取，扎实工作，森林资源经营管理水平不断提高，成效日益显现。

（一）资源管理体制机制改革取得重大进展。一是围绕集体林权制度改革做好相关配套工作。2006 年以来，集体林权制度改革已在全国范围内全面展开。通过改革实现了山有其主，主有其权，权有其利，利有其责，极大地解放了林业生产力，得到了党中央、国务院的充分肯定，得到了林农群众的真心拥护。各级森林资源管理部门始终站在改革的前沿，在明晰产权、确权发证、放活经营、配套改革、依法监管、保障服务等方面做了大量工作，充分发挥了职能作用，成为推进改革的一支重要的生力军。二是伊春国有林权制度改革试点顺利推进。试点两年来，承包经营任务已基本落实到户，造林面积大幅增加，5个试点局2006年造林比2005年同期增加了30%左右；2007年又完成造林3 313公顷，造林成活率均在98%以上。这项改革试点得到了中央领导同志的充分肯定和社会各界的普遍关注，中央党校、国务院研究室、发改委、财政部、北京大学、中国人民大学等有关领导和专家多次深入伊春林区进行调研，并对试点工作给予了高度评价。目前，试点已进入到"总结经验、完善政策、深化试点"的新阶段。三是森林采伐管理改革实现多项突破。在相继出台有关人工用材林、工业原料林、农田防护林等一系列采伐管理政策的基础上，对森林利用结构和管理方式进行了改革。在人工商品林单独编限、限额指标结转使用、审批管理权限下放、限额与计划协调统一等方面取得了重大突破，充分体现了分类经营、分类管理、分区施策的思想，进一步推进了森林采伐管理由单一监管向科学引导、由单纯控制资源消耗向促进森林可持续经营的重大转变。2007年，又在福建省开展了以经营方案为依据、以小班面积为控制、以可持续经营为目标的森林采伐管理试点，进一步完善集体林权制度改革后森林采伐管理的相关政策。四是重点国有林区森林资源管理体制改革试点进一步深化。经过几年的改革试点，通过建立制度，培训队伍，完善机制，履行职责，深入探索了国有森林资源管理新体制、新机制的路子。

（二）林地林权保护更加规范有序。一是"十一五"期间征占用林地定额编制工作基本完成。按照既保障现代林业建设森林覆盖率目标的实现，又统筹经济社会发展对林地客观需求的原则，科学编制了全国"十一五"期间年度征占用林地定额，标志着我国林地保护管理逐步走上节约用地、科学管理的轨道。二是初步建立了征占用林地专家评审制度。我局聘任了131位专家，建立了国家林业局征占用林地评审专家库，初步形成了林业主管部门把关和专家评审相结合的征占用林地审核审批新机制。三是林地保护利用规划编制试点进展顺利。在辽宁、陕西、福建等省开展的10个县级林地保护利用规划编制的试点工作基本结束。通过试点，进一步优化了林业用地结构，提高了科学用地、集约用地的水平，为科学编制全国和各省林地保护利用规划提供了实践依据。四是征占用林地审核审批更加规范。制定了征占用林地预审管理办法，下发了征占用林地被许可人监督检查工作的通知，林地征占用审核审批率稳步提高，2006年审核审批率、森林植被恢复费收取率分别比上年度提高了3.1个和8.2个百分点。五是林权管理进一步加强。截至2006年，重点国有林区林权证发放工作基本完成，退耕还林登记发证面积已占应发证面积的50%。全国林地登记发证面积达38.5亿亩，占林业用地总面积的90.1%。

（三）森林利用监管得到明显加强。一是"十一五"采伐限额得到严格执行。根据核查，全国林木凭证采伐率达92.4%，超限额采伐势头得到基本遏制，林木采伐管理整体水平进一步提高。二是森林可持续经营取得新进展。出台了森林资源经营管理分区施策导则和经营方案编制实施纲要，制定了不同类型森林经营方案的范例，并选择100个森林经营单位率先编制森林经营方案。在福建永安、吉林汪清等7个地区开展的森林可持续经营试点，发挥了良好的辐射和带动作用。同时，与联合国粮农组织、国际热带木材组织等在森林可持续经营方面进行了积极合作，产生了良好的国际影响，有力地推进了我国森林可持续经营。三是木材流通监管得到切实加强。下发了进一步加强木材经营加工监督管理的通知，明确了木材经营加工的市场准入条件、行政审批程序和监督管理要求，组织开展了木材经营加工的清理整顿。福建、江西等省多次开展了以打击非法运输和经营加工木材为重点的专项行动，确保了集体林权制度改革健康推进；浙江等省积极探索建立了木材运输巡查制度，形成了固定检查和流动巡查相结合的监管机制。

（四）森林资源监测体系日臻完善。一是全国森林资源清查内涵进一步丰富。在第七次清查中，进一步充实了调查因子，应用了“3S”等先进技术和调查手段，把反映森林健康、森林质量、生态功能、生物多样性等4大类15个监测指标纳入调查内容。截止到目前，已完成26个省的数据复查任务，并公布了部分省清查的最新数据。二是全国森林资源和生态状况监测体系建设迈出了实质性步伐。经过30多位专家的联合攻关，完成了综合监测研究项目，提出了体系建设的总体思路和基本框架，研究成果荣获第二届梁希林业科学技术一等奖。在广东省开展了森林资源和生态状况综合监测试点，标志着我国森林资源和生态状况综合监测体系建设进入了新阶段。三是各项核查检查效率明显提高。通过整合核查资源，丰富核查指标，完善评价方法等措施，显著提高了核查检查的工作效率和质量，基本实现了对营造林成效、采伐限额执行、征占用林地审核审批等全方位的监测管理。四是全国森林资源管理信息系统建设试点顺利推进。启动了系统建设的试点示范项目。研究制定了信息系统的标准体系，开发了森林资源地理信息系统，搭建了森林资源基础信息服务平台框架，研发了资源利用、林地林权、森林采伐、营造林检查、资源档案等比较全面的应用系统，为构建覆盖全国、上下一体、互联互通、信息共享的全国森林资源管理信息系统奠定了基础。

（五）森林资源监督执法能力明显提高。一是森林资源监督作用得到有效发挥。经过多年实践，我国森林资源监督工作逐步形成了联席会议、监督通报、案件督办、跟踪检查等一系列制度，为加强森林资源保护管理发挥了重要作用。各监督机构还聘任了基层森林资源监督工作联络员，充实和完善了监督体系，使森林资源监督的整体功能得到有效发挥。二是森林资源管理队伍素质得到切实加强。我局下发了关于加强派驻森林资源监督机构和直属调查规划设计院自身建设的意见，召开了直属院、专员办两建工作专题会议；在全国森林资源管理系统开展了创建“四型单位”、争做“五个模范”活动和治理商业贿赂专项工作。组织各地连续两年进行了森林资源管理重大问题的调查研究，提交了近150篇高质量的调研报告，提出了很多有建设性的意见和建议。三是森林资源管理执法力度进一步加大。连续三年组织开展了专项行动，引起了各级党委政府的高度重视、媒体的普遍关注和群众的广泛参与，有力地遏制了破坏森林资源案件的高发势头。据统计，2006年全国共发生林政案件39.2万起，查处案件38.79万起，查处率达98.94%，使森林资源得到了有效保护，为林业改革发展创造了良好环境。

总体上说，在党中央、国务院的亲切关怀，各级党委、政府的高度重视和各级林业主管部门的共同努力下，各个部门的大力支持下，我国森林资源经营管理工作取得了显著成效，为实现森林资源的持续增长、增加林产品的有效供给、维护国土生态安全做出了重大贡献，也为新时期林业又好又快发展奠定了坚实的基础。

二、正确把握我国森林资源经营管理工作的方向和原则

党的十七大提出了建设生态文明的奋斗目标，为林业工作指明了方向，推进森林资源经营管理工作进入新时期、提出了新要求，明确了新任务。也为森林资源管理工作提出了新任务、新要求，森林资源经营管理的地位更加突出、作用更加显著、任务更加繁重。我们一定要以十七大精神为指针，贯彻和落实科学发展观，认清形势，扎实工作，全面开创森林资源经营管理工作的新局面。

建设生态文明、构建和谐社会赋予了森林资源经营管理新的使命。党的十七大提出建设生态文明，这是建设社会主义和谐社会理念在生态建设方面的升华，建设生态文明是贯彻落实科学发展观的新任务，是生态建设的新目标。林业是生态建设的主体，是促进人与自然和谐的关系和纽带，而森林资源是林业发展的基础，是建设生态文明的载体。同时，森林作为陆地生态系统的主体，不仅是陆地最大的储碳库，也是最有效的吸碳器，在应对全球气候变暖方面发挥着不可替代的作用。2007年9月，胡锦涛总书记在亚太经合组织（APEC）第十五次领导人会议上，明确提出到2010年我国森林覆盖率增长到20%的发展目标，这是我国应对气候变化向国际社会的明确主张和郑重承诺。要实现这一目标，推动生态文明建设，促进人与自然和谐，就要求全面加强森林资源经营管理，在继续加大造林绿化步伐，不断增加森林资源数量、加快生态恢复的同时，切实严格保护和科学经营好森林资源，不断提高森林质量、优化生态系统结构、改善生态系统功能。

推进现代林业建设和集体林产权制度改革对森林资源经营管理提出了新的要求。贾局长在全国林业厅局长会议上曾指出的，建设现代林业，第一要义是发展，主要内容是提升林业的三大功能，建设三大体系、发挥三大效益，目标是满足社会对林业的多种需求。集体林权制度改革是推进现代林业建设的重大举措，其根本目的就是要激活各类林业生产要素，进一步解放和发展林业生产力。要适应现代林业建设、深化集体林权制度改革的新形势，要求森林资源经营管理观念必须进一步更新，要从单纯的林木林地保护转到森林生态系统经营上来；经营管理的政策体系必须进一步完善，要从大一统的管理模式转到分区施策分类管理上来；经营管理的空间必须进一步拓展，要注重从单一目标的经营转到建设三大体系、提升三大功能上来；经营管理的队伍素质必须进一步增强，要从简单的行政管制转到依法行政、高效服务上来；经营管理的现代化水平必须进一步提高，要从传统、落后的管理手段转到广泛应用现代高新技术成果上来。

经济社会发展不断增长的产品需求和生态需求对森林资源经营管理提出了新的任务。随着国民经济发展和人民生活水平的提高，对林产品的需求持续增长，供需缺口不断扩大。与此同时，我国自然灾害频发，水土流失、土地荒漠化、水资源短缺等问题十分严重，局部地区生态还在继续恶化。我国现有森林资源总量不足，质量不高。森林覆盖率18.21%，仅相当于世界的60%；人均森林蓄积只相当于世界人均占有量的1/8，这种状况不仅难以满足经济社会发展对林产品的需求，也难以满足维护国土生态安全的要求。因此，只有不断提高森林资源经营管理水平，努力增加森林数量、提高森林质量，才能有效缓解森林资源面临的产业发展和生态建设的双重压力，才能为经济社会发展提供必需的物质产品、生态产品和文化产品，才能肩负起改善生态环境和促进经济发展的双重使命。

日益复杂的国际林业发展环境对森林资源经营管理提出了新的挑战。森林问题已日益成为全球化、国际化的热点问题，很多法规政策的制定都是围绕着森林的保护和利用展开的。在1992年世界环境与发展大会上，各国政要签署了《关于森林问题的原则声明》，对森林问题形成了全球性最高级别的政治承诺。保护和增加森林植被，推进森林可持续经营，改善全球生态状况，已成为世界范围的共识。一是有关森林问题政府间的行动越来越多，推出了蒙特利尔、赫尔辛基等9个国际进程，共有约150个国家参与，目的就是推进森林可持续经营，为人类构建良好的生态机制。二是森林认证得到越来越广泛认可，全球已有约3亿多公顷森林通过了各种森林认证体系的认证，特别是北欧一些林业发达国家和大多数跨国林产品公司的森林基本上都通过了认证。三是各国对森林资源的保护力度越来越大。新西兰三度修改森林法，不断强化对天然林采伐的限制；2002年，印尼对原木出口采取永久性禁令；马来西亚、俄罗斯、蒙古等国家也都限制或禁止本国的原木出口。在这种背景下，世界范围内的林产品贸易摩擦不断升级，国际舆论对我国森林资源保护政策的无端指责越来越多。复杂多变的国际环境要求我们必须立足国内，放眼世界，切实提高森林资源质量，加速推进森林的可持续经营，最大限度地提高林地的生产力，在不断改善生态环境的前提下，满足国民经济和社会发展对木材及林产品的需求。

综上所述，在新的历史时期，森林资源经营管理工作机遇和挑战并存，希望和困难同在。我们必须从更高的层面、以更广的视野，站在全局的战略高度，充分认识做好森林资源经营管理工作的重要意义，在经济社会发展和现代林业建设中，找准位置、把握方向、明确目标。这就要求我们，必须高举中国特色社会主义伟大旗帜，深入贯彻落实科学发展观，全面推进现代林业建设，把建设和培育稳定高效的森林生态系统，促进森林可持续经营作为森林资源经营管理工作的战略目标；把严格保护、科学经营、持续利用作为森林资源经营管理工作的基本方针；把全面提高林地生产力，为国民经济和社会发展持续提供丰富优质的物质产品、生态产品和生态文化产品作为森林资源经营管理工作的根本任务。

做好新时期森林资源经营管理工作，必须牢牢把握以下六个方面：

一要毫不动摇地坚持森林资源经营管理的基本制度，依法保障森林资源安全。经过多年的努力，我国形成了一套比较完善的森林经营管理制度，概括起来说就是：依法明晰林权，依法保护林地，依法限额采伐。也就是说，通过林权登记发证，明确林地的性质和权属；通过征用占用林地审核审批，控制林地的非法流失；通过林木采伐总量控制，确保森林的消耗量小于生长量，实现森林资源可持续经营。这些基本制度是五十多年来森林资源经营管理实践的总结，是我国经济社会发展对森林资源经营管理历史性选择，是对世界林业发达国家先进经验的充分借鉴，符合我国国情林情，必须长期坚持。这些制度的实施，有力地促进了森林资源长期持续稳定增长，为维护国土生态安全作出了巨大贡献。但是，近年来一些地方受短期经济利益的驱使，片面追求经济指标的增长，对森林资源经营管理的基本制度产生了怀疑，甚至要取消这些基本制度，这种思想是极其错误的。同时，我们也应该看到，坚持这些行之有效的基本制度，并不等于故步自封，不思改革，而是要在全面推进现代林业建设的进程中，不断赋予这些制度新的内涵和功能。要进一步规范林权管理，积极做好林权登记、明晰产权工作，尤其是集体林权制度改革中确权发证工作，加快森林资源资产评估机构建设和专业人员的培养，建立健全活立木市场，促进和规范产权流转，依法保障林权权益人的利益；要进一步强化林地的管理，采取最严格的措施加以保护，建立健全征占用林地的定额管理、专家评审和预审制度，逐步形成用途定位清晰、定额管理到位、监管措施有力的林地管理新格局；要进一步完善采伐利用管理，在科学区划的基础上，对不同区域按照其林业发展布局和森林主导功能，实行不同的管理模式，真正把森林采伐管理与森林经营方案有机地结合起来，全面推进森林的可持续经营。

二要坚定不移地实行政府宏观引导、社会广泛参与的森林资源经营管理机制，加速森林资源的发展。林业既是一项公益事业，又是一项基础产业，尤其是在当前我国林业投资主体和经营主体日趋多元化的形势下，必须发挥好政府宏观引导和市场调节机制两方面的作用。但是，一些地方在发展林业的过程中，单纯依靠市场机制，没有发挥政府的宏观引导和监管作用，导致林地非法流失、林木低价转让、木材经营加工无序发展；同时，一些地方单纯依靠行政命令推动林业工作，没有充分发挥好市场机制的作用，严重影响了社会各界参与林业建设的积极性，制约了林业的发展。由此可以看出，只有做到政府宏观引导和市场机制的相互协调、共同促进，才能更加合理地配置资源，更好地调动各方面的积极性，更好地发挥林业的三大效益。因此，在森林资源发展的宏观布局上，政府要制定相关的区划、规划，确定不同区域林业的发展方向、功能定位和经营目标；在森林资源经营培育的政策上，政府要加快立法步伐，完善森林资源保护管理的相关政策法规，明确政府及市场主体的义务和责任，保障森林资源经营管理活动依法有序进行；在森林资源的经营机制上，要坚持“全国动员、全民动手、全社会办林业”的方针，公益林建设应以政府为主，商品林建设应以市场为主，充分调动各方面的积极性，鼓励和吸引社会力量参与，确保国家得生态，经营者得实惠。

三要始终不渝地推进森林可持续经营，构建具有中国特色的森林可持续经营体系。多年实践证明，没有森林资源的可持续经营，就没有林业的可持续发展，全面推进现代林业建设必须走森林可持续经营之路。根据第六次全国森林资源清查，我国森林资源质量不高的状况依然没有得到明显改观，森林每公顷蓄积量仅为84.7立方米，仅相当于世界平均水平的85%；林木年净生长量仅为3.55立方米，只相当于林业发达国家的一半左右；现有森林资源中呈现出“五多五少”现象，也就是纯林多、混交林少，单层林多、复层林少，中幼林多、成过熟林少，小径材多、大径材少，一般用材树种多、珍贵树种少。同时，在有些地方经营主体不落实、目标不明确、措施不到位。这些问题都严重制约了森林的可持续经营。要改变这种状况，必须用法律制度规范森林经营秩序，用行政手段保障森林经营方向，用市场机制激发森林经营活力，用现代技术提升森林经营水平。在国家和省级层面上，重点是落实分区施策、分类管理，按照不同自然、地理特点和经济发展状况进行合理区划，实行不同区域和不同森林类型有差别的森林资源管理政策；在县级层面上，重点是开展森林经营规划，落实宏观区划的具体布局，明确各类森林的培育方向和经营模式；在经营单位层面上，重点是科学编制和实施森林经营方案，将经营措施落实到山头地块，使经营者对森林资源的处置和收益有明确预期，特别是在集体林权制度改革到位的地区，要积极引导经营者组建新的合作组织，使森林经营逐步走上集约化、规模化、科学化轨道；在林分经营层面上，重点是充分运用现代森林经营技术和手段，最大限度地提高林地生产率，使不同林分的目标效益最大化。

四要积极稳妥地推进森林资源经营管理的各项改革，建立适应现代林业建设的经营管理新体系。我国现有的森林资源经营管理体制大都是在计划经济时代建立起来的，随着市场经济的不断完善和发展，以生态建设为主的林业发展战略不断推进，其弊端日益显现，主要表现在：国有林产权虚置，所有者的权益得不到保障，经营者短期行为严重；集体林经营主体不落实、经营机制不灵活、利益分配不合理的现象还不同程度的存在。为此，在传统林业向现代林业转变过程中，对于长期以来形成的森林资源管理基本制度、政策体系、经营机制既要继承又要发展。只有不断地深化改革，才能从根本上消除森林经营管理的体制性和机制性障碍，不断解放和发展生产力。近年来，我们在林权制度、资源管理体制、森林采伐利用、森林资源监测、林地保护管理、森林资源监督等方面加大了改革力度，取得了显著成效。实践证明，这些改革对提高森林经营管理水平、推进现代林业建设发挥了积极的作用。但是由于种种原因这些改革还是初步的、不完善的，还有待于在推进现代林业建设的实践中不断深化。在集体林权制度改革上，要按照“产权归属清晰，经营主体到位，责权划分明确，利益保障严格，流转规范有序，监管服务有效”的现代林业产权制度的要求，着力推进森林资源管理的配套改革，保障集体林权制度改革的成果；在国有林区森林资源管理体制改革上，要按照9号文件的要求，分析总结吉林森工企业改革、伊春国有林权制度改革试点、清河林业局政企分开的改革和6个森林资源管理体制改革试点单位的经验，在不断深化完善的基础上统筹兼顾、系统推进，真正建立“责权利相统一、管资产、管人、管事相结合”的森林资源管理体制；在森林资源管理方式改革上，对森林资源利用管理要实行分区施策、分类管理，要坚持宏观总控、加强基础工作、实施分类经营、创新分配机制；对林地的保护管理要实行定额管理、占补平衡；对森林资源监测要实行统一管理、综合监测。这里需要强调的是，在推进各项改革的同时，必须坚持“两手抓”，一手抓改革，一手抓管理，绝不能放任自流，否则就会破坏改革的环境，就会影响改革的成果。

五要持之以恒地加强森林资源经营管理能力建设，切实保障职能作用的充分发挥。能力建设是落实各项政策、推进各项改革、提高管理水平的重要基础和保障。当前，我国森林资源经营管理的基础工作还十分薄弱，主要体现在：管理体系不健全、基础设施薄弱、执法手段落后、队伍素质不高，还不能适应新形势对森林资源经营管理的要求。要切实加强森林资源监督机构、林业工作站、木材检查站、林政稽查队等基层林业执法队伍建设，理顺管理体制、落实人员编制、解决工作经费，不断提高依法行政的能力；要切实加强森林资源动态监测，进一步拓展监测功能，整合监测资源，逐步建立国家级森林资源监测管理的专门机构，形成国家监测信息处理和监测技术支撑的核心，不断提高动态综合监测现代化水平；要切实加强基础设施建设，加大投入力度，改善技术装备，提高管理能力，确保完成森林资源经营管理的各项任务；要切实加强队伍素质建设，强化政治思想教育、业务培训及廉政建设，全面提高森林资源管理人员依法行政水平；要切实加强资源管理基础工作，提高标准化建设程度，加快二类调查的步伐，推进基础数表的更新与完善，建立森林资源管理基础信息平台。

六要坚持不懈地依法打击各种破坏森林资源违法犯罪行为，维护森林经营管理的良好秩序。当前，我国森林资源保护管理的形势依然严峻，主要表现为：林政案件高发的势头还没有从根本上得到遏止，局部地区特别是重点国有林区、生态环境比较脆弱的西北地区林政案件还呈上升趋势；非法占用林地屡禁不止，一些地方非法占地项目大量向林地转移，2007年上半年全国非法征占用林地案件同比上升了12.3%；非法收购、加工和运输木材的现象十分突出；涉林渎职犯罪案件明显上升，2007年1月至8月，全国检察机关共立案侦查林业系统涉嫌渎职、侵权犯罪嫌疑人占全国总数的23.4%。这种状况与现代林业建设的要求极不适应，必须进一步加大打击力度，为促进林业的又好又快发展创造良好外部环境。要增强执法的主动性，充分发挥各级林业行政主管部门、森林资源监督机构以及木材检查站、林政稽查队等基层执法队伍的作用，及时依法打击各类破坏森林资源违法犯罪行为；对森林资源管理混乱、破坏严重的地区，要定期或不定期开展专项整治行动；对一些重大案件和典型案件，要适时公开曝光，借助社会力量，形成合力，一查到底，决不姑息。

以上六个方面，既是对多年来我国森林资源经营管理成功经验的总结，也是做好下一步森林资源经营管理工作的重要遵循，又是新时期赋予我国森林资源经营管理的新任务，是中国特色森林资源经营管理体系的重要组成部分，符合现阶段经济社会发展的水平，符合中国林业发展的实际。在今后的工作中，我们必须牢牢把握好这六个方面，并根据现代林业建设的新形势、新要求，进一步完善政策、创新机制、改进方法，不断推动我国森林资源经营管理工作再上新台阶。

三、全力做好当前森林资源经营管理的几项工作

国家林业局党组对新时期林业发展做出了总体部署，绘就了现代林业建设的宏伟蓝图，我国林业正进入一个又好又快发展的新阶段，按照局党组的部署和要求，当前和今后一个时期森林资源经营管理要突出抓好以下几个方面工作：

（一）高质量地完成林业发展区划、矿区植被恢复规划和林地保护利用规划的编制工作。这三项工作都是国家林业局党组确定的重点工作，必须要狠抓落实。一是要如期完成林业发展区划工作。按照区划大纲确定的“综合区划、全面评价、明确功能、分区布局”的总体要求，切实加强领导、精心组织、落实人员、保障经费，全力以赴完成三级分区的区划工作，确保按期上报三级分区成果。同时，要抓紧开展各级分区的分析评价工作，提出林业发展目标、发展模式、建设重点和政策措施，完成好区划总报告和公益林、商品林、非木材林产品和林产工业4个专项区划报告的编写工作。二是要扎实推进矿区植被保护与生态恢复工程规划编制工作。要搞好本底调查，摸清矿区基本情况，及时上报调查结果；对典型矿区进行深入剖析，开展生态恢复、治理模式、补偿标准的专题研究；及时完成省级规划的编制工作，为开展全国规划编制奠定基础。三是要继续抓好林地保护利用规划的编制工作。要及时总结试点经验，制定出台国家、省、县三级林地保护利用规划大纲等相关文件，逐级开展规划的编制工作，力争到“十一五”期末基本完成全国县级林地保护利用规划的编制任务。

（二）认真组织实施征占用林地定额管理及林地保护管理的相关政策。一是要做好征占用林地定额的分解落实工作。国家林业局即将下发全国“十一五”期间年度征占用林地定额，各地要结合实际，及时做好定额的细化分解工作，并提出具体贯彻落实的措施，确保林地定额的严格执行。二是要抓紧出台征占用林地专家评审办法，今后原则上对征占用自然保护区、重点公益林区和森林公园等生态区位重要的林地，都要经过专家评审，各地也要抓紧建立省级评审专家库，出台相关办法。三是要尽快建立征占用林地预审制度。各级林业主管部门在征占用林地审核审批中，要提前介入，正确引导，严格把关，保证各类建设项目不占或少占林地。

（三）切实加强林权管理工作。各级林业主管部门要把林权管理作为森林资源经营管理工作的核心，切实抓好抓实抓出成效。一是要做好林权登记发证工作，严格审查把关，确保登记依据充分，内容准确，程序合法；同时，要按照《中华人民共和国物权法》的要求，尽快出台配套规定，进一步稳定和完善林权登记制度；要尽快完成对尚未发证的林地的确权发证工作。二是要促进和规范林权流转管理，集体林权制度改革以后，林权流转日益活跃，必须加强监管，积极推进林权流转办法的出台，真正做到林权流转有法可依、有章可循。三是要做好林权纠纷的调处工作，按照分级负责、属地管理的原则，建立健全调处工作机制，尊重历史、尊重事实，积极开展扎实有效的林权纠纷调处工作，为集体林权制度改革创造良好的外部环境。

（四）认真抓好森林经营方案的编制和实施。国家林业局已对森林经营方案的编制与实施进行了部署，各地要有计划地开展好这项工作。一是要制定本省森林经营方案的编制计划，对各类森林经营单位方案的编制做出统筹安排，确保“十一五”期末基本完成，逐步建立起以森林经营方案为基础的经营管理模式；“十二五”期间的森林采伐限额原则上将按照经营方案确定，对未编制经营方案的，其采伐限额将按国家连续清查结果实行总量控制。二是要确保经营方案的有效实施，各地都要以经营方案为依据，开展林业项目审批、资金投入、金融信贷、核查检查等方面工作，树立经营方案的权威性。

（五）继续做好森林资源监测和各项核查检查工作。各地要认真履行职责，加强管理，进一步促进各项监测工作的规范化、制度化和系统化。一是要全面完成第七次全国森林资源清查工作，各地要按照国家林业局的统一部署，高质量地完成好清查任务；同时要切实加强综合分析评价，做好七次连清的汇总发布工作。二是要继续抓好森林资源和生态状况综合监测体系建设试点工作，从监测指标、清查方法、技术手段和综合评价等方面，研究提出监测与评价的指标体系和技术方法，为开展第八次全国森林资源清查奠定基础。三是要进一步加强各项核查检查工作，通过改进营造林综合核查、征占用林地检查、采伐限额核查的方式方法，不断提高综合分析评价水平，为林业宏观决策提供及时准确的信息。各省要提高认识，积极配合，对各类核查检查反映出的问题及时认真整改。四是要加速推进二类调查工作，各地要加大资金和技术投入，提高二类调查工作质量和效率，每年年底前各省要将二类调查开展情况上报我局。五是要积极推进全国森林资源管理信息系统建设工作，切实加强领导，加大投入，力争在3~5年内基本建成上下一体、互联共享、功能完善、安全可靠的森林资源管理信息系统。

（六）进一步做好森林资源监督工作。在建设现代林业的新阶段，森林资源监督工作责任重大，任务艰巨，只能加强，不能削弱。一是要扎实抓好《森林资源监督工作管理办法》的全面贯彻落实，这个办法是开展监督工作的行为准则。各监督机构和各级林业主管部门要抓紧制定相配套的规章制度，确保办法得到有效实施。二是要扎实开展各项森林资源监督业务工作，各派驻监督机构要进一步完善监督报告、联席会议、联络员、大要案督办查办等制度，实行监督责任追究和绩效考评，不断提高监督实效。三是要进一步加强监督队伍的自身建设，各监督机构要不断改进思想作风、工作作风，进一步强化素质、提高能力，廉洁自律，从严治办，牢固树立森林资源监督队伍的良好形象。

（七）稳步推进森林资源管理的几项改革工作。在集体林权制度改革取得重大突破后，国有林管理的改革和森林资源管理的配套改革更加迫切，必须积极稳妥地向前推进。一是要全力深化伊春国有林权制度改革试点工作。黑龙江省要切实做好试点总结工作；我局将会同有关部门对改革试点情况进行评估。二是要继续推进重点国有林区森林资源管理体制改革试点，进一步理顺人员编制、落实工作经费、明确机构职能；要组织开展试点成效评估，完善试点方案，抓紧制定下发深化试点的意见。三是要继续做好集体林权制度改革的各项配套工作，在森林经营方案的编制、加强生态公益林管理、规范森林资源流转、简化采伐审批手续等方面制定出台相关政策。各地也要结合实际，制定相关办法和配套措施，保障集体林权制度改革顺利推进。

祝列克

以色列荒漠化防治情况及启示

为借鉴国外成功经验，切实搞好我国荒漠化防治工作，应以色列农业部邀请，我带队对该国荒漠化防治情况进行了考察。以色列的荒漠化防治有特色，效果显著，值得学习和借鉴。

一、以色列荒漠化防治状况

以色列位于亚洲西部，是亚、非、欧三大洲的结合部。国土面积约 2.1 万平方千米，人口约 710 万。地势北高南低，海拔为 500～1 200 米。北部和中部为加利利和撒马利亚山地、高原，南部为内盖夫荒漠，东、西部为约旦河谷和地中海沿岸平原。气候属地中海型气候，11 月至翌年 3 月为冬季雨季，温和湿润；4 月至 11 月为旱季，炎热干燥。降水分布不均，北部达 700 多毫米，南部不足 50 毫米。2/3 的国土属于干旱和半干旱荒漠地区，淡水资源严重缺乏，自然环境十分恶劣。

1948 年以色列国成立以来，以色列高度重视荒漠治理工作，经过不懈努力，取得了明显的成效，耕地面积由建国初的 16.5 万公顷发展到现在的 38 万公顷，增长了 1 倍多，其中水浇地由 3 万公顷发展到 22.5 万公顷。50% 的农产品用于出口，2005 年的出口额达 16.8 亿美元。森林资源有了明显增长，现有森林面积 16 多万公顷，森林覆盖率达 7% 左右；人工林 9 万公顷，占森林面积 56%。从一定意义上说，以色列的建国史就是一部保护和治理荒漠的历史。其以下几方面的经验值得借鉴：

第一，政府对荒漠治理工作高度重视。以色列的荒漠面积约占国土面积的 2/3，自然条件差，资源十分贫乏。以色列人认识到，如果他们不征服荒漠，荒漠就会吞没他们。正是基于这样的认识和危机感，从建国开始，荒漠治理成了事关以色列国家和民族生存与发展的大事，受到了历届政府的高度重视和民众的大力支持。特别是其第一任总理本古里扬，不仅在执政期间积极倡导治理荒漠，而且离任后又举家迁入内盖夫地区，从事荒漠治理直至逝世。以色列有完善的荒漠治理的组织管理机构，农业部负责管理，政府各部门间成立有强有力的组织协调机构，根据法律的授权，研究并确定荒漠治理的重大问题。荒漠治理具体实施工作由专门的机构——犹太人基金会(JNF)负责。JNF 是一个非政府组织，下设土地开发部，负责全国土地治理和开发工作。

第二，强化对荒漠土地资源开发的管理。以色列土地资源的潜力在南部荒漠地区，开发的重点也在荒漠地区。以色列对土地开发有严格的控制，《规划与建筑法》规定，土地的开发权属于国家，公共单位和私人土地拥有者或开发商在没有得到国家许可的情况下，不能占用土地进行建筑和开发活动。这一规定确保全国土地的开发利用置于国家的宏观控制之下。以色列 97% 的土地属国家所有，土地开发工作由 JNF 负责，其他单位和个人都无权进行土地开发。哪些土地需要保护，哪些需要治理与开发，都要经过严格的、科学的论证，经公众认可和政府批准后才能实施。目前，以色列在全国已建150个自然保护区，约占国土面积的15%。经JNF统一开发后的土地，再承包给民众经营，承包期一般为49年。由于严格的土地开发管理制度，有效地制止了各种盲目、无序的垦荒行为，防止了土地的退化。

第三，科学管理和利用水资源。以色列是世界上气候干旱、淡水资源十分缺乏的国家，全国可利用的淡水资源总量约20亿立方米，而实际可利用的有效水资源为15亿～17亿立方米，人均年占有量不到300立方米，仅占世界人均水资源量的1/33；特别是内盖夫地区，水资源更缺短，成了荒漠治理和经济社会发展的首要制约因素。为做好水的文章，解决好水的问题，以色列采取了一系列开源节流的措施。

一是水资源实行统一管理。以色列制订了《水法》等有关水的法律，规定水资源属国家所有，国家对地上、地下水资源实行统一管理，用水由政府统一分配。水资源实行有偿使用，费用视水量和水质情况收取，生活用水、农业用水和工业用水实行不同的收费标准。为鼓励节水，实行累进的水价制度。据了解，农村使用可饮用水，在规定的用水量内，其前60%部分水价为20美分/升，60%～80%部分为25美分/升，80%～100%部分为30美分/升，超额用水后水价会大幅提高。对于荒漠治理、农业开发以及出口农产品等的用水，实行低价的优惠政策。严格控制开采地下水，除了生活用水外，一般不允许开采地下水。即使农业用水短缺，也只能在雨季才允许使用地下水。

二是普遍采用节水技术。以色列十分重视节约用水，经过长期的研究与开发，已研制出世界上最先进的喷灌、滴灌、微喷灌和微滴灌等节水灌溉技术，取代了传统的沟渠漫灌。用于滴灌的水既可以是处理后的民用废水，也可以是微咸水。滴灌可以定时、定量地将水、肥送到植物最需要的根部，使得浇水施肥的效果达到最佳。滴灌还可以通过持续缓慢的供水来维持作物根区适宜的土壤水分含量，有效减少了田间灌溉过程中水分渗漏和蒸发损失。据介绍，滴灌水肥的利用率高达80%，比传统的灌溉方式节水节肥30%以上，不仅大大节约了水资源，也解决了大水漫灌引起的土壤盐渍化。同时，以色列还十分重视减少输水过程中的水资源的损失。所到之处，没有看到水渠水沟，水都是通过管道输送的。

三是对水资源进行科学调蓄。相对来说，以色列北方的水资源比较充足，而南方很匮乏。为此，以色列修建了大型的北水南调工程，将其唯一的淡水湖——北部的加利利湖的水用多级扬水站抽到人工水库，再通过管道将水输送到南部的内盖夫荒漠。通过此输水工程，每年向南部输送5亿立方米的淡水，使内盖夫地区水资源短缺的状况有所缓解。同时，还通过这个输水工程将雨季丰水期的湖水抽上来注入地下水库储存，等到旱季需水时再抽上来使用，实行季节调节。

四是大力开发地下微咸水。内盖夫及阿拉瓦峡谷有丰富的微咸水资源，含盐量为3.88～5.12克/升，远比海水低。研究发现，某些作物如棉花、番茄及甜瓜等，可以用微咸水灌溉。以色列研究出了微咸水灌溉技术，培育出了适应微咸水的作物品种，促进了微咸水的开发利用。

五是实施生活废水回收再利用。以色列早就开始了生活废水的回收处理和再利用。全国大中城市的生活废水回收系统很完善，通过污水输水管道收集，经过生物循环处理和地下沙层过滤，再用于居民卫生用水和农业灌溉。废水回收处理再利用，既减少了污染，又缓解了淡水短缺问题。

以色列的节水和科学用水措施取得了明显的效果，每年用于农业的处理水和微咸水达5亿多立方米，约占农业总用水的一半。农业灌溉定额不断下降，由50年前的每公顷8 000立方米下降到现在的5 000立方米。单位水资源的产出效益显著提高，与1948年相比，全国农作物产出增加了12倍，而水资源的使用量仅增加了3倍。

第四，强化管理，合理放牧。以色列的林和草管理制度不同于中国，由一个部门，即林业部门管理。为保护天然植被，制止过度放牧，出台了《植被保护法》，也称黑山羊法，对放牧做出了具体规定。国家实行放牧许可证制度，放牧只能按照许可证规定的时间在指定的区域内进行。在林地、留茬农田上放牧也需要放牧许可证。林地内一般在冬季允许放牧，这样既可以促进物种的多样性，又减少了干物质的积累，可以预防森林火灾的发生。同时，国家还鼓励发展饲料基地，建设人工草场，变传统放牧为舍饲圈养；还通过帮助建房、安置就业等措施，使游牧的贝度因人转为非农人员。

第五，大力开展造林绿化工作。由于历史上的过度开发和过度放牧，特别是第一次世界大战的破坏，以色列的森林资源几乎消耗殆尽。建国后，造林绿化受到了国家和社会的普遍重视。建国初期，以色列接收大量的移民，造林目的是出于保护获得的土地，发展定居点，生产木材以及为军事施设提供隐蔽等。20世纪八九十年代后，随着国家经济发展和居民收入的增长，人们对森林的需求发生明显的变化，其多种功能和效益受到社会的广泛重视，造林不仅为了绿化国土，美化环境，保护生态，更重要的是为国民提供休闲游憩的场所，森林旅游成为一种时尚，城市林业更加受到重视。

以色列的营造林工作由JNF负责，这是1961年以色列政府与JNF签订的协议，经费也由JNF自行筹集。据介绍，JNF每年投资林业的经费约2 000万美元左右，年均造林400多公顷，造林全部由专业队完成。60年来JNF共完成人工造林2.3亿多株，面积9万多公顷。

以色列的营造林虽由JNF负责，但也十分重视社会参与，积极鼓励国民参与造林工作，实行土地谁所有，谁投资，谁造林的政策，国家向国民无偿提供造林的技术、苗木、肥料和设计等。林木所有者可以决定林木的采伐时间，但采伐后必须重新造林。与中国一样，以色列也有自己的植树节。

以色列有全国造林总体规划，目前实施的规划是1995年经以色列政府批准的，各区域严格按国家规划编制区域造林规划并组织实施。据介绍，目前以色列的造林主要在南方，许多造林地分布在降水100~300毫米的区域。这些造林地除了造后头一、两年需要灌溉保证苗木成活外，一般不灌溉。为提高林木的抗旱能力，以色列研究了一套抗旱造林技术。首先，进行树种改良。选用抗旱的乡土树种造林，一些不抗旱的树种已被淘汰。目前的树种有地中海松、橡树、地中海柏、土耳其松、栎类、橡树等。其次，研究并推广了径流汇集抗旱造林技术。将降雨形成的地表径流通过层层截留汇集到造林地或渗入土壤，增加地下水含量，防止径流流失；再次，使用“套筒”保护技术。用硬塑筒对幼苗加以保护，形成小环境，既防止牲畜啃食，又为幼苗提供庇护。同时，考虑到水资源的限制，以色列的造林多以营造片林为主，片林的规模不大，一般在几千公顷以下。这些片林主要分布在江湖岸边、城市和居民区周边，以满足保护生态和居民休闲游憩的需要。我们在南部Meitar市看到，当地虽然年降水只有200多毫米，但由于抗旱技术的应用，城市周边4 000多公顷的森林，在无灌溉条件下长势良好。

以色列造林后都要实行禁牧，加上树的遮荫效果，促进了林下原生草本植物的恢复，林茂草丰，为发展畜牧业创造了条件。同时，植树造林促进了水分的渗透，改善了土壤湿度，有利于含水层水分的补充。专家介绍，他们对造林后的地下水位变化情况进行了长期的监测，监测结果显示植树造林对地下水位的升降并未产生影响。

二、几点启示与建议

以色列荒漠化防治的做法、经验及所取得的效果，给我们留下了深刻的印象。我国北方地区沙化面积大，自然条件与以色列有相似之处，以色列的做法和经验对我们有很好的启示和借鉴。

第一，国家要高度重视荒漠化防治工作，将之作为事关国家和民族生存与发展的重大问题，置于经济社会发展全局来考虑。以色列对荒漠治理十分重视，将其作为国家扩大生存与发展空间的重大任务进行治理，取得了丰硕的成果。我国沙区虽然自然条件恶劣、生态问题突出、生态危害严重，但相对来说，沙区人口稀少、土地和各种自然资源丰富，是我国宝贵的后备资源，是未来发展的潜力所在。我们要转变观念，把沙漠作为一种潜在的后备资源，把防沙治沙作为中华民族长远发展的潜力、希望和增长点，置于国民经济和社会发展全局进行考虑。我国一些地方和企业，只顾眼前和局部利益，过度利用沙区资源，造成区域沙化扩展，生态恶化，影响中华民族的生存根基，这种现象应尽快制止。国家应建立沙区生态承载能力评估和开发项目准入制度，推行沙区生态植被恢复补偿机制，维护国家生态安全。

第二，荒漠化防治必须加强组织领导，强化管理，形成有利于荒漠化防治的机制体制。以色列的经验表明，要做好荒漠化防治工作，必须高度重视管理工作，强化管理措施。

一是强化中国防治荒漠化协调小组的职能，形成强有力的指挥系统。以色列从建国开始，荒漠治理就受到政府的高度重视，部门间成立了强有力的组织协调机构，涉及荒漠治理的重大问题，根据法律授权都由该协调机构做出决策。我国的防沙治沙也是一项涉及多部门的重大工程，要完成好此项任务，需要多部门的相互配合，大力协作，形成合力。因此，国家应加强对防沙治沙工作的领导，建立强有力的组织领导机构，统一领导和指挥全国防沙治沙工作。

二是加强对土地开发利用的管理。以色列的经验是，土地开发利用必须置于国家的强有力的监管之下，才能防止各种不合理利用导致的土地退化。以色列的土地实行统一开发，承包经营。草场与畜牧业由不同部门管理，并实行放牧许可证制度，严禁过牧。过度利用沙区水土资源是导致我国土地退化、沙化的主要原因，要改变我国沙化现状，必须改革现行的草原管理体制，对草的管理与对牲畜的管理实行分离，突出草地的生态功能，将草原划分为基本草场和生态草场，生态草场应加强保护。同时，强化对沙区土地开发活动的监管，在沙区推行综合执法制度，统筹沙区防沙治沙执法活动。鉴于沙区林业公安机构比较健全，应充分发挥它的作用，由其负责综合执法工作。

三是强化水资源管理，大力推行节水。缺水是以色列最严重的问题，但他们将水的文章做得很好。水资源由国家统一管理，有一套严格的管理制度，每年的用水量都经政府批准，即使在许可的用水量范围内，也实行累进水价制度；国民节水意识强，从不大水漫灌和浪费水资源，生活用水多次回收循环利用；节水技术广为推广，滴灌、渗灌、微灌等均实行自动控制，用水效率很高。以色列人均淡水资源量仅为我国人均淡水资源量的1/7，为我国西北地区（指西北五省区和内蒙古西部）人均淡水量的1/3。我国虽也缺水，但与以色列相比，仍有很大的节水空间，特别是西北干旱区，应大力提倡节约用水，推广节水技术，彻底改变大水漫灌的陋习；要加强水资源的管理，严格控制利用地下水，科学分配用水量，合理配置生产、生活和生态用水，提高水资源的利用效率，形成一种协调、有序的用水机制。

第三，国家应加大荒漠化防治的资金和政策支持力度，切实将一些原则性要求变成支持、扶持荒漠化防治的具体政策措施。荒漠化地区自然条件差、环境质量低下、基础设施薄弱。以色列的经验表明，进行荒漠治理必须要有资金和政策作保障。一是国家财政应投入一定的资金，设立专项基金，用于荒漠化防治和荒漠化地区的基础设施建设，改善这些地区的生存生活条件；二是国家应制订优惠的政策，包括投资、税费减免等政策，积极鼓励企业和个人投资荒漠化防治。三是要保障治理者的合法权益，使广大治理者在荒漠化防治中切切实实的受益，提高广大群众防治荒漠化的积极性。我国已先后出台了《中华人民共和国防沙治沙法》和《国务院关于进一步加强防沙治沙工作的决定》，做出了若干扶持防沙治沙的政策措施，大大调动了社会各界防沙治沙的积极性。但目前有些规定，如税费减免、信贷支持、资金补助等政策，还缺乏可操作的办法，导致这些政策还未完全落实，政策效用还未完全发挥，应尽快制定相配套的实施办法，最大限度地调动社会各界防沙治沙的积极性。

第四，荒漠化防治要有强有力的科技支撑，应当在借鉴国外成功经验基础上，真正实现科学防治、综合防治。以色列高度重视科技对生产的支撑作用，有一整套完整的科研机构和科技推广体系，科研工作与生产实践的结合比较紧密，科研成果也比较容易推广到生产实践中去。以色列推广应用的节水技术、废水回收再利用技术、径流抗旱造林技术、优良抗旱树种等，值得学习和借鉴。尤其值得注意的是，以色列新造林大部分分布在100～300毫米降水量的地区，并且是无灌溉造林取得了成功，林木生长良好，对其地下水位也没有明显影响。在我国西部，有许多降水量在200毫米左右的地区，森林长得也很旺盛。我们应当很好地研究森林植被分布的规律性问题，特别是降水与森林生态系统的对应关系。科学的、长远的营造林和防治荒漠化规划也非常重要。以色列有经过科学论证、民主决策形成的全国造林规划，各个区域就是按此规划锲而不舍的营林造林。这就是我们常说的：一张蓝图绘到底，一任接着一任干。无论是治理荒漠，还是林业建设，都需要有如此锲而不舍的精神。

张建龙

林权改革为农民再铺“致富路”

2006年以来，林权制度改革正在成为中国政治生活乃至媒体上出现频率最多的词汇。还山于民，还权于民，还利于民，山林在释放着巨大的潜能。目前，这一继农村家庭联产承包责任制之后中国农村经营制度的又一次重大变革，正在全国各个地方推进，成为进一步解放和发展农村生产力，建立充满生机和活力的林业体制机制的一次重大实践。

一、集体林权制度改革目前在全国14个林业大省顺利推进

我国现有林地42亿多亩，其中集体林25亿多亩，占全国林地面积的60%，3/4分布在南方。党中央、国务院非常重视集体林权制度改革。2003年《中共中央 国务院关于加快林业发展的决定》专门就集体林权制度改革进行了部署。2006 年、2007 年的中央一号文件都提到了林权制度改革。党的十七大对集体林权制度改革也提出了新的要求。这些重大决策，极大地推动了集体林权制度改革。各地贯彻落实中央决定，开始集体林权制度改革试点。福建、江西、辽宁、浙江等四省率先试点，开展了以“明晰产权、放活经营、减轻税费、规范流转”为主要内容的集体林权制度改革，得到广大农民的拥护，受到社会的好评。党中央、国务院对这项改革所取得的成果给予了高度评价，要求在全国推广四省经验，全面启动集体林权制度改革。2006 年 3 月，国家林业局成立集体林权制度改革领导小组，为推动这项工作广泛开展奠定了良好的组织保障。

目前，福建、江西、辽宁、浙江四个省以“明晰产权，分山分林、均山均林到户”为主要内容的主体改革已基本完成；云南、安徽、河北、湖北四个省的主体改革正在开展；湖南、四川、河南、贵州、陕西、吉林六个省开展了改革试点，有的正在制定详细的改革方案，有的正在对方案进一步的论证和完善，准备在今冬明春全面开展。总体来看，集体林权制度改革正在全国 14 个林业大省顺利推进。

二、集体林权制度改革是中国农村改革的又一次大突破

集体林权制度改革，是在保持林地集体所有的前提下，实施的林地经营管理制度的改革。这项改革，把林地使用权和林木所有权落实到户，明晰山林权属，落实经营主体，放活林业经营，做到“山有其主、主有其权、权有其责、责有其利”，实现“山定权、树定根、人定心”。这是农村土地制度改革在林地上的拓展和发展，是家庭承包责任制在林业上的丰富和完善，是把家庭承包经营制度从耕地拓展到林地，从“包田到户、包产到户”延伸到“包山到户、包林到户”，也是对农村产权制度的重大创新、丰富和发展，是中国农村改革的又一次大突破和农村生产力的又一次大解放。

集体林权制度改革取得的成效，概括而言，主要反映在三个方面：一是有效拓展和延伸农业资源开发空间，促进了林农增收致富。我国 69% 的国土面积是山区，56% 的人口生活在山区。推进集体林权制度改革，盘活 25 亿多亩的集体林地和林木资产，通过集约经营增加产出，可以创造出巨大的社会财富。林业是农民最适应、最直接、最可靠的就业方式之一，发展林业可为农民就业和增收提供更为广阔的空间；二是促进了生态建设和林业产业发展。推行集体林权制度改革，激发了广大农民群众从事林业、投入林业的积极性，由“要我造林”转为“我要造林”，农民造林育林积极性空前高涨。集体林权制度改革，还促进了森林资源利用等林业产业及林产品加工业的发展；三是促进了山区林区的和谐。通过集体林权制度改革，建立林农与山林的长久的和谐关系，公开公平公正地调处村民之间、村民与村集体之间的利益关系，稳定了社会，巩固了基层政权，满足了人与人、人与社会、人与自然和谐的需求。

三、社会经济发展及政策环境已适应集体林权制度改革

事实上，我国实施家庭联产承包责任制的后期，集体林也开展过承包和分林到户改革。之所以出现了乱砍滥伐问题而被叫停，原因很多，主要包括三个方面：一是担心对政策有疑虑，不托底。林业和农业不一样，林业生产周期长，一般是几年、十几年，有的甚至几十年。林农担心政策不能长久，产生变化，觉得培育十几年甚至几十年，不如砍伐现有林木来得实惠；二是当时农民的法律意识还不强，法律规定还不完善；三是农民对林业有一定的“依附度”。当时农民人均收入很低，生活相对贫困，有了林子，砍了贴补家用，是农民的普遍需求。

随着社会经济的发展和政策法制的完善，社会环境和条件都发生了很大变化。一是农民的法律意识增强了，也相信党的政策是稳定的；二是农民的生活状况改善了，生态环境意识增强了。可以说，开展集体林权制度改革，已经具备了必要的社会经济发展和政策环境等条件，将集体林的经营主体落实到林农，他们完全能够按照林业发展规律开展林业经营，改革的时机已经成熟。如果现在不改革，反而会阻碍林业的发展，阻碍和谐社会建设和新农村建设，这与全面实现小康社会的要求也不相符。

从完成主体改革的这些省份来看，福建和江西实施林改后，不仅没有出现社会上担心的乱砍滥伐现象，火灾发生次数及毁林案件也大大降低。老百姓"把山当田耕，把树当菜种"，对自己的林地、林木经营得非常认真，管护得非常仔细。辽宁省抚顺市六家子村的农民在林改后，写了一首打油诗："山还是那座山，但那是我的山。这山不再没人管，我是永久的护林员。"

四、林权改革中林业部门力争使林农得实惠、生态受保护

林权制度改革，已经给广大林农带来实实在在的利益，林农增收了，有事做了，心情愉快了。一是林农提高了收入。林权改革搞得好的省，特别是南方一些省，农民人均收入有1/3甚至2/3来自于林业经营。在南方一些地方，过去一根毛竹3～5元，现在涨到15元。云南普洱市的一些地方发展林下经济，如发展松脂，每户收入几千元钱，有的2万～3万元钱；二是农民增加了就业。现在农村劳动力普遍过剩，不少农民没事干，有一身劲儿没地方使。把山林分到户后，他们的生产经营活动领域扩大了，林业经营正在成为他们的重点经营对象。据统计，近年来江西省在外地打工的农民中，已经有40多万人返乡务林；三是农村更加和谐了。过去集体林由村组管理，山是集体山，林是干部林，集体林说是人人有份，却说不清哪片山、哪一棵树是谁的。一些村子搞"暗箱操作"，随意把林地低价承包出去，群众情绪大，林权纠纷多。通过改革，现在群众心气顺了，许多常年打官司都解决不了的林政案件，在林改过程中得到了圆满的解决。

实践证明，实行集体林权制度改革，是解放和发展林业生产力、提高林业综合效益的必然选择，是山区林区农民走出困境、加快发展的根本出路，是破解"三农"难题、建设社会主义新农村的有效途径，是落实科学发展观、构建和谐社会、增强党的执政能力的"德政工程"。

五、林权改革兼顾国家集体林农利益，重点考虑林农利益

这次林改是把集体的山林分给农户，真正做到"家家有其林，户户有其山"，实际上是一次利益的再分配、再调整。在改革中，要坚持以下几条基本原则，以切实兼顾国家集体林农利益，重点考虑林农利益。

一是要坚持农村以家庭承包为主、统分结合的基本经营制度，确保林农平等地享有林地林木的承包经营权。要均山均林到户，把集体林地的使用权和林木的所有权落实到户。不能均山均林的，要均股均利；二是要合理兼顾各方面利益，确保林农得实惠、生态受保护。林业有三大效益，必须实现生态效益、经济效益和社会效益的兼顾。在保证森林覆盖率、森林质量逐步提高，生态效益稳步发挥的前提下，力争使林农得到更多的实惠；三是要坚持尊重林农的意愿，确保林农的知情权、参与权、决策权。要相信群众的聪明才智，按照有关法律要求，把林权制度改革交给林农自己去办，由林农自主决策能不能分、何时分、怎么分、分多少等事项；四是要依法改革，确保改革有序进行；五是要坚持分类指导，确保改革符合当地的实际情况；六是要抓好配套改革，进一步放活经营权，确保收益权，解决好贷款、保险等问题。

六、集体林权制度改革必须积极稳妥、规范有序地加以推进

集体林权制度改革政策性强，涉及多种利益主体和各方面的利益，必须积极稳妥、规范有序地加以推进。在集体林权制度改革实施中，要特别注意抓好几个关键环节：

一是要民主决策，全民参与。要坚持依法依规办事，做到公开公平公正。要尊重历史，保持政策连续性。要坚持因地制宜，分类指导，不搞“一刀切”；二是要“均”字当先，确保“四权”落实。要坚持以家庭承包经营为主，权益平等到户，明晰产权，承包到户，确立林农的经营主体地位。要勘界发证，确定林农经营林地的法律地位。要放活经营权，建立林农自主经营林业的机制。要落实处置权，保障收益权；三是要配套措施到位，保证林改稳步深入推进。因地制宜、因势利导地推进各项配套改革，包括完善适应林业分类经营的采伐管理机制，规范集体林地承包经营权流转，建立森林资源资产评估制度，健全覆盖林业的公共财政制度，推进林业投融资体制改革；四是要始终紧紧抓住生态受保护、林农得实惠的目标不放松，保证林改的正确方向。推进集体林权制度改革，绝不能牺牲生态，更不能以破坏生态为代价，这是必须坚守的一条底线。坚持以兴林富民为宗旨，坚持多予、少取、放活，让利于民，减轻税费负担，保障林农权益，确保林农多得利、得“大头”。

（根据《中华英才》记者采访整理）

第三篇
专 题 调 研

关于现代林业建设

紧扣现代林业发展趋势
探索构建现代林业统计评价指标体系思路

2007年全国林业厅局长会议上，国家林业局党组提出了关于建设现代林业的战略决策，并从理论上阐述了什么是现代林业，现代林业的内涵以及建设现代林业的目标和原则。现代林业的实践和推进不仅需要理论的指导，而且需要量化分析和科学判断，这样才能为宏观决策部门制定政策，为加速中国现代林业发展进程提供有力的依据。为此，根据局党组确定的“构建现代林业统计评价指标体系调研”重大调研题目，国家林业局发展计划与资金管理司、科学技术司、经济发展研究中心和中国林业科学研究院共同组成调研组分别赴吉林和广东省调研，调研期间，与当地林业管理部门、现代林业问题专家、林业企业的有关人员等进行了座谈交流，听取了他们对现代林业的理解和对当前林业改革与发展实践的介绍，征求了他们对现代林业统计评价指标体系的意见，实地考察了森工企业、木材加工厂、国有林场、城市林业，走访了林业研究所和林场职工。具体调研情况汇报如下：

一、客观评价我国现代林业发展进程的必要性

（一）建立现代林业统计评价指标体系，准确评价林业在国民经济中的地位和作用

目前，衡量一个地区或企业林业经济发展水平及其在地方经济发展中的地位和作用时，一直使用的是林业经济总量指标即林业产业总产值和林业增加值，在对比地区之间或行业之间林业对地方经济社会发展的贡献时，也多采用这一指标。这种用单一的经济总量指标来衡量林业发展水平的方法，不符合林业产业的多功能特性，衡量的结果是，林业产业巨大的生态、社会以及生态文化方面的作用往往被忽略或低估；在分析比较时，林业就会处于国民经济各行业中次要或从属地位，往往得不到地方党委政府的重视。广东省是我国经济最发达的省份，2006年全省GDP实现26 204亿元，占全国的12.43%，广东省林业产业增加值仅为368亿元，林业增加值仅占全省GDP的1.41%。而同期广东省制造业(41.52%)、批发零售业(9.7%)、房地产业(6.81%)、农牧渔业(4.61%)和交通运输(4.25%)等行业增加值分别列广东省前5位，广东省林业行业与其他行业相比明显处于劣势，林业对地方经济的贡献率也远远低于其他行业。吉林省在我国国民经济发展中的地位远不如广东省，但却是我国四大国有重点林区之一，森林资源十分丰富，全省有林地面积805.7万公顷，森林覆盖率达到43.2%，活立木总蓄积8.6亿立方米。然而，2006年吉林省的林业经济总量仅为94.6亿元，林业增加值占吉林省同期GDP总量的2.2 %，远远低于制造业(28.75%)、农牧渔业(13.52%)、批发零售业(9.41%)、建筑业(5.99%)以及采矿业(5.92%)等其他行业。

因此，衡量林业对社会的贡献，必须跳出故有的观念，要全面地、客观地从林业的生态、经济、社会和生态文化综合的角度做出综合的判断，准确定位林业在国民经济发展中的地位和作用，促进并引导林业走向健康、协调和可持续发展。

（二）建立现代林业统计评价指标体系，已成为地方林业发展实践的现实选择

面对地区之间巨大的经济发展差距，如何正确把握和判断林业发展进程是一个具有挑战性的议题。尽管目前衡量地方经济发展水平的指标依然采用地区国民生产总值这一指标，但在吉林、广东两

省林业改革与发展的实践中，已经十分注重对生态的保护并强调在林业生产中实现人与自然和谐发展。广东是我国典型的南方集体林区林业大省，林业发展早已突破以木材生产为主的发展阶段。在2003年，广东省就提出了《广东省创建林业生态县实施方案》，并相应提出了林业生态县的十条标准，初步形成了一个省级的生态林业评价体系，2004年又在全国率先提出建设生态省的战略目标。

建国以来，受经济体制和发展水平的限制，我国林业一直没有建立一套科学、合理的统计评价体系，不能准确评价全国及各地的林业发展进程和绩效，不能发挥指导和激励林业发展的作用。因此，这种只有一般数据汇总、没有评价的林业统计状况已经越来越不适应我国林业快速发展的需要。

二、现代林业的内涵

吉林和广东两省，在我国经济快速发展和改革不断深入的大背景下，林业发展各具特色，但都涌现出了许多现代林业的元素和特征，预示了我国不同区域林业的发展水平和动向，具体体现在以下几个方面：

（一）现代林业的发展目标——资源良好、效益提高、林兴民富

吉林省委、省政府针对国有林区森工企业负担沉重、机制不活、效益不佳、职工收入低等问题，提出了“整体改制到位、债权债务清理到位、职工身份置换到位、国有资本退出到位，基本建立现代企业制度”的国有森工企业改革总体部署。吉林森工企业改制后，森林覆盖率提高了7.7个百分点，森林蓄积量比1993年增加877.1万立方米。净资产收益率由改制前的2%提高到13%，职工收入增长了14%。一走进吉林森工集团下属的三岔子林业局和松江河林业局，看到的是林子长起来了，听到的是职工富起来了，感受到的是企业活起来了。

（二）现代林业的发展理念——公平、和谐、以人为本、协调发展

以人为本、公平、和谐是建设社会主义和谐社会的需要，也是顺利实现经济社会可持续发展的保障。松江河林业局改制后人员减少到4 633人，减员幅度达73%。面对如此大规模的减员分流，林业局没有简单地一推了之，而是本着以人为本保证林区社会和谐平稳的原则，将“改出就业岗位”作为企业改制的一项重要原则，提出将不断增加员工收入，改善员工生活质量，广泛有效拉动社会就业，让转换身份的人员有更大的就业选择空间。为了提高原有企业职工再就业能力，企业举办多种形式的就业培训，帮助3 700名分流下岗职工实现二次就业。三岔子和松江河两个林业局在职工转换劳动关系的改革政策中，明确规定不能解除工伤、长病、内退人员的劳动关系，尊重他们对企业所作的贡献。注重城乡协调发展是广东省东莞市城市林业建设中的突出特点。该市1998年就制定了《关于培育森林资源，优化生态环境，推进城市林业建设的规定》，以1个市中心区（含4个街道办）和28个镇的组团式发展模式，共同推进城乡绿化平衡发展。为建设“生态绿城”，在实施新农村建设中，提出了城乡绿化平衡发展的要求，在镇中心区至少有1个面积10公顷以上的公园，各行政村至少有1个面积2公顷以上的公园，各村民小组至少有1个面积1公顷以上的公园。目前，全市已建成大小公园广场1 157个，面积3 545公顷。公园广场随处可见，不仅绿化美化了生活环境，还为市民群众提供了休闲娱乐的场所。

（三）现代林业的发展手段——现代技术装备、管理信息化

调研中我们了解到，吉林、广东两地将现代管理方法和经验不断引入林业，并开始用现代化技术设备装备林业，无论是在资源培育，还是在木材生产、贮运以及销售环节，都不同程度地实现了现代化管理，代表林业产业发展方向的现代企业制度已经出现并逐步深化。松江河林业局已经采用现代信息手段管理林业生产，该局自行设计了一整套木材运、贮、销计算机管理和视频监控系统，所有木材检查站、贮木场关键岗位实现全覆盖，在生产管理环节已基本实现计算机管理，大幅度提高了管理效率。下一步他们还将针对企业采伐的每一根木材实行编码管理，真正实现木材由产品转变为商品。广东省林业部门现代化林业手段应用比较广泛，基层林业部门从资源管理、保护等方面基本实现了计算机化，互联网得到了广泛应用，大大提高了工作效

率。此外，根据广东省政府的要求，开通了林业民生热线，现场解答、督办林改等与林农群众密切相关的问题，解决了林农迫切需要解决的问题，获得了很好的效果。

综上所述，我们认为现代林业就是科学发展的林业，是以人为本、全面协调可持续发展的林业，运用现代技术装备，体现现代社会主要特征，科技进步对林业的贡献较大，具有较高的林业生产力发展水平，能够最大限度拓展林业多种功能，满足社会多样化需求的林业。

三、现代林业统计评价指标体系的构建

构建现代林业统计评价指标体系，要以科学发展观为统领，以满足林业宏观决策需要为宗旨，以局党组确立的现代林业建设内容为依据，以前沿的统计评价理论与方法为指导，以现有林业统计指标为基础，紧扣林业发展的时代脉搏和趋势，设计并应用现代林业统计指标评价体系，发挥检验、衡量现代林业发展进程的尺度作用和指导现代林业发展的指针作用。

（一）现代林业统计评价指标体系的目标、原则和内容

建立现代林业统计评价指标体系的目标是，紧紧围绕我国现代林业发展的迫切需要，根据现行林业统计指标的现状，构建科学、合理、实用的统计评价指标体系，准确衡量和指导我国现代林业的总体和区域发展进程，为林业发展宏观决策服务。

建立现代林业统计评价指标体系原则，一是评价方法的科学性。现代林业发展进程是一个动态的、综合的过程，涉及自然生态、经济发展以及生态文化各个领域。因而，我们在评价时选择一个正确的方法显得尤为重要，方法是否科学将直接影响评价结果的客观公正。二是评价指标的合理性。选择评价指标应该遵循四个基本原则：具有代表性的关键指标，避免指标相互重叠；可以连续获得准确的统计数据，避免随机波动；具有可比性，能够反映现实林业生产力发展水平，便于进行区域比较；相关性和可操作性，评价指标要便于资料收集整理和进行相关性分析，保证指标的合适性。三是评价指标的权威性和一致性，采用国家统计局官方统计指标作为评价指标，保证数据的权威性和一致性。四是评价结果的相对性。林业现代化进程是一个动态的过程，因而，评价的结果只是一个相对的参考数据。

现代林业统计评价指标体系应包含三个层次的内容：第一层次是林业生态方，第二层次是林业产业方面，第三层次是生态文化及社会发展。

初步设想，现代林业统计指标评价的对象确定为省（含森工集团），待指标体系和条件成熟后，再根据实际需要逐步扩展。

（二）现代林业统计评价指标体系的设计

根据此次调研的结果和上述确定的现代林业建设目标、原则和内容，现代林业统计评价指标体系将由三方面内容组成：第一部分是指标，具体分为标志指标、功能指标和要素指标；第二部分是全国现代林业实现程度指标，具体有权重、全国现代林业实现值和全国及各省实际值；第三部分是现代林业统计评价指标的综合指数（具体组成见附表）。

1. 指标设计

指标设计包括三层指标：第一层指标按生态、产业、生态文化分为三大类，称为标志指标；第二层次指标共有7类，是在第一层次指标下设计的功能性指标，如森林资源总量、森林资源质量等；第三层次指标共有34个，是在第二层次指标下设立的要素性指标，如森林覆盖率等。

（1）林业生态状况指标。林业生态状况指标包括森林资源数量、森林资源质量及林业生态安全3个功能性指标。

森林资源数量指标，包括森林覆盖率、人均森林面积和自然保护区、森林公园及保护湿地面积占国土面积比例3个要素性指标，用于反映森林资源的数量和规模。

森林资源质量指标，包括单位面积蓄积量、单位面积森林生长量、林分平均郁闭度、混交林比例和森林健康度5个要素性指标，用于反映森林资源的质量状况。

林业生态安全指标，包括水土流失率、土地荒漠化比率、野生动植物保护率、国家重点公益林面积比率和森林年固碳量5个要素性指标，用于反映

林业生态建设状况及建设成效等方面的内容。

附表　现代林业统计指标评价体系

	指　标	单　位	实现值	实际值	权　重
标志指标	第一部分：林业生态				
功能指标	一、林业资源总量				
要素指标	1. 森林覆盖率	%			
	2. 人均森林面积	亩/人			
	3. 自然保护区、森林公园、湿地面积占国土面积比例	%			
功能指标	二、林业资源质量				
要素指标	1. 单位面积森林蓄积量	立方米/公顷			
	2. 单位面积森林生长量	立方米/公顷			
	3. 林分平均郁闭度				
	4. 混交林比例	%			
	5. 森林健康度	%			
功能指标	三、林业生态安全				
要素指标	1. 水土流失率	%			
	2. 土地荒漠化率	%			
	3. 野生动植物保护率	%			
	4. 国家重点公益林面积比例	%			
	5. 森林年固碳量	t			
标志指标	第二部分：林业产业				
功能指标	一、产业发展				
要素指标	1. 平均林地生产率	元/亩			
	2. 木材供给率	%			
	3. 经济林产品供给率	%			
	4. 经过森林认证的木材比率	%			
	5. 获得国家质量和绿色认证的林产品比例	%			
	6. 木材综合利用率	%			
功能指标	二、产业保障				
要素指标	1. 万人拥有林业科技人员数	人			
	2. 良种使用率	%			
	3. 科技贡献率	%			
	4. 林业信息化实现程度	%			
标志指标	第三部分：生态文化				
功能指标	一、生态文化				
要素指标	1. 万公顷森林公园森林旅游人数	人			
	2. 古树名木保护率	%			
	3. 林业博物馆占博物馆的比率	%			
	4. 城镇乡村绿化率	%			
	5. 绿色通道绿化率	%			

（续）

	指　标	单　位	实现值	实际值	权　重
功能指标	二、社会发展				
要素指标	1. 林业职工年平均工资占地方职工平均工资的比率	%			
	2. 享受四项保险的林业职工比率	%			
	3. 参加林业专业合作组织的农户比率	%			
	4. 薪材占农村能源消耗的比重	%			
	5. 义务植树尽责率	%			
	6. 林业就业贡献率	%			
综合指数			100		1.00

（2）林业产业状况指标。林业产业状况指标包括产业发展和保障体系2个功能性指标。

产业发展包括平均林地生产率、木材供给率、经济林产品供给率、经过森林认证的木材比率、获得国家质量和绿色认证的林产品比例、木材综合利用率6个要素性指标，用于反映林业产业发展及变化情况。

保障体系包括万人拥有科技人员数、良种使用率、科技贡献率和林业信息化实现程度4个要素性指标，用于反映林业产业发展的支撑保障情况。

（3）生态文化状况指标。生态文化指标包括生态文化和社会发展2个功能性指标。

生态文化指标，包括万公顷森林公园森林旅游人数、古树名木保护率、林业博物馆占博物馆的比率、城镇乡村绿化率和绿色通道绿化率5个要素性指标，用于反映生态文化宣传、成效等方面的情况。

社会发展指标，主要用于反映林业可持续发展等与社会发展相关的指标，包括林业职工年平均工资占地方职工平均工资的比率、享受四项保险的林业职工比率、参加林业专业合作组织的农户比率、薪材占农村能源消耗的比重、义务植树尽责率和林业就业贡献率6个要素性指标。具体指标设计见附表。

2. 全国水平的现代林业实现程度评价

这部分内容由全国现代林业实现值、实际值和权重三部分构成，设计这部分内容的主要目的是反映全国和各省的各项要素性指标在全国水平上现代林业的实现程度。全国现代林业实现值是通过测算的、达到一定时期全国现代林业发展水平的各项要素性指标值；实际值是当年全国和各省各要素指标的实际发生值；权重是反映全国或各省实现现代林业程度的指标，计算的过程要经过指标数值的标准化处理和权重设计，本研究综合运用德尔菲法（Delphi）、层次分析法（AHP）和熵值法，主客观相结合确定权重。具体过程是首先运用德尔菲和层次分析法初步确定权重值，然后采用熵技术支持下AHP权数赋值方法修正上述计算结果。

3. 现代林业统计评价指标的综合指数计算方法

这部分内容的主要目的是反映全国和各省在全国水平上现代林业的实现程度。全国现代林业统计评价指标的综合指数实现值，是达到一定时期全国现代林业发展水平的值，该值为100；综合指数实际值是通过加权测算当年全国和各省的实际发生值；权重是反映全国或各省实现现代林业程度的指标，用实际值占实现值的比例来体现。现代林业实现程度的综合指数计算公式和计算方法如下：

$$Y = Y_e \times \lambda_e + Y_I \times \lambda_I + Y_C \times \lambda_C \qquad (1)$$

公式（1）中：Y表示现代林业综合指数；Y_e表示生态实现值，λ_e表示林业生态的权重值；Y_I表示林业产业实现值，λ_I表示林业产业的权重值；Y_C表示生态文化实现值，λ_C表示生态文化的权重值；$\lambda_e + \lambda_I + \lambda_C = 1$。

$$Y_e = y_1 \times \lambda_1 + y_2 \times \lambda_2 + y_3 \times \lambda_3 \qquad (2)$$

公式（2）中：Y_e表示生态实现值；y_1、y_2和y_3分别表示林业资源总量、林业资源质量和林业生态安全的实现值；λ_1、λ_2和λ_3分别表示林业资源总量、林业资源质量和林业生态安全的权重值；$\lambda_1 + \lambda_2 + \lambda_3$

$= \lambda_e$。

$$Y_I = y_4 \times \lambda_4 + y_5 \times \lambda_5 \quad (3)$$

公式(3) 中：Y_I 表示林业产业实现值；y_4 和 y_5 分别表示产业发展和产业保障的实现值；λ_4 和 λ_5 分别表示产业发展和产业保障的权重值；$\lambda_4 + \lambda_5 = \lambda_I$。

$$Y_C = y_6 \times \lambda_6 + y_7 \times \lambda_7 \quad (4)$$

公式(4) 中：Y_C 表示生态文化实现值；y_6 和 y_7 分别表示生态文化的实现值；λ_6 和 λ_7 分别表示生态文化的权重值；$\lambda_6 + \lambda_7 = \lambda_c$。

对于上述各功能指标($y_1 \sim y_7$)的实现值按下述公式计算：

$$y = \sum y_i \times \lambda_i \quad (5)$$

公式(5) 中：以森林资源总量这一功能指标(y_1) 为例，y_1 表示林业资源总量这一功能指标的实现值；y_i 表示的下一级第 i 个要素指标的实现值，λ_i 表示第 i 个要素指标的权重值；$\sum \lambda_i = \lambda_1$。其余各功能指标实现值均照此计算。

4. 评价指标体系的应用

设计的现代林业统计指标评价体系将用于定期评价全国及各省现代林业的发展进程。在此之前还要完成以下几个主要步骤，一是将指标体系下发各省征求意见(已完成)，二是测算各指标的全国现代林业实现值，三是对指标数值进行标准化处理，确定指标实现程度和指标权重。

通过调研，课题组对国家林业局党组提出的现代林业建设思想有了更深刻的理解，对国有林区和经济发达地区的现代林业进程有了初步判断，对构建现代林业统计评价指标体系有了更明确的认识。我们认为当前迫切需要建立一套科学、有效的现代林业统计评价指标体系，发挥衡量、检验现代林业发展水平的尺度作用，引导现代林业的指针作用，减少现代林业进程的盲目性，增强自觉性，实现又好又快的可持续发展目标。

四、工作建议

目前，我国的林业经济统计指标相对健全，而涉及生态特别是生态文化方面的指标还非常有限，而且不同地区、不同所有制林业发展模式各不相同，建立一套科学合理便于人们接受的统计评价体系不是一件简单的事情，对于涉及森林生态以及生态文化建设方面的评价指标的建立需要相关部门协同工作，共同参与。特别是涉及到评价方法的选择上，更需要研究部门站在可持续发展的高度，给予更科学全面的理论支持。

调 研 单 位：国家林业局发展计划与资金管理司
国家林业局经济发展研究中心
调研组成员：姚昌恬 汤晓文 谢 晨 刘建杰
赵金成 于百川 刘建华 邢德生
王 玖 杨 岳

揭示本质特征 把握基本规律 全面推进现代林业建设

为全面贯彻 2007 年全国林业厅局长会议精神，国家林业局将“现代林业的内涵、外延和特征以及现代林业建设规律”列为 2007 年入局重大调研专题，并明确由局科学技术司牵头负责。根据局里的统一部署及要求，科学技术司组织中国林业科学研究院、局经济发展研究中心有关专家，在广泛收集相关资料、深入开展研究和讨论的基础上，于 2007 年 8 月 27 日至 9 月 4 日，组成专家组，专程赴吉林、广东进行实地调研。调研组先后与吉林省林业厅、广东省林业厅领导、专家进行座谈，实地考察了吉林森工集团，白山市林业局，三岔子林业局及金桥地板厂、刨花板厂，松江河林业公司及抚南林场、云龙木业，抚松县林业局及泉阳林场，龙湾国家级自然保护区和广东省广宁县林业局，鼎丰纸业，广宁县长荣竹木工艺制品公司，肇庆市葵垌林场，东莞市林业局及东莞市林业研究所等 19 个部门和基层单位，加深了对本专题的认识与理解。现将调研情况及成果报告如下：

一、现代林业的内涵

贾治邦局长在2007年全国林业厅局长会议上对现代林业作了精辟的论述。他指出，现代林业，就是科学发展的林业，以人为本、全面协调、可持续发展的林业，体现现代社会主要特征，具有较高生产力发展水平，能够最大限度拓展林业多种功能，满足社会多样化需求的林业。建设现代林业的基本要求是：用现代发展理念引领林业，用多目标经营做大林业，用现代科学技术提升林业，用现代物质条件装备林业，用现代信息手段管理林业，用现代市场机制发展林业，用现代法律制度保障林业，用扩大对外开放拓展林业，用培育新型务林人推进林业，努力提高林业科学化、机械化和信息化水平，提高林地产出率、资源利用率和劳动生产率，提高林业发展的质量、素质和效益。

贾治邦局长关于现代林业的基本概念和要求，各地均表示赞同和热烈响应，认为这一论述准确地反映了现代林业的核心和建设目标、任务，同时他们在座谈中结合实际畅谈了各自的理解：

吉林省有关领导和专家认为，现代林业建设是一个循序渐进的过程，是综合运用国际先进的理念、手段、技术、管理体制和机制，对传统林业的突破和扬弃。建设现代林业是时代进步和社会生产力发展的要求，必须首先着眼于建立与现代社会生产力发展水平相适应的林业生产力和生产关系。

广东省有关领导和专家认为，现代林业是生态、产业、文化并重的林业，生态是林业重要地位的体现，产业是现代林业发展的推动力，文化是现代林业发展的底蕴。现代林业建设，首先是生产主体的现代化，即高素质的林业生产者；其次是生产手段的现代化，即生产工具的机械化；第三是生产对象的现代化，即实现资源经营集约化、可持续利用和林业多功能、高效能、高产出。

我们认为，现代林业是现代经济社会发展中不可缺少的社会公共事业和基础产业，与传统林业相比，其内涵已经发生了很大的变化。建设现代林业，就是坚持以科学发展观为指导，不断调整林业生产关系和经营管理方式，大幅度提高林业集约化、机械化和信息化水平，提高林地产出率和林业劳动生产率，提高林业发展素质、质量、效益和竞争力，转变林业增长方式、不断推进林业可持续经营，充分发挥林业多种功能和多重价值的过程。

现代林业的核心内涵可以归纳为“生态良好、产业发达、文化繁荣、和谐发展”。

生态良好，就是以可持续发展理念为指导，充分发挥森林(湿地、沙漠)生态系统在陆地生态系统中的主体作用，维护生态平衡和生物多样性，确保国土生态安全。

产业发展，就是构建发达的林业产业体系，满足社会对林业的多样化需求，确保林业资源的节约利用、高效利用、综合利用、循环利用的水平，提高国际竞争力。

文化繁荣，就是以构建生态文明社会为目标，牢固树立以促进人与自然和谐为核心的价值观、道德观，在全社会大力倡导生态伦理和行为道德规范，大力弘扬森林文化，繁荣生态文化，努力营造热爱自然、回归自然，促进人与自然和谐的氛围。

和谐发展，就是以统筹城乡协调发展为核心，以促进人与自然和谐共存、资源环境与经济社会和谐发展为内容，正确认识和处理好当代人利益与后代人利益、东部与西部、城市与乡村、上游与下游、兴林与富民关系，充分发挥现代林业在实现城乡一体化，构建和谐社会和新农村建设中的重要作用。

值得指出的是，现代林业的概念和内涵是随着时代的变化不断变化的，是一个循序渐进、与时俱进的过程。随着时代的进步，现代林业的内涵不断深化，层次不断上升，内容不断拓展。

二、现代林业的外延

内涵是概念所揭示的事物的本质特征，外延则是对概念范围的界定。随着现代林业内涵的不断扩展，其外延也在发生着变化，出现了新的特点：

(1)建立以森林生态系统为主体的、完备的国土生态安全保障体系，是现代林业建设的基本任务。森林具有涵养水源、保持水土、防风固沙、净化空气、吸收二氧化碳、释放氧气、保持生物多样性、美化环境等巨大的生态功能。推进现代林业建设，恢复和重建森林(湿地)生态体系，发挥林业巨大的生态功能，是综合治理生态与环境问题的根本措施。通过培育和发展森林资源，着力保护和建设好森林(湿地、沙漠)生态系统，充分发挥林业在农田生态系统、草原生态系统、城市生态系统循环发展中的基础作用，努力构建布局合理、结构优化、功能齐备、效益显著的森林生态体系。使林业生态体系在生物多样性保护、增加碳汇、减缓全球气候变暖中发挥重要作用，与其他生态系统共同营造和谐的生命支持系统，保证人与自然和谐共存。

(2)建立以林业资源节约利用、高效利用、综全利用、循环利用为内容的发达的产业体系，是现代林业建设的重要任务。森林是巨大的物种库、资源库、能源库和基因库。随着经济社会的发展，越来越多的林业生物资源被开发利用，依赖于森林及其野生动植物等为原料发展起来的新材料、新能源和航天、环保、医药以及生活用品等产业越来越多，显现出林业巨大的经济功能。大力发展人工商品林、木本粮油林、竹藤花卉、林业生物质材料、生物质能源、林产化工、野生动植物驯养繁殖、森林绿色食品开发、森林旅游等林业产业，是缓解和解决森林资源的供求之间、森林资源的生态利用和经济利用之间矛盾的有效途径。

(3)建立以生态文明、崇尚绿色为主要价值取向的繁荣的林业生态文化体系，是现代林业建设的一项新任务。民众是生态文化建设的主体，提高全民族的生态道德和科学文化素质，构建生态文明社会是生态文化建设的重要目标。而要实现这一目标，必须加强基础设施建设，即生态文化的物质载体建设，包括自然保护区、森林公园、湿地公园、图书文献信息库，生态文化科普教育示范基地(国家森林博物馆或博览城、野生动物园、植物园、森林标本馆、古树名木、护林碑刻、纪念林等)的建设。对传统的生态文化物质载体，应挖掘其历史文化内涵，提升其生态文化品味。要将生态示范区建设与生态科普基地建设结合起来，建设具有集生态教育、生态旅游、生态保护、生态恢复示范等功能于一体的自然生态景区。通过满足人们回归自然需求、改善人居环境等措施，开展民众共同参与的、形式多样的生态伦理和生态道德教育。大力弘扬生态文化，一方面可以增强民众的生态意识、生态责任，另一方面，能够直接或间接地影响和促进经济增长方式、生产方式、生活方式、消费方式和观念的根本转变，为构建生态文明社会奠定坚实的基础。

(4)促进农村繁荣、农业发展、农民增收，以及实现乡风文明、村容整洁，是现代林业建设肩负的主要责任。我国是农业人口大国，增加农民就业，缩小城乡差距，是构建社会主义和谐社会、全面实现小康社会目标的重点和难点。在充分挖掘农业增产增收潜力的同时，利用丰富的林地资源、物种资源，实现人力资源、科学技术与林产品市场的优化配置，可以创造出巨大的物质财富和可观的经济效益。乡风文明、村容整洁是农村向现代化迈进的显著标志。发展现代林业，大力推进乡村绿化，改善农村人居环境，构筑村镇与农田林网、水网、路网，发展庭院林果经济，有助于提高农民生态意识与道德修养，转变传统的生产方式和生活方式。

三、现代林业的基本特征

通过调研，我们一致认为，以科学发展观为指导、以现代科学技术为支撑，以实现资源多功能利用为目标，以现代工业装备为条件，以现代信息管理为手段，以市场运行机制为引导，以现代法律制度为保障，以扩大对外开放为特色，以培育新型林农为基础，是现代林业所具有的基本特征。可归纳为以下九个方面：

(1)现代林业是以人为本，可持续发展的林业。可持续发展理论是指导现代林业建设的核心理念，实现林业可持续经营是建设现代林业的最终目标。这里有两层深刻含义：一是充分体现以人为本，深入贯彻落实科学发展观，实现好、发展好和维护好人民群众根本利益，这是建设现代林业的根本出发点和落脚点；二是充分考虑发展的可持续性，既充分满足当代人对林业三大产品的需求，又不对后代人的发展产生负面影响。坚持这一发展理念，要求我们必须以博大的胸怀和战略的眼光发展好林业，既要立足当前，更要着眼长远，为子孙后代保留更多的青山、绿水、蓝天。

(2)现代林业是以现代科学技术为支撑的林业。现代科学技术是建设现代林业的坚强基石，是检验林业管理经营水平和生产力发展水平高低的重要标志。全面依靠科技进步是突破资源和市场对我国林业发展双重制约的根本出路，它将伴随着林业科技自主创新和科技研发的重大突破而产生质的飞跃。一是要用现代科学技术指导森林经营的全过程。尤其要加强森林培育技术、森林保护技术、经营管理技术及开发利用技术等领域的研发，争取在以分子生物学和基因组学为依托的生物技术，以3S技术和IT产业为依托的信息技术，以生命科学和现代生物技术和生物化学为依托的林业生物质新材料、新能源技术等领域实现重大突破，大幅度提高科学技术对林业的贡献率。二是要致力于加快林业创新体系建设。通过加强国家林业科学中心、区域林业研究中心和林业创新基地建设，形成国家稳定支持的配置优化、布局合理的林业研发机构和创新队伍。三是着力推进林业科技的推广应用。通过实施科技服务林改、科技下乡、科技进村入户等活动，使林业科技推广、成果转化、技术培训工作真正落实到林业重点工程建设区，落实到基层，落实到千家万户。进一步健全和完善科技服务基层的长效机制，充分发挥基层林业科技推广体系的骨干作用和科技能手、科技大户的示范带动作用。

(3)现代林业是以林业资源多功能利用为目标的林业。现代林业以构建优质的生态体系、发达的林业产业体系和繁荣的生态文化体系，实现生态、经济、社会三大效益最大化为目标，充分发挥林业资源的多种功能和多种效益，不断增加林业生态产品、物质产品和文化产品的有效供给，持续不断地满足社会和广大民众日益增长的对林业的多样化需求。

(4)现代林业是以现代物质与技术条件装备起来的林业。现代林业依靠现代物质条件装备和技术装备为前提，并与国家工业化进程同步发展。当今世界，所有林业发达国家都是以工业化带动林业实现现代化的。其中，以机械动力替代人力、以信息技术控制替代人工操作，已成为林业新技术革命的重要标志之一。资源卫星遥感、航天育种、成套林业机械加工设备等技术装备在林业生产、经营和管理中的广泛应用，必将大幅度提高林业劳动生产率、林地生产率和林业资源综合利用率。如此大幅度地提升林业生产力和管理水平，有利于林业资源的节约利用、高效利用、综合利用和循环利用。

(5)现代林业是以现代信息管理为手段的林业。当今科技发展日新月异，3S技术和IT产业的迅速发展，把经济社会的发展带入了数字化时代，也为现代林业管理提供了方便、快捷、准确的数字化、信息化、智能化管理的平台。其中包括林业资源连续清查、生态状况动态监控，以及自然保护区和野生动植物保护建设、森林自然灾害监测、森林防火、森林资源管理、植树造林成果评价等，几乎覆盖了林业生产、经营与管理的全过程，为林业实施科学管理、科学经营、科学决策提供可靠的依据。

(6)现代林业是以市场运行机制为引导的林业。随着我国社会主义市场经济体制日趋成熟，必须坚持在生态公益林由国家投入的前提下，按照市场运行机制推进现代林业的发展。建设现代林业的市场引导机制包括三层含义：一是政策激励。政府制定和不断完善与林业分类经营发展模式相适应的各项扶持、激励政策，包括制定维护社会投入发展人工商品林权益的政策法规，建立社会在国家统一规划指导下营造生态公益林的政府采购政策，完善生态公益林补偿制度，以及鼓励扶持林业发展的政策等。二是市场引导。按照市场机制的要求，积极鼓励和引导社会资本直接参与现代林业建设，形成多元化、多形式、全方位的林业投入机制和合作机制，支持林业企业和林业生产经营者大力发展林业产业。三是完善服务。按照“政府制定政策、市场配置资源”的原则，建立健全和不断完善有利于现代林业发展的社会化服务体系，并把配套服务贯穿于林业生产的全过程。

(7)现代林业是以现代法律制度为保障的林业。现代林业是建立在完整的、适合国情、林情的林业政策、法律、法规和制度体系基础之上的林业。首先，要完善立法，强化执法，搞好普法，真正做到有法可依，执法必严，违法必究，全民懂法。其次，国家应建立并实行对培育、保护社会生态公益林以国家财政投入为主、全社会共同参与的投入机制和生态补偿机制；对发展商品林实行扶持政策，实行给予信贷、税收等方面优惠的措施。第三，在完全市场经济条件下，开展国内、国际间林产品贸易，遵循统一的、与国际接轨的、公平公正的市场运行法则，建立和完善“统一、开放、规范、有序”的社会主义市场经济体系，开展森林论证、制定林产品标准和认证制度。

(8)现代林业是以扩大对外开放为特色的林业。现代林业是走向全球环境和经济一体化的开放型林业。首先，责任的国际性。地球好比是一个“生态村”。由于气候变暖、物种锐减、自然灾害频繁发生等许多全球性问题，都直接与森林资源的保护和利用以及全球资源环境和经济社会发展紧密相关。因此，必须扩大对外开放，加强国际合作，全面推进我国现代林业建设，能让全人类共同受益，体现了全球共同的发展理念和共同利益。其次，广泛的参与性。我国作为发展中国家，应充分发挥利用国际国内两种资源、两个市场，不断提升国际林业经济、技术和贸易合作与交流的层次，加大开发海外资源的力度，广泛参与全球履约、国际规则和国际标准的制定、对话与磋商。

(9)现代林业是以现代新型林农推进的林业。建设现代林业，最终要依靠有文化、懂技术、会经营的新型林农和林业职工，这是一项“服务三农、夯实基础、立足当前、着眼长远”的战略性任务。加快实施提高林业从业人员素质的培训计划，切实提升林业从业人员专业知识水平和教育程度，为林区、山区、沙区培养一支离土不离乡、能带动一方百姓致富的科技人才与企业家。

以上九个方面，既集中反映了现代林业的基本特征，也体现了建设现代林业的发展理念、发展方向、基本内容、根本途径、政策措施和总体要求，相互之间是一个紧密联系、不可分割的有机整体。

四、现代林业建设规律

全面推进现代林业建设，既是一项长期而艰巨的任务，又是一项以生命科学为基础，依托科技进步和现代技术装备，同时直接受自然条件、生态环境、资源状况与经济发展、社会进步等综合因素影响的系统工程。因此，必须从我国的基本国情、林情实际出发，坚持走有中国特色社会主义林业发展道路，坚持实事求是，认识并尊重客观规律(包括自然规律和经济规律)，按照客观规律办事，统筹兼顾各方面的利益，协调全社会的力量共同推进，把现代林业纳入国家经济社会发展的全局，才能实现我国林业全面协调可持续发展。

自然规律是指地球上岩石圈、水圈、气圈、生物圈各成分长期以来相互制约又相互协调的一种发展过程和趋势。这种相互制约与相互协调的关系是客观存在的，具有相对的稳定性和平衡性。就林业自然规律而言，主要包括：不同自然和地理条件下的森林(湿地、沙漠)生态系统自然演替规律，森林资源(包括野生动植物等)培育、开发与利用规律，自然植被恢复与重建规律等。

经济规律是指经济现象和经济发展过程中内在的、本质的、必然的联系，它体现着经济发展过程的必然趋势。就林业而言，主要包括：林业资源价值(包括森林、湿地、沙漠资源的生态、经济、社会等多种价值)规律，林业生产关系与生产力发展相互适应的规律，林业三大产品的生产、流通、分配与消费规律以及市场运行法则等。

五、几点建议

在调研中，吉林、广东两省的领导和专家就如何建设现代林业，发表了许多很好的意见和建议。普遍认为，现代林业建设是一个经济、社会、文化循序渐进的重建过程，不可能一蹴而就。建设现代林业既是理论创新，又是实践探索。针对当前我国林业存在的发展不平衡、技术相对落后、资源配置行政化、开放程度不高等问题，提出五点工作建议：

(1)林业生态建设必须继续坚持以国家财政投入为主的机制。实施天然林资源保护工程是维护国家利益和长远发展的重大战略决策，必须长期坚持下去，保持资金投入与扶持政策的稳定性和连续性，继续加大包括天然林资源保护工程在内的林业重点工程建设的投入力度，提高建设与经营管理水平，任务仍然艰巨而繁重。

(2)产业发展必须改变传统的经济运行方式。建设现代林业必须正确认识和处理好生态建设与产业发展的关系，两者不可偏废。国有林区不能再走靠砍木头吃饭的老路。从长远来看，必须长期坚持以培育森林资源为本，把国有林区建设成为全国重要的木材商品生产基地，在森林培育上下功夫，尽快改变低质量、低蓄积的状况，建立森林可持续经营体系。

(3)强化林业经营管理体制与运行机制的创新。我国林权制度改革作为调整林业生产关系一场重大变革，正在由试点扩大到全国，由集体林区延伸到国有林区。当前最关键的是，要尽快出台集体林权制度改革和国有林区林权制度改革的配套政策法律体系，切实解决当前体制不顺、政策缺位的问题，最大限度地消除现代林业发展的体制性、政策性障碍。在调研中，我们发现当前在政策上，农业、矿山、水利部门享受的优惠政策在国有林区缺位(新农村建设以及煤矿塌陷区棚户改造国家给予免除土地出让金的优惠政策等)。在体制上，利益分配不公，林区水库归水利部门管，国有林场建水电站要向水利部门缴水资源费，而国有森林资源涵养水源的生态补偿却严重不足。为此，应积极争取同等待遇，为国有林区林业企业创造一个宽松的发展环境。

(4)把建设社会主义新林区列入现代林业建设的重要内容。坚持以人为本，把改善林区职工的生产生活条件，提高科学技术和文化教育程度，摆到各级政府和林业主管部门(林业企业集团)的重要议事日程。尤其在条件艰苦的国有林区，通过实施生态移民、调整林场规模、作业工区下山、人员迁入城镇等措施，切实解决广大林业职工的后顾之忧，以建设和谐林场为目标，逐步实现生态良好，资源可持续利用，生产发展，职工安居乐业。

(5)将森林可持续经营理念运用于林业生产实践。为解决长期以来，我国森林可持续经营多停留在课堂上和论文中，而在生产实践中难以得到应用的问题，建议按照《中华人民共和国森林法》、《中华人民共和国物权法》的要求，以5～10年为一个周期，以基层森林经营实体(林场或企业)为单位，制定并实行森林可持续经营作业设计方案和森林培育与采伐限额计划制度，并以此取代延续多年的现行森林采伐限额制度。这是建设现代林业，实现科学发展的具体体现。实行森林可持续经营方案与采伐限额管理相结合，可以先行试点，逐步推广，经营方案或计划一经批准，就具备法律效力，经营者就必须严格执行，管理者就必须加强监管。这样既有利于提高森林经营水平，又有利于保护经营主体的利益，调动广大森林经营者的积极性。

调 研 单 位：国家林业局科学技术司
国家林业局经济发展研究中心
中国林业科学研究院
调研组成员：张永利 蔡登谷 王登举 尹刚强
谢 晨

关于新时期林业作用的特殊性与地位

国际碳交易及对我国未来林业发展的启示[①]

——林业碳汇市场化机制调研报告

一、国际碳交易的产生背景

全球气候变暖是当今世界面临的重大环境问题，其根源主要是由于人类大规模使用化石能源、毁林开荒、湿地开发等活动向大气层过量排放 CO_2 等温室气体[②]而导致温室效应的结果。1992年联合国环境与发展大会通过了《联合国气候变化框架公约》(以下简称《公约》)，旨在通过一系列措施，将大气中温室气体浓度稳定在一个不至于对自然生态系统、粮食安全以及经济社会可持续发展等造成威胁的水平上。为此，主要采取减缓和适应两方面措施。减缓措施主要有两种途径：一种是减少温室气体排放即减排，即减少工业、能源部门的温室气体排放量；另一种将排放到大气中的 CO_2 吸收固定或收集贮存起来，前者即碳汇或生物固碳，后者被称之为“碳捕获”或“碳封存”。适应措施则是通过提高人类和自然生态系统对气候变暖的适应能力，如为防止森林火灾而增强火灾预警和应急能力等。而目前国际社会应对气候变化主要关注减缓措施，碳交易是减缓气候变化的一种市场机制。

由于《公约》只对缓解和适应气候变化的目标、原则、义务等做了原则性规定，落实《公约》目标必须要有量化减排目标。经过一系列谈判后，1997年12月，在日本京都召开的《公约》第三次缔约方大会上，本着共同但有区别的责任原则[③]，首次以法律形式要求附件I国家(即工业化和经济转轨国家，通常简称为发达国家)率先在2008～2012年第一个承诺期内，使本国温室气体总排放量在1990年基础上减少5.2%。为帮助这些发达国家完成减排任务，《京都议定书》还规定了排放贸易(emission trade，ET)、联合履约(joint implementation，JI)和清洁发展机制(clean development mechanism，CDM)三种灵活机制。其中，排放贸易(ET)指发达国家间可进行温室气体排放权买卖；联合履约(JI)指发达国家间可共同实施减排或碳汇项目，将项目产生的核证减排量(emission reduction units，缩略为ERUs)转让给另一个发达国家；清洁发展机制(CDM)指发达国家通过和发展中国家合作开展减排或碳汇项目，向发展中国家提供资金和技术，促进发展中国家可持续发展，将项目产生的核证减排量(certified emission reductions，CERs)用于发达国家完成《京都议定书》减排任务。这三种机制实质都是碳交易，但只有清洁发展机制(CDM)与发展中国家有关。

为完成《京都议定书》确定的减排任务，发达国家通常要制定本国减排政策，确定哪些排放企业需要减排，将减排指标分解落实到排放企业，或根据政府确定的减排目标，确定各企业排放上限(配额)，对超限额部分将采取惩罚措施，多余配额可用于交易，转让给那些超排企业。因大多数发达国家在本国完成《京都议定书》减排任务成本较高，从成本效益(cost－effectiveness)角度考虑，则愿意通过市场交易来实现减排目标。《京都议定书》确定的减排任务和灵活机制，以及由其带来的国家或区域

---

① 为深入探讨借鉴国际碳交易促进我国林业发展的可行途径，根据今年国家林业局重大问题调研工作安排，2007年5月下旬以来，植树造林司、科学技术司、湿地保护管理中心(中华人民共和国国际湿地公约履约办公室)和中国林业科学研究院共同针对“林业碳汇市场化机制专题”进行了调研，在广泛收集整理国内外信息基础上，形成了该调研报告。

② 温室气体种类很多，但联合国气候变化框架公约涉及的温室气体主要包括 CO_2、甲烷、氧化亚氮、氢氟碳化物、六氟化硫、全氟化碳6种，其中以 CO_2 为主。

③ 这个原则认为目前大气中的温室气体主要来自于工业化国家的过去和现在的排放。因此，工业化国家必须率先减排。

性温室气体排放额分配政策，促使国际碳交易目前呈现了大幅度递增势头。2005 年 2 月 16 日《京都议定书》正式生效后，一些经济学家称《京都议定书》正式生效标志着排放权交易经济时代到来。据世界银行估算，2008～2012 年间，全球每年对 CO_2 排放配额的需求量在 7 亿～13 亿吨左右，年交易额达 140 亿～650 亿美元。

二、国际碳交易的经济学依据

从经济学角度看，对大气环境的使用（或消费）具有非竞争性（non-rivalry）和非排他性（non-excludability），即具有很强外部性。因此，应对气候变化属于典型的公共事务管理范畴。

自工业革命以来，全球能源和资源消耗高速增长，随之带来了严重的环境污染，每个对环境造成污染或破坏的实体（企业或个人）都出于“自利”而不会主动控制和治理环境污染，总希望别人先采取行动而自己跟着沾光，这种普遍存在的“搭便车”的心理和现象，导致了“公地悲剧”（The Tragedy of Commons）。这就要求各国政府必须共同采取（collective action）有效的环境管理措施。

从全球来看，政府管理环境的措施可分为三大类：一是直接管制；二是征收环境税；三是排污权交易（pollution－discharge right trade）。排污权交易在科斯提出的通过产权界定和交易来纠正环境资源市场价格与相对价格偏差的理论基础上而建立的环境管理措施，并于 20 世纪 70 年代，由美国经济学家戴尔斯明确提出。1972 年，蒙哥马利（Montgomery）从理论上证明了基于市场的排污权交易明显优于传统的环境治理政策，优点是污染治理量可根据治理成本进行变动，可降低总成本，这对于污染者是至关重要的。但在实施排污权交易中，政府作用不可或缺。政府通过发放许可证在不同污染者间分配允许排放量，才能促进建立排污权交易市场。排污权交易已在欧美发达国家得以实施。如 1990 年，美国国会通过了《清洁空气法》修正案，推出了全国二氧化硫（SO_2）排污权交易政策，结果表明：参加 SO_2 排污权交易的电厂 1995 年排放量比 1990 年减少了 45%，而没有参加交易体系的电厂 1995 年比 1990 年排放量增长了 12%。

温室气体虽不属于污染气体，但浓度过高则会导致温室效应并引发全球气候变暖。随着经济社会发展，全球温室气体排放空间的稀缺性日益突出，完全可利用经济手段，应用排污权交易理论和实践体系来控制温室气体排放。因此，在制定《京都议定书》的过程中，美国等一些发达国家积极主张将排污权交易引入温室气体减排机制，最终催生了《京都议定书》三种灵活机制。

在温室气体排放权交易中，通常将 6 种温室气体统一折算成 CO_2 当量进行计量和交易，并通称为碳交易，其交易过程和排污权交易基本一致，即政府先建立排放额度分配制度，给各个排放企业确定相应的排放配额。获得了排放配额的企业，有些因技术先进，较易以较低成本减少其温室气体排放量，就可能会出现多余排放配额，这些多余配额则可通过交易卖给那些因成本高而难以减排或因为某种原因暂时不想减排的企业。这样一部分企业可通过出售多余配额来获利，一部分企业可通过购买配额，降低自身减排成本，从而达到双赢。笔者认为，虽然从理论上看，碳交易有助于降低企业减排成本，但实际能在多大程度上降低成本将取决于交易成本（transaction cost）。

三、国际碳交易市场发展态势

目前国际碳交易包括配额和项目交易。配额主要包括根据《京都议定书》而确定的分配数量单位（assigned amount units，AAUs）和根据欧盟排放贸易体系确立的欧盟配额（European Union allowances，EUAs）。项目交易主要是通过实施减排或碳汇项目获得的减排信用额，主要包括基于清洁发展机制项目产生的核证减排量（certified emission reductions，CERs）或基于联合履约项目所产生的减排单位（emission reduction units，ERUs）。通常情况下，碳信用额可从项目开发商或代理商那里购买，然后再在二级市场持有或者出售。买卖双方通常是合同交易。支付方式可为现金、资产权属、债务或可转让债务、担保凭证或者提供技术支持等形式。

全球目前的碳交易市场可大致分为管制和非管制两大类市场①。在管制市场中，主要包括基于《京都议定书》规则的京都市场和基于国家或区域性

---

① 碳交易市场也被分为京都市场和非京都市场。

规定而建立的交易市场，如欧盟排放贸易体系等。非管制市场是指没有明确政府立法背景，更多的是企业、民间组织、个人出于社会责任或长远发展战略考虑、自愿参与控制温室气体排放而产生的交易活动。

国际碳交易活动最早出现于20世纪80年代，交易对象是验证减排量(verified emission reductions，VERs)。20世纪90年代国际碳交易增长缓慢，进入21世纪，国际碳交易市场逐步扩展，交易对象包括基于配额和项目的AAUs、EUAs、ERUs、CERs等。1个ERU、CER、AAU和EUA实际都代表着1吨CO_2当量(CO_2e)，在《京都议定书》规则下，这些交易对象间可相互交易和替换。随着国际碳交易活动的扩展，也催生了许多专门从事碳交易的中介公司。虽然美国宣布退出《京都议定书》曾导致国际碳交易出现波动，但市场总体仍呈现多样化增长态势。2006年全球碳市场价值增加到了300亿美元，比2005年增长了3倍。下表展示了2005～2006年全球各主要市场碳交易量和价值。

2005～2006年全球碳交易市场交易量和交易价值

类别＼年度	2005年		2006年	
	交易量(百万吨CO_2e)	价值(百万美元)	交易量(百万吨CO_2e)	价值(百万美元)
配额交易				
欧盟排放交易体系	321	7 908	1 101	24 357
新南威尔士州减排交易	6	59	20	225
芝加哥气候交易所	1	3	10	38
英国排放交易市场	0	1	na	na
以项目为基础的交易				
清洁发展机制项目	351	2 638	475	5 257
联合履约项目	11	68	16	141
其　他	20	187	17	79
总　计	382	2 894	508	5 477

(一)管制市场(regulatory market)。是建立在立法控制温室气体排放的基础上，主要管制市场情况如下：

(1)京都规则下的交易市场(kyoto market)。完全遵循《京都议定书》规则，由位于德国波恩的《公约》秘书处管理，涉及全球140多个签署《京都议定书》的国家。该市场交易对象主要是来自CDM和JI项目产生的CERs和ERUs。据估计，发达国家目前每年缺口减排量为8.69亿吨CO_2e，到2010年将达到10.9亿吨CO_2e。由于CDM和JI项目注册登记时间过长，预计在承诺期间的总体需求将大于供应。该市场允许通过CDM和JI碳汇项目产生的CERs进行交易，但仅限于在1990年以来的无林地上进行的造林和再造林活动。

(2)欧盟排放交易体系(European Union emission trading scheme，EU－ETS)。由位于比利时布鲁塞尔欧盟总部的环境信息中心管理，涉及欧盟25个成员国，于2005年1月1日发起，是目前全球最大的温室气体交易市场，旨在帮助成员国完成《京都议定书》减排目标，为政府、企业提供相关经验。该市场分两个阶段实施：第一阶段(2005～2007年)带有试验和学习性质，交易的温室气体主要是CO_2；第二阶段(2008～2012年)交易的温室气体除CO_2外，还将增加其他温室气体。该市场建立在对CO_2排放权强制分配基础上。目前主要涉及发电、造纸、炼油、建筑材料、炼铁，约12 000多个企业，约占目前整个欧盟温室气体排放总量的45%。专家分析，该市场建立后，使得欧盟履行《京都议定书》的成本得到有效降低。但该市场目前不接受碳汇和大规模水电项目。点碳公司(Point Carbon)预测到2010年，该市场年交易额将达到160亿欧元左右，将约占全球碳市场交易额的一半左右，交易量将达到17亿吨CO_2当量。

(3)新南威尔士州温室气体减排体系(New

South Wales greenhouse gas abatement scheme)。这是澳大利亚新南威尔士州政府立法要求该州内电力公司应在2003～2007年间使其温室气体排放量平均减少5%的政策基础上的一个碳交易市场，位于悉尼市，实施期限目前确定为2003～2012年。该市场接受永久性森林保护、商业林和可持续经营森林项目产生的碳汇，但这些林业项目地点必须位于该州且能满足《京都议定书》对造林项目的规定以及该体系对碳汇项目的一些特定要求，这些特定要求包括森林经营者必须对造林地及其碳汇拥有所有权，通过林业项目产生的碳汇应保持100年，应有适宜的程序对造林后的森林病虫害、火灾、气候变异进行妥善管理并保留充足的记录，项目应从2003年后开始，最小造林面积为0.2公顷，成熟后的森林郁闭度为0.2，树高预期可达2米，纯林和混交林都可以。目前的参与者主要包括澳大利亚电力、国家能源公司等20多家能源生产企业和一些钢铁、铝业、造纸企业等。到2005年2月，经注册认证的温室气体减排量超过了1 000万吨CO_2e。

(4)美国境内管制的碳交易市场。主要包括美国俄勒冈州、加利福尼亚州、华盛顿州、新英格兰地区通过州政府立法建立减排和碳补偿规则。如美国俄勒冈市场建于1997年，要求新建电厂应比那些最有效的综合循环电厂减排17%，否则将按每吨0.85美元支付超量排放费。受该政策影响的能源企业可选择通过给一个为配合此项政策实施而专门建立的“气候信托”非政府组织实施的碳补偿项目进行投资。参与企业主要包括电力、能源公司。到2005年，俄勒冈气候信托征集了400万美元，支持了11个项目，共计实现碳补偿1 600万吨CO_2e。碳汇项目在俄勒冈市场是可用来替代减排，但碳汇项目实施者必须具有永久性、接受监测和核证等。

(二)非管制市场(non-regulatory market)。没有明确控制温室气体排放的政府立法背景，主要是企业、组织、团体或个人从长远发展、社会责任、绿色形象、积累经验、减少或消除其自身碳踪迹(carbon footprint)等角度考虑而开展的交易。非管制市场大多数关注的是碳补偿。但大多数买方都很关注其投资的碳补偿项目是否真正地对气候变化产生了贡献，对额外性和核证也比较关心。虽然该市场交易的碳信用额很难被管制市场所接受，但其交易过程比较简单，交易成本比较低，购买者比较关注项目的附加社会和环境效益。这类市场规模较小，但正呈现明显增长态势，预测在2010年会达到4亿～5亿吨CO_2e的交易规模。项目类型包括可再生能源、提高能效、甲烷回收、垃圾填埋、造林和森林保护等，目前尚无统一标准。

(1)芝加哥气候交易所(Chicago climate exchange，CCX)。是2003年建立于美国伊利诺伊州的全球第一个自愿碳信用交易市场，包括杜邦、美国电力、国际纸业等25个成员和60多个计量咨询会员。参加该交易所的成员承诺到2006年将其6种温室气体排放量在1998～2001年平均排放额的基础上减少4%。为此，成员之间可通过自身减排或相互进行碳信用交易来完成减排承诺。目前主要涉及美国、加拿大、墨西哥的排放企业以及在这些国家和巴西实施的碳补偿项目。2003～2006年是该交易所对温室气体实施配额和进行交易的试点阶段，合格的碳补偿项目包括垃圾填埋、农业甲烷收集、土壤碳汇、林业碳汇，但林业碳汇项目只适于在美国或巴西实施的项目，主要指在1990年1月1日以后实施的造林再造林和森林保护活动，且通过林业项目替代减排只能占4年需要减排总量的5%，还要在接受指定第三方的独立核证后，才能在该所注册交易。

(2)零售市场(retail market)。除了上述有一定规模的市场外，还有相当数量规模较小的零售市场。全球从事零售的公司估计已有30多个。参与零售市场的企业，主要考虑到将来要承担温室气体减排，因此自愿地参与到通过补偿来实现减排的实践中，这样将可获得碳交易知识、增强自身能力、展示企业社会责任、构建良好的公共关系、促使雇员和客户忠于企业并与制定气候政策的政府部门建立良好关系。零售市场中的企业、组织团体和个人的减排行为并不受制度规则制约。购买方常常对那些具有公众吸引力的项目感兴趣。林业项目因具有保护生物多样性、维护生态系统服务功能、推进当地可持续发展、增加地方就业和收入等多重效益而受到青睐。由于零售市场并没有政府规则制约，缺乏完善的核证程序，购买方往往依靠第三方提供的核证来证明其购买的验证减排量（VER）具有可信性，零售市场的项目开发者常常寻求一些有声誉的非政府组织参与，以确保其项目具有环境和社会效益，从而使其碳信用具有较高价值。由于零售市场交易规模较小、参与交易的双方比较多，难以追踪。但世界银行估计，基于志愿目标的零售市场总体上呈现上升趋势。

碳交易市场是目前全球发展最快的市场之一，虽然未来全球碳交易市场如何发展还要看气候变化公约谈判进展情况，但大多数专家认为碳交易仍会被作为未来应对气候变暖的一种有效措施而得到延续。据国际排放贸易协会（IETA）近期对国际碳交易市场进行的敏感性调查，90%以上的被调查者认为，2012年后温室气体交易市场仍然会存在。特别是欧盟将在2012～2020年及2020年后采取更严厉的气候和能源政策，说明至少在欧盟内的投资决策者必须考虑碳排放的约束。同时，美国、加拿大和澳大利亚等国也在积极推进碳市场发展。因此，有理由相信在未来10年内有可能形成全球性的碳交易市场。但也必须看到2012年的碳市场运行也存在着变数，其中价格影响供求数量的决定性因素，在政策不明朗和交易费用过高情况下，项目交易量可能会降低。同时，碳信用需求也存在不确定性。

四、森林碳汇及其交易的形成和发展

森林是地球陆地生态系统的主体，通过光合作用可吸收固定CO_2，释放O_2。森林每生长1立方米木材，约可吸收1.83吨CO_2，具有碳汇功能。政府间气候变化专门委员会（inter－governmental panel on climate change，IPCC）气候变化评估报告表明：人类排放的温室气体中10%～30%源于土地利用、土地利用变化和林业，若全球森林得到合理经营则会吸收15%～20%温室气体。因此，在气候变化公约谈判中，一直受到国际社会关注，并纳入到了土地利用、土地利用变化和森林（land use，land use change and forest，LULUCF）议题中进行谈判。

通过增加森林碳汇可替代工业减排，其实际成本低于工业减排。但碳汇项目实施也存在一些风险：一是碳汇项目的基线情景具有不确定性；二是额外性。关键是要弄清没有项目时的基线情景，也决定项目最终能否被认可；三是泄漏。碳汇项目实施后，可能导致项目边界内的排放转移到项目边界外的其他地方；四是非持久性。碳汇项目区的森林存在着被采伐、火烧、病虫害侵袭而导致固定的CO_2重新释放回大气的风险。由于存在着上述优缺点，在制定《京都议定书》的谈判中，是否将碳汇纳入《京都议定书》一直存在争议，但经过多次谈判，碳汇最终写入《京都议定书》。根据《京都议定书》要求，附件Ⅰ国家在第一承诺期的减排量应比1990年总排放量低5.2%，约合2亿吨碳，而附件Ⅰ国家估算的第一承诺期内的碳汇潜力约为2.88亿吨碳，如无条件地让附件Ⅰ国家利用《京都议定书》第三条，则附件一国家作为一个整体，最后可能不需开展工业减排，仅通过碳汇就可完成其承诺的减排任务，这就会大大降低了《京都议定书》的环境效果，发达国家将借此逃避实质性减排责任。因此，大多数国家提出在第一承诺期内，附件Ⅰ国家不能无条件地利用碳汇来抵消其减排承诺。经过妥协，同意发达国家在履行《京都议定书》减排义务时，可利用碳汇替代减排，但必须是1990年以后发生的碳储量净变化，并为发达国家利用森林管理活动产生的碳汇替代减排规定了上限，同时，还规定在第一承诺期，只有造林和再造林活动可作为合格的清洁发展机制（CDM）项目，附件Ⅰ国家每年利用清洁发展机制下造林和再造林项目所产生的碳汇用来抵顶其承诺减排量，不能超过其1990基准年排放量的1%。这里的“造林”是指在过去50年间没有森林的林地上开展的造林活动；“再造林”是指在1990年1月1日以来的无林地上开展的造林活动。由于这些限制，加上实施程序的复杂性，在《京都议定书》谈判之后，全球碳汇交易的市场份额出现了很大程度的减少。世界银行2006年报告，20世纪90年代末，在《京都议定书》前的碳汇交易占20%的市场份额，到2002～2003年，市场份额缩小为7%，2005年则不到4%。由于种种限制，不仅是参与欧盟排放贸易体系的企业不再购买碳汇，而且其他排放贸易体系下的企业也不太愿意购买碳汇，因此，目前碳汇总体价格都比较低。但益可公司（Ecosecurities）的调查表明，如果欧盟排放贸易体系政策准许的话，很多企业还是很愿意购买碳汇的。分析人士认为，由于很多企业和非政府组织正在对欧盟排放贸易市场的政策制定者进行游说，从目前来看，欧盟市场准入政策在第二阶段有可能接受碳汇项目。同时，作为碳补偿手段，碳汇项目能够带来较好的公众宣传和教育效果，并在通过建立再保险和风险管理方法，尽量避免碳汇项目本身的不足，这就促使越来越多的企业、环保组织和个人重视碳汇项目，因此，未来碳汇交易还可能出现上升趋势。有关组织估计，未来碳汇交易在全球碳交易市场可能会占到20% ~25%的份额。当全球碳汇交易份额增长到每年数十亿规模时，将会对森林保护和再造林带来实质性贡献。

五、国际碳交易对我国未来林业发展的启示

(1)按照碳汇项目实施规则开展相关造林活动时，造林投入是排放者购买造林活动所积累的碳汇的行为。既有助于调动温室气体排放者参与造林的积极性，也有助于促使造林者必须把林子造好管好。

(2)通过温室气体排放者出资购买碳汇的交易过程，可将森林固碳价值通过市场机制实现补偿，这为将其他的森林生态效益通过市场化手段实现价值补偿提供了新思路，为进一步完善我国现行森林生态效益补偿制度提供新启示。

(3)可为我国未来提供了一条低成本替代减排的途径，也可能成为我国未来林业发展的一种新的资金渠道。特别是一旦中国政府未来向国际社会承诺减排，政府也可借鉴国际上开展碳汇交易的做法，通过立法，让在中国境内的跨国公司和一部分大中型温室气体排放企业通过植树造林来抵减其排放，这既可促使企业承担一定社会责任，重视生态环境问题，促进更多社会主体参与发展和保护森林，也有助于加快我国林业发展，改变我国生态建设单纯依靠政府投资的格局。

(4)现阶段则可以通过和发达国家共同实施清洁发展机制下的造林再造林碳汇项目引进部分外资和先进技术以及理念，推进我国难造林地的造林绿化进程。

(5)湿地生态系统对于固定 CO_2 等温室气体具有重要作用。碳交易也有助于促进湿地保护，将对我国履行国际责任和促进可持续发展起到十分重要的作用。

六、对我国林业碳汇市场化展望和建议

通过对国际碳交易的调研分析，我们认为未来我国林业碳汇交易应该从以下几方面入手：

(1)通过政府建立控制温室气体排放目标和强制性政策。这一政策应在国家正式承诺减排后，可通过科学确立我国控制温室气体排放目标，建立国家温室气体排放配额分配制度，给排放企业规定排放权。

(2)在国家正式承诺减排，且建立了控制温室气体排放目标和强制性政策后，可建立国内包括碳汇在内的碳交易市场，确立市场准入规则。允许排放企业开展对配额和项目产生的减排量进行交易，通过交易进一步调动买卖双方参与减排的积极性。

(3)在未来建立包括碳汇在内的国内碳交易市场时，应对可以纳入交易的林业活动进行定位。要通过林权制度改革，建立公正、透明的信息平台，缩小林区群众和碳汇购买方的距离，确立使林区当地群众从碳汇交易活动中受益的公平机制。

(4)建立一套完整的，体现公平性和透明性的碳汇计量和监测标准，促进与市场相配套的计量、监测、核证、注册、登记等中介咨询活动发育，逐步形成一套良好的市场运作规范。

(5)加强政府引寻，增强社会公众、团体、企业的林业碳汇意识，促进林业碳汇自愿者市场积极健康发展。

调 研 单 位：国家林业局植树造林司
国家林业局科学技术司
国家林业局湿地保护管理中心
调研组成员：魏殿生　王春峰　杨锋伟　鲍达明
执　笔　人：王春峰

发掘潜力　化解瓶颈
完善林业生物质能源发展的政策措施

林业生物质能源利用是能源开发利用的重要组成部分，是林业发展的新方向。林业生物质能源最突出的特点是再生性强，品种丰富，资源发展潜力巨大。加快开发利用林业生物质能源，维护国家能源安全，改善生态环境都具有十分重要的作用，将成为应对我国能源发展战略转型、解决能源与环境突出问题的重要战略手段。

根据国家林业局2007年林业重大问题调研部署，2007年6月至9月，植树造林司(能源办公室)成立调研组赴云南、四川、贵州、内蒙古、陕西、安徽、山东等省(自治区)，就林业生物质能源方面的问题进行了专题调研。依据专题调研成果，结合全国森林资源清查结果，现对我国林业生物质能源发展潜力和对策提出如下报告：

一、发展林业生物质能源是我国现代林业建设的重要举措

(一)林业生物质能源的基本内涵

林业生物质能源是指通过工业化利用途径，将富含油脂、木质纤维及非食物类果实淀粉的林木生物质材料转化为多种形式的能源产品和生物基产品，如生物柴油、燃料乙醇、成型燃料、生物发电以及生物塑料等。林业生物质能源原料供应大体分为三类：一类以木质纤维利用为主，以提供木质纤维为原料生产能源的林木称为木质能源林；一类以林木所含油脂利用为主，以提供油脂为原料生产能源的林木称为油料能源林；一类以林木种子所含淀粉利用为主，以提供淀粉为原料生产能源的林木称为淀粉能源林。

在生物质能源中，林业占据主体地位。林业生物质能源是典型的绿色能源、可再生能源，在可再生能源中独树一帜，具有其他能源不可替代的重要作用，大有发展潜力，越来越受到国家重视和社会的关注。

(二)发展林业生物质能源的主要优点和重大意义

一是发展林业生物质能源不与粮争地，不与人争粮。大多数能源树种适应性强，主要是利用宜林荒山荒地以及不适宜种植粮食作物的沙地、盐碱地等边际性土地，不需要占用农地，不与粮食争土地。人多地少的国情决定了我国林业生物质能源在整个生物质能源中占有重要地位。可以说发展林业生物质能源是我国林业建设的特色。

二是发展林业生物质能源可增加农民收入，促进新农村建设。目前，发展林业生物质能源成本虽然较高，其中70%为原料成本，但原料成本大部分可以转化为农民收入。

三是发展林业生物质能源有利于环保，实现可持续利用。林木一次种植后可持续利用几十年，生长期间能够发挥正常的生态功能，可保护环境。同时不用每年重新种植，可降低原料成本。据研究，每使用1吨生物柴油可减少CO_2排放量约3吨，使用1千度生物质电能可减排CO_2 26吨。实践证明，发展林业生物质能源能有效固定“碳”和减少“碳”排放，是今后我国降低“碳”排放量的一条重要渠道。

四是发展林业生物质能源能开辟林业发展的新渠道。通过与国有大型企业合作，原料林基地建设与产业开发利用相结合，将会推动林业更好地吸纳先进的现代工业理念、技术和装备来武装自身，有效提高林业劳动者素质，增加林业发展资金，加快林业特别是营造林建设，形成以油(电)养林、以林促油(电)一体化发展格局。

二、我国林业生物质能源发展现状与面临的问题

(一)我国林业生物质能源发展现状

一是管理机构从无到有，政策规定不断完善。

为加强对林业生物质能源开发工作的领导和协调，2005年7月，国家林业局成立了林木生物质能源领导小组及其办公室，负责协助参与制定国家能源发展战略，负责林业生物质能源发展规划和实施计划制定；指导和协调全国林业生物质能源培育及其转化利用；推动林业生物质能源的研究开发，开展信息通报、能力建设等项工作。为加强行业管理，2006年，国家林业局编制了《全国能源林建设规划》、《林业生物柴油原料林基地“十一五”建设方案》，初步确定了林业生物质能源发展目标和发展重点。同时，国家林业局加强与国家有关部门的联系，积极推动有关生物质能源发展配套政策的出台，规范市场秩序。2006年11月，财政部、国家发展与改革委员会、国家林业局等五部门联合下发了《关于发展生物能源和生物化工财税扶持政策的实施意见》。2007年，国家林业局参与财政部《生物能源和生物化工原料基地补助资金管理办法》的起草和修订；2006年，参与国家发展与改革委员会《可再生能源中长期发展规划》制定。

二是引导企业开发，加快资源培育。国家林业局积极与中国石油、中粮集团、国家电网公司等国有大型企业开展合作，将林业的资源、科技、组织协调的优势与大企业的资金、技术与开发利用的优势结合起来，加快推进能源林基地建设，逐步建立从原料培育、加工生产到销售利用的“林油一体化”、“林电一体化”发展体系。作为国家林业局与中国石油集团总公司合作项目之一，2007年在云南、四川、湖南、安徽、河北、内蒙古、陕西等省（自治区）启动了小桐子、光皮树、黄连木、文冠果油料能源林基地建设。并通过基地示范作用，带动当地林农积极培育能源原料林。目前，云南、四川、贵州三省已完成小桐子人工造林130多万亩；内蒙古、安徽、湖南等省（自治区）积极开展文冠果、黄连木种苗基地建设，做好了春季造林的土地落实、整地等准备工作。此外，国家林业局积极推进中粮集团、中国海洋石油集团等企业在江西、海南等省的能源林基地建设，大力支持国能生物发电有限公司在山东、内蒙古、黑龙江等省（自治区）的生物发电项目建设。

三是加强科技研发，提供基础保障。近年来，国家林业局大力支持林业生物质能源的科技攻关，筛选出小桐子、黄连木、文冠果、光皮树等多个优良生物质能源树种。在利用天然油脂制备生物柴油、利用农林废弃物制备乙醇、以木屑为原料的生物质气化、生物质燃料的压缩致密成型等方面都取得了一定成果，林业生物质能源已经具备了规模化开发的基本条件。同时，为满足林业生物质能源基地建设的良种需要，国家林业局已将生物质能源树种种苗基地建设纳入了《全国林木种苗“十一五”及中长期规划》，2006年开始有重点地批复了油桐、小桐子、黄连木等种质资源建设项目，并将小桐子、光皮树、文冠果等能源树种良种基地建设作为2007年重点内容。

（二）地方林业生物质能源发展取得实质性进展

目前，不少地方政府也非常重视林业生物质能源开发利用，积极性很高，把林业生物质能源产业发展作为带动林农脱贫致富、调整经济结构、促进区域经济发展的重要途径。林业生物质能源在组织管理、种苗繁育、科技研发、产品中试等方面取得了实质性进展。

一是领导重视，设置机构。云南、四川、贵州、内蒙古、陕西、安徽等省（自治区）林业厅（局）设立了专门的林业生物质能源管理机构，配备人员，制定了本省（自治区）发展规划，确定发展目标与重点。云南、四川、贵州三省政府非常重视以小桐子为主的生物柴油的开发利用，省政府主管领导亲自抓林业生物质能源工作，省发改委、财政厅、科技厅、林业厅等职能部门共同参与，协调发展。贵州省已将发展以小油桐为主要原料的生物柴油产业作为产业发展重点，写入省委［2007］1号文件和省的“十一五”规划中。

二是依靠科技，改良能源林树种。近年来，云南、四川、贵州、内蒙古、山东等省（自治区）对能源树种自然分布进行了详细调查，本着适地适树原则，初步筛选了优质种源，并在此基础上，依托本省林业科研部门，利用基因工程等现代生物技术手段，进行能源树种种质基因改良研究，不断提高树种的产果率、含油量、含热量。山东省东营市通过试验、引种，培育出了耐盐碱、热值高、速生、高产的柽柳1号和柽柳2号，为发展生物发电、颗粒燃料提供了很好的原料。

三是支持引导各界力量，进行综合开发利用。目前，四川大学、四川省林业科学研究院与四川川辰生物柴油有限公司已建成以小桐子为主要原料的年产生物柴油5 000吨的中试基地。贵州省中京生物能源发展有限公司建成了以地沟油、酸化油为原料的年产生物柴油1万吨的生产线，并可兼容小桐子生物柴油生产。陕西省渭南市韩城铜川宝润生物柴油厂以废弃的花椒籽作为生产生物柴油的原料，使花椒得到了综合利用，综合经济效益较高。国能生物发电有限公司在山东省单县、东营市投资建成以林业生物质为主要燃料的2.5万千瓦发电厂。北京国林山川生物能源有限公司在内蒙古自治区通辽市奈曼旗建设以灌木林资源为主要原料的2×1.2万千瓦的林业生物质热电联产发电厂，将于2007年年底运行。

(三)我国林业生物质能源发展面临主要问题

目前，林业生物质能源发展在我国尚处于起步阶段，不少地方对其发展的前景、重要性以及发展方向还缺乏足够的认识，林业生物质能源发展在良种选育、基地建设、技术开发、设备研制、市场营销、保障措施等方面还没有成型配套。推进林业生物质能源发展还存在不少困难与问题：

一是认识程度不高。当前，大部分地区没有认识到林业生物质能源发展的重要性和潜力，相应的组织机构、管理队伍建设薄弱，未纳入当地林业整体发展中统筹考虑。

二是资源利用率低。原料稳定供应和原料价格是制约林业生物质能源产业化发展的主要瓶颈，现有资源丰富但分散，并受生态保护制约和纸浆等工业原料需求的竞争，油料能源林现有资源还不能实现稳定的工业规模利用。

三是技术研发薄弱。目前利用个别树种开发林业生物柴油和木质燃料发电技术已经较为成熟，但对大部分树种和生物酒精的研发还需深入进行。

四是发展资金匮乏。林业生物质能源培育开发是一个新的领域，开发成本高，市场风险大，社会资金难以主动进入；在良种选育、资源培育、转化利用、技术研究等方面，普遍缺乏资金。

五是配套政策滞后。与《中华人民共和国可再生能源法》配套的税收优惠、收益保障、产品市场准入标准等相关政策，尚待出台。此外，秩序有待规范。目前，发展林业生物质能源是社会热点，各种力量参与的积极性很高，因监管机制不健全，在能源原料培育过程中存在宜林地、种苗以及市场占有等方面的无序竞争。

三、我国林业生物质能源发展目标与重点

(一)发展林业生物质能源潜力巨大

我国现有可利用的森林资源丰富，同时还有大量的宜林荒山荒地、边际性土地可用以培育能源林，发展林业生物质能源的潜力和空间巨大。据初步估算，我国林木生物质总量约180亿吨，从发挥森林生态功能和推动森林可持续发展出发，按照生态和能源双赢的原则，发展生物质能源，主要是充分利用林业剩余物、现有部分森林和定向培育的能源林等林业生物质资源。

一是林区剩余物丰富，可用量大。据推算，每年全国林区的采伐剩余物约1.09亿吨，木材加工企业产出剩余物约0.42亿吨，各大中城市每年各类木材制品抛弃物约0.60亿吨。三项相加，林业木质剩余物可达2.11亿吨，折合标准煤约为1.05亿吨。

二是不少林业生物质能源尚未很好开发利用，前景广阔。我国木本油料植物中，种子含油量在40%以上的植物有上百种。木本油料总面积超过400万公顷，果实产量在500万吨以上，除油茶、油桐、核桃等少量油料资源已开发食用或工业用途外，大多数油料植物基本上没有被开发利用，如能收集加工，可得到数量可观的生物柴油。我国现有300多万公顷薪炭林，每年约可获得0.8亿~1亿吨高燃烧值的生物量，亟待开发利用。据测算，全国用材林通过抚育间伐，可提供木质生物能源原料近3亿吨。含淀粉果实的木本植物，如栎类果实橡子，储量丰富，全国可年产果实2 000万吨，可生产燃料乙醇500万吨。

定向培育能源林将是我国今后林业生物质能源主要途径，我国现有宜林荒山荒地8亿多亩，盐碱地、沙地、矿山、油田复垦地等边际性土地有近10

多亿亩。通过对这些土地资源合理利用，完全可以建成“绿色油田”、“绿色煤矿”，用以补充我国未来经济发展对能源的需要。而且，由于林业科技贡献率较低，林地生产力提升空间很大，林地的潜力十分巨大。

总之，我国不仅现有林业生物质能资源总量巨大，而且资源培育的潜力也十分巨大，这是发展林业生物质能源的基础，也是发展林业生物质能源的优势所在。

(二)我国林业生物质能源的发展目标与重点

根据目前转化技术的成熟度、市场需求及产业化进程，“十一五”期间，林业生物质能源主要发展生物柴油和木质燃料发电，并逐步加大通过大力培育油料能源林和木质能源林，为林业生物柴油生产和生物发电提供稳定原料。

1. 我国林业生物质能源发展目标

以国家鼓励发展可再生的生物质能源为契机，充分发挥林业的特点与优势，为国家能源发展助力，通过大力培育木质能源林和油料能源林，提高林业生物质能源在国家能源结构中的比重。根据《可再生能源中长期发展规划》2020 年的发展目标，林业生物质能源将占全国生物质能源发展目标的 50% 以上。初步规划：“十一五”期间，主要开展林业生物质能源示范建设，到 2010 年，实现提供年产近 15 万吨生物柴油原料和装机容量为 100 万千瓦发电的年耗木质原料。能源林建设规划全面实施完成后，到 2020 年，实现提供年产近 600 万吨生物柴油原料和装机容量为 1 500 万千瓦发电厂的年耗木质原料。加上林业剩余物等，使林业生物质能源占国家生物质能发展目标的 50% 以上。

2. 我国林业生物质能源发展重点

一是重点对主要木本燃料油植物进行良种化，加快现有低产低效林改造和丰产栽培技术示范，加快高产、高含油量、抗逆性强的良种选育。分别在云南、四川、贵州、海南、陕西、河北、河南、安徽、湖南、湖北、江西、辽宁、内蒙古、陕西、新疆等省(自治区)进行麻疯树、黄连木、光皮树、油桐、文冠果等能源林示范。二是重点开展高生物量、抗病虫害的柳树、栎类，其他灌木类等速生短轮伐期能源树种培育示范。分别在河北、内蒙古、山东、甘肃、宁夏、新疆、黑龙江、安徽、湖北、广东等省(自治区)开展沙柳、柽柳、柠条等灌木能源林基地建设示范，建立柳树、栎类(栲类)等能源林培育利用示范点。三是开发利用方面，重点发展生物柴油、直燃发电和固体成型燃料，加快燃料乙醇等开发技术的研发。如在小桐子、黄连木、光皮树、文冠果、乌桕等资源集中和培育潜力大的地区，开展林油一体化生物柴油开发示范，形成一定规模的生物柴油产业化基地。在“三北”地区建立一定规模的以沙生灌木为原料的生物质固化成型燃料产业化基地；在东北、华南和华东等地建立具有一定规模的以林业剩余物或速生短轮伐期能源林为原料的生物质固化成型燃料产业化基地。在林业剩余物集中区建立兆瓦级大规模，生物质气化发电供热示范工程；在柳树、灌木等资源集中区建立林业生物质直燃发电示范工程；在“三北”地区建立以沙生灌木为主要原料，建立林业生物质热电联产示范工程。此外，应加大纤维素原料生产燃料乙醇工艺技术的研发力度，攻克植物纤维原料预处理技术、戊糖己糖联合发酵技术，降低酶生产成本，提高水解糖得率，使植物纤维基燃料乙醇生产达到实用化。

四、我国林业生物质能源发展的对策

随着国家鼓励扶持发展生物质能源的政策陆续出台，林业生物质能源发展已进入实质性实施阶段。大力发展林业生物质能源已经成为林业建设的一项重要任务，需要进一步加强领导，统筹兼顾，切实强化组织管理。为此，建议如下：

一是提高工作认识。林业生物质能源工作是现代林业建设的一项重要工作，在发展过程中要高度重视，提高认识，把能源工作放到林业全局中统筹安排。通过采取加强领导、完善机构、配备人员、保证经费等有效措施，加快组织实施。政府不同部门间应相互沟通和协调，共同推动林业生物质能源工作。

二是明确发展目标。资源调查与评价是发展林业生物质能源的基础性工作。应结合现有森林资源的各项调查，组织开展好本地林业生物质能源资源调查，进行资源开发评价，合理利用现有资源，为林业生物质能源的目标制定、发展布局和产业化开发提供可靠依据。在此基础上，按照国家和林业中长期发展规划的总体要求，针对经济社会发展对生物质能源的需求，结合林业生产力布局和技术支持基础，加快编制林业生物质能源发展规划，明确发展目标，突出发展重点，稳步有效地推进林业生物质能源资源培育和开发利用工作。

三是建设原料基地。规模化培育能源林是降低原料成本和满足林业生物质能源开发的基础。因此，要把能源林培育放在发展林业生物质能源的突出地位。应根据土地资源现状和开发利用情况，超前设计，超前安排能源林培育。按照国家重点林业工程的总体规划与布局，加快建设速生、丰产、高能、多效的能源林基地；启动能源树种培育利用、林油一体化、林电一体化等一批示范项目，加快林业生物质能源的市场化步伐，通过示范基地的示范、辐射、带动，推动林业生物质能源的全面发展，逐步形成产业化、规模化和效益化。

四是制定支持政策。要加快研究制定能源资源培育与使用以及企业开发利用林业生物质能源的办法，以鼓励和规范企业、社会力量进入林业生物质能源领域。各地也要根据地方实际情况，积极开展相关工作，抓紧制定优惠政策和可行的管理办法，推动和指导林业生物质能源发展。

五是提高科技水平。林业生物质能源资源培育与开发与高新技术紧密相关。目前林业生物质能源技术尚处于初级阶段，在资源培育过程中要加快推广应用基本成熟的林业生物质能源技术；结合示范建设，研究促进资源培育和生产开发技术的创新；加快建立资源培育相关标准体系和产品质量标准体系；强化质量技术监督；制定切实可行的培训计划，加强对现有技术人员的培训，提高从业人员素质。

六是加强合作交流。目前，已有一些国内外大企业（中国石油、国家电网公司、中粮集团、德国鲁奇化工技术公司等）进入我国林业生物质能源培育开发领域，我国也有企业（中国海洋石油集团、云南鸿宇集团等）到东南亚国家开展林业生物质能源资源培育活动，开拓海外市场。发展林业生物质能源应积极支持和鼓励开展国内外合作与交流，充分利用“两种市场、两种资源”，既要很好吸收利用国外先进技术和资金，又要鼓励引导中国企业走出去，按照国家林业局和商务部联合发布的《中国企业境外可持续森林培育指南》，采用可持续发展的方式、保护生物多样性的方式、促进社区发展的方式，开展海外资源培育和开发，增强我国林业生物质能源发展的国际竞争力。

调 研 单 位：国家林业局植树造林司
调研组成员：魏殿生　李怒云　钱能志　师　君
赵江红

关于巴彦淖尔市、鄂尔多斯市林业推进新农村新牧区建设的调研报告

林业是农村牧区工作的重要组成部分，在推进新农村新牧区建设中具有独特作用和巨大潜力，承担着艰巨的任务和光荣的使命。从2006年起，按照内蒙古自治区党委、政府和国家林业局的部署，自治区各级林业部门认真落实有关要求，围绕新农村新牧区建设，进一步加快了林业改革和发展，特别是巴彦淖尔市、鄂尔多斯市做得较好，并涌现出一批典型。为了及时总结经验，推广典型，加快林业在社会主义新农村新牧区中的建设步伐，内蒙古自治区林业厅组成调研组，对巴彦淖尔市、鄂尔多斯市的10个旗（县、区）进行了调研。

一、林业在新农村新牧区建设中发挥重要作用

新农村新牧区建设开展以来，巴彦淖尔市、鄂尔多斯市围绕“生产发展、生活宽裕、乡风文明、

村容整洁、管理民主”的要求，结合本地实际，调整了林业工作思路，加大了领导力度、投入力度和工作力度，整个林业继续保持了生机勃勃的发展局面，特别是在新农村新牧区建设中取得了新的突破。巴彦淖尔市以“1345”工程为抓手，即一年完成造林绿化100万亩，突出抓好33个集镇、400个自然村、52个生态家园示范村庄绿化工作，切实加快了环城、环镇、环村、环路绿化步伐。据统计，目前全市完成造林绿化43.2万亩，各级通道绿化1 774.2千米，造林35 267.6亩；集镇绿化35个，造林1 244.4亩；“生态家园”示范村庄绿化58个，造林2 313.5亩；完成村庄绿化426个，造林8 668.5亩。

鄂尔多斯市以“四区三类”绿化为依托，在林业建设上取得了新的进展。“四区”即城镇区、工业园区、旅游景区、通道区的绿化美化；“三类”即将新农村新牧区建设划分为农区型、牧区型、城郊型三种类型，确定了14个试点村。2007年，市、旗两级计划投资14亿多元用于“四区”绿化建设，截至5月10日，全市完成造林面积79.33万亩，其中“四区”造林617.05万株。

实践证明，林业在新农村新牧区建设中具有重要作用：一是通过发展林业，大搞绿化美化，有效地改善了人居环境，为形成庭院环境、村庄环境、自然环境相互统一、相互协调、相互促进的农村牧区优美大环境做出了贡献；二是通过发展林业，大建各种防护林，有效地改善了农村牧区生态状况，改善了农牧业生产条件，增强了农牧业综合生产能力，保障了农牧业高产稳产；三是通过发展林业，大力提升林业产业，有效地促进了农村牧区产业结构的优化、增加了农牧民收入，推动了农村牧区经济社会的全面发展。由此可见，林业在社会主义新农村新牧区建设中是大有作为的。

二、主要做法

(1)政府引导，高位推动。两市各级党委、政府高度重视林业工作，把造林绿化作为新农村新牧区建设的切入点和突破口，纳入重要议事日程。自上而下成立了由市长、旗(县)长任组长的建设社会主义新农村新牧区领导小组，多次召开专题会议，安排部署新农村新牧区林业建设工作。巴彦淖尔市将造林绿化作为为农牧民办的十件实事之一，实施了北部牧区收缩转移、西部沙区加快治理、整个套区林田配套的发展战略。各级领导还深入造林现场督查落实，解决林业建设中存在的实际问题，并从资金投入、政策制定等方面给予大力支持。巴彦淖尔市郭启俊书记、王素毅市长和分管领导多次深入旗(县、区)调研集镇、村庄和通道绿化工作。在全力推进林业发展的同时，各级政府始终把加强引导作为重中之重。在充分调研的基础上，通过制定建设目标、指标体系、试点范围、实施方案等加强对新农村新牧区林业建设的指导，并进一步强化组织协调、宣传发动工作，使农牧民主动投入到林业建设中来。

(2)机制创新，政策拉动。围绕新农村新牧区建设，在坚持“个人、集体、国家一齐上”的方针和“谁造谁有，合造共有”以及“谁治理、谁投资、谁开发、谁受益”政策的基础上，进一步深化林业产权制度改革，明晰所有权、放活经营权，及时做好林地、林木的确权发证工作，实现“林定权、树定根、人定心”；积极探索活立木依法流转的机制，盘活现有森林资源，为林业建设和可持续发展开辟新的途径；结合实际，不断完善各项制度，制定惠林政策，形成了项目捆绑、以奖代投等一系列行之有效的激励机制，增强了林业发展的动力。巴彦淖尔市出台了《社会主义新农村建设造林绿化“以奖代投”实施办法》、《绿化奖章评选办法》；积极推行“造林前落实林权”的措施，坚决不栽无主树，不造无主林。鄂尔多斯市制定了《新农村新牧区建设项目和资金管理办法》、《建设新农村新牧区企业赞助资金管理办法》等有关制度，保障各资金发挥最大效益。杭锦后旗采取权属置换的方式，将通道绿化的使用权、林木所有权落实给沿线群众，放权于民、让利于民；磴口县对高速公路两侧主林带绿化，实行承包造林，无偿向造林户提供种苗，乔木每株每年补贴7元，连续补贴三年，灌木三年每穴补贴5元；巴彦淖尔市套区通过实施人工商品林采伐试点，解决了“绿色银行”只存不取的矛盾，增加了农民的经济收入。据统计，采伐试点区每年户均收入1 588元，农民人均收入468元，实现了“越采越多、越采越好”。

(3)发展产业，利益驱动。林业产业是国民经济的重要组成部分，对推动社会主义新农村新牧区建设，促进经济社会可持续发展具有重要的战略意义。两市坚持以利益驱动为核心，以增加农牧民收入为目标，积极发展林业产业，强化基地建设，壮大龙头企业，初步形成了“企业加基地，基地联农户，利益均沾，风险共担”的产业化经营模式。涌现出内蒙古河套木业有限责任公司、东达蒙古王纸业有限公司、碧海木业公司等一批有特色、有市场、带动力强的龙头企业，其中仅河套木业就带动 20 万户农牧民走上致富路。产业的发展增加了对原材料的需求，通过反弹琵琶，逆向拉动了林业建设。鄂尔多斯市今年将建设 50 万亩沙棘基地、50 万亩沙柳基地；巴彦淖尔市今年已完成工业原料林基地建设 10.9 万亩。在套区开展了“户植千棵树”活动，并给农牧民算了一笔账，1 000 棵杨树 10 年后可收入 6.3 万元，生长 15 年收入可达到 14.7 万元。农牧民见到了发展林业的效益，出现了争包荒山、荒沙、排干、渠沟的现象，变“要我造林”为“我要造林”，实现了大地增绿、企业增效、地方增税、农牧民增收的良性循环。据统计，2006 年，仅鄂尔多斯市林业总产值就达到了 16.5 亿元，增加值达到了 11.3 亿元，农牧民人均林业纯收入达到 891 元。

(4)多方筹资，项目联动。稳定而通畅的投入机制是新农村新牧区林业建设的前提和保障。两市在财政支持、企业投入、社会筹资等多渠道吸纳资金的基础上，以各种工程建设项目为载体，确保资金落实到位，支持和保障林业的发展。一是天然林资源保护、退耕还林、“三北”防护林体系建设四期、野生动植物保护及自然保护区建设、重点地区速生丰产用材林基地建设等林业重点工程，在项目安排上尽量向新农村新牧区建设的重点地区倾斜。二是积极争取农业综合开发、扶贫开发、水利建设、农村道路建设等相关项目资金，实行项目联动，集中投入，共同推进新农村新牧区建设。三是通过政府扶持、旗县自筹，多渠道筹措资金，调动农牧民建设林业的积极性。四是金融、银行部门积极探索林业企业和农牧民信贷担保的新途径，扩大面向农牧民的小额信贷服务，提高国家融资政策对新农村新牧区林业建设的支持力度。2007 年，鄂尔多斯市达拉特旗安排 270 万元专项资金建设乡村优美大环境，巴彦淖尔市各级政府投入新农村新牧区造林绿化资金约 1 060 万元，乌拉特后旗的农民以林权证抵押贷款进行林业建设。

(5)质效并重，服务促动。两市林业部门站在全局的高度，把推进社会主义新农村新牧区建设作为林业工作的首要任务，多措并举，不断提高服务能力。充分利用广播、电视、报刊等新闻媒体，采取多种形式宣传新农村新牧区林业建设的目的、意义、先进人物和典型事迹。巴彦淖尔市在新闻媒体上开办了“植树造林、建设新农村”专题栏目，五原县印发了《林业宣传手册》2 万份，编写了《致农民朋友的一封信》，树立了高龙华、郭子贵等造林致富典型，起到了以点带面的作用。在规划设计、种苗培育、整地造林、经营管护、产业发展等各个环节，林业部门坚持因地制宜，强化服务指导，推广先进技术，完善质量管理，不断提高建设质量和效益。巴彦淖尔市全面实行市、旗(县、区)、镇(苏木)三级技术承包责任制，“定任务、定质量、定奖罚”；严格按照“五统一”(统一规划设计、统一打点划线、统一标准、统一涂白，统一验收)的原则组织施工，保证了建设质量，提高了建设标准。

(6)试点先行，典型带动。为了确保新农村新牧区林业建设顺利进行，两市坚持在统一规划、分步实施，先行试点、稳步推进的原则，通过试点示范、培养典型、树立样板，不断探索林业推进新农村新牧区建设的模式和标准。各级党委政府、各部门、企业等都非常关注试点建设，纷纷将资金、项目、技术向试点村集中。鄂尔多斯市 2006 年确定了 14 个试点村，市文明办、农牧业局、水利部门、电力部门、交通部门等广泛参与，14 家市直属大型企业结对包扶试点建设。鄂托克前旗昂素嘎查是以家庭牧场为主体的生态型新牧区试点，他们把生态恢复放在首位，对植被较好的草场施行了以草定畜、季节性休牧、划区轮牧、限时放牧；对退化的草场进行了围封休牧、退牧还草。在保护的基础上，积极建设牧防林、饲料林，目前，完成退牧还草项目 15 万亩，种植柠条 5 万亩，植被覆盖率提高到了75%以上，牧民人均收入也大幅度增长。

三、今后需要强化和配套解决好的几个问题

(1)充分发挥农牧民的主体意识。新农村新牧区建设的主体是广大农牧民，保护好他们的利益，引导和调动他们的积极性，是新农村新牧区林业建设顺利实施的前提。当前，不少农牧民对新农村新牧区林业建设的目的、意义认识不够，存在“等、靠、要”的思想。今后要加大宣传力度，不断完善惠农政策，创新发展机制，大力发展林业产业，调整农村产业结构，增加农牧民收入，提高农牧民对林业重要性的认识，增强其主体意识，形成林业发展的合力。

(2)积极稳妥地推进集体林权改革。集体林权改革关系到农牧民的切身利益，林权落实不到位将影响到农牧民和社会各界造林、育林、护林的积极性，有可能制约林业在社会主义新农村新牧区建设中潜能的发挥。因此，今后要继续深化林权制度改革，加快确权发证进度，落实权属，明确责权利；要进一步完善和规范林木、林地流转，积极建立政府支持的森林资源资产评估体系和林业要素市场，规范、搞活集体林权制度改革，充分调动农牧民建设林业的积极性。

(3)加大引导性资金扶持力度。建议自治区、盟(市)、旗(县)三级财政各筹措一定比例的资金，通过以奖代投的方式，扩大试点范围，完善建设体系，引导、鼓励新农村新牧区快速发展。有关金融机构应加强对农牧民的扶持，开展林权抵押贷款和小额贷款业务。

(4)继续落实“五个严格”制度。当前，生态保护形势还相当严峻，乱征滥占、乱采滥挖、超载过牧等破坏生态的行为还客观存在。认真落实好自治区政府关于生态保护的“五个严格”制度，规范新农村新牧区林业保护和管理工作，切实加强管护力度，巩固建设成果。

(内蒙古自治区林业厅厅长：高锡林)

实施“一圈两翼”林业发展战略 促进林业又好又快发展

重庆市位于长江上游地区，东西长470千米，南北宽450千米，东邻湖北省、湖南省，南接贵州省，西靠四川省，北连陕西省。主要河流有长江、嘉陵江、乌江、涪江、綦江、大宁河等。重庆气候属亚热带季风性湿润气候，年平均气温18℃左右，冬季最低气温平均6～8℃，夏季最高气温平均27～29℃。终年少霜雪，多云雾，冬暖、夏热、春早、秋短。雨量充沛，常年降水量1 000～1 400毫米，春夏之交夜雨尤甚，素有“巴山夜雨”之说。重庆具有3 000多年的悠久历史和光荣的革命传统，是中国著名的历史文化名城，是巴渝文化的发祥地。全市总人口3 100余万人，其中农业人口2 500余万人。

重庆是一个大城市带大农村的新的直辖市，农村地域广阔，特殊的地理环境和适宜的气候，为以林业为主的生态体系建设和产业体系建设创造了有利条件。森林植被属亚热带常绿湿润森林区，有被列为国家保护的珍稀濒危维管束植物63种(Ⅰ级12种、Ⅱ级51种)。森林类型主要有亚热带常绿阔叶林、落叶阔叶林、常绿落叶阔叶混交林、暖性针叶林和温带暗针叶林等五个植被类型。主要树种有马尾松、栎类、杉木、柏木、竹。全市林业用地6 118万亩，占总面积的49.5%，森林覆盖率32.0%；其中，有林地3 950万亩。全市有森林和野生动物类型自然保护区45个，其中国家级3个；有森林公园65个，其中国家级22个。实施有国家退耕还林和天然林资源保护工程。发展的重点林业产业有森林旅游、优质笋竹、种苗花卉和木材加工，林业产值125亿元。

2007年3月8日，胡锦涛总书记在参加全国人

大会议重庆代表团审议时寄语：把重庆加快建成西部地区的重要增长极、长江上游地区的经济中心、城乡统筹发展的直辖市，在西部地区率先实现全面建设小康社会的目标，同时要求重庆做好四项工作（即三定位一目标四任务，也称为“314”战略部署）。2007年6月，国务院批准重庆市为全国统筹城乡综合配套改革试验区。为此，市第三次党代会提出了实施“一圈两翼”发展战略。“一圈”即“一小时经济圈”，是指以主城区为核心，1小时车程到达主城区的区（县），计23个区（县）。“两翼”即“渝东北一翼”和“渝东南一翼”，分别有11个区（县）和6个区（县）。

围绕胡锦涛总书记“314”战略部署和重庆市委实施“一圈两翼”发展战略，我们进行了认真调研，分别召开三个板块林业专题会议，提出了“一圈两翼”林业发展思路，加快林业建设步伐，促进重庆市林业又好又快发展。

一、林业工作总体思路和主要目标

我们围绕胡锦涛总书记“314”战略部署中关于“率先”和“加快”的要求，提出了立足于“加快”确定合理的目标，立足于“创新”提出可行的政策措施，立足于“突破”超越常规的工作方法，立足于“统筹”推进城乡发展和人与自然和谐的工作推进方式，对今后一段时期的林业工作总体思路和目标作了调整。总体思路是，以邓小平理论和“三个代表”重要思想为指导，坚持用科学发展观统领全局，以全面推进现代林业建设为主题，紧紧围绕社会主义新农村建设和三峡库区生态安全建设，以全力构建完善的林业生态体系、发达的林业产业体系、繁荣的生态文化体系为目标，坚定不移地走以生态建设为主的林业可持续发展道路，进一步深化林业改革，创新发展模式，推动科技进步，提高林业质量，构建人与自然和谐的生态文明，实现林业又好又快发展。总体目标是，力争到2010年，全市森林覆盖率达到38%，比原规划增加2个百分点；林业产值达到240亿元，比原规划增加40亿元，增幅20%。

二、因地制宜，分区施策

在“一小时经济圈”。这23个区（县）以增加森林资源总量为主线，以发展林业产业为抓手，以建设现代林业，实现生态产业化、产业生态化为目标，紧紧围绕社会主义新农村建设和统筹城乡发展，大力发展“都市林业”、“通道林业”、“产业林业”和“旅游林业”，实现城乡绿化一体化，积极把“一小时经济圈”打造成森林城市和绿色生态经济圈。为此，我们积极规划启动绿色生态工程，大力推进“城镇森林化”、“通道林荫化”、“社区园林化”、“庭院花果化”、“农田林网化”、“生态产业化”六化建设，到2010年，“一圈”内森林覆盖率达到32%，增长速度超过全市的平均水平；林业产业总产值达到150亿元，占全市林业产业总产值的75%，占圈内农业总产值的比重提高5个百分点。到2015年，森林覆盖率达到40%，达到全市平均水平；林业产业总产值达到280亿元，占全市林业产业总产值的80%以上，占圈内农业总产值的百分比提高10个百分点。

在渝东北地区“一翼”。这11个区（县）林业工作的奋斗目标就是努力把林业资源大县逐步建成林业经济强县，实现由生态大县到产业大县再到经济强县的转变。为此，这“一翼”林业工作的突破口应当放在林业产业发展上。一是把森林旅游业作为渝东北林业第一产业。积极发展各种森林公园，包括社区森林公园，农家森林公园。森林公园建设，不讲大小，注重特色。积极启动湿地公园建设。三峡库区湿地较多，可以规划建设一批有较高观赏价值的湿地公园。开展狩猎场建设试点。同时要将有条件的新农村示范村建设成为森林生态旅游的样板。二是在保护好资源的提下，大力发展木竹加工业。抓好渝东北工业原料林基地建设，围绕水系、道路的绿色通道建成工业原料林基地300万亩。三是积极发展森林食品业加工业。用第一产业的优势吸引第二产业，大力发展干果、食用菌、笋子、香料、药材、野生动物繁育等森林食品产业。发展森林食品加工业时要注重与林业特色乡镇相结合。一个乡镇抓一个林业特色产业，形成一镇一品；与龙头企业的培育相结合。要让本地企业走得出去，还要让外地企业走得进来；与国有林区林下经济发展相结合。大力发展林场自营经济，重点发展林下种养殖业。

在渝东南地区"一翼"。这6个区(县)林业工作要按照"做特做优"的总体要求，发挥森林资源优势，突出区域特色，走以生态建设优先的森林生态旅游与林产品加工同步发展的林业可持续发展道路，使这"一翼"的林业成为武陵山区经济高地的亮点，成为森林生态旅游的主体，成为扶贫开发的支柱，成为重庆市林业改革发展示范区。到2010年，继续完成营造林任务300万亩，森林覆盖率达到40%，林业产业产值达到40亿元；到2015年，森林覆盖率达到45%，林业产值达到80亿元，实现2015年在全市率先构建林业三大体系的目标。这"一翼"的林业工作要继续加强林业生态工程建设，进一步加快林业系统的自然保护区建设步伐，进一步抓好林业产业发展，同时着力抓好林业保障能力建设。

三、积极推进五项工作

1. 加强林业生态建设

继续实施退耕还林、天然林资源保护、野生动植物保护及自然保护区建设、重点地区速生丰产用材林基地建设等林业重点工程，继续强化重点火险区综合治理、林业有害生物防治等工作。切实加强森林防火工作。加强生物防火林带、重点火险区综合治理、林火预警监测系统等森林防火基础设施建设，开展森林防火道常年维护，提高扑火能力，完善林业重大灾害突发事件应急反应机制。全面完成库周绿化带工程建设任务。进一步深化全民义务植树运动，推进绿色通道建设，重点抓好公路、水系、铁路和庭院绿化。

启动实施国家松材线虫预防阻隔工程，加大危险性病虫的防控力度；启动实施国家森林防火通讯系统建设工程，确保森林防火信息畅通；启动实施全市森林防火阻隔带建设工程，增强森林火灾的防御能力。积极争取国家启动三峡库区重庆段生态保护与恢复工程，加强库区生态建设；争取国家启动低效林改造工程，不断提高林地生产力；争取国家启动石漠化治理工程，恢复和增加林草植被。努力做好三峡库区消落带治理、生物质能源建设、主城区绿色屏障建设等重庆市三大生态工程的规划论证工作并启动试点工作。

2. 全面推进林权制度改革

进一步深化林权制度改革，全面启动森林分类经营工作。认真贯彻市人大常委会《关于进一步完善林权制度改革加快林业发展的决定》和市政府《关于全面推进林权制度改革的意见》、《关于实施森林分类经营的意见》，全面启动森林分类经营工作。调整国家和地方公益林管护补助标准，管住公益林，放活商品林。进一步规范森林资源流转行为，积极培育林业生产要素市场，探索林业投(融)资体系建设，组建林业担保公司，开展林权抵押贷款、森林保险和人工商品林采伐权拍卖试点工作。

3. 大力发展林业产业

第一，认真研究林业产业发展方向和结构布局，大力发展种养业，全面提升加工业，积极培育服务业，实现林业一、二、三产业协调发展，努力拓宽农村劳动力增收渠道。加快林业优势产业和特色经济的发展，抓好森林资源的综合开发利用，大力培植一批林业特色乡镇，积极培育一批林业龙头企业。第二，认真贯彻市政府《关于加快森林公园发展的意见》，加快以森林公园为载体的森林生态旅游产业建设，加大森林公园的开发和投入力度，积极探索新的开发机制，建设一批城市森林公园、乡村森林公园和社区森林公园。第三，加快工业原料林基地建设，推进木竹加工业的发展，培育壮大林板、林纸工业。积极帮助沪江人造板公司、龙章纸业公司等林业龙头企业培育原料林基地，完成速丰林基地建设800万亩。编制《重庆市森林食品产业发展规划》，大力发展林果、花椒等森林食品产业和野生动植物驯养繁殖产业。大力发展优质笋竹产业和苗木花卉产业。第四，大力发展非公有制林业。采取股份制、承包、租赁、兼并、收购、出售等多种有效方式，鼓励各类社会投资主体参与林业开发。积极为林业龙头企业搭建政策、金融、科技、基地合作平台，鼓励林业龙头企业建立现代企业管理制度，打造一批林业名牌产品、名牌企业。

4. 实施林业科技支农行动

开展林业科技培训行动。培训基层林业人员和林农，"十一五"期间总计达到1万人次；开展林业技术示范行动。建立5个市级林业科技示范基地，示范面积1万亩，培育100个林业科技示范户

（点）；开展林业良种良法推广行动。筛选10个优良林木（品）种，推广10项林业先进适用技术，推广面积50万亩；开展林业科技普及行动。组织100名林业专家，带动1 000名基层林业科技人员深入10 000户农家传授林业适用技术，带动10万农民致富。编辑出版林业科普丛书，制作一批有关林事活动的宣传资料，向农村基层发送科普丛书2万册，发放挂历、图谱、科技资料20万份；开展林业基础建设行动。建设林业科技重点实验室，改善林业科技推广站、林业站、检疫站的基础设施建设，不断提高林业科技水平。

5. 着力抓好林业“五化”行动

结合市委、市政府开展的社会主义新农村“百村示范、千村推进”活动，重庆市林业局在全市100个示范村、900个推进村实施了创绿色家园的林业“五化”行动，力争用三年，使示范村、推进村的林木覆盖率达到40%以上，极大地改善农村的人居环境。一是加快乡村造林绿化步伐，三年内完成荒山荒坡绿化和陡坡耕地退耕还林，逐步实现“山地森林化”；二是加强农田防护林建设，在平坝农田的沟边、路边及田边，栽植1～2行经济林和速生丰产用材林，改善农业生产条件，逐步实现“农田林网化”；三是加强乡村公路绿化，公路两旁可绿化地段至少种植3～5行经济林或用材林带；乡村公路的重要站、点，因地制宜地建设一批小绿园，逐步实现“公路林荫化”；四是加强农村学校、医院、敬老院、文化站等公共场所的绿化美化，本着宜草则草、宜花则花、宜树则树，逐步实现“社区园林化”；五是引导组织农民大搞房前屋后的庭院绿化，每户种植果树20株以上，逐步实现“庭院花果化”。重点抓好10个市级林业“五化”示范村和40个示范村的规划和实施工作。

（重庆市林业局局长：周克勤；办公室主任：王定富）

关于深化林业改革的重点与方向

⊙国有林区改革

关于伊春国有林权制度改革试点的调研报告

伊春国有林权制度改革试点，是党中央、国务院做出关于国有林区改革发展的一项重大决策，对于建立新型国有森林资源管理体制机制和建设社会主义新林区都具有重要意义。2007年以来，按照国家林业局关于开展林业重大问题调研工作安排的统一部署，局森林资源管理司先后4次组织30余人次进行国有林权制度改革试点调研。通过调研，我们认为，在黑龙江省委、省政府的高度重视、有关部委的大力支持下，伊春国有林权制度改革试点工作已取得阶段性成效。

一、改革试点的基本情况

国务院第119次常务会议后，黑龙江省委省政府、伊春市委市政府将改革试点作为促进国有林区可持续发展的大事来抓，加强领导、完善措施、规范运作，改革试点顺利实施。截至2006年底，伊春国有林权制度改革试点8万公顷林地承包任务已全面完成，其中完成调查区划面积8.32万公顷，完成评估面积8.26万公顷，落实林地承包面积8万公顷，签订林地承包和林木流转合同6 623户，涉及职工人数9 935人，收益总额2.97亿元，扣除抵顶承包职工工资3 298.9万元、分期付款2.02亿元，实际现金收益6 181.9万元。林地承包后的成效也初步显现：一是充分调动了林业职工培育和发展森林资源的积极性，造林育林的速度明显加快；

二是拓宽了林业职工的就业渠道、致富渠道，职工收益显著增加；三是加强了森林资源的有效保护，促进林区安定稳定；四是创新了管理体制和机制，初步建立起责权利相统一的森林资源管理新体制；五是加快了林区经济发展，推进了林区和谐繁荣。

2007年2月，国家林业局向国务院报送了《关于伊春国有林区林权制度改革试点情况的报告》，回良玉副总理做出重要批示："伊春国有林区林权制度改革试点取得了阶段性的成效。望继续坚持改革试点的基本原则，强化政策指导和服务引导，严格按照现代产权制度改革的要求，积极探索国有森林资源经营的新模式，既要使森林资源得到有效的保护和发展，又要拓宽林业职工就业渠道和培育发展森林资源的积极性，以使林地产出率提高、林区繁荣、林业职工富裕。"国务院领导同志的重要批示为深化林权制度改革试点工作指明了方向和目标。目前，改革试点进展平稳顺利，正按照方案继续向前推进。

（一）继续完善政策，推动试点进一步深化

由于历史原因，国有林区林业职工生活普遍比较贫困，多数承包职工存在经营资金短缺的问题，致使承包林地后续投入乏力。为尽快解决这一问题，伊春市对承包职工发展生产采取多元化的资金扶持措施。一是利用试点单位上缴市财政的林木流转资金建立林权制度改革发展基金，对有困难的林地承包经营职工进行森林经营给予资金扶持。二是伊春建设银行在得到省建设银行批复的情况下，利用林权制度改革资金为林地职工办理委托贷款业务。三是拟通过市财政担保中心为承包职工提供借款担保，为承包职工开展后续经营争取信贷资金支持。同时，针对职工急切要求参加合理的森林保险的要求，黑龙江省、伊春市分别积极协调各级保险公司，研究解决问题的具体措施和办法。目前人民财产保险公司已经同意开办林木保险，并对职工关注的部分条款进行了修改，具体办法还在进一步修订中。

2007年4月，森林资源管理司会同基金管理总站的同志在黑龙江省森工总局、伊春市有关同志的配合下，对承包职工小额贷款的意愿进行了调查摸底，分别对贷款的比例、规模、还款时间、要求等要素进行了测算，为研究出台贴息贷款方案及相关管理办法奠定了基础。

（二）创新服务体系，引导组建新型的经济合作组织

林地承包经营后，伊春市积极探索家庭林场、股份制林场和联户承包经营等新型经济合作组织，提高承包林地森林资源的规模化、集约化经营水平，提高职工进入市场的组织化程度。5个试点林业局分别建立了林权改革、调查设计、发展林下经济、职工自营经济、营造林科技、管护、法律咨询等7个服务中心，构建起资源管护、森林培育和林下经济等三大服务体系，为承包职工提供政策、资金、技术支持、防火防盗、劳动力培训、林木资产保险等方面的服务。同时，引导承包职工自发成立各类协会，组建股份林场、合作林场、家庭林场，引导建立"基地+合作组织+企业"的经营模式，提升职工林地经营能力和市场竞争力。目前，5个试点林业局已成立各种为承包户服务的服务中心47个，协会、联防组织等组织59个。

（三）积极转变职能，为承包户自主经营提供服务

通过林地承包经营，林业职工成为森林经营的主体。伊春市各级政府部门及时调整工作重心，把改革试点工作重点转向引导扶持职工进行营造林和大力发展林下经济上来，由行政命令管理转变为指导服务。市资源局林权改革办公室、市林业科学研究院、市总工会、市营林局、市农业委员会等各相关部门编制并印发了《林地承包经营电话服务咨询手册》、《民有林经营技术手册》、《食用菌栽培技术手册》等各类服务手册共计20 000多本，及时发给承包职工。试点林业局则从筹措营林资金、提供小额贷款和优质种苗、发展林下经济的技术等方面入手，为承包户提供服务。作为生产经营主体的林场（所）则转变为服务主体，把服务体系的职能具体化，以服务公司的形式直接面向承包户，通过发布致富信息、直接为承包职工服务等具体的服务和指导，有效提高职工承包林地的经营效率，切实增加职工收入。林场（所）党员干部也由以前的管理者转变为致富带头人，翠峦林业局幺河经营所所长刘军就是他们的典型代表。他不厌其烦地给职工讲解政策、为他们出谋划策，帮助他们分析效益增长点，

还带头承包了 10 公顷林地，并在承包的林地内栽培了 2 万袋黑木耳。在他的示范带动下，全所职工看到了致富的希望，解除了顾虑，积极承包，大力发展林下种养殖业。全所 167 户林业职工有 161 户参加了承包，面积达 1 589 公顷，2007 年，全所林业职工人均比林改前增收 2 700 多元。

（四）引导科学经营，全面提高森林经营水平

承包林地能否做到科学、合理、有序经营，关系到承包职工致富、森林质量提高和生态安全。国家林业局召开第三次局省联席会议后，伊春大力推进森林经营方案的编制工作。2007 年 4 月，森林资源管理司专门从福建聘请专家到伊春讲解集体林改森林经营方案的编制经验，组织召开了由黑龙江省森工总局、黑龙江林业第二规划设计院和伊春市有关单位等多部门参加的森林经营方案专题研讨会。在森林资源管理司的直接指导协调下，共投入 50 余人，分成 5 个研讨小组，进行了大量的调查研究。依据不同地块的林分因子、立地条件，并在广泛征求承包职工意愿的基础上，形成了以家家户户为单位，10 年为一个经营周期的《林地承包经营森林经营方案》。目前，5 个试点林业局承包经营林地的 6 815 份森林经营方案已全部编制完成。森林经营方案充分体现了科学性、合理性和可操作性，它的编制完成标志着承包林地的经营从无序走向有序，从只顾眼前利益转变为长短效益相结合。

（五）建立交易市场，适时推进承包经营林地的流转

林地承包后，职工拥有了林地承包经营权和林木所有权，但森林资源资产的处置权、收益权还得不到实现。几次调研发现，职工群众对此反响强烈，这个问题不解决将会限制林业产权的市场化运作，并将成为制约国有林权制度改革进一步深化发展的瓶颈。为解决这一问题，伊春市积极构建森林资源产权依法自由交易的平台，筹建了活立木交易市场，鼓励职工进场交易，并在税费上予以优惠。出台了《伊春林权制度改革试点职工内部交易管理办法》。交易管理办法规定，流转先在职工内部进行，不允许职工将承包的林地全部转让出去，以保障在满足部分的职工流转需求的同时，也不会使职工失去经济来源的状况发生。活立木交易市场的建立，改变了只有采伐林木才能实现森林资源价值的传统观念，通过活体流转，使森林资源既保值又增值，大大缩短了林业职工受益的周期。从而形成了管理有序、限量流转的新型国有林区流转模式。

（六）系统借鉴经验，深入推进国有林权制度改革试点

伴随着改革的不断深入，大量的热点、难点问题不断出现，需要破解。为广泛吸取先进经验，开拓思路，2007 年 6 月份，伊春市参加了国家林业局森林资源管理司组织的调研组，10 人专程赴福建、江西两个集体林权制度改革试点比较成功的省份进行调研。借鉴集体林区改革的做法，总结其规律，进一步完善了国有林区林权制度改革试点的森林资源管理体制、投融资体制改革、服务体系建设等方面政策措施。8 月份，伊春市还承办了由国家林业局会同黑龙江省人民政府、中共中央党校、中国人民大学共同举办的国有林权制度改革试点研讨会，会议邀请了福建省林业厅、中国社会科学研究院、中国林业科学研究院、北京大学、北京林业大学、东北林业大学等单位的专家参加了研讨，中央农村工作领导小组办公室、国务院研究室、国家发展和改革委员会、财政部的有关领导出席了会议。研讨会上，福建省介绍了集体林权制度改革的经验，8 位专家从理论角度对改革的实践和理论进行深入的研讨，进一步总结、交流了工作经验，明确了下一步工作思路，积极推动了伊春国有林权制度改革试点的进一步深化。

二、存在的问题

（1）国有森林资源管理体制还没有理顺。在进行国有林权制度改革试点之初，虽然推进了国有森林资源管理体制改革试点，在几个林业局建立了国有林管理分局，但没有形成真正意义上的权责利相统一、管资产与管人管事相结合的国有森林资源体制，国有林管理分局的作用没有充分发挥。

（2）林权制度改革还存在盲区。伊春改革试点局林区最困难的 451 户职工由于种种原因还没有参与到改革中来，形成 2 872. 72 公顷托管林、林改政策和成果没有惠及到这部分职工群众。

（3）保险、贷款、担保等配套措施还没有落实

到位。伊春市政府积极与金融、保险部门进行沟通、协调，研究出了一些具体解决办法，但由于在承包合同质押等问题上没有形成一致意见，致使这些问题暂未得到有效解决。

(4)林权证核发还存在法律障碍。国有林权证发放遇到现行政策制约和法律障碍，目前确定林权改革中的承包经营林地只能以林地承包经营和林木流转合同作为法律凭证，在贷款上，金融部门还未能完全认同。

(5)产权交易还没有进入实际运作。伊春市已经制定了《林权制度改革试点职工内部交易管理办法》，市级活立木市场已经建立，职工内部流转工作还处在初始阶段，资源已经转化为资产，但资产并未进入资本运营过程。

(6)部分林地承包突破了《实施方案》的规定。《实施方案》明确规定：对浅山区林农交错、相对分散、零星分布、易于分户经营的部分国有商品林，由林业职工家庭承包经营。但在具体操作过程中，8 万多公顷的承包林地却有 6 万多公顷落在了天保工程的限伐区和禁伐区内。

三、几点建议

实践证明，国务院决定开展伊春国有林权制度改革试点是完全正确的，是促进森林资源的可持续经营和林区经济社会可持续发展的治本之策。但是，作为我国重要的生态屏障和战略木材生产基地的东北重点国有林区，由于历史形成的资源性、结构性、体制性、社会性矛盾相互交织，企业发展困难重重，单项林权制度改革不能完全解决根本问题，破解“四大矛盾”必须采取综合改革和综合治理措施。因此，我们建议：

(1)继续深化改革试点。考虑到国有林权制度改革的特殊性和复杂性，伊春改革试点时间还短，森林经营周期又很长，目前在重点国有林区全面推开林权制度改革时机和条件还不成熟，应在东北重点国有林区具备条件的地方继续扩大试点，积累经验，探索路子，为在国有林区全面推开国有林权制度改革创造条件。

(2)同步推进森林资源管理体制、机制改革。积极探索建立真正意义上的权责利相统一、管资产与管人管事相结合的国有森林资源管理机构，将没有纳入试点的集中连片的公益林和商品林管理起来。同时，要调整天然林资源保护工程方案，调减木材产量，减少木材消耗，进一步为国有森工企业休养生息创造条件。

(3)要探索建立新的政策和规定。要在保险的时限、费率和贷款的额度以及担保的条件等方面都应该对承包职工进行倾斜和优惠，增强林地承包经营者抵御风险的能力；为进一步调动职工承包经营积极性，对职工进行森林抚育、低产林改造等森林经营活动所需要的采伐限额应按森林经营方案的要求单列单批，与企业的采伐限额彻底分开。

(4)要解决最困难职工的承包林地问题。伊春改革试点局还有 452 户职工没有参与承包经营，虽然有资金、劳力、意愿、认识等多种原因，但这毕竟是改革过程中的缺陷和瑕疵，这部分困难职工应该是我们工作的重点，要通过联户经营、委托经营等方式让他们承包经营林地，并从中得到实惠。

(5)要加大对承包职工的扶持力度。国有林区由于多年受“两危”困扰，林业职工收入水平普遍偏低，经济状况很差，即使是这次参与林地承包、林木流转的林业职工，也是倾其所有，甚至是负债经营。为深入推进国有林权制度改革试点工作，必须切实解决承包职工的具体困难，为他们提供资金、技术、咨询、苗木、种子等方面的服务，在森林防火、防盗、防治病虫害、林道网建设等方面给予大力支持，保证职工的正常经营和改革的逐步深化。

调 研 单 位：国家林业局森林资源管理司
调研组成员：肖兴威　徐济德　兰思仁
　　　　　　许传德　张玉江　张志远
报告执笔人：许传德

积极推进从林业经济向林区经济、从管理森工企业向管理林区区域的转变

——关于黑龙江省清河林业局改革和发展的调研报告

我国天然林资源保护工程启动后，清河林业局作为全国第一个探索森林资源管护承包经营的林业局，一度成为国有林区学习的样板。8 年后，清河林业局又成为第一个探索国有林区区域管理、内部政企分开的林业局，实现了从林业经济向林区经济、从管理森工企业向管理林区区域的历史性转变和跨越，成功地走出了一条改革和发展的新路子，富民、强企、兴林正在林区成为现实。清河的改革实践，为国有林区由传统林业向现代林业迈进树立了榜样，提供了经验，是一部生动的教材。

一、改革使林区产生巨大变化

清河林业局位于黑龙江省小兴安岭南麓，松花江中游北岸，1972 年建局，是我国东北内蒙古重点国有林区 84 个重点森工企业之一。和大多数森工企业一样，在实施天然林资源保护工程之前，清河林业局也是森林资源危机、企业经济危困的“小老穷”林业局，森林资源持续下降，森林蓄积量由建局时的 1 600 万立方米减少到 1995 年的 1 027 万立方米，减少 36%。全局欠银行贷款高达 4 700 万元，欠各种应付款 2 000 万元，欠职工工资额 1 200 万元。职工月工资仅有 180 ~ 220 元，就业十分困难，每个职工平均要养活 4 个人。改革挽救了林业局衰败，发展促进了林业局变化。现在的清河林业局，已成为全省森工系统 40 个林业局中经济状况最好、职工收入最高、林区人口就业最充分的林业局，成为全国第一个城镇社区全民选举试点单位，全国第一个实施义务教育费用全免的城镇。该局先后被授予省级生态园林小城镇、省级平安城镇，荣获全国“五一”劳动奖状、全国文明单位称号。

清河林业局的变化是巨大的。一是森林资源总量不断增加。森林蓄积量由逆向减少转为正向增长，1995 年前每年“赤字”25 万立方米，近 10 年每年盈余 17.6 万立方米。森林蓄积量回升到 1 230 万立方米，10 年增长了 20%。二是林业资产总量不断增加。林区资产总量增加快速，1998 年资产总量只有 1.2 亿元，2000 年增加到 2.37 亿元，2006 年达到 3.18 亿元，短短 8 年资产总量增加了 1.65 倍。银行存款 6 300 万元，可支配资金 1.05 亿元。三是林区经济总量不断增加。2006 年林区经济总产值 6.9 亿元，是 1998 年 1.3 亿元的 5.3 倍。在经济总量中，多种经营收入的比重大大超过了木材收入的比重，成为林区经济的主要来源。四是林区人均收入不断增加。2006 年人均(包括林业人口和外来人口)收入达到 8 200 元，高出全省农村居民人均纯收入一倍多。林业职工平均年收入达到 11 445 元，是 1998 年的 4.5 倍，高出全省城镇居民人均可支配收入 2 000 多元。教师平均收入高达 15 578 元，高于周边地区教师的收入。一些创办自营经济的家庭户，年收入几万元、十几万元的越来越多。五是林区劳动力需求不断增加。由于林区产业结构的调整，经济的快速发展，不但解决了原有富余劳动力的就业问题，还吸引了大批的外来务工人员，林区劳动力由富余变为不足。目前外来务工人数多达 13 000人，相当于原有林业局职工(含离退休人员)数量的 2 倍。2007 年还将从外地招收 6 000 人，2008 年的用人数量还会扩大。六是林区建设投入不断增加。为适应林区发展需要，林区基础设施建设和文教卫生等公共事业的投入资金越来越多。几年来，全局共投融资 3.8 亿元，加强了局址小城镇建设，各项基础设施配套齐全。新建商品楼房 21 万平方米，2007 年又开工建设 23 万平方米，目前林区人均住房面积达 24 平方米。林业局还分别投资 1 500万元和 1 000 万元用于学校和医院建设，改善了办学条件，提高了防病治病能力。一个和谐的林区社会正在清河形成。

二、改革的主要做法

清河林业局在短短几年时间里发生的变化，来源于他们强烈的改革创新意识。他们坚持市场化的改革方向，推行渐进式的改革路子，狠抓重点环节的突破，直至实施林区区域管理、内部政企分开的全面改革，有力地推动林区生产力的发展，实现了林区资源、经济、社会相协调的局面。其主要做法和经验是：

1. 创新森林保护发展机制

保护发展森林资源是林区经济的重要基础工作。在改革实践中，清河林业局不断创新强化森林保护措施。一是完善森林管护经营责任制。天然林资源保护工程实施后，清河林业局率先推行了森林资源管护经营责任制，把林地分成若干个责任区，承包给职工管护经营。管护责任人在保护好森林资源的前提下，采集利用林副资源实行有偿收费。这种管护方式，把管护责任与管护利益紧密连在一起，在森林资源管护经营上，找到了公有制经济与市场经济在微观基础上的有效结合，实现了森林资源保护与职工增收致富的“双赢”。近几年来，清河林业局针对保护开发中存在的实际问题，进一步完善了管护办法，将承包年限由原来的15年延长到30年，并根据管护区远近、管护难易、可利用资源数量等条件，把管护区分成三类，管护费向二、三类管护区倾斜，责任更加明确，利益更加合理。同时对管护区地块进行分类，分别采取封育、造林、更新、抚育、改造等措施，使森林经营的措施更加具体。二是实施山上林场生态移民。2000年以来，随着木材产量的减少，生态公益林保护的加强，清河林业局积极调整山上林场(所)的布局，将原有的18个林场(所)撤并为7个。从2007年开始，将按照施业区内三大沟系的自然条件，进一步调整减到3个中心林场，原有居民向中心林场和林业局局址转移。在合并林场的同时，将坐落在沟系内的2个农村村屯和零星住户整体迁移到局址清河镇。全林区共有1 100多户3 500余人从森林腹地搬迁到山下，不仅改善了职工群众的居住条件，而且大大减少了山上人口数量，减少了对森林资源的破坏。三是在重点生态区域建立自然保护区。2003年清河林业局在重点生态区域，划出面积21 030公顷，建立起了省级响水河自然保护区，主要保护温带阔叶、红松林生态系统及其生物多样性。保护区内停止了木材生产作业，调减木材产量6 000立方米。四是加强对森林资源监管力度。清河林业局采取强硬措施，对农村侵占林地的“小开荒”进行全面清理收回，共收回土地2 700亩。对林地开荒耕种的实行退耕，还林面积3 000亩，林区“小天窗”得到全面补植。森林生态环境进一步优化，质量进一步提高。结合林区管理体制改革，还建立了一套森林采伐管理和监督制约机制，效果已经显现。

2. 创新林区产业发展机制

清河林业局致力于科学利用林区丰富的土地资源和自然资源，通过发展多元化、复合型的林区经济，有效地摆脱了经济单一化造成的困境。过去林区2万多人都吃木材饭，目前全局不吃木材饭的人口达18 169人，占林区总人口的73.2%。他们的主要做法：一是把多种经营由副业作为主业经营，由国有(办)改为个体私营(办)。发展多种经营，被清河林业局视为林区的二次创业，从无到有、从小到大迅速发展起来。林业局先后借贷给职工1 200万元，3年内不计利息，用于发展多种经营。对山上的职工每人划给2亩地无偿使用，种植五味子等。一大批特色产业和绿色产品相继涌现，形成了小项目、大基地，小投入、大产出的效应。目前在山上已建起了药材种植基地29 255亩，五味子种植基地27 000亩，挂袋木耳3 000万袋，林蛙养殖基地45 760亩，山野菜采集年产200吨，山野果1 100多吨，养蜂12 000箱，红松采种基地15 000多亩。在山下建起了食用菌、山野菜等山副产品加工厂、饮料厂、屠宰厂等，对山上产品进行深加工，提高了附加值。在国有林区开创了山上建基地、山下办工厂，走企业加林户的产业化经营路子。在全林区多种经营产值中，个体私营占到98.4%。二是推进林产工业由粗加工到深加工，由单一国有向股份制转变。过去清河林业局有7家林产工业企业，每年亏损200多万元。在改造林产工业企业过程中，他们把产业结构优化升级和所有制结构调整紧密结合起来。开始改革时，先实行国有民营，接着采取委托经营，最后推行股份制。股份制有外部参股的，也有职工内部入股的，林业局的国有股作为配股而不控股。在此基础上成立林产工业有限公司，原各厂家为子公司，通过折股量化和产权界定，形成了一种新型的产权结构和运行机制，经营活力大大增强。随后，把提升林产工业产品档次作为重点，改制单位先后投资1 600万元进行设备更新和技术改造。2006年全林区林产工业产值达2.2亿元，实现利润3 960万元，林产工业再次成为林区经济新的支柱产业之一。三是创办工业园区，提高优势产业效益。清河林业局在发展林区经济中，眼光看得远，目标定得高，不仅仅满足一般的招商引资项目，而且规划建设工业园区，把优势资源向优势产业集中，优势产业向工业园区集中，打造更高层次的招商引资平台和产业集聚载体。近几年来，已引进18个项目，总投资额近10亿元，其中年产值1亿元以上的项目有3个。2004年引进的黑龙江久久药业有限责任公司，是以林区自产的五味子、刺老芽等为原料，生产中成药品的高科技企业，2006年第一年开始生产，产值就达1.5亿元，2007年计划将达到2.7亿元。产业项目的提升，有力提高了林区产业的经济效益。

3. 创新人事用工和劳动就业市场化机制

职工在国有企业岗位的铁饭碗被打破后，带来了林区劳动就业的许多变化。一是实行劳动用工市场化管理。除少数管理和特殊岗位人员实行聘任制外，全部职工转变为合同制，实行双向选择，自主择业，与用工单位签订劳动合同，能上能下，能进能出。没有签订劳动合同的职工，原单位不再保留这部分职工的劳动人事关系。所有在职人员的人事关系、工资关系、档案等全部进入劳动力市场，由林业局劳动部门统一管理，下设就业局和职业介绍所，服务于劳动力市场。凡在林区内的所有单位、企业，需要招收人员时，都要在劳动力市场进行招聘选人。外来人口到林区就业的，享受与原林业局国有职工同等待遇，统一由劳动力市场管理，依法自主择业，平等竞争。劳动管理部门从此转变了管理职能，由过去忙于管职工的劳动分配，转变为替劳动力市场服务，从管理原林业局4 000多名国有职工，转变为服务林区社会13 000多名有就业能力的人员。二是建立养老社会保障体系。凡在清河林区就业的劳务人员，不论是国有职工，还是外来打工者，都实行养老保险政策。由用工单位和个人按政策分别缴纳保险费，林业局社保局设立了缴费大厅，方便企业和个人缴纳。对林业局职工未被用人单位招用的，职工的基本养老保险按个体人员灵活就业标准进行缴纳。社会保障机制的形成，原有企业职工转制和灵活就业的保险全部由雇主和个人交纳，林业局为此节省了大量社保资金支出。

4. 创新林区管理体制和经营机制

在开发建设国有林区的进程中，清河林业局与其他林业局一样，承担着企业办社会的责任，企业既要承担木材生产任务，还要承担社区管理的政府职能。为了协调解决林区社区管理的各种矛盾，解决政企不分的深层次问题，清河林业局提出了建设林业生态体系、林业产业体系和林区和谐社会体系的构想，并率先进行了“林区区域管理，内部政企分开”的全方位改革，政企在职能、机构、人员、资产、费用、结算上“六分开”。一是成立清河林区管理委员会(以下简称“管委会”)，承担政府管理林区社会职能。林区管委会所管理的区域范围，就是原林业局管理施业区的范围，承担着林业局原有的政府职能。但是管理的方法和对象不同，由过去的面对企业内部和职工，转向面向社区和社会人口。在三个中心林场，相应成立二级管委会，其职能与林区管委会相同。二是清河林区国有林管理局与林区管委会实行一套人马、两块牌子。目前林区管委会下设资源管理局，承担着原林业局的造林营林、资源管理、野生动植物保护、调查设计、森林防火、病虫害防治等林业行政管理工作。三是新成立林业经营公司，注册为企业法人。林业经营公司承担原林业局木材采伐、造林营林等生产经营活动，与资源管理局(林区管委会)在生产上是委托和被委托的关系，管理上是监督和被监督关系，经济上是买卖结算关系。林业经营公司实行独立核算，自负盈亏，其收入来源主要依靠承接的木材生产、营林生产任务。四是事业单位推向市场。事业单位国有产权依法整体转让给民营经营，设立了有限责任公司，成为市场竞争的主体。供水、供热、物业公司、有线电视网络中心等单位退出了国有国营，进入了市场，成为独立法人经营实体。医院进行了机制改革，实行全员聘任制、效益工资制。过去林业局每年要支付这些事业单位的工资费用900多万元，现在不仅无需支付，而且这些单位每年还可上缴林业局社保、折旧、利润300多万元，有效化解了林区沉重的社会负担问题。

林区管理体制的改革重组，一方面大幅度减少了机构人员编制和管理费用支出，另一方面林区社会管理职能得到大大加强，提高了管理效率。过去林业局局级领导有18人，现在管委会的领导仅7人，为原来的38%。过去林业局机关工作人员442人，现在管委会机关工作人员只有185人，为原来的41.8%。1998年由林业局统一负责开支的机关人员和事业单位人数有1 741人，现在减少到293人，减少了81%。由于管理成本降低，负担减轻，林业局可以抽出更多的资金搞改革，发展林区经济，改善社会环境。

5. 创新林区小城镇建设机制

围绕发展林区经济，清河林业局把局址小城镇建设作为发展林区经济，拉动二、三产业发展的载体工程，全面提升小城镇的综合功能，充分发挥了小城镇经济、商贸、文化等中心作用。一是山下建设为山上生产服务。山上建生产(基地)区，山下建生产(加工)生活兼容区，既可使山上生产的产品有去处，稳定基地建设，又保证山下的加工企业有原料来源，实现加工增值。山下集中建居民区，使山上职工和居民有条件搬迁到山下居住，既有效保护了森林资源，又提高了职工生活质量。山下集中建中小学校，既有效集中了各种办学资源，优化了师资队伍，降低了办学成本，又显著提高了教学质量。几年来，山上的基地建设规模在不断扩大，由1998年的1 500亩，扩大到2006年的48.7万亩。山下的加工企业规模也逐年增加，生活服务设施逐年完善，山上山下互为依托，实现了共同发展。二是区内建设为区外引进服务。清河林业局建设小城镇的观念是“你投资、我受益”，“你发财、我就业”，不求所有，但求所在。不过多考虑权属问题，而看重的是社会综合效益。他们认为，小城镇建在林业局的地盘上，搬不走，带不走，最终受益的是林区人民。他们营造的是良好的投资环境，凡在清河投资建房办厂的，所有手续，都由林业局帮助办理，程序简单，成本低。外商进入前，林业局基础工作做到“三通一平”。投资商这样评价说，在清河，建设土地减免费，配套措施不花钱，供水供电不用管，投资环境真宽松。目前已进入清河搞房地产开发的外商就有15家，投资3亿多元，近三年来，每年新增外来人口3 000多人。林业局没花多少钱，小城镇建设的规模越建越大，档次越建越高，人口越来越多，功能越来越全，局址小城镇不仅集中了全局林业人口的80%，还吸纳了外来人口近万人，形成了人流、物流、资金流的集散地。

三、改革的启示

清河林业局在“两危”困境中，突破了传统思维的束缚，克服了来自多方面的阻力，依靠自己的力量，勇于改革，善于改革，走出新的发展路子，这正是清河林业局经验的生命力之所在。他们的经验，留给我们更多的是深层次的思考和启示。

(1)用发展林区经济取代发展林业经济。清河林业局总结几十年来国有林区发展的经验和教训，深刻体会到，单一搞林业经济，路子越走越窄，搞林区经济，路子越走越宽。林业经济本质上是木头经济，是森工企业内部的计划经济。主要从事森林采伐和木材加工，实行计划经济的管理方式，追求的目标是单一木材经济效益。长期搞单一的林业经济，割断了与林区社会的关系，导致了森林资源赤字不断增加，企业经济危困不断加剧，基础设施建设不断欠账，职工收入水平不断降低。天然林资源保护工程的实施，给林区带来了新的压力，迫使森工企业改革创新。清河林业局以此为转折点，开创了发展林区经济的新阶段。他们边探索，边总结，不断完善、不断升华，形成了独具特色的发展理念和改革措施。他们认为，发展林区经济就是把林区作为一个整体，既包括自然系统，又包括社会系统，全面综合经营林区的森林资源和各种自然资源，统筹林区经济发展和社会建设。这种经济，本质上是一种区域经济，是以林区长远利益为出发点，按照市场经济规律要求，配置资源，发展经济，管理社区，实现生态、经济、社会综合效益最大化，区域经济和社会和谐发展。

由于形成了发展林区经济的新理念，带动了思想的解放，清河林业局才有改革的大举措，促进了林区产业结构的大调整，林区生产关系的大变革，林区管理方式的大转变，林区社会发展的大变化。

(2)用多种经济成分取代单一国有经济成分。清河林业局在发展林区经济的过程中，清醒地认识到，过去发展林业经济，国有经济主导，经济成分单一，投资渠道狭窄，经营机制不活，发展动力不足。现在发展林区经济，就是要打破这种局面，重塑发展林区经济的主体，创造多元化投资的环境，培育新的经济增长点，激活林区发展的活力。他们在改革中，先后采取了一系列措施，逐渐地把单一国有经济成分改造为多种经济成分共存的林区混合所有制经济。首先，通过森林资源承包管护经营形式，把国有森林资源的经营权交给职工，把管护森林责任与个人经营成果紧紧结合起来，使过去仅投入无产出的森林管护事业，变为一项兼有经济收益的产业，林下经济产业越做越大。其次，将原国有统一经营只赔不赚的经营性资产转卖给个人经营，采运设备、闲置厂房、运输车辆、供热设备等，通过公开竞价的方式卖给个人，国有经营性资产逐步退出，经营性亏损补贴现象不再有了。个体经济带动了整个林区经济活力增强，林区经济总量持续增长。第三，对新上的产业项目，主要采取股份制、私营、个体经营，吸收外来资本和社会投资，国有经济单位一律不再办独资企业，国有资金也不再投入到经营性项目，而重点转向了林区基础设施和社会公益事业建设，为林区经济的扩大发展、持续发展创造良好的林区投资环境。

(3)用管理林区社会体制取代管理森工企业体制。清河林业局重组改造林区管理体制和经营机制，突破了旧的管理制度和管理办法，从管理森工企业转向管理林区社会，化解了过去林区社会和森工企业许多的深层次矛盾。管理林区社会有效解决了林区社会难以统筹管理，地方政府与林业局管理相互掣肘的问题；有效解决了政企难以分开，企业负担不断加重的问题；有效解决了森林采伐难以监管，森林资源屡屡超采的问题；有效解决了林区经济难以摆脱木材依赖，林区社区建设发展不快的问题；有效解决了富余人员难以分流安置，职工就业困难收入低的问题。实现了林区社区管理、森林资源管理、生产经营活动“三套马车”协调运转。这一改革的核心是成立林区管委会，起到了关键性作用。林区管委会相当于林区政府，实行这一体制，有着历史的延续性和现实的可行性。一是国有林区是不同于农村和城市的独立社区。开发前是一个典型的天然林区，自然资源系统特征明显，而开发建设几十年后已成为资源型的林区社区，社会系统功能突出。林区实行的是自我封闭式管理，与地方行政区域不重复交叉，有良好的社区管理基础。二是国有林区已建立了比较健全的社会管理系统。这一社会管理系统，与森工企业各方面关系是紧密联系在一起的。如果单纯强调政企分开，把庞大的林区学校、医院以及社会管理机构等剥离交给地方政府，由于林区开发建设是先有企业，后有政府，是大企业、小政府，地方政府无力承担管理职能，经济负担不起，管理人力不足。一旦失去林业局的支撑，社会系统将会弱化，甚至可能解体，不利于整个林区的发展。三是林业局实际上已在履行管理林区社会事务的政府职责。目前依照地方性法规的单项授权，林业局行政执法和社会管理职能达121项，仅差少数几项，是一个不是政府的政府。四是国有林区林业局施业区跨省市县分布比重大。黑龙江森工40个林业局中，跨省的有4个，跨2个以上县的有19个，占58%。在外部地方行政区未调整，以及森工企业施业区未改变的情况下，按照现行林业局架构进行内部管理体制改革，是比较现实的。五是充分利用林区管委会履行政府职能，强化行政管理力量。这有利于统筹规划和发展林区各项事业，特别是强化对森林资源的监管责任，加快林区后续产业发展，实现生态、经济、社会综合效益最大化。

四、几点建议

为进一步推进清河林业局的改革和发展，需要在两个方面给予支持：

(1)尽快履行“人大授权，政府派出”的法律程序，保证林区管委会依法运作。清河林业局把他们的改革叫做“人大授权，政府派出，林区区域管理，内部政企分开”。但目前清河林区管委会是在未履行“人大授权，政府派出”法律程序的情况下运作的，如果管理超越了行政单项授权的职能，一旦发生法律纠纷上诉法院，按照依法行政的要求，林区管委会很可能就要败诉，甚至影响到改革。林区管委会的管理经费渠道也要逐步理顺，最终纳入财政预算。此外，清河林区管委会作为政府派出机构，缺乏与上一级政府的衔接，应加快省森工总局层面的改革，实现上下联动。

（2）进一步加大政策支持力度，确保改革收益用于林区建设。国有林区改革实践往往与现行政策发生冲突，如果森工企业不改制，所属企业实现的效益全部归林业局所有并支配。一旦改制成为独立法人，其收益大部分转变为税费而进入当地的财政。因此，林业局越改革，经济越萎缩，改革的积极性严重受挫。为了支持清河林区的改革和发展，可考虑增加林区管委会的税收职能，或实行地方税收全部返还，或实行税收分成，大头归林业局。这是推进国有林区和森工企业改革的重要政策保障，应在试点的基础上逐步推进。

调 研 单 位：国家林业局天然林资源保护工程管理中心

调研组成员：张志达　张　平　韩　华

国有林区改革试点实证分析

——百户承包职工问卷调查

林业职工是国有林区林权制度改革的实施主体，是推进国有林区林权制度改革的主要力量。国有林区改革作为一项事关经济发展和社会稳定，涉及政府、企业、职工等多方利益关系的复杂的系统工程，直接与职工的切身利益息息相关，因此，职工的满意程度关系着国有林区林权制度改革所设计的“森林资源不断增加、生态功能不断增强、职工生活不断改善”的三大政策目标能否顺利实现。

为了及时掌握职工家庭林地承包情况，2007 年 4 月 24 ~27 日，国有林区林权制度改革调研组对伊春国有林区林权改革试点情况进行了专题调研。调研组分别到伊春市乌马河、翠峦、桃山、双丰、铁力 5 个试点林业局下属的 14 个林场，听取了林改实施情况介绍，实地考察了职工承包的林地，深入职工家庭进行座谈，采用问卷调查方法对 100 户职工家庭进行了跟踪调查。从调研的情况来看，伊春林权制度改革由于体现了“帕累托最优”①，从而调动了林业职工培育和发展森林资源的积极性，拓展了林业职工就业和致富的渠道，为深化国有林改革探索了路子，提供了模式。但也出现了一些新情况和新问题，亟待研究解决。

一、职工承包林地与发展生产情况

职工家庭以承包有林地块为主，用于发展用材林，但缺乏以短养长的办法，而且由于家庭经济困难，急需资金扶持或采伐指标。

（1）承包林地以浅山区有林地为主，期待尽快获得收益。调查结果显示，样本职工家庭承包的林地以有林地为主，占 81.38%，疏林地、无林地和采伐迹地分别占 10.63%、3.09% 和 0.13%。承包的有林地主要是针阔混交林，占 41.41%，其次是阔叶林占 37.37%，针叶林仅占 17.17%。从林分起源来看，72.92% 的承包林地为天然次生林，人工林其次，占 19.79%。

承包林地主要是浅山区农林交错、相对分散、零星分布、易于分户经营的国有商品林，距离职工住家平均为 11 千米，这与改革方案基本一致。

调查发现，职工家庭承包林地后，马上想采伐的占 9.28%，计划在 1 ~5 年采伐的占 47.42%，5 ~10年采伐的占 24.74%，10 ~20 年采伐的占 8.25%，20 年以上采伐的占 10.31%。这说明有近 60% 的承包职工家庭近期内迫切需求林木采伐，比去年同期增加了 15 个百分点。其主要原因，一方面是职工家庭承包林地后想改善林分生长环境，提高林分生长水平，另一方面是职工家庭资金短缺，

① 所谓帕累托最优，也称为帕累托效率、帕累托改善，是指资源分配的一种状态，在不使任何人境况变坏的情况下，而不可能再使某些人的处境变好。

再投入经营资金不足，期待尽快获得收益。

（2）承包林地方式以协议为主，费用缴纳方式多样。调查结果显示，52.13%的样本职工家庭以协议方式承包林地，以拍卖、招标方式承包林地的分别占29.79%和15.96%。从职工承包身份来看，以在岗职工为主，占58.59%，待岗与下岗职工占34.34%，离开原单位但仍保留劳动关系的职工占5.05%。

从承包林地的面积来看，100户职工总承包林地973.27公顷，每户职工家庭平均承包林地面积为9.73公顷，人均承包林地面积为3.14公顷。林地承包费户均每年72.88元/公顷，高的达到148.8元/公顷，低的为30元/公顷。

从承包林地费用缴纳方式来看，有拖欠工资抵顶后一次性缴纳、分期付款、延期付款等各种方式。延期付款、分期付款、一次性缴纳、拖欠工资抵顶分别占24.24%、23.23%、23.23%和18.18%。筹款方式主要是家庭储蓄、亲朋无息借贷和林业局无息借贷，银行贷款只占9.09%。说明职工家庭对未来偿还能力信心不足。

（3）承包林地用途以木材生产为主，缺乏以短养长办法。调查结果显示，79.80%的样本职工家庭将木材生产作为主要目的，比去年同期减少了12个百分点。45.45%的样本职工家庭计划开展林下种植，比去年同期增加了23个百分点。14.14%样本职工的家庭计划开展采集业，8.08%样本职工家庭计划开展林下养殖。

从林地利用方式来看，有52.53%的样本职工家庭计划综合利用林地，而47.47%的职工家庭计划把林地仅仅用于木材生产。这说明52.53%的样本职工家庭会长短结合合理利用林地，而对于仅仅用于木材生产的职工家庭需要林业管理部门合理引导他们经营林地。

（4）森林资源管理以联防为主，但联户承包意愿不强。调查结果显示，74.49%的样本职工家庭参加了森林资源联防组织。被访职工95.24%认为成立职工森林资源联防组织能有效防止盗伐滥伐森林，86.91%认为能有效预防和扑救森林火灾，55.95%认为能有效防止病虫害蔓延。

调查发现，只有47.96%的职工家庭愿意以联户承包的形式经营林地。不愿意以联户承包的形式经营林地的职工中，56.06%的职工认为以联户承包的形式经营林地今后收益难以划分，40.91%的职工认为组织管理困难。这与国务院批准的《方案》最后确定的“引导职工发展家庭林场，股份制林场，组织公司+职工+基地的经营形式，支持职工以林地使用权、林地资源和劳动力参与合作经营，暂时不允许林权的二次流转和多次流转”的改革思路还有一定距离，亟待有关部门研究解决。

（5）职工家庭储蓄不足，后续资金投入面临困难。调查发现，85.57%的职工家庭没有储蓄，只有14.43%的职工家庭有储蓄，但储蓄额也都在1万元以下。69.14%的家庭表示由于家庭经济困难而无法正常开展生产，高达41.98%的家庭表示家庭成员曾经放弃医疗，更有9.88%的家庭迫使子女辍学。职工家庭购买林地后，数量庞大的追加投入面临困难。

（6）林地流转方向不明，亟待配套政策。调查结果显示，只有25%的样本职工家庭明确表示不转让所承包林地，而73.81%的被访职工对于是否转让承包林地态度不明确，处于等待观望状态，表示要等待配套政策出台和根据承包林地的收益做出决定，比去年同期增加了23个百分点。另有1.19%职工表示会将承包林地转让出去。这说明政府在设计改革政策时所担心的“职工可能急功近利出售刚刚到手的林地，最终形成没有土地、没有林地而失去生活依靠的三无人员，引起社会不稳定”的问题依然存在。

对于打算转让承包林地的职工家庭调查发现，马上想转让的职工占3.57%，1～5年转让的职工占39.29%，5～10年转让的职工占35.71%，10～20年转让的职工占14.29%，20年以上转让的职工占7.14%。迫使职工转让的主要原因是资金困难，其次是缺少有经营能力的劳动力。这说明政府需要尽快出台有关资金支持政策，以减轻职工家庭经济压力，确保职工家庭能按照经营方案经营林地。

二、职工对林改政策评价与诉求

林权制度改革实施以来，职工对现有各项政策基本满意，最为关注的问题依然是林权凭证的发放。

表1　职工对林权制度改革各项政策评价

项目	10分		8~9分		6~7分		0~5分		回答总户数
	户	%	户	%	户	%	户	%	
森林资源区划界定	43	48.86	26	29.55	13	14.77	6	6.82	88
森林资源资产评估	25	29.07	41	47.67	16	18.60	4	4.65	86
林地承包主体	36	46.75	22	28.57	12	15.58	7	9.09	77
林地承包对象	27	35.53	32	42.11	13	17.11	4	5.26	76
林地承包规模	27	36.00	24	32.00	20	26.57	4	5.33	75
林地承包期限	33	43.42	29	38.16	12	15.79	2	2.63	76
林地承包方式	36	46.75	30	38.96	8	10.39	3	3.90	77
产前产中产后服务体系	13	16.88	28	36.36	27	35.06	9	11.69	77
改革公开公平公正化程度	50	56.82	21	23.86	15	17.05	2	2.27	88

(1)对林地承包方式较为满意，期待加强服务体系建设(表1)。

在对森林资源区划界定、资产评估，林地承包主体、承包对象、承包规模、承包期限、承包方式，产前产中产后服务体系建设，林权制度改革公开公平公正化程度等各项政策中，职工对林地承包方式较为满意，有85.71的职工对林地承包方式评价在8分以上(满分10分)，对林地承包期限、林权制度改革公开公平公正化程度、森林资源区划界定、林地承包对象、森林资源资产评估、林地承包主体、林地承包规模、产前产中产后服务体系评价在8分以上职工分别占81.58%、80.68%、78.41%、77.63%、76.74%、75.32%、68.0%和53.25%。这说明林业管理部门在产前产中产后服务体系建设中还需进一步改进和完善。

(2)促进了森林资源管护，期待增加家庭收入。调查结果显示，88.37%的样本家庭职工认为林地承包促进了森林资源的培育和保护，评价高于8分(满分10分)。从伊春市有关部门统计来看，2007年春季，职工又完成营造林3 300公顷，承包2年来，共完成营造林8 300公顷，造林成活率和林木保存率都在98%以上，而且5个试点林业局所有承包经营的林地均未发现一起林政案件和森林火情火警，有效解决了造林难、管护难的国有林区两大难题。

有51.81%的被访职工对家庭增收评价在8分以上，对改革未来充满期待。但有30.12%的被访职工对目前家庭收入表示不满，评价在5分以下。说明政府今后应该多方促进承包经营林地的职工发展林下经济，以便解决承包职工“山上有树，兜里没钱”的问题，提高职工的综合收益，实现以短养长。

(3)要求减免或降低林地承包费，加强林区道路建设。调查结果显示，45.71%的职工家庭依靠借钱购买承包林地和林木，89.80%的职工家庭急需资金支持，70.59%的职工要求相关部门考虑林区职工家庭的实际经济能力，减免或降低林地承包费。

在林权制度改革试点工作中，对政府应该在哪些方面发挥更大作用的问卷调查中发现，76%的样本职工家庭希望政府加强林区道路建设，列为第一位。希望政府协助解决林业贷款、森林防火、政策咨询、病虫害防治、法律服务和森林经营指导等方面的社会化服务分别为63%、56%、54%、48%、47%和42%。

三、政策建议

伊春开展林权制度改革试点，是国有林区综合改革的第一步，肩负着探索路子、积累经验、建立和不断完善相关政策的任务。在试点期间，林权制度改革需要解决评估缺失、收益分配和如何市场化等各种难题。但从职工层面来看，急需解决的是林权凭证的发放与资金短缺的问题。

(1)尽快出台相关配套政策，解决林权凭证发放问题。2007年3月27日，第三次局省联席会议针对林权凭证发放问题，确定了用《国有林地承包合同文本》作为职工承包经营的合法凭证，经过国家林业局与黑龙江省政府沟通，由黑龙江省政府协调金融、保险机构，下发正式文件，明确《合同文本》为有效凭证，可以参加抵押贷款、林木保险等。但职工仍然心存顾虑，对改革政策不托底。34.04%的被调查职工明确提出了林权证的要求，23.41%的职工表示对承包林地自主经营权的需求。承包职工渴望及时获得充分自主的经营权和保证他们的林木所有权。因此建议在自主经营和采伐政策、林地经营方式等方面，尽快出台明朗的政策。

（2）突破市场化改革瓶颈，解决资金短缺问题。虽然政府推出各种优惠政策，购买林地后，数量庞大的追加投入，仍使得许多职工无力购买、即使购买也后无力经营。其根本原因是伊春林权制度改革试点涉及的是敏感的国有资产问题，在实际的操作中，还不允许完全按照市场化来运作的，森林资源管理只能是逐步剥离出来，林权转让的市场化措施也只能逐步深化。因此，如何做到把林木、林地资产变成资本，由资本进入市场的环节，使森林资源的依法有偿流转成为可能，职工并不需要采伐林木，通过出卖林木的所有权就可以获得收益，突破过去只有把林木砍了才能实现价值的概念，我们认为，首先要尽快建立森林资源交易市场。尽管一般都认为应该在现有法律条件下形成林区产权的流转交易，但也需要指出，现有的与国有林业有关的法律，是在国有林区改革之前制定的，因此，一方面应该随改革与发展的经验过程修改法律；另一方面，在完成法律修改之前，也应该有所创新，有所突破，允许在现有法律合理框架下的流转交易试点。第二要尽快建立投融资金融体系。允许伊春试点林业局的下属林场参照2006 年中央 1 号文件规定，建立内部互助合作金融体系；允许农林交错地区的农村信用社介入林场资金互助合作的改革。

（3）着力解决弱势群体问题，努力构建和谐社会。伊春市林权改革中，还有20%左右的职工没有承包林地，主要原因是经济困难或缺乏经营能力。这就要求我们尽快出台相关政策，让贫困职工也分享到林权制度改革的成果，这才符合胡锦涛总书记提出的“和谐社会”的要求。因此，对于有关林场把没有承包出去的林地集中为“托管林”的改革遗留问题，可以给未承包的老弱病残职工留下其中的20%左右的永久性职工股权，以保证弱势群体的长远利益；其他部分允许社会投资人竞标，回收的资金以林场为单位入股到林业局，组建股份制的森林投资开发公司，或组建担保公司，促进外部资金流入林区。

（4）大力推进“国有民营”，彻底解决国有林区“三危”问题。伊春市只不过用了 8 万多公顷蓄积量不高的林地开展职工承包，就调动了广大职工的积极性，基本解决了 6 000 多户职工的生活问题，而平均每个职工承包面积不过 10 公顷。那么，如果要以此解决整个国有林区可采林木资源危机、林业企业经济危困、职工生活危难的“三危”问题，还需要多少林地？亟待我们研究解决。按照伊春的目标“60 万公顷就可以把全市的林业职工安置好，而且还能让他们管林护林。”60 万公顷不过占伊春市 400 万公顷林地面积的 15%。因此，我们建议大力推进国有林区“国有民营”，及时设计出具有可操作性的民营企业经营国有森林资源的准入政策以及相关的资源管护制度，将有利于彻底解决林区的“三危”问题。

（国家林业局经济发展研究中心：张蕾、戴广翠、陈学群）

⊙集体林权制度改革

集体林权制度配套改革基本情况调研报告

2007 年 5 月至 7 月，国家林业局林业改革领导小组办公室派员先后到江西、福建、云南、安徽、陕西、山东、辽宁、湖北、贵州、青海、甘肃等 11 个省就集体林权制度配套改革情况进行了专题调研。调研组走访了上述11个省的36个县、48个乡(镇)、70个村，与基层各级干部和当地农民进行了座谈，完成了调研报告17份，提出了72条完善配套改革的建议。现将有关情况报告如下：

一、集体林权制度配套改革的进展情况

党中央、国务院高度重视集体林权制度改革。全国集体林权制度改革在国家林业局的大力推动下，在各级党委和政府的重视下进展顺利。到目前为止，已完成承包的林地约6.61亿亩，占集体林业用地的21%。福建、江西、辽宁、浙江等省已基本完成承包到户的主体改革任务，正在探索完善配套改革。河北、云南、安徽、湖北等省已在全省范围内全面推开明晰产权的主体改革，其他省也都根据自身的条件开展了试点工作。在进行主体改革的同时，不少省份也都相继开展了配套跟进，取得了一些成效，积累了一些经验。总结全国集体林权制度配套改革的情况，主要包括以下几方面的内容：

(一)减轻农民负担

集体林权制度改革的本质就是还山、还权、还利于民，其目的是林业增效，农民增收。林业生产周期长，比较效益低，林农的弱质性明显。这就要求林权制度改革时，必须要考虑减轻农民负担，放活经营。为此，江西省采取“两取消、两调整、一规范”的措施。“两取消”是取消木竹农业特产税，取消市、县、乡、村出台的所有木竹收费项目。“两取消”所造成的资金缺口，由财政通过转移支付解决。“两调整”是调整育林基金平均计费价格。将定向培育的工业原料林、10厘米以下间伐材计费价格调整为每立方米180元，其他商品材每立方米360元，标准竹每根征收育林基金1元。二是调整集体林育林基金分成比例。省、市共让利7%，全部补助给乡镇，即省、市、县(市、区)、乡(镇)四级分成比例为8%：15%：70%：7%。“一规范”是规范增值税、所得税征收范围。从事木竹生产的单位和个人自产自销的原木、原竹取得的收入，依法免征增值税，暂免征收所得税。湖北省2006年将“两金”的征收标准从原来的20%调减到10%，2007年育林基金和维简费分别按6%和4%执行。同时要求有条件的地区，可以先行免除“两金”征收，并享受与其他地方同样的转移支付政策。由于此次减征“两金”形成的林业部门经费缺口，由省财政通过转移支付解决。对从事木竹生产的单位和个人自产自销的原木、原竹获得的收入，依法免征增值税。

(二)完善公益林补偿机制

生态效益的补偿是林业外部性内部化，公益林市场化管理的有效途径。为了不断完善公益林补偿机制，各省根据自身条件，各尽其能，积极探索，采取了不同的措施。到2006年底，全国共有25个省(自治区、直辖市)建立了补偿基金，共计12亿元，其中广东省4.1亿元，浙江省1.43亿元，北京市1.29亿元，福建省1.1亿元。福建省2007年实施了江河下游地区对上游地区森林生态效益补偿政策，使公益林补偿标准由每亩5元提高到7元；江西省按照《江西省森林条例》的有关规定，建立以政府投入为主，森林生态效益直接受益单位补偿为辅的公益林补偿机制，将从2008年起，由省财政连续3年共增加安排生态补偿资金3亿元，用于提高全省公益林补偿标准。力争到2010年，全省公益林补偿标准由目前的每亩6.5元提高到10元；要求水电、旅游、矿产等生态效益的直接受益单位，从其经营收入中提取一定比例的资金，用于生态效益补偿。

(三)规范林地流转

规范流转是落实林农对林地林木处置权，促进林业生产要素有序流转和资源优化配置，加快市场化进程，维护市场稳定，确保买卖双方合法权益的重要保障。为了规范流转，江西省颁布了《江西省森林资源转让条例》，浙江省出台了《浙江省森林、林木和林地流转管理办法》，福建省修订了《福建省森林资源流转条例》，湖北省印发了《湖北省森林资源流转管理办法(试行)》。江西省预计到今年底，全省将建林业产权交易中心40余个。福建省已有63个县(市、区)成立了林权登记交易中心。湖北省已有18个县(市)建立了林业要素市场，已组织交易161宗，交易额818万元；28个县(市)组建了森林资源资产评估机构，已进行评估258宗，评估价值13 216万元。为了防止发生农民新的失山失地

现象，福建省提出了限期流转(一个轮伐期)、限量流转(部分林权)、现货流转(现有近成熟林)的办法。江西省规定林农一次性转让山林的面积，一般控制在其拥有山林面积的50%以内。

(四)组建森林资源资产登记评估机构

《中华人民共和国物权法》第九条规定，“不动产物权的设立、变更、转让和消灭，经依法登记，发生效力。”为了确保林权的法律地位，加强林权管理，规范林地流转，必须依法建立林权登记中心，开展林权登记造册、核发证书、档案管理、流转管理、林地承包争议仲裁、林权纠纷调处等项工作。福建省编委批准成立省、市、县三级林权登记管理中心，将中心作为全额拨款事业单位管理，并建立健全林权登记管理制度，像房产部门管理房产一样管理林权。湖北省京山县对已经确权到户的林地完成登记造册，颁发林权证的同时，建立了林地管理信息系统，将每一个农户的每一片林地的信息数据，输入到系统，即方便林业部门管理，也方便林农查询。

(五)实行林业融资体制改革

林权抵押贷款是破解农村融资难题，解决农民资金不足，加快林业发展，实现金融创新和林业发展互惠共赢的有益尝试。从2004年开始，福建省就开展了以林权抵押贷款为主要内容的林业融资改革试点，目前已累计发放贷款30.6亿元，特别是2006年7月以来，不到一年时间就已发放林业小额贴息贷款4 530万元，受益农户2 260户。辽宁省丹东、本溪等林改进展较快的市相继开展了林权抵押贷款业务，仅丹东市宽甸县农信社贷款额度就达300多万元。为了增强林业风险抵御能力，减少林业信贷风险，福建省按照“低保费、低保额、保成本”的原则，开展森林保险试点工作，在办好火灾、冻灾保险的同时，积极探索盗伐、病虫害等保险业务。江西省按照“政府引导、林农自愿、稳步推进”的原则，启动森林火灾和森林病虫害两个险种的林业保险业务，所需保费政府负担部分不少于30%，个人负担部分不超过70%。湖北省明确规定要根据森林资源经营状况和评估价值，合理确定抵押贷款率，贷款比例一般不超过评估价值的60%，全省已开展森林资源资产抵押贷款14 756万元，森林火灾保险总额近4 000万元。

(六)建设林业合作经济组织和产业协会

针对林改后经营相对分散的现状，引导林农在明晰林权、明确利益分配的基础上，以林地、劳力、资金、技术和亲情、友情为纽带，建立起新型的股份合作林场和家庭林场，形成了多种形式的联合体，促进了林业规模化、专业化、集约化经营。福建省组建2 400多个合作组织、1 000多家林业行业协会和200多家森林资源评估、木竹检尺、伐区设计等中介机构，为林农提供了较为方便、优质的服务。尤溪县组建护林联防协会93个，协防面积189万亩，覆盖了50%的有林地面积。江西省组建民间森林防火、防盗伐、防病虫害的“三防”协会等林业合作组织4 061个，涉及农户94.02万户。安徽省黄山市成立了裕森林业经济合作社，目前已有196人入社，入股资金550万元。辽宁省桓仁县组建了药材协会、人参协会、林蛙协会、板栗协会、育苗协会等6个协会，会员4 700多人。宽甸县组建了板栗、山野菜、燕红桃等8个产业协会，协会的建立架起了产销的桥梁，完善了社会化服务体系，深受农民群众的欢迎。

(七)加快林业产业发展

主体改革解决了林业产业发展的动力机制，政府引导则是林业产业发展的助推器。为了促进林业产业发展，有关省份都采取了一些有效的措施。一是目标明确。江西省提出力争到2010年，新建、改造高标准集约经营工业原料林基地1 200万亩，培育珍贵树种和大径级用材林100万亩，提高商品木材的有效供给能力。大力发展竹产业、以油茶为主的名特优新经济林、苗木花卉业、森林旅游业、以木材精深加工为主的林产工业。二是规划合理。湖北省京山县的县、乡林改办，将企业需求和市场信息带给农民，根据农民的意愿，按照山头地块的林地条件，为农民制定了各村各组林业发展规划，明确了绿化的期限，即有利于农民生产，也有利于充分利用林地资源。三是支持有力。江西省财政从2008年开始每年将筹措5 000万元林业发展专项资金，重点支持油茶、毛竹等特色林业产业的发展和龙头企业建设工业原料林基地等。辽宁省政府制定了林地经济发展规划，每年拿出4 000万元支持林地经济发展，重点支持红松、榛子、板栗、杏枣为主的4个百万亩经济林基地建设。

（八）推进林业管理职能转变

一是进一步理顺林业行政执法管理体制，切实解决林业执法体制不顺、职能交叉、各自为政问题。总结林业综合行政执法改革试点经验，全面推开林业综合执法改革。二是深化林业行政事业单位人事制度改革，理顺和转变管理职能，引入竞争淘汰机制，精简机构和分流富余人员，减人减事减开支。坚持林业执法人员凡进必考、先培训后上岗制度，加强执法队伍管理，提高执法人员素质。三是落实公共经费保障。江西等省将公益林补偿、森林防火、森林病虫害防治、林业科研和技术推广、森林资源监测与管理等经费纳入各级政府公共财政预算，并优先安排。四是加强林业基础设施建设。湖北省规定林业生产所需林道和“三防体系”等基础设施建设，应作为农村基础设施建设的重点之一，纳入各级政府基本建设规划，给予稳定的专项资金投入。总之，执政理念和服务方式正在改变，职责进一步廓清，履行职责的方法进一步优化，执法、管理、服务三大职能进一步加强。

二、存在的主要问题

（一）公益林补偿不足

一是补偿受益面过窄。陕西省将全省划定为天然林资源保护工程区，其中，5 700多万亩重点公益林至今没有得到中央财政的补偿。云南省大理白族自治州12个县（市）中，有9个因划入天然林资源保护工程区而没有得到重点公益林补偿。二是补偿标准偏低，起不到应有的激励作用。国家生态补偿资金为每亩5元，此标准是7年前定的，显然不符合目前的物价水平。三是多数地区尚未启动一般公益林的补偿。在全部公益林中，由地方财政承担补偿责任的一般公益林所占比重，陕西省为44.8%，云南省为36%，青海、甘肃等省地方财政没有配套。林权制度改革后商品林经营效益大幅度提高，相比之下，公益林则由于补偿标准太低，群众意见较大，纷纷要求退出公益林范围，给生态公益林的保护管理和长远发展带来了巨大压力。云南省全省“两类林”区划时被划定为生态公益林的集体林、民有林约1.2亿亩，占公益林总面积的66.3%。地方公益林6 700多万亩（其中集体林5 100多万亩）没有补偿资金。一些集体林被划入公益林，采伐利用受到限制，使林农收益权受到影响，林农对此反应强烈，要求调整公益林的比重，参加林权改革。

（二）现行法律、法规、规章不配套

林权制度改革后，林业发展活力迅速迸发，使得部分林业法律法规已经无法适应林业生产力发展的要求，需要修改和完善。比如关于森林资源流转、采伐管理等规定，已经不能适应新的产权制度关系，森林资源经营流转的需要，刚性的制度框架和弹性的经营需求之间难以协调。云南省景谷县提出，国家林业局《森林采伐作业规程》和《云南省森林资源规划设计调查操作细则》规定，思茅松主伐年龄为41年，而该县的思茅松主要用于造纸业，用于造纸的思茅松工艺成熟年龄只需21年。这显然与政策规定有矛盾，不利于林业生产的发展。

（三）森林资源资产评估机构建立难

随着集体林权制度改革、林地抵押担保融资、林地林权流转等项工作的开展，资产评估是必不可少的重要环节。可以预计，社会对森林资源资产评估的需求将具有一个很大的潜在市场。据调查，目前许多地方还没有森林资源资产评估机构。之所以出现这种情况，主要是现行的资产评估机构的建立，要求过严，门槛过高，许多市、县技术力量和人员资质达不到要求，个人和单位的资质问题将会成为制约行业发展的瓶颈，影响行业规范有序的发展。

（四）基层林业管理部门资金不足

由于取消了县、乡、村所有收费项目，把利益最大限度地让给了林农，使得各级地方财政收支矛盾加大。基层林业站、木材检查站和稽查队等基本上是靠每年的“两金”收入维持。为了确保林业基层组织的正常运转，江西省在财力比较困难的情况下，安排省级财政转移支付资金10.3亿元，仍然未能弥补改革带来的资金缺口。林业“两金”从20%调减到10%后，基层林业单位面临着资金不足，运转困难。湖北省襄樊市基层林业工作站共有64个，工作人员1 206人，其中在职人员919人，已退休287

人。而每年市财政拨款仅为83.8万元,缺口较大,难以维持正常的工作和生活。襄樊市木材检查站和林政管理稽查队虽属自收自支事业单位,但由于“两金”的减免,收入大幅下降,亏空很大。

三、建 议

（一）加强对国家重点公益林保护管理的支持补偿力度

一是提高补偿标准。目前中央财政对国家重点公益林的补偿标准为每亩每年5元，与经营商品林的效益相比，显然不合理，建议国家根据财力状况，逐年提高补偿标准。据测算，公益林的补偿标准近期应达到每年每亩20元。二是积极研究和出台相关政策，允许对公益林进行不影响其生态功能发挥的经营性采伐和科学利用，包括林地利用。三是建立多渠道筹集公益林补偿资金的机制，探索各受益单位承担相应补偿的政策和办法。

（二）尽快修改《中华人民共和国森林法》及相关法律法规

对林木采伐管理、公益林补偿、林权证抵押贷款、森林保险、森林资产评估资质认定等做出新的法律规定，以切实做到“管好公益林，放活商品林”，逐步把商品林的处置权交给农民。建议尽快出台森林、林地、林木流转的管理办法，建立森林生态效益及森林风景资源评估标准体系，降低评估资质门槛，培训评估人才，为林地林木流转提供服务。

（三）加强林业社会化服务体系建设

林权制度改革只是解决了林业发展的动力机制问题，要真正实现兴林富民的目标，就必须同时加强管护保障、科技保障、流通保障等工作，建立与林业发展要求相适应、结构合理、功能齐全的林业中介服务组织，满足林农在资金、科技、市场、信息、技能培训、政策法律咨询等方面的需求。

（四）加强林业机构和队伍建设

林业产权制度改革后，广大林农的诉求日益增多，林业管理、执法和服务的任务越来越重，林业部门的工作必须紧紧跟上。为此，需要切实加强各级林业机构和工作体系建设，并不断完善和强化服务职能。只有这样，才能担负起推进林权制度改革的历史重任，为推进社会主义新农村建设发挥更大作用。 （国家林业局林业改革领导小组办公室）

集体林权制度改革是山区林区发展的根本出路

——福建省集体林权制度改革调研报告

福建省作为南方重点集体林区，林业工作一直走在全国前列。2003年以来，福建率先进行了集体林权制度改革，在保持林地集体所有权不变的情况下，将林地的使用权承包到户，把农村土地承包经营责任制由耕地延续到林地，在主体改革到位后又率先推进配套改革，取得了显著成效。为贯彻落实温家宝总理的指示精神，总结福建林改经验，加快推进全国集体林权制度改革，5月17日至21日，中央农村工作领导小组办公室、国务院研究室、国家发展和改革委员会、财政部和国家林业局组成联合调研组，深入到福建永安、尤溪、建瓯、邵武4县（市）的8个乡（镇）、8个村，对林改工作进行调研。在近年来多次调研的基础上，对福建林改有了进一步比较全面、深入的了解。

调研组认为，福建集体林权制度改革，是省委、省政府贯彻落实党的十六大以来中央一系列重大战略决策和惠农政策的具体体现，也是结合福建实际，发挥自身优势，积极探索、勇于实践、大胆创新的成果。福建的改革实践充分证明，集体林权制度改革得民心、顺民意，是农村改革的继续、深化和完善，是农村生产力的又一次大解放，是破解“三农”问题的有效途径，对于加快林业现代化进程，推进社会主义新农村建设，构建社会主义和谐社会，具有重大的现实意义和深远的历史意义。现将调研情况报告如下：

一、福建集体林权制度改革是山区林区走出困境、加快发展的历史必然

福建为什么要先行实施集体林权制度改革？正如福建省委书记卢展工所说，农民增收难是“三农”问题的核心，如何针对福建的优势和特点贯彻落实科学发展观，找到解决“三农”问题的突破口，是福建先行实施集体林权制度改革的根本动因。

福建是个“八山一水一分田”的山区省，人均耕地面积不到0.6亩，就连实现粮食自给、维持农民温饱的基本要求都难以保障，全省350万名农村富余劳动力不得不依靠外出打工谋生，而福建丰富的山地资源却没有发挥出应有的效益。全省人均林地面积4亩，在南平、三明、龙岩林区，农民人均林地面积高达14.51亩。可以说，福建农民增收的潜力在“八山”，构建和谐社会、实现统筹协调可持续发展的空间在“八山”，而要念好“山字经”，林业是优势、林业是条件、林业是支撑、林业是保障。但是，长期以来林业发展缓慢。福建普遍存在造林难、护林难、防火难、农民增收难、干群关系处理难等“五难”问题，林农守着“金山银山”过穷日子，山区、林区成为贫困的代名词，甚至一度出现了资源危机和经济危困的“两危”现象，被有些专家称为“重点林区重点萎缩”。福建省委、省政府组织林业系统和相关部门深入调研分析，究其原因，主要是改革前集体林产权问题始终没有得到很好解决，农民作为集体山林的经营主体，权益得不到保障，加上税费过高，务林收益甚微，导致农民没有积极性，严重制约了林业生产力的发展，直接影响了林区经济社会进步。而开展集体林权制度改革，已成为发挥山林优势，增加林农收入的迫切要求。2003年福建省委、省政府作出全面推动集体林权制度改革的决定，念好“山字经”，找到解决“三农”问题的突破口，从体制机制上激发和调动广大山区农民发展林业的积极性，成为福建实施集体林权制度改革的必然。

二、福建的改革实践为全国集体林权制度探索了成功之路

福建集体林权制度改革，核心是将农村土地联产承包经营制度从耕地延伸到林地，确立了农民的经营主体地位，调整了林业生产关系，极大地释放了农村生产力的巨大潜能。调研组认为，福建开展集体林权制度改革，是福建省委、省政府认真贯彻落实党中央科学发展观、构建和谐社会、新农村建设等一系列重大战略决策，推进全省经济和社会发展找到的一个结合点和突破口。福建林改之所以获得成功，关键在于福建省各级党委政府对党的方针政策理解得透彻、把握得准确。具体讲，主要体现在两个方面：

（一）主体改革进行了成功的实践

福建以“明晰林地使用权和林木所有权、放活经营权、落实处置权、确保收益权”为主要内容的集体林权制度主体改革实践，破解了山区、林区发展的难题，获得了成功。

一是坚持耕者有其山、权利平等。不是简单地把集体山林一包了之、一分了之、一卖了之，而是严格按照《中华人民共和国农村土地承包法》的要求，通过落实和完善以家庭承包经营为主体、多种形式并存的集体林经营体制，做到均山、均权、均利，实现耕者有其山、权利平等，坚持社会主义改革方向。农民总结的“山定主、树定根、人定心”这句话已在全国流行。

二是坚持体现民意，谋求民利。操作中，福建各地村级组织始终严格遵照《中华人民共和国村民委员会组织法》，做到政策、程序、方法、内容、结果“五公开”，改革的重大决策都必须经过村民会议或村民代表会议讨论通过，体现民主决策，政府和林业部门不横加干涉、不包办代替，重点是加强指导。

三是保持政策的稳定性和连续性。与全国许多地方一样，福建林业经过了多次改革，山林状况十分复杂。福建在改革中，始终注意保持政策的稳定性和连续性，尊重历史，取信于民。对自留山、责任山等政策依法落实、完善；对权属已经明确，并为实践证明是行之有效且大部分群众满意的经营形式，予以维护，不打乱重来或借机无偿平调；对在改革前签订的合同，只要符合国家法律政策，转让行为规范，合同真实有效并依约履行的，予以维护；对合同有不完善和不规范的，采取“动钱不动

山”的办法进行利益调整；加以完善规范，对合同不合法，且大部分群众有意见的，依法调整利益关系。防止乱砍滥伐林木的现象发生。

四是坚持因地制宜，分类指导。福建根据山区、半山区和沿海的不同情况及各地不同的社情、村情、林情，坚持由村民自主决定改革模式，不刮风，不搞一刀切。对依赖性强的，原则上实行均山，实现实物意义上的“耕者有其山”，保证农民有安身立命的生产资料，解决农民就业和持续增收问题；对依赖性一般的，允许采取多种形式，本着先村内、后村外的原则，首先保证本集体经济组织内部有耕山意愿的林农有山可耕，剩余山林可以对外发包，并通过对发包收入的分配，使没有耕山意愿的村民也得到一定的经济补偿；对依赖性不强的，经村民民主决议，可以通过公开竞争的方式对外发包，发包收益的分配；保证村民享有的权益。

五是坚持农民得实惠并兼顾集体利益。改革中，福建始终注意妥善处理好集体和个人的利益分配关系。一方面，坚持把利益的大头留给林农，确保农民通过改革能得到实惠；另一方面，引导林农交纳林地使用费，保证村集体的合法收益和基层组织的正常运转，真正体现以家庭承包为主、统分结合的双层经营体制。福建改革不仅调动了林农的积极性，而是调动了村级组织的积极性，为农村社会经济和谐发展创造了条件。

六是坚持稳定第一。改革中，福建始终注意处理好改革、发展和稳定三者的关系，坚持把稳定放在第一位。对以前林地林木流转不规范、林地开发谁占谁有等历史遗留问题，本着尊重历史、尊重事实、依法依规原则，妥善处理；对群众不理解、因历史遗留问题纠纷较多的地方，本着先易后难的原则，待条件成熟后再开展改革；对出现的各种山林纠纷，认真梳理、调处，逐步加以解决，为改革的顺利推进创造了条件。

（二）配套改革取得了重大突破

在产权主体改革初步完成后，针对分山到户后林权单位变小带来的“单家独户怎么办?”、“树要怎么砍?”、“生产资金从哪里来?”等问题，福建省又率先推进集体林权配套改革。2006年在试点取得成功经验的基础上，福建省委、省政府又出台了《关于深化集体林权制度改革的意见》，召开了高规格的全省深化集体林权制度改革工作会议，全面推进以“稳定一大政策、突出三项改革、完善六个体系”为主要内容的配套改革工作，并率先在以下方面取得了新的突破：

一是在林权登记管理上有新突破。为了加强林权管理，长期稳定林权政策，福建省机构编制委员会批准成立省、市、县三级林权登记管理中心，作为全额拨款事业单位，并建立健全林权登记管理制度，像房产部门管理房产一样管理林权。这对于巩固和拓展林改成果、规范林业管理、保护林农和林业经营者的合法权益意义重大。

二是在林业综合行政执法改革上有新突破。为了适应林改后政府职能转变的要求，福建省机构编制委员会专门批准成立林业综合执法机构（省级为执法总队，市级为支队，县级为大队），作为全额拨款事业单位，参照公务员管理，有效解决了以往林业多头执法的问题，改善了执法环境，强化了依法行政，提高了执法效率。

三是在林权抵押贷款上有新突破。从2004年开始，福建就开展了以林权抵押贷款为主要内容的林业融资改革试点，实现了农村信贷史和林业发展史上的两大突破。短短几年时间，取得了显著成效。目前贷款累计总额达30.6亿元，特别是2006年7月以来，不到一年时间就已发放林业小额贴息贷款4 530万元，受益农户2 260户。其中尤溪县发放贴息贷款1 030万元；建瓯市截至2006年底，金融部门累计发放林业贷款6 990万元，其中以林权证抵押贷款2 930万元，以担保贷款2 910万元，占贷款总额的84%。

四是在森林采伐管理制度改革上有新突破。提出了“以森林资源为基础，以森林经营方案为依据，科学安排林木采伐”的改革思路，引导林业经营者科学编制森林经营方案，永安、延平等地按面积控制采伐的改革试点，进展顺利，为落实林农的林木采伐自主权迈出了坚实的一步。

五是在公益林保护上有新突破。福建在商品林改革任务基本完成后，又着手创新生态公益林管护和补偿机制，提出了“落实主体、维护权益、强化保护、科学利用”的改革思路，并在一些地方开展了试点工作，通过股份均山、联户管护，责任承包、专业管护，相对集中、委托管护等模式，建立公益林责、权、利相统一的管护机制。同时，在公益林补偿方面也取得了重大突破，补偿资金逐步增加，特别是2007年创造性地实施了江河下游地区对上游地区森林生态效益补偿政策，使公益林补偿标准由每亩5元提高到每亩7元，开创了我国区域性生态公益林补偿的先例。

六是在规范森林资源流转上有新突破。修订了《福建省森林资源流转条例》，并在全省63个县（市、区）成立了林权登记交易中心，促进了林业生产要素的有序流转和资源优化配置。同时，为了防止发生农民新的失山失地现象，福建创造性地提出了限期流转（一个轮伐期）、限量流转（部分林权）、现货流转（现有近成熟林）办法。

七是在林业合作经济组织建设上有新突破。针对林改后经营相对分散的现状，福建省及时引导林农在明晰林权、明确利益分配的基础上，以林地、劳力、资金、技术和亲情、友情为纽带，建立起新型的股份合作林场和家庭林场2 400多个。同时，引导林产加工企业、国有林场与林农合作新建原料林基地400多万亩，形成了多种形式的联合体，促进了林业规模化、专业化、集约化经营。

八是在林业服务体系建设上有新突破。按照服务组织网络化、行业协会专业化、中介机构社会化的要求，福建许多县都建立了服务中心，乡镇建立了服务协会，村建立了服务分会，形成县—乡—村一体化、互动互联、网络化的服务构架。目前全省已建立63个县级林业服务平台，1 000多家林业行业协会和200多家森林资源评估、木竹检尺、伐区设计等中介机构，为林农提供了较为方便、优质的服务。邵武市成立了护林防火、林产加工等各种林业行业协会及中介服务机构33家。尤溪县已组建护林联防协会93个，协防面积189万亩，覆盖了50%的有林地面积。

三、福建集体林权制度改革的成效显著

福建的改革有效解放和发展了林业生产力，增加了农民和村集体收入，转变了政府职能，促进了社会和谐，使集体林区焕发出了新的生机和活力，受到广大农民的衷心拥护。浦城县濠村乡溪口村吴顺成老农动情地说：“我一生经历了两件喜事，第一次是铁树开了花，土地回了家；第二次是铁树开了花，林地回了家。”尤溪县纲纪村郑光水老农感慨地说：“自从盘古开天地，哪朝哪代不收‘皇粮国税’，只有共产党不但免了农民的税费，还把山林分给我们，这是从来没有过的事！”。松溪县花桥乡村头村村民自发集资1万多元，在村头树了一块大石牌，把林改的政策和村规民约刻在上面，村民真义昌说：“林改政策好，写在纸上怕破掉，雕在木头上怕烂掉，刻在石碑上才能永久！”这个碑就是民心碑，这是民意的反映。随着福建林改的不断深化，改革的成效越来越显现出来。

一是加快了林业发展。林改确立了林农在经营中的主体地位，调动了广大林农和社会各界参与林业发展的积极性。近几年，福建各地都呈现出“争山争苗”造林的好现象。2005年以来，全省植树造林总面积连续三年超过200万亩，比改革前翻了一番，非公有制造林比重从2002年的40%提高到80%。2006年尤溪县造林面积6.25万亩，是改革前的4.7倍。2007年建瓯市造林更新面积达7.36万亩，是2004年的2.1倍，其中非公有制造林完成6.52万亩，是2004年的3.5倍。森林资源保护得到进一步加强，盗伐、滥伐林木现象和森林火灾发生率大幅减少。与改革前相比，2006年全省森林火灾发生率下降了70%以上，盗伐滥伐林木案件减少了36%。森林资源快速增长，据全国第六次森林资源连续清查结果表明，福建省有林地面积净增500万亩，达1.15亿亩；森林覆盖率增长2.44个百分点，达62.96%，居全国第一；活立木蓄积量达4.967亿立方米，净增长7 910万立方米。“越采越多、越采越好，青山常在、永续利用”的林业发展景象已初步呈现。

二是增加了林农收入。通过林改，林农成了山林的真正主人，拥有了属于自己的生产资料，对林业敢于投入，舍得投入，“把山当田耕，把林当菜种”，提高了林地单位面积产出率，增加了农民的收入。据调查，南平、三明等主要林区的农户从林业发展中获得的收入已占农户家庭收入的一半左右。2006年永安市农民人均林业收入2 513元，占

农民人均收入的51.2%，比改革前增长了3.4倍，有的农户收入可达万元。同时，通过降低起征价、减免税费、实行木竹产销见面、财政转移支付等措施，使林农得到了实惠。仅尤溪县林农经营木材比改革前平均增加300元/m^3以上，全县木材税费减免达7 500万元。全省每年还利于民、反哺林业资金达20.48亿元。

三是保障了村级财政的持续收入。林改后，村集体不仅减少了管护山林的费用和造林的开支，而且通过合理收取林地使用费和部分林木收益分成，增加了村级财政收入。在国家推行农村税费改革、取消“三提五统”、基层财政来源减少的情况下，林改为集体收入和基层政权运转发挥了积极作用。据调查，南平、三明等主要林区平均每个村集体每年林业收入可达3万～5万元，一些重点林区县的村可达10万元以上。永安市林改到位后村林地使用费每年可收3 684万元，平均每个村16万元。邵武市村级林业收入由2002年的559万元增加到2005年的1 492万元。

四是激活了农村经济。林改促进了农村各种生产要素的合理流动，农村经济得到快速发展。①林改后，山林的价值大幅度提高。福建林地平均每亩每年租金由林改前的3～5元上升至目前的10～30元，森林资源流转平均每亩价格由300～500元上涨至目前的1 000～2 000元；小径材价格每立方米由150～300元上涨至目前的600～700元；眉径10寸的竹材每根由7～8元上涨至目前的16～18元。②林改后，林业产业得到快速发展。2006年福建省林产业总产值达1 002亿元。产值每年以两位数的速度增长，居全国前列，成为林区经济的重要支柱。初步形成了海峡两岸（三明）现代林业合作实验区、闽北林产工贸园区、莆田秀屿国家级木材贸易加工示范区等三大林产业集中区。2006年邵武市林业产业总产值19.82亿元，占全市生产总值的35.1%，比2002年增长103.5%；林产业已成为全市三大经济支柱产业之一。建瓯市2006年林业规模以上工业产值比上年增长了83%，占全市规模以上工业产值总量的66%，林业行业上交的税收占全市规模工业税收的62.5%。③林改后，带动了农村其他产业发展。通过林木林地流转，增加了林区农民发展经济的资金，促进了山区种养业、运输业、服务业的发展，带动了相关产业，加快了农村经济的全面发展。

五是转变了管理职能。林改后，催生了一系列新的合作经济组织、社会化服务组织和农民自律自治组织，担负起过去由政府和林业部门管不了、管不好的事，为政府部门转变职能创造了条件。林业部门从繁重的育林护林事务中解脱出来，把工作重心转移到宏观指导、行政执法、公共服务上来，转移到如何更好地为林业经营者服务上来。乡镇也把工作重心放在指导、协调、服务林农和引办企业上来。村一级组织更多地把精力投放在带领村民共同致富和为村民办实事中去，促进了工作作风的转变。

六是林改推动了农村民主化进程，促进了林区和谐。林改过程是一次全面、深入、生动的民主法制教育的过程，使干部懂得了依法行政，群众懂得了依法维权。①林改从源头上铲除了村干部腐败的土壤。村干部作为村集体内部成员，与群众一起公开透明地参与分山分林，村务公开、村民票决，有效地杜绝了村干部“暗箱操作”乱卖山、乱花钱的现象，涉林腐败案件明显减少。永安市纪律检查委员会2003年以前每年查处的涉林党纪政纪案件都在10多件。2004年林改以来仅发生了一件新发案件。②林改促进了乡村公益事业发展。不少村把林改增收的村级财政收入用于乡村自来水、道路、绿化等建设，有效改变了山区农民的生产生活条件，改变了村容村貌。③林改促进了农村社会保障体系的建立。一些地方通过林改收益的二次分配，开始探索解决农村“老有所养、病有所医、幼有所教、困有所帮”的社会难题。永安市西洋镇岭头村，通过林改，村集体收入增加了80多万元，30%给农民分红，70%用于村里办公益事业，建设了自来水工程和安息堂，开展了合作医疗，建立了奖学机制、天灾解困机制和老同志慰问制度，受到了群众的欢迎。④林改化解了大量林区纠纷矛盾。据统计，2003年以来，全省共调处各类涉林纠纷22 333起，面积193.1万亩，有力地促进了社会稳定。邵武市家塘镇铁罗村，通过林改，从有名的“上访村”变为稳定村。⑤林改促进了乡风文明。林改后农民忙完山下忙山上，学科学、学技术、争致富蔚然成风，成为农村的新时尚。永安的桂溪村由"赌博村"变成了"文明村"。

福建五年来改革成效证明，林改使农民经营林业的权、责、利得到了落实，广袤的山林资源真正变成了农民兴林致富的资本，耕山有责、务林有利、就业有路、致富有门。改革前，福建林地每公顷蓄积量只有71立方米，这几年福建通过实施林权改革，林农经营林业舍得投入、敢于投入，林业产出率大幅提高。据测算，全省林地每公顷蓄积量提高了7.4立方米，每公顷竹山产值从6 000～7 500元增长至15 000多元，翻了一番多。我国山区林区面积大，贫困人口多。林业是山区农民生计的重要来源。如果全国25亿多亩集体林地都能像福建一样通过林权改革，落实到农户，实行集约经营，必将产生难以估量的经济效益，创造巨大的物质财富。实践证明，集体林权制度改革是解放林业生产力，提高林业经营效益的必然选择；是缓解木材和林产品供应紧张，保障国民经济持续健康发展的现实需求；是山区林区农民走出困境和林业加快发展的根本出路。

四、福建改革的探索为全国集体林权制度改革创造了经验

福建省在林改中创造了许多带有普遍指导意义的做法和经验，在江西、辽宁、云南等许多地方推开，为全国林改工作的顺利推进提供了借鉴经验。

(1)党委政府重视，主要领导亲自抓。林改是农村的又一次土地革命，是一项复杂的系统工程，改革能否取得好的成效，关键在领导重视。福建省委、省政府高度重视林改工作，卢展工书记亲自动员、亲自部署、亲自推动；黄小晶省长亲自开展调研，亲自抓林改系列宣传报道，并对深化改革提出了一系列的指导意见。在不到五年时间里，省委、省政府就专门出台了两个推进林改工作的意见，组织召开了五次高规格的工作会议、六次全省电视电话会议和三次分片座谈会；各市、县、乡党政领导也都亲自深入到山场、村寨等林改一线，与广大林农一起研究改革、实施改革、推动改革，形成了"一把手"亲自抓，分管领导具体负责，有关部门密切配合的林改局面。

(2)周密部署，积极稳妥推进改革。集体林权制度改革是对农村重要生产资料再分配、内部利益再调整的一项重大改革，十分敏感、十分复杂，稍有不慎，很可能导致严重后果。福建从改革一开始，就在方案设计、组织推动、工作方法等方面进行了周密部署，环环相扣，步步深入。

在改革谋划上，省政府在深入调研的基础上，出台了推进改革的指导意见，对改革的指导思想、总体目标、主要任务、改革范围、基本原则等作了明确的规定，对顺利推进改革具有重要的指导意义。在推动机制上，建立了"县直接领导，乡镇组织，村具体操作，部门搞好服务"的工作机制，确保林改工作健康稳步开展。在工作方法上，采取了先试点后推开、先验收后发证，先主体改革后配套的办法，做到先易后难，稳步推进。

(3)勇于创新，不断破解林改中遇到的难题。集体林权制度改革，虽然是家庭承包责任制从农田向林地的延伸，但林地的承包经营要复杂得多。从属性上看，林业除了提供木材等林产品的功能外，还有生态的功能；从对象上看，除了林地外，还包括山上的附着物；从客观规律看，林木的生长周期长，短则几年，长则上百年。福建在没有现成的改革模式和可借鉴经验的情况下，大胆探索，勇于创新，破解了一道道难题，闯出了一条林改的成功路子。

面对如何承包到户问题，采取以家庭承包经营为主，多种形式并存，将林地使用权、林木所有权公平、公正地落实到户、联户或其他经营主体，实现"耕者有其山"。面对分山到户后可能造成的小农化倾向，引导林农建立新型的林业合作经济组织和林业经营实体，并与企业合作建工业原料林基地，提高林业生产组织化程度和规模经营水平。面对林农生产资金不足的问题，大力推进林权证抵押贷款特别是林业小额贷款，解决了农村贷款找不到有效抵押物和林农资金投入不足的问题。面对林农生产服务缺乏问题，建立和完善了县乡村一体、互动互联的林业社会化服务体系，为农民提供全面、便捷的服务。

(4)以民为本，始终把农民利益作为改革的出

发点和落脚点。在指导思想上，立足于大多数老百姓的利益，采取均山、均权、均利方式，确保耕者有其山，体现社会主义共同富裕的本质要求。在改革主体上，相信群众，依靠群众，尊重群众，走群众路线，通过加大宣传力度，让林农了解改革、支持改革、参与改革。在改革方式上，只要不违反法律政策，采取哪种改革模式都由村民民主讨论决定。在改革保障上，及时开展林权登记发换证工作，以法律形式保障林农合法权益。并针对林改后林农面临的困难，及时提供小额贷款、科技服务，改革采伐管理和经营方式，保障林农持续增收。

福建林改实践经验给我们启示：一是党委、政府高度重视，才能强化责任机制，形成良好的改革氛围，为林改工作顺利推进提供重要保障。二是改革是一个渐进过程，必须审慎周密、有效运作，提高改革决策的科学性和改革措施的协调性，才能真正把好事办好。三是福建林改之所以成功、老百姓满意，就在于从方案设计，到组织实施，到检查评估，都始终按照执政为民的要求，把林农得实惠作为改革的基本出发点和落脚点，做到符合民心，体现民意，维护民利。福建林改的实践证明：只有还山于民、还利于民、还权于民，才能真正体现执政为民，改革才能够有坚实的群众基础，才能顺利推进。福建省为全国林改做出了重大的贡献，获得了胡锦涛总书记、温家宝总理的肯定。

五、几点建议

福建是全国林改的一面“旗帜”。根据这次在福建林改调研的成果和全国林改的实际需要，对当前和下一步全国推进集体林权制度改革提出如下建议：

(1)建议党中央、国务院加快推进集体林权制度改革。一是以国务院名义制定颁布《关于加快集体林权制度改革的意见》。集体林权制度改革是一项涉及面广、政策性强、情况复杂、任务艰巨的系统工程。从福建林改实践看，省委、省政府出台的两个林改文件，对指导和推动改革的开展起到了关键性的作用。在全国推进这项改革时，也必须要有一个统揽全局的指导性意见，明确改革的大方向、基本原则和实施政策，才能更好地指导全国集体林权制度改革积极稳妥、有序地进行。二是国务院成立全国集体林权制度改革领导小组。根据福建省的林改经验，建议国务院成立由温家宝总理任组长，回良玉副总理任副组长，发展改革、财政、金融、国土、农业、税务、金融、监察、司法、宣传、林业等部门参与的全国集体林权制度改革领导小组，以加强对这项工作的领导和指导。三是国务院召开全国集体林权制度改革工作会议。建议国务院在今年下半年适当时候召开全国集体林权制度改革工作会议，总结推广福建等省林改工作经验，对全国集体林权制度改革工作做出全面部署。

(2)建议出台对集体林权制度改革的财政扶持政策。集体林权制度改革与农村联产承包责任制具有同等重要的意义，而且改革的难度更大、困难更多，建议国家比照农村税费改革的做法，尽快出台林改财政转移支付专项政策，并对集体林权制度改革工作经费适当补贴的办法给予解决。

(3)建议开发符合林业特点的金融产品。目前，从全国来看都没有与林业自然和经济规律特点相适应的金融产品。福建这几年来开展的林权抵押贷款业务，许多银行只能用其他金融产品代替，普遍存在贷款周期短、利率偏高等问题，给全面推进林权抵押贷款工作带来很大困难。建议金融部门加快研究开发适合林业特点的金融产品。同时，福建作为全国集体林权制度改革的先行省份，林权基本明确，林权证发放逐步到位，资源流转市场不断完善，林农发展生产的积极性高涨，农村林业生产的融资需求很大(平均每个林区县需求基本都在1亿元以上)，可以说，已经具备设立村镇银行的良好基础和条件。为此，建议将福建等省份纳入“村镇银行”建设和“小额信贷贴息”试点范围。

(4)建议中央财政提高对重点公益林的补偿标准。集体商品林产权明晰后，公益林的管护面临着很大的压力。公益林保护关系到生态环境建设，关系到子孙后代发展，也关系到老百姓的切身权益。国家划定的公益林有很大比例是集体林，因此，公益林的经营及其补偿问题是农民最关心、最现实、最迫切需要解决的民生问题。福建省林改后，林农普遍反映管护公益林与经营商品林或种粮相比较，收益悬殊，不利于调动林农参加公益林经营管理的积极性。建议国家适当提高公益林补偿标准。同时，参照福建的做法，建立江河下游对上游的生态公益林补偿制度，并从水电、旅游等直接受益行业的经营收入中安排一定资金用于公益林补偿，真正形成多层次、多渠道的森林生态效益补偿机制。

（5）建议国家加大基层林业基础设施建设力度。林业“三防体系”（森林火灾、森林病虫害防治和防止盗砍滥伐）等基础设施，对于保护森林资源和林区人民生命财产安全具有重要作用，应作为农村基础设施建设的重点之一，纳入各级政府基本建设规划，加大投资力度。基层林业站是林业最基层的单位，承担着大量的林业改革、资源培育与保护、服务等任务。目前基层林业站普遍存在基础设施薄弱，办公条件差等问题。建议国家加大对林业“三防”体系和林业站等基础设施建设投入，并在福建等省改革先行地方开展试点。

调研单位：中央农村工作领导小组办公室
国家发展和改革委员会
财政部
中国人民银行
国家林业局
国务院研究室

伟大的变革　成功的实践

——对江西省集体林权制度改革的调研

为认真贯彻落实温家宝总理在江西省视察时的重要指示精神，总结、宣传、推广江西省集体林权制度改革的经验，5月12日至17日，国家林业局贾治邦局长、张建龙副局长带领中央农村工作领导小组办公室、国家发展和改革委员会、财政部、中国人民银行、国务院研究室的同志到江西开展了联合调研。调研组在认真听取江西集体林权制度改革总体情况汇报的基础上，分成四个组，深入武宁、铜鼓、崇义、德兴4县（市）的12个乡（镇）、18个村进行了实地调查，与160多名基层干部、农民群众、企业职工、造林大户进行了座谈交流，剖析了一批典型，对江西省的林权制度改革情况有了一个比较全面、深入的了解。通过调研，大家深深地感到，这些年来，在江西省委、省政府的高度重视和精心组织下，江西集体林权制度改革取得了显著成效，对促进农民增收、加强生态保护乃至全面推进社会主义新农村建设产生了十分重要的推动作用。现将主要情况报告如下。

一、江西集体林权制度改革的主要内容和成效

2004年9月以来，江西省委、省政府以科学发展观为统领，认真贯彻落实《中共中央 国务院关于加快林业发展的决定》，在全省组织开展了以“明晰产权、减轻税费、放活经营、规范流转、综合配套”为主要内容的集体林权制度改革。“明晰产权”，就是在保持集体林地所有权不变的前提下，采取均山、均股、均利的方式，将能够分到户的集体山林全部分到户，落实经营主体，实行家庭承包经营；不能分到户的山林通过落实经营主体，合理划分股权，将股权分到户，所得经营收入70%以上按股分配；对改革前已经流转的山林全面进行清理，通过完善合同，将改革带来的政策性让利主要兑现给农民。“减轻税费”，就是实行“两取消、两调整、一规范”。即：取消木竹农业特产税，取消市、县、乡村出台的所有木竹收费项目；调低育林基金平均计费价格，调减省、市对集体林育林基金的分成比例，把更多的利益让给基层和农民；规范增值税、所得税征收范围，从事木竹生产的单位和个人自产自销的木竹，依法免征增值税，暂免所得税。“放活经营”，就是完善木竹采伐管理，木竹采伐指标分配实行“前置审批、两榜公示、双线运行、确保到户”的办法，采伐许可证由农民直接申请，符合采伐条件的即申即批。认真清理和取缔地方出

台的限制林农自主经营的“土政策”，打破木竹垄断经营，允许林农自主销售木竹。“规范流转”，就是允许林权所有者在遵循林业法律法规的前提下，以出租、转让、入股、联营、抵押等方式流转山林，解决林业生产周期长、林木“变现难”的问题。国有和集体山林的转让必须进行森林资源资产评估，并在依法设立的林业产权交易中心公开进行。“综合配套”，就是通过“一个中心、六大体系”建设(即：林业产权交易中心，森林资源管理体系、林业政策法规体系、林业投融资体系、科技人才服务体系、新型林业产业体系和林业支持保障体系)，逐步建立起“统一公益林管理、放活商品林经营，统一‘三防’管理、放活造林营林，统一资源流转管理、放活木竹交易，统一采伐管理、放活社会化服务，统一林业规划、放活林业投融资”的林业管理体制和经营机制。

到目前为止，江西省集体林权制度主体改革工作已基本完成，共落实自留山2 358.1万亩，家庭承包山(责任山)8 135.7万亩，分山到户率达82.7%，比改革前提高了27.9个百分点。发放林地使用权证312.2万本，宗地756.7万宗，面积13 525.5万亩，宗地发证率为89.7%。配套改革全面启动。全省共组建县、市林业产权交易中心36个，交易山林1 169宗，金额7.37亿元；开展林权抵押贷款1 857宗，贷款金额2.13亿元；组建民间森林防火、防盗伐、防病虫害的“三防”协会等林业合作组织4 061个，参加农户94.02万户；落实生态公益林补偿面积5 100万亩，其中省级财政每年安排补偿资金1.78亿元。

江西省开展集体林权制度改革的时间虽然不长，但取得的成效是显著的，从根本上理顺了林业生产关系，解放了林业生产力，极大地调动了农民经营林业的积极性，实现了“农民得实惠，生态受保护”的目标。概括起来，主要有以下五个方面：

(1)有效地激活了生产要素，加快了造林育林进程。林权制度改革后，经营山林的利润空间明显加大，农民造林育林的积极性和社会投资林业的热情空前高涨，各种生产要素迅速向林业聚集，全省荒山流转价格由改革前的年平均每亩17元提高到50多元。改革后的三年，江西省每年完成造林都在320万亩以上，其中2007年达到352.4万亩，创近10年来的新高，且社会造林比重达83.3%。铜鼓县造林大户谢忠仁2005年造林4 400亩、抚育5 000亩，2006年又购买山林1 800亩，并全部完成了造林和抚育。德兴市2004年以来累计造林18.1万亩，相当于改革前10年造林面积的总和，其中造林50亩以上的农户有近千户。许多农民对林中空地也进行了补植，极大地提高了林地利用率。同时，群众对森林经营更加上心。崇义县总结推广了一套毛竹林、杉木林、松木林、天然次生林丰产高效技术规程，千方百计提高林地产出率。有的农民反映，过去不重视森林经营时，一年一亩竹山只能生产20多根毛竹，现在能达到五六十根。

(2)显著地增加了农民收入，搭建了百姓创业平台。林权制度改革实现了“山定权、树定根、人定心”，为广大山区农民增收致富开辟了有效途径。通过减免税费、政策性让利和发展林业产业，加上改革拉动木竹价格上涨和林地林木升值，使得农民来自林业的收入大幅度增加。据江西省统计局调查，2006年全省农民人均林业纯收入达到490.7元，比上年增长32.5%，其中来自林业的现金收入增长36.6%。36个山林资源丰富的重点林业县，农民人均来自林业的收入普遍增长了500元以上。2006年崇义县重点竹区的林农人均来自竹产业的纯收入达3 200元，占当年农民人均纯收入的70%以上。铜鼓县永宁镇大槽口村177户农户，通过林业改革增收，家家都购置了摩托车，仅今年该村农民就新买小汽车23辆，成了远近闻名的“兴林致富村”。在江西省推进的全民创业大潮中，林权制度改革为广大农民提供了最适合、最直接、最可靠的就业机会。由于林地吸引力增强，28.1万外出打工农民返乡务林，全省新增林业从业人员40多万人。无工不富，企业建基地、公司带农户的经营形式大量涌现，为进一步促进农民增收和解决木竹出路创造了重要条件，林业产业得到快速发展。2006年，全省实现林业产值483亿元，比上年增长25.9%。

(3)有力地促进了森林保护，强化了生态环境建设。分山到户后，农民对山林资源十分珍惜，看作是建在山上的“绿色银行”，是增值潜力很大的“成长股”，是“未到期的高息存折”，保护的意识普遍增强，“看好自家山、管好自家林”、“把山当田耕、把树当菜种”成为农民的自觉行动，看管很严格、经营很精心、砍伐很慎重，有的农民连挖一棵竹笋都得思来想去。为了达到既保护资源又增加收入的目的，很多农民不再把眼光仅仅盯在砍伐木竹上，而是千方百计发展林下产业。铜鼓县积极引导农民大力发展“五小园”(小竹园、小茶园、小果园、小药园、小养殖园)，林业经济结构得到优化，实现生态和经济“双赢”的目标。林权制度改革后，江西森林案件发生数量连年下降，2006年森林火灾发生次数和受害面积分别比上年下降了63.4%和76.8%。

(4)极大地维护了林区稳定，促进了农村社会和谐。山林权属纠纷是影响农村社会稳定的重要因素。在这次改革中，江西各地充分发挥民间调解机制的作用，对历史遗留的6.66万起山林权属纠纷进行了全面调处，目前已完成6.28万起，涉及纠纷面积507.9万亩，纠纷调处率达94.3%。武宁县山林纠纷调处率达到99.7%，过去纠纷不断、争斗不止的村组之间、邻里之间，现在都互谅互让、和睦相处。更为重要的是，江西的林权制度改革始终坚持把学法用法和政策宣传放在首位，充分尊重群众，保障农民的知情权、参与权、决策权和监督权，整个改革过程体现了民意，体现了民主。因为有的村组织开会多达二三十此，这实际上是一次以与老百姓切身利益关系最密切的事情为载体对他们进行的一场全面、深入、生动的民主、法制教育，有力地推动了农村的民主法制建设，促进了村民自治水平的提高，促进了社会主义新农村建设与和谐社会建设，其效果比任何一次简单的说教活动都来得更好。同时，广大基层干部在改革中倾心为老百姓服务，历尽千辛万苦、走遍千山万水、深入千家万户、费尽千言万语，感动了群众，锻炼了干部，密切了党群干群关系，农村社会发生了深刻变化。

(5)适时地理顺了管理体制，加快了政府职能转变。在改革的过程中，江西省委、省政府要求各级党委政府和广大干部都必须真心实意为农民群众着想，始终把维护好、发展好农民群众的利益放在第一位，作为处理改革中各种矛盾和问题的出发点和落脚点，各级组织都不得与民争利，从而使各级干部的宗旨意识和服务意识得到增强。改革期间，各级干部深入乡村农户，宣传改革政策，开展帮扶活动，扎实的工作作风受到群众的普遍赞誉。通过改革，各级政府及其相关部门的执政理念和服务方式发生了深刻变化，职责进一步廓清，履行职责的方法进一步优化，执法、管理、服务三大职能进一步加强。林业管理体制得到理顺，全省林业行政事业经费全部纳入了财政预算，彻底结束了林业部门长期靠规费供养的历史，各级林业部门开始把工作重点和履职方式转到加强管理和提供服务上来。

二、江西集体林权制度改革的基本经验

江西省在开展林业产权制度改革中，从实际出发，探索和总结了许多好的经验和做法，对推进全国集体林权制度改革工作具有普遍的指导意义。

(1)领导重视，高位推动，是改革成功的关键。林权制度改革是一项复杂的系统工程，政策性强，涉及面广，工作难度大，没有各级党委、政府的高度重视和强力推进，是不可能成功的。为此，江西省委、省政府始终把林权制度改革作为破解“三农”难题、推进社会主义新农村建设的一件大事来抓，摆到重要日程，坚持“五级书记抓林改”，省委、省政府主要领导亲自研究、亲自部署、亲自督查，每年的全省林权制度改革大会都到会讲话。改革期间，多次深入乡村进行专题调研，指导改革工作，解决工作中遇到的重大问题。县、乡、村改革领导小组组长全部由党政主要领导担任，许多地方把改革与地方组织换届、干部任用考核、财政转移支付、部门形象测评等挂起钩来，形成了党委政府统一领导、林业部门督促指导、村组两级具体操作、一级抓一级、层层抓落实的工作机制，确保了改革的有序推进。调研中我们发现，江西各级党政主要领导说起林权制度改革都如数家珍，情况很熟，这是领导重视的一个生动体现。

(2)尊重民意，依靠群众，是改革成功的法宝。农民是改革的受益者，更是改革的主人。充分依靠群众是江西在林权制度改革中坚持的一条基本方针，也是改革之所以成功的一大法宝。为了确保农民在改革中的参与权和决策权，充分体现绝大多数群众的意愿，江西实行了“以村民小组为基本单元”

的操作办法，把分不分山、怎么分山、分多少山等一切重大问题的决定权都统统交给群众，让村民大会或村民代表会议反复讨论、充分酝酿、民主决策。同时，要求村组必须做到“会议通知签收、召开会议签到、投票表决签名、通过方案签字”，防止事后“反弹”，并确保决策过程的公开、公平、公正。凡未经村民大会或村民代表会议2/3以上多数同意的改革方案一律推倒重来。据调查，全省农民对林权制度改革的满意率达95%以上。一些地方群众感慨地说：“党和政府把这么好的政策给了我们，把分山的权力也给了我们，如果再分不好，那就是我们无能。”

（3）以人为本，让利于民，是改革成功的核心。林权制度改革的实质是利益关系的重新调整，核心在于还利于民、让利于民。为此，江西提出并实施了一系列“减、让、放、分”的政策措施。“减”就是实行“两取消，两调整，一规范”，最大限度地减轻林农税费负担。据统计，2006年全省共减免林业税费14.6亿元。“让”就是对改革前已经流转给林场、企业或承包大户的山林，采取补签合同、提高租金或分成比例等方式，将改革减免的税费70%以上让给林农，全省共落实政策性让利2亿多元。“放”就是通过打破木竹垄断经营，建立价格竞争机制，发布木材价格信息，设立木材交易市场，方便林农直接进入市场交易，使原来被严重扭曲的木竹价格恢复到正常水平。全省原木、原竹销售价格普遍比改革前上涨了50%以上，林木、林地流转价格普遍翻了一番多。“分”就是分股、分利，凡是群众同意暂不分到户的山林都必须落实经营主体，并把股权按人口均分到户，经营收入的70%以上按股分配。这些措施的实施，极大地激发了林农参与改革的热情，确保了改革的顺利推进。

（4）统筹谋划，配套推进，是改革成功的保障。林权制度改革的基础是明晰产权，但要建立林业发展和林农增收的长效机制，就必须有一系列的其他改革措施配套跟进，而不能单兵突进。所以，江西在推进林权制度主体改革的同时，就通盘考虑，研究、推出了一系列的综合配套改革措施，将明晰产权与减轻税费、放活经营、规范流转以及以建设“一个中心，六大体系”为核心的服务保障体系有机结合起来，组建了一批林业产权交易中心，出台了森林采伐管理改革、林业“三防”体系建设、产业发展、林业社会化服务、林业部门自身改革以及鼓励社会资本投入林业等一系列政策措施，从而保证了林权制度改革作用的充分释放和改革的不断深化。特别是借助林权制度改革，积极推动地方政府及其相关部门职能转变，一揽子解决了林业部门长期积累的一系列“老大难”问题，使林业部门的管理职能从过去那种审批收费式的管理转变到了严格执法和周到服务上来。

（5）严密组织，精心操作，是改革成功的基础。林权制度改革政策性强、程序复杂，如果操作不当，就可能引发新的矛盾和纠纷，导致乱砍滥伐，甚至给今后几十年的林业经营管理埋下隐患。为此，江西省把各项工作做得很细致、很扎实。首先是抓好宣传。通过向农民发送公开信、选派工作组进村入户、广播电视反复播放等形式，广泛宣讲改革政策，使之家喻户晓，统一思想认识。其次是明确方法。为此，江西专门制定了《林业产权制度改革确权发证操作规范》，对确权发证的范围、对象、发证机构、林权勘察、林权登记、公示、发证、资料建档、质量检查等十多个环节的工作程序和要求都作了详尽规定，确保改革不出差错，不留后患。三是抓好培训。使每个参与林权制度改革的同志都能掌握政策、学会操作，全省共举办培训班900多期，受训人数达6万多人。省、市、县林业部门还抽调2 300多名干部，组成1 128个督查组，深入改革第一线督查、指导工作。临山勘界要求技术人员、山主双方、林权改革小组成员“三到场”，确保无误。四是先试点、后推开。2004年9月先在7个县（市）试点，试点成功后才在总结、完善其基本做法的基础上于2005年4月在全省全面推开。五是严防乱砍滥伐。改革初期，江西就宣布实行“三个暂停”，即：在改革方案出台之前，暂停木材采伐，防止因政策宣传不到位出现乱砍滥伐；暂停木竹交易，防止木竹经销商趁机低价收购林农木竹；暂停山林流转，防止村组突击流转山林损害群众利益。为确保改革秩序稳定和森林资源安全，全省还同时组织开展了声势浩大的“绿色旋风”一、二号行动和“绿剑”一、二号行动，对改革中可能出现的问题保持了一种压力，前后持续两年多时间，打击和防范了各种破坏森林资源的违法犯罪活动，保证了改革的平稳推进。

三、几点思考和建议

肇始于福建、江西等省的集体林权制度改革，已经演变成一场触及整个林业体制机制的综合改革，从形式上看只是一场林业改革，但其产生的影响、触及的问题以及解决这些问题所需要采取的办法，已经远远超出了林业的范畴，称得上是一次意义重大的农村革命。目前，这场改革正在朝着更深、更广的领域发展，并逐渐成为涉及众多部门的庞大的系统工程。因此，我们必须从更高的层面、更宽的领域、更深的层次来看待它、研究它、推动它。

江西林权制度改革的成效是显著的，但同时也是初步的。调研组注意到，江西林权制度改革后，有些问题正在凸现出来。一是由于取消了县、乡、村所有收费项目，把利益最大限度地让给了老百姓，使得各级地方财政收支矛盾加大，特别是重点林区的乡、村、组，改革后的正常运转受到很大影响。为了确保基层组织的正常运转，江西省在财力比较困难的情况下，安排省级财政转移支付资金10.3亿元，仍然未能弥补改革带来的资金缺口。二是林权制度改革后商品林经营效益大幅度提高，相比之下，公益林则由于补偿标准太低，群众意见较大，纷纷要求退出公益林范围，给生态公益林的保护管理和长远发展带来了巨大压力。三是林权制度改革使集体林的发展机制大大激活，而国有林场的改革严重滞后，反差较大，长期积累的各种矛盾和问题亟待解决。四是林权制度改革后，林业发展活力迅速迸发，使得部分林业法律法规已经无法适应林业生产力发展的要求，需要修改和完善。五是目前林农增收，从本质上看是一种恢复性增长。从长远看，如何帮助林农利用好山林，经营好山林，最大限度地挖掘林地潜力，发展林业生产已成为当务之急。六是分山到户后，林业建设呈现出林权结构分散化、经营主体多元化、经营形式多样化的特征，林业生产建设的组织管理难度明显加大，任务明显加重，如何根据形势变化，大力加强各级林业主管部门及其工作体系建设，也成为一个必须高度重视的紧迫问题。七是怎样依照林业的特点和规律，创新林业经营方式，引导群众开展适度规模经营和生产合作，也必须提上日程。

根据江西林权制度改革的情况，我们认为，在全国全面推开集体林权制度改革的时机已经成熟，但面临的问题也必须引起足够重视，认真加以解决。考虑到这场改革意义十分重大，且已经远远突破了林业自身的范畴，发展成为一场关乎农村经济社会发展全局的综合改革，为此，我们建议：

(1)加强对全国集体林权制度改革的组织领导。一是成立全国集体林权制度改革领导小组。请温家宝总理担任组长，回良玉副总理担任副组长，发展改革、财政、国土、农业、税务、金融、监察、司法、宣传、林业等部门为成员，合力推进这项工作。领导小组办公室设在国家林业局。二是以国务院名义尽快出台《关于加快集体林权制度改革的指导意见》，明确改革的基本原则和相关政策，指导全国集体林权制度改革健康、有序地向前推进。三是召开全国集体林权制度改革工作会议。在全面总结江西、福建等省林权制度改革经验的基础上，于今年下半年的适当时候，以国务院名义召开一次会议，对全国集体林权制度改革工作做出全面部署。

(2)加强对集体林权制度改革的财政支持。一是比照农村税费改革的做法，尽快研究出台中央财政林权制度改革专项转移支付政策。二是对财政困难省份开展林权制度改革给予一次性工作经费补助。三是把扶持种粮的各种优惠政策延伸到林业上来。换言之，耕山林农应当享受与种田粮农同等的政策待遇。

(3)加强对林农发展生产的金融支持。国家金融机构应尽快针对森林资源资产和林业产业发展特点，开发必要的林业金融产品，积极推进“村镇银行”和“小额信贷组织”试点，解决山区农民发展生产的资金困难问题。同时，探索建立森林保险制度。

(4)加强对国家重点公益林保护管理的支持补偿力度。一是提高补偿标准。目前中央财政对国家重点公益林的补偿标准为每亩每年5元，与经营商品林的效益相比，显然不合理，建议国家根据财力状况，逐年提高补偿标准。据测算，公益林的补偿标准近期应达到每年每亩20元。二是积极研究和出台相关政策，允许对公益林进行不影响其生态功能发挥的经营性采伐和科学利用，包括林地利用。三是建立多渠道筹集公益林补偿资金的机制，探索各受益单位承担相应补偿的政策和办法。

(5)加快国有林场改革步伐。长期以来，国有林场为国家经济社会发展和生态建设作出了巨大贡献，立下了汗马功劳，但目前陷入贫困边缘，人员包袱沉，债务负担重，基础设施建设欠账多，林场职工的收入水平普遍低于当地农民。因此，建议国家统筹考虑，尽快出台具体改革政策，重点解决国有林场职工社会保障问题和历史债务问题，加大对国有林场基础设施建设的扶持力度。

(6)推动和引导集体林权制度改革逐步向山区综合开发过渡。相对于农区和平原地区而言，广大山区经济发展水平、基础设施条件以及各项社会事业都明显落后，群众的生产生活条件比较艰苦。帮助山区发展生产，改变山区交通、通讯、教育、卫生、文化等基础设施建设薄弱的状况，应与林权制度改革工作一并考虑，配套施策。

(7)尽快修改《中华人民共和国森林法》及相关法律法规。对林木采伐管理、公益林补偿、林权证抵押贷款、森林保险、森林资产评估资质认定等问题做出新的法律规定。

(8)加强林业社会化服务体系建设。林权制度改革只是解决了林业发展的动力机制问题，要真正实现兴林富民的目标，就必须同时加强管护保障、科技保障、流通保障等工作，建立与林业发展要求相适应的、结构合理、功能齐全的林业中介服务组织，满足农民在资金、科技、市场、信息、技能培训、政策法律咨询等方面的需求。当前，重点是抓好生物防护林带建设工程，这是分山到户后广大农民的共同愿望。

(9)加强林业机构和队伍建设。林业产权制度改革后，广大林农的诉求日益增多，林业管理、执法和服务的任务越来越重，林业部门的工作必须紧紧跟上。为此，需要切实加强各级林业机构和工作体系建设，并不断完善和强化其职能。只有这样，才能担负起推进林权制度改革的历史重任，为推进社会主义新农村建设发挥更大作用。

调研单位：中央农村工作领导小组办公室
国家发展和改革委员会
财政部
中国人民银行
国家林业局
国务院研究室

辽宁省集体林权改革情况调查与思考

为深入贯彻温家宝总理、回良玉副总理关于加快集体林权改革的指示精神，全面落实国家林业局厅局长会议和北方八省集体林权改革座谈会议精神，我们围绕集体林权主体改革和相关配套改革的开展情况进行了调研。调研反映出，辽宁集体林权改革，得到了绝大多数干部群众的拥护和支持，基层干部满意，群众满意，特别是广大林农满意率达到98.86%。实践充分证明，集体林权改革得民心、顺民意，是农村改革的继续、深化和完善，是农村生产力的又一次大解放，是破解“三农”问题的有效途径，也是实现资源得保护、产业快发展、生态多功能、林业高效益的重要措施，对于加快林业现代化进程，推进社会主义新农村建设，构建社会主义和谐社会，具有重大的现实意义和深远的历史意义。

一、集体林权改革的进展与成效

辽宁省集体林权改革工作，按照省委、省政府的统一部署，在国家林业局的具体指导下，历经两年多的时间，已经形成了各级党政领导亲自抓，相关部门密切配合，林业部门全力以赴，广大群众积极参与的喜人局面，并取得了较好的成效。特别是温家宝总理视察辽宁林改并给予充分肯定后，给了各地极大的动力，进一步促进了林权改革的深入进行。

到今年9月底统计，全省共完成确权到户主体改革面积6 523万亩，占应改面积的82%；签订合同267万份；调处纠纷8 929起。全省已有8 266个村完成改革，310万农户、1 155万农民参加了林改，改革所取得的成效也初步显现。林改唤醒了沉睡的山林，让山区的“一潭死水”变活了，集体林业大发展、快发展、真发展的喜人局面正在形成，给林业和农村社会发展带来了盎然的生机和活力。

（1）改革明晰了产权，广大林农作为林业经营的主体得到充分体现，造林积极性得到充分调动。调查过程中老百姓说，过去不关心造林，因为那是集体的，现在山林归自己的了，谁也不愿意让自家的宜林地闲置着。调查问卷中85%的农民回答：过去是“要我造林”，现在是“我要造林”。林改前每到春季造林季节，层层开会，会战造林，结果是造林成本越滚越大，行政管理成本越来越高，造林质量还难保证。林改后，植树造林出现了四个可喜变化：一是群众自愿、自发、自费造林。铁岭县白旗寨乡阿达村86户农民，今春每家每户都上山造林，共造林560多亩。开原市靠山镇今年造林8 000多亩，是林改前的1.5倍，成活率达到90%以上，为近年最高。抚顺县章党镇今春300多农户购买苗木60余万株，造林4 000多亩。普兰店市夹河镇一户村民，以4万元承包了200亩荒山，今春投入3万元栽植4万多株苗木，由于天旱，目前已浇了3遍水，仅浇水一项就花费近5万元。调查中这样的事例每个乡每个村几乎都有，比比皆是，举不胜举。二是林地的造林利用率提高。林权到户后，家家户户在疏林地、零星地块、林间空隙和林冠下造林，凡能栽的地方都栽上树。桓仁县二棚甸子镇今年已无大块地可造，一家一户的都是在林缘隙地上造林，有的仅二三分那么大的一个地方，农户也要买几十棵苗造上林。义县高台子镇境内四条河流两侧的河滩林地林改后全部造上林了。由于农民造林积极性空前高涨，林木种苗价格大涨，落叶松、红松、刺槐等主要造林树种的苗木价格比去年上涨了30%～50%，开原、新宾等地的农民还到吉林的通化等地购买苗木。三是造林的质量明显提高。以宽甸县为例，林改前造林主体国有、集体占33.2%，私有占66.8%；林改后造林主体国有、集体占7%，私有占93%，成活率达到98%以上。而且，过去山脚下栽的都是好苗子，以便应付检查，现在好苗子都栽在山上，以免牲口糟蹋。法库县公主陵村，改革前有的地块集体造林造了三四年也不见成活，改革后分到农民自己手中，不但林子都造上了，而且成活率非常高。四是营林工作得到普遍重视。过去赔钱不愿做的幼林抚育、透光抚育、卫生抚育，现在开始做了，而且多数群众积极性较高。

（2）有效拓宽了林区群众致富的空间，增加农民收入得到有力保证。在调研中走访的林农中了解到，为了达到既保护资源、又增加收入的目的，很多农民不再把眼光仅仅盯在砍伐林木上，而是千方百计发展林下产业，通过山林来增收致富。本溪市60%以上的承包户都发展或规划了林下产业项目，今年桓仁、本溪两县新发展红松果材兼用林均超过10万亩。桓仁县二棚甸子镇四平联村，林改后一年就向林地投入1 500万元，新发展林下参1 500亩，现全村人均林下参已达6.5亩，他们认准山林就是今后致富的出路。本溪县东营房乡洋湖沟村改革前每年来自林业的人均收入为2 600元，改革后为3 000元；改革前全村只有11户搞林下产业，改革后有186户发展林下产业，占总农户的81%，发展五味子、刺龙芽、林下参等中草药和山野菜9 000多亩。抚顺县后安镇确权到户后，发展林地经济积极性空前高涨，林下参、刺五加、地龙骨面积达1.1万亩。新宾县榆树镇罗圈村采取反租倒包、集中开发的形式，划定林地经济发展区域，农民自愿投资，今年发展大叶芹等山野菜150亩。林改引发了山林的全面升值，刺激各种生产要素开始向林业流动，积聚了林业发展的动力，林业产业发展速度加快。林权改革也拉动了木材价格上涨和林地林木升值，使得农民来自林业的收入大幅度增加。改革后，现在每亩天然林转让价格达到400元左右，林地使用费每年每亩平均增长到15元，分别比林权改革前增长2～3倍；落叶松木材价格增长1倍左右。

（3）激活了林业生产要素，拉动了资金投入的增加，有力促进了林业发展。林改后，社会投资林业的热情空前高涨，各种生产要素迅速向林业聚集，广大林农由林改前的“不敢投入”转变为“舍得投入”。宽甸县林改前年投入产业方面(主要指中药材)的资金746万元，林改后年投入产业方面(主要指中药材)的资金1 680万元；林改前年投入营林方面的资金1 930万元，林改后年投入营林方面的资金3 412万元。北票市五间房镇大蓝旗村农民郭春雷承包河滩地200亩，今春投入16万元，栽植了速生杨，并投入4万多元购买了灌溉设施，持续灌溉，田园式管理，成活率达到99%。建昌县逮杖子村闫德庆，今春花高薪聘请技术专业队，对自己分到的500亩山杏全部高接换头嫁接成大扁杏，又投资5万元建管护房、打井、配齐机泵管带；该县盘龙村的梁正福花10万元在自己分到的河滩地上修建起了护林大坝，将100亩低产林全部改造成了速生丰产林。桓仁县铧尖子镇川里村改革前每年投入林业建设资金不到9万元，人均不足30元，改革后不到两年时间，全村投入林业建设资金达180万元，年人均向林业投入320元，投入额度是改革前的10多倍。彰武县前福兴地乡徐家村今春每个造林户都采取施肥措施，平均每亩施农家肥500千克，追施尿素20千克，平均每亩投资300元。

(4)有力地促进了森林保护，强化了生态建设。分山到户后，农民对山林资源十分珍惜，看作是建在山上的“绿色银行”，是增值潜力很大的“成长股”，是“未到期的高息存折”，保护的意识普遍增强，“看好自家山、管好自家林”成为农民的自觉行动。调查中了解到，林改后各地除了护林员管护森林资源，群众也自觉地参与进来。一方面分山之后自己的东西怕被别人偷了，另一方面分山之前怕集体的被别人偷了，自己分不到好林子。因此，这一个时期林区的治安形势是历史上最好的时期。主要表现是：一是林改之后家家是哨所，人人是哨兵。清原满族自治县大孤家镇王小堡村，村民们为了管护好分到手的林子，制定了乡规民约，禁止羊群上山，以组为单位看护山林的人员增多了，每天上山护林的达30多人。二是木材流通发生变化。宽甸县初步统计，林改前一年木材流通领域刑事案件发生7件，行政案件发生507件，林改后，2007年刑事案件仅发生1件，行政案件发生216件，木材流通案件大幅度减少。原来基层木材检查站是“生意兴隆”，现在是“门前冷落”。三是乱砍盗伐案件明显减少。北票市五间房镇林改后林业案件下降了一半多。宽甸县林改前一年刑事案件发生40余件，行政案件发生230余件。林改后，2007年刑事案件发生10余件，行政案件发生80余件。四是森林管护的社会成本降低。昌图县傅家乡过去每个村5个护林员，但破坏林木的事件时有发生，现在1村1个护林员，破坏林木现象一次没发生。林改前一到冬季，各地围堵乱砍盗伐和非法运输木材，需要抽调大量人力，每年费用几十万元，现在这样的事情很多地方不用做了。

(5)历史遗留问题得到较好解决，维护了农村社会稳定，促进了农村社会和谐。辽宁省进行过多次集体林改革，许多历史遗留问题都未能得到妥善解决，甚至还引发了新的矛盾和问题。在这次改革中，各地依据相关法律和政策，通过重新界定、调解、调整、完善等措施，对群众普遍关注的山林权属纠纷、山林流转不规范等问题进行了调处，过去遗留的“无主山”、“大户山”等诸多矛盾和问题大多数得到较好的解决，得到了广大林农的真心拥护和热情支持，维护了农村社会稳定，促进了邻里关系和谐。朝阳县根德营子乡根德村过去由于林地界限不清，法庭4次调解、2次判决一直执行不了，这次林改确权解决了。义县白庙子乡灰山村一费姓兄弟二人，因以前承包山林界线有争议，哥俩结下恩怨多年，这次林改确认了两家的山林界线，调解了纠葛，兄弟二人重归于好。调研中了解到，已经完成林改的村，林权纠纷都得到了妥善的解决，基本没有因为这次林改而引发上访事件。过去山林纠纷不断，上访频繁，林业局忙于应付，干群关系紧张。这次改革对历史遗留的林权纠纷问题进行彻底解决，根治了产生纠纷的根源，群众满意，乡村干部高兴，乡村领导干部威信有了明显提高，农村干群关系明显改善。

(6)林改进一步增强了农民的民主意识，推进了农村民主化进程。此次林改中，广泛宣传林业法律法规和林改政策措施，依法进行，程序公开，发扬民主，充分尊重群众，阳光操作，保障了林农的知情权、参与权、决策权和监督权，整个改革过程充分体现了民意，实现了民主。调查问卷中，群众对林改政策100%回答非常了解，林改方案100%回答征求了意见，林改操作100%回答公开透明，林改结果98.86%回答满意。有的村因一个林改方案就开了六七次村民代表会议，改革的主体、改革模式、收费标准、资金使用等都要交给广大村民代表讨论，凡是涉及村民利益的事情都得通过村民代表大会或村民大会才能决定。此次林改实际上是一次以与老百姓切身利益关系最密切的事情为载体，对他们进行的一次全面、深入、生动的民主法制教育，提高了广大群众的民主意识，提高了村民自治水平，使农村政治建设向前迈出了一大步，使干部懂得了依法行政，群众懂得了依法维权。林改从源头上铲除了村干部腐败的土壤，村干部作为村集体内部成员，与群众一起公开透明地参与分山分林、村务公开、村民票决，有效地杜绝了部分村干部“暗箱操作”乱卖山、乱花钱的现象。在调查走访中，很多林农都深情地说，多年来，村组已没有像现在这样开过会，老百姓没有像林改这样行使过自己的民主权利。

(7)进一步促进了林业及相关部门职能的转变，拓展了服务空间。通过改革，各级政府及其相关部门的执政理念和服务方式发生了深刻变化，执法、管理、服务三大职能进一步加强。本溪市林业部门与市财政局联合制定了《以林抵押贷款利息财政补贴管理办法》，并与市农村信用联社积极开展了以林抵押贷款业务，现已放款4 000多万元，减轻了农民资金的压力。宽甸县组织建立了林业要素市场，开设了林权登记管理、森林资源评估、林木交易、林业法律咨询与科技服务等“五中心”，以及林业行政综合管理和林权抵押贷款“两窗口”，强化了执法、管理和服务。调查中得知，春季造林期间，很多地方的乡镇林业站都在积极为广大林农提供优质苗木，帮助进行造林设计、林业产业规划，并为林农提供政策和技术咨询服务，做到事事有回音，件件有答复，极大地方便了林农。林改还催生了一系列新的合作经济组织、社会化服务组织和农民自律自治组织，担负起过去由政府和林业部门管不了、管不好的事，为政府部门转变职能创造了条件。宽甸县引导农户组建新型经济合作组织，如双山子镇四平村十组大木柱家庭合作林场、红石镇大久村小栗子沟股份合作林场，这两个林场都有管理章程，有林木采伐、林地经济利润分配方案和森林经营方案，运行很好，股民满意。同时，林业部门从繁重的造林管理中解放出来。林改较快的辽东9个县，林业部门今年没有往年那种层层落实造林责任制，改变了一级压一级的管理方式，把工作重心转移到宏观指导、行政执法、公共服务上来，转移到如何更好地为林业经营者服务上来，促进了职能的转变。

二、当前存在的主要矛盾和问题

这次调研深深感到，辽宁省集体林权改革的成效是显著的，但同时也是初步的。产权明晰后，一些问题正在突显出来，必须引起足够重视，认真加以解决。

(1)有些政策束缚了林业的快速发展。林权改革后，林业发展活力迅速迸发，使得部分林业法规、政策、技术规程、标准等已经不适应林改后新形势下林业生产力发展的要求，急需修改和完善。一是现行的林木采伐政策不适应林改后的新形势要求。林改后林农对自己的树木和林地格外上心，都在思考着怎样提高林分质量，发展林下经济，但都感到受制于现行的采伐政策限制，有点力不从心。特别是商品林经营放而不活的现象，在一定程度上阻碍了林业的深度发展，最直接的表现就是采伐限额问题制约了商品林的经营与流转，加上指标分配使用等亟待完善改进，设计、审批程序亟待简化、方便林农，赋予林地、林木所有者以更大的自主权。调查中，61%的农民希望尽快改革采伐政策。他们说，林改后虽然享有了山林的所有权，但经营权、处置权和收益权却大打折扣，严重影响了林农发展林业的积极性。二是有关商品林和公益林经营技术规程亟待修改完善。尤其对技术规程中天然柞树林更新规定主伐龄确定120年，基层反映不符合实际；抚育以单位面积采伐蓄积为标准不够科学等。三是林改后亟需规范森林资源流转。目前辽宁省有关森林资源流转的相关配套规定、措施严重滞后，缺乏林业资源价值评估、交易登记机构等，造成森林资源流转不规范，致使林农在交易中受损，这将成为林改后稳定形势的一个隐患。调查中，14%的农民有流转意向。有些地方林改尚未结束，已出现不规范的森林资源流转，山林倒卖、炒卖问题在一些地区已经出现，有些林农由于认识不足，将面临失去林地的危险。据抚顺市统计，目前私营林场经营面积2 000亩以上已有150多家，经营面积70多万亩，森林蓄积340多万立方米，分别占集体林总面积和总蓄积量的7.5%和9%。因此，对生活来源主要依靠林业的山区农民的林地流转，急需加以引导，防止农民失地。四是公益林的划分不尽合理，补偿标准低。林改后公益林的问题突显出来，有的是把农民的自留山划成公益林，有的是把适合发展经济林的林分划成公益林；有的市、县公益林比例过大，如丹东、朝阳等市公益林比例很大，而且公益林现行补偿标准相对比较低，农民保护建设公益林的积极性受到影响。

(2)林业部门的服务职能急需强化。一是林业部门服务能力亟待提高。林改后，林业建设呈现出林权结构分散化、经营主体多元化、经营形式多样化的特征，林业生产建设的组织管理难度明显加大，任务明显加重，尤其对林业部门在管理服务、政策服务、技术服务、信息服务等方面提出了更高的要求。调查中，27%的农民提出希望得到技术、信息等方面的服务。特别是辽西北地区的农民，希望省级林业科研院所进一步加强林地经济发展等方面的研究，创新经营、开发的模式，提高生态效益的同时，增加农民收入。林业部门如何根据形势变化，大力加强各级林业主管部门及其工作体系建设，成为当前和今后一个必须高度重视的紧迫问题。二是基层林业建设薄弱，很难适应新形势、新任务的要求。林改后，基层林业部门将面对的是千家万户，工作量成倍增加。然而基层林业建设薄弱，特别是基层林业工作站问题目前十分突出，部分县、乡撤销了林业工作站。同时，林业站普遍存在缺少技术人才、缺少经费、基础设施落后、工作人员工资过低等问题。如沈阳市、锦州市(义县除外)已撤销了林业站，只有1人负责林业(沈阳的在农业综合办，锦州的在农业综合服务中心)，有时还被抽去做其他工作。抚顺市基层林业站47个，工作人员362人，其中50%多是非专业人员。本溪市合乡并镇后，原有林业站技术人员多数没聘上，现聘的一些人多为乡镇机关改革分流人员和其他农口事业站人员，熟悉林业工作或是有林业专业学历的不多，难以适应改革后的工作需要。三是基层林业部门很难为农民提供方便快捷的服务。比如林木采伐设计必须得经过县林业调查设计队，由于一些县(市、区)林业调查设计队现有的人员编制较少，无法保证农民林木采伐的设计需要，有的春天申请设计到秋天才能排上号。特别是林改后农民的林木采伐多为散小地块，林业调查规划队收取的设计费够不上设计成本，不愿单趟设计，往往是一个村或一个乡集中一起搞，造成了农民的林木抚育、采伐不能及时设计。四是林改经费严重不足，难以满足林改的需要。据抚顺、铁岭等地测算，林改按面积计算，每亩林地改革后需经费1.2~1.5元，而现在每亩林地改革经费只有0.4元。由于林改工作量大，所需经费较多，各地普遍感到林改经费不足，这已成为影响林改进度、确保林改质量的重要因素之一。

(3)林农面临一些亟待解决的问题。一是分山到户后，相当部分林农所得林地面积较小，分布零散，位置较远，经营难度较大，亟待乡镇政府和林业部门给予必要的指导和帮助。特别是辽西地区以山价分配林地的乡村，往往容易形成“马太效应”。分得森林资源较好的林农经营积极性很高，分得资源较差的林农经营缺乏积极性，可能出现部分林户积极投入生产，还有部分林农可能选择消极经营。因此，怎样依照林业的特点和规律，帮助林农利用好山林，最大限度地挖掘林地潜力，兴林富民，使广大林农得到更多实惠是今后的重要课题。二是林农急需资金扶持。调查中，60%的农民希望尽快出台资金扶持政策，开展以林抵押贷款和政府给予贴息等，帮助广大农户解决资金困难。三是农民获得采伐指标十分困难。基层反映，多年来林木采伐限额掌握在少数人手中，个别地区掌握在党政领导和大户的手中，少数大户采伐量占整个乡镇的大部分指标，农民排不上号。四是林改后盗伐林木出现新动向。林改后，山林有主，管护加强了，加之木材价格大幅上扬，受利益驱动，盗伐林木出现了新的动向，开始转向盗伐国有林场、自然保护区和集体预留的交通方便、价值较高的那一部分林木。

三、深化林权改革工作的思考和建议

经过调查分析，认真研究，主要如下几点思考和建议：

(1)进一步加强对改革的领导和指导。全省集体林权改革正处于主体改革攻坚、配套改革即将全面展开阶段，改革任务仍十分艰巨，在分类指导上，继续加大对集体林权改革的领导和指导力度，特别在林改进展迟缓地区、在薄弱环节上、在破解林改难题上还要加大力度，在各项深化改革的政策、措施落实上下功夫，确保到年末主体改革实现四个80%的目标。在积极推进主体改革的同时，应统筹安排配套改革措施，加快推进综合配套改革试点工作，进一步提高林改质量，取得更大实效。建议在国务院尽快出台《关于集体林权制度改革的意见》，进一步加强林权改革工作，真正使林权改革成为各级党委、政府的重要工作内容，加大领导力度、协调力度和推进力度。

(2)尽快修订现行的林业政策法规、规程和技术标准。要结合实际对林木采伐管理、林权抵押贷款、森林资产评估资质认定等做出新的规定。一是尽快修订有关的林业技术规程。按照现代林业、多功能高效林业发展的要求，尽快修订辽宁省公益林和商品林经营技术规程，科学界定单位面积的保留株数和抚育、采伐标准，包括有关数表的编制，更好地适应市场经济发展的需要。二是积极研究制定《辽宁省森林资源流转办法》、《森林资源资产评估办法》，建立健全林地、林木流转和评估制度、私有林经营权益保护制度、林权变更登记公示制度等；建立林业产权交易中心，完善评估机制，规范各类林权交易，提供林权流转信息，组织协调流转后的跟踪服务。三是及早出台《辽宁省林地管理条例》，迅速建立征占林地专家评审制度和林业部门预审制度，逐步形成事前审批、事中监督和事后检查的制度，实现林地的用途管制。四是要以森林资源调查技术队伍为基础，组建森林资源评估机构，负责流转双方的交易资产的评估，积极开展森林资源资产评估师资格认证，健全相配套的评估、登记制度；并建立森林、林木和林地流转交易中心，建立规范有序的流转市场，加强对森林资源流转的监督和管理。

(3)进一步放活商品林、搞好公益林经营。林改后如何落实林农对林木的处置权是关系改革成效的关键。应积极研究和出台相关政策措施，放开限制，放活商品林、搞好公益林经营，改革指标分配方式。一是放活商品林经营。在坚持森林采伐限额管理前提下，建议国家林业局对商品林经营和采伐管理应进一步放活，按照分类经营的要求，给予生产者相应的采伐经营自主权，简化程序，尤其是采伐指标应允许串到下年使用；人工营造的工业原料林、经济林应当逐步减少采伐限制。为加快政策出台的进程，建议结合现代林业建设，开展采伐管理改革试点工作，放宽限制，搞活经营，提高森林的效益。二是搞好公益林的经营。在不影响其生态功能发挥的前提下，应允许适度、适时进行抚育间伐和卫生伐，允许进行经营性采伐和科学利用，对天然成过熟林应允许逐年进行小块状、条状间伐或轮伐，包括病死木站杆木清理和林地的科学规划利用。三是逐步改变指标分配方式。应积极引导多林地区以村为单位、少林地区以乡为单位科学编制森林经营方案，按照“以森林资源为基础，以森林经营方案为依据，科学安排采伐”的思路，使林木采伐限额分配与经营方案相一致，经营目标和经营措施与限额指标落实到农户、山头和地块，实现公开、公正、透明。四是要加快推进低质、低效、低产林改造速度和成过熟林更新力度，尤其对辽西北地区的小老树和成过熟农田防护林，应放宽政策，为加大力度，扩大试点，逐步推开，让广大农民真正得到实惠。

(4)加强对林农发展生产的金融支持。随着改革的深入，集体林权基本明晰，林权证将逐步发放到位，资源流转市场逐步建立，林农发展生产急需加大资金扶持力度。一是要加快建立以林抵押贷款制度。省林业厅将积极与省农行、信用社等金融部门协调，针对森林资源资产和林业发展特点，及早开展以林抵押贷款业务，特别是林业小额贷款，研究制定林业小额贷款实施意见，并在降低贷款利率、简化贷款手续、化解贷款风险上下功夫，解决目前普遍存在的林农贷款难、周期短、利率偏高等问题，使千家万户林农这个弱势群体能够贷到款，加快林业生产的发展。二是积极探索森林保险业务。建议国家林业局按照“低保费、低保额、保成本”的原则，探索开展森林保险业务，逐步建立森林保险制度。三是提高生态公益林补偿标准，并实现直补农民。农民建议，现阶段生态公益林每亩补偿标准应提高到10～20元。同时，基层干部建议在每亩补偿费中，应拿出0.5～1元用于少数护林员和监管员的开支，其余全部给农民直接补偿，作为补植、抚育和管护费用，确保农民得实惠，资源得保护。

(5)加快社会化服务体系建设力度。林权改革只是解决了林业发展动力和机制问题，要真正实现兴林富民的目标，还要按照服务组织网络化、行业协会专业化、中介机构社会化的要求，建立与林业发展要求相适应的林业合作化经济组织、协会、中介服务组织。一是建立服务中心。在县级建立服务中心、乡镇建立服务协会、村建立服务分会，形成县乡村一体化、互动互联、网络化的服务构架，以满足林农在资金、科技、市场、信息、技能培训、政策法律咨询等方面的需求。二是建立林业中介服务组织。要加强管护保障、科技保障、流通保障等工作，面向社会，建立与林业发展要求相适应、结构合理、功能齐全的林业中介服务组织。包括森林资源评估、林木检尺、伐区设计等中介机构，为林农提供较为方便、优质的服务。三是建立农民合作经济组织。在明晰林权、林农自愿和明确利益分配的基础上，应科学引导林农以家庭联合经营、委托经营、合作林场、股份制林场等形式，积极培育和发展一批新型的林业合作经济组织，提高林业经营的组织化程度。如抚顺县后安镇2000年进行了联户形式改革，现已形成了诸多私营林场型的合作经济组织，其中每个组织为7～12户，经营面积2 000～3 000亩，不仅林地经济发展迅速，而且每年采伐指标100～150立方米，各户均利，群众满意。

(6)积极推动林业产业升级。林改后关键是要正确处理好兴林与富民、保护与利用、生态与产业的关系，科学引导林业产业发展。一是加强科学指导。要积极研究制定《辽宁省林业产业发展导则》、《全省林地经济发展规划》和适合市县乡镇林情的林地经济发展规划(项目方案)等指导性材料，进一步明确鼓励什么、限制什么、淘汰什么，哪些地方适合发展什么产业，利用程度，科学指导各地林业产业健康发展。二是加大扶持力度。加强林地经济政策体系研究，大力扶持林业产业基地建设。最近国家林业局、发展和改革委员会、财政部等七部委联合出台了《林业产业政策要点》，建议应在加强政策引导的同时，加大资金的扶持力度，增加林业产业的资金投入。三是加强林业龙头企业的引导和培育。国家林业局和各省要重点抓一批牵动力大、覆盖面广的龙头骨干企业，应实行贷款贴息制度，鼓励林业加工业的发展，引导林业产业向市场化、专业化、集团化方向发展，带动林业产业基地建设。

(7)加强基层林业站建设，促进职能转变。林权改革后，广大林农诉求日益增多，林业管理、执法和服务任务越来越重，要求越来越高，基层林业工作必须紧紧跟上，不断转变完善强化工作职能。因此，建议应高度重视基层林业站建设，加大对林业“三防”体系、林业站等基础建设的力度，完善工作职能，解决人员编制，特别是乡镇林业工作站应作为县级林业主管部门的派出机构，建立新的管理体制，多林地区应实行一乡一站，其人员工资和工作经费应纳入县级财政预算给予保障，促进林业站力量的充实，人员结构的优化，队伍素质的提高。还应重视林业站基础设施建设，把数字林业延伸到林业站，进一步方便农民，提高办事效率。同时，应用好管护队伍。通过精简和培训，把护林员变成多面手，即林业政策宣传员、产业技术指导员、护林防火队员、市场服务信息员、经营抚育设计员。

(8)多渠道筹措资金，保证改革顺利进行。一是加强集体林权改革的财政支持。建议国家应从财政列出集体林权改革的专项资金，用于各省集体林权改革。同时，建议国家和各省有关部门适当提高林权证发放收费标准。三是在林权抵押贷款和森林保险业务起步阶段，各级财政应安排专项资金，用于林业小额贷款贴息和森林保险补贴，特别是用于林农发展生产的贷款贴息上，进一步促进林农增收，林业增效。

(9)加快林业行业职能转变。林改以后林业行政主管部门的职能将有所改变，很多方面必须及时加强。一是加强综合执法。这是《中华人民共和国森林法》等有关林业法律法规赋予的职责。要不断进行执法职能的综合完善，积极探索林业综合行政执法的新模式，强化依法行政，提高执法效率。二是加强行政监管。林业主管部门应把“管理”为主转变为管理和监督并重，创新管理方式和管理手段。特别是要下放管理权限，强化监督职能，尽可能简化、下放审批手续，如采伐设计等都可以下放到乡镇，既便于执行，又方便群众。三是加强便民服务。应侧重于种苗造林、森林经营、产业发展、技术推广、防火防虫等工作，为广大农民提供政策、技术、信息、咨询等方面的服务，为林业发展和农民致富创造宽松的环境。

（辽宁省林业厅厅长：王文权）

坚决推进　稳妥实施　积极开展集体林权制度改革

河北省环绕京津，是首都的门户和生态屏障，林业建设事关京津地区生态安全。河北省有林业用地面积12 872万亩，占国土总面积的45.7%。从林业用地权属构成看，国有林业用地面积1 219万亩，占9.5%；集体所有林业用地面积11 653万亩，占90.5%。改革开放以来，河北省先后推行了林业“三定”、“四荒”拍卖等形式的集体产权改革，对加快林业发展、构筑京津绿色屏障发挥了积极作用。但是，仍有近50%的集体林地由农村集体经济组织统一经营管理，存在责任主体不明确、经营机制不灵活、利益分配不合理等问题。为进一步调整和理顺集体林经营机制，动员全社会力量，加快绿化步伐，促进林业发展，2005年，河北省政府决定在全省范围内进一步推动集体林业产权制度改革，印发了《河北省人民政府关于进一步推进集体林业产权制度改革的意见》(冀政[2005]97号文)，决定从2006年起，利用3年时间，全面完成河北省新一轮集体林权制度改革。

一、改革内容

(1)编制林地保护利用规划。由各级林业主管部门按照《中华人民共和国土地管理法》、《中华人民共和国森林法》等法律法规的规定，会同有关部门，根据本行政区域国民经济和生态环境建设需要确定林业发展目标，参照森林资源规划设计调查(二类调查)成果编制林地保护利用规划，经上一级林业主管部门审核同意后，报本级人民政府审批并由各级人民政府组织实施。目前，全省172个有林改任务的县(市、区)已全部完成县级林地保护利用规划编制和政府审批工作。

(2)明晰集体林业产权。对本次改革前已经明晰林地使用权和林木所有权的集体有林地或宜林地，已经按照合同完成造林绿化任务的，保持林地使用权和林木所有权稳定不变。对仍由农村集体经济组织统一经营管理的有林地和宜林荒山荒地，可以按人口分包给农村集体经济组织成员或由农村集体经济组织成员联户承包；可以通过承包、租赁、拍卖等形式确定由本村集体经济组织成员或其他经营主体经营，所得收入按规定在农村集体经济组织内部进行分配；也可以采取“分股不分山，分利不分林”的形式继续由农村集体经济组织统一经营，但要将现有的林地、林木折股分配给农村集体经济组织成员均等持有，收益按股分配。目前，集体经济组织成员通过民主决策的方式共明晰集体林地产权6 527万亩。

(3)依法核发林权证。集体林产权明晰后，由县级以上人民政府和林业主管部门按照森林法律法规规定，依法进行林权登记，确认所有权或使用权，核发或换发国家林业局统一监制的林权证。权利人提出林权登记申请前，要与四邻明确界线，经四邻签字认可并经农村集体经济组织和乡(镇)人民政府签署意见。明确界线困难的，由县(市、区)林业主管部门、乡(镇)人民政府和农村集体经济组织帮助明确。目前已新核发或换发林权证47.9万份。

（4）落实林业优惠政策。确认由个人和其他经营主体经营的宜林地，优先安排造林投资计划。个人或其他经营主体承包、租赁宜林地完成造林绿化后，优先列入森林生态效益补助范围。人工经济林、人工薪炭林采伐不纳入森林采伐限额和木材生产计划管理，商品用材林权利人有权自主确定林木的采伐年龄和采伐方式。清理规费，林业收费项目（含基金）由原来的 27 项减少为目前的 7 项。调减育林基金征收标准和分成比例，采伐销售木材按销售收入征收育林基金的标准由 12% 调减为 6%；扑救森林火灾、防洪抢险采伐林木的，免缴育林基金；生产销售干鲜果品的，免缴育林基金，做到还利于民，让利于基层。育林基金分成比例由原来的省 10%、市 20%、县（市、区）70% 改为 100% 留归县（市、区），用于恢复和扩大森林资源。

（5）规范森林、林木和林地使用权流转。在明晰集体林产权的基础上，鼓励森林、林木和林地使用权的合理流转。县级以上人民政府和林业主管部门完善流转体系，做好流转服务工作。条件成熟的可以组建林业产权市场，为有流转需求的各种主体搭建交易平台，提供政策咨询、林权变更登记、信息发布和资产评估等服务。

二、主要做法

（1）党委政府重视，主要领导抓林改。河北省委、省政府领导高度重视集体林权制度改革工作，郭庚茂省长和宋恩华副省长亲自出席 1 月召开的全省集体林权制度改革工作电视电话会议，对林改工作进行动员部署；宋恩华副省长多次深入基层调研林改工作和做出重要批示，还亲自主持全省集体林权制度改革调度会，进行周密调度和部署；省政府常务会议两次专题研究集体林权制度改革工作，将集体林权制度改革作为省政府 2007 年重要工作举措和重大专项工作，要求在年内基本完成；7 月份召开了全省集体林权制度改革调度会，调度林改工作，形成了高位推动的有利局面。省、市、县、乡分别成立了政府主要领导或主管领导任组长，林业、财政、发改、国土、交通、水利、农业、广电等有关部门负责同志参加的林业产权制度改革领导小组，层层动员部署，出台改革政策和实施方案，全力推进林改工作。

（2）部门精心组织，周密安排部署。在省政府的统一安排部署下，各级政府积极开展集体林权制度改革工作。林业部门作为各级政府林改领导小组的办事机构，积极发挥主管部门作用，认真履行职责。一是制定下发了《河北省集体林业产权制度改革工作方案》，对改革主要内容、工作步骤、检查验收标准、工作要求和保障措施提出了具体明确的要求。二是省林业局把林改工作列为 2007 年全省林业三大工作重点，列入 2007 年省林业局对各市林业工作考评的主要指标。三是组织省林业规划设计院的专家，分成 11 个指导组，对各设区市编制林地保护利用规划工作进行专业指导。四是借全省集体林权制度改革政策业务培训班之机，对全省 11 个设区市、153 个县（市、区）林业部门进行了系统内的再动员、再部署。各设区市、县（市、区）政府和林业部门也通过制定林改方案、召开调度会等形式安排部署林改工作。

（3）广泛开展宣传，营造舆论氛围。省林业局先后与河北日报、河北电视台、河北人民广播电台等省内主要媒体共同策划，对集体林业产权制度改革工作进行了宣传报道。省林业局武国堂局长等局领导先后做客“三农最前线”、“世纪乡风”和“阳光访谈”等节目，宣传林改意义，解读林改政策，与群众面对面直接交流。与央视七套“绿色时空”栏目联合制作了“柿林深处有人家”节目，宣传林改试点成效。在“河北林业网”开辟了“林业产权改革”专栏，扩大林改政策知晓面。组织开展了“市县长谈林改”系列宣传活动，各地还充分利用广播电视、报纸、明白纸、村公开栏等方式，宣传改革的目的意义、法律法规、优惠政策，积极营造舆论氛围。

（4）分级组织培训，提高队伍素质。按照“分级负责”的原则，省林业局分两期举办了全省集体林权制度改革政策业务培训班，对 11 个设区市的林业局长、主管局长、林政科长和 153 个县（市、区）的林业局长、业务骨干共计 400 多人进行林改政策业务培训；8 月份，国家林业局林业改革领导小组办公室、河北省林业产权制度改革领导小组办公室在石家庄联合举办了河北省集体林业产权制度改革县（市、区）长培训班，对 11 个设区市林业局主管局长，主管林改工作的科（处）长，55 个林改重点县（市、区）的主管县（市、区）长、林业局长进行了培训。组织编写了系列培训教材下发全省。在改革工作步入明晰产权阶段以后，为使广大林农做到学政策、懂政策、用政策，使所有林改工作人员规范操作、阳光作业，省林权制度改革领导小组办公室组织编印了《河北省集体林业产权制度改革政策问答》100 万册，发放到全省有林改任务的 47 000多个村。各设区市、县（市、区）根据工作需要，采取集中授课、以会代训、参观学习、经验交流等形式，层层进行培训，培训人员 16.4 万人次，有效提高了各级林改工作人员的政策业务水平。

（5）强化督促指导，确保改革质量。一是组织林改督导调度专项活动。省林业局举全局之力，组成 7 个林改督导组，分别由局领导班子成员带队，有关处室主要负责同志为成员，对全省 11 个设区市实行“固定包市”，一包到底，直到所负责的市完成任务为止。10 月上旬，省林业局专门召开调度会，调度林改工作。二是建立和落实有关制度。制定了“集体林权制度改革信息周报制度”和“林改进度定期通报制度”，变“普遍号召”为“典型带动”，用好的典型出经验、出模式，并在“集体林权制度改革情况交流”上予以表彰和推广；对落后的典型通过全省通报的形式进行鞭策和激励，促使他们尽快迎头赶上。三是明确奖惩措施。把集体林权制度改革作为 2007 年对各市林业工作考核评价的主要指标，实行“三挂钩”，即林改工作与项目资金分配挂钩、与绿化评比表彰挂钩、与审计稽核挂钩，督促各地全力以赴抓林改。

三、初步成效

（1）群众造林绿化的积极性明显提高。集体林权制度改革全面启动以来，有效激发了广大农民和社会各界造林绿化的积极性，“选好苗、种活树、育成林”成为农民群众自己的事，“年年造林不见林”的不良局面得到了有效改观。

（2）社会资金开始向林业聚集。通过明晰产权，确权发证，实现了责、权、利三者的有机统一，既解除了造林者的后顾之忧，又解决了林木管护难的问题，让群众吃上了“定心丸”，使农民敢于向林地投资，舍得向林业投入。易县西陵镇太平峪村郭玉林，2004 年联户承包荒山 300 亩，承包后治理进展缓慢，2006 年林改拿到林权证后，调动了开发治理积极性，一次性投资 10 万多元，完成了 300 亩地的高标准机械化整地，全部栽上了柿树和杏树。新河县昔日无人问津的荒坡边沟一时成了人见人爱的“香饽饽”，全县 83 万米河渠、道路和 1 万亩宜林沙荒地通过竞标、议标等形式，共吸收社会造林资金 200 余万元。

（3）农民从林业中得到了更多实惠。在推进集体林权制度改革过程中，河北省坚持“多予、少取、放活”的方针，出台了一系列优惠政策。通过改革，保障了农民的经营主体地位，充分调动他们发展林业生产的积极性，真正实现绿起来、富起来的目标。新河县县委、县政府把公益林业建设、管理和重大林业基础设施建设投资纳入政府财政预算，优先予以安排，还为农户争取项目资金 120 万元，协调金融部门为造林大户贷款 50 多万元。邱县、青县专门下发文件对已经流转的林木和林地采取协商让利为主的办法，完善或补充了合同，保护了林地承包者的利益，激发了造林者的造林护林积极性。雄县张岗乡王村，将村四周 2 个坑塘使用权流转给 36 户已经种植树木多年的村民使用，村集体增收、村民受益、村民间纠纷也得到缓解。

（4）生态建设和资源管护工作明显加强。通过编制具有法律效力的林地保护利用规划，将集体林权制度改革的范围和重点落实到了山头地块，不仅有利于推进全省集体林权制度改革，而且可以有效避免造林绿化规划和年度任务安排的盲目性，为依法保护和管理林地提供了依据。广平县在林改工作中，及时解决资源管理中的热点、难点问题，仅今年就处理涉林案件 5 起，解决林地纠纷 3 起，依法保护了森林资源的安全。易县通过编制规划，协调了林业、农业、牧业之间的关系，解决了多年来难以解决的林、牧矛盾，使森林资源得到了有效的保护，把林地、林木所有权和使用权落实到户，进一步激发了群众自觉护林管牧的积极性，实现了由政府统管向群众自管的转变，使“舍饲圈养，封山育林”成为广大林农的共识和自觉行为。

（河北省林业局林改办：王宇、张建华、陈立根）

福建省林业社会化服务体系建设研究

林改后，千家万户林农经营分散，势单力薄，如何适应千变万化大市场？关键要进一步建立健全林业社会化服务体系。为此，福建省在全国率先完成集体林权制度主体改革任务之后，就着手探索林业社会化服务体系建设问题，并有了一个初步成型的体系，为全国集体林权制度改革探索了路子。

一、建设林业社会化服务体系的必要性和重要性

(1)服务林农的需要。林改后，林农获得了宝贵的林地，成了林地的真正主人，成了林业的经营主体，但同时，过去那种林业生产由村集体、林业部门规划、组织、实施、验收的传统格局被打破，种什么？怎么种？种好以后怎么管？管好以后怎么砍？资金不够怎么办？砍了以后又怎么对接千变万化的大市场？成了家家户户林农必须面对的经营难题。破解这些问题，林农没有经验，也缺乏相应知识，普遍感到茫然和束手无策，迫切需要政府有关部门为他们提供帮助和指导。同时，通过建立各种林业合作组织和行业协会，建设林业社会化服务体系，满足林农产前、产中、产后的服务需要。

(2)职能转变的需要。林改后，一个显著的变化就是林权主体多元化、经营形式多样化。为了适应这种变化，满足林业经营者的多种需求，政府和有关部门对林业管理的观念、方式和方法，应主动进行调整；对相关机构的职能和人员，必须及时进行整合；对包揽一切、以管理为主的经营模式，必须迅速转变到公共服务、宏观指导、行政执法上来，优化配置行政资源，提高林业办事效率。建立林业社会化服务网络，正是这种崭新理念的具体体现，是政府和有关部门联系林农的桥梁和转变行政职能的有效载体，同时，林业社会化服务网络的不断完善，又促使政府和有关部门调整职能，理顺关系，使之成为服务型的政府。

(3)林业发展的需要。林改后，林业的经营单位变小。虽然，这种单家独户的经营方式，在一定程度上有效调动了经营者的积极性，但同时也带来一些新的问题，比如造林、防火、产品营销等，如果这些问题没有得到及时解决，将又会影响林业的进一步发展。而且，从日本、中国台湾等林业发达国家或地区的实践看，加快建立“民办、民管、民受益”的各种协会服务组织，完善林业服务体系，提高林农组织化程度，是林业发展的必然要求，也是现代林业建设的必由之路。因此，在深化林改中，一定要把完善林业服务体系作为一个重要内容，加快推进。只有这样，才能巩固和发展第一阶段林改成果，为林业发展提供源源不竭动力。

二、林业社会化服务体系建设的主要内容

福建省按照“县建中心，乡建协会，村建分会”的要求，建立县乡村一体、互动互联的服务构架。一是网络化，使分散在市、县、乡、村的林业服务中心形成网络，承担林业服务职能和部分协调管理职能。二是专业化，要建立专业化的行业协会，鼓励和引导组建专业化、区域性的林业行业协会，加强行业自律和权益保护。三是社会化，政府要建立社会化中介机构，引入市场竞争机制，加快森林资源评估、伐区设计、木竹检验、林业物证鉴定等中介机构建设。通过建立和完善以“三化”为主要内容的林业社会化服务体系，为林业合作经济组织和其他林业经营者提供方便、高效、优质的服务。具体讲：

(一)服务组织网络化——健全林业服务中心

福建林业服务中心建设按照“面向基层、服务林农、规范运作、便捷服务”的宗旨，以县城为中心辐射到乡(镇)，为林农提供了“一站式”的服务。截至目前为止，全省已建立县级林业服务中心 65 个，乡(镇)林业服务中心 453 个，初步形成了县、乡两级互联互动的林业社会化服务网络，较好发挥

了作用，收到一定成效，深受广大群众的好评。这套网络系统具有先进、开放、安全可靠、使用简便等特点，主要包括两个层级的服务机构，即县级林业服务中心和乡级林业服务中心。

1. 县级林业服务中心

县级林业服务中心在为所在乡（镇）及附近乡（镇）提供周到服务的同时，承接乡级林业服务中心无法完成的工作内容，并对设在乡（镇）的林业服务中心提供技术支持和业务指导。主要服务项目有：

（1）提供林业信息：利用电子显示屏幕，发布本服务网络所收集的各地林产品包括林木、林地、木材、竹材、鲜笋、加工产品（如中纤板、竹胶板、木胶板、实木地板、清水笋等）、林木种苗、机械设备等供求、交易信息，为广大林农和林业经营者提供咨询和参与竞争的机会。

（2）提供中介服务：接受委托，提供森林资源资产转让、拍卖、抵押、企业联营、兼并、租赁、清算等涉及森林资源资产评估业务服务。为林农和林业经营者提供伐区规划调查设计和木材检验等中介服务。

（3）提供林权交易、登记服务：为参与林权流转各方提供公平、公开、公正竞争的交易场所；接受林权权利人的申请，及时办理林权的初始登记、注销登记和变更登记，实现林权证的动态管理；为林权证抵押贷款提供抵押登记服务，提供“一个确认、两个承诺”服务，即林业主管部门对林权抵押贷款做好林权证合法性和真实性的确认，在抵押贷款期间未经抵押权人同意，承诺不发放林木采伐许可证、承诺不办理林权变更手续。

（4）办理林业行政许可事务：直接受理林业行政许可申请，办理林木采伐许可证、木材运输证、植物检疫证等林业行政许可事项。需要上报上级主管部门审核和批准的，由服务中心统一受理之后转报。

（5）办理林权抵押贷款业务：遵循借贷双方自愿、互利、公平和诚实信用的原则，与金融部门密切配合，以合法有效的林权作为担保为企业或个人提供林权抵押贷款和林业小额贴息贷款服务。

（6）提供林业科技与法律政策服务：设立“96355”林业科技服务热线，为林农提供林业科技和法律政策咨询。结合农时，有针对性地开展林业实用技术，比如适地适树造林、森林病虫害防治、林间套种、种苗培育等技术的指导、示范与推广工作，及时解决林农在林业生产中出现的疑难问题。

（7）指导组织农村劳动力培训：制定并实施林农实用技术培训计划，传授林业经营管理技术，传播林业新知识、新政策及新观念，比如扑救森林火灾的安全知识、开展“森林人家”休闲健康旅游活动、中国台湾农林产销班运作模式等，提高林农的文化素质和发家致富的能力。

2. 乡级林业服务中心

乡级林业服务中心在县级林业服务中心指导下开展工作，并实施联网，为林农就近办理涉林事务提供及时良好的服务。主要服务项目有：

（1）直接受理客户提出的林木采伐许可申请。

（2）管理森林资源台账，并接受查阅。

（3）办理植物检疫证、省内木材运输证。

（4）办理林业规费收取事务。

（5）提供木材检验、森林资源资产评估、伐区调查设计等中介服务。

（6）受理林权登记发证申请。

（7）办理林业小额贴息贷款和林权抵押登记。

（8）办理林地征占用审核审批手续。

（9）提供林业科技、法律、政策咨询和服务等。

（二）行业协会专业化——大办各类林业行业协会

发展林业行业协会，目的是更好地为企业和林农提供各种服务，有效维护广大会员的经济利益和合法权益。其主要职能是：

（1）信息咨询。建立健全林业信息网络，为会员提供产业政策、生产经营、科研技术、市场营销、质量标准等方面的咨询与指导。主要包括：通过对市场信息的收集、整理、分析与发布，为会员提供行业发展动态、产销与质量技术标准信息等服务；提供政策和信息咨询等。

（2）培训交流。组织会员之间的经济协作和信息、销售、经营管理等方面的交流与沟通，加强协会间的合作与交流，开展技术培训服务，帮助会员引进新技术、新品种、新设备、新工艺，加强技术改造，推进产品的深度开发，提高产品的科技含量，提高产品的市场竞争力。

(3)护林联防。加强会员之间的协调，组织安排护林员巡山护林，遇有突发性事件时，做好会员的组织，共同搞好森林防火、防盗、防病虫害等工作，确保森林安全。

(4)市场拓展。通过组织各种考察交流活动，帮助会员寻找资金、技术和商机；通过组织参加各种林业交易会、展销会，帮助会员搞好产销衔接，培育品牌，扩大组织成员林产品的影响和市场占有率。

(5)自律协调。引导会员贯彻执行政府有关行业政策，督促会员诚信经营，依法办事，遵守协会章程和行业规范；协调和管理协会内部林产品的价格，实现有序公平的竞争，协调会员与会员之间的关系，协调会员与非会员以及其他社会组织之间的关系；维护会员的合法权益。

其运行机制是：林业行业协会实行会员制，会员大会或者会员代表大会为协会的最高权力机构。林业行业协会根据自身的特点，按照国家法律法规的规定，制定协会章程。会员代表大会选举产生理事会，为协会的日常办事机构，会长是行业协会的法定代表，会长、副会长、秘书长由理事会在理事中提名，经会员大会或会员代表大会选举产生。根据会员的意愿，协会也可以设立监事会。

(三)中介机构社会化——加快林业中介组织建设

随着林改的深入和政府职能转变的要求，以前由林业部门承担的一些森林资源评估、木竹检尺、伐区设计、林业物证鉴定等职能，必须推向社会，让中介机构承担。目前，福建省已成立资源评估、木竹检尺、伐区设计、林业物证鉴定等中介机构200多家。

三、林业社会化服务体系建设的成效

(1)增强了政府服务意识。服务体系建立后，乡村领导干部从以前的包片包村抓造林、抓质量，转变为现在的联系协会、中介、经营实体，主动发挥政府联系林农的桥梁纽带作用；林业部门也由过去的主要抓林地准备、抓检查验收转变为采集发布信息、提供全程指导、提供抵押贷款等服务；政府部门出台了一系列惠民利民政策，比如开展林业小额贴息贷款等，服务意识大大增强，广大林农也从这些服务中得到了实实在在的好处。

(2)提高了林业办事效率。林改后，县、乡适时建立林业服务中心并形成网络，将林业管理中具有服务内容的项目转移到服务中心来，配齐配强业务人员，实行“一条龙”服务，规范了操作程序，缩短了办事时间，提高了办事效率。此外，林业行业协会和专业合作组织的建立，也将原来单家独户需要政府解决的问题集中起来，较集中地向政府部门申请解决，无形中也减少了政府部门的工作量，提高了政府部门的办事效率。比如邵武市王斌装饰材料公司，在2006年上半年由于长时间降雨造成原料告急，邵武市林业服务中心为企业从山场的规划设计、林木采伐许可证办理，到木材的生产、检尺、调运提供“一条龙”服务，及时有效地缓解了企业原料供应问题。据建瓯市林业局测算，该市社会化服务网络建立以来，办事效率大大提高，每年为林业生产经营者节约了259万元的办事成本。

(3)规范了森林资源流转。随着林业服务中心的建立，各地要求国有、集体林权单位在流转森林资源时，必须进入林业服务中心挂牌运作，必须经过国有资产管理部门或村民代表会议批准或讨论通过，经过有资质的森林资源评估机构评估，提前发布流转信息，公开进行招投标，严格依照法律法规规定的程序规范操作，杜绝了私下交易，做到了公开、公平、公正。林业行业协会和专业合作组织的自律管理也有效加强了自身在森林资源流转方面的规范性，促进了森林资源的规范有序流转。永安市林业要素市场自2004年7月成立以来，共流转森林资源1 683宗，成交面积31.03万亩，合计成交价款29 856万元，没有接到一起以权谋私、权钱交易的投诉。

(4)增强了社会投资信心。有了交易平台，林农的所有权、经营权、收益权和处置权得到了较好落实，通过林业行业协会和专业合作组织的有效运作，林农收益有了很大的提高，使林农敢于投资、舍得投资，信心倍增，逐步走上了集约经营的路子。如永安市上坪乡龙共村杨国松一家对投资竹山经营充满信心，采取深翻施肥、稻草覆盖、引水灌溉等丰产培育措施，使竹林年产值从原来的每亩150元提高到现在的每亩1 100元，得到了丰厚的回报。邵武市福人林产公司、绿源人造板公司对建立工业原料基地充满信心，投资60多万元，与农民合作种植了桉树速生丰产林4 000多亩。

四、完善林业社会化服务体系建设的对策措施

从目前情况看，林业社会化服务体系建设才刚刚初步，还很不完善，主要体现在：一是一些部门对林业社会化服务体系建设的重要性认识不足；二是林业融资渠道不畅，信贷产品不符合林业生产的特点；三是林业行业协会和专业合作组织内部运行还不够规范。针对这些问题，建议有关部门要进一步强化措施，加大指导。具体讲：

(1)转变职能，强化服务。政府及有关部门要转变计划经济的管理模式，按照服务型政府的要求，进一步通过转变思想观念，增强服务意识。要围绕林农的需要来进行管理和提供服务，林农需要但是职责没有的，应增加服务项目，林农不需要的，甚至是直接侵犯林农利益，限制林农生产经营自主动权的行政审批项目，该取消的要取消，该调整的要调整。要加强林业服务中心的建设，林业服务中心要有合理的人员编制、必要的办公条件和有保障的办公经费，真正发挥其服务林农的平台作用。

(2)加大支持，加快发展。政府对林业行业协会和专业合作组织要在税收登记、土地使用、运输等方面实行倾斜政策。林业部门要积极探索把一些政府的职能(比如林木采伐指标分配、贷款贴息、科技培训等)划归专业协会组织，充实协会职能，增强其吸引力和凝聚力。金融部门应对制度健全、经营业绩良好的林业行业协会和专业合作组织予以一定的信贷支持和利率优惠，帮助解决合作社资金不足的困境，并积极探索适合林业生产特点的低利率、长周期的金融产品。同时，要重视协会会员素质培养，加强法律政策和业务知识培训。

(3)加强引导，规范运行。要加强对各地林业行业协会和专业合作组织的引导和指导，帮助其建立权力机构和日常管理机构。促进他们依据法律法规的规定，建立和健全符合林业行业协会和专业合作组织要求的财务管理制度、项目责任制度、奖励制度等内部管理制度，保障其操作运行的规范化。

(福建省林业厅：林名堂、宋家健)

河南省集体林权制度改革调研报告

为深入落实《中共中央 国务院关于加快林业发展的决定》和《中共河南省委 河南省人民政府贯彻〈中共中央 国务院关于加快林业发展的决定〉的实施意见》，贯彻国务院和省政府关于改革集体林权制度的要求，全面掌握河南省集体林业的经营状况，深入了解农民群众和基层组织对集体林权制度改革的真实想法和意见，积极探索集体林权制度改革的方法和途径，河南省林业厅在2006年开展了省内重点调研和省外专题考察的基础上，2007年抽调专业干部组成9个调研组，再次对河南省集体林权制度改革情况进行了深入调研，各省辖市和县(市、区)也都组织开展了调研工作。前后两次调研涉及全省18个省辖市、56个县(市、区)、115个乡(镇)、170个行政村，基本摸清了全省集体林业的资源情况、经营状况、存在问题及基层干部和农民群众的真实意见。现将调研情况报告如下：

一、基本情况

据调查统计，全省林业用地面积为7 276.42万亩。其中：集体林业用地面积6 788.02万亩，占93%；国有林业用地面积488.40万亩(2003年森清结果)，占7%。全省有林地面积5 669.46万亩，占全省林业用地面积的78%；宜林荒山荒地面积908.68万亩，占12%；其他林业用地面积698.28

万亩，占10%。全省公益林面积2 371.12 万亩(国家级公益林1 891.12 万亩，省级公益林480.00 万亩)，占全省林业用地面积的33%；商品林面积3 298.34万亩，占45%。据2003 年森林资源清查结果，全省活立木总蓄积13 370.5 万立方米，林木覆盖率22.64%，森林覆盖率16.19%。

集体林业用地中，山区集体林业用地面积5 554.98万亩，占全省集体林业用地面积的82%，涉及13 个省辖市，72 个县(市、区)，600 多个乡(镇)，11 667 个行政村，112 925 个村民小组，446.40 万户，1 787.52 万人；平原集体林业用地面积 1 233.04 万亩，占全省集体林业用地面积的18%，涉及 16 个省辖市，110 个县(市、区)，1 200多个乡(镇)，33 162 个行政村，215 566 个村民小组，1 173.44 万户，4 990.24 万人。

集体林业用地中，有林地面积5 333.16 万亩(山区4 340.50 万亩，平原992.66 万亩)，占全省集体林业用地面积的79%；宜林荒山荒地面积862.88 万亩(山区 622.50 万亩，平原 240.38 万亩)，占13%；其他林业用地面积591.98 万亩(山区)，占8%。

集体林业用地中，乡镇和村组集体统一经营面积4 128.58 万亩，占全省集体林业用地面积的60.8%；自留山面积1 224.71 万亩，占18%；责任山面积1 417.69 万亩，占20.9%；产权有争议面积17.04 万亩，占0.3%。

二、集体林权制度历史沿革及发展现状

(一)历史沿革

新中国建立以来，随着不同时期国家政策的变化和社会经济发展的需求，河南省集体林权改革大致经历了三个阶段：

第一阶段：集体所有制阶段。20 世纪 50 年代初，根据政务院《关于适当处理林权和明确管理保护责任的指示》精神，各地人民政府相继作出决定，将临近村宅的山林分给农户经营。之后，随着1953年开始的农业合作化运动，到1958 年将分给农民的山林全部收归人民公社集体所有。1961 年，河南省部分地区根据中共中央《关于确定林权、保护山林和发展林业的若干政策规定》精神，给农民划分了少量自留山。从20 世纪50 年代初到70 年代末，林业产权始终以公社和大队集体所有为主体。据调查统计，1976 年全省有林地面积达到2 673.7 万亩，比1949 年增加716.8 万亩，其中集体林占主要成分。

第二阶段：承包责任制阶段。20 世纪80 年代，根据《中共中央 国务院关于保护森林发展林业若干问题的决定》等规定，全省开展了以“稳定山权林权、划定自留山、制定落实林业生产责任制”为主要内容的林业“三定”工作，给农民群众划分了自留山和责任山，实行林业生产承包经营责任制。全省共划分自留山1 118 万亩，确定责任山1 967 万亩。进入90 年代以后，以承包责任制为主体的林业经营形式不断完善，林业生产得到了长足发展。1980 ~ 1998 年，全省有林地面积由 1 651.5 万亩增加到 3 135 万亩，增加 89.8%，年均增加 82.4 万亩。

第三阶段：市场化探索阶段。20 世纪末，鲁山、灵宝、郾城等地在全省率先对宜林荒山荒地进行承包、拍卖，将集体经营和农民的“两山”宜林地向经营大户集中，进行规模开发、集约经营，省林业厅及时总结推广了他们的经验。2003 年，《中共中央 国务院关于加快林业发展的决定》和河南省贯彻决定的实施意见下发后，全省各地积极采取承包租赁经营、竞标买断经营、返租倒包经营、自主联合经营、股份合作经营等多种经营模式，有力地推动了全省非公有制林业的快速发展。1998 ~ 2003年，全省集体林区有林地面积增加 887.85 万亩，增长31.4%，年均增长177.6 万亩。

(二)发展现状

1. 山区集体林业现状

林地现状：山区集体林业用地 5 554.98 万亩，其中有林地4 340.50 万亩，占 78 %；宜林荒山荒地622.50 万亩，占11%；其他林业用地591.98 万亩，占11%。从山区集体林业用地现状看，多数为有林地，宜林荒山荒地和其他林业用地仅占21.87%。

产权现状：乡(镇)、村、组三级所有的集体林业用地占52.13%，其中乡(镇)所有的154.27 万

亩，占 2.78%；村级所有的 1 563.27 万亩，占 28.14%；村民小组所有的 1 178.00 万亩，占 21.21%。林农的自留山和责任山占 47.57%，其中自留山 1 224.71 万亩，占 22.05%，责任山 1 417.69万亩，占 25.52%。产权有争议的林业用地 17.04 万亩，占 0.3%。

流转现状：林业“三定”以来，山区集体林业用地流转面积 1 216.60 万亩。按流转方式划分，承包 985.92 万亩，占 81.04%；拍卖 174.43 万亩，占 14.34%；股份合作 56.25 万亩，占 4.62%。按产权类型划分，乡、村、组集体林业用地流转 868.62 万亩，占 71.40%；自留山流转 115.86 万亩，占 9.52%；责任山流转 232.12 万亩，占 19.08%。

发证情况：山区集体林业用地确权发证面积为 926.44 万亩，占 16.68%。

经营现状：林业“三定”以后，由有林地转变为荒山的 12.41 万亩，由荒山转变为有林地的 455.11 万亩。林地使用权流转后，由有林地转变为荒山的 3.46 万亩，由荒山转变为有林地的 166.83 万亩。由此可见，林业“三定”和林地流转政策对林业发展产生了较好的效果。

2. 平原集体林业现状

林地现状：平原集体林业用地 1 233.04 万亩，其中有林地 992.66 万亩，占 80.51%；宜林荒地 240.38 万亩，占 19.49%。从平原集体林业用地现状看，多数为有林地，宜林荒地仅占一少部分，其产权均属乡村集体所有。

流转现状：林业“三定”以来，平原集体林业用地流转面积为 911.39 万亩，其中承包 786.47 万亩，占 86.29%；拍卖 85.56 万亩，占 9.39%；股份合作 39.36 万亩，占 4.32%。

发证情况：平原集体林业用地确权发证面积为 325.29 万亩，占 26.38%。由此可见，平原林权证发证率同样很低。

经营现状：平原集体林业用地大部分以承包、拍卖、股份合作等形式流转给个体经营，部分乡(镇)、村保留有小面积集体林场。林地使用权流转后，由有林地转变为荒地的 34.44 万亩，由荒地转变为有林地的 90.27 万亩。

三、集体林经营面临的主要问题

(一)产权不明晰，集体林经营效益差

新中国建立以来 50 多年间，集体林地经营权和收益权绝大多数归集体所有。对农民来讲，在名义上平等享有林地所有权和林木收益权，但实际上他们没有真正享有这些权力，至少是不能完全享有这些权力；对集体来讲，由于组织功能弱化，无法有效地行使主体权利，难以形成责、权、利相一致的营造林机制，导致集体林地生产力水平低下。一是造林成活率低下，造林成效不佳，个别地方甚至出现“年年栽树不见树，年年栽树老地方”的不正常现象。据统计，1950～1976 年，全省累计造林面积 3 285 万亩，全省有林地面积增长仅有 721.5 万亩，造林保存成效仅有 22%。二是林木管护效果差，滥砍乱伐、偷砍偷伐现象屡禁不止，致使集体森林质量下降。以 2003 年为例，河南省集体林区平均每公顷有林地森林蓄积量仅有 28.4 立方米，相当于国有有林地的 46.7%，相当于全国平均水平的 39.9%；森林林龄结构极不合理，幼龄林面积占 61.9%，中龄林面积占 27.7%，近熟林、成熟林和过熟林面积仅有 11.3%，近期可利用的林木资源很少；集体林地中，疏林地、灌木地和无林地面积较大，占 32%，尚有近千万亩的宜林荒山荒沙和疏林地需要造林绿化。

(二)采伐管理和投资体制改革滞后，亟待认真研究和妥善解决

在这次调研中，涉及林业政策方面的反映比较多。一是各地普遍反映现有林木采伐政策统的过死，禁伐或限伐使投资主体失去了全部或部分收益权，制约和影响了各种社会主体投资林业的积极性。二是林业投资政策单一，信贷融资渠道不畅，筹措造林资金困难，造成林业投资不足，林业生产发展缓慢。因此，在实行分类经营、放宽采伐限额、拓宽融资渠道等方面，应当研究和出台切实可行的政策措施，激励和扶持林农大力发展林业生产，使其经营有道、采伐有序、贷款有门、流通有市、投资有望、收益有期。

(三)林权流转、抵押、担保、拍卖与资产评估制度不健全，缺乏专业评估机构和评估队伍，有待

逐步建立和完善

目前，虽然《中华人民共和国森林法》对森林、林木、林地使用权的流转已有原则规定，《中华人民共和国担保法》对林木和林地使用权的抵押、担保也有规定，但是缺少可操作的林权流转办法，缺少具体的评估办法和评估标准，缺少担保和抵押贷款的管理办法，从而造成在具体工作实践中不好操作。另外，资产评估制度不健全，缺乏专业评估机构和评估队伍，造成资产评估无法正常进行。目前，林业资产评估多以估测和商议的办法进行，资产评估很不规范，有待建立和完善有关制度。

(四)历史遗留问题较多，集体林业产权和家底不清问题亟待解决

在林业“三定”和林木林地流转过程中，有不少地方存在流转程序不透明、合同签订不规范、债权利益不统一、群众利益无保障，自留山和责任山四至不清、界限不明、面积不准、有证无山、有山无证、一户多山、一山多户、粗放经营、管理不善，林权证发放率低或者与实际面积不符，档案资料缺失和家底不清等现象。这些问题不仅严重影响林农造林营林的积极性，而且由此引发很多矛盾和纠纷，亟待通过深化集体林权制度改革来加以解决。

(五)林业专业合作组织不够发达，社会服务职能严重缺位

由于计划经济管理模式的长期影响，河南省林业专业经济合作组织很不发达。一是数量少，规模小，带动能力弱。目前，全省已有各级各类林业专业经济合作组织 5 000 多个，但是，具有一定规模并能正常运转的仅有 600 多个，平均每县不到 4 个；拥有会员 10 万人，仅占集体林区总人口的 0.15%；带动农户 420 万户，仅占集体林区 1 619 户农户的四分之一。而且这些林业专业经济合作组织分布很不平衡，主要集中在特色产业发展比较好的地方，有相当一部分县乡特别是经济欠发达的地方还是空白。同时，现有合作组织绝大多数规模小，功能弱，带动能力不足。全省参加合作组织的林农不足 8%，低于全国平均水平。二是内部管理机制不够健全，随意性较大。河南省目前在工商或民政部门登记注册的林业专业经济合作组织仅有 72 个，占总数的 1.44%。并且大都缺乏规范的章程制度，有的虽然有章程，但依照章程制度行事的少，基本上处于“好了干，赔了散”的随意状态，相互联结不紧密，严重影响着作用的发挥。三是产业范围狭窄，服务领域很有局限。现有的林业专业经济合作组织一般都集中在劳动密集型的领域，集中在种植业的多，加工行业中不多。从产业内部看，大部分林业专业经济合作组织的服务内容主要围绕生产环节，延伸到销售、加工、贮藏、运输、保鲜等环节的不多，对林业经济的推动作用尚不十分明显。在当前县乡机构改革不断深化、基层林业站职能相对弱化、林业工作人员严重不足的情况下，大力扶持、培育林业专业经济合作组织，发挥其对集体林业经营组织的自我合作、自我服务、自我管理、自我发展的社会职能是非常必要的。

四、深化集体林权制度改革的启示和建议

这次集体林权制度改革，是我国继林业“三定”之后林业产权改革的进一步深化，是农村生产关系的又一次重大调整。如何因地制宜、积极稳妥地推进林权改革，是摆在我们面前的一大课题。围绕这一重大课题，我们通过深入调研，对全省集体林业的经营状况有了更进一步的了解，从中得到了一些启示，总结归纳了几点建议：

(一)启　示

(1)充分认识林改的必要性和艰巨性，认真制定林改方案，是深化集体林权制度改革的基础。目前，河南省林业正处在一个十分重要的历史发展时期，按照省委、省政府提出的构建和谐河南、建设美好中原的奋斗目标，林业要切实担负起时代赋予的历史重任，就必须抓住当前社会经济发展的大好机遇，不断深化林业改革，极大的解放林业生产力，为推进新农村建设、构建和谐社会、实现中原崛起做出应有的贡献。集体林权制度改革是一项涉及广大农民群众切身利益的深刻变革，影响深远、涉及面广，不仅需要调整产权关系，而且需要彻底解放思想，更需要一系列相关配套政策和切实有效的保障措施，改革任务十分艰巨。河南省地处中原，南北气候和自然环境差异较大，山区和平原立地条件迥然不同，集体林木和林地的经营管理模式

较多，各地林业发展水平不同不一，基层组织和农民群众对集体林权制度改革的认识差异较大。交通方便、立地条件好的集体林木和林地多数已经分山到户或承包、租赁经营；交通不便、立地条件差的荒山荒地仍然依靠政府投资进行造林绿化，群众一般不愿问津。有些地方的荒山荒地采用零拍卖都没有人愿意要；有些荒山荒地虽然已经分给了群众，但目前仍然疏于管理，长期处于撂荒状态；有些虽然已经分山到户或承包、租赁经营，但是仍然存在有边界和权属不清现象；有些地方因平均分配山林而形成的“一户多山”和“一山多户”的现状，严重影响了现代林业集约化、规模化经营的要求，投资成本增加，经济效益降低，林业生产力得不到充分发挥。全省此类情况较多，是影响集体林权制度改革的重要因素，也是集体林权制度改革需要重点解决的问题。对此，我们一定要有清醒的认识，一定要联系河南实际，认真研究各地的具体情况，制定周密详细的工作方案，正确指导全省集体林权制度改革工作。

(2)政府主导，部门配合，是深化集体林权制度改革的必要条件。集体林权制度改革涉及千家万户，是一项利国富民工程，是各级政府和相关部门的工作职责。因此，深化集体林权制度改革，必须以各级政府为主导，充分发挥林业、发改委、财政、国土、农业、税务、金融、保险等部门的职能作用，紧紧依靠广大人民群众，广泛动员全社会参与和支持林改工作，形成政府主导、高位推动、多方参与、密切配合、依靠群众、通力协作的改革氛围。各级林业主管部门，在集体林权制度改革中担负着重要使命，要为各级党委和政府当好参谋，尽职尽责地做好本职工作。各级发改委、财政、税务、国土、农业、金融、保险等部门，在集体林权制度改革中担负着重要角色，要为改革提供足够的资金和政策保证。各级政府是集体林权制度改革的主导，要充分发挥高位推动作用，加强对集体林权制度改革的监督和指导。

(3)因地制宜，合理规划，是深化集体林权制度改革的核心。深化集体林权制度改革没有固定统一的模式，既要学习和借鉴外地的好经验，又要立足本地搞实践，不能照搬硬套外省和外地的经验，更不能搞“一刀切”。必须从河南省实际出发，结合各地不同情况，因地制宜，合理规划，采取多种形式和方法，先行搞好试点，随后稳步推进，做到积极稳妥、健康有序，确保工作质量和改革成效。

(4)解放生产力，促进社会经济全面协调发展，是深化集体林权制度改革的最终目标。改革就是要冲出旧格局、打破旧框框、闯出新路子、创建新机制，其目标就是要解放生产力、促进社会经济全面协调发展。因此，河南省深化集体林权制度改革工作，必须围绕这一目标来展开，必须以“森林资源持续增长、林业又好又快发展、广大农民兴林致富、自然环境和谐优美”这一标准来衡量改革的成败与否。

(二)建　议

(1)加强组织领导和宣传发动，高位推动改革工作。一是建议省政府研究出台《关于进一步深化集体林权制度改革的意见》，明确河南省集体林权制度改革的范围、内容、方法步骤、政策措施和具体要求。二是建议省政府成立河南省集体林权制度改革领导小组，由省政府主要领导任组长，林业厅、发改委、财政厅、国土厅、农业厅、司法厅、民政厅等部门为成员单位。各级地方政府也要成立相应领导机构，负责组织和领导当地的集体林权制度改革工作。三是建议充分发挥广播、电视、报纸等新闻媒体的作用，加大深化集体林权制度改革的宣传力度，使全社会关注和支持集体林权制度改革工作。

(2)抓住工作重点和关键环节，稳步推进各项改革。一是搞好试点工作，为全省深化集体林权制度改革做准备。根据河南省南北气候和立地条件的不同以及山区和平原自然地貌的差异，结合各地林业生产现状，选择有代表性的县、乡进行省级林改试点。在省级试点稳步推进的同时，各省辖市以及所属的县(市、区)也要分别选择具有一定代表性的乡镇或行政村开展试点工作，进一步摸索和积累林改经验，为全省集体林权制度改革做准备。二是坚持“因地制宜、灵活多样”原则，探索改革的形式和方法。各地要从生态区位环境、林业资源状况、经济发展水平和多数群众意愿等实际情况出发，实事求是，因地制宜，结合试点经验，合理选择改革的形式和方法，积极稳妥地搞好集体林权制度改革。三是搞好林改工作人员业务培训，建立林改工作指导网络，健全林改信息和档案管理制度。根据集体林权改革工作需要，积极搞好林改培训工作，提高林改工作人员的业务和政策水平，并建立起上下联动、层层指导的林改指导网络。同时，要建立健全林改信息和档案管理制度，确保林改信息资料和林改档案系统、准确、完整，为以后林业生产经营管理和推进配套改革奠定基础。

(3)完善林业政策法规，为林改提供政策支撑和法律保障。一是研究出台《森林、林木和林地使用权流转办法》，明确流转的原则、范围、程序等相关规定，确保林权流转健康有序进行。二是研究出台《森林资源资产评估管理办法》，尽快建立健全森林资源资产评估体系，建立森林资源评估师资格认证制度，规范森林资源资产评估行为，为森林资源流转提供规范性的制度平台。三是改革采伐限额管理制度，积极探索市场经济条件下商品林管理的有效形式，在不同区域开展试点，逐步实现经营者按森林经营方案培育和采伐利用林木，促进林业可持续发展。

(4)规范流转行为，切实防止集体资产流失。在林改过程中，要建立健全纪律监督和防范制约机制，规范林业产权流转程序和流转行为，切实防止少数人借改革之机，暗箱操作，以权谋私，随意处置集体山林，造成集体资产流失，损害集体和广大村民的利益。

(5)加强林权问题研究，依法开展林权登记发证工作。一是各级政府要成立专门的林权管理机构，承担林权登记发证、承包(流转)管理、林地承包仲裁、山林权属争议调处、林权档案管理等行政职能，以适应新形势下林权动态管理和林业发展的需要，切实巩固林改成果，使林改工作逐步走上规范化管理的轨道。二是把依法发放林权证作为一项重要工作来抓，制定详细规范的林权登记细则，确保高质量地完成林权登记发换证工作，做到人、地、证相符，图、表、册一致。同时建立林权动态管理制度，提高林权证的管理水平，巩固林权登记发换证工作成果。

(6)加强基层林业管理机构和社会化服务体系建设，为集体林权制度改革和林业长期稳定发展保驾护航。乡(镇)林业工作站作为林业生产经营和组织管理的最基层机构，直接面对并服务于广大林农和林业经营者，在基层林业管理工作和集体林权制度改革中发挥着十分重要的作用。因此，根据河南省目前乡站合并的现状，建议恢复并稳定林业工作站的机构和队伍，确保人员经费纳入地方财政预算，充分发挥基层林业工作站的职能作用。同时，还要加强社会化服务体系建设，尽快组建市、县级林木林地资产评估、林业产权交易等中介服务机构，帮助林农依法、合理、规范地进行林业产权交易；尽快出台林木产权交易体系建设的相关制度，加快相关专业技术人员的培养和培训；加快培育活立木拍卖、木竹交易以及各类林业生产要素市场，依法规范和搞活活立木商品化经营和木竹流通，使林农和林权所有者通过资源流转创造更高的经济价值；要尽快制定统一的交易规则和监督体系，规范林木产权交易活动；加强林业投融资体系建设，积极推动林业投资体制改革，探索营造林和基本建设补偿机制；积极协商银行、保险等金融机构，组织开展林权证抵押、林业担保、林地储备制度的试点工作；逐步建立健全森林资源资产评估机构和各种林业专业协会，实现由市场调节和配置森林资源、资金、技术、人才等要素，促进森林资源的资本化；鼓励林业科技人员与生产相结合，从事技术承包、技术咨询等有偿服务活动；积极开展林业科技和新品种推广，不断提高林业生产的技术含量和经济效益。

调 研 单 位：河南省林业厅集体林权制度改革调研组
调研组成员：谢晓涛　王胜文　李笑峰　李银生　光增云　杨景礼　陈　卫　石大庆　申洁梅

关于云南省深化集体林权制度改革中生态公益林问题的调研报告

根据云南省深化集体林权制度改革领导小组办公室《关于组织开展林改相关问题调研的通知》(云林改办发[2007]10号)和林改联席会议上的工作部署，省林业厅和省委农村工作领导小组办公室成立了调研组，对林改中如何处理公益林区相关问题进行了调研。调研组于5月10日至23日先后在红河、德宏和保山三州(市)的河口、金平、绿春，路西、瑞丽、陇川、盈江，腾冲八县(市)开展了调研，主要采用查阅有关资料、召开座谈会、现场走访等多种形式进行。调研期间，共收集和查阅相关资料28份；召开州(市)级座谈会3次、县(市)级座谈会8次，还召开了乡村领导及部分群众代表参加的座谈会8次，共有294人次参加了座谈；并深入田间地头，走访了部分农民群众。有关情况如下：

一、云南省生态公益林区划界定的基本情况

2004年，国家全面启动中央森林生态效益补偿，云南省按照国家林业分类经营的具体要求，遵照国家林业局、财政部《重点公益林区划界定办法》的有关规定，完成了国家重点公益林的区划界定，同时开展了全省公益林和商品林(简称两类林)调整。

公益林区划界定的程序是，根据重点公益林区划界定标准和范围(各生态区位的界限范围)，以省林业调查规划院为技术支撑单位，以乡(镇)、林场、自然保护区等为责任单位，在征求林权权利人的意见，并签订禁伐或限伐协议的基础上，由各县(区、市)林业局组织开展区划界定，区划界定成果经县级、州(市)级、省级政府逐级组织审查同意后，由各级林业、财政部门联合行文上报，最后由国家林业局、财政部组织核查认定。

2004年公益林区划界定并经国家核查认定的结果，全省林业用地面积37 031.9万亩(为全省各地林业区划界定成果的实际汇总面积)，其中公益林面积18 580.2万亩，占林业用地面积的50.2%，商品林面积18 451.7万亩，占林业用地面积的49.8%。公益林面积中，重点公益林面积11 877.7万亩，占公益林面积的63.9%；地方公益林面积6 702.5万亩，占公益林面积的36.1%。在公益林面积中，国有6 253.93万亩，集体12 326.27万亩；国家重点公益林中的集体林面积7 187.51万亩，地方公益林中的集体林面积5 138.76万亩。

从2004年开始，云南省已启动非天然林资源保护工程(以下简称“天保工程”)区国家重点公益林中央森林生态效益补偿2 817.3万亩，每年国家安排中央森林生态效益补偿基金14 086万元，省级财政配套1 000万元。天保工程区的重点公益林待天保工程结束后国家再纳入补偿。2006年开展了省级公益林补偿试点114.7万亩，每年省财政安排补偿基金574万元。

中央森林生态效益补偿实施以来，云南省不断健全完善重点公益林保护管理政策和法规，强化依法监管的措施和手段，建立严格的责任制。各实施单位加大监管力度，并将重点公益林护林防火宣传、病虫害监测等工作纳入护林员职责范围，结合各地实际，制定村规民约，发布通告，禁止在重点公益林内挖掘移植活立木、烧炭、开垦、采石、采矿、挖沙、取土、狩猎等活动。由于重点公益林管护资金落实到位，明确了管护人员的责任区域和具体的管护责任，公益林内毁林开荒、乱占林地、乱捕滥猎、偷砍滥伐等案件明显减少，森林防火、病虫害防治、林业案件查处能力得到提升，重点公益林得到有效保护的同时也促进了周边森林资源的保护，增强了森林的生态和环境保护功能，维护了生物多样性，提高了森林的整体效益，取得了明显成效。

二、集体林权制度改革中对生态公益林反映突出的问题

在调研过程中，广大干部群众反映的问题很多，通过认真梳理归纳，反映突出的问题主要有以下几个方面：

（一）如何保障公益林中群众的合法权益，建立省级森林生态效益补偿机制的问题

在省委、省政府的关心和重视下，云南省2006年启动114.7万亩省级公益林的生态效益补偿试点，但因多方面的原因，绝大部分地方公益林的补偿都没有启动，由于划入地方公益林中的集体林没有得到合理补偿，同时采伐利用又受到限制，使林农收益明显下降，林农对此反应强烈，在林改期间要求调整为商品林参加集体林改，严重影响了公益林的稳定。因此，保障公益林中群众的利益，及时给予合理的补偿，是保证林改顺利进行，实现生态得保护的重要措施。如大理白族自治州在2006年林改试点过程中，除了自然保护区以外，已将大部分地方公益林调整为商品林参加了林改。

（二）如何加大国家重点公益林补偿力度，逐步提高中央财政补偿标准的问题

云南省经国家认定的重点公益林面积11 877.7万亩，其中天保工程区8 049.9万亩，非天保工程区3 827.8万亩。到目前为止，国家已启动非天保工程区中央财政生态效益补偿2 817.3万亩，每年每亩补偿5元。尚有9 060.4万亩重点公益林未能启动。按国家的安排，天保工程区的重点公益林要等天保工程结束后纳入补偿。从当前的情况看，天保资金重点解决森工企业的问题，把森老虎请下山，变砍树人为种树人。但没有妥善解决好集体公益林群众的补偿问题，林权所有者和经营者意见很大，迫切要求国家能尽快全面启动中央财政森林生态效益补偿。如重点公益林中的国防林，由于国家只全部启动了非天保工程区的补偿，天保工程区的国防林要待天保工程结束后才能启动，林木经营又受到限制，农民利益得不到保障，因此林农要求调整为商品林纳入集体林改的愿望特别强烈。

在调研时，群众反映国家重点公益林的补偿资金5元/亩，扣掉0.5元/亩的公共管护支出，到基层只有4.5元/亩。补偿标准太低，不抵农民经营山林卖一棵树的钱，对群众的吸引力不大。加之生态效益补偿基金明确的使用范围是国家重点公益林营造、抚育、保护和管理，没有真正体现对林农经济损失的补偿，群众要求国家增加补偿标准，并明确给林农一定比例的经济补偿资金。

（三）如何结合林改搞好确权发证，完善补偿和管护政策的问题

云南省在林业“三定两山”时，已将集体林划为了责任山和自留山，并发放了林权证。在公益林和商品林区划过程中，根据划分公益林的原则和要求，已把大面积的集体林划为公益林，主要是责任山，也有部分自留山。在集体林权制度改革过程中，群众迫切要求把公益林也纳入林改一并进行确权发证，从根本上解决过去政策多变，权属不清，利益分配不合理的问题。

目前不论国家还是各省出台的《补偿基金管理办法》、《补偿基金管理实施细则》、《公益林管理暂行办法》等政策，对公益林管理过于原则，对基金管理过于严格，基金使用范围太窄，没体现补偿的含义。补偿基金明确的使用范围是重点公益林营造、抚育、保护和管理，并有具体的分配比例，导致有的范围基金不够使用，有的范围基金大量集压。

三、有关意见和建议

按照“落实主体、维护权益、强化保护、科学利用”的原则，进一步完善林业生态建设体系，切实搞好云南省集体林权制度改革，现提出以下意见和建议：

（一）结合云南省集体林权制度改革，全面建立公益林补偿机制

在推进云南省集体林权制度改革的进程中，为进一步稳定公益林，确保生态环境的保护和生态功能的发挥，必须在试点的基础上，全面启动生态公益林补偿机制，切实建立完善的补偿体系。

（1）为保持国家重点公益林面积的稳定，建议中央财政加大对国家重点公益林的补偿力度，加快启动天保工程区国家重点公益林补偿的步伐，尽快纳入森林生态效益补偿。按国家目前的要求，天保

工程区森林生态效益补偿待天保工程结束后再启动，天保资金主要解决森工企业人员经费问题，对群众并没有体现真正的补偿。因此，在国家尚未全面启动补偿之前，建议省财政按每年每亩2元安排生态效益补偿基金9 214万元，暂时解决天保工程区重点公益林中的集体林4 606.9万亩的补偿，以稳定天保工程区重点公益林。

(2)尽快全面启动云南省地方公益林生态效益补偿，确保集体林权制度改革顺利进行。在集体林改过程中，由于地方公益林面积6 702.5万亩，其中集体林5 138.0万亩，占了76.6%，加上公益林与商品林之间经济效益存在着较大差距，在一定程度上影响了公益林的稳定，给集体林改形成了极大压力。因此，建议省政府加大财政投入力度，在试点的基础上尽快全面启动省级公益林补偿机制，给省级公益林的所有者和经营者合理的补偿，以获得广大群众的支持和理解，巩固生态建设成果和维护农民的利益。

初步测算云南省地方公益林面积6 702.5万亩，按每年每亩5元计算，需33 513万元。其补偿范围和具体布局为：省、州、县级自然保护区169个，保护区面积2 170.82万亩；江河两岸及江河源头，共计1 365.66万亩；大中型水库170座，水源涵养林面积452.16万亩；四大高原湖泊，水源涵养林25.10万亩；国家级森林公园28个、省级森林公园12个，面积200.71万亩；重点生态型国有林场82个，面积1 356.81万亩；铁路干线和公路国道、省道两侧的护路林面积60.18万亩；省会、州(市)、县(市、区)政府所在地面山和配套的重点饮水工程周边汇水区内的林地面积350.35万亩；风景名胜古迹及革命纪念地的林地面积160.54万亩；乡村水源林、防护林、风景林面积560.17万亩。

(二)结合云南省林业发展区划，对两类林进行适度调整

为适应《云南省林业发展区划》的要求，按“生态建设产业化，产业发展生态化”的原则，结合实际对两类林进行适当调整。但必须贯彻省第八次党代会“生态立省”的战略决策，对云南省已划定的国家重点公益林原则上必须保持稳定，不得随意调整。地方公益林本着“大稳定，小调整”的原则，结合云南省林业发展区划的要求，对规划发展林业大型产业项目的、已确定要搞水电和矿产开发的、自留山被划为公益林的都允许调出公益林。群众要求把水源林、村寨防护林、神山、龙箐划入公益林的应该欢迎。公益林调整一定要按程序，由各级政府把关，最后报省政府审批。调整的结果，全省公益林比例不得低于40%，最少的州(市)不得低于30%。

(三)明晰集体公益林产权，巩固公益林建设成果

生态公益林是云南省森林资源的重要组成部分，占全省林业用地面积的50.2%，集体林面积占公益林总面积的66.3%。根据云南的省情、林情，结合中共云南省委〔2006〕19号文件的贯彻落实，明晰集体公益林产权，巩固公益林建设成果，具有十分重要的现实意义。

集体公益林产权明晰的基本方案：

(1)基本思路：保持权属稳定、进行勘界确权、核(换)发山林权证，明确公益林补偿受益主体和公益林建设、管护、经营主体，实现公益林建设权、责、利关系的相互统一。

(2)操作办法：参照集体林权制度改革中商品林的操作办法。

(3)产权范围：一是原属集体统一经营的集体林，确权发证的主体和公益林建设、经营管护的主体仍属原集体经济组织；“两山”、“三定”中划分到一家一户的自留山，确权发证的主体和公益林建设、经营管护的主体仍属原经营农户。

(4)公益林建设管理的原则：一是严禁流转原则，即划定为公益林的林地、林木不得流转；二是权、责、利相统一的原则，即林权所有者按规定享受国家的生态补偿，但必须严格按照公益林建设的规定，实施管理经营；三是可适度开发的原则，即经规划论证、完善报批手续，可适度开展有利于促进生态建设的产业项目建设。

(四)加强公益林的管理保护，鼓励科学合法的利用

建立森林生态效益补偿机制是国家进一步加大生态建设力度的重大举措，是充分利用物质利益原则维护森林所有者和经营者的合法权益，实现森林

生态效益价值的体现。对广大群众为保护重点公益林做出的贡献给予经济补偿，充分体现了国家对人民群众的关怀和对生态建设的高度重视。我们一定要用好用活国家的优惠政策和补偿基金，借国家修改完善补偿基金管理办法之机，对云南省的补偿基金管理实施细则进行认真修改。要有宽严适度的管理办法和实施细则，分类指导，分期施策。结合云南省的实际，按生态区位的重要程度，把公益林合理划分为严格保护、重点保护、一般保护3种类型，采用不同的管理政策，在不影响生态功能的前提下，认真搞好公益林的经营管理，充分发挥生态效益、经济效益和社会效益。在集体林权制度改革和拟定林业发展区划过程中，要按照建设林业三大体系的总体思路，合理布局，统筹安排，为森林旅游、森林蔬菜、森林花卉、森林药材、野生食用菌、野生动物养殖等产业的开发创造有利条件。按有关规定对公益林中的限伐区，经林业部门批准后，可依法开展抚育间伐或更新采伐，增加林农群众收入，促进地方经济发展。

（云南省集体林权制度改革生态公益林调研组）

⊙国有林场改革

晋、辽、湘三省国有林场改革情况调研报告

2007年6月，由国家林业局国有林场和林木种苗工作总站领导带队，分别对山西、辽宁、湖南三省国有林场改革情况进行了专题调研。通过调研，我们认为三省高度重视国有林场改革，并做了大量准备工作，并急切地盼望国有林场改革文件尽快出台。现将调研情况汇报如下：

一、三省国有林场的基本情况

（一）三省国有林场在现代林业建设中发挥着十分重要的作用

山西省是国有林场数量较多、国有林比重较大的省份。全省现有国有林场231个，其中省林业厅直属的9大林局辖111个国有林场，市(县)管理的120个国有林场。现有职工总数16 030人，其中在职职工11 501人，离退休职工4 529人。经营总面积3 879万亩，其中有林地面积1 662万亩，活立木蓄积量5 829万立方米，分别占全省有林地总面积和活立木总蓄积量的52%和66%。

辽宁省国有林场数量和经营面积中等。全省现有国有林场179个，其中省属5个，市属13个，县属161个。现有职工总数23 426人，其中在职职工16 987人，离退休职工6 439人。经营总面积1 186万亩，其中有林地面积1 083万亩，活立木蓄积量4 446万立方米，分别占全省有林地总面积和活立木总蓄积量的1/8和1/4。

湖南省国有林场数量和经营面积中等，但职工人数多。全省现有国有林场177个，其中市属13个，县属164个。现有职工总数50 617人，其中在职职工35 078人，离退休职工15 539人。经营总面积969万亩，其中有林地面积873万亩，活立木蓄积量4 000万立方米，分别占全省有林地总面积和活立木总蓄积量的5%和10.2%。

50多年来，三省国有林场在培育和保护森林资源、改善生态环境、推动林业科技进步、促进人与自然和谐发展等方面发挥了重要的作用。一是森林资源质量高，示范带动作用大。大规模的人工造林是从国有林场开始的。三省国有林场的有林地面积平均占本辖区有林地面积的12.34%，而活立木蓄积量则占21.68%。湖南省国有林场林地面积占全省的5%，活立木蓄积量占全省的10.2%，人工造林累计保存面积1 200万亩，林场经营范围内森林覆盖率达到90.1%，森林质量明显高于社会造林。哪里森林茂密，山清水秀，环境优美，哪里就有国有林场。国有林场已成为林业科研试验、教学实习、良种繁育的重要基地。二是地理区位重要，公益林比重高，生态作用显著。山西省国有林场集中

分布在吕梁、太行两大山系，是黄河、海河12条一级支流的发源地；辽宁省国有林场主要分布在大伙房、观音阁、桓仁等20多座大中型水库周围、辽河、浑河、大凌河等主要河流的发源地、科尔沁沙地南缘以及辽西干旱、半干旱地区；湖南省国有林场地处湘江、沅江、资水、澧水四大河流流域和大中型水库周围，生态区位十分重要。三省国有林场划定公益林3 682万亩，占林场林地总面积的72.72%，构筑了区域性生态体系建设基本框架，在涵养水源，保持水土，防风固沙，美化环境，改善农牧业生产条件等方面发挥着不可替代的作用。三是生态文化资源丰富，促进人与自然和谐作用突出。国有林场经过几十年的大力造林和森林经营保护，形成了山清水秀的森林景观，蕴含着丰富的生态文化内涵。三省在国有林场基础上建立的森林公园达160处，占三省森林公园总数的90%以上。国有林场已成为建设生态文化体系、开展生态文化教育、传播生态文化知识的重要阵地。

(二)三省国有林场存在的困难与问题

国有林场在培育和保护森林资源方面取得的成就，得到了社会的公认，但在其长期发展过程中，由于管理体制不顺、经营机制不活、资金投入不足、改革严重滞后和相关政策不配套等方面的原因，积累了很多问题。三省存在的困难和问题在全国具有普遍性，主要表现在：

一是长期投入严重不足，基础设施建设严重滞后。国有林场长期按照"先生产，后生活"的原则进行建设，投入的有限资金主要用于营造林生产，基础设施建设投入很少，欠账十分严重。辽宁属于经济比较发达的省份，目前还有4个林场场部不通公路，2个林场场部不通电，29个林场场部吃水困难，分场、工区的基础设施欠账更为严重。全省国有林场急于修缮的危房面积占房屋总面积的30%。原有的公路、输电、通讯等基础设施大多建于20世纪六七十年代，因长期无力维修，破损严重。由于国有林场的基础设施建设没有纳入国家和地方的国民经济发展规划，近几年来国家实施的"村村通"工程、建设社会主义新农村等政策也没有辐射到国有林场，致使国有林场基础设施落后状况进一步加剧，与经济社会的快速发展形成了巨大的反差，也严重制约了国有林场的整体发展。

二是林场经济危困，职工收入水平低。湖南省贫困国有林场占73%，亏损林场58个；山西省贫困国有林场比例高达94%；辽宁省国有林场职工月人均工资也只有721元。很多林场只能发档案工资的50%左右，而且不能按时发放，有的每月只发200～300元的生活费，职工生活十分困难。

三是生产任务减少，富余人员多，就业压力大。随着天保工程的实施和公益林的界定，国有林场的森林采伐和木材加工任务减少，主要任务是森林管护，人多就业压力加大。三省国有林场41%职工待岗离岗，其中湖南省待岗离岗人员占53%。该省7个"农户型"林场，职工总数7 378人，离岗职工达5 198人，占70%。

四是社会经济负担沉重，影响林场的发展。三省国有林场债务总额达24.8亿元。辽宁省国有林场拖欠社保费达1.3亿元，湖南省国有林场场办学校30所、医院(医务所)51处、代管派出所51个，从业人员859人，每年需补贴经费2 000多万元，同时，还代管264个农业村，每年需投入乡村行政事务管理费1 000多万元。

五是人才缺乏。由于国有林场条件差，经济困难，待遇低，需要的人才进不来、留不住，现有职工年龄大，素质低。辽宁省建昌县有3个国有林场，没有一个大专以上学历的技术人员，90%的在职职工年龄在40～55岁之间，人才的短缺严重制约着国有林场的发展。

要从根本上解决当前国有林场面临的困难和问题，为林场的发展注入活力，必须通过综合配套改革才能实现。

二、三省在推进国有林场改革中做的主要工作

近几年来，三省林业主管部门围绕着推进国有林场改革做了大量的准备工作，为改革的全面实施奠定了基础。

(一)开展深入细致的调查研究

为了全面掌握国有林场的基本情况，研究存在的问题和解决的对策，三省林业主管部门都对国有林场情况进行了深入的调查研究。2006年，湖南省

对全省国有林场情况进行了一次全面的调查摸底，并由林业厅领导带队，组成4个调查组，进行了重点调研，形成了综合调查报告和5个专题调查报告，并组织召开了研讨会，对国有林场改革与发展的有关问题，进行了深入的研究和探讨，提出了下一步国有林场改革的总体思路和政策建议。辽宁省2003年就对全省国有林场情况进行了调查摸底，全面掌握了国有林场的基本情况、有关数据和存在的主要问题，并每年进行更新，掌握最新情况。

（二）拟定初步改革方案，测算改革成本

三省根据有关国有林场改革文件精神，制定了本省国有林场改革的初步方案，提出了两类林场的划分标准、定员定编的具体办法、分流安置职工的主要途径和具体措施、解决职工社保问题的政策等方面的具体意见。对国有林场改革必须支付的一次性成本进行了测算，做到心中有数。

（三）向省政府领导汇报，争取支持

湖南省林业厅多次向省委、省政府领导汇报国有林场改革问题，并提出在加快推进集体林权制度改革的同时推进国有林场改革，得到了充分的肯定。省政府分管省长专门主持召开了由有关部门负责人参加的会议，研究国有林场改革的具体问题。省委书记在听取集体林权制度改革汇报时，特别指出国有林场改革要首先解决好职工的养老保险问题。辽宁省、山西省林业主管部门也向省政府汇报了国有林场改革问题。由于省委、省政府领导的重视和支持，为全面推进国有林场提供了动力。

（四）与有关部门进行沟通协商，研究改革的政策措施

2006年，湖南省林业厅主动向财政厅、劳动保障厅、交通厅、省机构编制委员会办公室、人事厅、民政厅，汇报国有林场改革问题，协商研究有关政策。与省财政厅、劳动保障厅等部门组成联合调查组，对国有林场改革问题进行了专题调研，通过联合调研，有关部门加深了对国有林场改革的了解和理解。财政厅基本同意将生态公益型林场定员定编后纳入省级财政预算管理，把国有林场各级公益林的生态效益补偿尽快落实到位，并把国有林场纳入了国有农场税费改革范围。劳动保障厅对解决国有林场职工养老保险问题提出了初步的方案。山西省林业厅得到省财政厅的支持，连续3年每年安排2 300万元资金，用于省直国有林场的人员分流安置，为重新定员定编奠定基础。辽宁省林业部门与省劳动保障、人事等部门沟通协商，研究解决有关问题的具体政策，争取多方面的支持。

（五）积极开展国有林场改革试点工作

湖南省选择怀化市、浏阳市、安化县、绥宁县的23个国有林场作为改革试点单位，下发了改革试点指导方案，进行了改革试点成本测算。辽宁省选择本溪县的10个国有林场作为试点单位，提出通过调整森林采伐限额，解决改革成本问题。两省已为国有林场改革试点做了大量的前期准备工作，试点工作将陆续展开。

三、几点认识与体会

通过调查研究，使我们进一步深化了对国有林场改革的认识。按照中央9号文件的要求，国有林场改革的目标是实行森林分类经营和分类改革，建立适应两类林场（生态公益型和商品经营型）的管理体制和运行机制。改革的核心内容可以概括为“分类改革、定位定编、转换机制、减员增效”。

国有林场改革是政策性很强的一项系统工程，必须充分认识改革的难度。三省国有林场存在的富余人员多、债务沉重、林场贫困和企业不像企业、事业不像事业等问题，在全国具有普遍性，到了非改革不可的时候了。要达到改革目标，必须在科学划分两类林场并对其定位、定编、定发展方向的基础上，关键是解决好“人往哪里去，钱从哪里来”的问题，把握好改革中的基础和关键环节。

1. 两类林场的划分是改革的基础

生态公益型和商品经营两类林场的划分，就是对林场的性质和发展方向定位。近年来各地做了作了初步划分，但多数省并没有真正到位。国有林场主要承担着生态建设任务，在现有5.5亿亩森林中，公益林就有4亿多亩；在全国4 466个国有林场中，有2 465个纳入了生态补偿范围，1 218个纳入了天保工程实施范围；2 078个各级森林公园（森林公园的首要任务是保护好森林风景资源），90%以上在国有林场，多年来建设的几百个林木良种基地和采种基地，大多也在国有林场。因此，绝大多

数林场应定为生态公益型林场，商品经营型林场应当是极少数。从总体上讲，今后国有林场的主要任务是生态建设和保护。山西省认为全省231个国有林场应全部定为生态公益型林场。

在这次改革中，必须对划为生态公益型林场的行政管理人员、技术人员等核定事业编制，并将人员经费纳入地方财政预算。如果不解决好这个根本问题，国有林场就仍没有明确的定位，企业不像企业、事业不像事业的状况就得不到根本扭转，国有林场就难以走出困境，也难以完成所承担的生态建设重任。

2. 分流安置人员是改革中的难点。

冗员多是长期积累下来的国有林场的通病，妥善安置富余人员，是改革的难点，也是确保改革顺利进行的重要环节。全国国有林场现有在职职工48万人，许多林场实际真正在岗人员大体占一半，需要分流安置20多万人，这些在职而不在岗人员，有的承包了林场的经营项目林场不再发工资；有的自己找活干；有的待岗，每月林场发给一点生活费。但各省情况有别，总的看，纳入了天保工程的林场，已通过实施天保工程分流安置了一部分人员，这次分流人员的任务不重，如山西省林业厅直管的111个林场，经测算需再分流1 800多人；未纳入天保工程的省份分流人员的任务要重得多，如湖南省177个林场，现有职工3.5万多人，一半的人员并不在岗，需妥善安置。

分流安置人员，确保稳定是前提，工作必须做细、做扎实。分流安置应多渠道、多模式，不搞一刀切，要根据林场的具体情况而定。如用商品林木或其他经营性资产一次性置换职工身份，有的林场具备条件，有的林场不具备条件；有的职工接受，有的不接受。山西省提出不宜再搞一次性买断，因天保工程的一次性买断的人，一部分现在要求回场工作，很难办。有的地方提出对女45岁、男50岁的职工可以比照特殊工种的退休年龄提前退休；也有的提出，常年需要的一些护林员也应纳入事业编制，如不能纳入，也不一定采取一次性安置的办法，可实行“一场两制”，仍属于林场职工，用护林费等以购买劳务的方式解决其工资待遇，这样既降低了改革难度，又能保存一支专业护林防火队伍，我们认为这是值得认真研究的一种模式。总之，分流安置人员必须确保稳定，一切从实际出发。能否妥善安置富余人员，应当成为国有林场改革是否成功的标志之一。

3. 解决好社会保障问题是顺利推进改革的关键

社会保障重点是解决好分流人员的养老保险和医疗保险。只要解决了社保问题，分流人员的问题就不难解决。目前全国林场职工参加养老保险的比例平均是60%，约28万人，未参加社会养老保险的均为贫困的林场，有的虽然参加了但欠交大量社保费，如湖南省的94个林场欠缴社保费9 460万元，面临断保的危险。全国大部分国有林场没有参加医疗保险，必须解决好林场职工的社会保障问题，切实重视民生，做到应保尽保，是国有林场改革成败的关键。

4. 多渠道筹措改革成本是顺利推进改革的保障

国有林场改革需要支付巨大的的改革成本。这些成本主要包括富余人员的安置资金、解决社会保障的资金、拖欠职工的工资等。经测算，湖南省需要5亿元，全国至少需要60亿元(不包括解决190多亿元的债务)。

绝大多数国有林场属属于县一级直接管理，巨大的改革成本是县级财政根本无力承担的。一般来讲，林场改革任务重的地方经济发展也比较落后。因此，应多渠道筹集改革成本。首先要加大中央财政的转移支付力度，特别是对中西部地区要给予重点支持，原设想的中央拿6亿元看来是远远不够的；其次各省级财政要对国有林场改革给予大力支持，特别是经济发达省份，要帮助本省一批贫困国有林场解决改革成本问题；三是挖掘国有林场的内部潜力，用林场的经营性资产和商品林木资产评估折价支付改革成本，甚至可以研究对国有林场追加一部分采伐指标以筹集资金。

5. 加大建设投入是国有林场持续发展的迫切要求

长期以来国家和地方对国有林场没有专项建设投入，国有林场发展缺乏活力。从1998年起，财政部开始安排国有林场扶贫资金，虽每年有所增加，2007年达到了1.7亿元，因林场贫困面大，仍是杯水车薪。更重要的是，国有林场的路、水、电、通讯等各项基础设施建设，在许多地方没有纳入当地的社会经济发展规划，如“村村通”、“农网改造”等工程，国有林场不能受益，使国有林场处于城不城、乡不乡的尴尬境地。全国还有 499 个国有林场不通公路，504 个国有林场不通电，483 国有林场不通电话，32 万人居住在危房中，在这些方面与林场外的环境反差越来越大。这些问题的解决要靠中央和地方加大对国有林场基础设施建设的投入。

四、几点建议

(1)国有林场改革涉及多个部门，特别是涉及社会保障和投入政策，不是林业部门一家能解决的。要努力争取早日以国务院名义下发或批转实施国家林业局、中央机构编制委员会办公室、发展和改革委员会、民政部、财政部、人事部、劳动和社会保障部已联合上报的《关于加快国有林场改革的实施意见》，各省林业部门都急切盼望此文件早日出台。

(2)在改革文件出台之前，各省林业部门要不等不靠，集中力量做好改革的基础性工作。如两类林场的划分到位、生态公益型林场的定编定员测算、改革成本的测算、林场债务的调研摸底等。在此基础上制定改革的初步方案，同时加强与有关部门的沟通协调，争取将国有林场的路、电、水等基础设施建设纳入地方的统一规划。国家林业局确定的七个国有林场改革联系省份要先行一步。基础工作做扎实了，改革文件出台后，可尽快启动，顺利推进。

(3)要多渠道增加对国有林场的投入，以支持国有林场改革。一是要增加国有林场的营造林投入，国有林场还有 6 000 多亩的宜林荒山需要加快绿化步伐，1 亿多亩的中幼林亟待抚育。2007 年国家林业局里将中幼林抚育、珍贵树种建设、大径级材培育三个项目的投入绝大部分放在了国有林场，完全符合林业建设实际，希望能进一步加大力度。凡是能够安排在国有林场的项目，应尽量安排在国有林场。二是努力争取财政部安排的国有林场扶贫资金在 2007 年 1.7 亿的基础上逐年有较大幅度增加，重点解决民生问题，并加强资金使用管理；同时要求各省级财政也要相应安排国有林场扶贫资金，目前省级安排的很少，据 2006 年的国有林场有关财务报表反映，全国只有几百万元，扶贫只有中央一个积极性是不行的。三是努力争取国家发展和改革委员会设立对国有林场的基本建设投入，重点解决特别贫困国有林场的基础设施建设问题。

(4)要结合国有林场改革，加强国有林场管理的立法工作。研究制定《国有林场管理办法》，以规范其管理，促进其健康发展。目前，在林业建设的各个领域几乎都有行政法规或部门规章，而国有林场是空白。这说明国有林场在林业建设中的地位与作用不相适应，应切实加强这方面的工作，从上到下都应加强对国有林场工作的领导，提升国有林场的地位。

调 研 单 位：国家林业局国有林场和林木种苗工作总站
调研组成员：郝燕湘　胡春姿　张耀恒　管长岭

安徽省国有场圃税费负担问题调查报告

为了贯彻落实《国务院办公厅关于深化国有农场税费改革的意见》(国办发〔2006〕25 号)、《安徽省人民政府办公厅关于深化国有农场税费改革有关问题的通知》(皖政办〔2006〕47 号)的精神，2007 年 8 月 10 日至 16 日安徽省林业厅组成 5 个调研组，对宿州市、萧县、砀山、全椒、来安、含山、潜山、岳西、东至、青阳、南陵、滁州市管店林业总场等 12 个市、县、总场的 31 个国有林场、苗圃进行了调研。同时安排部分市林业局开展了同步调研。调研组采取听取市(县)林业局、林场、苗圃汇报，与干部职工座谈，到职工家中访谈等形式，深入了解林场苗圃过去农业税费改革情况、目前税费负担情况、承包场圃土地(林地)职工的税费负担情况、国有场圃与周围乡村在税费负担与政策优惠方面的差别情况、场圃职工收入与参加社保情况等，并听取场圃干部职工对深化税费改革、解决场圃存在问题的意见与建议。

一、全省国有林场、苗圃概况

全省共建有国有林场138个，总面积392.6万亩，有林地面积335.8万亩，农用耕地5.3万亩，活立木蓄积量1 250万立方米。国有林场现有职工18 431人，其中在职职工13 084人，离退休职工5 347人。

全省国有苗圃75个，经营面积36 435亩，其中育苗地13 830亩、农耕地3 165亩、有林地14 310亩。在职职工3 246人，离退休职工1 345人。

到2005年底，安徽省有贫困国有林场123个，占全省国有林场总数的89.1%；林业用地面积347.69万亩，占国有林场总面积的92.5%；林木蓄积量1 217.9万立方米，占国有林场总蓄积97.4%；贫困职工16 542人，占国有林场职工总数的89.8%；危房面积21.5万平方米。2005年，全省国有林场职工月平均工资只有485元，绝大多数国有林场职工工资只能发到应发工资的40% ~ 60%，沿淮、淮北地区的林场职工每月只能拿到生活费100 ~ 200元。在一些特别贫困的国有林场，年轻职工纷纷外出打工来养家糊口。目前存在职工外出打工的国有林场达40多个。

安徽省国有林场多位于生态区位重要地区，生态环境相对比较脆弱，作为生态环境建设的骨干力量和培育森林资源的重要基地，承担着生态公益林建设的重要任务。全省国有林场共划定生态公益林面积248.5万亩，占国有林场林业用地面积的67.9%，其中有87个林场划定的生态公益林比重超过60%，属于典型的生态公益型林场。

二、国有林业场圃存在的八个主要问题

(一) 国有场圃税费负担过重

1. 林产品的农业税取消后，一些地方却对国有场圃的林产品变相收税

国有林场开展抚育间伐，目的是为了促进林木生长，但部分地方税务部门对抚育间伐材要征收营业税。滁州市管店林业总场反映，地方税务部门对国有林场向职工收取的林地承包费(应视作林地产出的一部分)也要缴纳5%的营业税。全椒县孤山林场将1 200亩山场的林木所有权、处置权招标拍卖，规定获标者分三年采伐木材，分三年向林场支付收入360万元，但税务部门要林场一次性交所得税60万元。

2. 国有场圃承担的类似“乡镇五项统筹”费用仍然很重

目前国有场圃普遍都要承担义务教育、计划生育、优抚、民兵训练等费用。如滁州市34个国有林场，2005年计支出类似农村“乡镇五项统筹”641.46万元，其中由土地承包费支出的237.51万元、由林场承担的其他社会性费用支出的403.95万元；分项支出是：九年义务教育经费支出149.96万元、计划生育经费支出60.69万元、优抚经费支出89.74万元、民兵训练经费支出26.9万元、乡村道路建设支出314.17万元。

3. 国有林场苗圃还须承担多项政府性基金

2005年，全椒县国有林场和苗圃支出水利基金1.93万元，社会治安管理费5.5万元；含山县国有林场和苗圃支出水利基金0.8万元，社会治安管理费0.6万元，要求征收残疾基金3万元；南陵县国有林场支出水利基金1.4万元。

4. 国有林场苗圃常被不规范地征收多项其他税收

(1)国有林场苗圃在支付农民工工资时被要求代缴5%的劳务所得税。

(2)全椒县苗圃为筹集养老保险费，卖掉县城一处房产，地税部门要其交纳房产差价所得税7万元。

(3)全椒县马厂林场和县苗圃，因处于该县马厂镇，纳入城镇建设统一规划，县地税部门从1998年起，每年都对其生产、办公和生活用房征收土地房产税约1.3万元，还要按每人20元的标准征收印花税。

(二)国有场圃非但没有享受国家出台的一系列惠农政策，反被日益边缘化

(1)农民承包土地无须缴纳任何税费，但国有场圃职工仍须承担土地、林地承包(租赁)费。全椒县各国有林场和苗圃，2003～2005年共将51 321亩林地租赁给职工经营用材林、经济林和培育绿化苗木，以赚取自己的工资，并要向场圃缴纳林地租赁费150.49万元，平均每亩每年29.3元。砀山县林场、萧县永固林场等将现有经济林、耕地承包给职工，作为职工的工资林、地，同时向职工收取每亩每年100～150元的林地承包费。国有场圃没有财政投入，收取林地、土地承包(租赁)费，是无奈的选择。

(2)国家对农村和农民实行一系列优惠政策，如取消农业税及附加(提留、统筹)，通过财政转移支付解决相关经费以及农村电网改造、"村村通"工程、农村饮水工程、种粮补贴、良种补贴、农机补贴等。但这些优惠政策不仅没有惠及国有场圃及其职工，相反国有场圃还要对周围乡村的相关建设进行投资，更加重了国有场圃及职工的负担。在实施"村村通"工程中，凡与国有场圃毗邻的乡村，在道路建设上都要求国有场圃配套一定的建设资金，否则林场、苗圃的交通将受到阻拦。

大部分国有场圃电网改造没有纳入农村电网改造范围，改造资金要由国有场圃自筹解决，改造好后还须缴纳一定的费用，电力部门才予接受管理。一些国有场圃在用电上与农村存在着同网不同价的现象，如含山县太湖山林场职工用电每度电价为0.675元；南陵县供电部门给国有林场民用电额度为10%，其余90%用电按工业用电0.678元/度标准收取。

(三)国有场圃职工参加养老保险、医疗保险难

由于国有场圃是事业单位性质，企业化管理，而此前国家出台的社会保障政策没有明确事业单位的参保问题，社保部门在面对国有场圃参保问题时，各地参保要求和条件多种多样，有的近于苛刻。多数比照企业参保；有的地方要求从1987年开始补交；南陵县要求以退休年龄向前推15年来补交。这项费用对大多数贫困国有场圃来说实在是无能为力，所以全省仅有部分国有场圃比照企业单位参加了社会性保险。目前全省已经参加社会养老保险的国有林场72个，占52%，进入社会养老保险职工总数为12 323人，占66%，其中在职职工9 235人，占70%，离退休职工3 088人，占57%。年度交纳保险金1 600多万元。全省国有苗圃在职职工3 082人中，到2005年参加养老保险的只有842人，仅占27.3%；离退休职工1 234人中，参加社保的605人，占49%。

萧县永固林场，全场面积27 000亩，只有80亩耕地，其余都是石灰岩石质山地，是典型的生态公益型林场。全场58人，其中退休20人，在职38人(其中管理人员5人)。该场经济十分贫困，管理人员每月只发120元，其他职工每人承包3亩耕地作为工资地，每亩每年还要向林场缴纳承包费150元。目前已有14人外出打工。林场和职工根本无力参加养老保险和医疗保险。林场对退休职工每月只发退休金60～80元，难以维持生计，使得一些已经达到退休年龄的老职工不得不继续耕种土地(林场不收承包费)。如郭庆吉老人已68岁，仍得耕种土地，他唯一的愿望就是真正退休，只要所发退休金能够维持生计就行。含山县苍山林场为了解决职工参保问题，由林场向职工集资，在职职工2 600元、离退休人员3 000元，分三年偿还。

(四)国有场圃基础设施建设薄弱

自20世纪80年代中期开始，国家对国有林场基本建设投资实行"断奶"。由于国家没有投资建设，国有林场林区道路建设、饮用水建设、电力设施改造、危旧房改造、通讯以及有线电视接收等建设停滞。目前全省国有林场有187个作业区不通公路，129个作业区不通电，有8个国有林场场部和252个作业区不通电话，有239个作业区吃水困难，绝大多数国有林场还不能接收到有线电视信号。全省近80个国有林场至今仍在使用20世纪五六十年代建起的房屋，危房面积达21.5万平方米，占80%以上。

自2000年起，省级财政给国有林场安排50～80万元不等的发展资金，用于国有林场解困，对全省国有林场的基础建设起到了一定的推动作用。但与相邻的中、东部省份相比，安徽省财政对国有林场的供给水平明显偏低。山东省153处国有林场，面积250万亩，每年省级财政安排250万元生产扶持资金；湖南省177处国有林场，面积1 200万亩，

每年省级财政安排专项补助 200 万元，基本建设投资 150 万元；河南省 88 处国有林场，面积 340 万亩，每年省级财政安排 210 万元用于国有林场苗圃建设；列入省发展和改革委员会规划造林补助 100 万元；湖北省 175 处国有林场，面积 1 000 万亩，每年省财政、发展和改革委员会安排 800 万元基本建设资金。江苏、浙江省级财政每年支持国有林场基本建设都在 2 000 万元以上。

（五）国有林场“场带村”的问题

全省有 11 个国有林场实行以场带村，共带行政村 45 个，6. 2 万人，林业用地面积 7 500 亩，土地面积 3. 5 万亩。来安县 4 个国有林场现带 4 个行政村，23 个村民组，农业人口 3 305 人，耕地面积 3761 亩，村组干部 36 人，军烈属 28 人，五保户 15 人，民办教师 4 人。2005 年度 4 个国有林场共为所带村支出经费 62. 03 万元，其中教育经费 9. 7 万元、计生经费 5. 6 万元、优抚经费 3. 85 万元、道路建设及维修经费 23. 98 万元、电网改造及线路维护经费 11. 7 万元、村组干部工资 7. 2 万元（欠款待付，有的村支书连续 5 年都没有领到工资）。

由于以场带村的管理体制，这些村的土地未纳入乡镇的计税土地面积，场带村的农民至今未能享受如农村税费改革、粮补、种补以及电改、水改、江淮分水岭治理、新农村建设等国家各项惠农政策，致使农民的生活得不到改善，农村基层组织、农民利益受到损害，加重了履行村组行政管理职能的国有林场的负担，造成了新的社会不公，影响社会安定。

（六）生态公益林补偿标准太低

2001 年安徽省开展公益林补助试点，当年全省规划面积 2 300 万亩，其中国有林场共划定生态公益林面积 248. 5 万亩，占国有林场林业用地面积的 67. 9%，有 87 个林场生态公益林比重超过 60%，属于典型的生态公益型林场。当年国家对生态公益林的补助标准为每亩每年补助 3. 5 元，而当时农民每亩土地承担农业税等 40 元左右。现在农业税费已经取消，而且农民种粮可以获得种粮补贴、良种补贴、农机补贴、柴油补贴等，每亩增收可达 65 ~ 70 元，国家实行农村税改政策和惠农政策，农民实际每亩增收 100 元以上，而同期国有林场公益林获得的直接补贴标准为每亩每年 4. 5 元（2004 年起执行），两相比较，生态公益林的补助标准太低，而且商品林没有任何补贴。

（七）国有场圃债务负担沉重

2005 年底全省贫困国有林场债务总额达 10 130 万元，其中造林贷款 4 500 万元。95% 以上的贫困国有林场都是负债经营。砀山县 5 个场圃至 2005 年累计负债 300 万元，人均 5 000 多元。一些地方的金融机构在上级已经豁免了“拨改贷”的情况下，仍在向国有场圃催收贷款。部分 20 世纪八九十年代的贷款营造林，现规划为公益林经营，无法还贷。

（八）国有场圃面临人才断档、后继无人的问题

国有林场苗圃均建在边远的荒山荒地荒滩上，交通不便、土地贫瘠、生产力低下，尤其是以生态公益林为主的林场，经济十分贫困，管理干部和技术人员的收入无保障，导致现有人员纷纷外出打工，而大中专毕业生更是不愿进、留不住，面临着人才断档、后继无人的危机。据砀山县反映，全县 5 个场圃 58 名管理干部、技术人员多年来均没有正常领到工资，多数人员只能每年领到 2 000 元左右的生活补助，甚至有的多年来一直没能领到一分补助。他们大多是 20 世纪七八十年代的大中专毕业生，现在由于生活所迫，已有 20 多人外出打工养家糊口。如砀山县官庄林场党支部书记、两个副场长也都外出打工。从 90 年代起 5 个场圃就没能吸纳一名大中专毕业生。

三、深化国有林业场圃税费改革及相关配套改革的建议

（一）切实减轻国有林业场圃的税收负担

一是现行林业产品加工交纳增值税实行即征即退，实际操作难以兑现，应作免税处理。

二是因国家建设需要，国有林场部分林地被征用，属于土地使用者将土地使用权归还给国家的行为，所得的林木、林地补偿费、安置补助费和森林植被恢复费应免征营业税、所得税。

三是取消林业初级产品的各项税收。国有林场招标、拍卖或流转一定期限的林木、林地经营权所得，应免征所得税。

四是要为场圃提供免税发票。场圃出售免税的林产品，购买单位要求提供正式发票，建议采取林场专门向税务部门申请办理免税发票，解决经营活动中须开具计税发票的问题。

（二）国有场圃应同等享受国家对农村的优惠政策

一是要将国有林场基础设施建设列入国家基本建设投资范畴。要把场圃纳入社会主义新农村建设、农村电网改造、村村通工程、农村饮水工程等基础设施建设范畴，与农村和农民一样享受国家的公共财政优惠政策。

二是要对以承包场圃土地作为工资收入的职工，全面取消土地承包费及相关的类似农村“五统筹”收费，让职工享受与农民一样的农村税费改革优惠政策。

三是要对场圃的管理干部、技术人员，按照乡村干部的工资福利政策，由财政转移支付解决。场圃的管理干部、技术人员的人数，可以根据场圃面积分档次确定。

四是要将国有场圃用于粮食生产的农耕地纳入国家惠农政策范畴。国有林场和苗圃农耕地主要以生产粮食为主，国家应对国有场圃种粮实行农村同等政策。

五要取消不合理收费，禁止各种摊派。尤其对贫困国有林场，明确规定任何单位不得向其收取任何费用，比如水利基金、残疾基金、印花税、营业税、报刊费等。

六要把贫困国有场圃脱贫工作纳入国家扶贫范畴。

（三）要降低参保“门槛”，让国有场圃职工全部参加养老保险、医疗保险

国有场圃参保，应比照农垦系统进入社保政策，让场圃职工全部参加养老保险、医疗保险，保险费从现在开始计交，前期欠费由各级财政统一解决。同时，场圃职工的城镇户口家属，也应纳入城镇医疗保险范畴。

（四）要加大对生态公益型林场的资金扶持

一是提高国有林场生态公益林补偿标准。现行森林生态效益补偿基金只是对公益林的管护给予补偿，未能对营造、抚育及管理给予补偿，更没有给予因限制采伐而导致的经济损失的补偿，特别是以公益林为主的公益型林场，仅靠目前公益林补偿基金难以为继，应逐步提高生态公益林补偿标准，争取在3年内达到广东、浙江省现在所实行的每亩每年20元标准。

二是加大政府投入力度。将生态公益型林场纳入地方经济发展规划，加大基本建设投资力度，改善生产、生活条件，按照公益性事业单位管理，实行收支两条线，保证生态公益林经营、建设所需的资金投入。

三是组建生态公益林管护队伍，妥善安置林场富余职工。国有场圃改革中分流的富余人员，由当地政府组建生态公益林管护队伍，承担起生态公益林的管护任务，一方面安置了国有林场的富余职工，一方面也保障了生态公益林的资源安全。

（安徽省林业厅）

关于对湖北省国有林场改革情况的调研报告

根据湖北省人大常委会和湖北省人大农村委员会2007年的工作安排，湖北省人大农村委员会同湖北省林业局，于7月17日至20日对咸宁市国有林场改革情况进行了调研。调研组先后听取了赤壁市、崇阳县、通城县、通山县、咸安区的汇报，实地视察了官塘驿、桂花等林场的生产经营现场，走访了生产一线的林场职工。现将调研情况报告如下：

一、国有林场改革与发展基本情况

全省现有国有林场177个，经营总面积995.3万亩，森林总蓄积3 284.7万立方米，大径竹2 401.7万株，森林覆盖率为76.6%。下设523个

分场，带有132个村。林区总人口11.6万人，其中林场职工2.5万人（在职职工7 471人，离退休职工7 945人），林工家属1.4万人，林农7.7万人。拥有价值4.6亿元的固定资产，投资形成的林木资产达28.6亿元，资产总值33.2亿元。

咸宁市作为“七山一水分半田”的低山丘陵地区，其国有林场工作在全省极具典型代表性。全市现有国有林场14个，总经营面积61.8万亩，林业用地56.7万亩，森林蓄积112.3万立方米，楠竹立竹621.1万支，森林覆盖率91.7%。现有干部职工2 145人，其中在岗468人、承包经营365人、外出务工543人、离退休486人、待岗283人。现有林木资产和固定资产总值4.5亿元。

近几年来，湖北省各级党委政府认真贯彻党中央、国务院《关于加快林业发展的决定》精神和有关政策法规，把国有林场工作纳入重要议事日程，先后两次召开全省国有林场工作会议，动员和部署林场开展二次创业，有力推进了林场改革与发展，为促进社会经济发展作出了重要贡献。

一是林场改革初显成效。在两次全省林场工作会议的推动和20多个改革试点的带动下，全省已有130多个林场，通过不断深化人事、用工和分配制度改革，正在解决制约国有林场发展的管理体制落后、经营机制不活问题。咸宁市有10个国有林场进行了不同形式的内部改革，促进了国有林场经济的发展。据统计，这些国有林场原有职工1 880人，现在岗职工只有386人，其中50%的国有林场到去年收支略有盈余，在产业发展上也走在全市国有林场的前列。

二是结构调整逐步推进。为适应市场经济的发展，全省国有林场在种植结构、林种结构、产业结构各方面都进行了改革调整，形成了新的经济增长点。咸宁市14个国有林场2006年以绿化苗木和养牛羊为主的种养殖业，产值达735万元，其中苗木收入达220万元、牛羊收入515万元。黄龙林场制定鼓励政策，职工每年养羊都在5 000只左右，收入达150万元，单户最多养羊达100只以上，年收入3万多元。桂花林场发展楠竹和雷竹2万多亩。白云山林场改造和扩建高山有机茶叶基地500余亩。官塘驿国有林场通过引资500万元，兴办了3个以竹木加工为主的企业，去年实现产值900万元。全市国有林场以竹木加工为主的企业已有7家，年产值达3 626万元。兴办森林旅游业的林场已有6个，每年新投入资金1 000多万元，森林旅游收入年年递增。如黄龙林场通过招商引资1 000多万元发展森林旅游业，修建宾馆住房10栋、增加床位200个，2006年接待游客3万人次，创产值近400万元。

三是自营经济快速发展。全省国有林场按照国家分类经营改革精神，在管好生态林的同时，放活商品林经营，推行家庭承包，实行国有民营，自营经济有了较快发展。咸宁市14个国有林场2006年自营经济收入达6 266.5万元，已占当年总收入的39.4%。如官塘驿林场自营经济年收入达到3 790万元，占该场总收入的59.7%，每年向国家交税近200万元。桂花林场将300亩茶园承包给职工经营，解决了50多人的就业问题。黄龙林场将宾馆在内部竞标承包，盘活了资源，提高了效益。

四是养老保险稳步进行。全省国有林场按照分级负责的原则，将干部职工养老统筹改革当作一件大事来抓，已有150个林场参加基本养老保险，占总数的84.7%，参保人数达到17 551人，占职工总数的69.5%，这些林场已参加医疗、失业、工伤、生育保险的职工分别达5 120人、2 882人、1 720人、1 135人，分别占职工总数的20.3%、11.4%、6.8%、4.5%。养老保险等社会保障的稳步推进，缓解了职工后顾之忧。如咸宁市有10个国有林场共1 756人参加了养老保险，占职工总人数的81.8%。官塘驿、桂花、古市、黄龙等国有林场职工整体进入养老保险。潜山林场筹资150万元，110名职工按照“应保尽保”的原则，全部参加了养老、医疗、生育、失业等保险改革。

五是基础设施明显改善。经过多年的建设发展，全省国有林场已拥有林区公路4 397千米（纳入黑化的有1 038.6千米），林道6 278.8千米，防火线6 945.3千米，通讯线路11 355.5万千米，输电线路3 795.3千米（纳入农网改造的2 204.9千米），新旧场房107.5万平方米，大小汽车450多辆，基础设施有了明显改善。咸宁市有9个林场100千米进场公路进行了硬化黑化；白云山林场积极争取电信部门投资100多万元建立了微波站，解决了通信问题；官塘驿林场争取当地政府的扶持，较好地解决了交通、供电、供水和通讯问题。

六是已构成全省林业生态体系的主干。湖北省国有林场大都分布于江河源头和大型水利枢纽附近，主要以水土保持林、水源涵养林和风景林等生态公益林为主。目前，所有国有林场已全部实现绿化，其森林覆盖率比全省平均数高出40多个百分点，昔日的荒山秃岭如今林木葱茏，起到了重要的生态屏障作用。同时，国有林场还是湖北省森林旅游业的主角，全省71个森林公园有53个建在国有林场。九宫山等许多重要的风景旅游区也都是以国有林场的森林资源和自然景观为依托。

七是成为全省重要的商品材基地。湖北省国有林场利用“农村不要、农业不用”的边远林地，以全省6.7%的林地面积，培育了16.2%的森林蓄积量，林地亩平均蓄积达到3.4立方米，是全省平均水平1.6立方米的2.1倍，平均每个国有林场蓄积量达到18.3万立方米。我们在官塘驿、桂花、九宫山等林场调研时看到，各地比较好的成片森林多数是国有林场营造的，一片片植被繁多、林木茂盛的林海，已成为鄂东南地区一颗颗璀璨的绿色明珠和一处处重要的商品材基地。

八是为国家积累了可观的物质财富。据统计，截至2006年底，国家累计对全省国有林场投资6.1亿元，而国有林场历年上交的税金已达6.8亿多元，投资已通过税收全部收回。国有林场还通过几代林业工人的艰苦奋斗和多年的自我积累，形成林木资产和固定资产共计33.2亿元，相当于国家投资形成的国有资产增值5.4倍，为国家积累了可观的物质财富。咸宁市14个国有林场现有林木资产和固定资产总值4.5亿元，是国家累计投入3 000余万元的15倍。

九是在人工造林、基地建设、种苗生产、技术推广等方面发挥了重要的示范、带动和指导、辐射作用。多年来，国有林场充分发挥人才和技术优势，开展科学造林，实行集约经营，强化资源管理，不断提高林业生产经营水平，有效地提高了林地生产率。同时，全省有65个林场还以“场带村”形式带了132个村，通过示范、辐射作用，积极帮助和指导农民兴林致富，促进了周边林区和谐发展。如官塘驿林场通过楠竹的分户承包和集约经营，不仅为职工发展自营经济作出了巨大贡献，还带动所辖2个村和3个直属农业组的2 447人，走上以林为主的小康之路。

二、国有林场工作存在的主要问题

多年来，国有林场发挥各自优势，在开发土地资源、安置军队转业干部，扩大社会就业，增加商品供给和积累资金等方面，取得了明显的经济、社会和生态效益。但仍有一些问题没有得到根本解决。

(1)管理体制不顺，扶持政策欠落实。长期以来，湖北省林场在计划经济和以木材为中心思想指导下，实行“省负责投资、市(州)代管业务、县(市)主管人事”的“事业单位企业化管理”体制，目前主要有“省直管、省办市管、省办市监督县主管”三种管理形式，有“纯林场型、以场带村型、国(有)集(体)合作型”三种经营类型。在国家对林场实行禁(限)伐政策和财政断奶措施以后，国有林场既不像事业又不像企业，职工既不像工人又不像农民。现行体制既有定位不明的问题，又有“多头管理”的弊病，这种“事不事、企不企、工不工、农不农”的性质和定位，导致国有林场长期被“边缘化”，既不利于国有林场自主经营和依法维护自身权益，也不符合当今林业发展的要求。特别是近几年来，国家对林业发展的投入很多，但对林场的扶持项目较少，地方财政对国有林场的投入更是十分有限，很多推进林场改革与发展的专项政策和配套措施在落实上没有到位。

(2)发展不平衡，改革有待深化。由于各个国有林场的思想解放程度不同，职工队伍素质各异，立地条件差别很大，部分国有林场改革取得了明显成效，多数国有林场改革刚刚起步，少数国有林场还没有纳入议事日程。普遍存在群众盼改革，干部怕改革，思想没有共识，工作没有合力，发展极不平衡。随着市场经济的不断深入，湖北省绝大多数国有林场已启动了“精简内部管理机构，劳动、用工和分配制度，绩效承包”等多种形式的改革，进一步调动了职工生产积极性，增添了林场发展活力。但由于没有改变职工身份和林木产权，国有林场的深层次问题没有从根本得到解决，国有林场内部经营机制还有待进一步健全完善。

(3)经营项目单一，产业化程度低。全省国有林场现有经营项目涉及种植、养殖、加工、运输、商贸等一、二、三产业的各个方面，已形成松杉用材林、竹木加工、种苗、花卉、木本水果、板栗、银杏、食用菌、森林旅游等十余项产业体系。但是，由于受国有林场地域分散等因素制约，每个国有林场的经营项目相对单一，品牌意识淡薄，产业化程度很低，主导产业体系还没有形成且不能获得应有的规模效益和投入回报，正处于一种经营项目多，品种杂、规模小、效益差的传统林业向现代林业过渡状态。

(4)经济收入不高，资金投入不足。2006 年度，全省国有林场集体总收入(产值)18 994.5 万元，人均产值收入仅有 7 597.9 元，人均可支配收入不到城镇居民平均水平的三分之一。黄袍林场因集体收入有限，导致该场 167 名职工中仅有 18 名在岗职工和 38 名退休人员，每月领取 207 ~ 380 元的工资，由于职工收入太低，林场难以引进人才和留住人才，多数职工被迫外出务工谋生。目前，全省国有林场经费来源和生产投入主要依靠经营创收。仅有 6 个国有林场为全额拨款单位，拨款总额 362 万元；有 49 个林场是财政差额拨款(天保工程区)，拨款总额 802 万元；其他国有林场均依靠自筹解决经费，年自筹经费 8 188 万元。相对于每年数以亿元计的必需经费开支和更加庞大的生产投入而言，国有林场现有的利润收入可谓是杯水车薪，资金投入严重不足已直接影响到林场的生存与发展。

(5)养老保险水平低，社会保障无力。虽然全省已有 150 个国有林场和 17 551 职工参加了基本养老保险(分别占总数的 84.7% 和 69.5%)，但这些参保国有林场绝大多数都是以 20 世纪 90 年代初期的工资基数入保的低水平保险，且尚欠保费 4 141.86万元。目前，未参加养老保险人数为7 216 人，应缴费金额为 14 898.7 万元，未参加医疗、失业、工伤、生育保险的国有林场职工，占职工总数的绝大多数，可见社会保障情况形势严峻，水平偏低、保障乏力。如咸宁市仍有 4 个林场尚未进入养老保险统筹，其人均 1.2 万元的参保费林场难以承担。而已进入养老保险统筹的 10 个林场，职工领取的退休金每月只有 500 元左右，与当地事业单位的标准差距很大，已成为新的不稳定因素。同时，许多城乡居民都能享受到的低保、民政救济等社会保障政策，林场职工都没有享受同等国民待遇。

(6)富余职工较多，就业渠道不畅。全省国有林场现有富余人员 5 776 人，如果按国家有关标准核编定岗，其富余人员将会高达近 2 万人。近年来，各林场采取承包经营林木、自办二三产业、组织外出务工等办法分流了部分职工。但因林场限伐、改革滞后、信息不灵、自然条件恶劣等客观原因和林场经济贫困、职工无技术专长等主观原因，目前各国有林场职工仍然过多，没有经济实力分流职工。已经分流的职工，有些尚无稳定收入，还需进一步安置。

(7)林场负债多，社会负担重。由于林场限额采伐后木材收入大幅度减少，国家投入不足或者没有投入，林场失去经济来源，营林生产、基本建设和多种经营只有靠借贷，因而各林场都背上沉重的债务。据统计，全省国有林场截至 2006 年底总负债 107 323.7 万元，人均高达 4.3 万元。其中国外贷款 11 353.8 万元，金融机构贷款 24 228.6 万元，拖欠职工工资 21 434.8 万元，拖欠退休金 7 010.6 万元，借财政周转金 3 370.6 万元，拖欠工程款 4 394.6万元，拖欠社保费 14 930.7 万元，其他债务 20 600 万元。如咸宁市累计负债 10 042.9 万元，其中银行贷款 4 464.2 万元、外单位借款 1 715.4 万元、欠职工 2 707.5 万元、其他债务 1 155.8 万元。仅桂花一个林场，债务总额高达 6 555.2 万元。在背负巨额债务的同时，湖北省国有林场办有人民武装部 24 个、人武干部 45 个；森林公安派出所 71 个、干警 330 人；学校 48 所、教职工 455 人、在校学生4 551人；医院 39 处、职工 155 人；以场带村 132 个，带农业人口 7.2 万人。国有林场每年承担的社会行政费用高达 1 638.8 万元以上，社会负担十分沉重，已形成恶性循环，制约林场发展。

(8)基础设施滞后，职工生存条件差。国有林场地处偏僻山区农村，国家的惠农政策，如“农网改造”、“村村通工程”、“饮用水工程”和新农村建设等，国有林场得不到相应惠农政策扶持，基础设施建设没有资金来源，职工的生产生活条件已远远落后于周边农村。截至2006年底，湖北省仍有88个国有林场136个分场(护林点)吃水困难，8个林场场部385个分场和工区不通公路，7个林场226个分场和工区不通电，23个林场423个分场和工区不通电话，另有58个林场无电视信号。不通水、不通路、不通电、不通电话分别达到1 674千米、874.7千米、768.4千米、1 179千米。“四不通”林场和无电视信号的林场，分别占林场总数的66.1%、46.8%、39.5%、47.5%和31.5%。

(9)管理机构不健全，事业经费无保障。国有林场是一个多元化生产经营体，其建设和管理业务涉及到林业、农业、工业、商业、交通运输、电力电信、旅游等诸多行业。因此，要适应国有林场这个特点，必须要有且只能有一家专门的管理机构，才能政令畅通，和谐发展。目前，湖北省省级林场行业管理机构设有省国有林场工作站，市级只有襄樊、荆门、咸宁、十堰、黄石等5个市成立了林场管理站(处)，但省市两级管理机构的人员和机构经费都没有全额纳入当地财政预算。特别是省级林场行业管理机构省国有林场工作站，已成为全国唯一的经费没有纳入财政预算和仅有的编制人员没有按公务员管理或参照公务员的省级林场管理机构。中央9号文件已明确规定国有林场按公益事业单位管理，生态林场的经费纳入当地财政预算，林场的作用和地位已不言而喻。而省国有林场工作站作为全省林场的行业管理机构，现有的性质与其应该履行的职能是矛盾的，经费负担方式不符合国家政策精神，职能定位已不适应国有林场改革与发展的要求，必须从机构设置、职能配置、人员编制、经费负担等方面作出相应调整。

三、国有林场工作对策与建议

国有林场作为林业事业的重要组成部分，是生态建设的主体与重点，是林业产业的生力军和排头兵，已经并将继续在林业事业各方面发挥重要的窗口、示范、带头作用。落实科学发展观和建设社会主义新农村的新形势新任务要求我们，国有林场工作只能加强，不能削弱。为做好新时期的林场工作，我们建议：

(1)坚持科学发展，明确林场定位，完善管理体制。国有林场工作具有长周期和连续性特点，必须以科学发展观为指导，坚持以人为本，明确国有林场“社会公益事业单位”的定位，实现全面协调可持续发展。国家和省里应尽快出台国有林场改革与发展优惠政策，按照生态优先原则，统筹发展规划，把林场建设作为林业建设的一项重要工程，列入国民经济和社会发展计划，解决国有林场长期被“边缘化”和林场改革与发展的长远目标问题。促进林场最大限度拓展林业多种功能，尽可能为社会提供更多更好的生态产品和林副产品，满足社会多样化需求。

(2)依靠现代科技，扩大森林资源，实行分类经营。各级林业部门要指导国有林场根据“因场制宜，适地适树，扬长避短，充分利用”的原则，熟悉掌握并灵活运用森林认证、碳汇、生物技术和其他工农业等领域的先进生产、经营、管理技术，选择符合经营目的要求的树种，调整优化林种和树种结构，扩大森林资源，形成资源优势。国有林场要尽可能解放思想，学会用现代科学技术提升林业，用现代物质条件装备林业，并结合《中华人民共和国物权法》精神大量收购生态林，在此基础上不断深化完善林场分类经营、分林到人和分户承包办法。充分发挥国有林场在生态建设、资源保护，产业发展和科技推广等方面的独特作用。

(3)运用市场手段，发展林业产业，实现综合效益。国有林场只有建立起比较发达的产业体系，才能为林场发展提供强大的经济支撑。林场各类可供利用的资源都要进行价值评估，并纳入国有资产核算管理。任何单位和个人利用这些资源进行经营性开发的，首先必须进行环境影响评价，然后按照“公开、公平、公正”的原则，在一定范围内进行招投标，实行有偿使用。要按照“收支两条线”的原则，对生态公益型林场，依法加强对国有林木资源和固定资产的管理，该由政府监管的，把管理责任落实到位。对商品经营型林场，以林场改革为重点，带动形成符合现代林业发展要求的新型经营机制、市场主体、行政方式和政策措施，该由市场运作的，让市场的作用发挥充分。支持国有林场通过林地流转、低产林改造等措施，开发利用林区现有资源，择优发展木材精深加工、森林生态旅游、特色种养与加工、林下产业经营、绿色食品等具有林场特色的优势产业和主导项目，提高林地产出率、资源利用率和劳动生产率，提高林业发展的质量、素质和效益。

(4)出台扶持政策，加强基础建设，剥离社会职能。按照国家有关政策和规定，研究制定扶持国有林场加快改革与发展的实施意见，按照国家惠农政策，落实惠林支林的具体政策和措施，营造全社会重视、支持国有林场工作的发展环境。各级政府要把国有林场视同乡镇一样，将林场水、电、路、住房和能源等基础设施建设纳入当地统筹规划，切实解决林场饮水难、用电难、行路难和住房差等实际困难和问题。国有林场行使的各种行政、社会职能全部剥离移交给地方政府实行属地管理，本不应由林场负担的人民武装部、派出所、学校、医院和场带村(组)，全部移交当地相关职能部门。确实不能剥离的机构和职能，应由政府委托国有林场负责管理，所需经费纳入当地财政预算。

(5)加大资金投入，落实社会保障，减免债务负担。国家对国有林场营造林和基本建设曾给予了极大的扶持，但近些年对林场投入锐减，致使林场陷入“两危”困境。各级发改委、财政、林业主管部门应结合当前正在实施的林业“六大工程”，安排扶持项目和专项资金，加大对国有林场营造林和基本建设的资金支持力度。各级政府要落实林场职工的“国民”待遇，对国有林场职工养老、医疗、低保、子女上学、就业安置、民政救济等民生问题，当地相关职能部门要等同于乡镇村民统筹解决。用好用活国有企业改革和国家惠农政策，实行“低门槛”进社保的政策，多方筹措资金，落实国有林场职工社会保障问题。国有林场是社会公益事业单位，其债务应分类处理。凡用于国有林场生态林建设和基础设施建设所形成的债务，应由财政实行豁免；对拖欠的职工工资所形成的债务，要采用追补项目、加大采伐和承包山林的办法予以解决；其他类型的债务予以剥离挂账，待国有林场有收益后逐年偿还。

(6)抓好队伍建设，健全管理机构，依法加强管理。当地林业主管部门要协助党委政府，为国有林场配备一名思想解放、作风扎实、事业心强、懂经营、会管理、善创新的场长，选配一个团结奋斗、勤政廉洁的领导班子，建设一支思想过硬、业务精通、战斗力强的职工队伍。通过加强教育和培训，抓好队伍建设，确保干部职工以主人翁的姿态积极投身林场改革与发展。根据《中共中央 国务院关于加快林业发展的决定》、《中华人民共和国物权法》、《中华人民共和国森林法》、《湖北省国有林场管理办法》和国家林业局等七部委即将出台的《国有林场改革实施意见》要求，健全省级国有林场管理机构，明确管理职责，核定相应工作经费纳入省级财政预算。省级林场管理机构要整合有关国有林场管理的职能，加强与林场相关职能部门的联系和沟通，加大国有林场立法和执法力度，及时帮助解决出现的各种问题，促进国有林场更好地发挥优势，加快经济发展和现代化进程。

(7)加强组织领导，建设现代林场，构建和谐林区。国有林场工作点多、面广、政策性强，各级政府要充分认识国有林场在生态建设、新农村建设和经济社会可持续发展中的重要作用，切实负起责任，加强对国有林场工作的统一领导和协调。要采取走出去、请进来、典型引路、试点示范等多种有效措施，引导国有林场根据现代林业的深刻变化和明显特征，深化改革科学发展，建设体制创新、机制灵活、生态良好、产业发达、生活富裕、社会文明的社会主义新林区。充分发挥国有林场在建设新农村和促进经济社会可持续发展等方面所具有的不可替代的作用，为全面建设绿色、文明、和谐、小康社会作出应有的贡献。

(湖北省人大农村委员会、湖北省林业局)

关于林业重点工程建设成果巩固与发展政策

天然林资源保护工程全面停伐森工企业改革思路及若干政策问题

——关于四川、云南两省重点森工企业的调研报告

天然林资源保护工程(以下简称“天保工程”)实施以来，长江、黄河流域重点森工企业在连续近10年全面停止森林采伐后，当前面临的状况如何？下一步改革走向如何？需要解决哪些问题？最近，我们带着这一系列问题，到四川、云南两个重点省份进行了专题调研。通过调研，我们欣喜地看到森工企业在实施天保工程后的发展变化，同时也了解到森工企业面临的诸多困难，特别是集体林权制度改革对部分森工企业生存产生的重大影响。引发我们思考的主要问题是，按照建设现代林业的要求，森工企业如何进行“脱胎换骨”式的改造和体制创新，以解决社会各界普遍关注的天保工程结束并停止森林采伐后，森工企业怎么生存和发展的问题。

一、重点森工企业为我国林业建设做出了重大历史性贡献

我国国有林区，主要包括黑龙江、吉林、内蒙古、新疆、云南、四川、陕西、甘肃、青海9省(自治区)的国有林区。新中国成立初期，为了满足国民经济恢复发展需要的木材，国家在国有林区先后投资建设了135个林业局，即森工采伐企业，亦称上游企业。在135个林业局中，黑龙江、吉林、内蒙古3省(自治区)84个，其他6省(自治区)51个。在51个林业局中，四川省22个，云南省16个。国家在国有林区还投资兴建与采伐企业相配套的木材运输企业、木材加工企业、林产化工企业、林机修造企业、林业筑路企业等，亦称下游企业。为适应林区社会生产生活的需要，林区又相继兴建起了医院、学校，以及各种商业服务网点等，逐步形成了独立的林区社会管理体系。早在20世纪50年代，国家就有计划地组织开发西南国有林区。林业部编制了《金沙江林区开发规划总方案》，国家计委批准了这个方案。60年代中期，林业部根据国家大三线建设的部署，成立了金沙江林区会战指挥部，从全国各地抽调一大批林业技术骨干，参加林区开发会战工作。随后不久，会战指挥部由于“文革”的原因停止工作。但会战期间建立了一批林业局、水运局、木材加工厂、林业机械厂等企事业单位，为后期开发该林区奠定了基础。作为金沙江林区组成部分的雅砻江林区，开发管理权下放给四川省后，四川省成立了雅砻江林区会战指挥部，又新建了一批重点森工企业及附属单位，一直延续到1982年林业管理体制下放有关地州，会战指挥部才彻底解体。

据有关资料表明，四川省国有林区从开发建设至1985年底，森工基本建设累计完成投资12.57亿元，其中国家投资11.03亿元。建设林区公路6 746千米，渠道1 131千米，河道整治2 157公里，水运收漂工程40处，贮木场14处，大中桥梁77座(3 153延长米)，电站92座(装机容量5 859千瓦)，房屋122.2万平方米。建成森工(林业)局24个，木材加工企业64个，机修企业5个，林化企业9个，设计施工企业4个，运输企业3个，林业职工17万多人，其中森工采运职工9万多人。到实施天保工程前，四川重点森工企业累计为国家生产商品材1.2亿立方米，上交利税20多亿元，修建林区公路增加到7 700多千米。云南省森工基本建设，1952～1987年，共完成投资8.74亿元，修

建林区公路 18 139 千米，房屋建筑 187.41 万平方米，形成木材生产能力 130 万～140 万立方米，锯材 140 万～150 万立方米，胶合板 1 万立方米，纤维板 1.2 万立方米，各种机械设备 6 500 多台，基本建成了木材生产、加工、综合利用、设计施工、林业机械生产和维修、汽车运输、水运出河、铁路中转等相互配套的森林工业生产体系，上缴利税 3.5 亿元(其中税金 1 亿元)，职工 6 万多人。四川、云南两省国有林区的开发建设，森工企业的建设发展，为支援国家“大三线”建设，促进国民经济发展，繁荣少数民族地区经济，以及林区文化教育、医疗卫生事业等，都做出了历史性重大贡献。森工企业的辉煌历史已记载在中国林业建设的史册上。

由于国有林区长期不合理的开发利用，森林资源集中过伐严重，天然林资源急剧下降，可采资源接续不上，引发形成了森工企业“两危”(森林资源危机、企业经济危困)的局面。到天保工程实施前的几年，大部分森工企业生产经营十分艰难，大量富余职工无业可就，工资收入低，生活拮据，林区社会各种矛盾越积越深。森工企业以牺牲生存基础的森林资源为代价，在为国家创造巨大社会财富、提供大量木材的同时，却陷入了前所未有的困境中。

二、天保工程给森工企业带来了深刻变化和影响

1998 年，天保工程在国有林区开始试点，2000 年全面实施。东北、内蒙古重点国有林区森工企业实行减伐限产，木材产量减幅 40%，而长江、黄河流域天保工程区，包括四川、云南的森工企业则全面停伐减产。天保工程的实施，有力促进了国有林区森林资源的保护、恢复和发展，给四川、云南两省正处于“两危”中的森工企业注入了“强心剂”，激活了森工企业的“肌体”，带来了森工企业一场深刻变革。

(1)森工企业经营活动由采伐木材全面转向森林管护。以采伐生产木材为主要目的的云南、四川两省森工企业，在实施天保工程后都积极采取措施，转变经营方向，调整内部组织机构。一是调整木材生产组织结构。四川省阿坝藏族羌族自治州马尔康林业局将原来的 9 个林场缩减为 5 个，局机关减少、合并科室 5 个，取消了木材生产管理机构，原来山上的采伐工段改建为森林管护所，在管护所下又增设了若干管护站。二是落实森林管护责任区和责任人。森林管护作为森工企业的“主业”，人员就业的主渠道，工作得到全面加强，措施得到有效落实。各森工企业按管护难易程度，将森林管护划分为若干责任区，落实管护责任人，实行分片承包管护，森工企业职工彻底由砍树人转变为护林人。三是营造公益林成为森工企业主要生产活动。部分森工企业在自己经营区的宜林荒山荒地上开展营造林活动，部分无经营区的森工企业在当地政府的协调下，利用国家公益林补助资金，安排富余职工为农村集体和农民造林育林。森工企业经营活动内容的改变，实际上已失去了原有森工采伐企业的性质，森林保护正成为森工企业的主要任务。

(2)森工企业经济来源由经营性收入变为财政性拨款。过去森工企业围绕木材生产开展一切经营活动和管理工作，其经济来源主要来自于木材采伐收入。天保工程的实施，完全改变了森工企业再生产循环过程，资金循环链也随之中断。现在企业全部资金来源于天保工程建设国家的财政补助性资金和公益林建设投入。一是职工的工资收入，主要依靠森林管护费的补助，以及从事公益林造林的劳务费。由于从编制天保工程实施方案以来，管护费和公益林投入标准一直没变，使得大部分森工企业职工工资多年来一直处于低水平状况，有的还不到地方工业企业职工收入的一半。二是森工企业管理和政社性人员的工资收入来源也发生变化。企业管理和党群工妇等机关人员，因天保工程未安排专项补助，企业又无经营性收入，不得不占用管护费。森工企业中的森林公安和尚未转到地方的学校等人员也因补助标准一直未增加，与地方公安、教师等人员的收入差距在扩大。三是企业职工养老、医疗等保险，国家安排了专项补助，但因历史遗留欠账，以及非统筹外项目支出等，需要企业承担支出的费用还不少，但企业无力通过经营收入来解决这些问题。森林管护费便成了各种政策性资金缺口的开支来源，包括遗属供抚人员生活补助费、社保资金补差、政社性人员工资补差、离退休人员政策性费用

补差等。近几年，四川省采取有力措施，省财政专项安排资金解决了森工企业职工社保资金、死亡职工一次性抚恤金、离退休人员死亡丧葬费，遗属生活困难补助费等，确保了林区社会稳定。但不少地方存在的问题并没有完全解决。森工企业经济来源的变化，表明森工企业已不具有市场活动的经营行为，体现的是财政拨款的事业单位管理行为。

(3)森工企业管理体制由传统体制开始向新的体制过渡。天保工程实施后，森工企业自成系统的封闭管理体制发生了重大转变。一是改革重点森工企业条条管理体制。四川省"三州"(甘孜藏族自治州、阿坝藏族羌族自治州、凉山彝族自治州)是森工企业比较集中的地区，在州一级均设有林管局，统一管理州属森工采伐企业及附属企业，与州林业局并列，在州政府领导下分别管理重点森工和地方林业。1998年天保工程全面停伐后，"三州"先后将林管局合并到林业局，由林业局统一行使对地方林业和森工企业的管理职能，解决了森工和营林"两张皮"的问题和解决了森工企业与地方林业的矛盾，理顺了关系，确保了重点森工企业顺利实施天保工程。二是实行重点森工企业属地管理体制。云南省16个重点森工企业，除80年代先期下放给宁蒗县政府1个和思茅行政公署(现为普洱市)3个外，其余12个均为省属管理。林业"三定"以前，全省重点森工企业共有经营面积8 839.65万亩，林业"三定"后，森工企业大面积经营区划给了农村集体和农民，森工企业取得林权证的经营面积只剩下726万亩，仅为原经营面积的8.2%，不少森工企业没有什么生存空间，甚至无立足之地。多年来森工企业与地方和群众的利益矛盾不断，生存环境十分困难。天保工程启动后，1999年省委、省政府作出了省属重点森工企业实行属地管理的决定，将13户重点森工企业成建制移交给所在地的县(市)，人财物一并移交，实行属地管理。有效解决了森工企业职工分流安置问题，实现了职工有林可管(护)，有地可造(林)，有钱可发(工资)。但这一体制的改变，同时使得部分森工企业解体。清水江、红旗两个林业局分别跨2个县，江边林业局跨3个县，南盘江林业局跨4个县，云台山林业局跨5个县。实行属地管理后，一个林业局也就被分解成2~5个部分，分别划归所在县(市)，原林业局作为一个整体实际上已不存在了。三是企业办社会移交地方管理。四川、云南两省按照省委省政府深化国有企业改革的要求，森工企业在分离办社会职能方面取得实质性进展。四川省2005年和2006年连续2年，由省财政每年安排800万元，补助森工企业剥离社会职能。目前已移交给地方的森工企业医院17所，学校15所。云南省森工企业自办的中小学18所、医院18所也已全部移交给地方管理，森林公安分局及派出所22个，已并入所在县林业局森林公安局。全省仅剩下地跨四川省、设在攀枝花市的金沙江林产品公司(国家开发金沙江林区遗留下来，原为金沙江水运局)问题未解决。社会职能的移交，为深化森工企业改革打下了良好基础。

三、进一步推进重点森工企业改革的思路

四川、云南两省国有林区森林资源主要分布在江河上游源头，边远贫困少数民族地区，山高坡陡，地形地貌复杂，生态环境脆弱，森林资源以天然林为主体，生物多样性丰富，是我国森林资源中的"精华"。保护好这些区域的天然林资源，对于维系国土生态安全，促进区域经济发展，增进各民族人民团结，实现社会经济可持续发展等，都具有十分重要的意义。

实施天保工程的森工企业既不是创建初期的森工企业，也不是天保工程前的森工企业，成为企业不像企业、事业不像事业的"两不像"企业。名义上叫企业，实际已完全失去了经营创利、自负盈亏的企业功能。但又不是事业单位，现在森工企业主要从事公益性的森林资源管护，依靠天保工程财政专项补助经费，维持生存运转，没有机构事业编制，也没有地方财政预算。紧紧抓住机遇，进一步深入推进森工企业的体制改革，已成为建设现代林业不可回避的重要工作。

在调研中，我们与林区各级政府、林业主管部门、森工企业等干部职工进行了广泛深入的座谈，共同探讨深化森工企业改革的思路，并取得了共识。大家认为，天保工程已为森工企业深化改革打下良好基础，富余职工大大减少。如四川省重点森

工企业天保工程实施初期有44 497人，通过一次性安置、分离移交人员、退休减员等途径，现在只剩下2万人。下一步深化改革的思路是：按照建设现代林业的要求，根据森林资源现状和发展方向，分类推进改革，对森工企业进行战略性改造重组，实现新时期森工企业的转型。其分类改革的主要途径为：

(1)森工企业转制为事业单位。这类森工企业的条件是：经营范围稳定，生态区位重要，国有森林权属清楚，公益林面积比重大，实行长期保护，以发挥生态效益为主的林区。以四川省阿坝藏族羌族自治州马尔康林业局为代表的森工企业属于此类。该局地处长江流域大渡河上游，全局23万公顷森林基本上是天然林，区划界定为公益林面积21万公顷，占91.12%，其中国家重点公益林20万公顷。这一林区今后主要任务就是保护公益林，改革就是将其转制为国有林管理局，实行事业化管理，所需人员纳入事业编制，所需经费纳入财政预算。四川省这样的森工企业居多数。据统计，全省重点森工企业施业区林地面积中，区划为公益林的面积占95%，其中国家重点公益林占85%。

(2)森工企业解体消亡。这类森工企业的现状是：企业没有确权为国有的林地，无生产资料，无生产对象，有效经营性资产不多，缺乏基本生存条件，过去依靠地方政府每年划拨集体林采伐过日子，现在依靠天保工程财政专项补助经费和管护集体林的收入维持生存。以云南省玉溪市新平林业局为代表的森工企业属于此类。该局1962年建局时规划33万公顷林地，由于当时没有考虑森林资源权属问题，森工企业经营面积没有得到法律确认。1980年林业“三定”时，森工企业经营的林地全部划给了集体所有，仅留下局址所在地908亩。早在1982年林业局便停止了采伐生产，以后16年内一直靠政策性亏损补贴维持运转，职工生活十分困难。天保工程启动后，实行属地化管理，又是依靠行政手段将集体林97.6万亩划给森工企业职工管护，工资由天保工程森林管护费开支。随着农村集体林权制度改革的展开，森工企业将不可能继续再维持这种状态，保留这类森工企业已没有什么实质意义了。云南省这样的森工企业大约有5～6个，四川省的水运企业、筑路企业也属此类。

(3)森工企业改建为现代林业企业。这类森工企业的情况是：企业有自己的经营范围，国有森林权属清楚，商品林面积比重大，以培育用材林为主，自然立地条件优越，林木速生丰产，又有较好的配套加工车间，形成基地建设和加工利用一条龙生产经营。以云南省普洱市卫国林业局为代表的森工企业属于此类。该局1969年建局时有林地面积21.9万公顷，1991年核发林权证时仅剩下6.4万公顷。2004年森林分类区划时，规划为公益林面积仅1.4万公顷，占23%，商品林为5万公顷，占78%。该林业局还有人造板厂，生产设计能力为胶合板1.5万立方米、细木工板0.5万立方米，中密度纤维板3万立方米，木材综合利用率高。木材加工原料主要是周边地方非天保工程区供给，以及近2年天保工程人工商品林采伐试点的木材。2006年林产工业产值达3 083万元，比1999年增长46.7%。企业经营的国有林面积虽然不大，但经济效益潜力大。我国是一个林产品需求大国，加强林产品供给能力建设，是现代林业建设的重要任务。这类森工企业，应根据森林分类的结果，将传统森工企业改造为现代林业企业。可以实行国有森林资源有偿使用，企业向国家缴纳资源费。也可以考虑国家以森林资源资产入股，实行股份制经营。规划中的公益林采取委托企业管护的方式，承包给职工。

(4)国有森工企业实现民营化。这类森工企业是除采伐企业以外的其他森工企业，包括木材加工、林产品经销、林机修造等，无国有森林资源，但有一定的经营性资产，与市场联系较为紧密。深化改革要以产权制度为核心，国有资本全部退出，实行民营化。云南省属13户林业加工、流通、运输企业，经过兼并整合后变为10户，目前已有7户企业国有资产整体退出，组建了新的民营企业。

森工企业通过上述转制、解体、改建、退出等途径，彻底转变为新的单位、新的企业，传统的森工企业也就不存在了。天保工程结束后(应有改革政策的支持)，按新的体制运作，长效机制就形成了。

在推进森工企业改革的方法和步骤上，四川省阿坝藏族羌族自治州提出并正在实施的思路具有可操作性和普遍推广意义。首先，解决好森工企业的遗留问题。主要是解决企业拖欠职工的社保费、非统筹资金、医疗费、抚恤费等，以及企业的各项金融债务和离退休人员的社会化管理，为深化企业改革创造前提条件。其次，剥离企业办社会的职能机构。将森工企业自办的学校、医院，资产整体和人员全部移交给地方，实行属地化管理。企业森林公安归并到当地政府林业局森林公安局，理顺管理关系。这是解决政企分开，分流部分人员的重要措施。第三，州属森工企业下放县属管理。州直属 8 个森工采伐企业地跨 6 个县，其森林资源、企业资产和职工随着地盘走，在哪个县(市)境内，一并划归所在县(市)。县(市)将接收的重点森工企业和地方小森工企业进行整合，实行统一管理。属地化管理后，有利于解决森工企业与地方的各种矛盾，将为解决森工企业人员分流安置创造必要的条件。第四，主辅分离，妥善分流安置人员。将森工企业经营性资产剥离出来，组建新的独立经济实体，或者组建股份制公司，进入市场，依法自主经营，独立核算，自负盈亏。同时采取相关措施，通过政策性安置、带资分流、有偿解除等渠道，消化富余人员，为转制打下重要基础。第五，转制组建事业性质的国有林管理局。完成前四个步骤后，组建公益性质的国有林管理局也就水到渠成了。国有林管理局是归属政府林业局管理的事业单位，负责辖区内国有林的保护、经营和管理工作。政府林业局依法履行林业行政管理、行政执法的职能不变。国有林管理局实行定编、定岗、定员。管理人员实行公开考试，择优录取。管护人员可以优先聘用分流出去的原森工企业职工，组建专业管护队。边远林区可委托当地林区群众管护，签订管护合同，建立有效的森林管护网络体系。

四、若干政策建议

国有林区森工企业的改革，是我国现代林业建设极为重要的组成部分。加大国家政策支持，是推进森工企业深化改革的根本保证。解决森工企业职工的分流安置，落实相关政策，是整个改革的核心。森工企业改革到位，天保工程结束后怎么办的问题也就迎刃而解了。

(1)国家重点公益林补偿政策与森工企业改革转制配套运作。这项政策主要针对分类区划为重点公益林的森工企业。企业转制为事业单位，除了地方政府要解决事业编制，人员财政预算外，森林管护和相关费用的开支需要重点公益林补偿政策的支持。否则即使转制，又会遇到许多困难，使加强公益林保护变成一句空话。建议中央财政安排森林生态效益补偿基金，要优先支持重点公益林区森工企业的改革。

(2)森工企业改革与集体林权制度改革同步实施。目前四川、云南两省正在启动集体林权制度改革，这项改革将触动以管护集体林的收入为主要生存费用的森工企业。云南省重点森工企业天保工程管护森林面积中，管护集体林面积占 90% 多。集体林权制度改革将实现还林于民、还利于民，森工企业将不能再继续管护集体林，中央财政补助的管护费也将按照谁管护、谁受益的原则，补助给林权所有者用于管护人员的支出。地方各级政府要在组织集体林权制度改革的同时，统筹森工企业的改革，妥善解决好职工的分流安置，做到两手抓，两促进，确保林区社会稳定，森林资源得到有效保护。

(3)多渠道筹集置换职工身份补偿金。森工企业改革，除学校、医院、森林公安人员转交到地方，以及转制需要留用的人员外，大部分职工将采取置换身份的方法，解除与原森工企业的劳动关系。置换身份补偿金的支出，是改革最主要的成本，补偿金应采取多渠道办法筹集解决：一是企业有经营性资产的，首先利用企业资产有偿转让变现筹集一部分。二是企业进行股份制改造或民营化的，采取资产量化置换职工身份，或随股份制改造，量化折股到人，进入股份制企业。三是用资产置换后的剩余人员，由中央财政按照天保工程一次性安置办法，根据地方企业职工上年平均工资的 3 倍，安排 80% 的补助性资金。随着社会工资水平的提高，不同地区、不同阶段，补偿金标准应有不同。四川省攀枝花市普威林业局前几年解除 231 人职工身份，人均 3 万元，2007 年解除 250 人，人均增加到 4.32 万元。四是省、地(州、市)地方财政配套补偿金的 20%。五是在上述渠道筹集的补偿金仍不足时，应考虑适当从森林资源资产收益中予以解决，可以采取国有商品林有偿转让收益解决，也可以采伐部分人工商品林收入解决。基层职工群众普遍反映，林业企业不同于其他工业企业，其他工业企业经营性资产多，包括土地收益都可用于改制置换职工身份。而林业企业经营性资产不多，主要是森林资源资产，应允许森林资源资产进入改制成本中，包括解决森工企业历史遗留的各种欠账、债务等问题。云南省普洱市经省政府批准，2006 年在非天保工程区进行国有商品林有偿流转试点，流转面积 80 万亩，流转受益金 10% 用于普洱市国有林管理局的管护费和工作经费，20% 由市政府调控，70% 留在县(区)。建议这一改革举措在天保工程区试点，流转受益金主要用于解决森工企业改制成本。

(4)加大政策性安置职工力度。森工企业职工文化素质偏低，再就业能力较弱，鉴于森工企业的历史性贡献和森工企业的特殊性，国家和地方应采取必要的政策扶持措施。一是对按政策规定不能解除劳动关系的工伤、长病、内退职工，以及现有离退休人员统筹外费用，或由各省、地(州、市)财政予以补助，或由国有资产变现收入、森林资源资产转让收入等予以支付。二是实行“4050”退休政策，即女职工 40 岁、男职工 50 岁提前退休，中央财政和省级财政或予以专项补助，或实行财政转移支付补助，补助年限到职工法定退休年龄为止，由社保部门实行养老金社会化发放管理。三是通过地方政府和林业部门的统筹和协调，按照择优录取的原则，有的职工可以充实到国有林场，有的安排到林业工作站，有的安排到其他适合的岗位，发挥其应有的作用。

(5)大力扶持商品林经营企业发展。天保工程要从单纯保逐步转向保育并举，保育与利用相结合，提高林地生产率。积极推进有条件的森工企业改建成现代林业企业。在适宜发展速生丰产林的地区，要按照分类经营的要求，建立我国木材生产的后备基地，为国家经济建设和人民群众提供充足质优的林产品。一是创新经营机制。允许国有商品林经营通过职工长期承包形式，承包期可一至若干个采伐周期，使经营责任主体明确，经营成果与承包责任挂钩。在承包中还可以考虑与置换职工身份结合。国家通过收取林地使用费和林木有偿转让金，实现应得的利益。二是相关政策扶持。加工企业与基地建设相配套，享受国家林业龙头企业的有关扶持政策；工业原料林基地享受中央财政贴息贷款政策；以“三剩物”及小薪材为原料生产加工的综合产品实行增值税即征即退政策；林木采伐按照批准的森林经营方案，由企业依法自主采伐，实行备案制。

(6)加强林区基础设施建设投入。国有林区在木材生产时期，主要依靠国家少量的投资以及木材生产提取的维简费，低水平维持了林区简单再生产的基础设施建设。实施以生态建设为主的林业发展战略以来，国有林区保护发展森林资源依然面临着不少问题，需要国家进一步加大投入。一是林区道路维修建设投入。现有林区公路大多数是 20 世纪七八十年代以前修建的，桥梁多为木质结构，有的已成断桥，导致不少林区公路中断，给森林管护、营林生产、火灾扑救等造成困难。在社会主义新农村道路建设中，交通、农机部门只管到乡村居民点到县的路段，居民点以下和无人居住的大面积林区则成为国家政策的盲区。建议在国家基建投资计划中应专项安排林区的分额。二是森林管护站点建设投入。天保工程加强了森林管护，其站点多数利用木材生产时期修建的简易木结构工棚，以及租用农村群众的简陋屋舍，工作环境条件十分差。国家要有计划安排森林管护站点建设，同时解决水、电、通讯等配套建设问题。三是林区职工危房改造。目前仍居住在林区的职工，不少住房还是 20 世纪六七十年代的“干打垒”，年久失修已成危房，四川省森工企业职工住房中，危房面积占 68.3%，涉及人口 3.8 万人。建议比照东北老工业基地“棚户区”改造政策，将国有林区职工危房改造纳入有关规划中，享受相关政策。

(7)适当延长天保工程期限。在森工企业改革相关政策尚未得到落实，体制改革尚未全部到位的情况下，由于全面停伐使森工企业缺乏后续产业的支撑，2010 年天保工程实施期满国家即中断补助，森工企业将面临严峻的生存危机，并带来林区社会的不稳定。因此，建议国家应考虑将天保工程实施期再延长5年，作为改革的过渡期，天保工程的现行政策不变，允许地方利用国家的天保工程补助资金，统筹安排用于森工企业改革成本支出。过渡期结束后，按改革后的新体制进入正常运行。

调 研 单 位：国家林业局天然林资源保护工程管理办公室
调研组成员：张志达　满益群　刘志东

加强确权发证工作　巩固退耕还林成果

——退耕还林确权发证工作调研报告

退耕还林工程自1999年开始实施以来，已取得显著成效。1999～2006年，退耕还林工程累计完成造林面积3.64亿亩，其中退耕地还林1.39亿亩，荒山荒地造林2.05亿亩，封山育林0.2亿亩。退耕还林的面积核实率、造林合格率都在90%以上。退耕还林补助发到千家万户，补助费约占农民纯收入的10%。退耕还林工程已经在推进生态建设方面起到重要作用，也改善了当地的生态环境。

确权发证是巩固退耕还林成果、保障退耕农民合法权益的重要工作。为进一步摸清退耕还林确权发证工作的基本情况，加快并规范退耕还林确权发证工作，根据国家林业局关于开展2007年度林业重大问题调研工作的统一部署，国家林业局退耕还林办公室会同国家林业局森林资源管理司，对全国退耕还林工程确权发证工作情况进行了调研。3个调研组于2007年6月下旬到10月中旬对黑龙江、湖南、广西、贵州、甘肃、宁夏等6个工程省(自治区)进行了实地调研，共调查了12个县、24个乡镇，60多户农户，实地核对造林小班32个，召开了省、地、县、乡、村的座谈会10余次，并对其余19个退耕还林省(自治区、直辖市)进行了书面调查。通过调研，我们了解到，退耕还林确权发证工作虽然取得了一定的成绩，但工作进展和工作质量与工程建设要求相比，还存在较大差距，一些地方在具体工作中还存在一些不容忽视的情况和问题。

一、退耕还林确权发证工作的主要成效

国家林业局对退耕还林确权发证工作十分重视，2003年以来，曾多次对退耕还林确权发证工作进行了专门部署，并就林权证发放工作中遇到的具体问题做了进一步规范。在2006年9月召开的全国退耕还林工作会议上，国家林业局又专门强调了退耕还林确权发证工作，并提出了明确要求。几年来，各地林业部门按照国家林业局的要求，在当地人民政府的领导下，努力工作，使退耕还林确权发证工作取得了较好进展。

(1)从工作进度看，退耕还林确权发证工作进度明显快于其他林地确权发证的进度。从6个重点调研省(自治区)的情况看，退耕还林工程的确权发证进展都要好于其他林地的确权发证。湖南省林地发证率为46.3%，而退耕还林工程的确权发证率达到85%；甘肃省林地发证率为15.28%，而退耕还林工程的确权发证率达到48.2%。湖南省安化县退耕还林确权发证率已达100%，甘肃省崇信县2004年以前实施的退耕还林发证工作也已全面完成。各地退耕地还林(不含荒山荒地造林)的确权发证进展更是远快于其他林地的确权发证进度，宁夏回族自治区、贵州省退耕地还林确权发证率已分别达到了88.4%和84.8%。

从全国情况看，25个退耕还林省(自治区、直辖市)的退耕还林确权发证进度都快于本省(自治区、直辖市)其他林地的确权发证进度，其中重庆、青海、安徽、四川等省(直辖市)退耕还林确权发证进度在全国领先，分别达到了100%、100%、94%、90.2%。

(2)从工作效果看，各地在实践中摸索出了一些很好的经验和做法。湖南省安化县在工作经费、人员力量上给予了充分保证，出资500万元用于林

1999～2006年6个重点调研省(自治区)退耕还林确权发证情况表　单位：万亩、%

工程省份	退耕还林总面积			已确权发证面积及其所占比例		
	总面积	退耕地还林	荒山造林	总发证面积所占比例	退耕地还林发证面积所占比例	荒山造林发证面积所占比例
合　计	9 403.3	3 661.3	5 742	45.0	71.5	27.6
黑龙江	1 253	425	828	39.4	48.8	29.8
湖　南	1 763	756	1 007	85.0	85.0	85.0
贵　州	1 669	657	1 012	33.5	84.8	0.3
广　西	1 156	349	807	8.3	12.4	6.3
甘　肃	2 423.3	1 003.3	1 420	48.2	74.7	30.2
宁　夏	1 139	471	668	36.6	88.4	0

权登记发证工作。为调动退耕农户申请发证的积极性，该县还免除了应由农户承担的证书工本费。县里成立了专门的林权登记发证办公室，实行目标管理"四挂钩"，即与双文明目标管理考核挂钩、与村干部补助挂钩、与林业工程项目安排挂钩、与商品林采伐计划挂钩。同时，县政府还下大力气抓好确权发证工作的宣传发动、业务培训以及监督检查等工作，使确权发证工作得以顺利进行。

广西壮族自治区凌云县制订了一整套登记发证的流程文件，确保了这项工作的完成。县林业局针对确权发证过程中的一些问题摸索出了解决办法：一是对同一小班内一户有多块零星退耕还林宗地的情况，划清宗地四至界线示意图，在填林权证或调查表时，合并零星地块面积，标明块数，并附宗地四至界线详细示意图；二是对部分退耕还林作业设计小班号和林业二类调查小班号不相符合的，以作业设计小班号为依据，绘制宗地示意图，发放林权证；三是退耕还林作业设计造林地点与农户造林地块有出入的，以实际造林地块为准，修改退耕作业设计，使二者相吻合；四是检查验收结果面积与作业设计面积有误差时，误差在5%以下的，以作业设计面积为准，误差大于5%的，以实际检查验收面积为准，填发林权证。

黑龙江省在确权发证工作中也摸索出一些化繁就简、切实可行的办法。一是资源林政部门提前介入退耕地块的作业设计工作，确权发证时不再重复外业勘测，大大减少了确权发证的外业工作量；二是充分利用退耕还林合同，将其与退耕农户的领证申请合二为一，从而简化了申请程序，提高了工作效率。

(3)从工作趋势看，退耕还林确权发证越来越受重视，工作力度逐步加大。退耕还林确权发证工作，除了林业部门的努力外，还需要地方政府的高度重视和有力领导。一些省(自治区、直辖市)的政府对退耕还林确权发证工作越来越重视，将其纳入统一部署，在省政府的协调下统一推进。甘肃、湖南、广西、贵州等省(自治区)专门部署了退耕还林林权登记发证工作；陕西省于2007年9月召开了全省退耕还林工作会议，把确权发证工作作为全省退耕还林六项重点工作之一，专门做了部署，要求各地成立退耕还林确权发证办公室，并把确权发证纳入工程管理绩效考核；宁夏回族自治区近期在部署全区退耕还林工作时，也明确要求各地加快确权发证工作进度，确保工作质量，力争在2007年底前完成所有工作。

二、退耕还林确权发证工作存在的主要问题及原因

(一)存在的主要问题

(1)发证工作进度缓慢。在2006年9月国家林业局召开的全国退耕还林工作会议上，贾治邦局长提出明确要求：各地在2006年底以前，要完成2005年底以前已经退耕还林的林权登记发证工作；2006年新增的退耕还林林木和林地要在检查验收合格后3个月内完成确权发证工作。但是，截至2006年底，全国1999～2004年度完成退耕还林任务

28 748.1万亩，林权证发放率为71.0%，其中退耕地还林林权证发放率为75.2%，配套荒山荒地造林发证率为60.7%；2005年度完成退耕还林任务5 667.1万亩，林权证发放率为32.2%，其中退耕地还林林权证发放率为36.32%，配套荒山荒地造林发证率为29.0%。从6个重点调研省(自治区)情况看，1999～2006年完成任务的确权发证率，除湖南省为85%以外，其他5省(自治区)确权发证率均未超过完成面积的一半，特别是荒山造林发证率更低，有的省(自治区)发证工作甚至才刚刚起步。

(2)有些地方工作不细，发证工作不规范。调查发现，在确权发证过程中，出现多种不规范的现象：有的不按规定进行公示；有的外业现场勘测不到位；有的林地四至边界标注不清；有的宗地权利人与相邻利益人不签字认定；有的一个小班涉及若干农户，但发证时为了简化操作，只将林权证发给其中一户农户，且没有按要求在备注中注明其他农户以及每一户所拥有的面积；有的林权登记表存在错填、涂改现象；有的林权证内容填写不完整，如没有注明地类、退耕年度，也没有附图，从林权证上无法分辨是退耕地造林还是荒山荒地造林。另外，各地林权证有效期差别很大，有的70年，有的50年，还有的只有10年。

(3)“一地两证”现象普遍。各地在确权发证工作过程中，只注重发放林权证，而忽视了对二轮土地承包所发放土地承包经营权证的清理工作，虽然发放了林权证，但没有对土地性质进行及时变更，致使退耕农户手中既有林权证又有土地承包经营权证，这将给以后的执法工作带来极大困难。

(二)存在问题的原因

退耕还林出现确权发证工作进展不快和工作不规范等问题，有多方面的原因，主要是：一些地方领导重视不够，工作经费不足，工作量大等。

(1)各级地方政府重视不够。按照《中华人民共和国森林法》的有关规定，“国家所有的和集体所有的森林、林木和林地，个人所有的林木和使用的林地，由县级以上地方人民政府登记造册，发放证书，确认所有权或者使用权”。因此，地方政府对退耕还林确权发证工作的重视程度是关键所在。调研发现，一些地方政府认为发证工作是软任务，没有把这项工作列入重要议事日程，发证工作仅停留在下发文件、开动员会上。有的仅试点就拖好几年，没有实质进展。据我们所调查的各地区反映，退耕还林确权发证工作实际上只有林业部门一家在做，常常因为各种问题难以协调而无法进行下去。

(2)工作经费普遍严重不足。经费短缺，是普遍性的问题。退耕还林工程涉及的农户多、面积大且地块零星分散，确权发证到户实地勘测工作量非常大。同时，国家在有关文件中明确规定，对林农和农村集体经济组织不得收取林权勘测费。这些情况本身已经给这项工作带来很大困难，加之多数退耕还林工程县财政困难，对林权登记的诸多工作没有专门经费。确权发证的大量具体而繁杂的工作都由林业部门承担，一些林业局甚至无钱添置林权登记录入必需的计算机和打印机等设备。工作经费短缺已经成为目前制约退耕还林林权登记发证工作顺利开展的主要因素。

(3)基层技术力量薄弱。退耕还林确权发证工作技术性强，按林权登记要求需要对登记地块逐一勘验、确定四至，并绘制附图。但是由于资金不足，培训工作跟不上，以致基层技术力量薄弱，人员短缺，严重影响了确权发证工作的进度和质量。

(4)部分退耕农民申请领证的积极性不高。一是由于宣传工作不到位，退耕户对林权证的作用认识不够，认为林权证可有可无，对申请林权登记发证工作不积极；二是由于部分退耕户经济困难，不愿交纳5元的林权证工本费。据广西壮族自治区东兰县反映，有的农户退耕地面积小，地块多，加上每本林权证只能填6宗地，使得有的农户不到1亩地可能要花十几元的工本费，农户认为费用高，不合算；三是由于国家有优惠的农业直补政策，使得一些退耕农户对国家退耕还林政策持观望态度，有返耕的想法，因此对申请林权登记态度不积极。

(5)现地勘验难度大。对退耕地块进行现地勘验是确保退耕还林地四至清楚、保证登记发证质量、防范林权纠纷的关键。但是各地在退耕还林地的登记和勘验过程中普遍存在着地块四至界线难以表述的问题。特别是南方地区退耕还林地块小，退耕户拥有的退耕还林地块分散，有的1户可能有几十块面积很小的退耕还林地，而且与相邻地块间多数不具备明显标记物，使四至界线难以表述，附图绘制非常困难。多数地方以退耕还林小班为单位绘制了示意图，但因小班内地块支离破碎，有的一个小班有上百块地，给每块地准确定位十分困难。示意图只能起到示意作用。这种情况下，一旦发生纠纷，林权证起不到查明地块位置的作用。

(6)存在权属纠纷或政策不明晰。一些地方在对退耕地进行确权发证的同时不断发生新的山林纠纷，需要先处理再予以登记。如广西壮族自治区退耕还林地有相当一部分是1985～1998年开垦的坡耕地，多为集体荒山，当时不值钱，谁开垦就归谁了。在实施退耕还林后，这部分开荒地被纳入退耕还林范围，对此，在当地已经造成了不平衡，如今又要对这些地块进行确权登记，其他群众强烈反对把权属确定给开垦者(退耕还林者)，这类地块退耕还林确权发证难度非常大。内蒙古自治区阿尔山市的国有林区早以国有林场为单位发放了林权证，现在再对林区过往开垦形成的耕地以退耕小班发放林权证，就会导致发证重复，这部分退耕还林地由于涉及政策问题而无法发证。

三、对策建议

当前，如何保护好来之不易的造林成果，杜绝返耕现象发生，是一个重要问题。国务院于2007年8月下达的《国务院关于完善退耕还林政策的通知》为做好退耕还林确权发证工作提供了机遇。为继续深入推进退耕还林确权发证工作，提出如下对策建议：

(1)要从制度上加以保证。要规定各地特别是确权发证工作落后的地方要建立林权登记发证或专门的退耕还林确权发证领导机构和工作机构，同时把退耕还林确权发证工作与签订退耕还林责任书结合起来，层层签订责任书，把确权发证工作进度和工作质量纳入责任考核体系，使县级以上地方人民政府能够真正按照“四到省”的规定，把退耕还林确权发证的职责承担起来，从制度上提供保证。

(2)要在经费上予以支持。根据基层反映，退耕还林确权发证实际支出成本平均每亩需要2～2.5元。国家已初步计划按1元/亩的标准安排确权发证工作经费，并要求其余部分由地方配套。这项经费主要用于林权登记发证和纠纷调处。但是，从退耕还林确权发证工作实际情况看，凡是实施退耕还林的地方基本上都是穷困地区，地方财政配套很难落实。因此，建议国家在退耕还林工程中专列一定的经费，用于退耕还林林权登记发证。同时，各地在编制因征占用林地而收取的森林植被恢复费的支出预算中，也要确定一定的比例作为林权登记发证经费。

(3)要在机制上进行创新。一是针对退耕地零星分散、地块多、单个地块面积小、地块四至难以描绘的情况，建议以村或村民小组作为林权登记申请人，对村集体或村民小组集体所有的退耕还林地统一进行登记，确认林地所有权。这就克服了单户登记退耕地块零星分散的难题，既便于勘验人员准确标绘大宗闭合退耕地的四至，保证登记发证的质量，也能够起到确认退耕地林地性质和稳固林地的作用。二是对于退耕户个体主动申请林权登记的，应要求其依法提交与相邻地块权利人界线清楚的认界协议，由登记机关审核后依法予以登记发证；对于退耕户不主动申请或者不愿申请林权登记的，可以在退耕农户自愿与地方人民政府签订退耕还林合同、自愿将不适宜农耕的土地进行造林的基础上，凭退耕还林合同来确认其林地使用权和林木所有权。

(4)要在操作上加以规范。建议国家林业局在以往已出台的退耕还林确权发证行政管理性文件的基础上，出台退耕还林确权发证技术指导性文件，对退耕还林确权发证的具体操作进行规范。一是对一些没有具体明确的或有争议的内容统一明确；二是对一些地方在具体操作上不规范的现象，提出统一整改要求；三是杜绝“一地两证”，规定在发放林权证的同时，必须及时变更土地权属证书，真正做到一地一证。

(5)要在宣传培训上下大力气。在宣传工作方面，一要加强对退耕农户的宣传，让他们知道退耕还林林权证既是领取政策补助的重要条件，也是将来采伐利用的重要依据，调动起他们申领林权证的积极性；二要加强对各级地方政府和全社会的宣传，让他们知道退耕还林确权发证是保障退耕农民合法权益的法律依据，还是保障退耕还林成果不受侵犯、国家投资效益得到保证的法律依据。通过宣传，让他们对确权发证工作的重要性有足够的认识，以取得有关方面的理解、支持、配合。在培训工作方面，要加强对确权发证工作人员的政策、技术培训，加强工作责任心和职业道德教育，提高林权登记发证工作人员的业务素质，从而保证发证工作质量。

(6)要在政策补助上实行调控。建议在新一轮政策补助的兑现工作中，将确权发证作为补助兑现的必要条件，对未发放林权证的退耕还林地，暂不予以补助。以此来促进确权发证工作，也有利于防止将来返耕现象的发生。

调研单位：国家林业局退耕还林办公室
国家林业局森林资源管理司
调研组成员：张鸿文　吴礼军　徐济德　吴转颖
刘再清　孔忠东　王晓丽
报告执笔人：张鸿文　吴礼军　徐济德　吴转颖
许　多

综合治理　标本兼治　科学谋划民勤防沙治沙基本思路

温家宝总理多次指示，“决不能让民勤成为第二个罗布泊!”。为尽快遏制民勤生态环境恶化趋势，本调查报告按照温总理的指示精神，针对民勤土地沙化危害及现状，在深入分析民勤土地沙化成因的基础上，提出今后应采取的对策措施和建议。

一、基本情况

民勤县地处甘肃省河西走廊东北部，石羊河流域下游，其境界南邻凉州区，西毗金昌市，东、西、北三面与内蒙古自治区接壤，处于巴丹吉林沙漠和腾格里沙漠包围之中。本地区年降水量110毫米，年蒸发量高达2 644毫米，是降水量的24倍。民勤年均风沙日数达139天，年均风速2.2米/秒，八级以上大风日数29天，全年平均扬沙59天，沙尘暴日数达37天，属典型的温带大陆性极干旱荒漠气候区，气候环境十分恶劣。县域内的主要植被是荒漠植被，具有明显的地带性特征。天然植被主要种类有白茨、红柳、绵刺、沙蒿等，平均覆盖度15%～45%；草本植物分布较少，主要种类有芦苇、蒿类等，平均覆盖度5%～30%。人工植被主要以杨树、沙枣、梭梭、毛条、花棒、沙拐枣等乔灌木和经济林树木为主。

全县总土地面积1.6万平方千米，其中沙漠、戈壁、剥蚀山地和盐碱滩地等面积占91%，绿洲面积仅占9%，绿洲边缘风沙线长达408千米。民勤县现辖18个乡(镇)，总人口30.13万人。2005年全县国内生产总值19.27亿元，财政收入4 269万元，农民人均纯收入3 319元，在全省属中上游水平。2005年全县粮食总产量17.99万吨，全县人均粮食597千克。经济作物是农民经济收入的重要来源，主要以棉花、红(黑)瓜子、葵花子、大茴香为主。

二、土地沙化现状及危害

据史料记载，民勤绿洲在西汉时是“水势浩淼，波光粼粼”、“水草丰美的滨湖绿洲”。以后由于石羊河中上游农业开垦面积扩大，用水量大增，使流入民勤县的水量逐年减少，并由此导致耕地弃耕、土地裸露、荒漠化速度加快。演变至今民勤已成为全国沙化危害最严重的地区之一，是我国沙尘暴四大策源地之一。

1. 荒漠化扩展，程度加剧

据全国第三次荒漠化监测数据显示：从1998～2003年的5年间，民勤县的荒漠化土地面积增加了4 095公顷。平均每年增加819公顷。其中：由于开荒、中度和轻度荒漠化的土地分别减少了6 086公顷和1 082公顷，但极重度和重度荒漠化土地分别增加了5 498公顷和5 763公顷。荒漠化程度由中度、轻度向极重度和重度发展变化。极重度、重度沙化土地明显增加，表明固定沙地向半固定沙地和流动沙地转化，沙化危害在加剧。

2. 土地盐渍化程度加重

2003 年，民勤地区盐渍化土地面积较 1998 年减少了 1 800 公顷，而其中，重度盐渍化土地面积却增加了 2 328 公顷，年平均增加 456 公顷。虽然土地盐渍化扩展的趋势得到了控制，但其程度却在不断加重。究其原因，是农民为生存而大面积复垦，造成盐渍化土地由中、轻度向重度发展。

3. 天然草场减少和退化

在 1998 ~ 2003 年的 5 年间，中、重度沙化草地分别减少 328 公顷和 2 228 公顷，减少的主要原因是乱开荒导致草地变为耕地的数量增加。另据资料显示，民勤地区天然草场正在从湿生系列的草甸植被逐步向旱生和超旱生系列演替。目前，已有 33.3 万公顷湿生草甸变成盐渍化荒滩，有近 26.67 万公顷天然沙质草场退化为荒漠草场，有 25 万公顷半荒漠天然草场，覆盖度由 20 世纪 50 年代的 30% 下降到目前的 10% 以下。

4. 沙尘暴及风沙危害加剧

在我国北方 4 个沙尘暴区，民勤是较为严重的地区之一。据监测，1952 ~ 1998 年，民勤盆地的沙尘暴年均出现日数在 35 天左右，近几年，每年沙尘暴日数已达 37 天，其中发生强或特强沙尘暴已达 30 次，居全国之冠。1993 年的“5・5”风暴、1996 年的“5・30”风暴和 2006 年发生的“5・14”风暴，造成全县直接经济损失近 8 000 万元。尤其是 1993 年 5 月 5 日的沙尘暴造成多人死亡。沙尘暴主要源头是巴丹吉林沙漠和腾格里沙漠。由于滥垦、滥牧、滥挖、滥采水（以下简称“四滥”）屡禁不止，民勤绿洲边缘地带沙化程度进一步加剧，沙化耕地和弃耕地正在成为沙尘暴新的主要沙源，这又不断助长了沙尘暴的危害程度。来自民勤的沙尘暴已对河西走廊，西北、华北乃至北京地区的经济社会发展产生了严重影响。

5. 绿洲面临沙化的严重威胁

从最新监测结果可以看出，民勤土地荒漠化范围在逐年扩大，程度在不断加剧。近 5 年，民勤荒漠化土地以每年 819 公顷的速度在扩展，充分说明绿洲面积在日益缩小。同时耕地沙化、盐渍化，草场退化，使当地大量农牧民失去了生存的基本条件，人口外流现象不断增加。近 10 年来，累计外流外迁 3.2 万人，目前每年仍有不少人口向外迁徙。人口外流不断增加，进一步表明绿洲越来越失去人们生存的基本条件，民勤成为“罗布泊”的趋势已越来越突出地显现出来，民勤绿洲正面临着严重的荒漠化威胁。

三、产生土地沙化的原因

1. “四滥”现象屡禁不止是民勤地区土地沙化的重要原因

导致“四滥”频繁发生有以下两个方面的因素：一是人口增加。民勤地区人口由 20 世纪 50 年代的 20 万人增加到目前的 30 多万人，为了生存，大量的农牧民到绿洲边缘和远离绿洲的地方滥垦、滥牧、滥挖、滥采水资源。二是经济利益的驱动。从 20 世纪 90 年代初开始，由于外商投资介入籽瓜等经济作物的生产和加工，使籽瓜种植的市场前景不断看好，导致民勤地区在 90 年代中期掀起一个开荒的高潮。新开垦的土地主要是靠打机井灌溉，据了解，民勤地区现有机井 11 000 多眼。用水不合理，地下水被严重超采，致使水质恶化；新开垦的耕地日益盐渍化，最终不得不弃耕；土地弃耕，导致沙化。于是就形成了开荒—超采地下水灌溉—水质恶化—耕地盐渍化—弃耕—沙化—再开荒这样一个以滥垦为主的、由“四滥”造成的恶性循环。

2. 水资源严重不足是民勤地区土地沙化的客观原因

据调查，石羊河流域现有水资源人均占有量 700 立方米，不到全省人均占有水量的 1/2 和全国的 1/3；耕地亩均用水量 220 立方米，不足全省亩均用水量的 1/3 和全国的 1/8，比世界上最干旱的以色列的亩均用水量还少 34 立方米。位于石羊河下游的民勤县水资源人均占有量更少，只有 242 立方米，耕地亩均用水量仅 88 立方米。石羊河入境水量不足，迫使民勤地区每年净超采地下水 3.5 亿立方米，长时期的大量超采，使地下水位下降，水质恶化，可用水日趋枯竭，植被死亡、土地弃耕沙化，造成绿洲逐年萎缩，致使民勤地区生态恶化趋势极端严峻。

3. 大面积植被衰退死亡是民勤地区土地沙化的

直接原因

缺水造成大面积植被衰退死亡，植被衰退的主要表现为由湿生向旱生、超旱生、盐生、沙生系列演替。由于“四滥”，尤其是严重超采地下水，致使大部分地区地下水位低于乔灌木等植被正常生长的临界水位，这对原本就无水可浇的用于防沙治沙的林草植被更是雪上加霜。大量植被死亡，使绿洲失去屏障，土地沙化速度加剧。据不完全统计，天然沙生灌木林由 20 世纪 50 年代的 13.3 万公顷下降到目前的 7.3 万公顷，建国后人工栽植的 8.7 万公顷以沙枣为主的人工林，保存面积只有 3.5 万公顷。梭梭等沙生植被的大面积衰败死亡，说明民勤绿洲外围的植被保护系统已面临崩溃的境地。

4. 管理不善是民勤地区土地沙化加剧的主观原因

一是石羊河上中游用水大量增加，流入民勤的水量逐年减少，上、中、下游用水比例不合理。二是人口的过快增长和牧畜头数的成倍增加，造成对土地、植被和水等自然资源的超负荷粗放利用。三是流域各地的产业结构，尤其是种植业结构不合理。主要表现为：农业用水占了总水量的 90%，农业中高耗水的粮食生产比例过高，这对于水资源短缺的民勤来说，得不偿失。据了解，民勤县每年生产 7 万吨商品粮，需耗水 1 亿立方米，同时每年从黄河调水 6 000 万立方米，而这些水真正流入水库的仅 4 000 万 ~4 800 万立方米。要满足农业生产用水需要，需财政补贴 7 200 万元。而这笔钱足以买回 7 万吨的粮食。四是工农业生产经营粗放、管理不善，水资源浪费严重，致使用于防沙治沙的生态用水得不到保障，土地沙化程度进一步加剧。

四、基本结论

结论一：民勤绿洲阻止着巴丹吉林沙漠和腾格里沙漠的汇合，在全国生态格局中具有举足轻重的战略地位。根据目前生态极度恶化和水资源严重短缺的严峻形势，据专家预测，用不了 20 年，民勤将不可避免地成为第二个罗布泊。保护和拯救民勤绿洲已迫在眉睫、刻不容缓。

结论二：民勤绿洲的严峻现实是人类长期以来不尊重自然和经济规律所造成的必然后果。

结论三：制约民勤地区经济社会发展的根本问题是生态恶化问题。保护民勤绿洲，不仅对于甘肃本省，对整个河西走廊，乃至我国西部和华北地区，包括北京的生态安全和经济、社会发展都至关重要。因此，必须将防沙治沙、保卫民勤绿洲作为今后一段时间的主要任务，通过保证生态用水，恢复林草植被，建立起以林草植被为主体的国土生态安全体系。

五、几点建议

（1）石羊河流域生态恶化严重，保护和拯救民勤绿洲已迫在眉睫。在“十一五”规划的基础上，把民勤地区的生态问题作为国家工程，统筹规划，综合治理，保卫民勤绿洲。

（2）治理的指导思想要坚持尊重自然规律和经济规律，要按照科学发展观的要求恢复生态，采取最坚决、最有力度的措施，刻不容缓地调整好石羊河全流域的经济结构、产业结构和种植结构，杜绝“四滥”，加强管理，使百姓脱贫致富，最终实现民勤地区的可持续发展。

（3）综合治理的措施主要有三个方面：①石羊河流域的上中下游的治理。上游的祁连山要加大封山育林力度，涵养水源、改善小气候、减缓祁连山冰雪融化；中游主要是搞好石羊河流域水资源的调配和调度，节约用水；下游主要是恢复生态，要防止地下水位进一步下降，使地下水位回升，保证地面植被生长。②核心是节水。前一段时间从黄河调水 6 000 万立方米到红崖山水库只剩 4 000 万 ~ 5 000万立方米，到田间地头就更少了。因此，在水利工程上，要采取措施，防止和减少渠道的渗漏和蒸发；在生物措施上，尤其是在农业方面，要通过退耕还林调整结构，多种耐旱作物，不种或少种耗水量大的作物；在用水方面，要下大力气推广喷灌、滴灌等节水技术，首先保证生态用水。③认真搞好包括内蒙古阿拉善右旗在内的雅不赖风口地区以林为主的林草植被的恢复。要注重乡土树种、旱生植物和沙生植物的恢复，如：梭梭、沙棘、红柳、沙枣、毛条、胡杨等乔灌木。

（4）搞好生态移民。根据有关规划，最多可向民勤地区调水 2.9 亿立方米，而据有关部门测算仅生态用水就需要3亿立方米。在社会主义新农村建设中，有关地区和部门应结合实施城镇化战略，大力兴办涉农企业等措施，积极推进民勤县的移民工作。留下来的群众要成为治沙人，主要从事生态建设。要引导他们开发沙地经济、林业经济，做到生态与经济兼顾。针对现有的生态移民项目投资标准偏低，社会保障体系没有同步进行，移民生活缺乏必要的配套设施等情况，建议设立生态移民后续产业项目基金，使移民群众能够迁得出、稳得住、逐步能致富。

调 研 单 位：国家林业局防沙治沙办公室
调研组成员：王信建　戴晟懋
执　　　笔：王信建

西藏自治区阿里、那曲地区西北部野生动物保护情况及对策

2007年4月中旬至5月初，我到阿里地区7个县(普兰、札达、革吉、日土、改则、措勤、噶尔)、那曲地区3个县(双湖、尼玛、申扎)及日喀则地区1个县(昂仁)，就野生动物保护情况进行调研，共召开地、县、乡级座谈会12次，行程4 670多千米，实地考察了羌塘、色林错两个国家级自然保护区。

一、基本情况

(一)珍贵野生动物保护和自然保护区现状

本次调研区域主要涉及西藏自治区西北部的阿里、那曲两地区及大部分县(区)，面积近60万平方千米，平均海拔4 700米以上，气候干旱、寒冷，绝大部分属于纯牧业区和高寒荒漠草原区。

羌塘国家级自然保护区，于2000年4月经国务院批准建立，总面积29.8万平方千米，其中核心区8.9万多平方千米，缓冲区14.3万多平方千米，实验区6.5万平方千米，涉及那曲地区的安多、双湖、尼玛等3个县(区)和阿里地区的改则、日土、革吉等3个县。羌塘国家级自然保护区是世界上陆地生态系统保护野生动物类型中最大的自然保护区。保护区内高原特有的珍贵野生动物数量众多，绝大部分区域内自然生态保存较完好，是以保护藏羚羊、野牦牛等高原特有珍稀野生动物及其脆弱的自然生态系统为主要目的的自然保护区。在阿里和那曲分别设有两个管理局，在6个县设有管理分局，管理体系基本完善。第一期工程建设于2001年开始至2003年结束，国家共投资1 487万元，实际投资1 747万元，目前正在申请实施第二期建设工程。

色林错国家级自然保护区，于2003年国家在原申扎湿地自治区级自然保护区的基础上，更名升级为色林错国家级自然保护区。总面积1.89万平方千米，其中核心区0.71万多平方千米，缓冲区0.83万多平方千米、实验区0.35万多平方千米。主要是保护国家一级重点保护动物，青藏高原特有的黑颈鹤及繁殖栖息地的高寒湿地生态系统。涉及那曲地区的申扎、尼玛、班戈、安多、那曲等5个县，在那曲设有自然保护区管理局，在申扎、尼玛、班戈、安多4县分别设有管理分局。国家于2005年批准实施第一期基础设施建设，资金761万元。

(二)近年野生动物保护及自然保护区建设的主要成就

在西藏自治区党委、政府和国家林业局的高度重视和大力支持下，西藏自治区西北部地区各级党委、人民政府认真贯彻落实了国家和自治区有关野生动物和自然保护区管理的法规和政策，在经济发展的同时重视保护其脆弱的自然生态环境。逐步完善了国家级自然保护区的各级管理体系，充实管理人员，完成了建设规划的项目，保护区的四至界线基本明确，各功能区的保护工作绝大部分已初见成效。各地、县、乡、村层层签订了保护珍贵野生动物的责任状，当地牧民群众保护野生动物的积极性

比较高，各级林业部门积极开展了反盗猎专项打击行动，有效地遏制了大量盗猎国家珍贵动物的行为。特别是保护区内核心区自然状况完好，生物多样性原始状态保存完整，基本上保持了原有的自然生态状况。

自20世纪90年代末至今近10年期间，大部分珍贵野生动物资源数量从稳中有升到大量增长，自然分布区域又逐渐恢复并扩大，个别珍贵野生动物分布密度和数量已达到饱和状态。

经西藏自治区林业局专业调查结果显示，近年来该区域藏羚羊数量每年平均以7.6%的净增长率递增，西藏野驴的密度在10年间增长了近一倍，野牦牛的数量在近10年间从几千头增至1万头以上，并且自然分布区域也在不断扩展。藏羚羊的密度与10年前相比较已增加了近一倍。本次西北部调查中，经实地监测，在有效动物分布区1 822千米的路线内，与7年前同期路线中遇见动物的数量相比较，藏羚羊、西藏野驴、藏原羚的遇见率分别是7年前的176%、192%、210%。各种水域和鸟岛上的候鸟集群数量与90年代初期相比较，翻了近一番。10年前的空鸟岛或稀疏鸟岛现已成为候鸟喧嚣，密度较高的鸟岛。鸟岛上斑头雁提供的种源，在申扎县已建成了一个具有一定经济效益的斑头雁人工养殖场，开发利用前景看好。

二、野生动物保护和自然保护区管理上存在的主要问题

(一)盲目拉设草场网围栏，对国家珍贵野生动物的栖息环境构成了直接威胁

自从草场承包经营后，在西藏自治区西北部人烟稀少的地方，特别是在国家级自然保护区内，盲目拉设大面积、连续数千米的网围栏，耗费了大量的资金，经了解，当地干部和群众，他们也认为作用不大。过几年网围栏破损，在纯净的藏北大地留下了“生态垃圾”，同时给野生动物，尤其是藏羚羊的生存带来了严重威胁，阻止了它们正常的迁徙路线，影响了它们的自然交配繁殖。部分误入网围栏内的藏羚羊因无水源而渴死，盗猎分子骑摩托车驱赶藏羚羊撞在网围栏上致死现象时常发生，现已成为盗猎分子猎杀藏羚羊的重要手段。

在自然保护区内，特别是核心区内拉设网围栏严重违反了国家及西藏自治区有关野生动物保护和草原保护的法律法规。

(二)部分大型自然保护区功能区面积过大，有待合理调整

在20世纪90年代区划超大面积的自然保护区，主要是为了保障众多高原特有珍贵野生动物南北长距离迁徙的需要，对兼顾当地经济发展考虑不够。西藏自治区人民政府在审批全区林业“十一五”发展规划时也指出要适当缩小自然保护区面积，地、县政府也有同样的要求。

(三)局部地区某些野生动物种群密度过高，影响了当地的经济发展和和牧民群众保护的积极性

经过近10年的保护，直接经济价值较低或当地牧民传统不食的珍贵野生动物数量在局部地区迅速增加。如藏野驴种群数量，据有关专家估计在10万头以上，因藏野驴日食草时间长达22个小时，且食草量大，10万头藏野驴相当于400万只西藏绵羊的食草量，加上对草场的践踏，给当地牧民带来了较大的损失；随着棕熊数量的增加，在初夏时节给当地群众人身和财产带来了一定的损失。为此当地干部群众反映较为强烈。

(四)野生动物保护经费渠道不畅，投入严重不足

野生动物是国家重要生态资源，保护好西藏高原的珍贵野生动物是各级林业部门的职责，也是社会各界应尽的义务。多年来，西藏自治区各级林业部门，特别是基层林业部门和当地野保人员，他们在自然条件十分恶劣、交通工具差、经费严重不足的情况下，克服很多困难，为保护珍稀野生动物付出了艰辛的努力。但由于野保经费渠道不畅，目前西藏自治区的野保经费主要来源是由国家林业局下拨，数量较少，而且很不固定，地区及各县反映很大，为了及时侦破盗猎野生动物案件和正常巡逻，他们甚至用自己的工资来完成任务。

(五)《西藏自治区重点陆生野生动物造成公民人身伤害和财产损失补偿办法》落实不好

2006年1月12日，以西藏自治区人民政府令下发的《西藏自治区重点陆生野生动物造成公民人身伤害和财产损失补偿办法》(第69号)(以下简称

《补偿办法》)，经过各级政府和林业部门大力宣传，深得当地群众的欢迎。但在具体落实中难度很大：一是个别程序乡、村做不到。如《补偿办法》第六条规定伤害补偿和损失补偿表应附有以下内容："知情人证明及搜取的其他证据，如照片、录像等"。这一要求在藏西北的广大乡、村很难做到；二是补偿资金负担问题。《补偿办法》规定：自治区财政50%，地(市)财政30%、县财政20%，地、县政府意见很大，他们认为地、县政府为保护野生动物已经付出了很多人力、物力、财力，出现伤害他们还要赔偿，不合理。《补偿办法》下发后还没有落实一起补偿，经调查目前全区每年需补偿经费大约在300万元。

(六)在暴利驱动下，盗猎国家珍贵野生动物的不法行为仍时有发生

目前，一张藏羚羊皮张在当地已上涨到2 000元以上，一些不法分子受利益驱使，仍然在猎杀藏羚羊等珍贵野生动物，特别是少数当地牧民用摩托车追杀藏羚羊后卖给收购的老板，作案手段隐蔽，侦破难度很大。近5年内，在阿里、那曲两地区发生20多起盗猎藏羚羊案件，其中特大案件10起。2005年以来，在那曲地区安多县、申扎县和阿里地区改则县分别发生过盗猎藏羚羊60只以上的特大案件。羌塘国家级自然保护区面积达29万多平方千米，保护着大量珍贵的野生动物。但目前仅有森林公安30名(含阿里地区森林公安局)，聘用的当地野保人员也只有88名，执法和管护难度都非常大。

三、对策与建议

(1)依法合理布设网围栏，尽快拆除严重影响珍贵动物迁徙通路上和国家级自然保护区核心区内的网围栏。建议在布设网围栏时，应该与当地林业等相关部门共同协商合理规划后再布设，以保证珍贵野生动物能够正常迁徙和有食草水源。在严格遵守《中华人民共和国野生动物保护法》、《中华人民共和国草原法》等法律，以及自治区有关自然保护区管理条例的前提下，根据畜牧业发展的需求布设网围栏。国家和西藏自治区有关法规中有明确规定，在珍贵野生动物的重要栖息地和自然保护区的核心区内严禁经营性的生产活动和非法设置相关生产设施，西藏自治区《草原法实施办法》中规定：因维护草原生物多样性，保护生态安全需要建立自然保护区的可以依法变更或者终止草原承包经营权；实行草原承包经营责任制，应当兼顾野生动物的食草、饮水和迁徙等生存条件。

(2)调整自然保护区功能区范围，提高保护区管理能力。随着经济社会迅速发展和经过几年的强化保护后，当时区划的自然保护区已达到了保护的目的。适当收缩部分庞大而分散的保护区面积，既有利于加强管理，又能适应当地经济发展，建议将人口密度较高，影响珍贵野生动物栖息环境和迁徙路线较小，以及对经济社会发展影响较大的部分区域划出现有自然保护区范围，这项工作西藏自治区林业局计划于近期开展。

(3)开展藏野驴等野生动物资源现状调查，为有计划和合理利用创造条件。如西藏野驴、藏原羚、棕熊的数量过多，对生态环境造成破坏，严重影响到当地畜牧业的正常发展，给部分牧民的财产造成一定的损失。建议组织国家和自治区有关部门的专家，对争议性较大的珍贵野生动物资源状况和危害程度进行调查评估后，有计划地合理利用野生动物，增加当地牧民收入。

(4)加大保护珍贵野生动物的宣传力度，进一步教育当地干部群众提高对保护野生动物重要性的认识。由于资金投入不足，本次调查区域内普遍存在对保护珍贵野生动物宣传力度不够的问题，许多牧民对自身短期利益受到部分损失看得较重，但对保护草原生态平衡和生物多样性的重要性认识较淡薄；也有部分群众受宗教的影响而保护珍贵野生动物，对保护草原生物多样性，维持生态平衡的科学意义认识不足。建议进一步加大宣传力度，在重要的交通要道和人口密度较高的地区设立宣传教育标牌，营造一个爱护秀丽草原，保护生物多样性的良好氛围。

(5)加大野生动物保护的投入力度。《中华人民共和国野生动物保护法》规定野生动物保护经费应纳入各级地方财政预算，在西藏自治区很难落到实处。建议由自治区财政统一解决或申请国家财政解决，每年由西藏自治区林业局根据各地(市、县)

保护的任务，列出计划，为基层野保工作者创造必要的工作条件。

(6)争取建立保护区域草原生态效益补偿机制。森林是国家的重要资源，是维系陆地生态系统平衡的主体，国家现已建立了森林生态效益补偿基金制度，从根本上调动了当地群众保护森林的积极性。同样，在内陆草原地区珍贵野生动物也是维系着一个庞大生物生态系统平衡的主体。珍贵野生动物是国家的重要资源，建议呼吁国家同样设立野生动物保护生态效益补偿基金制度，使广大牧民群众在保护野生动物的同时，得到经济利益。

(7)修改《补偿办法》的有关条款。建议对《补偿办法》有关条款进行适当修改，使之更加符合西藏自治区基层客观实际，补偿资金最好完全由自治区财政或申请中央财政解决，以减轻基层负担。

（西藏自治区林业局党组书记：杰 巴）

关于木材供给与产业发展

关于我国木材工业发展循环经济问题的思考

——木材工业发展循环经济调研报告

我国森林资源相对匮乏，木材工业已成为仅次于石油、钢铁的第三大外汇用户，已跃为世界第二大木材进口国，解决国家木材安全问题迫在眉睫。如何在保证生态安全的情况下，对有限的森林资源进行高效利用和循环利用，推进传统经济向循环经济转变，实现木材工业可持续发展，最大限度地满足经济社会发展对木材产品的需求，已成为木材工业发展面临的重要课题。为此，全国木材行业管理办公室就木材工业循环经济发展问题，邀请中国林业科学研究院木材研究所有关专家，到浙江、山东两省进行了实地考察，并与当地林业行政主管部门领导和木材工业企业人员进行了座谈。现将有关情况报告如下：

一、两省木材工业循环经济发展取得的成效

浙江和山东同属人口大省，人多地少、资源短缺、环境容量狭小，两省对发展循环经济、推进经济可持续发展都予以了高度重视。在这样的环境条件下，两省木材工业也积极推行循环经济模式，不断创新发展机制，优化产业结构，积累了丰富经验，取得了明显成效。

(一)原材料和剩余物得到了充分利用

两省大多企业已通过改进工艺、设备，使主要原材料综合利用率接近 100%，一半以上的木材加工企业建立或改建了能源中心，对生产过程中产生的废水、废气和固体废弃物也都做到了最大限度的回收利用，既节省了煤的消耗，减少了环境污染，又使生产废弃物产生了更高的价值。如浙江省嘉善的南署村、北署村，专门利用周边大企业的加工剩余物(碎单板条、锯末、树皮、树根等)生产各类人造板、水泥模板等，生产效益高于该地区的相关大中型企业；山东东营正和木业集团、东营胶合板厂、龙大集团木业制品有限公司等把生产废弃物的 85% 回收为原料再次利用，15% 作为锅炉的燃料生产能源；山东东营正和木业、华泰纸业等在能源节约、废水处理和废物回收利用方面进行了重点投入，正和木业投入 3 000 多万元新建了节能中心，投入6 000多万元进行污水处理、回收，同时对废渣、废气进行回收再利用，如收集废渣作燃料、废气作能源。

(二)竹产业循环经济发展非常典型

竹子具有纤维长、生长快等优点，同时也具有各部分纤维物理性能不同的缺点。为提高竹材的利

用效率，竹材加工企业一方面充分利用竹子不同部分的性能生产不同功能的产品，如利用竹子根部和中上部纤维强度大的特点生产竹地板和竹筷子，利用其他部分相应生产竹片、竹炭，甚至竹屑也利用起来生产刨花板；另一方面通过技术创新，将竹子加工成竹纤维、重竹方材等新型材料，扩大了竹子的利用范围。与此同时，竹材加工企业在节水、节能等方面也采取了相关措施，大幅度降低了消耗。比如，将板材压制过程中产生的剩余热气、热水回收重进锅炉（或水箱）循环使用，不仅节约了用水，也回收了大量热能，可节省 30% 的燃料。

（三）上下游企业间开始了加工剩余物流转

木材加工业企业已经开始意识到，将自身无法利用的加工剩余物转移给其他可以利用这些剩余物的企业，能给自己带来更大的收益，同时也会节约大量资源。很多企业改变了以往把剩余物丢弃或作燃料烧掉的做法，把剩余物作为原料转移给了其他企业。虽然还没有形成整体性或较大规模，有些还要通过中间商来转移，但企业间的物质流动已经明显加强。如浙江安吉康溢竹制品公司利用整个安吉竹产业企业的竹屑生产刨花板。由于在建厂之初就考虑了原料收集半径、废气的收集和废水利用等问题，该企业与上游竹屑供应企业有着紧密的联系，原料来源有保障，收集成本涨幅波动不大，在不断改进工艺的情况下，产品质量、产量上升。目前该企业针对市场前景和充足的原料来源，拟扩大生产能力 2 倍，同时新建二次贴面生产线，以提高产品附加值。

（四）以木质废弃物为原材料的木材加工企业初现端倪

我国城市中每年会产生大量木质废旧物，由于生产设备、技术的制约以及观念的落后，这些木质废旧资源一直无法得到有效利用。近年来，由于国家森林资源日趋紧缺，有些企业已经认识到如果能将这些以往被当作垃圾扔掉的木质废旧物合理利用，也能够创造出巨大的价值。如浙江丽人集团在上海成立万象木业有限公司，把城市改造过程中产生的旧门窗、旧家具、废弃建筑模板和园林绿化、道路绿化改造过程中产生的修剪枝丫、更新淘汰材、枯死木以及其他木材加工企业产生的板皮、板边、短头小料、刨花、木屑等经过加工，生产中纤板和刨花板，不仅为国家节约大量木材，同时产品也得到了市场的认可，产销率达到 100%，仅 2006 年销售收入就达到 1.5 亿元，创利税 1 600 万元。

（五）清洁生产已经成为企业发展的新理念

两省木材加工企业的环保意识、资源意识越来越强，大部分企业对清洁生产给予了高度重视，通过设备更新、工艺改进采取了减少资源投入和废弃物排放的有力措施，取得了良好效果。如浙江南浔世友集团、浙江中林南星有限公司、山东华泰纸业股份有限公司等通过设备更新、工艺改进等实现了资源节约和高效利用。浙江世友集团通过技术革新，不仅使实木复合地板、强化地板生产节约资源 50% 以上，而且可以利用国产速生树种来替代热带木材做地板材料，减少了对进口材的依赖；通过对干燥窑的改进，使废水得到了回收利用、粉尘得到了收集，既节能节水又改善了生产环境，2006 年底世友集团一审通过浙江省环保局进行的清洁生产认证。浙江中林南星投入 175 万元对燃油炉和千米热压导热油管进行了改造，较原来的蒸汽锅炉和蒸汽管道，每月不仅可节省 2 500 吨标准煤，而且省去了每年 1.9 万吨的用水量。山东华泰纸业股份有限公司引进了适用性广、得浆率高的化学机械浆生产线，通过关键技术创新、生产过程耦合、工艺联产等措施减少资源、能源消耗和废物排放，还投资 3 套水处理系统回收废水、减少污染。2006 年该企业已通过山东省环保局组织的清洁生产审核，成为山东省 64 家通过清洁生产审核的企业之一。

二、两省木材工业循环经济发展存在的问题

尽管浙江、山东两省部分木材加工企业对循环经济发展予以了足够重视，也取得了明显成效，但从两省木材工业发展总体情况看，木材工业循环经济发展还相对滞后，思想认识和发展模式还没有真正转变，循环经济发展任重而道远。

（一）缺乏足够的思想认识

两省部分木材加工企业，特别是一些地区林业行政管理部门，还没有真正理解木材加工业发展循环经济的内涵，没有充分认识到发展木材工业走循

环经济对减少森林资源的消耗和环境污染，促进木材加工业可持续发展的巨大作用。许多木材加工企业对发展循环经济还只是停留在口头上，没有落实到行动上，即使部分企业具有了发展循环经济的意识，但只是简单地把原料综合利用、减少原材料浪费理解为循环经济，没有把循环经济作为推进经济发展模式转变的有效途径，没有从原料到产品以及废弃物回收利用的每一个环节实施减量化、再回收、再利用，特别是在对废弃物是否是最有效利用、是否是以 3R 原则(减量化、再利用、再循环)组织生产等方面存在模糊认识。

(二)缺乏有效的合作机制

木材加工企业受自身生产规模和产品种类等方面因素的限制，不可能完全利用本企业的加工剩余物。但由于两省对木材加工企业难以实行统一的规划管理，各企业间联系不够紧密，信息不准确或渠道不通畅，使这些剩余物在上、下游企业之间无法做到有效流通。这种情况，即使在木材企业比较集中的浙江嘉善和山东临沂也表现得比较突出，很多企业的加工剩余物无处利用，只能丢弃或直接作为燃料烧掉，难以形成统一的物质循环流动，可以作为其他企业原材料的剩余物难以实现最大限度的增值利用，木材工业循环经济发展受到了限制。

(三)缺乏有效的技术支撑

两省木材加工业循环经济发展还主要停留在资源综合利用、废弃物回收再利用等技术含量较低的层次上。如两省企业对原材料的化学利用程度较低，生物质能源、生物质材料等生产还没有形成规模；对加工剩余物的利用，仅限于刨花板、活性炭或者燃烧生产热能等物理利用领域，而以生物工程技术、材料工程技术、环境工程技术和信息工程技术为基础生产的木竹纤维材料、木质新材料、木材衍生化学品等还处于刚刚起步阶段。与此同时，在绿色胶粘剂、树脂和复合材料、环境友好型阻燃剂和防腐剂等方面也相对落后，即使是国内处于领先的竹醋液、木醋液和木质素等产品，也只处于为国际市场提供原料的阶段。

(四)缺乏有效的政策扶持

循环经济发展初期，企业面临技术的改造、工艺的改进、管理的升级等问题，这些都会造成企业生产成本的增加，产品市场价格处于劣势，不利于企业的生存和发展。虽然国家对部分大型企业的节能、节水、节材等技术改造进行了补贴，但从两省木材工业企业情况看，由于企业相对规模较小、经济实力较差，难以争取到相关扶持政策。虽然国家对利用“三剩物”和次小薪材木材加工企业采取了税收优惠措施，但将在 2008 年到期，致使两省企业对此忧心忡忡。国家对木材产品作为“两高一资”产品采取了增加税收政策，从而使木材加工企业利润走低，削弱了木材加工企业的发展后劲和发展循环经济的能力。在国家对木材工业缺乏支持的情况下，两省均没有出台有针对性的扶持政策，也没有鼓励木材工业循环经济的发展，以致部分木材加工企业因循环经济效益欠佳而缺乏积极性。

(五)缺乏有效的宏观管理

由于两省在实施生产许可、质量安全、生产安全等管理方面对大小企业的要求不同，以及对大小企业税收征收的方式不同，使小企业得以采取躲、逃等方式避免执行政策，从而降低了企业成本，增强了产品价格优势。与此同时，由于没有把资源成本、环境成本和社会成本计入生产成本，两省实现清洁生产的企业因为增加成本而面临着不公平竞争，从而使企业节约资源、减少排污缺乏经济利益驱动。如浙江省嘉善地区的小企业生存环境和发展空间较好，大中型企业则日子难过。之所以出现这种局面，除了小企业能灵活转产外，主要是管理不到位而引起的不公平竞争所致。

三、对两省木材工业循环经济发展的思考

从调研情况看，浙江、山东两省的木材工业循环经济发展已经走在全国前列，两省木材工业循环经济发展积累的经验和取得的成效，在全国范围内具有一定的示范作用。同时，两省木材工业循环经济发展存在的问题，在全国普遍存在，特别是在一些资源相对充足、经济相对落后的省份，有些方面有过之而无不及。从全国范围看，在我国经济发展已经进入循环经济全面发展阶段的情况下，木材工业在森林资源科学培育和可持续经营、森林资源综合利用率、木材产品精深加工、废弃木材回收体系

建立、废弃木材利用比例等方面还存在很大差距，某些领域还处于空白状态或起步阶段。面对木材资源短缺日益突出的现实，如何推进木材工业走循环型可持续发展之路，值得我们认真思考。

首先，发展木材工业循环经济意义重大。木材工业一头连着森林资源，一头连着木材产品市场，承担着维护生态安全和为经济社会发展提供木材等林产品的双重任务。据专家预测，到2050年，经济发展对现有原材料的需要将是现在的8倍，现在很多矿产资源经过一定年限后都可能消耗殆尽，而森林是通过光合作用固化太阳能的自然可再生资源，加快木材工业发展，用可再生的木材资源替代其他不可再生的资源，必将成为解决全球性资源危机、能源危机和环境危机的重要途径。同时，森林资源也是陆地生态系统的主体，是国土生态安全的根本保障，不能无限制地肆意开发利用。发展木材工业循环经济，能够通过森林资源的科学开发和木材资源的循环利用，实现以最少的林地资源满足经济社会发展对木材产品的最大需求，对维护国家生态安全、资源安全、经济安全和社会安全，对促进经济社会可持续发展具有重要的现实意义和深远的历史影响。

其次，木材工业发展循环经济具有得天独厚的优势。从木材工业发展历程来看，早在20世纪60年代，我国就开始鼓励废弃木材回收利用，70年代就着手开展木材合理、高效和节约利用，与其他行业相比，木材工业发展循环经济具有一定的基础。从木材的特性看，木材是一种可再生绿色环境友好材料，具有良好的环境协调性。从当今主要原材料对比来看，相同体积的钢材生产过程中释放约5 000千克CO_2，水泥释放约2 500千克CO_2，而森林每生成1吨木材不仅不释放出CO_2，反而可固定1 470千克以上的CO_2，还产生1 070千克以上的O_2。所以多生产木材，可以减少温室气体CO_2的排放量，抑制全球气候变暖，改善地球生态环境。从能耗情况看，木材工业是一种节能型产业。如以木材加工单位能耗为1，则水泥为5，塑料为30，钢为191，铝为791。且木材本身导热系数低，只有混凝土和砖墙的5%～10%，木建筑冬季采暖、夏天空调所耗能量亦少于其他材料。从污染情况看，木材工业是一种低公害产业。据美国资料显示，生产混凝土制品企业，其治理污染的费用为其建设投资的48%，铝为25%，钢为9%，而木材仅为2%。木材工业循环经济是“光合作用—森林资源—剩余物利用—木材产品—废物再利用—森林资源”全过程的活循环式经济流程，是一个融生态建设、经济发展、资源利用各个环节实现良性循环的产业链，也是一种节能型、低公害型产业，是促进经济社会可持续发展的最佳产业。

再次，在资源支撑能力弱、资源利用率较低、社会对木材产品需求越来越大、获取国外资源难度不断增加的情况下，发展木材工业循环经济就是要合理开发森林资源，着力提高森林资源综合利用率；就是要加强竹制品的开发与生产，推进以竹代木的步伐；就是要大力发展木材精深加工，加强“三剩物”、次小薪材、灌木等资源的综合利用，全面提高木材综合利用率；就是要加强废弃木材和一次性木材制品等回收利用，推进木材资源的循环利用；就是要大力提高木材制品的质量和性能，不断拓展木材制品的应用范围；就是要大力实施节水、节能工程，减少资源投入和污染物排放，全面推进木材工业清洁生产。总之，发展木材工业循环经济就是要实现资源投入最少化，木材利用最大化，废弃物排放最小化，以最小的资源成本和环境代价，获取最大的经济效益、社会效益和环境效益。

最后，在当前和今后一段时期，要按照循环经济发展的总体要求，采取切实有效的保障措施，充分发挥木材工业发展循环经济的优势，着力解决发展中存在的突出问题，积极推进木材工业发展方式的转变。

第一，统一思想，提高认识。各林业行政主管部门和林业企业要全面落实科学发展观，充分认识发展木材工业循环经济的重要性和紧迫性，准确把握木材工业循环经济的主要内涵和总体要求，切实把木材工业循环经济摆到林业工作的重要议事日程，积极推进木材工业“节能、降耗、减排”和木材资源的高效、循环利用，走森林资源综合利用型、节约型、生态保护型、可持续发展的新型工业化道路，实现林业产业与生态协调发展，形成森林资源综合利用、循环利用的良性局面。

第二，建立相关法律和标准体系。要从我国木材工业发展的实际出发，按照循环经济发展的总体要求，建立和完善发展木材加工业循环经济的政策、法律、法规，指导和保障木材加工业循环经济健康有序发展。要抓紧完善促进木材工业企业清洁生产、资源循环利用的法律法规和相关标准，尽早出台《木材综合利用标准》，抓紧制订和发布《木材加工业资源综合利用条例》、《废弃木质材料回收与利用管理办法》、《木材工业节能降耗标准》，积极构建木材工业循环经济发展的法律框架和标准体系。同时，要加强清洁生产、产品质量和环境认证工作，实行绿色环境标志和市场准入制度，把危害人体健康的产品消灭在源头，促进企业采用新技术、新工艺、新材料，生产安全产品。

第三，完善循环经济扶持政策体系。要进一步加强与相关部门的沟通协调，认真贯彻落实《林业产业政策要点》，抓紧制定木材工业的实施细则，进一步明确鼓励什么、限制什么、淘汰什么，对限制发展的项目要提出详细的行业准入要求和限制条件，对淘汰的项目要从行业发展高度采取得力措施，限期淘汰。要抓紧将相关条目特别是发展专项资金、信贷扶持政策和优惠税费政策扶持政策等落实到位，建立健全市场供求、生产能力、技术经济指标等方面的信息发布制度和行业预警制度。要抓紧协调延长以“三剩物”及次小薪材为原料生产加工的综合利用产品实行增值税即征即退政策，重点扶持次小薪材、沙生灌木、“三剩物”的综合利用和废弃木质材料、一次性木制品的回收利用以及林产品深加工资源综合利用的设备制造等政策，为木材工业循环经济发展创造良好条件。

第四，推进循环经济试点工作。近10年来，我国人造板工业规模不断壮大，年产量已连续3年位居世界第一位，并已初步形成了以河北、山东、江苏、浙江和广东等地为核心的人造板产业集群。国家应结合木材工业的特点和发展循环经济的优势，有针对性地开展木材工业循环经济试点工作，在提高资源综合利用率上、利用“三剩物”、废旧木材生产附加值高的产品上下功夫，加强木材工业龙头企业和产业集群扶持工作，积极推行“资源—产品—再生资源”的循环经济发展模式，打造木材工业循环经济典型，实现资源循环利用、污染减量或零排放，增强规模效益。

第五，建立木材高效循环利用体系。要通过科技创新采用木材加工利用新技术、新工艺、新设备，从生产开始推进资源充分利用和污染物减排。要建立木材综合利用审计制度，实施木材综合利用产品标志制度，构建木材高效利用体系。要抓紧建立废弃木材回收系统，积极研究开发废弃木质材料的物理利用、化学利用、生物利用等循环利用技术，推进废弃木质材料的资源化和产业化，构建木材循环利用体系。要加强木材保护新技术、新工艺以及无毒或低毒防腐剂的研发，推进木材防腐或干燥处理，加大木材保护力度，延长木材使用寿命。

第六，完善木材工业循环经济管理体系。在循环经济已成为我国经济发展方式转变方向的大背景下，进一步完善木材工业循环经济发展管理体系，加快发展木材循环经济步伐，扭转木材工业循环经济发展滞后局面，已迫在眉睫。为此，建议抓紧成立林业产业行政管理机构，制定林业循环经济发展规划，完善相关政策措施，加强林业循环经济宣传，提高全社会保护、节约和合理利用木材意识，统一指导林业循环经济发展。

调研单位：国家林业局全国木材行业管理办公室
中国林业科学研究院
调研组成员：孙　建　彭华福　赵　戈　刘国珍
熊满珍　段新芳　傅　强

大力开源　积极节流　确保我国木材供给安全

——资源供给与保障木材安全问题调研报告

近年来，我国木材价格节节攀升，木材进口量大幅度增长，木材加工企业原料时有告急，木材产品国际贸易摩擦频发，加上媒体的大肆渲染，使我国木材供需问题受到国内外的关注。为探索保障我国木材供需平衡的有效途径，解决我国木材安全问题，全国木材行业管理办公室按照国家林业局重大问题调研工作领导小组办公室的统一安排，选择自然条件、资源禀赋、经济状况和木材工业发展等方面具有代表性的浙江省与广西壮族自治区进行了专题调研。

一、两省区森林资源现状及发展趋势

从目前情况看，广西与浙江地区森林覆被率较高，能够确保当地生态安全，但森林单位蓄积和森林质量都低于全国平均水平。两省区自然条件较好，气温适宜，降雨充沛，适合林木生长，如果注重森林经营，森林面积、蓄积和质量将有较大幅度提高。

1. 广西地区森林资源现状及发展趋势

广西地区现有森林面积 1 252.5 万公顷，占林地面积的 82.98%。全区森林覆盖率为 52.71%，居全国第四位；活立木总蓄积 5.11 亿立方米，居全国第八位。在森林面积中，用材林 580.36 万公顷，占总面积的 46.34%；乔木林面积 894.58 万公顷，按龄组分：幼龄林 471.33 万公顷，中龄林 314.18 万公顷，近熟林52.37万公顷，成熟林 48.04 万公顷，过熟林 8.66 万公顷。从森林蓄积量来看，乔木林 46 875.18 万立方米，其中，幼龄林 11 850.50 万立方米，中龄林 24 154.37 万立方米，近熟林 5 476.62万立方米，成熟林 4 849.09 万立方米，过熟林 544.60 万立方米。近几年来，广西地区速丰林造林面积每年均超过 13.3 万公顷。2007 年 1 ~ 6 月，营造速丰林 16.5 万公顷。截至 2007 年 6 月，全区速丰林面积达到 150 多万公顷。其中，桉树约占 60% ~ 70%，成活率 90% 以上。预计到 2010 年全区速生丰产林规划面积将达到 200 万公顷。其中，沿海地区林浆纸业原料林基地建设桉树为主的短轮伐期速生丰产原料林 93.3 万公顷；桂东、桂西、桂中林板和林纸原料林基地区建设以桉树、相思、杉木、马尾松、杂交松为主的大中径级材速生丰产原料林 73.3 万公顷；在桂北、桂东、桂西南地区建设以西南桦、红椎、任豆、香椿、酸枣等为主的珍贵优良用材林 13.3 万公顷；桂北、桂中杉木、竹子丰产林基地建设以杉木、毛竹为主的丰产林 20 万公顷。

广西地区森林覆盖率增长较快。“九五”期末森林覆盖率为 41.33%，到“十五”末，年均增长 2.28 个百分点，到 2010 年，广西地区森林覆盖率预计将达到 54%，到 2020 年达到 58%。

2. 浙江地区森林资源现状及发展趋势

浙江地区现有林地面积 667.97 万公顷，其中森林面积 584.42 万公顷，占林地面积的 87.49%，森林覆盖率为 60.5%。在森林面积中，乔木林面积为 420.18 万公顷，其中中幼龄林 172.14 万公顷，蓄积仅为 4 210.7 万立方米。竹林面积 78.29 万公顷。全省现有活立木总蓄积 1.94 亿立方米，其中森林蓄积 1.72 亿立方米。毛竹总株数 16.61 亿株。最新资源连续清查数据表明，森林面积稳步增长，森林蓄积相对增长较快，5 年间浙江地区森林面积增加了 30.50 万公顷，森林覆盖率由 59.4% 上升到 60.5%；活立木蓄积量年均增加 1 120 万立方米。

从总体情况看，两省区近年来速丰林发展较快，中幼龄林多，活立木单位蓄积较低，广西省为 40.8 立方米/公顷，浙江省为 33.2 立方米/公顷，与全国活立木平均蓄积 77.86 立方米/公顷相比差距较大。如果能够达到全国平均水平，仅以现有森林面积计，广西地区的活立木蓄积应达到 9.75 亿

立方米，比目前活立木蓄积多4.46亿立方米；浙江地区的活立木蓄积应达4.55亿立方米，是目前活立木蓄积的2.35倍。

二、两省区木材供需现状及趋势

广西与浙江均属木材工业较为发达地区，木材需求量较大，但由于两省区森林资源总量、森林质量等方面的差异，木材生产能力存在较大差距。从当前情况看，两省区木材供给日趋紧张，都需要通过区域外木材进行补充，并且已经有企业因为原料短缺而不能满负荷生产或停产、转产。浙江省在这方面尤为突出，大部分企业需要从国外进口木材支撑，并且已经开始进口国外的枝丫材。许多企业为寻找资源，已经出省甚至到国外办厂。

（一）木材需求现状及预测

（1）广西地区木材需求现状及预测。从当前情况看，2006年广西地区共有木材加工企业13 000多家，主要用材企业木材消耗量为1 035万立方米。在这些企业中，人造板企业494家，生产能力550万立方米，产量411万立方米，耗木材575万立方米，其中纤维板、刨花板和细木工板产量234万立方米，消耗“三剩物”及次小薪材350万立方米；木浆造纸企业8家，生产能力44万立方米，产量40万立方米，耗木材160万立方米；锯材及其他企业产量200万立方米，耗木材300万立方米。

从未来发展情况看，随着新建大型木浆造纸企业的投产，木材需求量将大幅度上升，预计到2010年，木材年总耗量将达1 785万立方米。其中，木竹浆生产能力180万吨，以木竹浆生产的纸品220万吨，耗木材675万立方米；人造板600万立方米，耗木材810万立方米，其中“三剩物”及次小薪材400万立方米；锯材及其他企业产量200万立方米，耗木材300万立方米。

（2）浙江地区木材需求状况及预测。从当前情况看，2006年浙江地区全年木材需求量约为1 000万立方米，竹材约1.5亿根。在需求量中，人造板466万立方米（其中，胶合板288.14万立方米，纤维板96.11万立方米，刨花板5.93万立方米，细木工板109.36万立方米），约消耗木材700万～800万立方米；地板5 215万平方米（其中实木地板4 066.37万平方米），约消耗木材70万～80万立方米；木制家具3 444万件，约消耗木材160多万立方米。

从未来发展情况看，随着浙江地区木材企业获取省外木材资源难度的加大，部分木材加工企业将面临转产或向省外转移，木材加工能力将趋于稳定。预计到2010年全省年木材需求约1 100万立方米，竹材约2亿根。

（二）木材供给现状及预测

（1）广西地区木材供给现状及预测。从当前情况看，2006年广西地区下达木材生产计划1 426万立方米，实际完成约900万立方米，木材生产能力还有很大余地。从采伐限额看，全区“十一五”期间年森林采伐限额总量为2 505.1万立方米，其中商品材采伐限额1 990.8万立方米。从未来供给能力看，如果现有的580多万公顷用材林，按平均蓄积41立方米/公顷、活立木生长率按8.1%（“九五”数据）计，年可提供木材1 900多万立方米。如果加上“十一五”期间新增的66.7万公顷速生丰产林，商品材年生产能力则可达到2 000万立方米左右。

（2）浙江地区木材供给现状及预测。从当前情况看，2006年浙江地区生产木材218万立方米，竹材1.35亿根。从采伐限额看，“十一五”期间，浙江木材年产量基本稳定在200万立方米左右，竹材1.5亿根左右。从未来发展看，浙江地区活立木总蓄积将年均增加1 120万立方米，即使按照生长量大于采伐量的原则，浙江地区木材生产能力也将大幅度提高，木材年生产能力可能达到800万立方米以上。

从总体情况看，广西地区本地木材生产总量基本能够满足本地木材需求，但也需要区外木材进行结构性补充。特别是大型造纸项目上马后，纤维材将逐步呈现供应紧张局面。大径级珍贵木材由于周期长等原因，短缺形势也会进一步加剧。浙江地区本地生产的木材总量较少、质量较低，只能基本满足本地纤维板生产需要，细木工板等其他木材工业原料都需要从省外补充，实木地板原料几乎全部要依赖进口，胶合板用原料将有80%需要从省外或境外调入，木材年缺口约1 000万立方米，毛竹年缺口约5 000万根。

（三）两省区木材供需存在的问题

（1）森林资源管理体制不合理，木材生产能力低。两省区森林蓄积、树种结构等方面与全国相比，水平较低，除森林经营方面存在问题之外，主要是森林资源管理体制存在的问题。两省区对保护与利用、生态与产业辩证关系认识，没有在确保生态安全的前提下形成符合林木生长规律的科学管理体制，没有实现森林资源培育经营和木材精深加工业发展的良性互动，现行的资源管理体制对资源优势转化为经济优势尚存在一定的束缚。

（2）木材加工企业素质不高，木材综合利用率低。从企业规模看，广西地区的旋切单板和胶合板企业平均生产能力不足2万立方米，两家稍有名气的家具制造企业，年销售收入都未超亿元；浙江嘉善地区有木材加工企业330家左右，但年销售收入5 000万元以上的企业仅有10多家，家庭小作坊式工厂占1/3以上，年营业额一般为200万元左右，大多不超过500万元。从企业装备看，不少企业只有1台锅炉、2台压机，投资百万左右就开始生产。从企业产品和销路看，广西地区80%的人造板以素板形式销往珠江三角洲、长江三角洲及西南市场；浙江地区的木材产品基本为终端产品，但基本上以传统的家具、地板等物理加工产品为主，化学利用程度较低。即使在全国领先的竹加工业，大部分加工产品附加值低，也迫切需要产业升级和技术更新。从从业人员看，部分厂家尚无专业技术人员和技工，操作工未经过培训就上岗，不少业主是从经营木材或其他行业人员转来，企业人员整体素质不高。企业素质低，导致木材利用率和产品附加值不高，有限的木材资源难以发挥最大的作用。

此外，浙江地区木材工业是在“两种资源、两个市场”基础上发展起来的，大多企业资源和市场“两头在外”，随着获取省外资源的难度不断加大，资源短缺问题已普遍存在，严重影响了企业发展后劲。

三、两省区保障木材安全方面值得借鉴的经验

木材安全问题已经引起了两省区的关注，两地区政府均按照新型工业化的要求，强化集约经营，转变发展方式，在大力培育森林资源的同时，积极推进有特色、有基础、有优势的木材加工业发展。他们的经验，对解决我国木材安全问题具有重要的借鉴作用。

（1）积极推进林工一体化发展。广西壮族自治区政府通过出台相关文件，对速丰林工程建设和新建加工企业的原料林基地规模等都提出了明确要求，有效地推动了林板、林浆一体化发展。按照统一规划，在北海建设年产90万吨木浆和90万吨高档民用纸企业，并配套建设速生丰产林基地16万公顷；在钦州建设年产180万吨木浆和310万吨高档文化用纸，并配套建设速生丰产林基地40.3万公顷。与此同时，现有木材加工企业积极推进原料林基地建设，进一步稳定了原料来源。如广西高峰林场，已建速生丰产林5.3万公顷，为广西地区林板一体化发展起到了示范带头作用。

浙江省政府在积极支持企业“走出去”的同时，明确提出了“原料培育基地化、合作形式多样化、定向培育科学化、运作机制市场化、林政管理规范化、社会服务优质化”的木材工业发展要求，并积极加强中幼林抚育，大力扶持珍贵阔叶用材林培育，加快推进工业原料林基地。另外，为推进竹材替代木材，浙江地区加大了低产竹林的改造力度，已经建成年产值超千元的高效竹林100万亩。通过发展笋用林和笋竹两用林，建成了浙北、浙东、浙西南三大高效竹产区。

（2）大力推进木材综合利用和节约代用。广西地区木材加工企业结合本地木材以速生材为主的特点，积极推进中密度纤维板、刨花板和细木工板等木材综合利用产品的发展。并且通过技术创新，使利用速生桉生产的胶合板与利用大径级木材生产的胶合板在性能、质量等方面基本一致，有效缓解了大径级木材的缺乏问题。2006年全区人造板产量达到411万立方米，按1立方米人造板可代替3立方米大径级木材计算，则可代替1 233万立方米大径级木材使用。

浙江省木材工业在新产品开发、市场开拓、精深加工、品牌建设等方面走在全国前列。特别是充分利用竹资源生长快、纤维长等特点，积极推进竹材替代木材，竹装饰板材、竹结构板材、竹纤维、

竹精细化工、竹家具等竹资源综合开发利用产品在世界上都有较高声誉。如安吉的竹产业已经在很大程度上实现材料的替代，尤其是雅风竹地板，其外观与性能堪与实木地板媲美。

(3)积极开发海外森林资源。广西壮族自治区充分利用东盟国家得天独厚的自然条件，积极开展与越南、泰国、印度尼西亚、柬埔寨、缅甸等东盟国家在造林、种苗、产业等方面富有成效的合作，鼓励企业以租赁、收购、合作等多种形式有序开发国外森林资源。与此同时，积极鼓励"两头在外"的木材加工企业发展。如外商独资企业贵港桂江木业有限公司的木材原料全部从俄罗斯和北美地区进口，产品全部销往中国香港。

浙江省依托其经济优势和沿海条件，多年来一直积极鼓励企业到境外承包、租赁林地和森林。目前，浙江地区许多民营企业已在海外开发森林资源。如浙江德仁集团与港商合作，投资300万美元，购买了印度尼西亚337.5万亩原始森林的经营权，每年可采伐木材50万立方米；浙江国兴进出口公司在俄罗斯托木斯克州有400万公顷森林资源采伐权，相当于浙江全省森林面积的2/3以上。

四、关于我国木材安全保障问题的思考

从经济实力、资源状况、区位条件和木材工业发展现状等方面看，广西与浙江地区的木材安全问题是我国木材安全问题的缩影。在对两省区木材安全问题广泛调研和深入研究的基础上，我们对我国木材安全问题进行了深入思考。

(一)要清醒地认识我国木材安全问题的严峻形势

目前，我国年木材消耗已相当于全部铝材和塑料的消耗量总和，居各大原材料之首。2006年我国木材产品市场总消费量达到33 738.82万立方米，已成为世界第二大木材消耗国。但从人均消费水平来看，我国人均木材消费量只有0.22立方米，远低于世界平均水平的0.65立方米。随着我国经济总量的不断扩大和人民生活水平的不断提高，对木材的需求量会越来越大。尤其是随着煤炭、石油、矿石等各种不可再生资源的急剧减少和人类消费趋向的迅速变化，木材以其巨大的可再生性和对人类健康的友好性而越来越多地受到重视和偏爱。但是，我国要用占世界不足5%的森林资源，既满足占世界22%的人口经济社会发展的木材需求，又维护占世界7%的陆地面积的生态安全，压力巨大，矛盾十分突出并将长期存在。特别是随着全球资源竞争的日趋激烈和国际社会生态保护意识的不断增强，越来越多的国家采取了禁止原木出口等限制措施。在这种情况下，我国获取海外木材资源的难度不断加大，保障我国木材供需平衡的任务越来越艰巨，形势越来越严峻。

(二)要清醒地认识我国森林资源木材供给的巨大潜力

从森林资源总量来看，我国现有林业用地面积43亿亩，有林地面积25亿亩，仅占林业用地面积的58%，如果达到林业发达国家80%甚至90%的水平，即可增加森林面积10亿亩左右。同时，还有可利用的沙地8亿多亩，若将其中的50%变成有林地，也可增加森林面积4亿多亩。在这些增加的森林面积中，即使按照现有森林单位面积蓄积量(84.7立方米/公顷)计算，也可增加森林蓄积量近80亿立方米，加上现有森林蓄积量124.6亿立方米，我国森林总蓄积量将达到200亿立方米以上。从森林资源经营水平看，我国森林经营管理的整体水平还比较落后。林分平均每公顷蓄积量为84.7立方米，比世界平均水平低15立方米左右；人工林每公顷蓄积量仅为46.6立方米，相当于世界森林平均水平的47%；郁闭度达到0.2～0.4的林分只占森林总面积的34.4%；林分平均胸径只有13.8厘米。如果通过加强森林经营，使林分每公顷蓄积量提高10立方米，我国现有林地的森林总蓄积量将增加近20亿立方米。另外，从森林资源年龄结构看，目前我国森林的成过熟林、近熟林、中龄林、幼龄林面积的比重分别为18%、14%、35%、33%，中幼龄林面积占到森林总面积的2/3以上。这说明再过二三十年，我国森林提供木材的能力将显著增强。从木材综合利用程度看，我国目前的木材综合利用率约为60%左右，而发达国家已达到80%以上。按商品材产量1亿立方米计算，每提高利用率1个百分点，就相当于增加商品材供给

100 万立方米。我国每年约有 1 000 万立方米的采伐加工剩余物和 4 000 万立方米的次小薪材。按 2.5 立方米剩余物生产 1 立方米人造板计算，可生产 2 000 多万立方米人造板。1 立方米人造板相当于 3 立方米木材。就此一项，相当于每年可节约木材 6 000 多万立方米。此外，随着我国城市化进程的不断加快，装饰装修业发展十分迅猛，每年都产生大量废弃木材。据专家估计，每年产生的废弃木材约为 8 500 万立方米。如将城市废弃木材全部收集起来进行循环利用，按 3 立方米废弃木材生产 1 立方米人造板计算，可生产 2 800 多万立方米人造板，相当于节约木材 8 000 多万立方米。

（三）保障我国木材安全应“立足当前，着眼长远”，“开源”与“节流”并举

“立足当前”就是在短期内要大力发展速生丰产林并辅之以木材进口，尽快解决我国木材总量不足问题。“着眼长远”就是要注重大径级珍贵树种的培育并辅之以短缺树种的进口，着眼长远来解决我国木材结构短缺问题。“开源”就是要加强森林资源培育和经营，全面提高我国 43 亿亩林地产出率。在增强国内木材供应能力的同时，大力推进海外资源合作开发，拓展我们的发展空间。“节流”就是要在充分利用“三剩物”和次小薪材的同时，积极推进废弃木材回收利用，实现废物资源化。

具体来说，就是要在以下三个方面取得突破：

(1)在资源培育上取得突破，切实构筑雄厚的用材林资源。对于这个问题，应从以下几方面解决：切实推进森林分类经营，严格管好公益林，大力发展商品林；通过加快发展短周期工业原料林、速生丰产林，切实解决木材供需总量不足的问题；充分发挥我国稀有树种和特有树种资源丰富优势，通过发展珍贵树种、大径级用材林，逐步缓解木材供需的结构性矛盾；通过林板、林纸一体化发展，建设一批丰产优质高效的工业原料林基地，逐步解决资源培育与加工利用脱节问题；加强森林科学经营，推进基因工程等高技术在林木育种中的应用，培育速生、优良树种，积极调整林种结构，全面提高森林质量和林地生产力；通过大力发展农田防护林，积极改善农业生产条件，逐步把平原林业建成我国新的木材供应基地。与此同时，要切实加强森林资源保护，特别是要防止林地资源流失和森林灾害蔓延。

(2)在加工利用上取得突破，切实提高我国森林资源综合利用率。做到这一点，就要求：依靠技术进步，大力推广木材利用新工艺、新技术、新设备，实现木材资源多次加工和精深加工，延长产业链，增加产品附加值，建立木材高效利用与综合利用体系，最大限度地提高木材综合利用率；通过加强木材保护，提高木材性能，延长木材使用寿命；通过建立废弃木材回收与循环利用体系，加大木材回收与循环利用力度，积极推进废弃木材利用技术的研发及推广，实现废弃木质材料资源化与循环利用；通过在广大林区更积极、广泛地开展改灶节柴活动，减少林区对薪柴能源的消耗量，增加工业用材原料供给。

(3)在对外合作上取得突破，切实加强海外森林资源开发。具体要求是：充分认识到国际森林资源开发合作是解决我国土地资源、水资源和人口就业等方面制约因素的重要途径，也是我国国情所决定的必然选择；认真分析国际森林资源开发的总体形势，加强对合作国家的法律、法规和风俗民情研究，采取灵活的合作方式，积极调整我国木材进口的产品结构和地区结构，既要趋利避害，又要保障我国木材进口总量和价格不受影响。针对俄罗斯对出口原木的限制性措施，应在俄罗斯设立锯材加工等初加工产品企业，加大锯材等初加工产品进口力度，调整木材进口结构；要充分利用我国劳动力资源优势，进一步加大欧洲、美国、加拿大和日本等国家和地区木材进口量；结合我国与太平洋岛国、拉丁美洲、非洲等国家和地区外交关系的建立，并充分利用我国对这些国家的经济援助机会，积极参与这些国家的森林资源和土地资源的开发；结合与东盟国家经济合作的良好局面，推进到这些国家开设工厂，转移我国木材产品出口口岸，应对木材产品国际贸易争端。

（四）要进一步完善我国木材安全保障的措施

我国已经出台了建国以来第一部《林业产业政策要点》。这是指导我国林业产业发展的统一性、纲领性、综合性文件。这个文件在产业发展目标、发展方式、发展机制、扶持政策等方面均有了新突

破。当前，我们的主要任务就是如何抓好贯彻落实。在这里，提出以下建议：

第一，加大扶持力度。针对国内森林资源培育，认真研究落实中央按照“少取多予放活”的支农政策，积极争取建立造林补贴制度，实现按照种粮的办法对林农造林给予直补；借鉴发达国家对私有林进行财政补贴的经验，积极探索按造林绩效对各类造林主体实行统一补贴的政策，以激励林农在产出木材的同时能有效地保护好生态环境；鼓励生物技术、基因工程等先进技术研究及其在林木育种中的应用，积极培育适合我国不同气候和立地条件的优良树种，全面提高森林资源的优良木材供应能力。针对木材加工利用，要积极争取对以“三剩物”和次小薪材为原料的综合利用产品继续实行增值税即征即退政策；积极争取中央财政对林业龙头企业的种植业及林产品加工业贷款项目给予贴息，并适当放宽贴息条件，延长贴息年限；加快推进森林、林木、林地的抵押贷款，建立面向林农和林业职工个人的小额贷款扶持机制，并适当放宽贷款条件，简化贷款手续，积极开展包括林权证抵押贷款在内的符合林业产业特点的多种信贷模式融资业务，同时探索林权抵押贷款的多种形式，解决林业中小企业发展融资困难，增强林业中小企业建设原料林基地的自我“造血”功能；通过财政、金融和税收政策的统一运用，鼓励企业开发具有自主知识产权的新技术、新产品，开发环保型、结构用和功能性木质新材料，以推进以高新技术改造传统的木材加工、制造、利用技术，加快企业产品更新换代步伐，全面提升木材工业总体技术水平。针对海外资源开发合作，争取国家把对外森林资源开发上升为国家战略，抓紧建立国外资源开发基金和国外资源开发性项目投资的保险制度，为企业从事海外森林资源开发提供保障，降低企业投资风险；借鉴其他国家把购买的国外资源交给企业开发的经验，争取由国家统一出面协调与对外森林资源开发合作的相关工作；把海外森林资源开发纳入国家外交战略，并作为我国给予其他发展中国家相关经济援助的重点项目之一，大力加强这些国家的土地资源开发合作。

第二，加强监督管理。针对森林资源培育，把林地放在与耕地同等重要的地位严加保护，确保林地资源不减少；严格各级行政领导干部保护发展森林资源任期目标责任制，实行任期目标管理；依法抓好森林防火、森林病虫害和林业有害生物防治工作，预防和减少各类灾害造成森林资源的损失；加大对各类破坏森林资源违法犯罪的打击力度，严禁乱砍滥伐林木、乱征滥占林地、乱采滥挖野生植物等现象的发生。针对木材加工利用，通过制定和完善相关法律法规体系，抓紧建立木材工业市场准入制度；对木材加工企业进行调查研究，依法关停木材利用程度较低、工艺落后、产品质量差、资源消耗和污染程度高的木材加工企业，推进资源和市场向优势企业聚集；对木材加工企业实施审核制制度，明确规定木材加工企业办理企业登记时要经林业主管部门签署。技术装备水平、木材利用率以及经济性指标达不到一定要求的，不得建厂。针对海外资源开发合作，组织实力强、信誉高、有成功经验的企业形成国家团队开展海外森林资源开发合作，避免企业各自为战，无序竞争；教育企业树立守法意识，严厉打击木材非法国际贸易；加快构建我国森林认证体系并积极与国际接轨，推进全球森林资源可持续利用。

第三，加强宏观引导。总的来说，需要分析我国木材资源供应现状和未来供需形势，研究制定我国木材安全保障战略，明确我国木材安全的战略途径和政策措施，确保我国木材供给安全，推进我国经济社会可持续发展。在此基础上，针对资源培育，搞好林业发展区划，并根据全国的水热和土壤条件，区分森林用途和林地生长力，按照全国一盘棋的原则，科学规划我国森林资源发展；抓紧制定和完善速生丰产用材林、大径级珍贵树种用材林等资源培育专项规划，并推进用材林规划与公益林规划接轨，充分利用公益林优惠政策，培育用材林特别是大径级珍贵树种；积极推进林权制度改革，解放林业生产力，调动全社会培育森林资源的积极性。针对木材加工利用，制订木材工业发展规划和相关产品发展规划，引导木材加工企业开展新技术、新工艺、新产品的研究开发和推广应用，大力推进木材精深加工业发展；制订木材工业循环经济发展规划和废旧木材回收利用的政策法规建设，对生产、消费等各个领域的木材节约做出明确规定，鼓励木材加工企业发展循环经济；研究制订木材资源节约规划，并将之纳入国民经济和社会发展总体规划及资源综合利用专项规划。针对海外资源开发合作，研究制订全球森林资源开发战略，统筹考虑我国对外森林资源开发合作；加强国际森林资源和木材产品信息的收集和发布，为企业开展海外森林资源开发提供决策依据。

第四，加强组织领导。各级政府特别是林业部门，应该充分认识我国木材安全问题的严峻性和紧迫性，切实将木材安全问题摆上重要工作议程。在培育森林资源，提高我国木材供给能力的同时，建立完善木材安全保障的行政管理、扶持政策、监督管理、市场服务等宏观调控体系，落实责任，明确任务，不断调整优惠扶持政策，加强执法力度，切实做到发展上有规划、工作上有部署、落实上有机构，为我国木材安全问题提供组织保障。同时，要进一步加强木材安全问题舆论宣传，树立全民木材资源忧患意识。还应当发挥各行业协会作用，推进行业诚信，加强行业自律，凝聚行业力量，规避行业风险，强化团队力量参与国际竞争。

调 研 单 位：国家林业局全国木材行业管理办公室
中国林业科学研究院
调研组成员：孙 建 彭华福 赵 戈 刘国珍
罗信坚

关于都江堰市三木药材合作社的调查报告

都江堰市是三木药材（黄柏、杜仲、厚朴）的适生栽培区之一。特别是都江堰厚朴因品质好，市场竞争力强，发展迅猛。在实施退耕还林和天然林资源保护工程中，该市发展以厚朴为主的三木药材6.0万亩，其中退耕地造三木药材4.5万亩，全市三木药材种植面积已达14万余亩，种植户11 000余户，其中厚朴种植基地已达11.8万亩，种植户6 000余户。2006年，全市木本药材产量800余吨，产值960万元。其厚朴产量占成都市场近50%的份额，占全国市场的近30%，厚朴已成为都江堰农村的一项重要优势特色产业和种植户重要收入来源。预计到2015年，都江堰市厚朴产量可达6 000吨以上，同时可生产木材近4万立方米，综合年产值可达8 000万元，种植户年均收入可达13 000余元。产业的快速发展，催生了都江堰三木药材合作社的建立和发展。

一、背景：应对三木药材规模发展带来的困惑

20世纪80年代开始，都江堰市虹口乡一些农户就利用荒山荒地种植厚朴，1999年以来，又结合退耕还林工程，大力种植厚朴。但在加快发展中也凸现三大困惑：一是种植技术落后，单产较低；二是销售渠道和信息不畅，价格较低；三是采伐控制不力，市场较乱。特别是随着种植基地迅速扩展，总产量大量增加严重冲击市场，增产不增收的情况极大地困惑当地广大林农群众。为此，2004年9月，都江堰市虹口乡19名村支部书记发起并经都江堰市林业局批准成立了虹口乡三木药材产业合作社，2006年扩展更名为都江堰市三木药材产业合作社。目前会员已发展到2 300余个，包括三木药材种植户和营销户。会员厚朴种植面积累计达到8万余亩，占全市11.8万亩的2/3。

二、职能：服务、自律与互惠

（1）技术服务。主要是聘请专家作技术顾问，定期为会员组织技术培训，指导会员搞好厚朴种植，既要不断提高厚朴产量，又要确保厚朴产品品质。

（2）融资担保服务。2005年经合作社争取并提供担保，会员获得世界银行林业贷款194万元，推动发展三木药材。

（3）品牌保护。注册了“川厚朴”商标，并正在申请办理都江堰厚朴的原产地保护。

(4)采伐和销售自律。为防止种植户的短期行为和大量采伐生产对市场的冲击，合作社对各会员木本药材种植面积、树龄等建立台账，普通种植户的年采伐量控制在400株以内，并由合作社统一到林业部门办理采伐手续。同时，根据当年市场行情，对产品销售实行最低收购保护价，种植户会员和从事经销的会员及外来收购经营户均应以不低于合作社发布的最低收购保护价确定成交价。

(5)返利助农。每个会员每年交10元会费。合作社向经销人员收取每吨120元的服务费(约占售价的1.58%)用于合作社的管理费用支出及返利给会员。根据会员出售药材数量，年终合作社按40元/吨返利给会员，按目前产量，每个会员平均返利约10元左右，与会费持平。

三、效果：助农增收及产业发展

(1)提高了产业的组织化程度。合作社会员的厚朴药材产量已占都江堰市的90%，市场竞争力不断增强，政府部门、公司、外商等不断与合作社接洽合作。2007年第八届“中国西部国际博览会”上，合作社积极参展，发放宣传资料2 000余份，药材样品100余袋，与安徽华源医药股份有限公司等多家公司达成友好共识，他们高度称赞合作社药材品质和供应能力，表示了极大兴趣。

(2)助农增收成效明显。厚朴药材种植收入已成为合作社会员增收的重要来源。对虹口乡高原村三社四户会员入户调查，户厚朴种植面积在40～150亩之间，采伐量200～560株，收入3 000～13 000元，占家庭种植收入的30%～50%。据统计，虹口乡有1 660户农户，仅23户未种厚朴，种植比例高达98%；户均种植面积达37亩，进入盛产期，户均年收入可达2万余元。2005年合作社会员从木本药材种植中人均增收110元，2006年人均增收又实现了翻番。

(3)引导了三木药材产业健康发展。合作社建立后，通过推广科学种植技术、实行计划采伐、规范药材收购等，极大地引导了三木药材产业的健康发展。实行计划采伐，有效遏制了乱砍滥伐带来的市场大起大落，保持了价格稳中有升和销售链条的相对稳定。规范药材收购，维护了市场秩序和会员利益，防止了收购方压级压价和无序竞争，厚朴的最低收购价由2004年的6.4元/千克稳步提高到2006年7.6元/千克。

(4)带动了林业特色产业发展。合作社发展厚朴带来的良好经济效益，带动了广大农户种植木本药材的积极性，2006年冬季至2007年春季会员就新种植厚朴10 106亩。

四、启示：林业特色产业发展潜力需要好的发展机制才能转化为产业发展优势

(1)林业特色产业发展潜力大。四川省林业资源丰富，有许多独具特色和优势的资源，具备发展特色林产业的条件。在发展特色林产业中，对市场容量相对较小的厚朴、杜仲、黄柏、黄连、花椒、八角、桂皮等三木药材、调香料产业，应当向适生区和优势区集中，在局部范围内集中发展，形成一村一品、一地一产业的格局，既有利于技术推广和经营水平提高，又有利于形成局部的规模经营优势，增强市场竞争力。通过发展众多独具特色和市场竞争力的特色林产业，来促进行业发展、农民增收，达到推进林业资源大省向林业经济强省跨越的目的。

(2)林业特色产业适宜山区发展。四川省山区面积占全省面积近70%，林地资源丰富，发展林竹、经济林果、木本药材、苗木花卉、森林食品和调香料、生物能源等特色产业的条件优越。这些特色产业中，多数的种植技术群众易掌握，并需要较多的劳动力投入，适合山区农户家庭经营。大力发展林业特色产业，可为广大山区林农开辟重要而稳定的就业和增收途径。

(3)专合组织在推进林业特色产业发展中具有重要作用。都江堰市三木药材社虽成立时间较短，在内部管理和服务质量、形式等方面还有许多需要改进和完善的地方，但在林业产业发展中以一头联市场，一头联农户，加强内部的自律管理，规范和引导产业发展，提高产业组织化程度等方面已初步显现出了独特而又不可替代的作用。广大农村群众，特别是山区林农是发展林业特色产业的主体，

以专业合作社为主的专合组织，是林业特色产业发展中联系广大农户的桥梁和纽带，是参与市场竞争的大船。引导和扶持专业合作社的发展，应作为促进林业特色产业发展的一项重要抓手。

(4)林业专合组织的发展需要政府和部门的支持。都江堰市三木药材合作社的建立和运行，当地政府和林业等有关部门给予了大力支持，从某种程度上说是靠林业部门的让利扶持加以行政权力的运用来支持合作社的内部管理。在林业专业合作社的发展中，林业部门给予扶持和支持是十分必要的，在一定条件下还是不可或缺的。而合作社等专业合作组织反过来又可以支持和配合林业部门在资源保护及管理方面的工作。同时，林业部门应加强对合作社的指导与管理，特别是在林业技术指导和相关林业法律法规的执行方面，引导其依法规范运行。

根据都江堰市三木药材合作社发展的经验，特提出如下政策建议：

(1)根据林业特色产业实际上也是农业产业化经营重要内容的实际，在资金、政策、技术等方面加大扶持力度，将林业特色产业纳入良种补贴、农业保险、农户小额信贷等支农政策的支持范围。

(2)进一步培育和扶持林业专合组织的建立和发展，增强其实力，提高其带动能力、服务能力和竞争能力。建议由省财政列出专项资金，支持林业专合组织的发展。

(3)抓专合组织的能力建设，重点培养技术领头人和营销人员。建议由各级地方政府出资，委托专门机构对专合组织的这两类人员开展免费培训。

（四川省林业厅厅长：任永昌）

对加快林业产业发展的几点思考

我国林业产业经过几十年的发展，取得了显著的成绩，为经济社会发展做出了重要贡献。特别是近年来，林业产业持续快速增长，2006 年全国林业总产值突破了 1 万亿元。但随着经济社会的发展和人们生活水平的提高，人们物质文化需求逐步向更高层次发展，绿色环保的理念已深入人心，对木材及其制品的需求越来越大，我国木材及其制品供需矛盾也越来越突出。据统计，2006 年全国木材及其制品供需缺口折合原木超过 1 亿立方米。这也对林业产业发展提出了更高的要求。国家林业局贾治邦局长在全国林业产业大会上指出，全面实施生态建设为主的林业发展战略，既要坚定不移地加强林业生态建设，又要大力推进林业产业发展。并提出了当前及今后一个时期林业产业发展的指导思想："以科学发展观为指导，认真贯彻落实《中共中央国务院关于加快林业发展的决定》，以兴林富民、增加林产品供给为根本目标，以市场为导向，以改革创新为动力，以培育森林资源为基础，着力提升传统产业，大力发展新兴产业，不断优化产业结构和经济结构，加快建设发达的林业产业体系，最大限度地满足经济社会发展对林业的多种需求。"

吉林省第九次党代会根据吉林省林业发展实际，提出"吉林省要由林业资源大省向林业经济强省跨越"的林业发展战略目标，这与全国林业产业大会精神是一致的，也更加明确了吉林省林业的发展方向。吉林省是我国的林业资源大省，林业用地总面积 929.6 万公顷，占全省国土面积的 50%，其中森工企业有 350 万公顷左右。全省林木总蓄积达 8.87 亿立方米，列全国第 6 位，每公顷林木蓄积量 105 立方米，比全国平均水平高出近 30 立方米。吉林森工集团所辖林地的每公顷林木蓄积量达 137 立方米，将近全国平均水平的 2 倍。但吉林省还不是林业产出大省，自我国实施天然林资源保护工程以来，吉林省每年商品材产出不足 450 万立方米，其中，森工企业的商品材年产量不足 200 万立方米，2008 年将下降至 146 万立方米。而广西壮族自治区 2008 年木材产量将比今年增长一倍，达到 800 万立方米。福建省森林资源基本情况与吉林省差不多，2005 年林业总产值达到 960 亿元，而吉林省林业总产值仅为 234 亿元，只是福建省的 1/4。吉林省木材加工产值仅50亿元左右，还不到江苏省的1/10。“吉林省由林业资源大省向林业经济强省跨越”的林业发展思路切中吉林省林业发展的要害，完全符合吉林省省情。根据吉林森工集团的实际，本文从以下几方面对加快林业产业发展进行思考与探索：

一、明确指导思想，正确处理林业产业发展和生态建设的关系

1995年，国家林业局提出了“森林两类三划分”的思想，将森林划分为商品林和公益林，公益林又分为一般公益林和重点公益林。商品林的经营目标是满足社会对木材及林产品的需求，包括用材林、薪炭林等。公益林的经营目标是满足社会的各种需求，保证生物多样性和国土生态安全。其中重点公益林包括防护林、特种林等，一般公益林包括过伐天然林、次生天然林等。规定在商品林区域内实行择伐，在一般公益林区域内实行限额采伐，在重点公益林区域内实行禁伐。天然林资源保护工程实施后大幅度调减了东北、内蒙古地区的采伐量，对长江中上游地区进行停伐。2003年，党中央、国务院出台了[2003]9号文件，提出了以生态建设为主的林业发展指导思想，这个指导思想是对林业在社会主义现代化建设新时期的要求，既符合林业发展根本特点，又顺应了当时国际社会经济文化发展的新潮流。坚持以生态建设为主的林业发展指导思想并不意味着不发展林业产业。只抓生态建设，忽视产业发展，是没有希望的林业；同样只抓产业发展，忽视生态建设，也是没有前途的林业。林业产业发展和生态建设是相互依存、相互促进和相辅相成的，是辨证统一的。只有大力推进生态建设，建立完善的生态体系，形成丰富的森林资源，满足社会对良好生态的需求，林业产业发展才有坚实的基础和发展空间。同时，只有大力发展林业产业，建设发达的林业产业体系，形成雄厚的产业基础，满足社会对林产品的需求，增加社会积累，才能有更大的财力投入生态建设，生态建设才有坚实的支撑和发展动力。据预测，到2010年全国木材及其制品供需缺口折合原木将达到1.8亿立方米。发展林业产业是新时期林业壮大自身经济实力和提升可持续发展能力的着力点。只有林业产业发展好了，才能满足经济社会可持续发展对木材和林产品的需求。促进生态建设与林业产业协调发展，这也是全面贯彻落实科学发展观的要求。为此，2006年以来，国家林业局把产业发展提到了重要位置，并大力加以推进，提出了建设完善的生态体系、发达的产业体系和先进的文化体系的现代林业内涵。吉林省第九次党代会提出的由林业资源大省向林业经济强省转变，也是通过多年来在林业生产实践中，对吉林省林情的正确认识，是正确处理生态建设和产业发展关系的具体措施。吉林森工集团作为国有四大森工集团之一，吉林省森工的龙头企业，必须明确当前建设现代林业的指导思想，认真实施天然林资源保护工程，加快产业发展，使有限的森林资源发挥更大的生态、经济和社会效益。

二、用林木市场成熟理论指导天然商品林的经营和更新

国家林业局贾治邦局长在全国林业产业大会上提出“东北内蒙古地区要切实加快以现有中幼林改培为主的原料林基地建设”的商品林经营思路，这也十分符合东北内蒙古地区，特别是吉林省的实际。吉林省森工企业系统天然商品林在整个森林资源中占有20%～25%的比例，如何经营好这部分资源，对林业产业发展十分重要，必须对这部分森林资源进行商品化经营。对天然商品林进行商品化经营不是大量消耗天然林，毁坏生态体系，而是通过改造天然林，促进其生长，使其生长越来越好，产出越来越多，经济效益越来越好，生态效益越来越健全。

（一）确立林木市场成熟的理论，改造天然商品林

传统的森林经营主要以自然成熟、工艺成熟和数量成熟等理论来指导实际工作。自然成熟是指林分或树木生长到开始枯萎时的状态。工艺成熟是指林分生长发育过程中目的树种的材积平均生长量达到最大时的状态。数量成熟是指林分或树木的材积平均生长量达到最大值时的状态。现阶段，用这些理论指导商品林经营已不能完全适应社会主义市场经济的要求。为此，要按照社会主义市场经济的规律，确立“林木市场成熟理论”，以林木市场成熟为

主要依据，指导天然商品林、人工商品林经营管理和更新改造。“林木市场成熟”是指在其生长发育过程中，市场价格和市场需求量达到最大时的状态。在这种状态下对林木进行采伐，投放市场取得林木最大的经济效益。只有用这种理念来指导商品林经营，才能实现对商品林实行商品化经营，才能使商品化的林木资源转化为更大的经济收益。这是我们在近几年森林经营中的体会和总结，是在森林经营领域贯彻落实科学发展观的成果，是对森林经理学的创新和丰富，是森林经理理论在社会主义市场经济条件下的新发展，是由社会主义市场经济理论指导森林经理的新成果。为此，我们要在今后森林经理的研究和实践中进一步丰富和完善这个理论。用这个理论来指导商品经林营，就会在增加森林生态效益的同时，大幅提高森林经济效益，促进林业产业的快速发展。

吉林森工集团现有有林地面积为120.4万公顷，其中天然林占80%以上，森林覆被率89.7%，活立木总蓄积为1.67亿立方米，年生长量在550万立方米左右，而且红松、水曲柳、黄波罗、核桃楸等珍贵树种的蓄积比重较大，但木材产量每年仅有89.3万立方米，年消耗量140万立方米。由于受原料不足的影响，每年木材加工产值才10亿元左右。如果按照“林木市场成熟理论”进行研究和大胆实践，就会大幅提高商品材的产出，快速壮大木材加工业实力，实现林业产业又快又好发展。具体想法：

（1）在商品林区内，选择立地条件好、地势平坦、土质肥沃的林地，实行皆伐改造，营造杨树工业原料林，进行林参间作，这样林木生长量可提高5倍，轮伐期由120年降至15年，林地林木生产率提高8倍。在吉林东部山区，杨树15年成熟后，单株胸径可达22厘米，树高18米，公顷蓄积可达225立方米，为现有商品林的1.8倍。根据吉林省天然商品林的现状，这种立地条件和林相约占20%左右。吉林森工集团所辖商品林38万公顷，其中符合改造条件的商品林约有10万公顷，约占25%左右。

目前，吉林森工集团已经营造的1.8万公顷（27万亩）杨树工业原料林“十一五”期间已逐渐进入采伐期，总蓄积量154.8万立方米，平均每公顷蓄积86立方米。从2008年起，每年可以采伐利用1 200公顷，出材7.2万立方米。同时，又规划了8万公顷（120万亩）立地条件适宜的天然商品林改造为杨树工业原料林，从2008年起每年改造2万公顷（30万亩），每年又可增加木材产量165.1万立方米。这样，到“十一五”期末的四年时间内，吉林森工集团每年可增加木材产量172.3万立方米，是现有产量的两倍。

另外，改造为杨树工业原料林的林分8年后可以进行第一次抚育间伐，木材产量可增加2.9万立方米，12年后可以进行第二次抚育间伐，木材产量可增加18.8万立方米。15年后进行主伐，木材产量可增加102.9万立方米（轮伐期15年，9.8万公顷每年主伐6 533公顷，出材率0.7）。

（2）对商品林区的28.8万公顷（432万亩）天然林用5年的时间进行大强度透光、疏密、清理抚育（每年5.6万公顷，强度10%），把天然商品林改造为“清堂林”，德国叫做“近自然林”，每年还可增加抚育材46.2万立方米。同时用5年的时间对49.2万公顷的一般公益林进行科学合理抚育（每年9.8万公顷，强度5%），调整树种组成，改善林分结构，促进生长发育，使其生态效能达到最佳，木材产量达到最大，每年可增加抚育材43.8万立方米。目前吉林森工集团的林木平均生长量为每公顷每年4.6立方米，根据吉林省汪清林业局的经验，科学合理的抚育可以大幅度提高生长量，达到6.7立方米，比现在增加2.1立方米。据此测算，5年后，集团的28.8万公顷的天然商品林和49.2万公顷的一般公益林的蓄积将增加171.6万立方米。

经过5～15年的努力，吉林森工集团的木材年平均产量将达到220万立方米左右，木材产量提高了1.5倍，同时为集团内的人造板企业提供了大量的原料，吉林森工集团也可以实现由完全依赖天然林向主要利用人工林的转变。经初步测算集团的产值将翻两番。

（二）加速外埠工业原料林基地建设

充分利用“三北”防护林体系建设四期工程农防林改造和地方林权制度改革的契机，采取收购、租赁、合资、合作等多种形式，获取林地经营权和林木所有权。同时在省外乃至国外立地条件比较适宜的地区建设原料林基地，这既发展了工业原料林产业，又能为吉林森工集团的林产工业提供原料，实现林板一体化。

三、明确产业定位，加快项目建设，立体开发、综合利用森林中多种资源

要加快林业产业发展，项目建设是关键。因此，吉林森工集团要实事求是地下大功夫谋划设计好开发项目，既要根据现有资源状况，在条件成熟的情况下实现低成本扩张，又要根据国家、吉林省的产业发展总体规划，研究开发后续项目，做到研究一代、开发一代、储备一代。

（一）明确产业定位，确立“三六九八”战略

吉林森工集团经过反复研究论证，已确定了“三六九八”发展战略，明确了产业定位，即：推进三个优化、发展六大产业、培育九大龙头、实现八项目标。

一是推进三个优化。即：生态产业优化，经营管理优化，体制机制优化。

二是发展六大产业。即：以经营、培育森林资源和种、养、培为主的森林资源经营产业；以人造板、地板为主导产品的林木精深加工产业；以开发林区矿产资源为主的森林矿产水电产业；以矿泉水、中药材及各种林特产品加工为主的森林食品医药产业；以建设森林公园、建立森林旅游体系为重点的森林生态旅游产业；以资本运作、金融证券为主的资本金融产业。

三是培育九大龙头子公司。即：以八个林业局为主体的森林经营（集团）公司；以人造板为主导产品的吉林森工人造板（集团）股份公司；以实木复合地板为主导产品的金桥地板（集团）公司；以生产铁矿石为主的三岔子宝发森林矿产公司；以泉阳泉饮品为主的森林食品公司；以长白山生态旅游为依托的吉林森工旅游（集团）公司；以成品油和林业物资供应为主的集团物资公司；以林特产品进出口为主的吉林森工进出口公司；以经营金融资本、证券为主的吉林森工财务公司。

四是实现八项目标。即：到“十一五”末期，力争实现林业总产值100亿元，总资产80亿元，销售收入50亿元，净利润2亿元，工业增加值10亿元，在岗职工年均收入2万元，森林覆盖率达到90%，有林地蓄积达到1.7亿立方米。

（二）规划建设一批大型重点项目

规划到“十一五”末期，建设“100万亩速生丰产工业原料林、100万立方米商品材、100万立方米人造板、100万吨泉阳泉饮品、100万吨森林矿产品、100万人次旅游接待、1 000万平方米地板”生产基地和骨干项目。

一是投资4.3亿元建设100万亩速生丰产工业原料林项目。

二是投资1.6亿元建设100万立方米商品材建设项目。

三是投资5.7亿元扩建60万立方米人造板项目，使集团形成110万立方米的规模。

四是投资7.8亿元建设100万吨饮品、食品、保健品等项目。

五是投资2.2亿元建设三岔子、红石铁矿开发加工项目，使集团森林矿产品加工能力达到110万吨。

六是投资3.8亿元建设露水河、红石、松江河、三岔子等3个国家级和1个省级森林公园。

七是投资3.6亿元扩建长春森工宾馆、长白山大厦和松江河旅游宾馆项目，使集团旅游接待能力达到100万人次。

八是投资2.6亿元扩建地板700万平方米，使集团达到1 300万平方米规模。

四、切实强化各项保障措施

（一）千方百计拓宽融资渠道

资金是企业的血液。“十一五”期间吉林森工集团预计投资35.9亿元左右，发展大项目。我们将围绕项目发展需要，不断拓宽融资渠道，加大融资力度，积极筹措资金，为项目发展提供资金保障。一是争取发行债券15亿元；二是利用银行贷款10亿元；三是集中使用折旧资金3亿元；四是增资扩股3亿元；五是力争招商引资3亿元；六是请政府对国有分红再投资2亿元；七是加快资金周转的次数，提高资金使用效率；八是进一步注入资金，增资扩股，增加资本规模。

(二)健全完善新体制新机制

改革是企业发展的原动力。吉林森工集团改制前有在册职工 13. 8 万人，离退休职工 3.7 万人，子公司 26 户，三级单位 330 余家。仅文教、卫生、公检法、后勤服务单位，每年就要支出达 4 亿多元。沉重的社会负担严重影响了企业的发展。

2005 年 6 月至 2006 年 6 月，历时一年，在吉林省委省政府和省国资委的领导下，集团进行了一次全方位、深层次的改革，实现了加工业国有资本全部退出，辅业全部转制民营，社会职能全部移交，职工全部转换劳动关系，对集团进行股份制改造的"四全部，一改造"目标。截至 2006 年年底，在册职工 3. 8 万人，其中工伤、长病、内退约8 000人，子公司 13 户；营业收入 25. 1 亿元，净利润 8 000万元；在岗职工年平均收入达到 10 721 元，在册职工年平均收入达到 9 847 元。通过改革攻坚，建立了新体制新机制，移交了企业办社会职能，减轻了冗员负担，激发了员工生产、工作热情，增加了收入，做实了资产，提高了创利能力，改革成果已经显现。2007 年上半年，又实现营业收入 15. 7 亿元，实现净利润 8 417 万元，改革成果进一步显现。为了实现更大的发展，吉林森工集团还将进一步研究深化改革的问题。

一是建立健全运行机制。按照新的母子公司功能定位和管控模式，规范"三会"管理，建立和完善适应新体制需要的组织管理结构。

二是加快三项制度改革，健全内部机制。在集团范围内全面实行用工合同制、管理人员聘用制、薪酬浮动制等一系列配套激励与约束机制，实行岗位竞争化、用工合同化、薪酬弹性化。

三是妥善处理遗留问题。积极加强与地方政府的协调，争取离退休人员和医疗卫生单位移交地方政府。供电、供水、供暖等后勤服务单位，成熟一个，改制一个，逐步走向市场。

(三)全力打造精品名牌

品牌是企业的名片。现代企业已逐步由经营产品向经营品牌和经营标准过渡。吉林森工集团的总体思路是：以品牌带动生产，以品牌促进营销，走以三大中国名牌为龙头，以品牌整合资源，吸引资金，集中优势开拓市场，增强企业核心竞争力和产业聚集力的发展道路。在品牌的培育和经营，发挥品牌的带动作用上。主要做四件事：

一是全力抓好品牌宣传。集中力量，精心策划，统筹安排专项资金，加大对重点品牌的宣传和整合力度，努力提升品牌知名度、信誉度和市场占有率，扩大无形资产价值。

二是实行统一品牌，统一商标。执行品牌管理办法，规范品牌经营行为，对已注册的"吉森"、"森工"、"森工集团"商标，实行统一管理，森工集团所有产品都打"吉林森工"，刨花板都打"露水河"牌，地板都打"金桥"牌，饮品、食品都打"泉阳泉"牌，实现森工集团品牌资源共享。

三是尽快整合复合地板与刨花板的营销体系。按品牌、产品分类建立销售公司，以销定产，实行销售公司领导下的工厂车间制。

四是实行销售加盟制。通过制定加盟标准和章程，发挥品牌效应，对集团外同类产品生产厂家通过品牌整合，进入集团销售网络，提高名牌产品市场占有率和销售利润，实现低成本扩张。

(四)深入挖掘内部潜能

管理是企业发展的永恒主题，也是实现跨越目标的重要基础。吉林森工集团将在管理上大做文章，以管理促发展，向管理要效益。

一是加强财务资金管理。成立资金调度委员会，强化资金使用管理，压缩资金占用。

二是加强投资管理。任何投资都要科学论证，稳妥投资，力争做到投资项目万无一失。

三是加强内控制度管理。完善内控制度体系，制定内部控制的评价标准，严格考核，堵塞漏洞，规避风险，确保经济健康平稳运行。

四是加强经济运行监控管理。通过定期对子公司进行投资、生产、财务、资产以及综合分析，准确掌握倾向性问题，确定报审、报告范围，确保经济运行成果的真实、合法。

五是加强安全生产管理。坚持"严字当头、细处着手、持之以恒"的安全生产方针，加大对各类隐患的排查整改力度，减少各种生产事故。

(五)构建和谐的企业氛围

和谐稳定的环境是加快企业发展的必要条件，也是实现跨越目标的根本需要。

一是加强思想政治建设。以科学发展观武装广大党员干部的政治头脑，提高政治洞察力和敏锐性，切实推进思想政治建设。

二是加强领导班子建设。营造讲正气、讲党性、讲合作、讲和谐的氛围，增强各级班子整体功能，提高凝聚力和战斗力，带动各项事业全面发展。注重后备干部队伍的培养和建设，确保干部和经营者后备力量充足。

三是加强党风廉政建设。建立一套预防经济犯罪和职务犯罪的惩防体系，从思想和制度上建设一道反腐的坚强防线，从源头上解决腐败和经济犯罪问题。

四是加强企业文化建设。树立企业精神，规范员工行为，发挥人的潜能，调动人的积极性，吉林森工集团已初步确立了“忠诚做人、和谐创业、精心育林”的企业精神，“生态优先、产业优化”的经营方针，“森林永续、企强人富”的经营目标，“人尽其才，才尽其用”的用人观，“为国效力、为民造福”的企业价值观等一整套吉林森工文化体系。

（中国吉林森林工业集团有限责任公司董事长、党委书记：柏广新）

对山西省红枣、核桃产业发展的调研和思考

红枣和核桃在我国已有几千年的种植历史，是山西省的两大主要干果。红枣有养胃健脾、养血壮神之功效，被视为补气佳品，民间有“一日三枣，长生不老”的说法。核桃有“补气益血，润燥化痰”、“温肺润肠”之用(据《本草纲目》)，是健脑益寿的上选。20世纪80年代以来，红枣和核桃成为我国传统的拳头出口产品，产品总量不断增加，而且市场价格居高不下。山西作为一个红枣、核桃大省，发展现状如何？怎样才能使红枣、核桃产业走得更远？带着这些问题，2007年8月至9月上旬，我们和厅产业办的同志到运城市的临猗县、盐湖区，晋中市的榆次区、左权县、太谷县，吕梁市的中阳县、临县、汾阳市、交城县等红枣和核桃的主产地就这两大产业发展的现状进行了调研，通过听取汇报、实地考察红枣生产与加工基地、与农户座谈等方式，对红枣、核桃产业发展情况有了基本的了解，也对今后如何发展产生了一些粗浅的看法。

一、全省红枣、核桃产业发展的基本情况

山西省发展干果经济林有独特的地理和气候优势，经过几十年的努力，基本建成红枣、核桃、柿子、花椒、仁用杏五大干果经济林基地，总面积1 600万亩，年产量11亿千克，其中红枣600万亩，年产量6.5亿千克，核桃450万亩，年产量1亿千克。山西省核桃、红枣年产量分别居全国第二、第三位。

从全省干果经济林的面积和产量看，红枣、核桃的面积、产量分别占到干果经济林面积、产量的2/3以上。从此次调研情况看，山西省红枣、核桃产业发展呈现出以下特点：

(1)各地政府普遍重视以红枣、核桃为主的干果经济林产业。吕梁市2007年提出“十一五”末实现500万亩干果经济林的目标，大力推动干果经济基地的规模化、专业化建设，力争使红枣面积由现在的160万亩发展到200万亩，核桃面积由现在的120万亩发展到200万亩，仁用杏由现在的21万亩发展到100万亩。临县实行县四大班子领导包乡(镇)及联村制度，层层签订责任状，狠抓红枣生产；县委、县政府每年召开工作会议时都重奖一批在红枣产业方面成绩突出的单位和个人，对成绩突出的村干部提拔为乡级副职干部；县财政每年安排专项资金扶持红枣产业，并在扶贫、以工代赈等项目中优先向红枣倾斜；目前临县红枣面积达到80万亩，是全省红枣面积最大的县，总产量达到1亿千克以上。中阳县从2004年起，每年投资500万元发展核桃，其中高接换优核桃1万亩，新发展优质核桃1万亩，使核桃面积由原来的7万亩发展到

现在的11万亩。榆次区利用实施退耕还林、日援造林项目的机遇，大力发展红枣经济林，使全区红枣面积达到30万亩，成为晋中市与山西十大名枣之一——壶瓶枣主产区太谷县并驾齐驱的红枣大县，也成为全省新兴的红枣面积大县。左权县大力发展以核桃为主的经济林，使经济林面积达到23万亩，其中核桃面积17.5万亩，总产量510万千克。

(2)红枣、核桃产业对农民的增收作用日益明显。汾阳市是山西省核桃面积、产量第一大县，核桃年产量达到550万千克，全县10万人从事核桃加工，年加工核桃1 200万千克，出口创汇1 000万美元，为产区农民人均增收1 500元，不仅加工消化了本地核桃，而且收购加工河北、陕西、云南等省的核桃；全县有8个村人均核桃120株、250千克以上，核桃人均收入4 000元以上；该县庄子村全村500多人，种植核桃2 200多亩，人均4亩、70多株，亩产75千克，人均核桃300多千克，人均核桃收入5 000元左右；南化子村侯幸福曾当过林业员，2002年种植10亩核桃，2006年嫁接礼品二号核桃品种，当年产量达到1 500千克，收入24 000元。吕梁市沿黄河的四县(兴县、中阳、临县、石楼)从事红枣生产和加工的枣农达20余万人，枣农人均收入2 000元；临县红枣收入2.4亿元，占全县农民人均收入的43%，枣区红枣收入占到人均收入的60%。吕梁市核桃主产区的汾阳、孝义、交口三县，核桃总面积75万亩，收入占到农民总收入的30%左右。左权县核桃产值6 300余万元，为农民提供人均收入450元。太谷县红枣产量3 000万千克，产值1.2亿元，仅红枣一项，全县农民人均收入570元。

(3)红枣、核桃基本实现规模化发展。晋中市干果总面积163万亩，其中红枣76万亩，核桃71万亩，红枣、核桃占到干果总面积的90%，产量占到干果总产量的95%以上，达到7 200万千克，其中红枣5 600万千克，核桃1 600万千克；全市干果经济林10万亩以上的县达到4个，万亩以上的乡镇20个，3000亩以上的村72个，人均有1亩以上的村287个，形成了东山核桃带，平川红枣区的产业化布局。太谷县经过几年的发展，形成了明星镇贾家堡村梨枣区、小白乡壶瓶枣区、北汪乡郎枣区三大红枣生产基地，面积24万亩，占全县红枣总面积的80%。吕梁市红枣面积达到160万亩，核桃面积达到120万亩，涌现出临县、柳林、兴县、石楼等10万亩以上的红枣大县，汾阳、孝义、中阳、交口等10万亩以上的核桃大县。

(4)红枣、核桃等干果经济林加工的龙头企业异军突起。近几年，山西省民营干果经济林加工企业发展迅猛，并涌现出不少吸收消化能力强、示范与带动作用大的大中型干果加工企业。山西威特食品有限公司是以生产、加工、销售和出口干果为主的企业，每年生产核桃、大杏仁5 000多吨，出口核桃仁2 000吨，核桃仁出口量连续6年居全国第一，产品远销欧洲、日本、美洲等几十个国家和地区。近几年来，该公司采用公司+基地+农户的产业经营模式，发展核桃基地5万亩、美国大杏仁基地15万亩。位于临县的山西省天渊枣业有限公司是全省最大的红枣加工企业，加工的红枣产品达20多个，年加工能力250万千克，2006年加工红枣1 000吨，实现收入1 450万元，年创利税220万元。左权县麻田顺康天然农产品有限公司投资建设可年生产核桃油1 000吨、核桃蛋白粉800吨、核桃仁1 000吨的核桃加工项目，全部投产后可消化核桃7 400多吨，不仅可全部消化左权县产的5 100吨核桃，还可加工消化周边县和其他省的2 300吨核桃。位于汾阳县的山西特达土畜产有限公司是一家加工核桃和农产品的民营企业，2006年，投资3 000万元，用15个月时间完成了从土建到试产的全部建设，正式投产后，可年生产1万吨核桃油、4万吨豆油，出口核桃仁4 000吨，年消化核桃4.2万多吨，占全省核桃产量的40%。中阳县远锦贸易有限公司，是一个正在建设的民营农产品加工企业，总投资1.3亿元，全部投产后，可加工核桃2万吨。以上几个加工企业如全部投产，可加工核桃7万多吨，占到全省核桃产量的70%。

二、山西省红枣、核桃产业发展中存在的主要问题

在调研中我们发现，虽然山西省红枣、核桃产业取得了长足的进步，但仍然存在不少问题，制约

着全省干果产业的进一步发展。主要表现在以下几方面：

(1)管理较为粗放。各地在经济林发展中，注重了示范基地的建设，普遍建立了一批管理水平较高、品种较好的示范园，运用了高接换优等嫁接技术，改造品质差、产量低的红枣、核桃品种。但总体看，以红枣、核桃为主的干果经济林管理仍属于粗放型经营管理，管理技术和手段跟不上干果经济林发展的需要。这一问题突出反映在三个方面：一是平均单产较低。全省干果经济林总产量11亿千克，平均亩产69千克。其中红枣平均亩产108千克，核桃平均亩产22千克。而优质红枣示范园平均亩产可达到1 000千克，优质核桃示范园亩产可达200千克左右。二是优质品种所占的比例不高。全省红枣、核桃总产量中，优质品种的产量不足30%。以晋中市为例，红枣、核桃主要靠老果树出产量，即35%的树拿90%的产量，而这些老树大多为劣质老化品种，高产低效。吕梁市优质红枣面积不足红枣总面积的10%，优质核桃面积不足核桃总面积的20%，商品性差，增值空间小。三是品种单调，集中成熟，集中上市，影响了市场竞争力和效益。特别是在枣业生产上，中熟品种多，早、晚熟品种少，加之红枣保鲜期短，雨季烂枣伤农现象普遍存在。

(2)病虫害和裂果病较为严重。主要表现在红枣产业上。红枣裂果、缩果病、黑斑病、炭疽病等危害程度越来越大，危害面积越来越广；特别是红枣裂果病，随着山西丰雨期的来临，危害逐年加重，从2000年开始，三年两裂，损失严重，有的年份损失高达90%，严重时几乎绝收，不仅挫伤了农民的积极性，而且有可能造成红枣产业的萎缩。此外，天牛等柱干害虫对红枣、核桃也造成一定危害。

(3)国家对经济林产业的政策性扶持不足。全省每年用于发展经济林的资金仅300万元，经济林发展主要靠退耕还林、日援项目、三北防护林等工程项目的带动。特别是国家对于干果加工企业的扶持没有相应的政策和投资渠道，制约了这类企业的发展，对此基层普遍有所反映。汾阳县的山西特达土畜产有限公司在建设和周转资金中有4 000万元资金来源于国家对进出口卖方贷款的项目扶持。汾阳县杨家庄镇庄子村2 000多亩核桃中有2/3是实生栽植，产量低，品质差，急需高接换优，每亩需投资300元，共60万元，但苦于没有资金来源，群众对此甚为焦急。

(4)挖煤造成的塌陷等灾害对经济林发展带来的负面影响不容忽视。山西省是产煤大省，全省煤炭储量占全国的1/3，产量占1/4，外运量占全国的70%，煤炭资源分布全省94个县，含煤面积占全省国土面积的40%以上。山西省煤炭资源在经济建设中发挥重要作用的同时，带来的煤炭采空区地质塌陷、地下水位下降、环境污染严重等生态灾害，对经济林的威胁日益严重。中阳县是山西省新发展起来的优质核桃县，全县11万亩核桃中，优质核桃占到9.5万亩。这次我们在中阳县熊熊山优质核桃基地调查，看到因挖煤造成地质塌陷，导致路断、塌方、裂缝的现象；有的地方山势岌岌可危，大有随时滑坡、坍塌之势。汾阳县是山西省的核桃老产区，近几年核桃经济林增加面积不增产量，主要原因是原来的老核桃树位于采空区，因地下水位下降造成大面积枯死，而这些老核桃树1株的产量相当于新核桃树1亩的产量。交城县是山西省十大名枣之一——骏枣的产地，因煤炭业造成污染严重与地下水位下降，制约了红枣的发展，全县红枣面积一直在7万亩左右徘徊。在汾阳、交城两县的不少县、乡道上，我们看到，路两旁行道树的树枝、树叶上覆盖了厚厚的煤尘或土尘，已看不到本色，这些树长势衰退，有的已窒息枯死。

三、对山西省红枣、核桃产业发展的几点思考

从山西省实际出发，为提高全省红枣、核桃的产量，优化品种结构，充分发挥干果产业在增加农民收入，调整农村产业结构，建设社会主义新农村中的作用，今后山西省要从以下几方面狠抓红枣、核桃产业：

(1)规划建设红枣、核桃种植基地，扩大种植面积。山西省沿黄河地区18个县光照充足，气候、立地条件非常适宜种植红枣，野生酸枣的资源也较为丰富，是发展红枣的重点县。此外，还有其他不

少县也适宜种植红枣，全省适宜大规模发展红枣的县有44个。山西省吕梁山中部、太行山低山丘陵区共37个县适宜发展核桃。在这些县要规划建设红枣、核桃基地，大力实施红枣、核桃战略，在荒山、荒坡、荒滩、垣面、农田地埂、农民的房前屋后、村镇周边广泛种植红枣、核桃，或进行酸枣接大枣，开展枣粮、枣药、枣草间作，努力扩大红枣种植面积。今后五年，每年发展红枣、核桃100万亩，努力使全省红枣、核桃面积达到1 500万亩。

(2)大力开展优质品种的更新推广，提高优质品种的市场份额。山西省有稷山板枣、临县木枣、保德油枣、交城骏枣、襄汾官滩枣、平陆屯屯枣、太谷郎枣等十大名优红枣，有晋龙一号、二号，辽核一号等五大优质核桃。但不少优质红枣、核桃分布区域窄，造成优质红枣产量在总产量中所占的比例较低，这也是山西省红枣平均价格较低的原因之一。今后要在全省大力开展优质红枣、核桃品种的更新和推广，按区域规划建设一批优质品种资源圃和采穗圃，一方面大力培育省内名优红枣、核桃系列的品种资源，一方面引进省外如河北等地的金丝枣、赞皇等优良红枣、核桃品种，实行优中选优，在当地开展比较实验成功后，再进行高接换优等嫁接改造，大面积更新推广。力争通过五至十年的努力，使优质红枣和核桃面积占到全省总面积的60%以上。

(3)加强经济林的管理，实施绿色无公害栽培。在全省开展职业技术培训、红枣和核桃产区进行田间示范、制作发放科教片，对经济林技术人员和农户开展形式多样的培训，提高红枣、核桃的管理水平，一方面充分挖掘地力，提高单位面积产量；另一方面，大力开展无公害栽培，打造绿色品牌，生产放心产品，真正让用户称心满意，努力实现单位面积效益最大化。

(4)加大投入，加强对经济林病虫害、红枣裂果和地质塌陷等灾害的防治研究。要增加对干果经济林的投入，对市场前景好、还款有保证的干果生产和加工企业、农民实行择优扶持，国家可实行贴息贷款、给予一定的贷款额度等扶持政策，扶持企业和农民把干果产业做大做强。省、市、县要拨出专门资金，加大对经济林病虫害、红枣裂果、地质塌陷、地下水位下降等灾害的科学研究，特别是要从煤炭可持续发展基金中拨出一部分资金研究治理因煤炭开采造成塌陷、水位下降，导致经济林减产、枯死的问题。

(5)延长干果加工产业链，提高产品附加值。山西省红枣产品主要是鲜枣，加工部分占总产量的比例较低，约2/10左右。由于大部分红枣品种保鲜期短，容易在运输、销售过程中变质，造成较大损失。为解决红枣保鲜期短、加工比例低的问题，山西省要积极引进资金、技术、人才等资源，开展红枣的保鲜储运和精深加工，延伸红枣的产业链，提高产品附加值，努力形成红枣产品口感风味多样可适合不同群体、高中低档俱全可适合不同消费水平的格局。

(6)开展全方位的宣传推介，扩大山西干果产品的知名度。山西省红枣、核桃享誉全国，产品远销海内外，市场前景看好。今后，山西省要在保持红枣、核桃传统优势的同时，大力实施品牌战略，对优良品种及其产品要创出品牌，申请注册商标，并利用电视、报纸、因特网等多种媒体广泛开展宣传推介，宣传其绿色无公害、养生保健等作用，在全国形成影响，形成全国性销售网络。在此基础上，积极开展国际营销，建立国际销售网络，努力拓展国际市场。

(山西省林业厅党组副书记、副厅长：阎根生)

加快发展经济林产业　努力壮大县域经济

按照《陕西省人民政府办公厅关于2007年省政府重点调研课题有关问题的通知》(陕政办函[2007]115号)要求，陕西省林业厅组织力量到部分经济林产业重点县开展调研，了解全省经济林产业发展的现状，分析经济林产业发展在县域经济中的作用，认清陕西经济林产业发展面临的有利条件和制约因素，提出促进经济林产业又好又快发展的对策与建议。

一、陕西经济林产业发展现状

(1)种植规模和产值。全省现有各类干果经济林(不含水果)面积达到2 266.3万亩，林果年产量197.7万吨，年产值60亿元。其中主要干果品种种植面积分别为：红枣255.12万亩，核桃346.73万亩，板栗423.5万亩，花椒246.25万亩，柿子81.43万亩。桑园面积85万亩，年产茧1.8万吨，产值达3.3亿元。茶叶面积79万亩，年产茶叶1万吨，产值4.3亿元。

(2)区域分布特点。由于经济林对地理和气候等因子的依附性，陕西经济林产业逐步形成了各具区域特色的发展格局。秦巴山区经济林以蚕桑、茶叶、核桃、板栗为主；渭北旱塬区以核桃、花椒、红枣、柿子为主；黄土丘陵沟壑区以红枣、核桃、花椒、大扁杏为主。

(3)经济林产品的区域特色。经过多年发展，逐步形成了陕南地区的蚕桑、茶叶，陕北地区的红枣，凤县、韩城的花椒，富平的柿子，黄龙、洛南的核桃，略阳的杜仲，佛坪的山茱萸，镇安的大板栗等具有明显区域特色的干果经济林种类，有较高市场知名度。黄龙等16个县被命名为“中国核桃(红枣、板栗、花椒、柿子、杜仲、山茱萸、茶叶、柑橘、漆树)之乡”，宜川县被国家林业局命名为“全国经济林建设先进县”。

(4)经济林产品加工及品牌。目前，陕西省核桃、板栗、红枣、花椒、柿子仍主要以原果销售为主；茶叶以制作绿茶为主；蚕桑产业以栽桑养蚕、卖蚕茧为主。近年来，花椒、红枣系列产品开发力度加大，蜜枣、合儿柿饼、核桃汁(露)、栗子粉等加工产品有了一定市场声誉，“陕北红枣”、“陕西绿茶”、“大红袍花椒”等知名品牌已经形成。

(5)政府引导。经济林产业日益得到党委、政府的重视和支持，省政府办公厅印发了《陕西省林业产业发展规划纲要》，大部分经济林基地重点县出台相关决定，制订了发展规划，举办各种推介活动，参加各类林业产业博览会，加大招商引资力度，推进经济林产业快速发展。

二、经济林产业在发展壮大县域经济中的作用

经济林是指以生产果品、食用油料、饮料、调料、工业原料和药材等为主要目的的林木的总称。经济林一年栽种多年持续收获的特点，决定了它同时具有生态、经济和社会三大效益。经济林产业是一项可持续发展的绿色产业、朝阳产业，在发展壮大县域经济中起着越来越重要的作用。在经济林基地重点县，经济林产业已成为县域经济的支柱、GDP的主要贡献者，在促进财政增收、农民致富和吸纳农村劳动力等方面，发挥着不可替代的作用。下面分别从不同经济林产业，通过对部分重点市、县有关统计数据进行分析，以反映经济林产业在县域经济中的作用。

(1)红枣产业。榆林市清涧县和佳县都是革命老区，自然条件恶劣，除了地表瘠薄的土壤、荒坡石洼多外，农民没有资源可依靠，县域经济没有资源可支撑，靠什么来实现群众脱贫致富、壮大县域经济实力？他们的思路和做法就是大力发展红枣产业，靠“一村一品”甚至“一县一业”来实现。清涧县委、县政府制订了《关于加快红枣产业化发展的决定》、《关于推进红枣基地建设的实施办法》等政策文件，提出了“以枣兴县、以枣富民”的战略目标，并从组织上、资金上、政策上给予充分保障。全县红枣栽植面积已达48万亩，占全县总耕地面积的52%，其中盛果林面积30万亩，年产量达10.8万吨；年红枣产值达2.16亿元，占农业总产值的45%，对GDP的贡献率达33%；红枣收入占到农民纯收入的48%，全县近8万人靠红枣摆脱了贫困；全县从事红枣产业开发的劳力达3万人，占农村劳动力的50%。

佳县2006年全县财政收入841万元，农民人均纯收入1 668元，该县有红枣50万亩，年产红枣1亿千克，产值2亿元，农民人均红枣收入808元，占农民人均纯收入的48%，有10个红枣主产乡镇的农民人均红枣收入2 200元。佳县朱家洼乡，全乡10 150人，现有枣林面积3万亩，2006年产红枣

1 000 万千克，产值 2 000 万元，人均红枣收入 2 000元，占农民人均纯收入的 75%；该乡武家茆村有 112 户 412 人，有枣林面积 1 750 亩，年产鲜枣 75 万千克，产值 145 万元，人均红枣收入超过 3 000元，占农民人均纯收入的 80% 以上。

(2)核桃产业。商洛市洛南县是陕西省核桃主产县之一，全县总人口 43.8 万，其中农业人口 40.5 万，该县核桃总株数 420 万株，常年核桃产量 300 万千克，最高年产 420 万千克，产值 4 200 万元，全县农业人口户均 420 元，人均核桃收入 100 元，占人均纯收入的 8.3%。

铜川市宜君县以核桃为主的干果经济林基地面积达 33.4 万亩，农民人均达到 3.7 亩，人均收入达到 240 元。该县棋盘镇 2005 年人均核桃收入 890 元，是当年农民人均纯收入 1 590 元的 62.9%。

(3)花椒产业。宝鸡市凤县、渭南市韩城是陕西省的两个“中国花椒之乡”。凤县大红袍花椒(凤椒)留存已达 3 630 万株，其中挂果花椒达 2 000 万株，农民人均 466 株，年产量达 1 500 吨，总收入达 5 000 万元，人均收入 660 元。

韩城已建成 4 000 万株优质大红袍花椒基地，折合林地面积 45 万亩，增加林木覆盖率 18 个百分点。年总产量突破 1.6 万吨，占全国花椒总产量的 1/6。花椒年总收入突破 3 亿元，占全市农业总产值的 60%。

(4)板栗产业。商洛市镇安县的板栗面积和产量位居西北五省之首。截至 2006 年底累计建园面积达 64.25 万亩，密植丰产园面积 4.2 万亩，板栗年产量达 6 000 吨，产值 3 120 万元，农业人口人均板栗收入 115 元，占人均纯收入 1 620 元的 7.1%。

(5)茶叶产业。安康市紫阳县茶园面积达 15 万亩，年产茶叶 1 700 吨，综合收入达 1.3 亿元，占到农民总收入的 38%，全县 10 余万茶农因茶致富，富硒茶已成为该县的龙头产业。

汉中市西乡县有茶园 22.4 万亩，年产茶叶 3 540吨，茶叶产值超过 2 亿元，茶农来自茶叶采制管理方面的收入 2 300 万元，茶农户均增收 500 元，地方税收 300 多万元，茶叶收入已占农业收入的 1/3，茶叶成为该县的支柱产业。

(6)蚕桑产业。根据陕西省统计局资料显示，2006 年度陕西省蚕茧产量达 2.6 万吨，蚕农收入 6 亿多元。安康市累计建桑园 72 万亩，年发放蚕种 44 万张，产茧 1 540 万千克，蚕茧产量占到了全省 85% 以上，农民从养蚕中得到的收入超过 2.8 亿元，转移农村剩余劳动力 10 万余个；养蚕户户均收入超过千元，蚕桑产业为增加农民收入人均贡献超过 100 元。

从以上范例和全省情况来看，我们可以做出这样的判断：经济林产业在发展壮大县域经济中，已经发挥着十分重要的作用，并且蕴涵着巨大的发展潜力。

(1)发展经济林产业是壮大县域经济的有效途径。从一定意义上讲，发展经济林是解决“三农”问题最有效的突破口。只有真正把山区、林区巨大的土地资源优势转化为现实的经济效益，依山脱贫，靠林致富，广大农民才能实实在在分享到发展的成果，才能真正实现农民增收致富的愿望，才能最终达到县强民殷的目标。在广大的山区农村，做好了经济林产业发展这篇大文章，任何一个小产品都可以做成一个大产业。一个乡村、一家农户，甚至一个贫困县，只要做强一个产业群众就能脱贫致富奔小康，县域经济能力就能显著增强。

(2)发展经济林产业是实现经济发展与维护生态安全的最佳选择。改善生态，是经济社会发展的重要基础，也是经济增长的新途径，是最大、最长远的经济利益。经济林在各林种中占有很大比重。茶树、桑树、核桃、板栗、花椒、柿子、红枣、木本药材等经济林在收获产品时不损害其保持水土、涵养水源、防风固沙、吸烟除尘、固炭排氧、调节气候、减少自然灾害等生态功能，是优良的生态经济兼用树种，在宜林地上、退耕地上，在四旁绿化、美化新农村中，经济林是首选对象，发展经济林既可维护国土安全，又使有限的土地资源产出最大化。

(3)发展经济林产业是化解能源危机、实现节能减排的重要手段。资源和环境是制约当前经济社会可持续发展的两大“瓶颈”。煤炭、石油、天然气等是不可再生的能源资源，过度消耗就会枯竭，使用越多对环境危害越大；而经济林产品(包括木材、生物质能源、加工剩余物）具有可再生性、可降解性，是支持经济发展取之不尽、用之不竭的能量资源、能源资源，利用越多发展越快。

（4）发展经济林产业有利于推进社会主义新农村建设。大力发展经济林产业，可实现农村生产发展、农民生活富裕；茂林修竹、鸟语花香，必然带来村容整洁、环境优美。在这个良性发展过程中，乡风会更加文明，社会将更加进步，有利于推动社会主义新农村建设。

（5）发展经济林产业是提升人民生活品质的迫切需要。经济林产品以其种类丰富的优势，可再生性的特点，绿色环保的品质，将在推进小康社会建设中发挥十分重要的独特作用。大力发展经济林产品，能够有效满足人们日常生活的需要，对改善膳食、营养保健的需要，对回归自然、休闲娱乐的需要，满足人们防治疾病、延年益寿的愿望。

因此，在维护生态安全、促进人与自然和谐，维护气候安全、缓解全球气候变暖，维护能源安全、发展生物质能源，维护农村社会和谐稳定、促进农民就业增收中，经济林充当着重要的角色，发挥着重大作用。

三、陕西经济林产业发展的有利条件和制约因素

（一）有利条件

（1）地理空间广阔。陕西省有充足的发展经济林的山地资源，全省有山地1.1亿亩，高原1.4亿亩，合起来2.5亿亩，占全省总面积的81%，其中林业用地1.8亿亩，占全省土地总面积的59.6%，山地已经成为农民的基本生产资料和发展林业的主要经营对象。全省有258个国有林场，还有很大的宜林地、低产林地改造的发展空间。

（2）基础条件优越。一是自然条件类型多，适宜栽培的品种选择度大。陕西省南北狭长，横跨三个气候带。秦岭以南，适宜种植桑、茶、橘、漆、药材等；广大的渭北旱塬，西到宝鸡，东到黄河边，延安以南，渭河以北，海拔大多在1 000米以下，降水在600毫米左右，不仅是世界上少有的几个苹果最佳适生区之一，还是核桃、板栗、柿子、红枣、花椒等干杂果的最佳适生区；陕北沿黄河边数县是红枣的优生区。二是种植历史悠久，积淀的生产经营文化深厚。陕西省种植茶叶、花椒、核桃、红枣及养蚕历史都可以追溯到数千年前，如佳县泥河沟村至今保留有1 300余年的枣王和成片枣林，凤县大红袍花椒（凤椒）自秦朝便有种植。陕南茶叶栽培，始于秦汉，盛于唐宋，且盛唐茶道起源于西乡，长期的经验积累形成了特定的体现区域特色的生产经营文化。

（3）科技增产潜力巨大。一是陕西省经济林发展总体水平不高，品种良莠不齐，低产低效林分较多，科技增产潜力很大，如清涧县通过推广“红枣七项丰产技术”可使红枣亩产量由150千克增至225千克；再如陕西省每年仅采摘春茶，夏秋茶几乎放弃，造成茶叶资源严重浪费，而生产乌龙茶的原料正是夏秋茶，所以只要能生产乌龙茶，就会大大提高茶叶单产及产量。二是在绿色食品认证、无公害安全食品认证、有机食品认证、原产地域产品认证等方面工作才起步，提高有机、无公害产品供给潜力很大。

（4）市场需求旺盛。据资料介绍，目前我国人均核桃消费量仅为0.2千克，而发达国家每年人均消费达到1.36千克。再如茶叶市场，茶是源于我国的世界三大软饮料之一，全世界有20亿人钟情于茶饮。据统计，目前陕西省有茶园面积76万亩，年茶叶产量8 000吨，整个西北五省（自治区）的茶叶年产量为1万吨，年销量为3万吨，预计10年后，省内茶叶销量缺口为1.5万吨，整个西北的茶叶销量缺口为4万吨。一是调整结构、提高市场占有份额潜力大；二是有些林产品的消费市场是潜在的，趋势呈快速增长。当前，我国人均GDP已超过1 000美元，消费结构将更快地向生活质量提高型升级，人们对自我保健、生态保护以及生活质量等方面的需求将有明显提高，绿色的概念越来越成为人们生产和消费活动中必不可少的指导性原则，绿色（生态）产品逐渐成为消费新潮。只要我们瞄准国内外市场需求和现代人的消费观，把有机、绿色、无公害的理念融入到经济林生产的各个环节，引导人们创新消费观念，引领健康消费新时尚，可以预见经济林产品的消费市场极为广阔。

（二）制约因素

陕西省经济林产业发展还存在不少制约因素，主要表现在：

（1）领导重视程度不够。缺乏林业产业管理机构和人员；缺乏必要的政府引导和扶持；对经济林的生态、经济、社会三大效益的统一性认识不足；一些经济林建设重点县还没有真正将经济林产业发展纳入当地经济社会发展统一规划之中，措施不到位。

（2）基地化水平不高。我省主要经济林发展总体数量不小，但散生、零星多，集中、连片少；低产低效林分较多，高产矮化密植园少；产品集中度不高，增加销售成本；有机、绿色认证规模小，与市场要求差距大。

（3）科技支撑力度不强。我省经济林发展的方向是稳定面积，改造低产林，推广新品种，防治病虫害，但调研中发现，有枣农买不到良种壮苗、危害核桃的“核桃黑”病不能控制等情况发生，技术服务、培训、推广、科技力量投入不到位。

（4）龙头带动能力不足。干果种植、加工、销售均缺乏龙头企业带动。特别是干果加工龙头企业尚未形成，干果加工产品与原果产量相比所占比重小，产品附加值较低。产品品牌多，精品、名牌产品少。

四、加快陕西省经济林产业发展的对策及建议

（1）建议以省委省政府的名义下发《关于进一步加快干果经济林基地建设的决定》。像抓苹果产业一样，建规模基地，创优势品牌，树龙头企业，促县域经济，在政策、技术、信息、服务等方面创造条件，提供优惠，促使陕西省干果经济林产业尽快做大做强。

（2）建议加大对干果经济林发展的政策扶持力度。林业工程建设资金、新农村建设资金等应优先用于经济林产业发展，各级政府将林业产业项目纳入产业发展基金扶持范畴，省财政每年拿出8 000万元设立经济林建设专项发展基金。加大政策性信贷扶持力度；实行优惠的税费政策。加强经济林建设重点县的实施力度，着力建立具有区域特色的经济林产业基地。

（3）加强行业管理和技术推广服务体系建设。建立健全各级林业产业管理机构。首先在省林业厅设立产业发展处或产业发展办公室，编制可在系统内部调剂。整合各级林业技术推广和技术服务资源，强化科技服务体系建设。

（4）加强对干果经济林产业的宏观指导。搞好总体规划，加强政策引导。培植龙头企业，实施龙头带动战略；整合品牌，实施名牌战略。建设大型农产品批发交易市场。发展行业协会和社会中介服务组织，发挥行业协会在经济发展和社会管理中的作用，加大对协会的赋权和支持力度。建立经济林产业发展目标考核责任制，定期检查考核。

（陕西省林业厅）

河南、山西、河北和山东四省红枣产业发展考察报告

根据中共中央政治局委员、新疆维吾尔自治区党委书记王乐泉的指示，由自治区政协、林业厅、自治区红枣主产区（地、州）、县（市）联合组成学习考察组，于6月13日至30日对河南、山西、河北、山东四省红枣矮化密植丰产栽培技术，枣无公害标准化栽培技术，枣优良品种及品种结构调优经验，枣果贮藏保鲜技术，枣果人工制干技术，枣的营养和功能食品加工产业，红枣新品种，新技术和先进的管理模式以及精深加工技术，红枣产业化发展方向等进行了重点学习考察。现将学习考察情况汇报如下：

一、我国红枣产业发展基本情况

枣树是我国有3 000余年栽培历史的特有树种，

在各地广为栽培。近年来，我国枣产业发展十分迅速，枣树栽培面积和产量每年都以10%以上的速度增长，目前，面积已达2 200多万亩(国家林业局统计)，年产量突破230万吨，占全世界面积和产量的99%。其次为韩国，产量2万吨左右，尚不能实现完全自给。全国红枣品种近800个，其中已登记的704个，按主要用途，分为制干品种、鲜食品种、蜜枣品种、制干加工兼用品种和观赏品种五大类。黄河中下游的河北、山西、山东、河南和陕西五省，历史上是我国红枣的主产区，栽培面积和产量各占全国的90%左右，其中，河北省栽培面积和产量分别为441万亩和91万吨，代表品种为金丝小枣、婆枣、赞皇大枣、黄骅冬枣；山西省为550万亩(含间作面积)，40万吨，代表品种为板枣、相枣、骏枣、壶瓶枣、梨枣、木枣；山东省为336万亩，76万吨，代表品种为金丝小枣、圆铃枣、长红枣、沾化冬枣；河南省120万亩，23万吨，代表品种为灰枣、圆枣、扁核酸、鸡心枣。从目前我国各枣区主栽品种的构成来看，北方绝大多数为制干或制干加工兼用品种，南方主要为蜜枣品种。

在栽培方面，一是枣粮间作稳步发展；二是矮化密植丰产园逐渐成为常规模式，不少地方还在探索每亩400株以上的超高密度枣园；三是无公害栽培迅速发展。

加工产品方面，枣树全身是宝。枣的加工产品已经发展到数百个品种，但制干仍是我国目前最主要的初级加工方式，绝大多数采用自然晾晒。近年来出现了清洗分级后人工制干。加工产品除初级加工外，主要有果脯、罐头、饮料、果酒、果酱、蜜枣、枣醋、色素等，精深加工产品正在向药品、保健品方向发展。加工企业主要集中在河北、山西、山东、河南、陕西等省，其中山东、河北、山西三省加工企业居多。枣树的树干材质坚硬，可加工木梳、制作乐器、雕刻工艺品等。枣核可用来制造活性炭；枣花蜜是上等蜂蜜，枣叶、枣树皮、枣树根、枣核、枣果、枣花蜜均可入药。

我国红枣及其加工品种，在国内主要销往南方和东北地区。在国外，远销五大洲的30多个国家和地区，但95%以上仍在华人圈。年出口量稳定在10 000吨以上。出口品种主要为金丝小枣、婆枣、赞皇大枣、灰枣、鸡心枣和板枣等。

尽管我国红枣产业发展迅速，但也存在一些问题：一是外向度低。目前我国原枣及枣加工产品出口量还不到总产量的1%，且长期在东南亚和华人市场。二是新技术普及率低。各地虽然创造了一批优质高产的典型，但大多局限在试点和示范区里，全国红枣平均亩产只有200千克左右，栽培管理总体比较粗放，新技术应用率较低。三是品种结构不太合理。制干品种产量偏大，专用加工品种严重缺乏，鲜食品种主要为中晚熟品种，枣树品种老化严重，不能满足人们日益多样化和高级化的要求。四是鲜枣贮藏技术还未过关。五是枣果的高新技术加工产品少，附加值低。六是枣疯病、缩果病、裂果等难以防治的病虫害日趋猖獗，严重影响着红枣产业的可持续发展。

二、四省红枣产业发展的主要经验与做法

(一)区域化布局、规模化生产，是普遍实行的经营方针

四省红枣基地建设真正体现了突出重点、规模发展、集中连片、铺天盖地，基地规模化、栽培区域化，参观考察红枣基地，令人置身于枣海，为这壮观的红枣王国惊叹不已。红枣主产县(市)种植面积最小的15万亩，最大的达30多万亩。河北省是我国枣树种植面积和产量最大的省，产量约占全国总产量的1/3多，枣树面积居全省各林果树种之首，重点形成了太行山婆枣、赞皇大枣和黑龙港流域金丝小枣、冬枣两大栽培区域。太行山婆枣、赞皇大枣栽培区主要分布在太行山区中段的行唐、赞皇、阜平、曲阳、唐县等8个县，总面积约200多万亩，平均每个县达25万亩；黑龙港流域金丝小枣、冬枣栽培区主要分布在沧县、献县、泊头、盐山、海兴、黄骅、青县、大城等12个县(市)，总面积约220多万亩。山西省运城市是我国枣树栽培历史最长的地区之一，“要想富，种枣树”已成为运城枣区农民的新时尚，红枣产业已成为当地“红色战略”的支柱产业，枣树栽培集中连片。目前，全市红枣种植面积达87.95万亩，年产鲜枣10.71万吨，原枣产值3.4亿多元。河南省新郑市是我国灰

枣的故乡，生产的灰枣和鸡心枣驰名中外，全市拥有枣树22万亩、600万株，年产量3万多吨，主要分布在8个乡(镇)，形成了区域化布局、基地化建设、规模化经营、专业化生产的产业化发展格局。山东省无棣县红枣栽植面积更是绵延广博，红枣产量雄冠华夏，全县枣园面积达115万亩，年产金丝小枣(干枣)4.3万吨，冬枣5.5万吨，产值4.6亿元，仅枣业一项全县农民人均增收1 000多元。

(二)高度重视红枣科研工作，大力推进品种良种化

近年来，四省依托大专院校和科研院所的力量，加强技术服务。河北农业大学专门设有中国枣研究中心，是专职研究枣树的科研机构，对枣树早实丰产技术、枣品种选优、枣优质高产培育技术以及红枣高新技术产品开发都有一定研究，在河南、山西、河北、山东等地建有丰产示范基地；山西农业大学、山东农业大学、山西省果树研究所国家枣资源圃、山东省果树研究所干果研究室、中国农业科学院郑州果树研究所干果研究室等大专院校和科研部门，都是研究枣树品种、丰产技术及高新技术加工的科研机构，这就为四省红枣产业的发展创造了强有力的科技支撑。此外，河南的新郑、山东的滨州、沾化等红枣大县都建有枣科所，科研力量雄厚，服务体系健全，为当地枣树的高产、优质、高效栽培提供了人才保障和科技支撑。

由于科研成果显著，四省在红枣产业发展中的枣树良种化、品种多样化的趋向相当明显，主栽品种明确，但品种更新换代的步伐日益加快。一方面，各地品种选优和积极引进优良品种已蔚然成风；另一方面，枣品种结构正在发生深刻变革，制干、鲜食、制干加工兼用、蜜枣和观赏品种开始协调发展，早、中、晚熟有机搭配成为必然的选择。河北省现有枣树栽培品种120多个，但规模化栽培的品种主要有5个，即金丝小枣、婆枣、赞皇大枣、圆铃枣和冬枣，其中金丝小枣为第一大主栽品种，面积、产量分别占全省枣总面积和总产量的37%和42%；婆枣是第二大主栽品种；赞皇大枣为第三大主栽品种，是目前我国唯一已知的自然三倍体品种，也是河北省向外省推广面积最大的全国知名品种，面积和产量约占全省枣总面积、总产量的10%。近年来，河北省还从地方品种中选出了一批新的优良品种，如制干品种金丝蜜、无核红、赞金、赞玉、赞宝、南宫大紫枣，鲜食品种月光、早脆王、悠悠枣，以及抗枣疯病品种星光等，目前已处于试栽推广阶段。山西省针对红枣立地条件的多样性和优特果多的特点，研究不同土壤、气候因素对枣树适应品种、产量、品质的影响，积极培育区域化、专用化的优生、适生枣树品种。该省凭借国家枣资源圃在太谷县的优势，不断调优品种结构，逐步实现枣树栽培良种化，确定了十个主栽品种。四省都在红枣主产区重点建设相应的良种采穗圃和良种苗木繁殖圃，为枣农提供高质量的苗木和接穗，从而加大了优良品种提纯复壮力度，然后引导枣农对劣质枣树进行分批更新，不断优化品种结构。

(三)依托科技服务网络，加大生产技术普及力度

(1)科技服务网络比较完善。主产县(市、区)一直把基层林业站作为技术推广的龙头，向枣农推广技术成果；层层建立红枣协会，上连科研单位，下连千家万户，开展技术承包，抓好技术服务；各乡(镇)建立果品技术信息服务站，各村配备数名技术信息员，家家户户都有技术明白人，真正构建起了比较完善的市、县、乡、村四级技术推广服务网络，为提高红枣基地建设的科技含量和技术管理水平奠定了坚实的基础。

(2)加强红枣无公害标准化生产。红枣主产区组织果农严格按照《无公害红枣标准化栽培技术规程》和《无公害果品质量标准》进行生产，实行配方施肥、周年修剪、保花保果，坚决杜绝喷洒高毒、高残留农药，大力推行农业防治、物理防治和生物防治等综合新技术。河北省沧州市红枣无公害基地认定面积达100多万亩，占全市红枣总面积的55%以上，其中，无公害标准化示范基地达40多万亩，优质果率达到80%以上。

(3)层层大力开展技术培训。以提高枣农的科学文化素质和枣树管理水平为重点，聘请大专院校、科研单位的专家、教授进行技术讲座或现场指导；举办各种类型的技术培训班，培训技术人员和枣农；建立典型示范基地或示范村，帮助广大枣农

掌握现代枣树管理新技术，树立依靠科技提高质量求生存促发展的新思想。山西省永济市还制订了通俗易懂、便于操作的《枣树丰产综合技术管理历》和技术操作规程，发到每个枣农手中，便于枣农提高技术水平，搞好枣树的田间管理。

（四）加快培育龙头企业，努力实现生产经营产业化

四省在红枣产业发展上不断调整思路，把工作重点由过去只注重抓产前管理，转向既抓产前又抓产后、注重于产业链的延伸；经营方式由单纯抓生产管理转向抓红枣的产业化经营。

河北省的做法一是始终把扶持和推动龙头企业建设作为推进红枣产业优化升级的最佳切入点和着力点。制定优惠政策，扶持企业快速发展，各级财政每年安排专项资金，对重点龙头企业给予贷款贴息和财政补贴；金融部门每年从信贷规模中安排一定比例的资金，专项扶持龙头企业的发展；对引入重点扶持的企业，在用地和税收方面给予优惠。二是面向市场，突出重点，大力培育龙头企业和组织。省林业厅按照科、工、贸一体化，产、加、销一条龙的发展思路，组织实施“百龙腾飞”计划，筛选出20多家省级龙头企业给予重点扶持。通过建龙头、育龙头、强龙头、借龙头等形式，推进红枣产业化进程。三是实现了从物理加工到化学加工的飞跃。全省红枣加工企业大小达2 000多家，加工量已占红枣总产量的25%左右，产值占枣业总产值的40%左右。初级物理加工产品主要有蜜枣、脆枣、阿胶枣、枣酒、枣茶等10余类50多个品种。近年来，新型枣加工产品如浓缩枣汁、冬脆枣、枣蜜素、枣精粉、枣含片等发展迅猛。功能性化学加工产品的研发势头十分强劲，沧州恩际生物制品公司就是一家集科研、产品开发、生产、销售于一体的现代化高科技红枣保健食品企业，该公司引用世界一流的超临界萃取技术，提取红枣中的有效抗癌成分“环磷酸腺苷”，生产红枣提取物、红枣纤维素、枣多糖等产品，成为世界上第一家采用生物技术生产高档保健品的企业。四是不断进行产业经营机制创新。重点推广“公司＋中介组织＋农户”或“公司加基地连农户”的组织形式。

山西省从事枣加工的企业达500多家，其中，年销售收入500万元以上的企业50余家，年加工大枣30万吨，占当地红枣总产量的60%，产值约10亿元，每加工1吨红枣约增值2 000元左右。位于交城的山西天骄食业有限公司拥有资产1.75亿元，年加工红枣能力可达2万吨，年创产值13 215万元，带动农户10 000户，产品七大系列近百个品种，拥有自营进出口权，产品远销日本、韩国、中国台湾、新加坡等20多个国家和地区。

（五）实施品牌创优战略，狠抓国内外枣产品的市场开拓

近年来，四省在市场开拓上坚持“开发一个市场，带动一项产业，繁荣一方经济，富裕一方群众”的指导思想，加强红枣市场建设，大力开发市场，促进红枣销售。

（1）积极开展红枣品牌战略，突出抓好品牌基地建设，努力培育精品红枣，努力提高市场占有率。实行统一技术、统一施肥、统一浇水、统一用药“四统一”的管理模式，鼓励和引导品牌企业与农户对接，建立自己的品牌基地，确保红枣质量。四省规模较大、条件较好的红枣加工企业，都已取得ISO9000国际质量体系认证和ISO14000国际环境保护体系认证，有的还拥有自主专利产品，河北省沧县“好想你”、“枣香村”和“惠宜”牌枣产品，“沛然”枣汁等先后打入了全球最大的连锁超市——沃尔玛超市，取得了进军国际市场的通行证。

（2）组建红枣专业批发市场。河北省沧州市按照现代企业制度，组建了占地面积202亩、全国最大的“沧州崔尔庄红枣专业批发市场”，该市场由交易区、初级加工区、信息服务区、储运区组成，是一个集网上交易、电子汇兑、饮食住宿为一体的大型专业市场，2006交易量年达到75万吨，交易额31亿元。市场交易范围扩展到全国及东南亚、欧美等10多个国家和地区，成为全国重要的红枣集散地。此外，河南省新郑市的大枣批发市场、河北省黄骅的冬枣批发市场、山东省乐陵的红枣交易市场、河北省赞皇的大枣交易市场，都是年交易额上亿元的红枣集散地。

（3）大力发展红枣营销队伍。加强红枣专业协会和合作组织建设，提高枣农和枣产业的组织化程度；注重培养、建立、壮大业务精通、适应经济一

体化要求的专业销售队伍和农民经纪人队伍；组建大枣经纪人协会，将千家万户的农民联合起来共同闯市场，同时，统一价格、统一标准、统一标识，杜绝无序竞争，提高枣农抵御市场风险的能力。

(4)加强红枣市场体系建设。以河南新郑奥星公司为代表的红枣加工、销售大型企业，为开拓市场，积极制订市场营销策略，重视建设网络销售体系。他们在全国各地建起了三种互相补充的销售网络。一种是在大中城市建立红枣经销商和代理点，尤其在南方省区，代理点几乎覆盖每一个大中城市；另一种是在大中城市建终端专卖店和加盟专卖店；第三种是在大型连锁超市形成销量稳定的销售网络。

(5)组建红枣商务网站。河北省沧州、山东省沾化等地建立了专业枣类商务网站，注册用户达2万余家。山东裕华集团与中国枣研究所共同主办中国枣业报，及时准确地向枣农和交易者提供生产信息、库存信息、市场销售信息、气象信息及中长期市场预测分析，通过宣传，沟通信息，促进了红枣产品的销售。

(6)各红枣主产区充分挖掘枣文化资源，以枣为媒，对当地文化、旅游资源进行深度开发与利用，使人们增加对枣的了解，从而更加热爱枣、喜欢枣、研究枣、利用枣、消费枣。

三、几点启示和建议

(一)充分认识红枣产业对于解决自治区农业结构性矛盾的重要作用，从当地实际出发搞好发展规划

枣树抗干旱，抗盐碱，耐瘠薄，易繁殖，好管理，结果早，寿命长；枣果不仅营养价值高、药用价值大，而且耐储藏、适合远距离运输，非常适合于在自治区栽培。应作为自治区南疆和东疆地区特色林果业的优势树种大力发展。

目前，全国大部分枣区，枣果成熟季节正逢雨季，常因降雨发生裂果、缩果病以及黑斑病，造成丰产不丰收，并且危害地区越来越广、危害程度愈来愈大，严重影响着内地各地区红枣产业的可持续发展。而自治区地理与气候环境优越，土地资源丰富，与内地比较，裂果病、缩果病以及黑斑病等红枣发展中的毁灭性病虫害发生率低，加之自治区昼夜温差大，光照时间长，红枣的含糖量高，品质优良，这些客观条件，对自治区发展红枣产业非常有利。因此，南疆、东疆适于红枣生产的县(市)要坚定发展红枣的信心，充分发挥区域优势，因地制宜，科学规划，适地适树，规模发展。我们建议全区红枣的种植规模控制在300万亩左右(其中喀什地区100万亩、阿克苏地区100万亩、巴音郭楞蒙古自治州30万亩，其他地州及建设兵团70万亩)。要选好优良品种，调整品种结构，根据市场需求，实行品种多样化、高级化。红枣品种一般以制干与鲜食兼用品种为主，把灰枣、骏枣、壶瓶枣、金昌一号等品种作为主栽品种；同时要根据市场需求，早、中、晚熟品种合理搭配，适当发展鲜食品种。抓好优良品种选育、推广和引进工作，加大对现有劣质红枣品种的改劣换优力度，实行一县一品。

(二)重视枣业科研，完善服务网络，加强技术培训

从四省的经验和做法来看，特色林果业已成为优化农业产业结构，振兴农村经济，带动农民致富的主导产业，各省都高度重视，从省委、省政府到各级领导，分工负责，统筹协调，机构健全，同时，在红枣主产区组建红枣产业化办公室和研究所，机构健全，社会化技术服务体系完善，对特色林果业实行统一领导，统一规划，统一质量标准，规范林果业产业化发展。

有专家预测，到2015年，红枣产业将成为南疆地区继棉花之后的又一个支柱产业。这么大的一个产业，迫切需要有一个专门的科研机构，一方面进行科学研究、建立良种采穗圃、红枣优良品种种质资源汇集圃，规范技术标准，最终实现品种良种化；另一方面按照标准化的要求，进行产前、产中、产后的系列化全程技术服务，指导农民随时根据市场需求，进行品种结构调整；研究红枣的精深加工。

建议自治区应抓紧组建红枣研究所，专门研究、推广、开发红枣的品种、田间技术管理、精深加工，开发红枣的保健与药用功能，发展高端产品。

要把培养农民技术员，提高农民的科学文化素

质作为当务之急。建议各级财政每年要安排一定的资金，采取各种措施，尽快培养一批了解市场信息，掌握现代林果管理技术，具有现代林业观念的农民群体，使每个村都有高素质的林果(红枣)技术员，每家每户都有一个管理林果的明白人，努力实现林果业的提质增效。

(三)加强集约化经营，实现枣产业的增产提质增效

要按照突出重点、规模发展的原则，加快自治区红枣集约化经营、产业化发展步伐。一是栽培区域化。发挥区域优势，力争优势产品向优势产区集中，南疆的和田、喀什、阿克苏地区，巴音郭楞蒙古自治州的若羌、且末，吐鲁番地区的托克逊、鄯善，哈密地区的哈密市作为自治区红枣重点发展区域，要进一步优化布局，扩充规模。二是栽培模式标准化。红枣栽培模式要以矮化丰产为主，为便于枣粮间作，建议采用4米×1.5米或3米×2米的栽培模式(每亩110株)。对高密植(每亩440株)栽培模式，各地应根据实际情况，先搞试验示范，成功后适度推广。要加强田间管理，推广应用以“树开心、枝拉平、精细管、肥平衡、无公害、质先行”为主要内容的管理方式，强化树上树下综合管理，加大红枣无公害、绿色果品标准化生产的力度，实现枣园增产提质增效。三是抓好示范基地建设。要把林果科技示范基地或示范村建设纳入林果主产区各级党委、政府的重要议事日程，主产区各级领导都应亲自抓好1~2个林果科技示范基地，并作为年终考核的指标之一，努力形成村村都有示范基地，每亩都是优质果园。四是强化枣果采后分级包装。大力推行干枣、鲜枣按品种进行机械化分级，同时，依据市场需求，积极开发小包装、礼品包装、真空包装等多种多样的包装形式。

(四)依托市场，搞活流通，大力推进红枣产业化经营

为了使1 200万亩林果产品有一个稳定的销路，建议自治区重视市场对产业的带动作用，努力搞好红枣批发市场的开拓与建设。一是由于新疆本地消费能力有限，目前自治区的枣业生产主要是依托内地市场。我们要把生产与内地市场需求紧密结合起来，搞好区外乃至国外的农产品市场的开拓，推动红枣产业朝外向型发展。二是在区内的农产品市场建设中，重视林果农产品批发市场体系建设。建议在南疆库尔勒地区建设现代化的林果产品批发市场，扩大乌鲁木齐北园春市场的果品批发业务，并使红枣产品在自治区的果品市场中占有一席之地。

建议自治区围绕着林果产业加速引进龙头企业。把特色林果产品加工业纳入自治区新型工业化建设的重要内容，采取多种形式，加大招商引资力度，扩大对内、对外开放，吸引更多的大集团、大企业来自治区投资林果贮藏保鲜与精深加工，逐步形成市场牵龙头、龙头带基地、基地连农户的产业化新格局，不断推动地方经济持续、协调、快速发展。

(五)加大对以红枣为主的特色林果业发展的投入

近两年自治区财政每年安排1 000万元资金，用于果农培训、示范基地建设、良种采穗圃与病虫害防治，但由于自治区财政还没有形成一个扶持林果业产业化发展的投入机制，资金规模与林果业发展需求还不太相适应。因此，建议自治区在红枣产业化发展中，调整地方财政支出结构，每年安排一定份额资金用于扶持红枣产业化发展，产区地县财政也要安排资金，用于红枣示范基地、良种苗木繁育、采穗圃建设和新品种引进、新技术培训、龙头企业扶持等。同时安排一定份额的资金，用于红枣精深产品开发研究，或与国内著名的食品、药品研究机构联合攻关，重点开发具有自主知识产权的高新技术产品。

各级金融机构一定要从加快新疆林果业产业化发展的大局出发，调整信贷结构，根据林果业建设的特点，增加对林果业产业化的长期限、低利息的信贷规模，对一些大型林果业产业化龙头企业建设项目的贷款，各级财政要给予适当贴息。

(六)切实加强对林果产业工作的领导

各级领导和林业主管部门要转变观念，认清林果产业对于农业增效、农民增收的重要作用，切实加强和改善对林果产业的支持与领导。为了促进自治区特色林果业的健康有序发展，使林业在充分发挥生态效益的同时，发挥对农民增收的经济效能，自治区应进一步强化和完善林果业的管理机构。建

议将自治区林业厅林果业办公室(自治区林果业发展协调领导小组办公室)升格为自治区林业厅经济林业管理局(按二级局对待),下设综合处、基地处、科技处、产业处和市场发展处等,以便统一协调,统一规划,强化管理,强化服务,开拓市场,开发产品。我区凡适合发展红枣的地方,党政领导都应重视这个新型产业的发展,从实际出发制定发展规划,给予这项产业在人力、财力、物力等方面的支持;同时,红枣主产区要建立相应的领导机构,以便统筹安排指导,使自治区特色林果业真正成为农村经济发展和农民持续增收的支柱产业。

(新疆维吾尔自治区红枣产业发展学习考察组)

关于提升森林经营管理水平途径

把握新形势 认清新特点 大力提高森林经营管理水平
——强化森林经营政策调研报告

按照国家林业局办公室的统一部署,由植树造林司牵头,森林资源管理司、调查规划设计院、驻长春森林资源监督专员办事处、中国龙江森工集团等单位参与,于2007年6~9月组织3个调研组,分别对四川、云南、吉林、黑龙江、甘肃、陕西、福建、江西等8个省以强化森林经营政策为重点进行了系统调研。调研组深入基层现地考察、听取森林经营单位汇报、召开各级研讨会,全面了解了各地开展森林经营工作情况,及时探讨了有关问题,提出了加强森林经营的措施和建议。现将有关情况和建议报告如下:

一、森林经营现状

(一)森林经营面临的新形势

森林经营是指造林更新地段成林后到森林采伐前所有森林培育活动的总称,本次调研主要指为促进森林生长发育所采取的定株、打枝、抚育、改造、卫生清理等主要森林经营管理活动。

我国森林经营工作起步于20世纪50年代,至今因受各种环境政策因素影响而几起几落。80年代因大规模人工林进入抚育期而迎来了第一个森林经营高峰;到90年代初期,随着速生丰产林的发展和低产林改造而形成第二个经营高峰期;但到90年代中期因森林经营管理职能下放地方,森林经营工作受到冲击;进入21世纪初期,全国六大林业重点工程建设陆续启动,林业发展的重点转向以生态建设为主,森林经营工作受到第二次冲击。目前,森林经营面临的形势较好,社会经济可持续发展成为国际社会的共识,林业发展战略进一步明晰,这为森林经营工作带来了难得的发展机遇。

1. 应对全球气候变化需要森林可持续经营

人类社会工业化过程极大地改变了地球碳素循环,导致大气中CO_2的积累和温室效应的发生,由此引发一系列严峻的全球性生态环境问题。以森林为主体的植被层通过光合作用从大气中吸收贮存大量的CO_2,成为地球上最主要的碳汇库。但因人类活动诸如工业化/城市化、农业化过程所引起的土地利用变化,使森林存贮碳能力下降的同时不断向大气排放CO_2。在1850~1998年,全球因土地利用发生变化而排放的CO_2相当于石化燃料燃烧和水泥生产所排放的一半,其中约87%源于森林面积的缩减。因此,维持一定的森林面积,保持森林可持续经营是维系地球碳素循环的关键环节。胡锦涛主席最近在APEC领导人会议上提议:“建立‘亚太森林恢复与可持续经营网络’,搭建亚太地区各成员国就森林恢复和经营开展经验交流、政策对话、人员培训等活动的平台,共同促进亚太地区森林恢复和增长,增加碳汇,减缓气候变化。”这为森林经营管理提出了更高要求。

2. 林业重点工程全面实施突出了森林经营的紧迫性

随着 1998 年启动的全国六大林业重点工程的全面实施，我国森林资源实现了快速发展，新增有林地的面积成倍增加。森林资源增长已经由单纯的更新造林、扩大森林面积的外延式扩大再生产，向依靠科技、增加投入，也就是通过集约经营现有森林来提高森林生长量、单位面积产量和改善林分质量的内涵式扩大再生产转变，森林经营的紧迫性增加。从各调研省份状况看，森林资源以中幼龄林为主；森林资源质量较低，过密、过疏、过纯林分比重大，天然林质量不同程度退化，大径材、珍贵树种蓄积大幅度减少；人工林逐渐成为木材供给的重要来源，但大部分地区还未形成规模。因此，加强后备森林资源培育，提高森林经营水平已成为当前亟须解决的问题。为确保森林资源又好又快地发展，必须加强森林经营管理力度，全面提高林分质量，达到生态、社会、经济效益全面增长。

3. 林业分类经营制度改革凸现了森林经营目标的分异性

近年来，我国林业分类经营制度改革步伐逐步加快，全国性的森林分类区划基本结束，公益林和商品林分类经营的管理体制和经营机制在逐步形成。特别是因中央财政推动建立了森林生态效益补偿基金制度，全国区划界定了 15.62 亿亩重点生态公益林，其中有 6 亿亩纳入了中央财政补偿基金。林业分类经营极大地改变了传统林业以培育用材林为主要目的的森林经营体系。一方面，我国生态产品短缺，生态需求取代林产品需求成为社会对林业的主导需求，服务性林业逐步演进为主导产业，使公益林经营管理需求更为突出。另一方面，林产品特别是木材产品需求成为社会经济发展的刚性需求，林产品供需矛盾进一步突出。如何围绕森林主体功能开展科学的森林经营活动，分别对公益林、商品林建立不同的经营管理体系与技术政策体系，有效地发挥森林多种效益成为当前森林经营面临的重大课题。

4. 林业产权制度改革调动了森林经营的积极性

我国森林经营工作长期徘徊不前的根本性原因是森林经营主体不明确。近年来，国家在福建、江西、辽宁等省开展集体林权制度改革试点取得了重大进展，从明晰产权入手，基本解决了集体林产权虚置、责权利不明的问题，确立了林农的经营主体地位，真正实现了“明晰所有权，放活经营权，落实处置权，确保收益权”，给予了林农真正意义上的物权。目前，全国性的集体林权制度改革正在走向深入，以伊春地区为试点的国有重点林区的林权制度改革也已取得可喜成效。随着林业产权制度改革的逐步到位，长期困扰森林经营工作的经营主体不明、投入不稳问题将逐步得到缓解，森林经营的积极性、可持续性有望提升。

（二）森林经营的几个新特点

从调研情况看，各地对森林经营工作的认识不尽一致，开展森林经营的程度、水平有较大差异，但森林经营工作基本上已从忽略、停顿阶段走了出来，表现出如下几个特点：

1. 经济效益是森林经营工作的着眼点

由于传统的森林经营普遍存在经营周期长、投资回报率低等特点，经营单位、林农在经营过程中一般不愿意加大人力、物力投入，而是希望在经营过程中有所收益，弥补经营成本的不足。因此，森林经营活动是否有林产品产出以及预期是否短期内能带来收益成为经营决策的主要考虑因素，表现在经营工作中就形成了目前“三多三少”的局面：一是用材林、人工林开展森林经营活动的比重较高，而生态公益林、天然林开展经营活动的少；二是生长伐、大强度低产林改造等经营措施采取的较多，而定株、整枝、透光抚育等经营措施采取的较少；三是短期内能形成经济效益的速生丰产林、果材林等进行森林经营的比重高，而林分本身价值低或短期内不能见到效益的森林进行经营活动的少。

甘肃省在开展森林经营活动中，坚持“分类施策、间密留稀、间小留大、间劣留优、分布均匀、疏密适度”的原则，在全省重点林区和县、区及时对中幼龄林进行抚育，并先后在华亭、甘州、临泽和白龙江林管局的舟曲和小陇山林业局开展了中幼龄林抚育及低效林改造试点工作，共抚育中幼林 3 000多公顷，取得了较好成效。

四川省 1980 ~ 1997 年，累计实施中幼龄林抚育面积近90万公顷，低产林改造约47万公顷，共出材300多万立方米。但1998年率先启动实施天然林资源保护工程，全省有21个市(州)175个县纳入工程实施范围，不仅对禁伐区、限伐区实行了全面禁伐，而且对商品林经营区也加强了限额采伐控制，中幼龄林抚育间伐木材指标基本被取消或很少，抚育间伐工作因此受到影响。

云南省针对森林覆盖率高，单位面积蓄积量低，低产林面积大的状况，非常重视低产林改造工作。2005年云南省林业厅发出《关于开展低产林改造工作的意见》，安排专项经费在全省开展低产林改造试点工作。在试点基础上相继制订出台了《云南省低产林改造作业设计方法(试行)》、《云南省低产林改造管理暂行办法》，目前已逐步推广到全省。

吉林省针对东部地区森林质量低下的问题，启动了天然林速生丰产工程。该工程在已区划的商品林经营区，选择因集中过量采伐或培育方式不当形成的残次林分，通过伐除非目的树种和病腐木、补植珍贵树种等经营措施，促进林分尽快向地带性顶极群落过渡，目的树种生长量和林木价值达到或接近同类林分的速生丰产指标。工程建设规划总规模为300万公顷，第一期规模36.1万公顷，建设周期为20年。其中红松阔叶林29.3万公顷、珍贵阔叶树种4万公顷、云冷杉林2.8万公顷；生长目标为每公顷生长量达到6立方米/年，每公顷蓄积从现在的101.5立方米提高到179.3立方米；年新增木材生产能力115万立方米。同时，经营期生产商品材912万立方米，其中，抚育出材455万立方米，采育择伐出材457万立方米。项目实施两年来，共抚育森林14.4万公顷，每年抚育中幼龄林7.2万公顷，抚育以后，冠下补植红松、水曲柳、云冷杉等珍贵树种，培育以红松为主的针阔混交复层异龄林。吉林省露水河林业局多年来采取“大伐区、低强度、保健壮、清病腐、补珍贵、勤抚育、短回归、长产出”的经营方针，森林资源净生长率由1998年的1.1%提高到2006年的2.1%，提高了1个百分点；单位面积蓄积量由1998年的172.85立方米/公顷提高到现在的183.88立方米/公顷，提高了11立方米；森林覆盖率由1998年的93.8%提高到现在的95.4%，提高了1.6个百分点。

2. 国家财政投入和政策扶持启动了生态公益林经营

近年来，国家财政主要通过几个途径扶持公益林的经营管护工作，取得了较好效果：一是在天然林资源保护工程试点阶段，安排了一定规模的森林抚育、低产林改造等建设内容，促进了天然林经营管理。二是从2001年开始，中央财政设立森林生态效益补助资金，2004年正式建立中央森林生态效益补偿基金制度，专项用于国家重点公益林的保护管理。三是从2005年开始，国家每年从财政专项中安排4 000万~6 000万元资金用于生态公益林抚育试点和珍贵树种培育试点工作，极大地促进了试点单位公益林的森林经营管理。此外，国家林业局从2003年开始，支持在天然林资源保护工程区对人工林进行中幼龄林抚育试点，促进了天然林资源保护工程区大面积的人工林生长发育。

黑龙江省从1998~2000年实施天然林资源保护工程试点，森工林区获得国家公益林建设及种苗建设资金98 868万元，共完成公益林人工造林10.7万公顷、人工促进更新7万公顷、森林抚育51.5万公顷、封山育林42.9万公顷、苗圃改土126.7万立方米、积肥3 392万千克。地方林业在实施分类经营后，2001~2005年间生态效益补助补偿面积2 500万亩，年补助资金1.25亿元；2006年补偿面积3 569.55万亩，补偿资金1.7847亿元，共落实管护人员12 578人。2004年，黑龙江省设立2 000万元省级森林生态补偿基金，管护地方公益林面积446万亩，安排管护人员1 824人。

四川、甘肃、陕西、云南等省在部分天然林资源保护工程县(市)组织开展了以中幼龄林抚育间伐为主的人工商品林采伐试点工作，积极探索天保工程区的森林经营模式，取得了一定成效。陕西省宁西林业局通过清除老龄林、病腐木和非目的树种，改善了林内卫生状况，实现了林木生长量和林分蓄积量双增长，有效地减少了森林病虫害和森林火灾的发生蔓延，提高了森林病虫害和火灾的可持续控制能力。

3. 发展与林下非木质生物资源相结合的营林新模式

云南省森林资源丰富，林内气候条件适宜林下多种植物生长，是我国野生菌和中药材的主要产地。近年来结合天然林资源保护工程封山育林，狠抓野生菌产业发展，既保护了森林资源，又为山区群众增加收入和社会主义新农村建设找到了一条捷径。如楚雄彝族自治州南华县封山育菌面积达到46.7万公顷，年产野生菌6 000多吨，产值达到1.5亿元，农民人均收入700多元，野生菌产业已成为当地的支柱产业。通过林下石斛产业发展，有效促进了林农增收和山区经济的发展。近几年来云南省已发展石斛人工种植130多公顷，重楼、草果、魔芋等1 000多公顷，年产值达到500多万元。通过科学种植，一方面山区群众收入得到了提高，另一方面森林资源得到了有效的保护，是一个一举多得的森林经营举措。

吉林、黑龙江天然林区非木质生物资源非常丰富，传统的采集方式只取不育，造成资源量快速下降。近年来，积极引导经营单位和林农结合森林抚育、低效林改造工作，发展林下资源培育，大量在林下种植人参、五味子、细辛等药材资源。还结合用材林培育措施，适当发展红松、核桃楸等果材兼用林，既保护了森林资源、开展了森林经营活动，又促进了林区经济发展。

4. 森林经营各项制度不断得到完善

各省根据林业分类经营、林业生态工程建设等新形势发展要求，把积极调整森林经营管理有关规章制度作为重点，普遍地对以往侧重用材林的一些技术规程进行了修订，调整了只适于原先大集体生产模式的经营管理制度。

黑龙江省在20世纪90年代末，随着分类指导、定向培育、科学管理、集约经营思想的确立，相继出台了《森林采伐更新目标管理检查办法》、《国有林场森林经营方案管理办法》、《国有林场调查设计管理办法》、《地方林业森林分类经营实施办法》、《国有林场分类经营实施办法》、《造林技术规程》、《黑龙江省国有林区营林技术系列标准》、《天然林资源保护工程营造林项目管理办法》、《公益林建设验收办法》等一系列管理办法，使森林经营步入依法经营的新阶段。

围绕林业重点工程建设，各省建立并完善了一系列行之有效的森林经营管理制度，如大力推行营造林项目法人制、招标制、监理制和质量终身负责制，森林管护实行行政领导负责制，林地、林木承包经营制等。

二、森林经营存在的突出问题

通过调研，发现各地对森林经营工作在认识上、行动上、效果上都存在不少问题，比较突出的有以下几个方面：

（一）森林经营任务非常繁重

据第六次全国森林资源清查结果，我国森林资源的中幼龄林面积占总面积的67.85%，并呈现逐年增加的趋势。而每年抚育的任务量小，森林经营欠账越来越多。如黑龙江省近10余年森林抚育不足60万公顷，仅占应抚育面积的20%。龙江森工集团到2005年底，林冠下造林已达80.9万公顷，这些林分得不到及时的透光抚育，已经严重影响了林冠下层林木的正常生长，还有低质低效林（每公顷蓄积不足40立方米）面积近88万公顷（占有林地面积的11%），因不能及时进行改造，森林质量低下，林地生产力未能充分发挥。四川省有中幼龄林面积570万公顷，急需开展抚育间伐的林分有200余万公顷，占中幼龄林面积的35%。甘肃省中幼龄林面积121万公顷，占全省林分面积的61%，进行抚育的林分不到10%。陕西省中幼龄林面积250万公顷，占全省林分面积的50%，结构十分不合理，基本没有进行抚育。

造成中幼龄林得不到及时抚育的原因，主要有以下几点：一是1998年开始实施天然林资源保护等重点林业生态工程前营造的人工林大多进入中幼龄期，然而，这些年林业建设重点是实施六大林业重点工程，主要建设内容侧重宜林地造林、退耕还林、生态恢复和森林资源保护等，而缺乏森林抚育生产规划与资金投入，森林经营单位也没有精力开展抚育活动。二是近年来全国生态工程完成的造林地逐渐郁闭成林进入透光抚育期，并且工程造林普遍质量较高、密度较大。三是公益林和天然林资源保护工程范围内禁伐区、限伐区的森林抚育由于受管理办法和规程限制，基本处于被动的管护阶段，没有采取任何人为措施，甚至连补植等作业都不能开展。四是各地针对森林采伐限额管理制度采取一些消极应对措施，国家下达的有限指标基本全部用于商品性采伐，而对以森林培育为目的的抚育采伐很少安排。因此，大量的中幼龄林尤其是人工林不能得到及时抚育，卫生状况差，生长速度慢，火险等级高，病虫害严重，对未来的林分生长、效益发挥和森林安全带来了隐患。

（二）对森林经营工作认识不足

森林从更新造林到主伐利用，需要经过一个漫长的培育期，中幼龄林抚育、低质（效）林改造、定向培育等森林经营活动，对森林生态系统健康稳定影响很大。但长期以来，林业建设只将造林面积和森林覆盖率纳入部门和政府的主要考核目标，而对森林质量既无衡量标准也没纳入各级党委和政府包括林业部门的考核范围，造成在实际工作中“重采轻育、重造轻抚、重量轻质”，森林经营环节被忽视。从总体上看，各地的森林经营工作还处于新一轮的起步阶段，没有切实可行的森林经营规划，也没有年度计划，更没有必要的资金投入，以提高林分经营水平、提高森林整体质量和效益为目标的森林经营工作尚没有提到重要议事日程。从森林经营单位来说，基本没有编制森林经营方案，或历史上曾编过森林经营方案，生产上也不按森林经营方案组织实施，森林经营工作无的放矢，致使大量过纯过密的人工林没有开展抚育间伐，大面积低效天然次生林得不到改造。当前，从林业管理部门到生产单位对森林经营的重大意义还认识不足，对森林经营的概念、内涵、森林经营技术模式不清楚，谈起森林经营工作，就强调受采伐政策的制约，主观上缺少开展森林经营工作的能动性。

（三）森林经营政策不配套

从调研情况看，各地对森林经营的相关政策问题反映较多：一是政策之间相互矛盾较多；二是主要政策不配套、不协调；三是政策缺乏创新，不能及时反应发展形势的变化；四是相关政策支持、扶持力度不够。比较突出的包括森林分类区划政策、森林采伐政策、经营技术政策、资金投入政策和经营管理政策等。

1. 森林分类区划政策问题

森林分类区划问题主要是在天然林资源保护工程区反映较多。调研的四川、云南、陕西、甘肃、吉林、黑龙江等省都是天然林资源保护工程重点省，由于天然林资源保护工程启动初期，少数地区、少数单位认识不足，对禁伐区、限伐区和商品林区的区划不尽合理。一是少数地区将符合公益林条件应该保护的资源较好地段区划为商品林，而将一些符合商品林条件（交通便利、地势平坦，立地优良）的幼中龄林和急需改造的低质次生林区划为公益林。二是大部分地区划分“两类林”的比例不切实际，区划时大多从上到下、分级控制，各林业局采用相同或相近比例区划，没有充分考虑当地森林资源特点和保护、利用与发展需要。三是部分地区区划过细，商品林、公益林或不同经营区零散交错，不利于集约化经营和规模化管理。四是天然林资源保护工程区划后，新划定的自然保护区、森林公园、母树林等特用林无法纳入重点公益林进行管理。五是部分人工林、速生丰产林或民有林区划在公益林和重点公益林区。因区划不合理，分区施策政策无法落实，无法开展有效的森林经营活动。如一些位于禁伐区内，前期林冠下造林形成的人工林和部分急需改造的低质低效林因无法经营，质量低劣、效益低下，不能充分发挥森林的生态服务功能。而商品林区的森林因绝对保护政策，也不能开展以市场取向为主的森林经营活动。

2. 森林采伐政策问题

对森林实行限额采伐制度是保护和发展森林资源的重要手段，也是各级政府和林业主管部门的一项重要工作。但是，以改善森林结构，提高林分质量为目的的森林抚育间伐材与主伐材一样被纳入森林采伐限额和木材生产计划，以及对森林抚育间伐材收取育林费等，在一定程度上制约了森林抚育间伐工作的开展。在市场经济条件和森林经营企业片面追求企业短期经济效益的情况下，容易造成经营单位只生产市场畅销的优质产品以获取较大的经济效益，而抚育、低质（效）林改造等作业的采伐木，因其出材多为次小薪炭材、小径木等非规格材，材质差、出材率低、市场不对路、售价低、经济效益差（有的收不抵支），还要占木材生产计划和采伐限额指标，经营单位根本没有积极性。据调查，严格按照抚育采伐作业规程采伐生产的木材，规格大部分在10厘米以下，次小薪材多，销售价平均在200元/立方米左右，扣除采、集、运、贮等直接生产费用和育林基金后所剩无几，甚至常常有亏损。因此，经营单位实际不可能将有限的、宝贵的采伐限额指标用于森林经营活动，产生了少数单位抚育对象选择不合理，“采大留小、采好留坏”单纯取材的现象，致使森林经营活动没有达到预期目的和效果。目前，国家林业局规定对人工商品林抚育采伐，胸径在10厘米以下的，可不纳入年度木材生产计划，这将部分解除人工商品林抚育采伐的制约。但是，对一般公益林经营，特别是纳入生态公益林中过密过纯的人工林经营还是没有解除制约。

3. 森林经营技术政策问题

各地的森林经营技术普遍储备不够。在生态林中如水源涵养林、水土保持林、风景林培育，以及商品林中短周期工业原料林和珍稀、名贵大径级商品林培育仍然缺乏具体的适用技术标准。森林资源经营管理体系、生态监测评价体系还不健全。现行森林抚育、低产林改造技术规程也是主要针对用材林，公益林方面比较粗放。

按照中共中央、国务院9号文件精神，各地都不同程度引入市场竞争机制、实行全社会办林业、多种经济成分共存发展林业的新格局。但是因国家有些政策不到位，特别是在国有林区发展民有林的政策尚无章可循，影响了民有林的发展。主要表现为：一是民有林营造者的合法经营权益没有得到落实。民有林虽然已营造多年，有的已经达到了抚育间伐年龄，但是，至今没有发放相应的林权证或林木所有权证。二是国家对国有林区的森林、林木和林地流转政策没有全面推开，无法将民有林按市场经济规律进行正常交易，民有林经营者无法受益。三是国家、企业、民有林营造者的利益关系还没有处理好。如民有林地有偿使用问题、对民有林地有偿管理问题等。

另外，现有天然林资源保护、退耕还林等林业生态建设工程内容设计整体性不强，缺项、漏项严重，与之相配套的森林培育、基础设施建设、设备更新与改造、病虫害防治、科技支撑、职工住房公积金、冬季取暖费、机构经费等均无经费来源，林业生产单位自身无法解决，造成工程建设不完整、整体效果不好，缺乏继续实施的后劲。

（四）森林经营管理工作不到位

多年来，我国林业工作只注重森林生长发育周期的“两头”管理（即人工更新造林与森林采伐），而忽视了经营培育森林的中间过程（即森林经营环节），因而一直没有明确具体的森林经营工作机构。目前，各地森林经营主管机构名称不一、职能各异，存在多头管理或管理错位的现象，反映出对森林经营思想认识不统一。生长抚育（出商品材的）由生产部门组织作业，已成为生产木材的主要方式，曲解了森林经营的初衷，根本无法达到培育森林的目的；其他经营项目，由营林部门组织生产、技术指导和质量管理。抚育采伐由于不能协调统一管理，分工不明，职责不清，责任与权利分离，部门间互相推诿、办事效率低下。营林机构不健全、人员配备不齐等，使森林经营管理部门无法行使“责、权、利”相统一的管理职能，严重影响了森林经营工作效果。

我国编制森林经营方案已有几十年的历史，但普遍存在编制过程流于形式、走过场，内容空洞、千篇一律，目标不切合实际、缺少创意，缺少科学性和可操作性。结果，森林经营方案编制后大多被束之高阁，森林经营管理仍旧无章可循。少数执行了的，执行力度也明显不足。国家对森林经营方案编制工作也仅仅停留在表面，对森林经营方案编制是否科学可行、是否执行方案缺乏有效的监督管理和制约机制。不执行森林经营方案的，也不必承担任何法律责任。

（五）森林经营基础工作薄弱

基础设施落后是制约森林经营工作由粗放经营向集约化经营转变的主要原因之一。由于资金不足，森林经营基础设施始终处于落后状态，原有道路、护林站、检查站等房舍设施及有关设备长期甚至超期使用，更得不到维修与养护，设施陈旧、设备老化，基本无法使用，对森林防火、病虫害防治造成极大困难，也严重影响森林经营活动的正常开展。陕西省宁西林业局原有道路养护人员500多人，现在不足10人，所维护的道路仅够维持生活用车通行。世界林业发达国家林道密度平均为8米/公顷，而我国重点国有林区林道密度平均为

1.25 米/公顷。林道不畅，不仅影响森林经营活动的开展，而且容易导致森林资源的严重浪费。

森林经营的主要技术性基础工作一直处于停顿状态。如森林生长收获表、立地类型表、出材率表、密度控制表等森林经营型数表是指导森林经营管理的重要基础性工作，也是衡量森林经营成效的重要尺度，但在我国基本还没有成形的、可以实用的经营数表。如许多地方在生产中发现，依据现有立木出材率表测定，单位面积实际出材量还大于立木蓄积量，因这种“森林度量衡”不准和缺失的问题，给森林经营管理带来了许多混乱。

基层森林经营技术力量薄弱，营林队伍不稳定。据调查，基层森林经营单位中，接受中专以上教育的技术人员数量很少，再加之企业改革“减员增效”，林场(所)技术人员更替十分频繁，队伍不稳，一人多职现象突出，技术力量十分薄弱。在我们这次调研的小陇山、宁西林业局，已经近 10 年没有进大学生，林业管理、技术人员断层现象特别严重。

(六)森林经营投入严重不足

森林经营活动一般经济效益低下，属于纯投入式的林业生产活动。从四川省南部地区看，对幼龄林进行透光抚育，每亩可产出小径材 0.3 立方米，中龄林生长伐每亩可产出小径材 0.6～0.7 立方米，但采、集、运成本达 120 元左右，销售价格约 200 元/立方米，还需要交纳育林基金、增值税等税费，几乎占销售价格的 50%。可以说，森林抚育经营活动按成本效益比来评估，其当年经济效益为负效益，所以必须依靠外部投入。但目前，无论是各级财政还是经营主体，对森林经营的投入都非常少。

一方面，国家对森林经营投入太少。在森林资源培育中，造林与营林所占的资金比重应为3:7。20 世纪 60 年代初，国家为鼓励中幼龄林抚育工作，实施了“上七下八”的政策，即每出材 1 立方米补贴 7 元，每抚育 1 亩补贴 8 元；80 年代末至 90 年代初实行了中幼龄林抚育补贴贷款政策；90 年代后期，国家安排的营林投资主要用于重点生态工程建设，只考虑了种苗费和前 3 年的幼林抚育管护费用，森林经营没有稳定的投资渠道。即使培育生态公益林等社会公益性事业，目前国家和各级政府基本仅安排管护、保护资金，致使资金投入总量缺口太大，中幼龄林亟待抚育面积增加，所需资金矛盾也日益突出。

另一方面，森林经营主体投入也较少。近年来，由于木材产量调减，育林基金提取相对减少，森林经营单位历史包袱沉重，经济危困，森林经营投入所占份额很小。如 2006 年，中国龙江森工集团森林抚育单位实际支出仅为 18.98 元/亩，个别林业局实际支出还要低得多。在广大集体林区，集体林权长期虚置，林农对投入营林资金有顾虑，虽然目前大部分地区正在开展集体林权制度改革，但因森林经营周期长，预期资金回报年限长、收益低，加上林农本身并不富裕，基本没有森林经营投入。

三、强化森林经营政策的几点建议

针对当前森林经营工作中存在的主要问题，为了全面启动全国性的森林经营工作，提高森林经营管理水平，从调整和完善森林经营各项政策的角度，提出以下建议措施：

(一)调整森林经营管理政策

1. 调整和明晰森林经营管理思路

首先，要充分认识森林经营在现代林业建设中的地位和作用。森林经营是促进林木生长、提高森林质量、增加森林多种效益的重要措施。现阶段加强森林经营工作，一是可以加快形成稳定的森林生态系统，更好地发挥森林生态系统的多种服务功能。二是可有效地发挥林地生产力，提升森林资源总量，缩短经营周期，提高森林经济效益。三是为当地群众提供就业机会，为社会提供林产品加工原材料，发挥林业在提高农民收入、致富农村方面的作用。可以说，没有森林经营就没有林业现代化，没有森林经营就没有林业的可持续发展。

其次，要尽快转变那种唯利经营，甚至借经营之便行采伐之实的思想。明晰森林经营的目的对于生态公益林就是要逐步改善森林结构，促进形成健康稳定的森林生态系统；对于商品林就是为了促进林木生长发育，提高林地生产力和经济效益。

第三，要尽快转变那种生态公益林不需要森林经营、天然林没有必要进行人工干扰的错误认识。

实际上许多生态林过密过纯已影响到森林生态系统服务功能的发挥，天然林的密度效应、分层效应更为明显，人工干预有利于加快森林群落向更高层次的稳定状态演替。还要转变"只见树木、不见森林"的传统森林经营观念，应将森林作为一个完整的生态系统进行经营管理，注重森林层次、组分的调整与优化，重视森林多资源和多功能的保护、培育与利用，有效发挥森林多种效益。

2. 将森林经营目标纳入林业考核指标体系

森林经营是培育森林资源的重要环节，也是实现林业跨越式发展的载体，更是现代林业的核心内容的一部分。应把森林质量指标与造林面积、森林覆盖率一样，把森林经营工作列入营林生产计划，建立相应的森林可持续经营领导目标责任制，作为考核各级党政领导干部政绩的主要内容。

3. 完善和加强森林经营管理机构

进一步强化森林经营机构和职能，加强森林经营工作的领导、监督和管理。对森林经营机构进行整合，理顺关系，实行"三定"（定编、定岗、定人），明确职能、权限。营林部门应在明确和强化内部职能的基础上，积极协调资源、林政、计划、财务等部门，强化迹地更新、中幼龄林抚育、低产林改造、林冠下造林等森林经营生产项目计划的下达、设计审批、技术指导、生产组织、检查验收等工作，实现森林经营工作的统一、协调管理。

4. 抓好森林经营方案编制与实施工作

森林经营方案是森林经营单位和各级林业主管部门开展森林经营工作、实施监督管理和评价森林经营成效的重要依据。应按照分类经营以及森林生态系统经营的要求，尽快出台《森林经营方案编制技术规范》和《森林经营方案编制与实施管理办法》。将森林经营方案作为管理、指导和监督森林经营主体进行经营活动的平台，森林采伐限额、年度生产计划、资金项目安排等应依据森林经营方案进行，加大森林经营方案实施检察监督评价力度，真正将森林经营方案管理工作落到实处。南方集体林区，森林以户经营为主，森林资源消耗点多、面广，管理涉及环节多、难度大。结合林权制度改革，应逐步探索商品林编制简易森林经营方案或采伐管理备案制度。

5. 强化对森林经营工作监督

采取两种途径对森林经营进行监督。一方面，以主管部门为主实行森林经营全过程监管制度。一是明确责任，层层签订责任状，将任务和森林质量考核指标落实到责任人。二是搞好过程监管，从调查设计开始，跟踪检查，发现问题及时纠正，实行按工序验收制。三是实行严格的检查验收和考核制度，按照"公开、公平、公正"的原则进行检查验收，把作业质量的好坏与经营单位经济指标挂钩。另一方面，为便于森林经营与国际接轨，推行和鼓励第三方进行森林经营认证，按照森林可持续经营要求，制订不同区域、不同森林类型的最佳森林经营作业指南，按指南要求对经营主体的森林经营工作进行认证。

（二）调整林业分类经营政策

1. 建立和完善林业分类经营制度

按照分类经营的要求，必须深化林业管理体制和经营管理机制的改革，建立起与分类经营相适应的现代森林经营制度，真正形成公益林与商品林并重、经营自成体系的两类林经营管理模式，按照生态区位和培育目标的不同，采取不同的经营管理措施。

生态公益林作为社会公益事业，以各级政府为主导进行经营管理，立足于公益林森林多功能多效益的发挥，加大封山管护和低质低效林改造力度，使其逐步形成树种多样、层次复杂、结构稳定、功能完备的公益林。生态公益林经营应通过编制和实施森林经营工程规划，积极争取国家和地方各级财政给予专项资金的政策扶持，国家重点生态公益林应争取实施全国生态公益林经营工程。

逐步放开商品林的经营活动，由各自投资主体自主决定经营方式和经营力度，提高商品林的经济效益。商品林特别是人工商品林的所有者和经营者，依法依规编制商品林的经营方案，并按照批准的经营方案对商品林进行培育和经营，并可在方案内由经营者自行调整。研究出台相关的监管措施，对商品林的森林经营活动实行技术指导和有效监管。

2. 适当调整天然林资源保护工程区森林分类区划

积极争取天然林资源保护工程中期调整的机会，建议要按照森林分类经营理论，重新审查上次两类林划分成果，依据最新二类调查等资料，现地核定各林地所应发挥的功能作用，实事求是调整两类林的地块。同时，要根据近10年来道路、河流、林分因子、生态环境等因子的变化，调整相应地块的二级林种类别，并制订相应的配套政策，切实做到分类指导，分区突破，整体推进。

3. 认真落实《林业产业政策要点》的相关政策

《林业产业政策要点》已由国家林业局等10个部(委、局、会)联合颁发，进一步明确了森林经营相关的产业政策。国家将重点支持发展速生丰产用材林基地、珍贵用材树种和珍稀树种的培育、名特优新经济林和林业生物质能源林定向培育与产业化。因此，应认真组织落实好《林业产业政策要点》的相关精神，及时把林业改革激发出来的农民、企业和全社会发展林业的积极性引导好、保护好、发挥好，支持国有、集体、民营单位和个人参与各具特色的森林资源培育和产业化。

(三)调整森林采伐利用政策

1. 改革森林抚育采伐限额管理方式

“十一五”期间，森林采伐限额指标已分别按抚育、低产低效林改造等不同采伐类型分开编制分开下达，但实施效果并不理想，调研中发现各地要求单报单批单独管理的呼声较高。这主要有几个原因：一是抚育、改造限额不能满足生产需要。南方集体林区水热条件好，人工林多，森林普遍过密过纯，西北天然林区实施禁伐已近10年，天然更新质量高，林分密度大，抚育间伐任务艰巨。东北地区实施天然林资源保护工程后，森林采伐仅局限在比重很小的商品林区，林分多次疏伐后越采越稀，形成了大面积的低质林。而在编制采伐限额指标时使用旧的资源数据，没有充分反映出资源变化现状。二是许多地方、经营单位还不了解采伐限额管理制度已进行了许多调整措施，甚至错误理解森林采伐限额管理制度，不愿意将宝贵的采伐限额指标用于效益低下的抚育、改造采伐，许多地方的抚育、改造作业管理由木材生产部门负责而不是营林部门。三是抚育、低改等限额指标仍然纳入年度木材生产计划，交纳“两金一税”让这种培育性质的采伐活动无法承受。

因此，要尽快研究制订森林经营的采伐利用管理政策，严格区别经营性采伐和主伐利用，对森林抚育，尤其是中幼龄林抚育采伐，所需采伐指标应单报单批单独管理，不记入地方采伐限额指标，而是按经批复的《森林经营方案》和科学的作业设计进行监督管理。同时，改变森林经营转化为木材生产计划进行下达和管理的做法，将森林经营生产指标直接纳入年度林业生产计划或单独下达森林经营(非木材生产)消耗限额指标，按照规划和年度计划保证生产资金，并严格按照国家有关技术标准和管理办法，加强对抚育采伐作业设计、采伐作业施工等环节的监管。

2. 适当放开公益林区或禁伐区的森林经营活动

生态公益林也需要森林经营，并且因经营目标的多样性需要实施更科学的经营措施。要积极研究、探索在保证森林生态系统不破坏的前提下，加大生态公益林的经营管理力度，对急需抚育和改造的重点生态公益林采取必要的经营措施，提高森林质量和服务功能，促进森林生态系统向稳定、健康、高效的方向发展。对天然林资源保护工程禁伐区、限伐区的森林实行动态管理，禁伐区适当实施以卫生清理为目的的经营活动，限伐区推行梯度经营制度，诱导森林形成复层、异龄林。生态公益林的抚育、低改采伐类型的采伐限额指标应单列，对其实施更严格的管理、监督政策，但在税费政策方面应适当放宽。鼓励在不影响生态功能的前提下，在生态公益林内发展林下种养和木材替代性资源利用。

3. 人工商品林采伐管理进一步放宽

商品林经营的市场性、经济性更强，应按照市场经济规律，完善商品林森林资源采伐管理制度，对人工商品林特别是工业原料林的采伐管理进一步依法放活。按照新出台的《林业产业政策要点》，人工商品林的采伐限额和采伐年龄依据经营者依法编制的森林经营方案确定，以充分保障其经营自主权和林木处置权。

(四)调整森林经营投入政策

1. 加大对森林经营活动的资金投入

森林经营活动需要大量资金支持。为确保森林经营活动的资金投入，一方面应强化育林基金管理，保证育林基金用于森林经营和基础设施建设；另一方面，国家应开拓各种投资渠道，建立森林培育专项基金或者发放长期无息贷款，对幼龄林抚育、低效(产)林改造、珍贵树种培育等进行专项扶持。按照事权划分的原则，生态公益林建设，国家应建立长期稳定的专项基金投入制度，国家和地方都应制订和出台生态公益林经营工程规划，将公益林经营管理作为生态工程的重点，实施工程化建设、工程化管理；商品林建设，国家应给予较长周期的低息贷款，制订优惠政策鼓励外资、民营资本，采取独资、合资、租赁承包、股份制经营等方式投资经营林业。

2. 完善林业产权制度配套改革

集体林区全面推行林权制度改革后，在对集体林明晰所有权，放活经营权，落实处置权的同时，还应进行各项配套措施改革，确保收益权。特别是应适当减免森林经营性采伐出材的税费额度，除目前已实行的原料用材林小于10厘米的不纳入年度木材生产计划外，生态公益林也应享受这一政策。加大返回育林基金比重，让育林基金等税费真正用到林农发展林业生产方面。通过提高森林经营的收益水平，广泛吸纳企业、社会和外资投入林业发展和森林经营。

国有林区按照公有制实现形式多样化的要求和《中华人民共和国森林法》关于个人可享受林权的规定，积极稳妥地建立符合市场经济要求、符合个人意愿的林权格局，大力发展私有林。在造林上(主要是营造商品林)，打破区域、行业界限，实行谁造谁有，大力推行股份制造林、股份合作造林、个体造林；商品林建设可以在林价制度的基础上，逐步探索活立木商品化经营，引进社会资金入股、租赁、承包经营，按股或按增量分红、分利，发展私有林。

3. 公益林经营以政府为主导建立补贴制度

我国于2004年正式建立中央森林生态效益补偿基金制度以来，中央财政每年按照一定面积对重点公益林实行补偿，部分省份也启动了地方性的森林生态效益补偿基金制度，对国家、地方公益林实施补偿，促进了全国生态公益林事业的发展。但现行补偿基金标准还很低，仅能部分满足每年的日常管护需要，基本没有考虑生态公益林经营的需要。因此，建议中央财政、地方财政设立专门财政项目，分别事权对公益林经营活动给予补助。实际上，重点公益林管理体系已经初步形成，并且都按生态区位和培育目标将森林资源落实到了山头地块，有条件采取有效的经营管理措施，应以实施森林经营方案制度做推手，鼓励、引导公益林所有者/经营者有计划地开展森林经营活动，中央财政采用报账制的形式对经营成本给予适当补助。

(五)调整和完善林业重点建设工程

1. 完善林业生态工程建设内容

缺少全面、系统的生态工程规划，是林业建设中长期普遍存在的问题，必须加以解决。目前，天然林资源保护、退耕还林等几大林业重点工程陆续进入调整期，要以此机遇，增加和完善工程建设内容，防止工程出现“先天不足”，进而影响工程实施和质量。应增加林区公路与营林管护等基础设施建设，增加养护与维修投资；增加森林经营设备的更新与维修投资，尤其增加苗圃设备、病虫害防治仪器设备、护林通信设备的投入。调高森林管护人员工资、福利待遇，使管护人员、林区职工基本利益得到保障，以保证社会和谐，职工队伍稳定。完善社会保障体系，增加财政拨款，组织职工参加养老保险、社会统筹等基本社会保险，以解除职工的后顾之忧。单独核定病虫害防治、住房公积金、冬季取暖费、科技支撑、机构运行等费用，以解决投资不配套，而生产单位无力承担的被动、尴尬局面。

2. 重视天然次生林的保育

目前，我国人工林特别是速生丰产林建设取得了巨大成就，杨树面积世界第一，桉树面积世界第二，但就整体而言我国森林资源仍以天然林为主，分别占森林总面积的77%和蓄积的87%。天然林基本以次生林为主，除少量原始林区外，部分是资源低劣，仅疏林地就有470万公顷。因此，加强对天然次生林严格保护的同时兼顾资源培育，是大有潜力的。

1998年启动的天然林资源保护工程对天然林的抢救性保护起到了重要作用，但存在两个主要问题有待调整：一是从历史角度看，天然次生林质量严重下降的最主要原因是多年的过量采伐，虽然天然林资源保护工程对木材产量进行了大幅度调减，但东北地区仍然没有调减到合理水平。如大兴安岭地区成过熟林蓄积量1.18亿立方米，维持采伐214万立方米/年，采伐期不超过6年，加上近熟林再维持7年左右，而中龄林达到可采伐龄级需要50年，木材生产将有30多年的断档期。建议在工程调整时，按科学发展观的要求，将目前处在不可持续发展林区的木材产量调减到基本合理水平。二是原有工程方案仅考虑天然林资源的保护问题，没有天然林培育的内容。应实现天然林资源保护工程向森林资源战略性培育转变，处理好“保”与“育”的关系，加强天然林的经营，按资源培育的目标规划天然林保护工程，利用丰富的天然次生林地培育珍贵用材林、大径级用材林，成为我国重要的木材战略储备基地。

3. 规划和实施后续森林经营工程

大规模生态建设工程加速了新成林面积的增长，新增的有林地面积在“十一五”期间将逐步进入定株、整枝和透光抚育期，加上原有森林资源存在大量亟待抚育和低改的中幼龄林，仅靠传统的森林经营思路是不可能完成的。因此，应寻求规划和启动国家大型森林经营工程，像实施生态工程建设一样推动森林经营战略，这既是确保生态建设成果尽快发挥成效的需要，也是发展现代林业、实现森林可持续经营的需要。应优先将国家重点公益林、国有林区森林纳入森林经营工程，以国家投入为主，按规划、有重点地推动全国的中幼龄林抚育、低产低效森林改造、长周期的珍贵树种和大径级用材林培育基地建设步伐，大幅度提高森林资源质量。

（六）出台和调整国有林业局（场）扶持政策

国有林业局、国有林场具有人力、资源、技术等方面得天独厚的优势，是开展森林经营工作的重要力量，也是国家在生态建设方面的主力军，应予更多的资金与政策扶持。一是国家的各类林业示范项目，要集中适度向这些单位倾斜，以发挥其领军作用。特别是森林可持续经营项目的技术性强，应很好发挥国有林的示范带头作用。二是对国有林业局、国有林场木材限产、停产后接续转产项目建设，尤其发展非林非木产业，如药材、花卉、养殖、旅游等服务业，要在政策、资金上给予大力扶持，鼓励林业职工立足林区发展家庭经济。三是要加强职业技术培训，提高森林经营队伍素质和职工各项待遇。四是要创造条件分流富余人员，减轻国有林业企业社会负担。

（七）调整和完善森林经营技术政策

1. 调整和完善森林经营标准体系

按照公益林和商品林两大体系构建森林经营标准体系，调整和修订不符合分类经营要求的旧规程、旧标准和旧指标，尽快补充和完善森林经营急需的新标准，完善森林经营技术体系。一是生态公益林分林种的抚育、改造等培育技术规程与指标体系，如水源涵养林、水土保持林、农田防护林、防风固沙林、海岸基干林带的建设标准；二是用材林特别是工业原料林、速生丰产林、珍贵树种用材林、果材兼用林、生物质能源林等分树种、分区域定向培育的技术规程与指标体系；三是竹林和其他经济资源高效培育技术规程；四是分区域的森林可持续经营最佳经营作业指南系列；五是不同经营主体森林经营方案、森林经营作业设计编制规程；六是森林经营效果或成效评估指标体系与技术规程等。

2. 加强森林经营数表等基础性建设

编制林分出材率表、生长收获表、密度控制表、立地评价表等森林经营性数表是开展森林经营工作必不可少的工作。为适应生态建设的需要，还需要研究和编制诸如森林产水量表、生物多样性表、碳汇表等以及测定、评估森林生态功能与效益的数表。这些是森林经营的最基础性工作，也是目前最薄弱的环节。由于森林经营数表的科学性、公正性强，只能由政府部门主持编制、检验和修订。因此，建议国家设立专项资金，进行研究、编制和管理。

3. 加强森林经营技术示范、推广与培训

应加强对不同林分类型、不同培育目标的森林经营模式进行总结和科学研究，重视科技示范、科技成果推广和培训工作。分层次建立技术示范体系、推广和培训体系，要让经营者、管理者以及方方面面明确经营什么，怎么经营，经营目标，如何监测和评价森林经营成效等。特别是应让广大拥有所有权和经营权的农户尽快掌握森林经营技术，能进行简单、快速的森林经营决策，提高森林经营管理水平。

（八）认真研究《中华人民共和国物权法》对森林经营的影响

《中华人民共和国物权法》已于2007年10月1日正式生效，对森林资源经营管理将带来一系列影响。一方面，在客观上有利于森林资源和生态保护，如明确规定了国家所有权的范围，“森林、山岭、草原、荒地、滩涂等自然资源，属于国家所有，但法律规定属于集体所有的除外”。明确规定了“国有财产由国务院代表国家行使所有权”、“国家所有财产受法律保护，禁止任何单位和个人侵占、哄抢、私分、截取、破坏”。这些规定，为国家保护和合理利用森林资源、改善生态环境创造了有利条件，有利于林业部门行使森林资源和生态保护权力。同时，《中华人民共和国物权法》物化经营权和使用权，虚化所有权，将以森林、林木和林地为客体的林权纳入《中华人民共和国物权法》，对林权实行物权保护，可以很好地兼顾社会利益和林权人的利益，林权人在其权利受到侵犯时能够通过有效途径进行权利救济。一是通过授权性规范，保护林权人对林地使用、收益和处置的权利。二是通过禁止性规范，禁止任何部门、单位和个人侵犯林权人依法享有的权利。三是当林权人合法权益受到侵害时，林权人依法提出赔偿和诉讼请求，法律给予支持和保护。集体所有的林地使用权可以流转，有利于盘活林地资产，保护了林地使用人的权利，为实现“山有其主、主有其权、权有其责、责有其利”的目标将产生极大的推动作用。

另一方面，《中华人民共和国物权法》的实施也将对现行森林经营管理制度和部分政策带来冲击。由于集体所有的林地使用权可以流转，而集体森林资源监督机制不健全和林权证“面积”、“四至”不清（普遍存在颁证面积小，四至面积范围大），集体或地方政府在行使森林资源的所有权时，可能会出现滥用森林发包权或直接承包经营、拍卖国有森林资源的现象。这就需要重新定界确权。另外，森林资源的生态价值未纳入物权法保护范畴，我国森林资源的生态价值还无法成为物的客体，其生态价值就无法得到法律上的认可，生态公益林的保护与经营将受到一定程度的影响。

调 研 单 位：国家林业局植树造林司
国家林业局调查规划设计院
国家林业局驻长春森林资源监督专员办事处
中国龙江森林工业（集团）总公司
调研组成员：魏殿生　黎云昆　李伟明　王恩苓
唐小平　樊喜斌　张同伟　谢守鑫
李绪尧　周荣盛　季利民

建立林木良种生产补贴制度的调研报告

我国林业用地极其有限，要在有限的林地上生产满足社会需要的林产品和提供人与自然和谐相处的生态效能，只有走科学经营森林和选用良种造林的途径。其中最根本、最经济的就是造林大量使用良种。良种造林在生长量、品质、使用价值、抗性等方面具有明显优势。一般情况下，用材林良种遗传增益在10%～30%，经济林良种增益15%～30%，生态林使用良种可以提高林木抗逆性，增强生态防护功能。

目前我国林木良种使用率仅有43%，严重制约森林生态效益的发挥。主要原因是我国在林木良种基地建设投资方式、生产和使用制度方面存在一些体制性障碍，严重制约着我国林木良种事业的健康发展。在目前情况下，建立林木良种生产补贴制度是推动良种生产和使用的有效途径。为了使良种生产补贴制度管理规范、合理有效，达到预期目的，调研组分赴吉林、福建、河南等省进行了林木良种补贴制度调研。

一、建立林木良种生产补贴制度的重要意义

（一）林木良种生产补贴制度是落实《中华人民共和国种子法》的有效保障

《中华人民共和国种子法》规定，“国务院和省、自治区、直辖市人民政府设立专项资金，用于扶持良种选育和推广”，“国家投资或者国家投资为主的造林项目和国有林业单位造林，应当根据林业行政主管部门制定的计划使用林木良种。国家对推广使用林木良种营造防护林、特种用途林给予扶持”。这些规定虽然赋予了各级政府和林业行政主管部门设立良种选育推广专项资金和造林使用良种的基本职责与社会义务，但由于目前生态建设仍以国家造林为主，造林经费有限，使用良种将大大提高造林成本。在这种情况下，造林单位首先考虑的是如何完成造林任务，对于使用良种则积极性不高。任何法律规定如果没有相应的具体制度，也将是一纸空文，所以建立林木良种生产补贴制度是贯彻《中华人民共和国种子法》的有效保障。

（二）林木良种生产补贴制度是扶持林木良种生产基地健康发展的长效机制

林木良种生产是一项周期长、投资大、技术要求高、受自然因素影响多，而且效益主要体现在造林使用单位的公益性事业。基地建成后的管护成本更高，每年要进行树体管理、病虫害防治、灌水、施肥等经营措施，还需要不断提升品质。优良种子的生产成本是普通种子的2～5倍，而且由于近年劳动力成本大幅增加，更使良种的生产成本进一步提高。而我国在良种基地建设上采用工程建设项目的做法，有短期集中投入，没有持续长期投入的资金渠道，导致良种基地出现建有投资、后期管理无人过问的局面，良种生产越多，基地亏损越大，负担越重，严重影响基地生产良种的积极性。

同时我国生态造林多是政府行为，有限的造林补助经费不能大面积保证使用良种。造林单位出于经费考虑，宁愿用低价的普通种子造林，也不愿用高价的质量好的良种，正常的良种市场需求不能得到充分的体现，高价卖良种，有价无市；低价出售，又会亏损，且生产越多亏损越大，从而出现良种少而有余的现象。

目前有些省份为了使基地能够正常维持运转，保证良种的生产与供应，实施行政强制性措施。这种措施在短期内可能有一定效果，但从长远看，不利于基地的持续发展。对于良种来讲，良种的价格必须体现其价值，从而真正反映良种的生产成本。要从根源上解决问题，必须建立林木良种生产补贴制度。一旦建立了林木良种基地的长效扶持机制，就可以通过良种生产补贴和价格调控，使良种价格稳定在生产者和使用者都能接受的水平上。

（三）林木良种生产补贴制度是提高我国林木良种使用率的有效途径

林木良种遗传品质好，造林后林木生长快，林分质量好，可为广大林农带来显著的经济效益。以杉木良种为例，与杉木普通种子相比，初级种子园混合种子的平均材积增益约为15%，一代种子园增益25%，二代种子园增益40%。林业与农业不同，农业一年就能看到收成，而林木良种的真正价值要十几年几十年才能体现出来。

目前我国造林主要有两种方式：一是政府造林，是指令性计划，与政绩挂钩。造林的主要指标是成活率与保存率，是否使用良种考虑不多。再加上政府决策者受任期限制，而收益却要在10年、20年以后才得以体现，因此长期效益就不是他们考虑的重点。同时，造林投资采取国家投资为主，地方配套的方式，不能满足造林所需。投资不足使造林单位为完成任务只能选择价格相对便宜的一般种子，购买良种苗木积极性不高。二是个人造林。随着我国集体林权制度改革的推进，稳定的林地经营权使林农造林热情高涨。对于林农来讲，造林几十亩地，使用良种和普通种子的差价就达数百或上千元，这对他们来说，是一个不小的负担。加之林农对良种长期效益不够了解，在选择良种上采取漠然态度也很容易理解。

我国林木良种使用率偏低，必然产生大量低效林分，林地生产力得不到充分发挥，给林业生产带来了长期的、严重的后果。要提高造林良种使用率，不仅需要有明确的政策法规，还要建立积极使用良种的激励机制。

二、林业发展新阶段是实施林木良种生产补贴制度的有利时机

（一）我国农业良种及国外林木良种生产补贴办法为林木良种生产补贴提供借鉴

2002～2005年，中央财政设立良种补贴专项资金71.2亿元，用于支持大豆、玉米、水稻、小麦的良种推广，补贴范围覆盖全国1 287个县（市、场）的14 954个乡（镇），全国有5 060万农户直接受益。实践证明，良种补贴促进了良种的推广和良种良法的技术配套，提高了财政资金的使用效率，受到广大农民的欢迎，成为了一项提升粮食综合生产能力的重大发展政策。

这项政策的主要效益体现在：一是引导农民使用良种，提高粮食的生产能力。二是提高了粮农增收能力，良种补贴政策的出台，调动了农民种粮积极性，粮食播种面积恢复扩大，质量和品种结构大幅度提升，替代进口能力显著增强。三是为市场经济条件下实现统一供种提供了新途径，通过招标采购，引入了竞争机制，规划了供种主体，培育了种业优势企业；通过资质信誉审核及合同制约、良繁基地的确认，从来源上把握种子质量，保证了良种的质量和数量；通过制定种子最高限价，防止价格虚高；通过对良种的推介和补贴，对明显有缺陷、过时的品种进行淘汰，完善了品种推介淘汰制；通过强化宣传和优惠供种服务，良种良法同步进村入户。四是有效引导优质水稻、优质专用小麦、专用玉米、高油大豆向优势区集聚，推动了规模化种植，促进了粮食优质化率显著提高。

国外林木良种选育、生产、使用，已成为高度一体化的体系，并成为现代林业的重要组成部分。美国的“成本分摊援助”是一项具有补贴性质的激励机制，私有林业主可获得优惠的甚至免费的种苗和技术支持；芬兰林木种质资源收集保存、种子园建设等公益事业均纳入联邦财政预算，并且林木良种由联邦财政实行补贴，使良种与普通种子的市场价格一致；加拿大良种选育生产全部纳入财政预算，甚至为造林免费提供苗木；日本把优良种苗供应列入了林业补助金制度中；德国政府对经营母树林进行补助，使经营种子的收入高于经营木材的收入，以达到使用良种的目的。

（二）一些地区的林木良种生产补贴为在全国实施提供有益尝试

1. 福建省林木良种补贴

福建省近两年来，每年从林木种苗专项资金或其他林业资金中切块补贴优质苗木生产，以确保优良品种苗木保持在合理价位，使广大林农能够用得起、造得上，得到实实在在的实惠。2006年为推广杉木第三代优良无性系组培苗木造林，对全省3个杉木组培苗生产单位按照每株0.05元进行补贴，并确定苗木价格上限，总共投入100万元，补助苗木2 000万株；2007年又启动名贵树种苗木培育工程，招标确定5个育苗生产单位生产楠木、香樟、花榈木等3种名贵树种苗木2000万株，年初签订育苗合同，确定补助标准和生产计划任务，年底验收数量，按照每株0.10元标准给予生产单位补贴，预计投入资金200万元。

福建省南平市从2002年起提出了“统一供种、定向育苗、合同管理、统一调拨”的种苗管理方式。统一供种：市范围内良种基地生产的种子统一归市林业局掌控，各县（市、区）林业局根据造林更新计划，向市林业局种苗站提报良种需求量，进行统一调拨。各地计划内育苗所用良种由林业部门无偿提供，种子款市林业局补助一半，县（市、区）林业局出一半。定向育苗、合同管理：由各县（市、区）林业局根据相应的标准确定育苗户委托育苗，签订育苗合同，根据领取良种数量，严格控制育苗面积、产量，确保苗木质量。“统一调拨”：造林苗木统一由林业局种苗站开具调拨单，乡镇林业站负责调运到造林山场，实行统一供苗，统一价格，并根据造林实际用苗，林业局补贴一半苗木款。2005年起，南平市林业局为进一步推广容器苗，对每株容器苗补贴0.06元，市、县林业局各出一半。在补贴苗木的同时，南平市林业局每向良种基地投入30万～50万专项资金用于基地的补贴，县（市、区）林业局、国有林场处按1∶1资金比例进行配套。所有的补贴款均由每年收取的育林基金拨付。

2. 吉林省林木良种补贴

吉林省吉林市林业局从1997年以来，每年从育林基金中单列30万元左右作为良种补贴专项资

金，主要用于补贴红松良种的成本价和普通种子市场价的价差。每年在做好调研的基础上，向社会公布红松良种价格、补贴标准和供种单位，然后根据实际购种数量和播种面积核定补贴金额，年底前将补贴款拨给县(市、区)林业主管部门，再由林业部门交汇给用种单位和个人。

3. 河南省林木良种补贴

河南省自2000年以来，省财政每年拿出100万元用于扶持经本省林木品种审定委员会审定的品种推广，使泡桐、欧美杨、刺槐、毛白杨等平原树种的造林基本实现良种化。但对于主要发挥生态作用的树种，由于良种生产成本高，比较经济效益低，生产者和使用者的积极性都不高。对这些树种的扶持力度不够，使得山区主要造林树种油松、马尾松、日本落叶松、侧柏等良种使用率仅在20%左右。

河南省的良种补贴重点在于增加经济效益和群众收入，因此，良种补贴主要用于用材树种和经济树种。如济源市为了帮助山区农民脱贫致富，发展优质薄壳核桃生产，对栽种优质核桃品种的每株市财政补贴5元，保证了优质核桃品种的种植面积。

三、几点建议

(一)要明确林木良种生产补贴的对象

不同的补贴对象，在资金管理、实际运作难度上会有很大区别，取得的效益也会有显著不同。因此，确定合适的补贴对象至关重要。各地普遍认为，将补贴补给良种生产单位比较合理，一是良种生产单位大多是国家投资建设的事业单位，需要国家投入一定的生产资金；二是相对于良种使用单位而言，良种生产单位机构固定不变，而且数量少，便于管理，资金管理成本低，操作方便。如果补给良种使用单位，不仅使用单位每年需要申报使用数量，管理部门还需要面对众多使用单位去甄别、检查，会明显增大行政管理成本，有的环节也会出现设租寻租现象。

(二)要确定林木良种生产补贴的范围

《中华人民共和国种子法》对林木良种有明确定义，享受生产补贴的良种应是通过国家级或省级审(认)定通过的林木良种。目前重点考虑以生态林和商品林所需良种为主，包括用材林、经济林、防护林、薪炭林等所需良种。具有美化、观赏性质的良种暂不包括在补贴范围内。

(三)合理制定林木良种生产补贴标准

由于良种生产基地所在地社会、经济、交通等条件不同，生产不同树种的良种在生产成本上会有巨大差异，要使良种生产补贴制度真正发挥作用，就应根据实际生产成本，制定合理的补贴标准。在实施过程中，应组织各方面专家进行实地考察，根据基地经营面积、种子生产能力、实际生产成本，综合制订切实可行的补贴方案，经省林业行政主管部门审核后，上报国家林业局林木种苗管理部门确认。

(四)规范管理，保证资金使用安全、高效

国家林业局要制定“林木良种生产补贴资金管理办法”，遵循“补贴政策公开、补贴单位公开、补贴标准公开”的原则，接受社会监督，严格控制良种销售价格，保证良种质量。补贴资金要设立专项账户，资金用于生产良种，不得挪作他用。

调 研 单 位：国家林业局国有林场和林木种苗工作总站

调研组成员：刘　红　陈英歌　鲁新政　李世峰　丁明明

完善四个机制　加强四项建设
全面提升首都森林防火工作水平

森林火灾是一种破坏性极大的自然灾害。首都的森林防火工作做得好坏，事关人民群众财产安全，事关社会主义新农村建设和农民增收致富，事关举办一届高水平、有特色的奥运会，事关首都生态城市和宜居城市建设。首都北京的特殊性，决定了我市的森林防火工作既是一项社会工作，也是一项经济工作，更是一项重大的政治任务。为首都播绿护绿，确保生态安全，始终是全市园林绿化战线服务首都大局的光荣责任。

一、全市森林防火工作的基本现状

近年来，在市委、市政府的正确领导下，北京市认真落实温家宝总理提出的森林防火行政领导负责制“五条标准”，全面贯彻“预防为主，积极消灭”和“打早、打小、打了”的工作目标，不断建立健全森林防火组织机构，落实森林防火责任；加大森林防火投入，加强基础设施建设；广泛开展森林防火宣传，严格控制野外火源；强化专业森林消防队伍建设，着力提升森林火灾整体防控水平，全市森林防火工作取得了重要进展，实现了确保不发生重大森林火灾、确保不发生人员伤亡事故的“两个确保”目标。

(1)指挥机构健全，应急预案完备。北京市森林防火应急指挥部由25个相关单位和15个区(县)43人组成，北京市森林防火应急指挥部办公室设在市园林绿化局，由所属的市森林公安局承担日常工作。《北京市森林火灾扑救应急预案》已经修订完成，并经过市政府正式批准。各区(县)也都相应成立了由政府领导担任指挥的森林防火指挥部，区县级森林火灾扑救应急预案也已经修订完成。全市有259个乡(镇)及有林单位成立了森林防火分指挥部，并制定森林火灾扑救应急预案。

(2)责任主体清晰，领导责任明确。全市森林防火工作坚持实行行政领导负责制和区域管护责任制，14个区(县)和京煤集团森林防火第一责任人与市政府每年签订《森林防火工作责任书》。区(县)与各乡(镇)和重点有林单位行政领导分别签订责任书，各级领导划分管护区域，明确森林防火任务，制定综合考核标准，森林防火责任制得以层层落实。

(3)夯实管理基础，队伍日益壮大。经过多年的发展，目前，全市已经形成了由森林公安队伍、专业森林消防队伍、生态林管护员队伍和巡查队伍组成的森林防火组织管理体系。森林公安队伍担负着预防和查处破坏森林资源、野生动物资源的案件，以及指导、监督、检查全市森林防火工作的职能。截至2006年底，全市有森林公安机构44个，除市森林公安局机关外，在区(县)设有森林公安处(科)14个，重点林区和自然保护区设有森林公安派出所30个，总编制365人；北京市森林消防总队下设15个森林消防大队、42支森林消防中队，共有1 120人；全市现有生态林管护员46 000名，国有林场、有林单位上岗专职护林员5 100多人，实行分片包山责任制看护林地林木，制止违章用火现象；全市建立了森林防火巡查队146支、1 316人。

(4)完善基础设施，提升防控水平。一是完善瞭望监测设施。森林防火监测工作主要是通过卫星监测以及在山区林地建设瞭望塔和视频监控，全市共建瞭望塔123座，瞭望覆盖面达到60%；在现有瞭望塔上架设47个无线视频监测探头，监控重点林区面积达到40%左右(与瞭望塔监测面积有重合)。二是完善预警预测机制。在森林防火期内，市森林防火指挥部办公室与市气象局根据天气形势变化情况，每天预测森林火险等级，通过北京电视台，向全市发布，以提高广大市民的森林防火意识。三是完善通讯指挥体系。全市各区(县)及有林单位有森林防火指挥中心13个，基本配置有指挥调度室和会议室，以及电话调度系统、无线调度系统、地理信息系统、林火监测系统，初步组建了小的局域网。全市有超短波电台2 424台，卫星电话25部，基地台225台，车载台152台，中继台22个，通信覆盖率达到70%。四是完善机具装备建设。全市现有各种森林防火用车94辆，包括指挥车、运兵车和物资运输车在内。北京市森林防火物资储备库储备各种物资1 500(套、件)，灭火弹1.3万发，各专业森林消防队有扑火机具16 708(套、件)。北京市从2002年开始在每年的森林防火期，租用北京空军陆航的米-8直升机承担全市的航空护林灭火任务。

二、全市森林防火工作存在的突出问题

虽然近些年来全市森林防火工作取得了长足进

步，但是，从总体上看，北京市的森林防火工作与首都现代化国际大都市的应有地位相比，与和谐社会首善之区的特殊要求相比，与建设生态城市和举办绿色奥运的紧迫任务相比，与全市森林资源迅速增长的发展形势相比，都还存在着很大差距，面临的一些突出问题亟待解决。

(1)各级防火责任亟待进一步落实。做好森林防火工作，关键在领导。实行森林防火行政领导负责制，是国家明确的制度。从目前情况看，仍有一些基层领导对森林防火工作重视不够，麻痹思想严重，对基层森林防火工作缺乏有效监督和管理，对野外火源发现报告不及时、查处制止不力。特别是一些生态林管护员上岗不尽职、到位不负责的现象还严重存在。同时，防火宣传工作还不够广泛深入，全民的森林防火意识亟待提高。

(2)联防联治机制亟待进一步健全。2006 年，在北京市与河北省交界的边界地区发生山火 7 起，比上年同期增加 6 起。防扑过界山火已成为北京市森林防火工作中的突出问题。北京市 7 个区(县)(延庆县、密云县、怀柔区、平谷区、房山区、门头沟区、昌平区)32 个乡(镇)及有林单位、156 个村与河北省 8 个县 31 个乡(镇)及 158 个村和天津市蓟县的 4 个乡(镇)9 个村相交界。在部分区(县、市)之间建立森林防火联防联动机制的基础上，2006 年，北京市与周边的河北省、天津市签署了京津冀三地森林火灾联防联治协议。从目前情况看，虽然这个机制已经建立，但在定期召开联席会议、互通森林防火信息、合作加强边界建设等方面，还有大量工作要做。

(3)通讯监控设施亟待进一步完备。北京市虽已初步建成 400 兆电台通信网络，但是在深山区和部分地区仍然存在盲区，通信的覆盖率只有 70%，全市没有森林防火移动通信指挥车辆；瞭望监测覆盖的面积只有 60%，监测不到的盲区占山区林地总面积的 40%；视频监测覆盖的面积也只有重点区域的 40%，而且夜间不能监测；卫星监测受到其运行时间的限制，发挥作用还不够充分。

(4)预警信息网络亟待进一步改进。目前北京市还没有独立的林火发生预测预报网，森林火险等级依靠北京市气象台根据天气预报进行处理，作出全市统一的火险等级预报，从准确意义上说，这样的预报结果更接近于林火天气预报，而不是林火发生危险性预报。实际上由于不同区(县)的山区小气候、可燃物湿度以及火源状况不尽相同，因此林火发生几率也不相同。同时，目前虽已初步建成市、区、县、国有林场 13 个森林防火指挥中心，但由于一些数据处理和管理软件尚不配套，各级林火管理基本数据库还不完善，信息传递网络的运行还不通畅，相应人员的管理操作技术尚未达到应有的水平，指挥调度方式落后，工作效率不高，在一定程度上影响森林火灾的扑救工作。

(5)森林公安和专业森林消防队伍建设亟待进一步加强。按照国家林业局“2010 年总体规划”每 3 万亩林地面积配备 1 名民警的要求，目前北京市森林公安民警平均管辖面积已达 5 万多亩，且肩负着森林防火和林业治安的双重任务(全国有一半以上的地区，公安、防火是分开的两个机构和队伍)。特别是远郊区(县)如延庆、怀柔、密云、昌平、门头沟等，人均管辖面积已达到 7 万～9 万多亩。而 14 个区(县)中，平均只配有 20 多名森林公安民警，朝阳区、海淀区、石景山区、通州区的警力不足 10 名。因此，森林公安的职能和所担负的森林保卫任务极不相称。

北京市已建成国家级、市(区)级风景名胜区 20 个，自然保护区 25 个，绝大部分没有专业森林消防队伍；部分区(县)、乡(镇)森林面积大，防火任务重，专业扑火队伍数量不足，分布不合理，不能做到 30 分钟到达火灾现场的工作要求；随着造林绿化事业的发展，城乡结合部、绿化隔离地区林木覆盖率逐年增加，但是森林防火工作相对滞后，只有大兴区组建了一支森林消防中队，且人数只有 10 人，通州区、朝阳区的森林防火基础建设十分薄弱。同时，目前全市 42 支森林消防中队只有 29 个事业编制(直属大队 10 个、房山区 5 个、延庆县 8 个、平谷区 6 个)，绝大部分森林消防中队是季节性的临时队伍，人员数量不足，临时雇工多，流动性大，技术素质难以保证，队员的工资普遍偏低，队伍不稳定。

(6)扑火装备亟待进一步充实。按照国家林业局《森林重点火险区综合治理工程项目建设标准》的要求，目前北京市森林防火部分物资需要补充，对42 支专业森林消防队伍的装备需要更新补充。特别是在航空护林灭火方面，近几年北京市租用北京空军陆航的飞机完成航空护林灭火工作，从 2002 年租用至今只启用了 5 次（巡护、观察、训练各 1 次，2006 年扑救怀柔“3・24”山火 1 次，今年进行全市森林火灾扑救应急预案演习启用 1 次）。解决北京市发生在高山远山和地面难以接近的火灾以及大面积的树冠火，还需要纳入国家林业局的航护范围。

三、进一步提升全市森林防火整体水平的对策措施

“京畿之地无小事”。北京作为伟大祖国的首都，一举一动世人瞩目。2007 年是奥运筹办工作的决战之年，也是北京建生态城市、办绿色奥运，加快构建和谐社会首善之区和建设社会主义新农村的关键时期。如果发生重大森林火灾，不仅林木资源受到损坏，森林植被难以恢复，更重要的是将直接影响奥运会的成功举办，直接影响我国的国际声誉，成为重大的政治问题。新形势、新任务对首都的生态安全特别是森林防火工作提出了更高的标准和更严的要求。从预防和扑救两个环节考虑，在“十一五”期间，全市森林防火工作亟待完善四个工作机制、加强四项体系建设，全面提高森林火灾的整体防控水平。

1. 全力完善四个工作机制

（1）完善航空护林、空中灭火机制。北京的政治地位和森林资源的增长趋势决定了航空护林灭火是保护首都森林资源不可缺少的重要力量，利用直升机不仅仅是灭火，在森林防火期还可以进行空中巡逻检查。目前北京市建成直升机机降点 16 处，直升机取水点 11 处。国家林业局有东北航空护林总站（黑龙江）和西南航空护林总站（云南），重点省区建有分站。北京市没有纳入国家林业局航空护林的规划范围，2006 年 3 月 24 日由河北省怀来县蔓延到北京市的森林火灾再次证明，航空灭火的作用非常明显，发挥了关键性的作用。国家林业局已经批复同意将北京市的航空护林纳入国家林业局航空护林总体规划范畴。航空护林防火机制的完善将使北京在常规的护林防火基础上进一步提升水平，解决了无法扑救高山远山和地面难以接近的火灾以及大面积的树冠火的问题。

（2）完善省市联防、区域互动机制。在北京市 7 个区（县）（延庆县、密云县、怀柔区、平谷区、房山区、门头沟区、昌平区）与河北省 8 个县和天津市蓟县建立区（县）级森林防火联防联动机制的基础上，市森林防火指挥部办公室于 2006 年与河北省、天津市签署了京津、京冀间森林防火联防工作协议，京津冀三地共抓防火、配合灭火的格局基本形成。下一步，将在每年的森林防火期，及时召开两市一省森林防火联席会议，签订森林防火联防协议，加强交界地区森林防火基础设施建设，加强信息交流和火情反馈，增强跨省市联动及边界山火处置能力。两市一省森林防火联防联动机制的建立，将切实做到信息沟通快，队伍组织快，扑救速度快，使北京周边的森林资源安全得到进一步保障。

（3）完善林木管护、从严奖惩机制。一方面要明确管理生态林管护人员的机构，特别是要明确在森林防火期内，管护人员的管理机构问题。目前个别区（县）有生态林管理办公室，承担管护人员的全部管理职责，有部分区（县）在森林防火期由森林公安部门来管理。另一方面要体现责、权、利相统一的管理机制，要落实一定的管理经费，进一步明确职责和奖惩措施。市森林防火指挥部办公室起草了《北京市生态林管护员森林防火工作职责规范》，并将不断修订完善。2007 年，市园林绿化局将对完善生态林管护机制进行深入调研，为市政府进一步健全生态管护长效机制、定期增资机制和激励竞争机制提出决策参考意见。生态林管护员管理机制的完善，将进一步严格落实生态林管护人员的责任，切实做到上岗到位、履职尽责，充分发挥生态林管护人员应有的作用。

（4）完善多方投入、长效保障机制。《森林防火条例》第十九条规定：各级人民政府应当组织有关单位有计划地进行林区的森林防火设施建设。温家宝总理在“五条标准”中提出，森林火灾预防和扑救经费要纳入地方财政预算，并逐年加大投入。市委、市政府对森林防火工作高度重视，投入力度逐年加大。建立了生态林补偿机制，每年投入生态林管护资金 2.2 亿元。从森林防火工作的实践看，由

市级财政投资的方面主要是：森林防火预测预报系统建设、监测瞭望系统建设、通信指挥系统建设和防火阻隔系统建设。市、区两级财政共同投资的项目是：专业森林消防队伍基本建设和大型装备建设中的车辆。由区(县)财政投资的方面是：森林消防专业队伍建设(基本建设和日常经费)、森林防火车辆的补充和更新、森林防火各种机具的投资。2007年，将在颁布实施全市森林防火"十一五"规划的基础上，逐年加快落实各项工程项目和投资计划。

2. 大力加强四项体系建设

(1)加强火情预警监测体系建设。一是扩大视频监测范围，特别是扩大与河北省交界地区的监测覆盖面。"十一五"期间，根据森林防火工作的需要，重点在7个山区县增建88座瞭望塔，特别是与河北和天津的边界处加强瞭望塔建设，使瞭望覆盖率由目前的60%达到90%。同时，根据北京市森林资源增长情况和地形地貌，再建112个视频监控探头，增建25个中继站，争取实现监控重点林区面积由目前的40%提高到80%。二是加强预警预测设备建设。为了提高森林火险等级预报的准确率，要在重点地区、森林公园、自然保护区继续建设50个林火预测预报站，在市森林防火指挥中心建设数据处理管理程序，建立北京市林火预测预报系统，通过对各气象站的数据处理和分析，预测火险等级预报。在防火期内通过各种宣传媒体向社会发布长、中、短期森林火险等级预报。

(2)加强应急通信指挥体系建设。在重点地区继续增建400兆差转台。购置移动卫星通信车，目前北京市没有用于森林防火的移动卫星通信车，下一步将不断加大投资力度。开发应用森林防火应急指挥系统软件，便于各级领导指挥决策。森林防火通信应急系统建设将使通信覆盖面积由目前的70%提高到95%，真正发挥森林防火的中枢作用，能够快速、及时、准确传递火场信息，为领导科学决策提供真实可靠的依据。

(3)加强森林消防组织体系建设。森林公安队伍担负着指导、监督、检查全市森林防火工作的重要职能，下一步，要抓住国家将森林公安队伍纳入政法专项编制管理、市森林公安局更名为"森林公安分局"的重要契机，加快推进首都森林公安队伍的正规化建设，着力在理顺组织体制、推进管理创新方面积极探索，确保这支队伍更好地履行和发挥其职能作用。同时，要按照"早投入、早发现、早报告、早扑救"的原则，在7个重点区(县)的重点林区、自然保护区、风景旅游区和国有林场、平原区县再建36支专业森林消防队，使全市专业森林消防队伍达到78支2 340人，切实做到接警后30分钟到达火场，实现"打早、打小、打了"的工作目标。按照市森林消防直属队的模式，切实解决全市专业森林消防队伍的事业编制问题，使队伍保持稳定性。

(4)加强森林防火机具装备体系建设。扑火机具和装备是扑救森林火灾所必备的物资，一旦发生森林火灾，专业森林消防队所装备的扑火机具是否先进、是否按规定进行装备，库存扑火物资是否充足，都将是影响扑救工作成败的重要因素。从目前的储备情况看，北京市森林防火部分物资比较短缺，与国家林业局《森林重点火险区综合治理工程项目建设标准》和扑救重特大森林火灾的要求相比，还有一定差距，需要进一步增加风力灭火机、灭火水炮、灭火水枪、扑火服、发电机、水泵等物资储备。交通车辆是扑救森林火灾的重要保障，它承担着观察火场、通信指挥、运送队员和扑火机具的多项任务，交通车辆的优劣直接影响森林火灾的扑救工作。现专业森林消防队有指挥车、运兵车、运输车辆94辆，按照《北京市森林消防队伍建设标准》要求，全市还需要增加一批森林防火用车，以不断适应打恶仗、扑大火、排险情的实战需要。

(北京市园林绿化局局长、首都绿化委员会办公室主任：董瑞龙)

关于国家主体功能区规划与森林生态效益补偿政策

全国矿区植被保护与生态恢复情况调研报告

矿区植被保护与生态恢复情况调研的目的是了解掌握相关部门和典型矿区开展植被保护与生态恢复工作状况，掌握典型案例，总结经验，为编制全国矿区植被保护与生态恢复工程规划提供借鉴。

调研组2007年3月底考察了山西省阳泉和平朔煤矿、5月中旬考察了江西省德兴铜矿、寻乌稀土矿区、辽宁省鞍山大孤山铁矿、9月中旬到黑龙江省鸡西煤矿，并就有关问题咨询了有关部门和高校的专家。调研主要内容：山西煤炭工业可持续发展政策试点中矿区植被保护与生态恢复情况，包括生态环境恢复治理工作在可持续发展政策试点中的地位与作用、矿区植被保护与恢复资金来源与使用情况、生态恢复与治理补偿资金提取的法律依据和标准、矿区生态治理长效机制建立情况等；矿产开采对生态的破坏和森林植被生长的影响、植被保护与生态恢复现状，包括矿区植被恢复主体、恢复与重建成本组成、定额标准以及植被保护与生态恢复总成本、资金来源、矿产企业自身补偿能力和相关政策，以及矿山企业对矿区植被保护与生态恢复的意见和建议等。

一、矿区植被与生态破坏现状

我国是世界上矿产资源总量丰富，种类齐全的国家之一。截至2005年底，全国共有各类矿山企业近12.5万家，已探明矿种198种，涉及全国2 000余县（市），开采矿石总量（原矿量）73.5亿吨，居民点及工矿用地占地面积近25.7万平方千米。随着矿业的发展，已新建成300多座矿业城市。但是矿产资源的开发，特别是不合理的开发利用，也引发了地表沉陷、植被破坏、地下水位下降、水土流失和土地沙化等生态问题。这些问题严重影响到国土生态安全，直接威胁到矿区群众的生产生活。

（一）开采规模持续上升，森林植被与生态破坏不断加剧

矿业活动产生的生态环境问题和破坏的种类很多。包括：露天开采直接破坏地表土层和植被；矿山开采过程中的废弃物堆置，导致对土地的过量占用和对堆置场原有生态系统的破坏；矿石、废渣等固体废物中含酸性、碱性、毒性、放射性或重金属成分，通过地表水体径流、大气飘尘，对周围的土地、水域和大气造成污染，其影响远远超过废弃物堆置场所占地域和空间。我国现有国有矿山企业8 000多个，个体矿山企业达到23万多个。据不完全统计，截至2004年我国矿区直接占用和破坏的土地面积已达339.3万公顷，其中，直接占用和破坏林地面积已达53.2万公顷，导致森林和林地退化的面积约372.1万～531.6万公顷。我国正处于工业化高速发展期，矿产资源开发也处于急剧上升期。据统计，从1990～2000年，我国煤炭产量从11亿吨增加到13亿吨，10年仅增长18%；2006年我国煤炭产量已陡增至22亿吨，比2000年增长69.7%。根据预测，我国矿业生产将继续呈现扩大的趋势，矿产开采造成的生态破坏也在不断增长。从本次调研的山西、北京、江西、辽宁、黑龙江等省（直辖市）的矿区情况看，总体上证实了这种趋势。

山西省的统计分析表明，从1978～2005年，山西省煤炭年产量由9 825万吨增加到55 416万吨。同期全省产煤导致的生态环境损失高达3 700亿元，直接破坏的森林面积61.4万公顷，受影响的森林面积433.6万公顷。河道、湖泊的干涸使水生动植物失去了生存条件，导致了大量水生生物的消亡。

辽宁省，采矿活动尤其是铁矿、煤矿、有色金属等优势矿种的开发挤占破坏了大量土地。据对182家矿山企业的调查，截至2000年底，累计产生废渣42.1亿立方米，占地面积为22.0万公顷，破坏土地面积5.8万公顷。

江西省矿山生态环境问题也很严峻。据统计，截至2005年，矿业活动已破坏土地及植被面积达18.7万公顷，占全省国土面积的1.09%，局部出现了大面积水土流失及沙(石)漠化。其中赣南钨矿、稀土矿开发区，累计破坏面积1.7万公顷；赣东北铜业、及多金属开发区，累计破坏土地面积1.7万公顷；萍乡—丰城煤、铁、盐矿采区，累计破坏土地面积2.3万公顷；赣西北铜金矿开采区累计破坏面积1.2万公顷。

据北京市2006年8月地质环境情况调查结果，山区关停废弃矿山总面积5 053公顷。这些矿山造成环境的污染和生态破坏相当严重，矿区原有植被消失、山体残破，弃渣、尾矿侵占了大量土地，破坏了自然景观，矿区水土流失十分严重。目前北京西山采煤区，已在房山、门头沟、丰台、海淀4个区的20多个乡(镇)和9个国营矿区出现地面塌陷集中发育区，总面积超过1 370公顷，各类灾害直接经济损失累计达2亿元。

据黑龙江省2004年调查，矿产开发破坏的土地以林地为主，其次是草地和耕地，分别为6.5万公顷、4.2万公顷、3.2万公顷。伊春市开采金矿破坏林地0.3万公顷，大庆油田采油废弃草地0.2万多公顷，烧砖瓦用黏土及挖沙造成废弃地2万公顷，其中大部分是耕地。全省采金废弃地3.0万公顷，加上采煤、采黏土、砂石等几项主要矿业活动造成的土地破坏面积共占全部矿产开发破坏土地面积95%以上。

(二)矿产开采对林业及生态建设的负面影响巨大

矿产开采造成的林业及生态建设的影响，主要表现为：大量消耗了森林资源，阻碍了森林多种效益的发挥，增加了造林绿化成本，加大了管护难度、减少了湿地、降低了生物多样性等。

(1)森林发育受到显著影响，甚至出现森林植被逆向演替、森林资源直接损失严重的后果。据山西省对沁河源头采煤区的监测调查，采煤区森林活立木蓄积量比非采煤区减少30.15%。对全省煤田分布图与森林分布图的叠加分析表明，煤田开采历史较长的区域森林资源分布明显偏少。2001年北京市矿山生态环境调查显示，密云县冯家峪铁矿区内原有的乔木和灌木丛面积明显减少，植被覆盖率由采矿前的41.9%降至34.1%。据辽宁省2005年生态现状调查与评估，鞍山市东南部山区，20世纪50年代初森林覆盖率达60%以上，目前已不足20%，树种也由高大针叶和乔木变为灌木次生林。

(2)矿产开采产生严重的大气污染，加重了森林净化空气的负荷。山西省有关调查显示，每年全省燃煤排放的烟尘多达145万吨，二氧化硫为150万吨。加之采煤过程中的大量排水，造成地下水位下降，地表土层严重缺水，随之导致全省林区成片中幼龄林窒息枯死。阳泉矿区附近的平定县冠山森林公园树龄500年左右的油松多株死亡，灵石县万余株侧柏窒息枯死。黑龙江省对大庆石油勘探开发土壤和植被的变化研究表明，石油勘探的主要污染物——落地原油对井场周围植被产生不利影响，井场周围的植被由于长期受人践踏、机械碾压等，致使植物群落恢复变慢。

(3)矿产开采使森林管护难度加大。山西煤炭企业大多分布在山区、丘陵区，森林也集中分布这类地区。由于煤炭企业建设布局分散，从而增加了煤炭产业区与林地的接触面，使许多林区受到严重干扰，车辆、人员活动突然增加，也给森林经营和林地管护造成困难。林木盗伐案件增加，火险等级抬高，着火次数增加，有害生物侵入危险加重，森林“三防”难度加大，给森林安全带来许多潜在忧患。

(4)矿产开采大量消耗木材。据调查，山西煤炭开采主要以中小型煤矿为主，且多采用传统或半机械化的方式生产，开采设施和技术手段落后，多使用坑木作为井下支护。全省平均吨煤消耗木材为0.02立方米，以此推算，2005年全省原煤产量为5.54亿吨，年消耗木材达1 108万立方米，相当于活立木蓄积1 600万立方米。按全省单位面积平均蓄积量计算，相当于消耗20万公顷的森林资源。

(5)开矿造成生物多样性降低。长期以来，由于矿产开采、企业建设占地、排放污水和人为活动干扰，不仅使得森林生态景观破碎化，生态系统丧失完整性，森林和湿地的生态功能被削弱，而且使矿区及其周边地区野生动植物生存环境日趋恶化，生存空间不断缩小，栖息地孤岛化问题愈加明显。生物多样性降低，特别是给珍稀濒危野生动物种群之间的基因交流带来困难，从而直接威胁到珍稀濒危物种的生存和繁衍。从野生动植物资源现况看，山西省分布的439 种陆生野生动物中，有 34.5% 的野生动物的种群数量呈下降趋势；国家重点保护野生动物原麝、林麝等的分布范围大幅度退缩；10 余种野生动物已经在山西省绝迹。

(6)植被恢复生态重建成本加大。开矿活动的后果是地下水位下降，宜林地土壤干旱，立地质量变差，使造林保存率降低。建国以来山西省共造林1 067 万公顷，保存率为 18.9%。其中，1996 ~ 2000 年造林 172 万公顷，要通过造林恢复植被，关键是浇水。据山西省调查，不考虑其他成本，仅浇水一项就是每公顷造林的成本增加 3 000 ~ 4 500元。

(7)造成湿地面积萎缩、功能退化。研究表明，1980 ~ 2000 年期间山西省河川径流量减少了 41.51 亿立方米，减幅为 36.35%。其中约 60% 是人类活动所致，径流量减少的主要原因是挖煤改变水文下垫面以后影响了流域的产流机制。由于河川径流量不断减少，地下水位下降，致使不少河道断流，原来的沼泽变成了湿草地，湿草地变成草地，湖泊逐渐缩小甚至消失。主要煤炭开采区的大同市十里河、阳泉市桃河已经断流干涸，湿地功能随之丧失。山西省国土资源厅 2004 年底统计资料，全省湿地总面积36.6 万公顷，比20 世纪 90 年代初期减少了约 13 万公顷，平均每年减少近 1 万公顷。

二、矿区植被保护与生态恢复情况

近几年，随着对生态建设工作的重视，矿山植被保护与恢复治理工作力度正在不断加大，并取得了显著成绩。

(一)矿区植被保护与生态恢复逐步开展

近年来，国家有关部门对矿区治理给予高度重视，财政支持力度也在加大，矿区治理在逐步开展。据初步统计，2006 年全国共恢复治理矿山面积 4.5 万公顷。本次调研的山西省平朔、阳煤集团、辽宁省鞍山、江西省德兴、寻乌等矿区的植被保护与生态恢复工作取得了一定成效。

山西省平朔矿区是国有大型矿区，总占地面积4000 余公顷，排土场复垦面积已达 1466.7 公顷，排土场植被覆盖率 90% 以上，而原地貌的植被覆盖率仅为 10%；经过采取水保措施和复垦的排土场，水土流失逐年减轻。复垦后侵蚀模数为 3478 吨/(平方千米·年)，减少径流 66%，减少侵蚀 77%；阳煤集团在阳泉市共有 21 座矸石山，计 186.7 公顷，累计堆放矸石 1.3 亿吨。20 世纪 90 年代中期，阳煤集团开始矸石山自然的治理工作。2003 年进行了五矿 24 公顷矸石山的复垦绿化，使矸石山变成了良田。2005 年完成三矿 18.7 公顷矸石山的复垦绿化；2006 年投资 2000 余万元，完成了二矿、三矿废弃矸石山计 23.3 公顷的生态恢复；2007 年，已安排 5600 余万元完成 67 公顷的矸石山生态恢复。

截至 2005 年 8 月，鞍山市矿区植被恢复面积1350 公顷，栽植各种乔灌木 1093.6 万株，投入资金 11166.8 万元，完成矿区土地复垦和植被恢复率的 13.5%。其中，国有大型矿区 7 家，恢复植被面积 1139.7 公顷，植树 858 万株，投入资金 8372.5 万元，占全市矿区已恢复植被面积的 84.6%，复垦率达 27.3%。

德兴铜矿从 20 世纪 80 年代初就开始进行生态复垦的试验研究，先后与有关科研和教学单位合作，在 1#尾矿库开展矿山生态环境综合整治及其试验示范研究，并在纯尾砂上种植了水蜡烛和无叶节节草，使在尾砂上无土恢复植被成为可能。到 2006 年，共恢复植被 7 处，面积 257.5 公顷，占应恢复治理面积的 10% 左右。

寻乌县 1999 年根据《全国生态环境建设规划》的要求，编制了《寻乌县地质生态环境近期建设规划》。目前全县治理采矿区面积 2 631.3 公顷，其中封禁治理 931.3 公顷，营造保护林面积约 810.1 公顷，栽种经济果林木 692.9 公顷，种草 197 公顷，塘坝 36 座，谷坊 27 座，共完成土石方量约 15.1 万立方米。

（二）矿区植被保护与生态恢复制度正在建立

目前，我国已出台了一系列相关法律、政策和规章制度，矿区植被保护与生态恢复的制度正在逐步建立。

（1）有关法律法规对矿区环境治理和生态恢复的责任已有规定。《中华人民共和国森林法》规定，进行勘查、开采矿藏和各项建设工程，应当不占或者少占林地，必须占用或者征用林地的，由用地单位缴纳森林植被恢复费。《中华人民共和国水土保持法》规定，因采矿和建设使植被受到破坏的，必须采取措施恢复表土层和植被，防治水土流失。《中华人民共和国土地管理法》明确因挖损、塌陷、压占等造成土地破坏，用地单位和个人应当按照国家有关规定负责复垦。《土地复垦规定》明确各级人民政府土地管理部门负责管理、监督、检查本行政区域的土地复垦工作。《矿产资源规划管理暂行办法》明确国务院地质矿产主管部门是全国性矿产资源总体规划和生态环境保护等专项规划的主管机关。

（2）国务院相关部门正在组织开展矿区环境治理和生态恢复规划的相应工作。2004 年国务院领导明确要求国土资源部牵头起草《国务院关于煤炭矿山环境保护与治理意见》、编制《矿山环境保护与治理规划》、制定《矿山环境保护条例》。2002 ~ 2005 年，国土资源部组织完成全国矿山地质环境调查与评估工作，并于 2005 年发出了《关于开展省级矿山环境保护与治理规划的通知》，目前正在编制《全国矿山环境保护与治理规划》，规划内容包含矿区植被保护与生态恢复。国家林业局已提出“全国矿区植被保护与生态恢复工程规划”。

（3）矿区环境治理和生态恢复经费来源已有明确规定。财政部、国土资源部、环境保护总局 2006 年 2 月 10 日出台的《关于逐步建立矿山环境治理和生态恢复责任机制的指导意见》（财建［2006］215 号），要求各地建立矿山环境治理恢复保证金制度。依据国务院批复，2007 年 4 月，国家发展改革委出台《关于建立和完善生态补偿机制的部门分工意见的通知》，明确要求建立和完善生态环境保护的收费制度。破坏生态环境的单位和个人要依法缴纳有关费用。要整合和完善现行涉及补偿及生态补偿的各项收费，统筹安排并集中用于因开采开发活动破坏生态环境的恢复治理，包括土地复垦、水土保持、植被恢复等方面的开支，明确由包括林业在内的相关部门研究落实。

（4）一些地区已陆续建立环境治理和生态恢复保证金制度，正在编制《矿山环境保护与治理规划》。目前已有山西、内蒙古、辽宁、山东、江苏、浙江、福建、重庆、贵州、云南、青海等 10 多个省（自治区、直辖市）建立了矿山环境治理恢复保证金制度。河北省、黑龙江、山东、江苏、浙江、福建、安徽、湖南、重庆、贵州、甘肃、宁夏、新疆、西藏等 10 多个省（自治区、直辖市）完成了省级规划编制任务。规划中包括了生态恢复和土地复垦、地质灾害防治、“三废”治理等工程建设内容。北京、山西、辽宁、浙江、江西、福建、云南等省（直辖市）的林业部门参与了规划工作。

（三）矿区植被保护与生态恢复投资巨大

由于矿产资源开采对矿区生态影响破坏严重，矿区生态治理与植被恢复难度加大，植树造林更加困难，从而加大了资金投入。据山西阳煤集团测算，治理与植被恢复成本最低 75 万元/公顷，平均约 112.5 万元/公顷；一般的绿化工程投入也达到了 6 万 ~7.5 万元/公顷。平塑煤炭工业公司的露天煤矿，仅将开采后的土地恢复成可以造林的土地（不包括造林）的费用就达 7.5 万 ~9 万元/公顷。

江西德兴铜矿的生态恢复和环境治理投资完全由企业承担，费用纳入企业生产成本。累计生态恢复与环境治理投资 1579 万元，其中，植被恢复投资 450 万元，占 28.5%。植被恢复平均成本为 1.8 万元/公顷，客土成本平均 0.9 万元/公顷，植树种草平均成本 0.8 万元/公顷。

从各地的不同矿区的治理情况来看，矿区生态治理与植被恢复的单位面积费用普遍比常规工程的成本要高很多。要取得较好的治理效果，必须建立有效的投入机制，保证足够的资金投入。

三、存在的主要问题

近年来矿山环保工作虽取得一些成绩，但由于矿山开采造成的生态破坏和环境污染十分严重，加上历史欠账多，治理速度缓慢，矿山环境恶化趋势至今还没有得到有效遏制。主要表现在：

（1）我国生态破坏历史欠账多、基数大，生态恢复差距甚远。多年来，由于部分地方政府和部门存在“先发展起来，再治理保护和改善生态环境”的错误思想，忽视了对矿产资源开发中对生态环境的保护，因而所属企业利润全部上交财政，没有留下矿山生态环境治理的备用资金。目前总的复垦率不到 10%，与国外大多数国家的 50% 以上的土地复垦率相比，差距巨大。森林植被的恢复差距更大，2001～2005 年实际恢复森林植被面积仅为 7.7 万公顷，占同期应恢复森林植被面积的 14.3%。本次调研发现，治理力度比较大的大型国有企业山西省平朔矿区土地复垦率仅为 40%。德兴铜矿恢复植被占应恢复治理面积的 10% 左右。寻乌稀土矿综合治理度仅 9.0%，此外，民营小型矿区植被保护与生态恢复率更低，如鞍山有民营小型矿区 754 家，恢复植被面积 210.3 公顷，占全市矿区已恢复植被面积的 15.6%，复垦率仅为 4%。

（2）没有从生态文明的高度认识土地复垦，未把林草放在矿区生态恢复优先地位。在现有制度中，矿区复垦的全局观念不强，生态恢复意识较差。例如，有些人认为土地复垦只要把土地恢复到可供利用的状态即达目的。从生态意义上讲，这种意义的土地复垦没有达到土地利用的最终目标，是不完全的。从建设生态文明，加强生态环境保护和增强可持续发展能力的意义上来讲，在一些重要生态功能区和一切有条件的地区，将矿区损毁土地优先复垦成林草地，优先复垦成野生生物栖息地，是非常必要的。

（3）矿山企业占地以外的植被与生态恢复工作未纳入矿山企业职责范围。矿山企业占地范围的植被与生态破坏只是矿产开采引起的植被与生态破坏的一部分。除了露天矿以外，矿山企业占地在矿区面积中只占很少的部分，矿产开采中造成的植被与生态破坏必然涉及到矿区周边范围。根据山西省调查结果，矿产开采除了引起径流量减少，地下水位下降和湿地缩小外，还因产生采空区漏斗状辐射区域而影响地表植被，其面积约为采空区面积的 2.6 倍。山西省对汾河上游、沁河源头采空区和非采空区森林生长量的调查表明，采空区森林生长量比同等条件下非采空区森林生长量减少 30%。当前，由于矿区周边影响范围的生态恢复治理的职责还没有明确，矿区整体范围内的生态系统难以在环境自净和自然演替的作用下得以恢复平衡。

（4）矿区植被与生态破坏状况不清，缺乏全面系统的规划。从调研情况看，一是矿山企业占地以外的植被与生态破坏状况不清。无论是大中型国有矿区，还是乡镇小型矿区，涉及矿山企业占地范围以外的破坏和影响面积，矿山企业基本上不纳入管理范围，提供的矿区植被与生态破坏情况数据偏小；二是乡镇矿山企业和个体矿山企业占地范围内的植被与生态破坏状况不清。这些矿山管理不规范，过于追逐利润，对生态环境不闻不问，没有相关数据。家底不清，多头管理，各自为阵，缺乏系统的综合规划，是造成矿区植被保护和生态恢复治理滞后的重要原因。

（5）矿区植被保护与生态恢复难度大、投入高、缺口大，政策机制不健全。矿区地表土壤大多受到严重破坏，要恢复植被，应先恢复土壤，特别是开挖面需要填平补齐，煤矸石山需要平整、固坡、覆土、预防自燃等。因此植被与生态恢复难度大、投入高。2006 年 2 月，财政部等三部门联合出台的财建[2006]215 号文件，要求各省建立矿山环境治理恢复保证金制度。但据了解，目前只有山西、内蒙古等 11 个省（自治区）建立了保证金制度。另外，保证金制度主要适用于新建矿山企业，或新矿山开发新产生的破坏。而对于历史遗留的矿山植被与生态恢复问题仍然没有明确的资金来源。此外，随着时间的推移、标准的提高，治理难度不断增加，所需植被与生态恢复治理资金缺口也随之加大，长此下去，势必造成“旧账未还，又欠新账”的局面。

（6）矿区植被保护与生态恢复涉及部门多、协调困难。矿区生态破坏问题不单纯是土地破坏问题，还涉及污染和森林植被破坏等多个方面。因此，矿区植被保护与生态恢复按目前的部门分工，上下都涉及与发改、财政、国土、环保等部门和矿山企业的协调，各部门相互配合和支持才能做好此项工作。

四、对策与建议

（一）打破部门和区域局限，加深对土地复垦定

义的认识和理解

美国、澳大利亚等国，将矿区复垦定义为对采矿引起退化的矿区生态系统，通过重整地形和表土，采取植被或其他适宜的土地利用方式，恢复其生态平衡的过程。同时，将矿区周边受影响范围纳入矿区植被保护与生态恢复的范畴，整体规划，全面治理。我们应该借鉴他们的经验。

（二）政府主导、划分事权、明确职责

矿区植被与生态恢复是一项复杂的工作，植被与生态恢复不能搞一刀切，要根据实际情况分别处理，更要明确政府、矿山企业的职责。根据政府和企业的职责分工和事权划分：对于历史积留的矿区植被与生态恢复，包括闭坑矿、废弃矿以及在产矿中历史积留的植被与生态恢复资金，由政府投资；矿山企业当前和以后引起的矿山企业占地范围的植被与生态恢复，由矿山企业环境治理恢复保证金支出；矿山企业当前和以后引起的矿山企业占地范围以外的植被与生态恢复，通过建立专门的补偿制度由矿山企业解决。

（三）统筹规划，分步实施

全面开展矿区植被与生态状况调查、规划编制工作，掌握矿区植被与生态破坏状况，包括破坏面积、程度、分布等，制定相应的对策措施，为开展矿区植被与生态恢复工作提供依据。林业部门要立足本职工作，争取发改委、财政、国土、矿山企业的支持，动员组织各省参与编制全国矿区植被与生态恢复规划。

（四）提出矿区生态补偿的政策措施，建立生态恢复的长效机制

组织有关专家，研究制定各类矿区植被破坏应予补偿的指标体系，提出各类矿区以森林为主体的植被恢复和生态治理的标准，以及对实施全国矿区植被保护与生态恢复工程的成本、时限、规模和效益等进行科学测算，研究国家投入与企业治理相结合的投资模式，明确矿产开发企业的职责和任务，制定对森林植被保护和生态治理的单位和个人的补偿途径、补偿方式、补偿标准等，建立各类矿区森林植被恢复和生态治理的长效机制。

调 研 单 位：国家林业局森林资源管理司
国家林业局调查规划设计院
国家林业局经济发展研究中心
调研组成员：王祝雄　张　敏　白卫国　翁国庆
聂祥永　冯建成　谢　晨　贺祥瑞
黄　东

区域森林生态效益补偿政策调研报告

2004 年，中央财政在三年试点的基础上，正式建立了中央财政森林生态效益补偿制度。为进一步完善生态补偿政策，根据国家林业局 2007 年重大问题调研工作的部署和要求，我们先后对福建、浙江、广西、江西、陕西、北京、广东、云南等省（自治区、直辖市）进行了调研，现将具体情况报告如下：

一、公益林区域分布及补偿现状

目前，根据《中华人民共和国森林法》及《中华人民共和国森林法实施条例》，国家林业局和财政部联合颁布了《重点公益林区划界定办法》，区划界定重点公益林，实施中央财政森林生态效益补偿。同时，地方各省（自治区、直辖市）根据各自的生态保护需要，区划界定地方公益林，并由地方进行补偿。

（一）公益林的区域分布

重点公益林是指生态区位极为重要或生态状况极为脆弱，对国土生态安全、生物多样性保护和经济社会可持续发展具有重要作用，以提供森林生态和社会服务产品为主要经营目的的重点防护林和特种用途林。

根据《重点公益林区划界定办法》，截至 2006 年，在全国近 43 亿亩林地中，经各地区划界定并

由国家林业局会同财政部核查认定的重点公益林面积15.62亿亩，占全国林地面积的36.33%。2007年，财政部对部分省份提出的漏划问题予以认可，目前，全国重点公益林实际认定面积达到15.78亿亩，约占全国林地总面积的37.2%，范围涉及除上海市以外的30个省(自治区、直辖市)，以及内蒙古森工集团、龙江森工集团、大兴安岭林业公司、解放军总后勤部、新疆生产建设兵团，共35个单位。

——按权属分：根据申报面积的权属比例推算，国有重点公益林占59.52%，面积约为9.39亿亩；集体重点公益林占34.06%，面积约为5.37亿亩；个人及其他重点公益林占6.42%，面积约为1.01亿亩。

——按区位分：江河源头0.76亿亩，占4.8%；江河两岸3.72亿亩，占23.6%；保护区与自然遗产1.34亿亩，占8.5%；湿地和水库0.80亿亩，占5.1%；边境地区0.74亿亩，占4.7%；荒漠化和水土流失严重地区7.35亿亩，占46.6%；沿海防护林基干林带、红树林及海峡西岸0.15亿亩，占0.9%；2001年试点面积中不符合94号文件但延续补偿的面积0.68亿亩，占4.3%；解放军总后勤部0.23亿亩，占1.5%。

——按地类分：重点公益林中，有林地7.95亿亩，占50.4%；疏林地0.44亿亩，占2.8%；灌木林地5.16亿亩，占32.7%；灌丛地0.15亿亩，占0.9%；未成林造林地0.52亿亩，占3.3%；宜林地0.73亿亩，占4.7%。

——按工程区分：天然林资源保护工程区7.33亿亩，占46.4%；非天然林资源保护工程区8.45亿亩，占53.6%，其中有林地6.68亿亩。

——按地区分：东部地区1.01亿亩，占6.4%；中部地区1.76亿亩，占11.1%；西部地区11.38亿亩，占72.1%；东北地区1.63有亿亩，占10.4%。

——按流域分：长江流域6.95亿亩，占44.0%；黄河流域4.64亿亩，占29.4%；黑龙江流域1.79亿亩，占11.3%；珠江流域1.06亿亩，占6.7%；淮河流域0.25亿亩，占1.6%；辽河流域0.25亿亩，占1.55%；闽江与太湖水系0.59亿亩，占3.77%。

地方公益林是指各省(自治区、直辖市)根据保护本区域内生态安全的需要，由地方人民政府或林业主管部门和财政部门确定的公益林，主要包括中央认定的重点公益林范围以外的，对本区域水土保持、水源涵养、生物多样性保护等生态问题具有重要影响的防护林和特种用途林。据统计，全国现有地方公益林约11.5亿亩。

(二)公益林补偿情况

根据财政部和国家林业局联合发布的《中央财政森林生态效益补偿基金管理办法》(财农字[2007]7号)的规定，生态效益补偿的对象是承担公益林保护管理的单位或公益林经营者和所有者，具体包括国有林场、自然保护区、乡村集体组织、林农个人等；补偿范围是重点公益林林地。中央补偿基金按照国家核定的补偿面积，平均每年每亩补助5元。其中，4.75元用于重点公益林的管护等开支，0.25元用于省级林业主管部门组织开展的重点公益林管护情况验收、跨重点公益林区域开设防火隔离带等森林火灾预防以及林区道路的维护等开支。截至2007年，中央财政已对6.68亿亩重点公益林实施了补偿，每年投入中央补偿基金33.4亿元，累计投入133.4亿元。

中央财政森林生态效益补偿政策的实施，带动了地方公益林建设和地方森林生态效益补偿基金制度的建立，截至2006年底，全国共有25个省(自治区、直辖市)建立了地方森林生态效益补偿制度，2006年补偿资金约为12亿元。

二、公益林的管理与成效

实施森林生态效益补偿，极大地调动了公益林经营者的积极性，取得了明显的成效。

(一)公益林管护制度不断完善，管理手段明显加强

(1)建立了严格的重点公益林管护制度。各省根据国家林业局和财政部的要求制定了重点公益林管理、管护核查和绩效考核等办法，确保公益林管护工作规范运行。

(2)层层落实了管护责任制。各省政府成立了领导小组，层层签订了行政部门责任书，明确了管

护责任主体。通过采取资源登记、签订管护合同或协议等方式实现了重点公益林的有效管理和保护。

(3)建立了公示制度，强化了社会监督。各省(自治区、直辖市)将公益林管护责任人及其管护面积、范围、补助标准、责任和义务向社会张榜公布，增加了政策执行的透明度。

(4)结合实际，探索试行了不同的管护措施。各地根据不同的所有制形式和管护难易程度，总结出分户经营分户管护、分户经营集体管护、集体经营集体管护、国有林专职护林等不同的管护形式，使重点公益林资源得到切实有效的保护。

江西省崇义县总结出“三看、二查”的质量检查方法。“三看”，即一看人，看是否落实了护林员并签订了有效的年度管护合同；二看山，看公益林小班是否出现盗伐、滥伐林木以及砍柴、烧炭、采石、修路、挖笋等违规现象；三看档案，看实施单位公益林管护合同、协议书、验收单、各级责任状、林权证等资料档案是否齐全。“二查”，即一查实施单位管护费使用账目，审查管护费使用情况，重点检查是否做到了专款专用；二查出勤表，了解护林员是否坚持日常巡护，督促其尽职尽责。严格的检查验收，有效地促进了管护质量不断提高。目前，该县公益林管护合格率、管护制度执行情况合格率、资金使用管理质量合格率都在90%以上。

(二)资金运行机制不断强化

各省(自治区、直辖市)将保证资金安全运行的原则贯穿于资金管理的始终，由于机制健全、运作规范，保障了补助资金的安全运行。一是严格执行财政部、国家林业局《中央财政森林生态效益补偿基金管理办法》，并制定了相应的实施细则。二是采取建立工资账户、张榜公示等公开透明的方法，确保管护资金及时、足额发放到位。例如，北京、湖南、福建等省(直辖市)由乡镇财政所对补偿基金实行专账管理，确保专款专用，并依据乡镇林业站对公益林管护的检查验收情况、管护人员的出勤情况所出具的通知书，兑现补偿。三是通过采取招标制和政府采购等方式，有效堵塞了资金使用和管理上的漏洞。四是加大了资金监督检查力度，建立了责任追究制度。

(三)重点公益林得到有效保护，森林灾害及林政案件明显减少

实施森林生态效益补偿，使森林资源管护有了可靠保障，管护能力增强，成效显著。补偿区内森林案件、森林火灾和森林病虫害发生率明显降低。浙江省2005年全省森林火灾受害面积和损失立木蓄积，与2004年同期相比分别下降了83%和90%；同时，盗伐、滥伐林木案件较去年同期有明显下降，生态公益林得到了有效保护。北京市建立森林生态效益补偿制度后，森林火灾下降了85.71%。广西壮族自治区重点公益林林地逆转面积控制在0.007%，林业病虫害得到有效防治，森林火灾、林政案件明显减少。

(四)公益林质量有所提高，生态环境趋于改善

实施森林生态效益补偿，使公益林资源总量稳步增长，林分结构得到改善，质量逐步提高。如江西省崇义县2005年重点公益林活立木总蓄积量278.96万立方米，比2002年增长了9%；遂川县重点公益林蓄积量年均增长6.8%。江西省通过公益林补偿政策的实施，重点公益林抚育力度加大，以杉松阔混交林、落叶和常绿阔叶混交林为主体的森林群落结构正逐步形成，混交林面积占乔木林面积的比重由15.2%上升到52.1%。

(五)广大群众公益林管护积极性得到调动，收入增加

森林生态效益补偿制度的建立，提高了广大林农生态保护意识，调动了林农参与公益林管护的积极性。各地在安排补助资金时，不分所有制性质、不分经济成分，将财政资金直接补助给重点公益林管护人员，得到了林农的拥护。部分山区农民通过参与公益林管护增加了收入。据测算，目前中央财政森林生态效益补偿政策已使7000多万农民直接受益。

三、地方省(自治区、直辖市)实施区域生态效益补偿制度的经验借鉴

目前，全国已有25个省(自治区、直辖市)建立了地方森林生态效益补偿制度，2006年补偿资金约为12亿元。

(一)资金来源

(1)地方财政预算安排。据调研，广东、浙江、

北京、福建、江西、广西、云南等7省(自治区、直辖市)均在省级政府财政预算设立地方补偿基金，预算总金额达到9.4亿元。如广东省1998年开始建立生态效益补偿制度，将广东省的东江、西江、北江、韩江等生态公益林纳入保护范围，列入省级财政预算。广西壮族自治区2006年启动区级森林生态效益补偿，自治区财政当年安排2 000万元补偿基金。

(2)受益者补偿。一是从旅游收入中征收。如福建省政府规定，依托森林资源开展旅游的，从旅游经营收入中提取一定资金，直接用于生态公益林所有者的补偿；四川省的青城山风景区将门票收入的25%用于景区森林管护。二是向矿产等行业征收。如山西等地从煤炭收入、其他矿产收入中提取生态建设和维护基金，用于生态恢复。三是从水、电收入中征收。如广东省每年从东深供水工程水费收入中安排1 000万元，用于东江流域水源涵养林建设；福建省根据省内主要城市生产生活用水量筹集资金补偿上游地区的公益林；湖南省的一些县(市)从水力发电中提取0.01元/度，用于公益林补偿；云南省的龙陵、腾冲等县分别从自来水、水库发电等行业筹集一定补偿资金；广西壮族自治区每年从水电经费中拨出100万元用于全区的水源涵养林建设。四是从其他工业及副业产品收入中征收。如辽宁省对省内采矿、造纸工业、药材、蚕茧收购企业等单位征收林业开发建设资金，每年拿出一部分用于水源涵养林和水土保持林的建设。

(二)资金用途

(1)弥补中央财政森林生态效益补偿基金不足。如广东、浙江省将中央财政森林生态效益补偿基金标准在5元的基础上，再增加3元，达到每年每亩补偿8元；北京市山区生态林补偿，平均每亩每年达到21元。

(2)省内补偿。大部分省(自治区、直辖市)地方森林生态补偿基金都用于本省(自治区、直辖市)内的地方公益林保护。

(3)省际补偿。如广东省每年拿出1.5亿元给珠江上游的江西省寻乌、安远、定南三县用于东江源区的生态环境保护。

四、生态补偿制度亟须研究解决的问题

(一)补偿标准偏低

(1)补偿标准低于木材经济利用价值。集体林权制度改革后，农民经营林业积极性提高，而且近年南方省区发展商品林的态势很好，农民经营商品林获得的收入比以前大幅度增加。相比之下，经营重点公益林得到的补偿基金远低于木材的经济利用价值。以木材生产为参照标准，测算每年每亩公益林的直接经济价值约74.70元。例如，湖南、江西、广西等南方省(自治区)，经营杉木用材林到25年成熟林时，每亩至少可产木材7立方米，获利至少在2 000元以上，年均收入达80元/亩；每亩毛竹林平均每年至少能采伐10株，收入超过50元/亩；大部分林地每亩年租金约20元，自然条件好的地方已超过100元。由于经营公益林与经营商品林之间存在巨大的收益差距，林地所有者或经营者普遍认为现行补偿标准太低，远不能弥补农民的经济损失。

(2)补偿标准没有根据价格指数变化调整。目前的财政补偿标准为每年每亩5元，从2001年政策执行以来，一直沿用至今，没有随着国民经济的发展和物价上涨对补偿标准进行动态调整。同2000年相比，2006年，全国居民消费价格指数上涨8.96%，GDP上涨44.60%，中央财政收入上涨292.69%。

(二)补偿标准单一

不同地域、区位、地类和质量的公益林，其管护成本和生态价值是不相同的，它们之间存在的差异具体表现在以下几个方面：一是区域重要性有差异。不同区位的重点公益林，其生态价值存在较大差异，这是客观存在的事实。《重点公益林区划界定办法》中，对我国重点公益林按照区域重要性进行了排序，即：重要江河源头、江河两岸、国家级自然保护区、重要湿地和水库、边境地区陆路或水陆的国境线、荒漠化及水土流失严重地区、沿海防护林基干林带、红树林、台湾海峡西岸的林地。二是管护成本有差异。受地区间经济差异和自然地理条件不同等因素的影响，不同地区和不同管护难度

的公益林实际管护成本差异也比较大。如陕西省陕南地区每年每亩公益林的管护费用只需4元，而陕北地区则需要几十元。三是不同类型公益林经营投入差异。如公益林的天然林经营成本每年大约为4～6元/亩，而人工公益林经营管护成本多达15～25元/亩。四是不同经营主体在投入水平上也会存在差异。由于不同经营主体实施的管护模式不同，投入水平和管护成本相差较大，如江西靖安县，国有林场的管护投入为每年12元/亩，而对集体和个人的管护补助每年仅为4.3元/亩。

（三）未对全部重点公益林实施补偿

国家认定的重点公益林面积15.78亿亩，目前中央仅对其中6.68亿亩实施了补偿，尚有9亿多亩未予以补偿。此外，天然林资源保护工程区内的7.3亿亩重点公益林也未列入补偿范围，管护天然林资源保护工程区内的重点公益林目前仅依靠每亩1.75元天然林资源保护工程管护经费支撑，尤其是对于划入天然林资源保护工程区的集体和个人的林子，同重点公益林每亩有5元的补偿经费相比，存在明显差别，甚至在同一个山头的公益林按两个标准进行补偿，有失公平，影响着公益林管护政策的执行效果。

（四）非公有制造林收益难以实现

一些地方根据生态保护与治理的需要，将农民的自留山、责任山、承包造林以及社会多元主体投资造林划为公益林。由于禁伐或限伐，他们无法通过木材收益回收造林投入，甚至使一些造林大户成为负债大户。我们在陕西省铜川市耀州区调查中了解到，造林大户马淑芳1985年和1993年两次贷款造林，共造林1 284亩，目前本息合计共欠银行37万元。由于她的林地被划入公益林，已进入主伐期的林木不能采伐，使这位80年代的万元户变成了贫困户。延安市黄陵县侯庄乡贾塬村农民贾中全，1984年承包本村荒山荒坡造林288亩，累计投入资金16.5万元，目前，林木总蓄积已达1 600多立方米，产值达78.2万元，已进入采伐期，由于无法变现，至今仍负债11.6万元。

（五）补偿资金渠道单一

森林生态效益的公共物品属性，决定了生态效益补偿主要应由政府“埋单”。但从我国国情来看，在经济还不发达的情况下，维护公益林生态效益的成本相对较高，单靠国家有限的财政投入是远远不够的；同时，单一的攻府投入也难以激发受益者保护生态的积极性和防止生态破坏。

五、政策建议

（一）提高现行中央财政补偿基金标准，实行分类补偿

在最近一两年内，应将中央财政补偿标准提高到平均每年每亩10元的补偿标准，进而根据区域生态的重要性和脆弱性，并综合考虑森林质量、地位级差、管护难度等指标，对现有重点公益林进行分类补偿：重要江河源头、国家级自然保护区和自然遗产、重要水库和湿地的保护事关国土生态安全与民生之大计，建议按照每亩20元给予补偿；江河两岸、边境地区、沿海防护林基干林带、红树林、海峡西岸林地按照每亩10元给予补偿；荒漠化及水土流失严重地区的重点公益林由于幅员辽阔，人烟稀少，管护相对容易，建议按照每亩7元给予补偿。在此基础上，再根据国家财力情况，逐步提高补偿标准。

（二）建立市场经济条件下多渠道的生态补偿机制

积极研究探索利用市场机制实现补偿森林生态效益的有效途径。一是建立市场经济条件下对森林生态效益补偿的市场化运作机制，建立公益林资源保护的受益者直接补偿体系。如，从依托公益林景观施业的旅游部门经营收入，内河航运、水力发电等企业营业收入，以及狩猎收入等中提取一定比例的资金，用于该区域的生态效益补偿；通过碳汇市场交易和碳基金实现公益林的补偿，鼓励一切有志于中国森林资源保护的国际国内企业、政府以及个人通过绿色碳基金“购买”碳汇。二是继续推进建立地方生态补偿基金，落实下游地区对上游地区的补偿政策。受益明显的下游地区应对上游地区的公益林给予补偿。同时，鼓励社会捐资、认养等形式筹集资金用于补偿公益林管护。三是研究探索以森林生态效益入股、参与经营性收入分成。如鼓励以森林资源入股方式参与新建水电站和旅游区的开发，以林地入股森林公园等，达到完善公益林保护和增

加入股者收益“双赢”的目的。

（三）积极探索重点公益林收购政策

根据国家生态安全的需要，对部分生态地位极其重要区域由非国有投资主体投资营造的重点公益林，特别是农民投资营造的重点公益林，由国家进行征收或赎买，转变其所有制形式。应尽快协调有关部门，研究制定政策，确定收购标准，落实收购资金，在充分试点的基础上，逐步推开。收购中，应优先对国家级自然保护区核心区等对国土生态安全影响较大的非国有重点公益林，以及农民个人投资营造的、事关农民收益、生存等切身利益的个人所有重点公益林进行收购。同时，对生态脆弱地区，应考虑和实施生态移民。

（四）积极探索重点公益林的经营利用政策

对于部分立地条件相对较好、生态区位不十分敏感的公益林，可以考虑在不会对生态带来影响的前提下，开展抚育、更新性质的采伐，充分利用生态公益林的景观资源、林下资源，开展公益林的非木质的经营利用，在提高公益林林分质量的同时，增加公益林所有者或经营者的经济收入。

调 研 单 位：国家林业局发展计划与资金管理司
国家林业局森林资源管理司
国家林业局经济发展研究中心
调研组成员：姚昌恬　刘金富　戴广翠　闫春丽
闫宏伟　缪光平　王　丽

关于贵州省地方公益林生态效益补偿的调研报告

建立生态公益林体系，实行生态效益补偿，保护和改善生态环境，维护国家生态安全，是当今社会和经济发展的迫切需要。

为保证全省林改工作顺利推进，搞好全省地方公益林区划界定工作，逐步建立和完善地方公益林生态效益补偿基金制度，7月20日至9月15日，由厅森林资源和林政管理处领导带队组成三个调研组，深入全省9个地（州、市）11个县及部分乡（镇）、村、组、户开展了调研，根据调研结果和各地（州、市）林业局的调研报告，现将有关情况报告如下：

一、地方公益林区划界定情况

根据贵州省第三次森林资源规划设计调查结果，全省共区划地方公益林面积4 850.69万亩。地方公益林面积中，有林地2 655.89万亩，疏林地38.58万亩，灌木林地1 098.79万亩，未成林地327.43万亩，苗圃地0.59万亩，无立木林地73.79万亩，宜林地655.23万亩，辅助生产林地0.39万亩。有林地、疏林地和灌木林地面积合计3 793.26万亩。

目前，非天然林资源保护工程区中盘县、普安、晴隆、关岭、紫云、荔波、平塘、从江8个县已完成地方公益林的界定，上报界定面积共333.16万亩，其余10个县（市）目前未开展此项工作；天然林资源保护工程区各县（市、区、特区）地方公益林的界定工作正在开展，根据各市（州、地）地方公益林调研报告，天然林资源保护工程区已完成的地方公益林界定面积约1 500万亩左右。

二、地方公益林生态效益补偿调研情况

通过深入村、组、户进行调研，从总体上看，非天然林资源保护工程区大部分农户对地方公益林管护有一定的认识，而天然林资源保护工程区农户对地方公益林基本上不了解，但均对地方公益林的生态效益补偿期望过高。

（一）事权等级划分

通过调研，所有县（市、区）均认为地方公益林没有必要按事权划分原则界定为省级、地（州、市）级和县级地方公益林，统称为地方公益林就行了。各地（州、市）、各县（市、区、特区）如需界定为地（州、市）级和县级地方公益林的，由各地根据地方今后的财力状况自行决定。

（二）补偿对象

黔东南苗族侗族自治州和黔南布依族苗族自治州的部分县以及毕节地区、六盘水市认为地方公益林的生态效益补偿只补偿有林地、疏林地和灌木林地即可，有利于调动广大林农群众造林护林的积极性；其余各地（州、市）认为对区划界定为地方公益林的所有地类均应给予补偿，以体现各地类的生态重要性。

（三）补偿标准

安顺和六盘水市认为地方公益林的生态效益补偿标准为3～5元较为合理外，其余各地（州、市）普遍认为现行每年每亩5元的重点公益林生态效益补偿标准偏低，与广大林农的期望差距过大，因而地方公益林的生态效益补偿应不低于现行的重点公益林补偿标准。认为地方公益林的生态效益补偿每年每亩10～15元的有黔西南布依族苗族自治州和贵阳市，认为地方公益林的生态效益补偿每年每亩8～10元的有黔东南苗族侗族自治州，认为地方公益林的生态效益补偿每年每亩5～8元的有黔南布依族苗族自治州、毕节地区，铜仁地区认为地方公益林的生态效益补偿每年每亩20元，遵义市则认为地方公益林的生态效益补偿每年每亩应在30元以上。

另据了解，与贵州省相邻的周边地区地方公益林生态效益补偿标准为：广西壮族自治区地方公益林生态效益补偿标准为每年每亩8元；云南省为3元；广东省为8元；海南省则把重点公益林与地方公益林补偿资金共同使用，统一管理，补偿标准统一为每年每亩5元。

（四）补偿方式

除贵阳市和毕节地区部分财政收入好的县（区）认为地方公益林生态效益补偿可实行省、市（地）、县（区）三级配套资金外，其余所有市（州、地）均认为，地方公益林的生态效益补偿应由省财政全额进行补偿。

（五）补偿资金的使用管理

各市（州、地）均认为地方公益林生态效益补偿资金的管理应参照重点公益林的管理办法，实行专项管理，分账核算，资金由县财政部门拨付县林业主管部门据实使用。各县均提出应提取一定的补偿资金作为工作经费的要求，具体提取比例和金额不等。

在地方公益林的管护模式上，黔南布依族苗族自治州的部分县、六盘水市和贵阳市认为应以村或乡镇为单位聘请护林员进行管护，便于集中管理和提高管护效果；其余各地（州、市）则认为采取以村为单位集中管护或根据林权来确定管护模式均可，权属为个人的由个人管护，权属为集体的以村组或乡镇为单位聘请护林员管护。

在护林员的管护面积和工资标准上，各地均提出如需聘用专职护林员进行管护的护林员的管护面积应在1 000～3 000亩之间，管护工资每月300～500元，兼职护林员的管护工资每月100～200元。

另外，黔南布依族苗族自治州、黔西南布依族苗族自治州和其他地（州、市）的部分县提出各级林业主管部门应与编委及财政等部门协调成立公益林管理中心，明确人员编制和经费，以便对公益林实施有效的监管，确保生态效益正常发挥。

三、意见和建议

国家财政已建立的中央财政森林生态效益补偿基金，是落实《中华人民共和国森林法》中关于建立森林生态效益补偿基金制度的法律规定，是新时期贯彻依法治林方针的重大实践，是建立完整的林业发展制度保障体系的关键一步，对于在社会主义市场经济体制条件下巩固生态建设的巨大成果，促进新时期林业可持续发展具有深远的战略意义和极强的导向作用。随着中央补偿基金的建立和全面实施，地方公益林生态效益补偿基金制度体系也应尽快建立和完善，以实现公益林业投入体制与国家公共财政体制的有机衔接。

（一）确定地方公益林补偿标准，明确补偿对象及补偿方式，便于地方公益林界定工作的顺利开展

由于地方公益林还没出台相应的补偿标准，大多数群众积极性不高和有的林业部门持观望态度，导致地方公益林界定工作进展缓慢。在已实施中央财政森林生态效益补偿的非天保区，相邻地块或相同地类等由于实行的补助标准悬殊过大，对公益林的管护和林农的积极性势必造成一定的影响。为避免制定的地方公益林补偿标准与重点公益林补偿标

准差距过大或过低带来较大的负面影响，以有利于维护民族团结和社会稳定，同时也便于开展工作，现提出四种补偿方案如下：

方案一：

每年每亩地方公益林补偿5元，由省级财政进行全额补偿，补偿范围为有林地、疏林地和灌木林地。补偿资金的使用管理比照《贵州省<中央财政森林生态效益补偿基金管理办法>实施细则（暂行）》执行。

根据调研，如采取此方案进行补偿，预计全省地方公益林有林地、疏林地和灌木林地界定比例可达90%以上，面积约3 400万亩，每年需地方公益林生态效益补偿基金约1.7亿元。

方案二：

由省人民政府或由省财政厅和省林业厅行文，明确规定地方公益林的生态效益补偿每年每亩由省级财政补偿3元，要求地县财政配套2元。补偿范围为有林地、疏林地和灌木林地。但考虑到贵州省地方经济发展不平衡，有的地方配套资金不能到位或到位率低的情况，必须明确全部省级财政补偿资金和不低于70%的地方配套资金用于补偿林权所有者，地方配套资金的剩余部分方可作为县级林业主管部门的工作经费。林权所有者为国有的，补偿资金拨付给国有林业经营管理单位；林权所有者为集体的，补偿资金拨付给集体组织按户或人口数量平均分配；林权所有者为个人的，补偿资金直接拨付给个人。

如采取该方案进行补偿，预计全省地方公益林有林地、疏林地和灌木林地界定比例可达75%左右，面积约2 800万亩，每年需地方公益林生态效益补偿基金约1.4亿元（其中省级财政补偿资金8 400万元，地方配套资金5 600万元）。

方案三：

每年每亩地方公益林补偿1元，由省级财政进行全额补偿，补偿范围为有林地、疏林地和灌木林地。由于补偿资金有限，只能维持管护需求，因而补偿资金的使用参照天然林资源保护工程森林管护的方式进行，直接拨付县级林业主管部门掌握使用，作为地方公益林的管护、森林防火和病虫害防治等费用。林权所有者为国有的，由管理单位聘请护林员管护；林权所有者为集体和个人的，以村集体或乡（镇）为单位聘请护林员进行管护。护林员工资实行管护面积经费包干制。护林员的管护面积根据地方公益林的分布状况和地形地貌确定，最多不超过2 000亩为宜。

如按此方案进行补偿，建议不再开展全省地方公益林的界定工作，直接按贵州省第三次森林资源规划设计调查成果中区划上报的地方公益林面积进行补偿，落实到山头地块，全省每年需地方公益林生态效益补偿基金3 793.26万元。地方各级政府可根据自身财政状况合理安排配套资金和配套补偿范围，不受省级财政补偿资金的约束。

方案四：

根据贵州省的财力，每年每亩地方公益林暂补偿1元，由省级财政进行全额补偿，补偿范围为有林地、疏林地和灌木林地，补偿资金全部补偿给林权所有者。林权所有者为国有的，补偿资金拨付给经营管理单位，由管理单位聘请护林员进行管护；林权所有者为集体的，补偿资金拨付给集体组织，由集体组织聘请护林员进行管护，在除去管护费用后如有结余的应按户或人口数量平均分配；林权所有者为个人的，补偿资金全部拨付给个人，由个人进行管护。

（二）制定《贵州省地方公益林生态效益补偿基金管理办法》，加强补偿资金的管理

在确定地方公益林生态效益补偿标准后，省级财政和林业主管部门应尽快制定《贵州省地方公益林生态效益补偿基金管理办法》，将地方公益林补偿标准、补偿对象、补偿资金的使用范围、管护责任的落实、补偿资金的拨付与管理、检查与监督等逐一细化，印发地方各级财政和林业主管部门遵照执行，进一步规范和加强地方公益林生态效益补偿基金管理，提高资金使用效率。补偿资金实行专项管理，分账核算。

（三）建立健全公益林管理机构

根据贵州省第三次森林资源规划设计调查结果，全省所有县（市、区、特区）均有公益林分布，点多面广。由于公益林建设管理机构不健全，人员、资金不到位，对公益林建设的监管力量薄弱，不能形成有效管理。近年来，随着全省地方公益林

生态效益补偿的启动、中央财政森林生态效益补偿基金范围的不断扩大以及正在进行的天保区重点公益林和全省地方公益林区划界定工作的全面开展，在人员和资金不到位的情况下，势必对公益林实施缺乏有效的监管。因此，建议省、地(州、市)和县(市、区、特区)各级林业主管部门应与政府、编委及财政等部门协调成立公益林管理机构，明确人员编制和经费，加强管理，把公益林建设当成一件关系地区生态安全的大事，常抓不懈，抓出成效，以充分发挥公益林的生态和社会效益。

(四)加大对地方公益林的宣传力度

公益林界定和补偿的工作难度大，涉及面广，是直接关系到广大林农群众的切身利益的问题。为此，应充分利用广播、电视、报刊等渠道，采取多种形式加大宣传力度，一是宣传地方公益林保护的目的意义，增强林农对生态环境保护与治理的责任心和使命感；二是宣传林业法律法规和实施地方公益林保护管理的相关政策，切实做到思想统一，认识统一，行动统一。

(贵州省林业厅森林资源和林政管理处)

关于湿地保护管理及工程实施情况的调研报告

按照国家林业局调研工作安排，局湿地保护管理中心和调查规划设计院于2007年7～9月份分别赴龙江森工集团、大兴安岭林业集团公司、内蒙古森工集团及黑龙江、宁夏、新疆、广东、广西、海南、湖北、湖南、江西等省(自治区)，就湿地保护管理及工程实施情况进行了专题调研。调研结果表明，各地湿地保护管理工作取得了新的成效，湿地工程促进了湿地保护事业的发展。但也面临着一些突出问题，亟待研究解决。

一、湿地保护管理工作取得了很好的成效

(一)地方政府和社会各界日益重视和关注湿地工作

调研的9个省(自治区)和3个国有森工集团公司，均按照国办通知要求，发出了加强湿地保护管理的通知，召开了相关会议，上报并实施了湿地保护与恢复工程项目，采取了较为有效的保护管理措施，湿地保护正在逐步纳入各级地方政府的重要议事日程。湖北省委、省政府主要领导在省委扩大会议、经济工作会议等大型会议上都强调湿地保护管理的重要性，并要求各地都要切实加强对湿地的保护管理。湖北省委书记俞正声同志每年都对湿地保护管理工作有许多批示，如洪湖过度开发问题、梁子湖管理体制问题、大九湖湿地保护问题等。2007年4月30日，俞正声书记、罗清泉省长还带领省直10个部门主要领导赴神农架林区现场办公，解决神农架大九湖湿地的规划、保护和建设等问题。江西省委、省政府为保护鄱阳湖湿地，采取了一系列强有力的措施，出台了《江西省鄱阳湖湿地保护条例》，成立了鄱阳湖湿地保护综合协调领导小组。2007年省政府认真贯彻温家宝总理“要保护好维护好鄱阳湖，使鄱阳湖永远成为一湖清水”的指示，责成林业部门牵头，会同水利、农业、环保等部门对鄱阳湖湿地生态环境实施为期1个月的专项综合整治活动，严厉打击破坏、侵占鄱阳湖湿地的行为。宁夏回族自治区和新疆维吾尔自治区党委、政府结合西部大开发战略的实施，在保持经济快速增长的同时，把生态建设作为社会文明的重要标志，把湿地保护与恢复作为生态建设的主要措施之一。陈建国书记、马启智主席多次带领相关部门负责人深入重要湿地考察，现场办公，给湿地保护与恢复科学定位、科学规划，协调解决问题。大兴安岭地委、行署、林业集团公司实行湿地资源保护地方政府领导负责制，全面停止在湿地采金，对加强湿地保护管理，建设生态功能稳定、生产力高的湿地生态系统提出了明确的要求。各级人大、政协对湿地工作普遍关注。

近几年来，全国人大代表、政协委员提出涉及湿地的议案和提案超过100多件。各级人大、政协

开展了多项湿地保护的专题调研或执法检查，有力促动了湿地保护管理工作的健康发展。2005年，海南省人大常委会组织开展了对1998年出台的《海南省红树林保护规定》等有关红树林保护法规的执法“回头看”活动，及时提出了加强红树林保护的法规修改建议。2006年，广东省政协与广州市政协联合在广州市开展湿地保护与建设调研活动，并向省委、省政府上报《关于广州市湿地保护与建设情况的调研报告》。2006年，黑龙江省人大开展了《黑龙江省湿地保护条例》执法检查活动，由农林委张成义副主任带队，对三江平原、松嫩平原和小兴安岭9处湿地自然保护区进行了检查。在人大、政协的关心和支持下，加强湿地保护，恢复湿地功能已成为许多地方生态建设的重要内容，并成为改善生态环境，促进经济社会全面、协调、可持续发展的重要措施。各地都利用“世界湿地日”、“爱鸟周”等时机，组织开展了多种形式的宣传活动，各级地方政府和社会公众湿地保护意识有了较大提高。如海南文昌市在修建一条省级公路时，为使一片红树林湿地免遭破坏，根据省林业局的建议，重新调整路线并增加投资数百万元，在全省上下引起了极大反响。

（二）湿地立法取得了新进展

调研各省（自治区）中，黑龙江、内蒙古、湖南、广东出台了省级湿地保护条例，江西省出台了《鄱阳湖湿地保护条例》，海南省颁布实施了《红树林保护规定》，两省的湿地保护条例正在制订中。湖北省已完成条例的制订工作，正在协调有关部门，积极推进条例出台。目前，包括陕西、甘肃、辽宁在内的全国7个省出台了省级湿地保护条例，依法保护湿地的氛围正在各地逐步形成。调研了解到，各地在推进湿地立法的过程中，林业主管部门做了大量艰苦的协调工作。如：内蒙古自治区林业厅在开展湿地立法过程中，除了积极主动做好人大法工委和政府主要领导的工作外，还与区政府的相关部门做了大量协调工作，特别是对与湿地保护密切相关的草原、农业、渔业、环保等部门，更是做了大量细致的解释和说明工作。

（三）保护管理机构得到了加强，管理体制正在理顺

国家湿地保护管理中心成立后，天津、吉林、江西、重庆、青海等5省（直辖市）相继成立了专门的湿地保护管理机构，黑龙江、湖南、湖北、广东、宁夏5省（自治区）林业部门正式向省机构编制委员会申请成立省级湿地保护管理机构。调研范围内的黑龙江、湖北、新疆、宁夏等省（自治区）的部分县（市）成立了专门的湿地保护管理局。各地通过立法界定、“三定”方案确定，以及建立综合协调机构等形式，正在逐步理顺湿地保护管理体制，林业部门组织协调职能进一步明确。湖南、湖北、江西、广东等省形成了由主管副省长牵头，林业、水利、农业、环保等多部门共同参与的湿地保护协调机制，办事机构均设在林业部门，较好地发挥了林业部门的组织协调职能。

（四）保护管理的基础工作逐步深化

调研的绝大多数省（自治区）都很注重湿地资源调查监测等基础工作，并根据保护和恢复的实际情况开展了湿地科学研究工作，科技支撑在湿地保护和恢复中的基础地位和作用得到进一步加强。海南省东寨港国际重要湿地于2003年实施了国家林业局湿地资源监测试点项目，为制订“中国国际重要湿地监测技术规程”积累了经验。湖北省于2004～2005年，与世界自然基金会合作，除了在长江中下游湿地开展水鸟调查外，还在重点湖泊，如洪湖、龙感湖、梁子湖、沉湖、网湖、斧头湖、长湖等进行了湿地资源调查，为湖北湿地及其生物多样性保护提供了较为详尽的基础信息。湖南省林业厅结合湿地GEF项目的开展，组织多名生物多样性监测专家，制订了洞庭湖区“生物多样性监测方案”，并开发了“湿地生物多样性监测地理信息系统”，用于洞庭湖区湿地资源监测与数据分析。广东省林业局组织有关的科研院校对红树林及其湿地生态系统进行了多年的研究，重点开展了红树林污染生态学、引种试验、造林对比试验等，成功引进了部分速生树种，使红树林资源逐步得到恢复。2006年，又会同广州地理研究所开发了全省红树林湿地管理信息系统。江西省林业厅从1999年开始，与国家林业局鸟环中心合作，连续7年在鄱阳湖区开展了环湖水禽同步调查。同时，还分别与世界自然基金会、国际鹤类基金会、香港米埔自然保护区等组织建立了

友好关系，先后开展了迁徙鸟类环志、水禽航空调查及白鹤保护研究以及GEF白鹤保护项目等方面的工作，并接待了与湿地相关的国际组织、国际友人的考察交流，达30多个国家和地区，400多人次。大兴安岭林业集团公司组织专家开展东部林区湿地的功能和效益专题研究，评估东部林区面积达106万公顷的湿地总价值为617亿元，其中生态价值为594亿元，占总价值的96%，为林区各级领导关注和重视湿地生态效益提供了科学依据。

二、实施湿地工程加快了保护管理步伐

（一）自然保护区、湿地公园、湿地保护小区等多种保护方式全面发展

调研了解到，实施湿地工程后，各地普遍加大了自然保护区、湿地公园的建设力度。目前，仅黑龙江省就建立了湿地自然保护区54处，总面积超过365万公顷，保护区湿地面积占全省天然湿地总面积的80%以上，其他省（自治区）也在生态重要和脆弱地区建立了各类湿地自然保护区，保护区建设已经成为抢救性保护自然湿地的主要措施。国家湿地公园试点项目在江西、广东、海南、宁夏等省（自治区）取得了初步成效，预计到2007年底，国家林业局审批的国家湿地公园将达到18处，面积约27万公顷。在不宜建立自然保护区、湿地公园的地方，部分省份通过建立湿地保护小区努力解决原来不受重视的小块湿地的保护管理问题。

（二）工程示范项目效果显著

调研范围列入规划的湿地项目共97个，2006年启动实施林业系统湿地项目18个，中央投资3 200多万元，这些示范项目正在按计划推进。在项目实施过程中，各省林业主管部门积极协调发改委、财政厅，落实配套资金。为配合国家湿地工程，大部分省份编制了地方湿地工程规划，并与其他林业工程和地方重点工程相结合，统筹安排，全面推进。国家和地方湿地项目对各地开展湿地保护和恢复起到了重要的引领和示范作用。如广东省共投入1.58亿元实施沿海防护林体系二期工程建设，恢复红树林4 067公顷。江西省开展退田还湖工程，还江还湖面积达到1 524平方千米，使鄱阳湖湿地面积基本恢复到1954年的水平。湖北省投入了7 000万元资金，专门解决洪湖湿地36万亩围网拆除、渔民和职工安置问题，洪湖湿地生态状况得到根本改善。黑龙江省在财力十分有限的情况下，优先在工程范围内的保护区开展了退耕还湿项目，面积达68 800亩，生态和社会效果非常明显。从2002年开始，该省累计为扎龙国际重要湿地补水7亿立方米，扎龙湿地生态状况明显好转。目前，在国家湿地工程的带动下，全国许多地方开展了湿地保护和恢复的试验，效果明显。

通过调研，我们得到以下启示：领导重视是搞好湿地保护管理工作的重要保障；部门协作是落实湿地保护管理各项政策措施的必要条件；工程带动是湿地保护和恢复的有力举措；自然保护区、湿地公园、湿地保护小区是湿地保护的主要方式；科技支撑是湿地保护和恢复的基本保证；良好的社会舆论是推进湿地保护管理工作的重要前提；立法和执法是加强湿地保护管理的长效措施。这些启示对于进一步做好全国湿地保护管理工作具有长期的指导意义。

三、问题及建议

（1）投入不足是制约湿地工程顺利实施的主要问题。按照《全国湿地保护工程实施规划》，2005～2010年，应安排中央预算内专项资金36亿元，年均约7.3亿元（按5年平均）。2006、2007两年安排中央投资5亿元，仅占实际应到位14.6亿元的34.3%。调研省份列入规划的97个项目共需中央投资13亿元。2006年，调研省份启动湿地项目23个，中央投资5782万元，资金到位率仅为22%。国家规划的示范项目类型和规模不得不压缩和减少，照此下去，规划目标将难以实现。建议国家从2008年开始，加大湿地工程投入力度，确保湿地规划按计划实施。

（2）机构薄弱妨碍了湿地工作的有序开展。机构薄弱已成为制约湿地保护管理工作的关键问题。正是认识到这一点，一些湿地大省在国家湿地保护管理机构成立后，采取积极措施，加强湿地保护管理机构建设。为从根本上解决各地湿地保护管理机构建设，建议中央编办给予必要支持，协调各省特

别是湿地大省成立专门的湿地保护管理机构，为全面推动湿地工作提供组织保障。

(3)补偿机制缺乏导致重要湿地得不到有效保护。各地强烈反映，湿地生态效益必须实行有偿使用制度。国家应当尽快出台湿地生态效益补偿政策，对全流域、跨地域的湿地实行中央财政转移支付等办法进行补偿。同时，各省也应当实行相应办法进行补偿。此问题可在调研基础上先进行试点，再出台相关补偿办法。

(4)科技支撑不力是保护工作进展缓慢的重要因素。各地普遍存在着科研力量不足、经费缺乏、设施设备落后等问题，导致湿地保护和恢复的技术瓶颈无法得到解决。建议按照国家规划的要求，尽快开展与工程密切相关的基础理论研究、支撑技术研究、实用技术研究等，通过科技支撑促进全国湿地保护和恢复工作的全面发展。

(5)法制不健全导致保护管理工作无法可依。全国还有24个省(自治区、直辖市)没有完成湿地立法，其保护管理工作普遍相对滞后。国家湿地立法虽然列入了国务院计划，但由于部门协调难度很大等多种原因，条例草案仍未递交国务院法制办。建议继续加大协调力度，做好条例出台配合工作，尽快出台国家湿地保护条例。

调 研 单 位：国家林业局湿地保护管理中心
国家林业局调查规划设计院
调研组成员：马广仁　王忠仁　刘国强　鲍达明
王福田　张明祥

关于森林生态文化体系建设

建设繁荣的生态文化体系是现代林业的重要任务

——全国生态文化调研报告

生态文化是人与自然和谐发展的文化，是生态文明社会核心价值体系的重要组成部分。加强生态文化体系建设，对于落实科学发展观、构建和谐社会、建设社会主义新农村、提高全民族生态文明素质具有重大的现实意义和深远的历史意义。根据国家林业局统一部署，2007年5月至11月，国家林业局宣传办公室、人事教育司、科学技术司、国有林场和林木种苗工作总站、林业工作站管理总站、中国林业科学研究院、北京林业大学等单位联合组成西北片、华东中南片、华南片、西南片、东北片等5个调研组，分别赴山西、甘肃、新疆、福建、湖南、云南、贵州、四川、海南、广东、浙江、黑龙江等12个省(自治区)进行专题调研。现将调研情况报告如下：

一、生态文化体系建设的基本情况

我国具有悠久的历史文化传承。丰富的自然人文景观和浓郁的民族、民俗、乡土文化积淀，为本次调研提供了科学的理论依据和翔实的物质基础。新中国成立以来，特别是改革开放以来，各级党委和政府高度重视林业发展和生态文化体系建设，并在实践中不断得以丰富、发展与创新。由于历史文化、地理区位和民族习俗的不同，各地生态文化体系建设充分显示了资源丰富，各具特色，潜力巨大，前景广阔的特点。

(一)资源丰富

我国历史文化、民族习俗和自然地域的多样性，决定了生态文化发展背景、资源积累、表现形式和内在涵义的五彩纷呈与博大精深。在人与人、人与自然、人与社会长期共存、演进的过程中，各地形成了丰富而独具特色的生态文化。自然生态资源与历史人文资源融为一体，物质文化形态与非物质文化形态交相辉映，不仅为满足当代人、乃至后

代人生态文化多样化需求提供了物质载体，而且关注、传播、保护、挖掘、继承和弘扬生态文化，必将成为构建生态文明社会的永恒主题。以山西省为例。该省至今保留数以千计的古树名木，仅入选《山西古稀树木》一书的就有109种1 149株。享有盛誉的洪洞老槐树，如今已演绎成百姓“寻根问祖”的祭祀文化形式。太原晋祠的周代侧柏、解州关帝庙的古柏群等，堪称树木文化中的瑰宝。在木质建筑文化方面，世界最高、最古老的应县辽代木塔不仅建筑雄伟，而且木雕工艺精美绝伦；平遥古城诸多商号钱庄与祁县乔家大院、灵石王家大院等，既是晋商文化的象征，又是我国北方私家园林造园艺术与木雕艺术的结晶。在园林文化方面，有太原晋祠、解州关帝庙、永济普救寺等。森林公园和风景名胜区方面，则有四大佛教圣地之首的五台山以及北岳恒山、永济五老峰、方山北武当等。再看新疆。新疆拥有独特的天山文化、荒漠文化和林果文化（诸如吐鲁番的葡萄、库尔勒的香梨、阿克苏的大枣、石河子的蟠桃等等）。新疆森林以其雄伟、宽广、险峻、奇丽的自然美征服世人，不仅为社会提供精神产品，同时吸引文学家、艺术家以其为题材创作无数脍炙人口的文艺作品。新疆地区各族人民长期生活在森林、草原与绿洲之中，对绿色情有独钟，祖祖辈辈养成了植绿、护绿、爱绿的良好习俗和自觉的生态意识、生态道德。在新疆地区，许多反映古老文明兴衰存亡与沧桑变迁的文化遗迹，显现出人与自然共存的历史进程。生态旅游资源方面，新疆拥有乔戈里山、喀纳斯湖、塔克拉玛干沙漠、古尔班通古特沙漠、乌尔禾雅丹地貌、天山库车大峡谷、天山托木尔冰川、天山雪岭云杉林、轮台胡杨林、巴音布鲁克湿地、喀纳斯湖畔的图瓦村、伊犁草原等，它们以其独特的文化底蕴与绮丽的自然魅力，吸引和征服着国内外游客。此外，甘肃地区的伏羲文化、三国文化、大地湾文化、秦国早期文化、敦煌与麦积山石窟文化，云南地区的茶文化、花文化、蝴蝶文化、民居民俗文化，江南山水文化、园林文化，西部和东北的动物文化（大熊猫、东北虎、金丝猴、野骆驼、野驴、野马、马鹿、藏羚羊等）、湿地文化（天鹅、白鹤、鹳雀、大雁等）和恐龙化石文化等，同样在国内独树一帜。本次调研足迹所到之处，甚至全国各省（自治区、直辖市），都可以如数家珍般举出反映各自生态文化的精品实例。人类在与森林、草原、湿地、沙漠的朝夕相处、共生共荣中，所形成的良好习俗与传统，已深深融入到当地的民族文化、宗教文化、民俗文化、乡规民约和图腾崇拜之中。这些宝贵的生态文化资源，为建设繁荣的生态文化体系奠定了良好的基础。

（二）起步良好

进入21世纪以来，中共中央、国务院作出了《关于加快林业发展的决定》，加快实施林业重点工程、确立了以生态建设为主的林业发展战略，我国林业建设取得了举世瞩目的巨大成就。近年来，各省（自治区、直辖市）立足本地区实际，贯彻生态建设、生态保护的理念，调整经济社会发展战略和林业发展战略，不断加大生态保护和建设力度，以适应经济社会全面协调可持续发展需要。各省不仅先后出台了贯彻中央林业决定的意见，而且广东、浙江、福建、湖南等省提出了建设生态省的战略构想，开展了现代林业发展战略研究与规划，林业建设取得巨大成就。以海南省为例。海南依托丰富的人文资源，独特的地域文化和民族文化，率先在全国提出建设生态省的发展思路，为生态建设立法。在《海南生态省建设规划纲要》中指出，“生态文化建设是生态省建设的重要组成部分”。生态文化正在成为社会主义先进文化的重要内容，推动生态建设的强大动力，经济社会发展的朝阳产业和建设生态文明社会的重要基础。

（三）需求强劲

随着国民经济的快速发展，生态形势的日趋严峻，全社会对良好生态环境和先进生态文化的需求空前高涨。这种生态文化需求包括精神层面和物质层面。在生态文化需求的精神层面上，研究、传播和培育生态理论、生态立法、生态伦理和生态道德方面显得尤为迫切。文化是一种历史现象，每一社会都有与其相适应的文化，并随着社会物质生产的发展而发展。先进文化为社会发展提供精神动力和智力支持，同先进生产力一起，成为推动社会发展的两只轮子。生态文化是人与自然和谐相处、协同发展的文化，对生态建设和林业发展有强大的推动作用。在生态文化需求的物质层面上，大力发展生态文化产业，既推动了林业产业发展、促进山区繁荣和林农致富，又满足人们生态文化消费的需要。据统计，“十五”期间，全国森林公园旅游人数达6.4亿人次，比“九五”翻了两番，年均增幅超过20%。2006年旅游人数上升到2.13亿人次。各地利用丰富的自然资源、独特的生态类型、多样的民族风情和良好的文化习俗，挖掘特色生态文化资源，带动了一批富有特色、充满活力的生态文化产业。例如云南普洱茶文化，迪庆藏族自治州“三江并流”文化，四川省青神县“竹编艺术”，海南椰树文化、槟榔文化，福建水仙文化，浙江竹文化等。

（四）潜力巨大

生态文化建设和产业发展的潜力巨大，前景广阔。一是生态文化资源开发潜力巨大。我国历史悠久，地域辽阔，蕴藏着极其丰富的自然与人文资源。在这些资源中，有的是世界历史文化的遗产，有的是国家和民族的象征，有的是人类艺术的瑰宝，有的是自然造化的结晶。这些特殊的、珍贵的、不可再生的自然垄断性资源，不仅有着独特的、极其重要的自然生态、历史文化和科教审美价值，而且蕴藏着丰厚的精神财富和潜在的物质财富。其中相当一部分资源还未得到有效的保护、挖掘、开发和利用。二是生态文化科学研究、普及与提高的潜力巨大。胡锦涛总书记在党的十七大报告中把“建设生态文明”列为全面建设小康社会的重要目标，这不仅关系到产业结构调整和增长方式、消费模式的重大转变，而且赋予研究和构建生态文化体系以新的使命。这就是通过生动活泼的生态文化活动，增强人们的生态意识、生态责任、生态伦理和生态道德，促进人与自然和谐共存，经济与社会协调发展，全社会生态文明观念牢固树立。三是生态文化产业的市场潜力巨大。据国家旅游局预测，到2020年，我国国内居民出游率将达到311%，国内旅游人数达到45亿人次，旅游业总收入将超过3.3万亿元人民币。在我国人均GDP达到1 000美元后，走进森林、回归自然的户外游憩将成为消费热点，森林旅游将达到12亿～15亿人次，同时，旅游方式也将从“走马观灯”式向探索自然奥秘转变，真正感受生态文化魅力的“知性之旅”。

（五）顺应潮流

建设先进而繁荣的生态文化体系，顺应时代潮流。随着近代工业化进程加快，全球生态环境日趋恶化，引起国际社会的热切关注。20世纪80年代，联合国成立了环境与发展委员会。1987年，由挪威首相G·H·布伦特兰夫人主持撰写的《我们共同的未来》报告，全面地阐述了可持续发展的概念。这一概念被1992年联合国环境与发展大会所接受，成为指导人类未来发展的共同理论。此后，许多国际知名学者认识到文化对于生态建设的重要性。著名生态思想史家唐纳德？沃斯特称：“我们今天所面临的全球性生态危机，起因不在生态系统本身，而在于我们的文化系统。”罗马俱乐部的创始人贝切利指出：“人类创造了技术圈，入侵生物圈，进行过多的榨取，从而破坏了人类自己明天的生活基础。因此如果我们想自救的话，只有进行文化价值观念的革命。”北美、欧洲、日本、澳大利亚等许多发达国家和地区，高度重视森林可持续经营和生态文化体系建设，收到明显效果。世界各国森林经营理论也由传统的永续利用转变为可持续经营，城市森林建设已成为生态化城市的发展方向，传统林业正迅速向现代林业转变。

二、生态文化体系建设的基本经验

各地在生态文化建设中积累了许多好的经验，概括起来主要有以下几方面：

（一）政府推动，社会参与

生态文化体系建设是一项基础性、政策性、技术性和公众参与性很强的社会公益事业。各级政府应当成为积极推动生态文化体系建设的倡导者和组织者，把生态文化体系建设纳入当地国民经济和社会发展中长期规划，充分发挥政府在统筹规划、宏观指导、政策引导、资源保护与开发中的主体地位和主导作用，通过有效地基础投入和政策扶持，促进市场配置资源，鼓励多元化投入，实现有序开发和实体运作。这既是经验积累，也是发展方向。比如，云南省提出建设绿色经济强省的目标，启动了七彩云南保护行动计划。贵州省实施“生态立省”战略，构筑两江生态屏障，再造贵州秀美山川。四川省把“到2010年，建成长江上游生态屏障”作为全省经济社会发展的主要目标之一。这些发展思路，对西南地区生态建设和林业发展产生重大影响。同时，全社会广泛参与是生态文化体系建设的根本动力，大幅度提高社会公众的参与程度，是生态文化体系建设的重要目标。广东、浙江等省把培育和增强民众的生态意识、生态伦理、生态道德和生态责任列为构建生态文明社会的重要标志，将全省范围内的所有城市公园免费向公众开放，让美丽的山水、园林、绿地贴近市民，深入生活，营造氛围，陶冶情操，收到事半功倍的良好效果。

（二）林业主导，工程带动

森林、湿地、沙漠三大陆地生态系统，以及与之相关的森林公园、自然保护区、乡村绿地、城市森林与园林等是构建生态文化体系的主要载体，涉及诸多行业和部门。林业部门是保障国体生态安全，实施林业重大生态工程的主管部门，在生态文化体系建设中发挥着不可替代的主导地位和作用。这是确保林业重点工程与生态文化建设相得益彰，协调发展的基本经验。广州市在创建森林城市活动中，以实施“青山绿水”工程为切入点，林业主导，各业协同，遵循“自然与人文相宜，传统与现代相兼，生态建设与文化建设相结合”的原则，精心打造城市生态体系，不仅提升了城市品位和魅力，而且促进了全市生产方式、生活方式、消费观念和生态意识的变化。新疆阿克苏市柯柯牙绿化工程，五届领导班子一任接着一任干，一张蓝图画到底。经过20多年的艰苦奋斗，使全市森林覆盖率由12%增加到30.6%，生态环境得到明显改善。

（三）宣传教育，注重普及

生态文化重在传承弘扬，贵在普及提高。各地通过各种渠道开展群众喜闻乐见的生态文化宣传普及和教育活动。一是深入挖掘生态文化的丰富内涵。如云南、贵州省林业厅经常组织著名文学艺术家、画家、摄影家等到林区采风，通过新闻媒体和精美的影视戏剧、诗歌散文等作品，宣传普及富有当地特色的生态文化，让广大民众和游客更加热爱祖国、热爱家乡、热爱自然。二是以各种纪念与创建活动为契机开展生态文化宣教普及。各地普遍地运用群众，特别是青少年和儿童参与性、兴趣性、知识性较强的植树节、爱鸟周、世界地球日、荒漠化日等纪念日和创建森林城市活动，潜移默化，寓教于乐。三是结合旅游景点开展生态文化宣传教育活动。例如云南省丽江市东巴谷生态民族村，在景区中设置大量与生态文化有关的景点，向游客传播生态知识和生态文化理念。四是建立生态文化科普教育示范基地。各地林业部门与科协、教育、文化部门联合，依托当地的自然保护区、森林公园、植物园，举办知识竞赛，兴办绿色学校，开办生态夏令营，开展青年环保志愿行动和绿色家园创建活动。

（四）丰富载体，创新模式

生态文化基础设施是开展全民生态文化教育的重要载体，也是衡量一个地方生态文明程度的重要标志。截至2006年底，全国已建立各级森林公园2 067处，规划总面积1 569万公顷，其中国家级森林公园660处，面积1 125万公顷。福建省已建成31个省级以上自然保护区，有25个自然保护区已开展科普教育活动，普遍建了森林博物馆、观鸟屋、宣教中心等。福州国家森林公园利用自身优势，建成了目前全国唯一规模最大的森林博物馆，已成为生态文化传播基地。地处海口市的海南热带森林博览园，是一个集旅游观光、系统展示与科普教育等多功能于一体的热带滨海城市森林公园。海南省霸王岭自然保护区挖掘树文化的内涵，开辟出多条栈道，为树木挂牌。各地生态文化培育和传播的模式得到不断创新。诸如海南儋州市自2002年创立以来创办的生态文化论坛和文明生态村，以及福州旗山国家森林公园推出的“森林人家”已成为闻名全国的森林生态文化旅游品牌，在新农村建设中焕发了青春。

（五）产业拉动，兴林富民

生态文化产业的发展促进了山区繁荣和农民增收致富。据统计，森林公园通过发展森林旅游已经使2 700个乡、12 000个村、近2 000万农民受益，带动森林公园周边4 654个村脱贫，直接吸纳农业人口就业数量近50万个。农民意识到山川秀美是一笔巨大的财富，农民有了热爱家园的自豪感，自觉珍惜资源、保护环境，变被动保护为主动保护，爱绿、护绿、兴绿成为新风尚。尤其是湖南、福建两省森林旅游业特色鲜明，方兴未艾。不仅带动了茶文化，竹文化，花卉文化等产业的发展，而且对繁荣生态文化，增强当地林农生态保护意识，带动周边乡村经济发展和林农致富起到了显著作用。

三、当前生态文化体系建设重存在的主要问题

在调研中，初步发现各地在生态文化建设中普遍存在以下突出问题：

(1)生态文化知识的普及不够，生态文明意识还比较薄弱。具体表现为用科学发展观正确认识和处理人与自然、生态保护与产业开发、生态指标与政绩考核的相互关系上，还存在片面强调眼前而忽视长远，只顾当代人而不顾后代人的不可持续的观点。由于生态文化体系建设提出来的时间比较短，各地对生态文化体系建设的理解还比较模糊，从工作层面上讲，对生态文化体系建设抓什么、怎么抓的问题不十分明确。

(2)生态文化体系建设的投入不足，基础设施不够完善。近年来，我国自然保护区、森林公园建设有了长足进步，但总体上仍然资金不足，运转较为艰难。生态文化基础设施跟不上而导致产业开发滞后。生态文化方面的图书资料、音像作品等基本资料相当匮乏，造成有些地方是只有资源而没有文化。从国家层面上至今还没有一个森林博物馆。

(3)生态文化体系建设的管理体制不顺，职责不清。生态文化体系和林业生态体系、林业产业体系并称为林业三大体系，是新时期全面推进现代林业建设的主要目标和任务。对于这样一个崭新的课题，各地没有明确的组织机构、相应的人员和经费保证。从管理体制上，林业部门在生态文化体系建设中的主体地位有待强化，协调能力亟待加强。尤其在职责分工、利益分配、责任划分等问题上，由于利益驱动，往往造成自然保护区和森林公园保护的责任由林业部门承担，而旅游开发的收益则不能反哺的做法，不利于调动各方的积极性，严重影响了生态文化体系建设。

(4)生态文化产品单一，产业不够发达。当前，我国生态文化体系建设还存在思想认识不足、基础设施薄弱、理论研究滞后、服务体系欠缺、品牌效应不高等突出问题。尤其是中西部地区，由于起步较晚，后发优势没有得到充分显现。加上从业人员的综合素质较低，专业技能与基本素质培训的任务还很艰巨。

(5)生态文化理论研究滞后，科技支撑不足。生态文化体系建设亟须科学的理论来指导。尽管近几年来不少专家学者从不同角度对生态文化进行了研究，但是还没有形成成熟系统的理论体系。对生态文化体系建设的科学研究和人才培养投入亟待加大。

四、加强生态文化体系建设的几点建议

基于对我国生态文化体系建设的基本情况、基本经验以及主要问题的调研分析，提出如下几点建议：

(一)加强领导，明确职责，构建生态文化建设的组织体系

生态文化建设是一个涉及多个管理部门的整体工程，需要林业、环保、文化、教育、宣传、旅游、建设、财政、税收等多部门的协调与配合。森林文化是生态文化的主体，森林文化建设是生态文化体系建设的突破口和着力点，林业部门应在生态文化建设中承担主导作用，同时发挥其他部门在生态文化体系建设中的作用，确保全国生态文化体系建设“一盘棋”。

在林业部门内部将生态文化体系建设作为与林业生态体系建设、林业产业体系建设同等重要的任务来抓，加强领导，明确职责，建成强有力的组织体系和健全有效的工作机制，加快推进生态文化体系建设。

(二)编制规划，完善政策，构建生态文化建设的制度体系

为使生态文化建设走上有序化、法制化、规范化轨道，必须尽快编制规划，完善政策法规，构建起生态文化建设的制度体系。首先，要将生态文化体系建设纳入国家和林业《“十一五”和中长期发展规划》。在此基础上，进一步编制《生态文化体系建设“十一五”和中长期发展规划》，明确指导思想、目标任务、实施步骤、保障措施，指导全国的生态

文化建设。建议选择在生态文化建设有基础的单位和地区作为试点，然后总结推广。其次，将生态文化体系建设纳入法制化轨道。要在现有《森林法》和林业法制的基础上，做好与生态文化建设相关法律法规的立法、修订和完善工作，使之做到有法可依、有法必依、执法必严、违法必究。在政策、财税制度方面给予倾斜和支持，鼓励支持生态文化理论和科学研究的立项，制定有利于生态文化建设的产业政策，鼓励扶持新型生态文化产业发展，尤其要鼓励生态旅游业等新兴文化产业的发展。第三，加快生态文化体系建设制度化进程。生态文化体系建设需要规范的制度作保障，要尽快进行生态指数调查、监测制度，及时发布我国生态状况信息；建立生态文化宣传教育机制，全面提高全民生态意识；建立生态文化建设的专项经费保障制度，生态文化基础设施建设投入纳入同级林业基本建设计划，争取在各级政府预算内基本建设投资中统筹安排解决等。

（三）加强研究，培养人才，构建生态文化建设的理论体系

加强关于生态文化建设的理论研究。建议国家林业局设立课题，组织相关专家学者，对生态科学、生态经济、生态政治、生态哲学、生态文化等知识学科进行系统研究，打牢指导和推进生态文化体系建设的理论和知识基础。当前，重点研究：生态文明与生态文化的关系、人与自然的关系、生态文化与和谐社会的关系、生态文化体系与林业产业体系和林业生态体系之间的关系、生态伦理与生态价值观等重大问题进行研究攻关。支持召开一些关于生态文化建设的研讨会，出版一批专著和学术期刊，宣传生态文化研究成果。在对我国生态文化体系建设情况进行专题调查研究和借鉴学习国外生态文化建设经验的基础上，构建我国生态文化建设的理论体系，形成比较系统的理论框架。加强生态文化学科建设、科技创新和教育培训，培养生态文化建设的科学研究人才、经营管理人才，打造一支专群结合、素质较高的生态文化体系建设队伍。

（四）加强投入，夯实载体，构建生态文化建设的物质体系

建立以政府投入为主，全社会共同参与的多元化投入机制。在国家林业局的统一领导下，启动一批生态文化载体建设工程。对改造整合现有的生态文化基础设施，完善功能，丰富内涵。切实抓好自然保护区、森林公园、森林植物园、野生动物园、湿地公园、城市森林与园林等生态文化基础设施建设。充分利用现有的公共文化基础设施，积极融入生态文化内容，丰富和完善生态文化教育功能。广泛吸引社会投资，在有典型林区、湿地、荒漠和城市，建设一批规模适当、独具特色的生态文化博物馆、文化馆、科技馆、标本馆、科普教育和生态文化教育示范基地，拓展生态文化展示宣传窗口。保护好旅游风景林、古树名木和各种纪念林，建设森林氧吧、生态休闲保健场所，充分发掘其美学价值、历史价值、游憩价值和教育价值，为人们了解森林、认识生态、探索自然、休闲保健提供场所和条件。

（五）突出特色，挖掘潜力，构建生态文化建设的产业体系

各地应突出区域特色，挖掘潜力，依托载体，延长林业生态文化产业链，促进传统林业第一、第二产业向生态文化产业升级。既要在原有基础上做大做强山水文化、树文化、竹文化、茶文化、花文化、药文化等物质文化产业，也要充分开发生态文化资源，努力发展体现人与自然和谐相处这一核心价值的文艺、影视、音乐、书画等生态文化精品。同时，充分挖掘生态文化培训、咨询、网络、传媒等信息文化产业，打造森林氧吧、森林游憩和森林体验等特色品牌。有序开发森林、湿地、沙漠自然景观与人文景观资源，大力发展以生态旅游为主的生态文化产业。鼓励社会投资者开发经营生态文化产业，提高生态文化产品规模化、专业化和市场化水平。

（六）拓宽渠道，扩展平台，构建生态文化建设的传播体系

在采用报纸、杂志、广播、电视等传统传播媒介和手段的基础上，充分利用互联网、手机短信、博客等新兴媒体渠道，广泛传播生态文化；利用生态文化实体性渠道和平台，结合“世界地球日”、“植树节”等纪念日和“生态文化论坛”等平台，积极开展群众性生态文化传播活动。特别重视生态文

化在青少年和儿童中的传播，做到生态文化教育进教材、进课堂、进校园文化、进户外实践。在林业系统内部，继续作好由政府主导的“国家森林城市”、“生态文明示范基地”的命名活动，使生态文化理念成为全社会的共识与行动，最终建立健全形式多样、覆盖广泛的生态文化传播体系。

调研单位：国家林业局宣传办公室
国家林业局人事教育司
国家林业局科学技术司
国家林业局林业工作站管理总站
国家林业局国有林场和林木种苗工作总站
中国林业科学研究院
调研组成员：曹清尧 厉建祝 叶 智 杨连清
蔡登谷 林海涛 胡春姿 樊宝敏
杨志华 胡 铮 俞 辉 刘晓玲
陈学群 陈立桥 刘宏明 侯 艳
陈峥嵘 吴红军

江西省森林公园与森林旅游产业调研报告

进入 21 世纪，随着我国社会、经济持续快速发展以及我国林业建设全面实施以生态建设为主的发展战略，江西省林业在省委省政府的正确领导下，以丰富的森林风景资源为依托，以日益增长的森林旅游市场为导向，大力建设森林公园、发展森林旅游。特别是近年来，江西省森林公园发展迅速，森林旅游产业规模不断壮大，生态、社会、经济效益稳步增长，为保护森林资源、合理调整林区产业结构、带动农村脱贫致富、促进社会经济文化发展、建设绿色生态江西起到了积极作用。

一、森林公园与森林旅游产业发展取得的主要成绩

（一）森林公园建设已成为江西省森林风景资源和林区自然文化遗产保护的一项重要举措

2006 年底，全省共有森林公园 88 处，经营总面积达 42.55 万公顷，占全省林业用地面积的 4%，其中国家级森林公园达 36 处，经营面积为 33.07 万公顷，个数居全国第一。全省森林公园的分布范围涉及到 11 个设区市，形成了江西省林区独具特色的以森林景观为主体，地质景观、水体景观、天象景观、人文景观等资源多样化，森林风景资源保护管理与开发建设相结合的森林公园体系。这一体系的建立与发展，不仅使江西省林区一大批珍贵的自然文化遗产资源得到有效保护，而且有力地促进了国家生态建设和自然保护事业的发展。

（二）森林公园建设为丰富人们的社会文化生活、满足人们日益增长的户外游憩需求提供了良好机会

森林公园优美的森林风景资源和优良的生态环境，正逐步成为社会公众进行户外游憩、开展生态旅游的理想场所。2006 年全省森林公园接待旅游人数达到 912.51 万人次，占当年省内旅游总人数的 15%，预计 2007 年全省森林旅游人数将首次突破 1 千万人次。森林公园不断挖掘和丰富生态旅游的文化内涵，推出以生态教育、科普教育和爱国主义教育为主题的旅游活动，使人们在寓教于乐中增长了知识，受到了教育。三爪仑、梅岭、武功山、龟峰、三百山、铜钹山等一批森林公园被当地政府确立为精神文明、生态环境和科普教育基地，有力地推动了当地社会文化事业和精神文明的发展。

（三）森林旅游产业规模不断扩大，经济效益快速增长，带动功能日益增强，有力地促进了社会主义新农村建设

（1）森林公园的旅游开发建设受到社会各界的广泛重视，基础设施和旅游服务接待设施等条件明显改善，产业规模不断壮大。目前，全省森林公园旅游线路达 2 700 多千米，旅游接待床位数 2 万多张，就餐容量近 4 万个，直接从事森林旅游的职工近 4 000 人，社会森林旅游从业人员近 2 万人，初

步形成了森林旅游产业“吃、住、行、游、购、娱”六要素配套发展的服务体系。

(2)森林公园开展旅游的经济效益快速提高。据不完全统计，全省森林公园以门票为主的旅游收入达5.17亿元。如以三爪仑国家示范森林公园为主的靖安生态旅游年总收入4 500万元，对全县GDP贡献率达到5%。森林旅游产业逐步成为林业产业中最具活力和最具发展前景的新兴产业，标志着对森林资源的经济利用方式发生了重大转变，走出了一条不以消耗森林资源为代价，又能充分发挥森林的社会、经济、生态三大效益，促进林业全面可持续发展的新路子。

(3)森林旅游产业的带动功能得到充分发挥。“十五”期间平均每年吸引省内外投资约3亿元，平均每年实现森林旅游的社会综合产值近15亿元，直接推动了地方经济的发展。森林公园建设是“在林区中建城镇，在城市中建公园”，有力地促进了不少边远地区道路、交通、通讯、水电和城镇建设的发展，使当地农村村容村貌有了极大改善，路宽了、房屋整齐了、树更绿了，农民生活环境更清洁、更优美了，一些昔日的小山村，如今变成了新兴的森林旅游小城镇。如万安国家森林公园通过基础设施建设，完成了县城到森林公园景区内电站大坝码头道路硬化、亮化工程，使沿路的村民由出行的沙石烂路变成今天宽敞的大马路，同时结合深山区移民政策，对园区内农民进行了迁移，既改善了农民以前居住深山生活不便的困难，又保护了森林公园风景资源。又如，靖安县毗炉村80%的村民参与三爪仑国家示范森林公园森林旅游服务，“十五”期间全村年纯收入近200万元。

二、森林公园和森林旅游产业发展的优势、潜力和问题

(一)优势与潜力

(1)具有丰富而独具特色的森林风景资源。我省林地占国土面积的63.67%，森林覆盖率高达60.05%，居全国前列。丰富的森林资源、绚丽的森林景观，与高山、峡谷、奇峰、怪石等地质地貌景观，与瀑布、温泉、湖泊、水库等水文景观，与我省深厚的历史文化积淀、红色旅游等人文景观有机结合，形成了多种多样的森林风景资源，为森林公园建设和森林旅游产业发展提供了巨大的发展空间。但是，目前江西省森林公园规划面积仅占林地面积的4%(全国为6%)，加快森林公园建设具有很大的潜力。

(2)生态旅游需求日益增长。在我国人均GDP超过1 000美元(江西省2006年人均GDP为1 188美元)后，随着人们生活水平的提高和自由支配时间的增多，走进森林、回归自然的户外游憩正逐步成为进入小康社会后人们扩大精神文化消费的热点。有专家预测，在21世纪最初的20年里，森林旅游人数将以两位数百分比增长，旅游总人数中有2/3以上的旅游者要走进森林。据《江西旅游业发展“十一五”规划纲要》，2010年江西省旅游接待总人数将突破1亿人次，按目前全国森林旅游人数占国内旅游人数的1/2～2/3计算，森林旅游需求量将达到2 500万～3 300万人次，是江西省2006年森林旅游接待人数的三倍左右。要满足人们日益增长的生态旅游的需求，不断扩大对社会公众开放的森林空间，就要求我们必须加快森林公园建设步伐。

(3)森林旅游产业发展潜力巨大。旅游业是当今世界发展速度最快、发展势头最强劲的产业之一，以森林旅游为主体的生态旅游是现代旅游的发展趋势，越来越受到世界各国的重视。据《江西旅游业发展十一五规划纲要》，到2010全省旅游总收入将达到900亿元，按全国平均森林旅游占旅游业1/4计算，江西省森林旅游产业规模将达到225亿，将成为林业的支柱产业。可见，江西省森林旅游产业有着十分巨大的市场潜力和广阔的发展前景。

(二)存在的主要问题

(1)对森林公园建设和森林旅游发展在新农村建设的重要作用认识不足。我省森林公园多数是在国有林场的基础上发展起来的，90%以上的森林公园处在山区、林区，森林公园建设和森林旅游发展与农村建设和发展息息相关。但是，长期以来，基本上只是把森林公园建设作为国有林场开展森林旅游的一个多种经营项目来发展。这种情况尽管近年有所改变，但在新农村建设中的地位、作用仍没有得到应有的重视，严重影响了这项事业的健康发展，也使得其应有的作用未能有效发挥。

(2)占用征用森林公园林地不规范。由于森林公园一般地处山区、林区，自然和森林景观优美，一些个人和商贩为了追求自身利益肆意侵占森林公园的林地，造成森林资源的严重破坏，同时也严重损坏了森林公园的形象。如在梅岭国家森林公园修建豪华坟墓、在莲花洞省级森林公园兴建豪华别墅等，在严重侵占森林公园林地、毁坏森林资源和破坏森林景观的同时，也给江西省森林公园形象造成了极坏的影响。

(3)投入严重不足，建设和管理资金短缺。长期以来，森林公园建设未能纳入中央和地方国民经济与社会发展计划，缺乏国家宏观投资政策的有力扶持和引导，严重制约着森林公园快速的发展及其效益的充分发挥，突出表现在：一是保护和管理经费缺乏，不能很好承担起保护国家珍贵的森林风景资源的重任；二是森林公园基础设施、自然教育、科普宣传等公益性设施建设十分薄弱，远不能满足人们日益增长的户外游憩需求和进行自然保护的需要，同时也大大降低了森林公园对外招商引资能力和自我发展能力；三是宏观调控能力减弱，一些森林公园在引进社会资金进行开发的过程中出现了重眼前、轻长远，重开发、轻保护，重经济效益、轻社会生态效益，甚至造成资源严重破坏的现象，保护珍贵的森林风景资源的形势变得更加严峻，也使得高品质的森林风景资源无法得到高效利用。

(4)法制建设滞后，管理力度弱。我国林区丰富的自然资源及其所形成的自然景观是国家珍贵的自然遗产，目前仍缺乏相应的法律、法规来保护和管理。1994年林业部出台的《森林公园管理办法》只是部门规章，对外约束力差，已不适应当前形势发展的需要。森林风景资源的开发利用情况十分复杂，条块分割，管理权属不一。有的地方同一区域，既是森林公园，又是风景名胜区、自然保护区、地质公园等，牌子众多，管理部门众多，各部门间既相互牵制，又各自为政，造成机构重叠、多头管理、决策分散、扯皮不断，不利于资源的保护和统一开发利用。一些地方受经济利益的驱动，在森林公园内乱批、乱占、乱建，一些单位和部门强行插手森林公园管理，有的地方借招商引资之名，随意改变森林公园的性质和原有的隶属关系，严重影响了森林公园建设和森林旅游的发展。目前，我省仍没有任何地方性法规来规范森林公园建设和森林旅游产业发展。

三、对策与建议

森林公园建设和森林旅游产业发展为促进绿色生态江西、社会主义新农村建设提供了一条可行的途径，应该成为林业服务绿色生态江西、社会主义新农村建设的一种有效办法。为此，建议如下：

(1)提高认识，明确定位。从根本上改变将森林公园建设和森林旅游业发展仅仅作为林业多种经营附属产业的地位，应充分认识到森林公园开发建设在“生态”、“兴林”、“富民”中的突出作用，真正将其纳入社会经济发展计划和林业在绿色生态江西、社会主义新农村建设中的总体部署中加以推进。

(2)进一步加快发展步伐。提高江西省以森林景观游憩利用为主的森林比重，扩大为公众开展户外游憩活动服务的森林空间，进一步带动乡村旅游和以森林公园为依托的“农家乐”、“林家乐”等旅游活动的发展。

(3)加大投资力度。一方面，要建立起政府对森林公园基础设施、公益性设施建设及自然、文化景观保护的投入机制，建议省里从旅游投资中切出一块专项资金用于森林公园建设。提高森林公园建设水平、对外招商引资能力和自我发展能力，使资源优势尽快转化为产业优势和经济优势，使更多的农民享受到发展森林旅游带来的实惠。另一方面，要进一步放宽政策，鼓励各类经济实体投资森林旅游开发，扩大招商引资，提升产业规模，改善服务质量，全面提高森林旅游产业的整体效益水平，整体促进新农村建设。

(4)推进法制建设，加强行业监管。加速推进对森林公园建设保护的地方性法规建设，尽快出台《江西省森林公园条例》，使森林公园建设和森林旅游工作纳入法制化轨道，做到依法保护、依法建设、依法管理、依法经营，保障森林公园建设和森林旅游持续快速健康发展。

（江西省林木种苗和国有林场管理总站）

关于《中华人民共和国物权法》实施对林业影响

关于福建森林资源流转、森林资源资产抵押和国有森林资源资产保护问题调研报告

按照国家林业局“2007 林业重大问题调研工作领导小组”部署，从 7 月 22～26 日，我们到福建省森林资源流转比较活跃的三明市的尤溪和永安市就森林资源流转、森林资源资产抵押和国有森林资源资产保护问题进行了调研。通过与省、地、市三级林业部门和有关政府领导进行座谈，听取有关企业意见，深入村组考察，与农民交谈，收集了一些材料。现将有关情况汇报如下：

一、森林资源流转问题

(一)森林资源流转现状

福建省作为我国南方重点集体林区，是林木林地流转市场孕育最早和发展最快的地区之一。该省林木林地流转是随着我国农村经济体制的改革而逐步发展的。早在 20 世纪 80 年代中期，广大林农就逐步创造出了“中幼林转让”、“活立木有偿转让与林地租赁”等林木林地流转的经验，为林木林地流转市场的建立打下良好基础。20 世纪 90 年代中后期以来，福建省对周期短、见效快的经济林、竹林普遍实行了家庭承包经营，落实了林业生产责任制，推动了林木林地流转的发展。根据对南平、三明、龙岩 3 个重点林区的调查和不完全统计，到 2003 年，三市林木林地流转共有 17 万宗地，流转面积达 1 975 万亩。其中，国有林木林地流转 433 万亩，乡村集体林木林地流转 1 400 万亩，个人和家庭责任山流转 142 万亩。2003 年 4 月，福建省在全省范围内全面启动以明晰所有权、放活经营权，开展林权登记、发放林权证为主要内容的集体林权制度改革，落实了林农对林业生产经营的自主权，并要求各地按照“依法、自愿、有偿、规范”的原则，鼓励林木所有权、林地使用权有序流转。集体林权制度改革的开展，促进了林木林地流转的发展，活跃了流转市场。到 2005 年底，福建省已建立专为林木林地权属登记、流转服务的林权登记服务中心近 40 个，其中，南平、三明、龙岩重点林区县已全部建立。

为规范林木林地流转行为，2005 年 9 月，福建省人大常委会对《福建省森林资源转让条例》作了修订，并于 2005 年 12 月 1 日起正式施行。新条例简化了森林资源流转程序，强化了森林资源流转后的权属管理，为推动森林资源流转行为有序发展提供了新的法律依据。

(二)森林资源流转的成效

从福建省林木林地流转情况看，通过林木林地流转，盘活了森林资源，加快了林业发展。

(1)加速了资金周转，降低了林业经营风险。长期以来，林业经营周期长、投入大、见效慢、风险大，一直制约着林业发展。林业生产从投入到产出，短则十年，长则数十年，需要大量的劳动力投入和长期的经营管护，而且，由于林木生长特性，受火、虫害等灾害影响大，更增加了林业经营风险和收入的不确定性。通过林木林地流转，人为地将林业经营的长周期分割成若干个短周期，缩短了投入产出周期，降低了林业经营风险，林业经营者通过流转，可以迅速获得经营收入，加速了资金周转，克服了林业经营周期长和见效慢的缺点，增加了收益。

(2)盘活了森林资源，调动了林业经营者的积极性。通过流转，林木可随时变现，林农无需采伐，就可把活林木变成资金，促进了林业从资源经

营向资本经营的转变，盘活了森林资源。实践表明，允许林木林地流转的政策和法规出台后，林业经营者对林业投入明显增加，对林业生产经营也更加关心、更加重视，造林育林积极性不断高涨，森林资源保护意识不断增强，促进了林业的发展。

(3)吸引了社会资金向林业聚集，加快了非公有制林业发展。通过流转，一方面降低了林业经营风险，提高了林业经营收益；另一方面，使各种社会资金流向林业，从而打破了过去主要由国有和集体经营林业的局面，使林业经济由过去的单一型发展为混合型，加快了非公有制林业的发展。据统计，近三年来福建每年个人和企业投入造林资金达5.6亿元。就连以前从不将林业纳入业务范围的各种金融资本，也主动参与林业建设。近三年来通过森林资源抵押贷款投入林业资金已达22.53亿元。全省非公有制造林比重也从2003年的不足50%上升到2005年的70%。

(4)促进了林业规模、集约经营，提高了林业生产力。通过流转，促进了林业生产要素的合理流动和资源的优化配置，一些有能力和善于经营林业的大户和企业先后涌现。他们通过流转，不断扩大规模，并且运用先进的生产技术和管理经验，转变了林业经济增长方式，促进了林业经营的规模化、集约化，发展了林业生产力。

(5)推动了相关产业的发展，激活了林区经济。通过林木林地流转，一些不善于和不愿意经营林业的农户获得了发展资金，转行干起了种养业、运输业、服务业，出现了芦荟大户、运输大户、养猪大户等，带动了农村相关产业的发展，激活了林区经济，促进了农村经济的全面发展。

(三)森林资源流转中存在的主要问题

福建的林木林地流转虽然有了很大发展，但目前仍然处于发展初期阶段，存在着一些不够规范、不够完善的地方。

1. 林改前不规范流转行为历史遗留问题多处理难

福建省集体林权历经多次变革，特别是20世纪90年代初，在法制不健全、山林价格低的情况下转让山林，埋下了很多隐患。当时由于尚未制定森林资源流转的地方性法规，政策指导不到位，在森林资源流转的具体操作过程中，存在着很多不够规范之处，一些地方还出现了超低价转让和村干部暗箱操作现象，导致集体森林资源的流失。这些问题拖得时间长，涉及利益主体多，矛盾深，处理难。早些时候，由于林业经营效益不高，群众对山林不太重视，没有出现纠纷。随着国家税费改革的推进，林业经营效益的逐步提高，特别是集体林权制度改革的深入，山林价值得到充分体现，群众对山林高度重视，一些历史遗留问题逐渐暴露。因此，群众争山争林，部分地方还出现了一些群体性上访事件，给林区社会带来一些不安定因素。

2. 流转市场不够健全完善，仍存在不规范行为

虽然已建40多个林业服务中心，但大部分是近三年来新建的，还不够健全完善。有的中心设备简陋，服务项目单一，服务能力有限；有的中心规章制度不够健全，有硬件没软件，尚未走上正常运营轨道；有的宣传不够，广大群众对如何进入中心进行流转不够了解，导致中心未能发挥功能；有的一县只设立一个中心，林权登记管理未与乡镇联网，远离生产一线，林农办事不方便。由于服务中心辐射范围有限，许多地方林木林地流转还是通过双方私下协商后进行，加之流转双方对林业法规政策及有关知识信息了解不对称，在流转过程中，会出现流转合同条款过于原则简单、内容遗漏、文字表达不准确等不规范之处。这种情况难以有效保障流转双方的合法权益，容易出现林权纠纷。

3. 林业服务机构严重缺位，限制了流转市场的发展

林业专业性强，涉及政策多，对生产经营技术要求高。要保障流转双方的合法权益，促进流转规范进行和流转后林业的规模、高效经营，必须建立一整套的林业法律咨询、技术培训、资产评估保等林业服务组织，以满足林业发展对林业法律政策、劳动力、资金等的需求。但从福建来看，有资质的林业服务组织还比较缺位，弱势方权利容易受到侵害。已经成立服务组织的地区，也由于服务组织规模偏小，技术力量有限，自我积累和服务的能力较差，难以做到快捷服务，限制了林农与流转市场的有效对接。目前，福建大部分地方在森林资源流转过程中，主要通过双方踏查目估方式进行估价，流

转价格核定标准不科学，容易产生估价不合理现象。如果卖方是集体单位，还容易滋生腐败。

4. 政府引导不够，规范流转的政策滞后

林木林地流转不同于一般的商品流转，要对权属更迭、采伐限额、采伐年限、税费提留等诸多问题进行协调和处理。现在急需完善规范的市场管理规则和政策。但从福建省的情况来看，自 1997 年《福建省森林资源转让条例》出台后，除三明及所属少数县外，其他地方尚未制定执行条例的具体政策，大部分地区在森林资源流转的管理方面还是空白。近年来，随着林业经营收益的提高，受经济利益驱动，一些地方可能出现投机、山林炒作等行为，林木林地多次流转也会使林业出现泡沫。林木林地价格虚高也可能使群众预期心理失衡，从而放弃正常的生产经营活动而参与卖山炒山，造成农民失山失地，给林区的安定稳定埋下隐患。

(四)规范森林资源流转建议和对策

这次调研，时间紧，了解的情况不全面，现就进一步规范森林资源流转行为提几点初步想法。

1. 加快森林资源流转条例的立法步伐

《中华人民共和国森林法》第十五条已对森林资源转让作了原则性规定，福建、江西等省在集体林改过程中也出台了有关的地方法规。应该在对国有森林资源流转中是否设立出让环节、流转审批和流转收益处理等做深入研究的基础上，制定全国森林资源流转条例或者下发规范森林资源流转的实施意见。其中，应该明确森林资源流转的原则、范围、方式、程序、监督管理及相应法律责任。同时已经出台这方面地方性法规的省区，要对那些与森林法或者国务院及部门的规范性文件相抵触的条款予以修改，以使森林资源转让健康有序地发展。

2. 争取对森林资源资产评估机构给予特殊政策

森林资源资产评估是森林资源流转的必经程序。森林资源资产评估同一般资产评估相比，既有共性又有特殊性。森林资源资产评估必须以森林资源调查资料为基础。不熟悉森林资源调查技术规程，不熟悉林业生产经营和资源管理，即使是熟悉一般资产评估也难以承担森林资源资产评估任务。我们认为，森林资源资产评估机构应该以林业工程师为主体，再配备具有资产评估专业技术资格的注册评估师、注册会计师。森林资源资产评估机构由其挂靠的林业部门的上一级林业主管部门审核批准。目前，国家林业局与财政部联合下发的《森林资源资产评估管理暂行规定》对评估机构的资质和人员作了相应的规定，即评估机构主要由注册资产评估师为主，吸收林业方面的专家参加。国家林业局应该与财政部和中国评估协会协调沟通，争取对森林资源资产评估机构给予特殊政策，建立像土地估价师和土地调查师等类似的森林资源估价师资质，允许森林资源评估机构暂时挂靠林业主管部门，待条件具备后，再行脱钩改制。

3. 解决不规范流转造成的历史问题，推动流转健康发展

农村土地具有社会保障功能，特别是以林业经营为主要收入来源的重点林区，林地更是农民安身立命之本。对集体林改前林木林地遗留下来的问题，必须慎重对待，妥善解决。一要全面清查。查清是否签订流转合同，是否履行村民民主决策程序，是否经过评估确定合理低价，群众是否有意见等等。二要认真分类。要以流转行为发生时的法律法规为判定依据，分清哪些属合法规范流转，哪些属不规范流转和超低价转让。特别是对群众意见较大的不规范流转，要查清原因，确定是因合同不完善、流转价格偏低、村干部暗箱操作，还是群众心理不平衡所引起的。三要妥善处理。对合法规范、群众满意的流转，应予以确认，维护流转双方的合法权益；对合法规范、群众不满意的流转行为，应认真做好群众的思想工作，并采取引导的方式，鼓励现有林业经营者通过吸引当地群众入股、聘请当地群众管护等措施，引导当地群众与现有林业经营者形成利益共同体，促进山林资源的发展壮大；对合法但某些条款不完善或流转价格明显不合理的，原流转双方应协商对原合同进行补充完善；对流转行为不合法，但流转价格合理，群众没有意见的，要完善程序，确保合同合法性；对流转行为不合法，流转价格不合理或群众意见较大，经协商仍不能达成一致意见的，建议通过法律途径解决。

4. 尽快制订森林资源流转格式合同，确保流转不留后患

从目前发生的有关集体山林流转引发的争议

看，除了一部分是因村组干部擅自处置集体资产造成群众不满外，还有很大一部分是因为合同签订草率，合同双方权利义务约定不清楚，利益不对等造成的。因此，有必要尽快制订森林资源流转的格式合同，对合同主要条款、双方当事人的主要权利义务、合同价款以及合同期限届满后地上林木处置问题做出指导性规定，以防止由于合同签订不规范而引发新的林权纠纷。

5. 林业部门认真履行森林资源流转监管和服务职责，完善流转服务

森林资源流转健康发展要靠法制，也需要政府的正确引导和林业主管部门依法监管。我们认为，林业主管部门在森林资源流转中，要对下列方面加强监管，同时做好服务：

（1）要对国有林地使用权的转让等行为进行审批，确保国有森林资源资产不流失。

（2）加强对流转收益资金使用的监督管理。要制订森林资源流转收益资金管理办法，确保森林资源所有者对资源所有权和处置权。

（3）对受让者的更新造林、营林和管护情况进行监督，对占而不用或者擅自改变林地用途的要依法查处。

（4）要指导受让者编制森林经营方案，帮助受让者搞好林业生产发展规划，合理调整林种结构、林分结构，提供造林、营林技术指导。

（5）要研究建立森林资源流转合同认证制度，对集体所有的森林资源、或者已经承包到户的森林资源的流转，要依法审查转出方和受让方是否具有相关法律规定的主体资格，防止合同签订中出现违反国家强制性规定的内容。

（6）对流转后依法可以登记的林地使用权和林木所有权，认真审查，做好林权登记受理工作。

二、森林资源资产抵押问题

（一）森林资源资产抵押贷款现状

随着集体林权制度改革的不断深入，林农投资造林育林的积极性空前高涨，林业投入不足的问题也日益显现。为解决林业融资难的问题，从 2004 年以来，福建省在全国率先开展了以森林资源资产抵押贷款为主要内容的林业投融资改革试点，实现了农村信贷和林业发展的两大突破。短短几年时间，取得了显著成效。截止目前贷款金额累计达 40 亿元，贷款余额 20.5 亿元。这不仅缓解了林业投入不足的问题，也对集体林权制度改革起到了重要的保障作用。福建省森林资源资产抵押贷款的主要做法是：

1. 发挥政府组织优势，建立协作机制，为森林资源资产抵押贷款提供保证

为解决林业投融资改革问题，福建省建立了由分管林业和金融的两位副省长为召集人，省直有关部门和金融机构领导参加的林业融资改革联席会议制度，定期或不定期召开会议，及时研究信贷政策和改革中有关重大问题。林业厅也与各金融机构建立了会商制度，并分别与国家开发银行福建省分行、中国人民银行福州中心支行、中国保险监督管理委员会福建监管局签订了《合作协议》和《协作备忘录》，各地也建立银林合作机制，为森林资源资产抵押贷款提供组织保证。

2. 规范管理，推进抵押贷款有序开展

福建省政府批转了由省林业厅、人民银行福州中心支行、中国保险监督管理委员会福建监管局联合制订的《关于加快金融创新促进林业发展的指导意见》。各地也出台了有关林权抵押贷款的指导性文件。福建省农村信用社联合社制订了《森林资源资产抵押贷款指导意见》；省建行下发了《建行福建省分行森林资源资产抵押办法》；省林业厅与福建保监局、人民银行福州中心支行联合下发了《关于开展森林保险试点工作的通知》。相关规章制度的出台，有力地保证了林业融资改革的顺利展开。

3. 试行 5 种森林资源资产抵押贷款模式

（1）林权证直接抵押贷款。由林权所有者直接以林权证提供抵押向金融机构借款。

（2）农户联保贷款。即农村信用社结合乡、镇政府部门，以林农联保的方式发放贷款。

（3）中介机构提供担保。即由专业担保公司或林业信用建设促进会等中介组织提供贷款保证，林权所有者以林权证作为反担保，向金融机构借款。

（4）政府信用贷款。即以政府信用为基础，由政府组织协调并构建信用平台，政策性银行通过农村信用社向林农及林业中小企业发放贷款。

(5)企业资产抵押贷款。即林业企业与林农开展合作造林，以企业资产作抵押向金融机构申请贷款。

4. 简化手续，便民惠民

各地金融机构和林业部门密切配合，简化评估程序和放贷手续。如对信用村、户，林权抵押贷款实行免评估；对非信用村、户，可采用以造林成本为基础确定林木评估价值的办法，即近成熟林、中龄林、幼龄林每亩分别按 500 元、400 元、300 元确定。在放贷中，各地采取了许多便民措施，如下放审批权限，集中放贷，送贷上门，实行授信管理等，提供融资便利，扩大抵押贷款的覆盖面。

另外，针对林农贷款难的问题，福建省林业厅、财政厅、农村信用社联合社制订出台了《福建省林业小额贴息贷款试点办法》。这种激励方式是由财政安排一定贴息资金，本着政府推动、市场运作、多方共赢、协调发展的原则，通过农村信用社网点，开展林业小额贴息贷款试点。目前，已在 7 个县进行试点。这种做法有效降低了林农融资成本和金融机构金融风险。

5. 完善林业服务体系，改善抵押贷款投放外部环境，防范金融风险

福建省正着手开展以下四个方面工作：

(1)改革商品林采伐管理制度。积极开展商品林木采伐管理改革，保证抵押木能够依法及时得到变现。

(2)加快林业服务中心建设，提供林权证登记、管理服务，并履行“一个确认、两个承诺”制度，即确认林权证的真实性与合法性，承诺在抵押贷款期间所抵押的林木未经抵押人同意不予发放采伐许可证、不予办理林木所有权转让变更手续。永安等地还建立了林业要素市场和林木收储中心，实现了森林资源资产的及时流转变现，降低了贷款风险。

(3)积极推进森林保险业务，防范和化解金融风险。福建省出台了森林火灾保险保费补贴政策和森林保险风险准备金制度，为进一步推进森林火灾保险试点做好准备。

(4)成立了森林资源资产抵押贷款评估服务机构。全省具有丙级以上(含丙级)资质的服务机构 37 家，评估从业人员 584 人。

(二)森林资源资产抵押贷款存在的几个问题

福建省在推进森林资源资产抵押贷款过程中，主要存在四个问题：

1. 林农和林业中小企业抵押贷款难的问题仍未得到有效解决

从近几年贷款情况来看，金融机构在实际贷款中出于降低经营成本和风险防范的需要，贷款发放对象往往偏向林业加工企业和林业经营大户，缺乏向林农和林业中小企业提供信贷服务的积极性。同时，农村资金外流严重，农村信贷资金供给不足。如福建省农信社以 9. 01% 的存款市场份额承担着全省 95% 支农贷款发放任务，并且吸收的资金主要满足以普通种养业为主的农户的贷款需求，制约了对林农的信贷发放。以永安市为例，全市共办理森林资源资产抵押贷款 5. 25 亿元，其中林农、林业中小企业贷款 1. 27 亿元，只占 24. 2%，其他县市比例更低。林农、林业中小企业贷款难的问题仍未得到有效解决。

2. 缺乏与林业特点相适应的长期贷款种类

金融机构现在没有与林业生产长周期相适应的金融产品，许多银行只能用其他金融产品代替，将森林资源资产抵押贷款界定为中短期贷款。而林木生长周期长、制约因素多，需要有一种期限较长的贷款品种。目前除开发银行、农村发展银行的贷款期限较长以外(但这些银行网点以城市为主，农村基本没有分支机构)，其他金融机构的贷款期限都在一年左右。福建省农信社主要采取展期或者转贷的办法，尽量满足林农对贷款期限的要求，但这毕竟不是长久之计。

3. 风险补偿机制不健全影响了森林资源资产抵押贷款

森林病虫害、森林火灾和盗伐是森林资源资产面临的最大风险。目前福建省虽然在部分市县开展了森林保险业务，但规模小、覆盖面低，风险不能得到有效分散。据统计，2005 年，南平、三明、龙岩 3 个地区森林保险保费收入仅 158 万元，但已赔款 256 万元，赔付率 162%，亏损较为严重。森林保险业务仍处于“高风险、高费率、高赔付和低保障、低覆盖、低投入”的怪圈。如果政府不对森林保险进行补贴，将影响保险公司的积极性。这样一

来，森林资源资产风险无法有效分散，森林资源资产抵押贷款也将受到影响。

4. 抵押物管理和处置政策有待进一步完善

抵押物的及时、有效处置，是防范贷款风险的重要手段，也是金融部门最关心的问题之一。相对于其他资产，国家对森林资源资产的限制性政策要多得多。目前森林资源资产二级流转市场不很发达，福建省只有部分县(市)成立了森林资源资产收储中心，如果出现逾期无法还贷的情况，大部分地区的抵押物不能得到及时、有效的处置，影响了金融部门的利益。同时按现行木材采伐指标管理规定，采伐指标由林业部门分配到各乡镇，由各乡镇林木经营者向乡镇林业站申请参加抽签分配。这就可能造成一些林农的林木到了砍伐期或间伐期，因无采伐指标不能采伐，借款的林农又无其他资金归还到期借款，最终影响金融机构贷款的回收。

(三)森林资源资产抵押贷款问题的建议和对策

1. 争取人民银行、银监会、财政部、保监会等有关部门和金融机构的支持配合

林业融资改革是一个系统工程，牵涉面广、政策性强，没有相关部门的支持配合，形成合力，工作是无法开展的。福建省林业融资改革工作取得的成绩，与各部门的大力支持配合是分不开的。为此，中央也应该建立完善、务实、高效的合作机制。

2. 向人民银行、银监会等争取金融支持

针对现行贷款种类与林业生产周期长不匹配的矛盾，设立符合林业特点的金融产品，在贷款期限、贷款利率方面多考虑林业特点。

针对林农和林业中小企业贷款难的问题，建议制订符合林业特点的小额担保贷款扶持政策，包括金融产品种类、发放程序及手续，贷款资金和贴息资金来源等。如对于发放林业小额贷款的主力军——农村信用社，放宽资金规模限制，人民银行给予优惠的支农再贷款支持。

3. 向财政部门争取森林资源资产抵押贷款财政支持政策

对于林农贷款成本较高的问题，争取财政部门给予贴息资金支持，细化小额贴息贷款政策；对于森林资源资产风险较大的问题，财政部门应对林农森林保险给予保费补贴。

4. 向保监会争取开展森林保险试点

尽快开展森林保险试点工作，扩大试点范围，对提供林竹业保险业务给予政策优惠，鼓励其开发符合林业生长特点和林业企业生产特点的保险险种，为林农生产和林业企业发展提供保障，以降低因灾害风险、技术风险和市场风险造成的信贷资金损失等。

5. 林业部门要进一步完善林业服务体系，改善抵押贷款投放外部环境

针对抵押物处置问题，应加大森林资源资产流转市场的建设，建立健全森林资源资产二级市场或森林资源资产收储中心，为森林资源资产流转提供服务平台；创新林木采伐管理制度，逐步实现经营者按照市场需求自主采伐，保护森林经营者的经营自主权。

三、国有森林资源保护问题

福建省国有林场在对森林资源的培育和经营作出了很大贡献，已成为当地的林木良种基地、重要的商品用材基地和重要的生态林建设基地。

福建省国有林场经营的林地80%～90%是集体所有的林地。这些林地是20世纪六七十年代由地方人民政府主要通过无偿划拨和调配的方式调整给国营林场经营的，林业“三定”时由县级以上地方人民政府确权发证，给国营林场核发了林地使用权证。在集体林改过程中，被划林地面积较大的集体经济组织要求归还林地的诉求十分强烈。因此，国有林场面临滥砍盗伐的压力急剧增加，林场和周边集体单位，以及林场和农民之间的权属纠纷越来越突出。

随着木材的升值，经营利润的提升，山场的经济效益明显提高，山场的所有者(村集体或村民小组)要求归还林地的要求是可以理解的。但是这个问题是特定历史条件下形成的，而且在过去的三、四十年来经营关系一直是稳定的。林场和集体矛盾的关键是利益分配问题如何解决的问题。对于这个问题，首先，要尊重历史，长期形成的权属关系不宜再做变动，国有林场经营的集体林地仍应由国有林场经营。其次，要考虑被无偿划拨的集体林地所

有者的利益，对他们给予补偿。补偿比应为经营收益的20% ~30%。福建三明市的尤溪县国有林场的做法值得借鉴。该林场大力资助其经营的林地原属集体的公益事业，出资扶助集体修建水泥路、投资修建林区公路、扶贫助学等，从而缓解了林场与林地所属集体的关系，确保了林区的稳定和森林资源的安全。

调 研 单 位：国家林业局森林资源管理司
国家林业局政策法规司
国家林业局发展计划与资金管理司
调研组成员：徐济德　王　强　王晓丽　颜国强
许　多

关于《中华人民共和国物权法》对野生动物资源产权关系与保护利用的影响的调研报告

为落实国家林业局党组关于“实施《中华人民共和国物权法》(以下简称《物权法》)有关情况专题调研行动方案”的要求，2007 年 9 月20 ~29 日，野生动物保护司组织了由王伟副司长带队、动管处、保护协会、野生动植物研发中心、北京大学行政法学院、野生动物狩猎经营和代理机构的有关同志和专家参加的调研组，就《中华人民共和国物权法》对野生动物资源保护与繁育利用的影响，赴云南、四川两省进行了专题调研。调研组试图从中找出一些规律性的东西，探索《物权法》对野生动物资源保护和合理利用的重要影响和作用，以指导和促进保护事业又快又好地发展。在面上调研的基础上，重点对云南省迪庆藏族自治州、四川省甘孜藏族自治州、雅安市的野生动物野外资源及其栖息地保护、猎捕管理、繁育利用产业发展等情况进行了实地调研。期间，还召开了省、市(州)、县林业主管部门、自然保护区、狩猎经营机构、野生动物养殖和利用企业代表参加的座谈会，就有关问题进行了探讨。现将调研情况汇总如下：

一、野生动物保护和繁育利用现状

(一)资源和产业发展现状

位于西南地区的云南、四川两省，是我国的野生动物资源大省，其野生动物种类及特有种数量占据全国前两位，生物多样性在全国乃至全世界均占有重要的地位。野生动物繁育利用产业呈现由传统利用型逐步向满足社会多元化需求方向发展的趋势。

目前，云南省已知脊椎动物 1 737 种，占全国总数的 58. 2%；哺乳类 296 种，占 49. 92%；鸟类 792 种，占 66. 48%；两栖类 102 种，占 44. 12%；爬行类 151 种，占 39. 22%；珍稀物种资源占全国的 67. 5%，居全国之首。列为国家重点保护的野生动物有 199 种，占全国的 59. 4%，其中亚洲象、野牛、绿孔雀、赤颈鹤等 23 种在我国仅云南独有。目前，全省共有野生动物养殖经营企业 176 家，年总产值达 20 多亿元，养殖种类主要以大象、孔雀、实验猴、梅花鹿等观赏、药用、食用类为主。

四川省分布有高等动物 1 300 种，居全国第二位，其中兽类 219 种，鸟类 647 种，两栖 111 种，爬行类 105 种。列为国家重点保护的野生动物有 145 种，其中尤以大熊猫、川金丝猴、四川山鹧鸪等而闻名。野生动物繁育利用产业不断发展，年总产值 18 亿多元，共有野生动物养殖场 110 多家，养殖种类有麝、黑熊、猕猴、梅花鹿、虎纹蛙等 30 多种；产品加工经营企业 80 多家，以传统的药用和保健食品用为主。

(二) 我国野生动物物权现状和特点

云南、四川两省的情况，基本上代表和反映了整个野生动物保护和繁育行业的现状和特点。

1. 现　状

1989 年实施的《中华人民共和国野生动物保护法》(以下简称《野生动物保护法》)明确规定：“野

生动物资源属于国家所有。国家保护依法开发利用野生动物资源的单位和个人的合法权益。”这一规定，从法律上明确具体地规定了国家对野生动物资源的所有权，意味着国家对野生动物资源享有占有、使用、收益和处分的权利，任何单位和个人不得非法占有或者破坏，彻底纠正了长期以来形成的“野生无主、谁猎谁有”的错误观念。但是，国家规定野生动物资源属于国家所有，并不排除单位和个人在依法开发利用野生动物资源方面享有的合法权益，任何单位和个人依法从事的野生动物资源开发利用活动受法律保护。因此，法律实施近 20 年来，形成了野生动物资源保护主体较为单一、养殖利用主体多样化的格局。具体为：

野外资源保护主体方面，主要由各级人民政府及其主管部门承担保护管理职责，此外，自然保护区管理机构、野生动物狩猎场等单位在授权范围内行使一定的保护和经营管理权。

野生动物养殖利用主体方面，既包括全民性质的企事业单位，如野生动物种源繁育、救护、展览表演、教学科研、医药卫生等单位；也包括集体性质的企事业单位、私营企业、其他经济组织及个人。上述主体取得的野生动物或其产品主要途径有：依法从野外猎捕、驯养繁殖、国外引进、救助或捡拾、执法查没、依法接受转让、租借或赠予以及法律、法规规定的其他方式取得。

2. 特　点

由于法律的有关规定过于原则以及人们观念和认识的局限，长期以来存在着片面强调野生动物的单一国家所有，而忽视了这一所有权的实现形式和资源的动态流转，特别是在猎捕、养殖和利用环节始终存在野生动物权属不清、责任不明的模糊问题，形成了我国野生动物物权的如下特点：

(1)是一种流转不顺畅的所有权形式。我国《野生动物保护法》明确规定了“加强资源保护、积极驯养繁殖、合理开发利用”的保护管理方针，并规定“国家保护依法开发利用野生动物资源的单位和个人的合法权益”，同时还对依法取得野生动物猎捕、驯养繁殖、经营利用和进出口许可权作出了具体规定。但由于法律未明确规定野生动物所有权可以依法转让，因此，上述权利的取得，并不意味着其获得了野生动物的完全物权，其权利的价值和价格与物本身价值价格并不一致。另外，现行野生动物资源开发利用是在政府参与下的“管理的交易”，而不是真正意义上平等民事主体之间的“买卖的交易”，政府既是管理者，又是交易者，行政权与物权发生混同与冲突，也使行政权具有了权利与利益粘连的特性。因此，造成野生动物物权、特别是所有权流转不畅，并直接影响到野生动物合理开发利用的效用，国家、集体、个人和其他权利人的合法权益也不可能得到应有的保障。

(2)是一种主体虚置的所有权形式。同其他自然资源相似，“野生动物资源国家所有”，体现了“社会主义经济制度的基础是生产资料的社会主义公有制”特征，任何单位和个人不能成为自然资源的所有权主体。但由于在法律上没有明确中央政府、地方政府、主管部门以及单位和个人的权利义务，因此，实际上野生动物国家所有权缺乏明确的代表，导致所有权主体在某种程度上的虚置，使野生动物所有权得不到有效的约束和保护，野生动物资源得不到合理的利用和发展。

(3)是一种权利救济缺失的所有权形式。虽然野生动物保护法规定“因保护国家和地方重点保护野生动物，造成农作物或者其他损失的，由当地政府给予补偿。”但由于法律未明确赋予当地政府享有相应的野生动物物权和承担相应保护管理义务，因此，当权利人或其财产遭受野生动物侵害时，当地政府往往由于缺乏相应的补偿能力，致使权利人的合法权益得不到应有的救济和保障，严重地影响了群众正常的生产生活秩序，挫伤了人民群众保护野生动物的积极性。

二、存在的主要问题

野生动物是国家的宝贵资源和财富，是国民经济、医药卫生、科技文化、宣传教育等各项事业发展不可缺少的重要物质基础。野生动物所有权制度是野生动物领域一切问题的基础，不同的所有权制度使主客体之间发生着不同的权利义务关系，并直接影响着各种法律关系主体的积极性和创造性，决定着野生动物资源保护和合理利用的效用。长期以来，在野生动物保护和繁育利用中，始终存在着权属不清、责任不明的问题，突出地表现在：

（一）单一的国家所有，不利于调动市场主体及各方面保护资源的积极性

《野生动物保护法》明确规定了野生动物资源属于国家所有，但由于未规定野生动物所有权可以依法转让，使得依法获得的野生动物难以按市场机制得到合理配置，并且出现了单位或个人悉心投入野生动物保护和培育利用活动而成果归属国家的矛盾问题，野生动物资源的效用也难以通过充分流转而实现其利益最大化。这种状况，极大地挫伤了市场主体参与资源保护和合理开发利用的积极性和创造性。

此外，野生动物资源分布区域周边的群众，为保护国家或地方重点保护的野生动物，其生产、生活设施及农作物等财物遭受野生动物侵害所造成的损失，往往得不到国家依法应给予的补偿。尽管法律规定野生动物资源所有权主体为国家，但由于代表国家承担相应责任的主体缺乏履行补偿义务的应有保障，导致代表国家的主体不履行法定义务、有关物权主体的权利得不到保护的局面长期存在，不仅损害了国家法律的尊严，更是严重地侵害了权利人的合法权益。

（二）没有正确认定依法猎捕所获野生动物的权利归属

我国《野生动物保护法》在规定野生动物资源属于国家所有的同时，也规定了单位和个人有依法开发利用野生动物资源的权利，并对依法猎捕野生动物的条件、程序和要求作出了明确规定。猎捕制度的实行，一方面可以控制野生动物的数量，使其数量保持在合理的范围内；另一方面，可以满足人们的物质和精神文化等需要，还可以为野生动物保护和发展积累资金。但由于法律没有明确界定猎捕权人对其依法猎捕野生动物或其产品，享有所有权还是用益物权，因此，导致权利人无法按照市场需求实现其预期利益。

（三）没有正确认定驯养繁殖野生动物的权利归属

我国《野生动物保护法》是在计划经济体制下制订的，这些带有计划经济特征的法律规定已经明显地与发展社会主义市场经济的要求不相适应。一直以来，对依法取得驯养繁殖资格的单位或个人，无论其养殖的野生动物是来源于野外还是其繁育所获的子代，均一律被视为国家所有，并对其流转所得收益征收野生动物资源保护管理费。上述做法违背了责权利一致的法律原则，也侵害了养殖经营者的合法权益，不利于发挥野生动物作为物的效用，也不利于野生动物驯养繁殖产业的可持续发展。

（四）没有认定引进的外来物种产权归属

从合理性角度讲，单位和个人引进的外来物种，产权归属于单位和个人；国家或集体引进的外来物种，产权归属于国家或集体；自然引进的外来物种，产权归属于国家。但是，这一问题始终处于含混不清状态，单位和个人的权益受到严重侵害。

三、实施《物权法》需要明确的主要问题

《物权法》的颁布实施，为野生动物所有权的归属和流转打通了法律上的瓶颈，为解决长期以来存在的野生动物权属不清、责任不明的问题提供了重要的法律依据和制度保障，对构筑以野生动物资源国家所有为主、多元化主体并存的野生动物物权制度，保护权利人的合法利益，促进野生动物资源保护和繁育利用产业的规范快速发展，保护国家、集体、个人和其他权利人的合法利益，将会产生重大而积极的影响。在实施《物权法》，应当重点把握好以下问题：

（一）明确野生动物物权的取得和行使应当遵守法律和社会公德

《物权法》规定的物权，不是绝对的和不受限制的权利。为此，《物权法》明确规定，“物权的取得和行使，应当遵守法律，尊重社会公德，不得损害公共利益和他人的合法权益”。因此，无论是野生动物的所有权人或其他权利人，在取得和行使猎捕、养殖、经营利用等权利（包括所有权、用益物权、担保物权）过程中，应当遵守《物权法》、《野生动物保护法》、《行政许可法》等相关法律的规定，应当遵守社会公德。《物权法》是调整因物的归属和利用而产生的民事关系，而《野生动物保护法》等法律，主要是规范野生动物保护与合理开发利用管理关系的法律或是有关行政程序的法律，前者与

后者的相关规定并不冲突。

（二）明确野生动物资源和野生动物个体作为物的法律类别

《物权法》规范的物，包括动产和不动产。不动产是指土地、房屋、森林等土地定着物，动产是指不动产以外的物，如电视、汽车等。《物权法》作出这样的分类，是便于根据其各自不同的特点适用不同的管理规范。根据《物权法》第二节"不动产登记"中有关"依法属于国家所有的自然资源，所有权可以不登记"的规定，可以确认野生动物作为自然资源时属不动产性质，因此，应当按照不动产的有关规定行使相关物权，如取得野生动物资源用益物权的单位或个人，应当依法进行登记。而依法从野外猎捕所取得的野生动物个体、依法养殖经营和从国外引进的野生动物，应属于动产，适用动产的有关规定，其设立和转让不需要登记。

（三）明确野生动物资源所有权

《物权法》规定，"法律规定属于国家所有的野生动植物资源，属于国家所有"，"法律规定专属于国家所有的动产和不动产，任何单位和个人不能取得所有权"，而《野生动物保护法》明确规定了"野生动物资源属于国家所有"。据此可以得出如下结论：国家对野生动物资源享有所有权，且不因野生动物栖息地所有权和使用权不同或改变而改变。

值得注意的是，应当从自然资源国家所有权的角度，明确国家对原生我国的野生动物遗传资源享有所有权和主权，禁止任何单位和个人取得其所有权，禁止向外国转让原生我国的野生动物的遗传材料，以强化对原生我国野生动物遗传基因的保护。

（四）认真梳理野生动物各类物权关系

在明确了野生动物资源国家享有所有权的同时，《物权法》和《野生动物保护法》还分别规定："国家所有或者国家所有由集体使用以及法律规定属于集体所有的自然资源，单位、个人依法可以占有、使用和收益。""用益物权人行使权利，应当遵守法律有关保护和开发合理利用资源的规定，所有权人不得干涉用益物权人行使权利。""国家保护依法开发利用野生动物资源的单位和个人的合法权益。""天然孳息，由所有权人取得；既有所有权人又有用益物权人的，由用益物权人取得。当事人另有约定的，按照约定。"根据上述规定，迫切需要在野生动物资源国家所有的基础上，认真梳理不同情况下的野生动物物权关系。

（1）不脱离栖息地的野生动物资源：国家享有所有权，但是单位和个人可以依法取得用益物权，如野生动物狩猎场经营管理机构、"封山育麝"单位或个人等，并应当明确约定野生动物天然孳息的归属。

（2）依法猎捕的野生动物：对按照野生动物实际价值猎捕的野生动物，其所有权应当属于猎捕权人，如国际狩猎；对仅依法缴纳了野生动物资源保护管理费后所取得的野生动物，其所有权应当属于国家和猎捕权人按份共有，猎捕权人实际占有并享有用益物权，但处分权仍属于国家；对依法免缴野生动物资源保护管理费的，其所有权仍属于国家所有，猎捕权人仅享有用益物权。上述后两种情况，均需对野生动物天然孳息的归属作出明确约定。

（3）依法人工驯养繁殖状态下野生动物：对来自野外的野生动物的子一代，涉及国家利益、公共利益和具有重要生态、科研价值的野生动物子代可约定归国家所有；其余的野生动物子代均应按照《物权法》有关天然孳息的规定执行。

（4）国外引进的野生动物：应明确其所有权属于引进单位或个人。

（五）野生动物损害问题

《物权法》的实施，将对多年来社会各界高度关注、但一直未能妥善解决的野生动物损害补偿问题产生重要影响。在《物权法》总则关于"物权的保护"一章中，明确规定了物权受到侵害的解决途径，并规定"造成不动产或动产毁损的，权利人可以请求修理、重作、更换或者恢复原状"，"侵害物权，造成权利人损害的，权利人可以请求损害赔偿，也可以请求承担其他民事责任"。因此，研究和提出符合法律规定的对策和方案，是各级政府和林业主管部门贯彻实施《物权法》的当务之急，否则，将会出现难以估量的不良后果。

四、几点建议

2007年3月全国人大通过的《物权法》，是一部调整因物的归属和利用而产生的民事关系的基本法律。认真学习、领会和贯彻实施好这部法律，对于保护野生动物资源、促进繁育利用产业可持续发展、保障野生动物保护利用主体的合法权益具有重要作用。鉴此，提出建议如下：

（1）高度重视《物权法》的学习和贯彻实施。《物权法》是民法的重要组成部分，是在中国特色社会主义法律体系中起支架作用、不可或缺的重要法律，其内容涉及社会生活的各个方面，它所确立的一系列重要原则和制度为制订其他相关法律奠定了基础，提供了依据。因此，必须高度重视、认真学习和贯彻实施好这部法律，在坚持社会主义基本经济制度、统筹协调各种利益关系、促进社会和谐发展等方面，发挥其应有的作用。

（2）加强宣传，强化培训。《物权法》是一部政策性、专业性很强的法律。为贯彻实施好这部法律，首先要做到正确理解和准确把握其精神实质。应紧密结合野生动物保护行业实际，大力宣传《物权法》，广泛开展《物权法》相关知识和业务培训，为《物权法》的顺利实施奠定了基础，创造了条件。

（3）总结经验，完善政策。实施《物权法》的过程，也是不断发现问题、完善政策的过程。《物权法》对野生动物保护事业具有深刻的影响，主管部门和相关单位应当积极开展《物权法》执行情况的调查研究，认真总结实施《物权法》的经验，找出存在的问题，完善相关政策和制度，正确处理资源保护与社会经济发展、群众利益的关系，为建设社会主义新农村、构建和谐社会做出贡献。

调 研 单 位：国家林业局野生动物植物保护司
北京大学法学院
中国野生动物保护协会
调研组成员：王　伟　毕雁英　钟　义　陈　力
王　巍　刘浙张　斯　萍

我国林业物权的现状及改革趋势

《中华人民共和国物权法》（以下简称《物权法》）是通过确立物的归属和利用的基本规则，规范市场主体因物的归属和利用而产生的财产关系，保障市场主体权利，维护市场经济秩序，为社会主义市场经济服务的一部民法。这是一部由市场经济发展而催生出来的法典，将对我国社会经济产生深远的影响。林业作为国民经济的一个重要基础产业和社会公益性事业，《物权法》的出台也必将对其原有的运行模式和管理方式产生深远影响。如何按照《物权法》的要求，构建适应于市场经济要求的林业管理制度，真正实现依法治林、依法兴林，是一个亟待解决的问题。

一、《物权法》对林业发展的重要意义

1. 债权变物权，用益物权激活了林地的使用效益

《物权法》第一百二十四条规定：“农村集体经济组织实行家庭承包经营为基础、统分结合的双层经营体制。农民集体所有和国家所有由农民集体使用的耕地、林地、草地以及其他用于农业的土地，依法实行土地承包经营制度。”第一百二十六条对耕地、林地、草地的承包期都作了具体规定，并强调“土地承包期届满，由土地承包经营权人按照国家有关规定可继续承包”。这些规定赋予了农民长期而有保障的土地使用权，明确了用益物权的概念，改变了农村长期使用土地承包租赁的债权关系，赋予了农民长期稳定而有法律保障的林地用益物权。这既有利于调动农民创造财富、积累财富的热情，也极大地提高了农民对土地长期投入的积极性。

2. 死山变活山，担保物权增强了林地资本运作的能力

物权的本质特点是支配性，支配性不仅体现在对物的占有和处分上，还体现在对物的交换价值的支配和对物的处分行为的控制。担保物权是以直接支配特定财产的交换价值为内容，以确保债权实现

为目的而存在的物权，林地承包经营中的这种担保物权为林木资产抵押提供了法律上的保障，从而提高了林地的融资能力和林地自身的价值。一些明确了林地使用权的省份，在开展林地担保和抵押业务中，取得了良好的效果。如福建省从2004年开始在全省范围内开展了林权小额贷款业务，目前林地贷款总额已经达到40.1亿元。湖北省也已开展森林资源资产抵押贷款1.4亿多元，森林火灾保险总额近0.4亿元。

3. 直管变监管，林地所有权提供了林地资源管理的空间

《物权法》明确了林地所有权为国家和集体所有。《物权法》第四十八条规定："森林、山岭、草原、荒地、滩涂等自然资源，属于国家所有，但法律规定属于集体所有的除外。"《物权法》明确规定"用益物权人、担保物权人行使权力，不得损失所有权人的权益"，"用益物权人行使权力，应当遵守法律有关保护和合理开发利用资源的规定"。这些规定体现了社会主义市场经济与资本主义市场经济的本质区别，为制止乱砍滥伐行为的发生，确保林地面积不减少，保障社会主义经济建设和可持续发展提供了法律依据。

4. 他山变我山，林业物权增进了林区社会的和谐稳定

《物权法》的一个重要作用是定分止争，《物权法》对物权的取得、行使、保护、流转等环节都作了详细的规定。这些规定使物权保障严格有力、流通规范顺畅，为持有者确立了恒产的信心，传递了一种基于共同利益感觉的恒心，强化了公民感觉，提升了市场道德水准。《物权法》的出台，对已经实行集体林权制度改革的林区林农来讲，无疑是让他们吃上了定心丸。林农把看好自家林、管好自家山作为一种自觉行为，能够强化林农依法维权的意识，减少林区纠纷。

二、我国林业物权的现状

1. 以公权为主，多种形式并存

林业物权的权利主体既可以是国家和集体，也可以是单位和个人。《中华人民共和国民法通则》第七十四条规定，"法律规定为集体所有的森林等属于劳动群众集体所有"。《中华人民共和国森林法》第二十七条对林业物权作了细化规定："国有企业事业单位、机关、团体、部队营造的林木，由营造单位经营并按照国家规定支配林木收益。集体所有制单位营造的林木，归该单位所有。农村居民在房前屋后、自留地、自留山种植的林木，归个人所有。城镇居民和职工在自有房屋的庭院内种植的林木，归个人所有。集体或者个人承包国家所有和集体所有的宜林荒山荒地造林的，承包后种植的林木归承包的集体或者个人所有；承包合同另有规定的，按照承包合同的规定执行。"据第六次森林资源清查数据显示，全国国有林面积为16.94亿亩，蓄积量为8 954万立方米，集体林面积为25.48亿亩，蓄积量为4 306万立方米。随着林业改革的纵深发展，非公有制林业在林业发展中占有越来越重要的地位和作用。目前，已经完成集体林权制度改革的面积为6.61亿亩。吉林森工改制建立了有限责任公司，黑龙江省林业厅拿出600万亩国有林，面向社会拍卖、流转。黑龙江省伊春林区试行以家庭承包经营为主的林地流转经营124万亩，呈现出林业用益物权主体多样化的发展态势。

2. 林地的用益物权与林地所有权并存

林地土地承包经营权所体现的用益物权就是国家土地所有权与个人林地使用权的分离；在农村集体林地改革中则表现为：农村集体林地所有权与农户(家庭)林地承包经营权的分离。所有权是指"所有权人对自己的不动产或者动产，依法享有占有、使用、收益和处分的权力"，使用权只是一种用益物权，是所有权人在自己的不动产或者动产的基础上设立的，用益物权人对他人所有的不动产或者动产，依法享有占有、使用和收益的权力。所有权和用益物权的同时存在，为集体林区的林农有均等的机会获得林地承包经营权提出了要求，林农作为村集体经济组织中的一员，要有平等享受承包经营集体林地的权力。

3. 林业物权的客体具有特殊性

林业物权的客体就是森林资源，根据《中华人民共和国森林法实施条例》第二条的规定，"森林资源，包括森林、林木、林地，以及依托森林、林木、林地存在的野生动物、植物和微生物"。其内

涵包括三方面的内容：一是林木既是一定林地的附着物，也可以独立存在，林木是一种独立的不动产（《担保法》第九十二条）。比如，在耕地地埂上的林木，其林木所有权可以独立存在。二是森林资源是一种可再生的生命体，经采伐后可以通过自然或人工的方式得到更新，林业物权能够在一定的时空内得到强化和延伸。三是林木不仅具有经济价值，更具有重要的生态价值，因此与一般物权相比，法律、法规对林木物权的行使有更严格的限制。四是林木的价值随着地域的不同而有所不同，也就是马克思所说的级差地租的存在，不同的地区自然和社会经济条件差异很大，林地林木的经营成本不同，林地林木的社会经济和生态效益也不一样。

三、我国林业物权存在的主要问题

1. 林业物权的主体不明

我国林业物权主体不明的现象较为普遍，尤其是国有林，缺乏能够代表国家行使所有权及经营权的权利主体。有的国有林场人员分流，是以国有林场的山场林木资源的物化形式实现的，而这些被分流职工物化所得的林木资源只是一种书面上的约定，他们没有这部分资源的“林权证”。国有林场为了减少工资发放的压力，将一部分采伐迹地以工资山的形式转让给职工投资造林，森林形成并逐渐成材，形成个人财产，也存在权的真空。因此，这部分林地也急需确权，需要保护。把“权”真正落实到所有人身上，切实保障他们的财产权益。还有一部分没有改革到位的集体林林地使用权在乡、村集体中，没有可追索的责任主体，林地的使用、林木的经营还远没有发挥出应有的效益。野生动物资源也一样，国家所有权缺乏明确的代表，导致所有权主体在某种程度上的虚置，使野生动物所有权得不到有效的约束和保护，野生动物资源得不到合理的利用和发展。

2. 物权边界不清

一是主体边界不清。南方一些省份国有林场的林地所有权是集体的，由国有林场长期租赁经营或与集体联合合作经营，双方的利益关系是通过合同或协议确定的。由于林木的经营周期长，在漫长的林木生长过程中，体制、政策、经济、物价等多种变化因素，必然会增加经营活动中的不确定性，很难完全保障双方的利益。如福建省现有106个国有林场，总经营面积648万亩，其中582万亩为集体所有林地，占90%。二是林地边界不清。由于历史原因，划拨林地时拨交手续不完整，在征用集体林地时，错卖、错征农民的自留山或责任山，或者同一块林地重复发放林权证，或因勘界不准确、林权资料相互矛盾的问题还存在。如福建省亭下国有林场有4 000余亩林地与村集体重发了林权证，占林场经营面积的近10%。三是权力边界不清。尽管自留山以及竹林的采伐利用权利已经逐步放开，但让林农按照市场的信息自主决策林木的采伐量和采伐时间还需要一个过程。现行的森林资源采伐及运输的管理方式实际上一定程度上限制了林农对林地的处置权，与灵活、自主的市场经济是相悖的。四是权力分配不清。前几年很多地区林业改革是以荒山拍卖和流转为主，以出资多少为主确定林地的使用权，这部分林地主要集中在少数有能力有资金的能人手里，在这次集体林权制度改革中就显现出大部分人利益受损的问题。如福建省清流县龙津镇严坊村全村集体林业用地面积9 601亩，其中生态公益林3 273亩，商品林6 328亩。集体经营的林地143亩，严坊小学66亩，已划给个人的竹林1 007亩。经济林111亩，自留山700亩，流转到大户经营的林地4 281亩。这次林改中农民无山无林可分，矛盾很大。

3. 林权补偿不到位

林地林木的生态效益对维护国土安全，对社会经济可持续发展具有无可替代的贡献和作用。这些贡献和作用具有一定的外部性，必须要由国家公共财政以及生态效益的受益单位给予补偿，但目前林农在公益林上的权益，没有得到应有的补偿。一是补偿渠道少，现行的生态效益补偿主要是以国家财政补偿为主。二是补偿面窄，许多公益林没有纳入补偿范围，比如陕西省将全省划定为天保工程区，其中5700多万亩重点公益林至今没有得到中央财政的补偿。三是补偿标准低，每亩5元补偿费的标准是2001年制订的，这一标准与商品林相比比较效益太低，尤其是随着工资水平提高、物价上涨，更显得微不足道。四是补偿内容不完全，由于生态效益补偿基金少，许多省将生态效益补偿基金全部用于管护费，没有给林地的所有者给予补偿。

四、林业物权改革的趋势

1. 确定行使国家森林资源所有权的权能单位

加强国家对国有森林资源资产的管理、监督、调控作用，建议成立森林资源管理局。其职能是，代表国家行使对国有森林资源资产的管理，建立对国有森林资源资产的保护约束机制，保证国有森林资源资产的运营即其保值增值，提高国有森林资源资产运营效率和效益。

2. 加快推进集体林权制度改革

集体林权制度改革就是要贯彻实施《物权法》，明确林地归属，确立林地的用益物权，充分发挥林地效用。要在全国范围内进一步加快推进集体林权制度改革，争取到“十一五”期末，基本完成明晰产权、承包到户、确立经营主体的改革任务，在坚持集体林地所有权不变的前提下，将林地使用权和林木所有权落实到户，确立林农经营主体地位，建立林地承包经营制度，并依法保护林农的承包和延包权。在改革过程中要充分体现公开、公平、公正的原则，充分尊重农民意愿，科学解决历史遗留问题，妥善调节和合理化解林农纠纷，使每一个林农在集体林地上的权益得到保障。

3. 严肃森林资源产权的登记制度

《物权法》第一百二十九条规定：“土地承包经营权人将土地承包经营权互换、转让，当事人要求登记的，应当向县级以上地方政府申请土地承包经营权变更登记；未经登记，不得对抗善意第三人。”林权证是确定林地所有权、使用权归属、申请林木采伐许可证、进行林地使用权流转以及获得相关收益或补偿的法律凭证。林权登记具有确认林权状况、承认并保护林权权利人的各项权利功能，因此，要突出林权证的法律地位，严格规范林权证的登记发放管理工作，准确掌握林地权属关系的变化，确保地、证相符。作废的林权证，要依法销毁，完全消除“有证无林，有林无证”的现象，稳定林地权属，维护林权权利人的合法权益。

4. 平等保护林业物权

《物权法》最突出的一个特点是平等保护原则，改变了过去只重公权不重私权，忽视私人个体为保护和发展自己的财产所能够为社会创造出巨大财富的潜能，为建立市场主体之间有效激励和平等竞争机制提供了保障。但个体林农是市场经济中的弱势群体，他们为了公共的利益所作的贡献和牺牲，应该得到社会的尊重和补偿，划定的公益林应逐步建立完善的生态效益补偿机制，逐步补偿到位；建立自然保护区时还应当考虑群众的生产生活需要，尽可能不占用群众的土地山林，确需占用的应当妥善进行移民搬迁，合理补偿，解决当地群众的生活问题；野生动物活动对人民群众生命和物质财产造成损失的，应当得到合理补偿。

5. 改革现有的森林资源管理办法

森林资源管理要在保障国家生态环境整体需要的前提下，以放活经营权，落实处置权为主要目标，改革现行的林木采伐管理、木材运输管理制度，调整、修改、完善相关法律法规。积极探索建立适应商品林生产的林政资源管理制度，按照分类经营、分类管理的要求，对公益林和商品林采取不同的资源管理办法，商品林要按照基础产业进行管理，改革和完善林木限额采伐制度，逐步放宽对林木采伐利用的限制，允许经营者根据市场需求配置资源，建立起既能保证资源消长平衡，又能适应林业生产经营需要的林木采伐管理制度。

调研单位：国家林业局林业改革领导小组办公室

试论物权法律制度与现代林业建设

《中华人民共和国物权法》(以下简称《物权法》)的颁布实施，是我国“依法治国，建设社会主义法治国家”伟大历程的里程碑。《物权法》贯彻以人为本、权利主体的思想，对于完善社会主义基本经济制度，推进社会主义市场经济体制建设，保护民生等领域都将会产生极大的作用。在推进现代林业建设的进程中，《物权法》的公布实施，有利于进一步巩固推动林业产权制度改革，完善林业市场机制，维护广大山区农民和林区群众的根本利益，同时也要求加快林业物权制度建设，调整相关政策体系和提高林业依法行政水平。机遇与挑战并存，需要我们予以高度重视。

一、《物权法》的公布实施，为促进和深化林业产权制度改革提供了法律保障

《物权法》是规范财产关系的民事基本法律，调整因物的归属和利用而产生的民事关系，包括明确国家、集体、私人和其他权利人的物权以及对物权的保护。《物权法》的公布实施，为林业产权制度改革向纵深推进指明了发展方向，奠定了法理基础，提供了法律支持。

(一)明晰林业产权，实现定分止争

《物权法》的基本目的和功能之一，是定分止争，明晰产权归属，杜绝各种纠纷争执。先秦法家曾经揭示阐述过这一深刻道理。管子说过：“律者，所以定分止争也”(《管子·七臣七主》)。慎子提到著名的兔子理论：“一兔走街，百人追之，分未定也；积兔满市，过而不顾，非不欲兔，分定不可争也”(《吕氏春秋·慎势》)。商鞅进一步地阐述：“一兔走，百人逐之，非以兔可分以为百也，由名分之未定也。夫卖兔者满市，而盗不敢取，由名分已定也。故名分未定，尧、舜、禹、汤且皆如骛焉而逐之；名分已定，贪盗不取”(《商君书·定分》)。当兔子所有权这一物权不明确时，按照先占主义原则，谁实际占有该物，就获得了兔子所有权。因此，要避免出现众人争夺物权的不稳定状况，首先要做的就是明确物权。这个确定物权的行为就是“定分”。需要指出的是，社会经济发展到今天，物权日益发达，不仅所有权需要“定分”，用益物权也需要“定分”。

集体林权制度主体改革就是“定分”，具体来说是将林地所有权与使用权分离，在坚持集体林地所有权性质不变的前提下，将林地使用权承包到户，同时由政府登记并颁发权属证书，从法律上予以确认和保护。在通过“定分”、明晰权属关系后，农户成为了权利主体和经营主体，享有占有、使用、收益和一定程度的处分等权能，自主安排生产经营活动。实践表明，集体林权制度改革实现了“山定主、树定根、人定心”，定分止争的功能得到充分发挥，化解了大量林区纠纷矛盾。据统计，福建省2003年以来，共调处各类涉林纠纷22 333起，面积193.1万亩，有力地促进了社会稳定。邵武市家塘镇铁罗村，通过林改，从有名的“上访村”变为“稳定村”。江西省通过林改解决了90%多的山林纠纷。《物权法》的公布实施，将会更加有力地巩固和发展集体林权制度改革“定分止争”成果。

(二)理顺生产关系，实现物尽其用

物权界限清楚并受到切实的法律保护，物权具有通畅便捷的交易机制，是促进权利人利用其财产，充分发挥物的效用的前提。《物权法》发挥“物尽其用”的功能，关键在于设计好用益物权制度和担保物权制度。物权权利人通过担保物权制度，拓宽融资渠道，分散经营风险，增强物权交易功能，实现物尽所用。所有权人通过用益物权制度，将自己的财产和土地交给最能发挥物的效用的“他人”利用，实现“物尽其用”，这对实行土地公有制的我国具有重要意义。集体林原来的生产经营模式僵硬低效，生产关系不顺导致了植树造林难、护林防火难、科技推广难、产业发展难、农民增收难等问

题，最终造成集体林地生产力低下。目前全国25亿亩集体林地平均每亩森林蓄积量仅为3.3立方米，既低于全国平均水平，更低于世界水平。集体林经营管理模式改革是大势所趋，是农村林业发展的必由之路。集体林权制度改革就是实现《物权法》用益物权和担保物权制度的生动的实践。

集体林权制度改革创设了林地承包经营权，《物权法》明确林地承包经营权是一种用益物权。这一用益物权交给农户，激发了农民的生产积极性，极大地发挥了农村土地的效用。2005年以来，福建省植树造林总面积连续3年每年超过200万亩，比改革前翻了一番。江西省林改两年多来，每年人工造林面积是近10年最多的。山区农民成为山林的经营主体，舍得投入、精心经营，“把山当田耕，把树当菜种”，大幅度地提高了林地生产力和单位面积产出率，收入也不断增长。2006年永安市农民人均林业收入2 513元，占农民人均收入的51.2%，比改革前增长3.4倍，有的农户收入可达万元。2005年江西省农民林业现金收入比2004年增长40%以上。

（三）明确私有物权地位，平等保护公私财产权利

《物权法》强调对公共财产权利和私人财产权利在法律上给予平等保护，明确规定国家、集体、私人和其他权利人的物权受法律保护，任何单位和个人不得侵犯。这在社会主义国家立法中是重大的理论突破和制度创新，具有划时代的意义。

《物权法》这一立法价值取向有效化解了困扰非公有制林业主体发展的难题。一方面，集体林权制度改革成果得到巩固，广大山区农民享有的承包经营权得到物权保护，在土地调整、征地、拆迁等过程中农民合法权益受到国家法律保护；另一方面，为社会民间资本进入林业领域奠定了基本法律制度基础。江西省非公制造林比重从2004年的不足30%上升到2005年的64.7%，社会投资造林资金达到4.26亿元，全省社会投入造林资金2006年达5.47亿元。福建省南平市2006年个体私营造林面积占全市造林面积的75.5%；莆田市个体私营造林3.3万公顷以上的大户达45家。

（四）理顺公共资产支配秩序，遏制公有资产流失

《物权法》在国家基本经济制度和公共资产支配秩序这个极为重大的制度建设方面，表现出极大的理论创新勇气。毋庸置疑，公有制不能仅仅停留在抽象的政治诉求上，更重要的是体现在法律实现上。《物权法》通过具体的民事规范加强了公有制的法律实现形式，利用《物权法》“特定主体、特定客体、特定权利义务和法律责任”这个基本法律规则，将公共财产的占有、使用、收益以及处分等支配关系在法律上规定清楚，并从权利的享有与义务责任承担相结合的角度，建立公共资产保护和利用的法律制度。

我国林地分为国家所有和集体所有两种类型。集体林权制度改革坚持了社会主义基本经济制度，坚持林地集体所有权不变。《物权法》明确规定，农民集体所有的不动产和动产，属于本集体成员集体所有。《物权法》同时规定，涉及土地承包、调整、补偿资金以及集体企业处置等重大事项，应当依照法定程序由本集体成员决定。从各地实践来看，集体林权制度改革依照农村土地承包法、村民委员会组织法等法律严格推进，林地承包方案等重要事项由集体成员决定。《物权法》通过相关物权制度，对包括林地在内的集体所有资产支配管理加以规范，为集体林权制度改革指明了方向，提供了法律保障。有利于林业各项改革在公共资产领域建立起“权利、义务与责任”清晰的具体制度，为有效地防止公有资产流失奠定了重要的制度基础。

二、《物权法》的公布实施，为推进林业市场机制建设和林业产业发展开创了有利局面

现代林业建设需要规范、高效、通畅、便捷的现代市场机制。经过多年的努力，我国林业市场机制建设取得了较大的成绩，但是与社会主义市场经济发展的需要仍然有较大差距。市场交易是优化配置生产要素的基础条件，借助现代市场机制，才能使各种生产要素向林业积聚，促进林业生产力发展。《物权法》的制订和实施，对构建现代林业市场机制具有重大而深远的意义。

在现代市场经济条件下，建立符合林业发展要

求的市场机制，一是要维护市场主体的平等地位，二是要充分利用好土地和资金两类财产的使用关系。就土地使用关系而言，通过承包流转使林地所有权与林地使用权分离，由最能发挥其价值的人来使用和经营林地。《物权法》通过设定用益物权制度实现这种利用关系。就资金使用关系而言，《物权法》设定的担保物权制度可以极大地提高资金使用效益。建立林业市场机制，这类财产利用关系犹如鸟之两翼，车之两轮，相互促进，相辅相成。林业发展领域如果不能建立起相应的用益物权制度和担保物权制度，现代林业市场机制也就无从谈起。

（一）保护主体平等地位，促进市场公平竞争和共同发展

《物权法》不仅厘清了国有财产、集体财产和私人财产的界限，并从制度上明确保障一切市场主体的平等法律地位和发展权利。马克思说过："商品是天生的平等派，它要求买者与卖者之间必须遵守交换的等价法则。"①因此，失掉了平等，就失掉了市场经济；失掉了公平竞争，就失掉了共同发展。现代林业建设应该对所有的市场主体，包括国有、集体和私有主体，都一视同仁，使其具有平等地位。这需要各级政府和林业主管部门根据物权法律制度的要求提高驾驭市场的能力，进一步统一税费政策、资源利用政策和投融资政策，为各种林业经营主体创造公平竞争的环境。

（二）完善用益物权制度，夯实林业市场机制构建的基础

《物权法》明确了农村土地承包经营权性质是用益物权，并建立起相关的用益物权制度，给予了物权的保障，作为"土地承包经营权人依法对其承包经营的耕地、林地、草地等享有占有、使用和收益的权利，有权从事种植业、林业、畜牧业等农业生产"，这为建立农村林地用益物权制度奠定了基本框架。

同时，《物权法》明确规定，国家所有的农用地实行承包经营的参照用益物权的有关规定，国有林地承包经营权也属于用益物权，也应当实现"物尽其用"的目标。

在土地社会主义公有制性质不改变的前提下，《物权法》对农村集体林地和国有林地用益物权制度的创设，为林业市场机制建设奠定了坚实的基础。用益物权制度是建设有中国特色的市场经济制度的内在要求，也是建设市场经济制度的基本条件。市场交易的前提是拥有可依法交易的财产权。这不仅要求在法律上明确物的总括利益的归属，即明确物在法律上的所有权人，还要明确物的使用价值利益的归属，即明确物的用益物权人。林地是最基本的林业生产要素之一，但由于法律禁止土地买卖，土地所有权不具有可转让性，要通过市场机制来有效配置资源，创立林业用益物权制度，对建立市场经济运行机制具有根本性的意义。

（三）健全担保物权制度，盘活森林资源资产

担保物权在于适应市场经济的要求担保债权，融通资金。《物权法》在担保物权制度上取得了突破，设立了抵押、质押、留置、权利抵押等诸多制度，并扩大了抵押担保物的范围。根据《物权法》规定，几乎所有可交易的财产均可以作为抵押物。《物权法》完善了抵押担保机制，改变了林权抵押贷款的不利局面，为盘活森林资源资产，拓宽融资渠道，将林权制度改革向纵深推进，提供了相应的法律保障。

社会主义市场经济建设有一个历史发展的过程。改革开放初期，由于当时社会历史条件还不成熟，国家对于林地使用权抵押比较谨慎。按照担保法规定，可以抵押的仅限于荒山、荒沟、荒丘、荒滩等荒地的土地使用权，即"四荒地"使用权。同时，担保法规定，"依法可以抵押的其他财产"才可以抵押，也就是说抵押物的范围只限于法律规定可以抵押的财产，这就把"四荒地"以外的林地使用权，排除在可以抵押的财产范围之外。

此外，最高人民法院在《关于适用〈中华人民共和国担保法〉若干问题的解释》②中规定：当事人以农作物和与其尚未分离的土地使用权同时抵押的，土地使用权部分的抵押无效。此条规定的农作物包括森林林木，土地使用权也包括林地使用权。按照

① 《资本论》（第一卷），第103页，人民出版社，2004年。

② 2000年9月29日最高人民法院审判委员会第1133次会议通过。

此规定，林地使用权抵押得不到司法保护，意味着一旦债务不清偿，债权人不能通过司法救济来行使抵押权，无法处置抵押物，要求债务清偿。其结果，必然导致森林资产难以作为财产抵押来融资。

《物权法》完善了不动产担保物权制度，明确规定"法律、行政法规未禁止抵押的其他财产"即可抵押，其立法意图就是抵押财产无需法律规定，只要不被法律禁止，即可抵押。在《物权法》中，林地、草原与耕地都是农业用地类型。《物权法》明确规定，禁止抵押的有耕地、宅基地、自留地、自留山等集体所有的土地使用权，林地使用权并没有在禁止抵押的财产范围之内。同时，《物权法》规定，"建筑物和其他土地附着物"可以抵押，并且允许多项财产一并抵押，所以林地使用权及其附着物的林木可以一并抵押。

林业经营具有周期长、投入大、见效慢的特点，因此森林资产抵押融资对林业生产经营具有重大意义。集体林权制度改革，林农实现增收，目前主要是对现有森林资源的财富存量进行初始分配带来的，随着改革向纵深推进，林农增收必须依赖于经营森林带来财富增量。广大农户成为经营主体后，要提高林地生产力，必须自己加大投入、加快资金周转。在目前农村融资状况下，山区农民融资十分困难，因而以林权抵押贷款为主的小额贷款显得极其重要。福建、江西等地的实践充分证明，以林权抵押贷款为主的小额贷款成为山区农民发展生产、劳动致富等的原始推动力之一。

三、《物权法》的公布实施，为切实保护广大山区农民的基本利益奠定了坚实基础

《物权法》是保护公民私有财产的基本法律，也是保护广大山区农民基本利益的基本法律。加强社会主义新农村建设、解决我国"三林"问题，是建设社会主义和谐社会的必然要求。通过充分尊重和有力保护广大山区农民的私有财产尤其是新增财产，是激发他们改善私有财产保有状况，创造更多社会财富的积极性和主动性的前提。《物权法》通过设定各种制度和救济方式，规定对公民的私有财产给予平等保护，公民合法私有财产不受侵犯，对严重侵犯公民私有财产的违法行为设定了法律责任。

（一）保护林地承包经营权

《农村土地承包法》颁布实施后，社会各界对农村土地承包经营权的权利性质一直存在争议。《物权法》将农村土地承包经营权的性质明确界定为用益物权的一种类型，确立了基本的法律地位，为土地承包经营人得到更为全面的物权保护奠定了重要的制度基础。

集体林权制度改革借鉴了农村经济体制改革的基本经验，将林地所有权与使用权分离，即由原来人民公社体制下的集体所有、集体使用，改为集体成员集体所有、集体成员使用，目前主要通过家庭联产承包的合同形式予以确认。这种以承包合同为基础的农地使用关系，受到债权作为相对权的限制，不能对抗善意第三人，林地承包经营权容易受到其他人的侵害。《物权法》确定林地承包经营权为用益物权，使农户对林地的使用权由债权转变成物权，为实现农地使用关系的物权化提供了法律基础，为巩固集体林权制度改革的成果，消除和减少侵害农户合法权益的行为，保护广大农户的经营自主权，进一步激发其生产积极性，创造财富，促进林业发展，提供了极为有利的条件。

《物权法》不仅明确了林地承包经营权的性质，而且延长了对林地的承包期限，强调土地承包期届满，土地承包经营权人可依法继续承包。"有恒产者有恒心"，这一规定赋予了农民长期而有保障的使用土地的权利，这对经营周期长、投入大的林业来说，意义重大。

（二）完善农村集体成员的决策权

《物权法》首次明确集体所有权的权利性质，并将原来"集体所有权"改为"集体成员集体所有权"，具体规定了土地承包、调整、补偿等处置集体财产事项必须由集体成员决定的法定程序和要求。从制度上堵住了侵害农民"成员"权力的漏洞，十分有利于集体林权制度改革，巩固集体林经营模式转变的成果。

（三）健全林地征收征用补偿制度

《物权法》为了防止林地等农村集体土地受到侵害，健全和完善了集体土地征收征用制度，建立了更为严格的补偿制度。《物权法》规定了比较详细的

关于征收征用土地的补偿原则，强调必须足额补偿。特别值得注意的是，《物权法》还规定了征收农民使用的土地，必须对农民个人承包经营权受到的损害进行补偿；将商业目的的用地排除在国家征收之外，企业取得商业用地，须按照合同法的规定与土地使用权人农户或居民谈判签约；对于任意撕毁承包合同及强行摊派等侵害农民合法权益的问题，《物权法》也明确规定了救济措施。这对保护农民的合法权益将起到十分重要的作用。

四、积极应对新挑战，制订有力措施全面贯彻《物权法》

（一）《物权法》的公布实施对依法治林工作带来新挑战

《物权法》的公布实施，对现代林业产权制度构建、相关林业政策调整，对依法治林、依法行政工作提出了新的、更高的要求，对现代林业建设带来发展的机遇，同时，也带来了挑战。

（1）集体林产权不明晰、林权不落实所引发的矛盾将进一步凸显。针对集体山林归属不清、权责不明、经营机制不活、产权流转不规范等制约林业发展的深层次矛盾和问题，近年来，福建、江西、辽宁、浙江、云南等省率先开展了以“明晰产权、放活经营、减轻税费、规范流转”为主要内容的集体林权制度改革，取得了阶段性的显著成效。但从全国范围来看，这项基础性林业改革工作的推进速度还不快，大部分省份的改革还没有展开，集体林产权仍然处于不明晰的状态，使得广大群众投身林业、发展林业的积极性迟迟无法调动起来，发挥出来。这也成为农村和林业领域贯彻落实《物权法》、保障农民合法权益的一个制度性障碍，需要加大推进力度，用典型引导这项改革在全国范围的全面展开。

（2）集体林地被划入自然保护区和国营林场经营区所带来的冲突将进一步凸显。其一，在国营林场建立发展过程中，集体林地被划入国营林场经营区，但权属没有改变。《物权法》公布实施之后，集体经济组织对其被占的林地主张其权利成为潜在的冲突因素。国营林场要想继续使用集体林地，应当采取合法手段来获取林地使用权。比如，采取租赁、合营或征用等方式使用集体所有林地。其二，在自然保护区建立发展过程中，集体林地被划入自然保护区，但权属没有改变。无论处于核心区、试验区还是缓冲区，集体经济组织对集体林利用都受到不同程度的限制，集体经济组织成员的生计受到影响。《物权法》公布实施后，自然保护区建设应当正视这一问题，并积极采取有效措施解决这一问题。

（3）个人投资营造的林木被划入公益林所带来的矛盾将进一步凸显。自20世纪80年代以来，各地陆续出台了“谁造谁有、合造共有”等鼓励个人等非公有制主体投资造林的政策，广大林农及其他业主通过林业项目贷款、世界银行贷款或者其他自主投资等发展用材林造林项目，极大地促进了我国林业发展，广大林农和业主对这些“绿色银行”也有着很大的获利预期。按照《物权法》规定，物权权利人对特定的物享有直接支配和排他的权力，享有林地使用权的个人投资者，依法可以主张相应的占有、使用、收益和处分林地使用权和林木所有权的权利。但是，目前部分林农等个人投资营造的林木被划入重点公益林，林木被禁伐或限伐，经营受到限制，经济受到损失。虽然有部分政策补偿或者补助，但是相对于林农的巨大付出和沉重的还贷压力，无异于杯水车薪。林农的生产积极性受到挫伤，部分甚至陷入债务重重的窘况，给社会带来了不稳定因素，不利于和谐社会的构建和社会主义新农村建设。应该积极探索，采取合法手段妥善解决，化解这些矛盾。

（4）林权确权发证与林业建设改革实践发展的不适应将进一步凸显。按照《物权法》规定，国家将逐步实行不动产统一登记制度，包括统一登记的范围、登记机构和登记办法。按照森林法等相关规定，林权登记管理主要由林业主管部门负责，是林业主管部门的重要职责，也是林业管理的重要手段。总体来看，在林业建设和改革中，尤其是集体林权制度改革中，广大林业基层工作机构较好地完成林权登记的相关工作。但是，目前还有一些地方确认权属发放林权证的工作推进缓慢，与林业改革和发展等工作需要不相适应。《物权法》公布实施之后，国家实施不动产统一登记制度，将会对林权登记工作提出更高的要求，林权登记管理工作机构将面临着新的挑战。

(5)野生动物物权相关规定的不完善导致的相关问题将进一步凸显。《物权法》明确规定：“法律规定属于国家所有的野生动植物资源，属于国家所有。”所指的野生动植物是法律明文规定的珍贵、濒危的陆生、水生野生动物和有益的或者有重要经济、科学研究价值的陆生野生动物及野生植物。但是，在实践中逐步暴露出我国现有野生动物物权制度的局限和漏洞。主要是：其一，驯养繁殖国有野生动物资源的产权归属亟须明确。按照《物权法》和《中华人民共和国野生动物保护法》相关规定，属于国家所有的野生动物资源，任何单位和个人都不能取得所有权。国有野生动物资源经过驯养繁殖之后产生的新一代，作为孳息也应该属于国家所有。但是，目前私人获得驯养繁殖国有野生动物许可权之后，可以进行经营交易，获取收益。这明显与《物权法》规定相矛盾，亟须研究国有野生动物经过驯养繁殖后新一代的权属关系，以及出售利用收益的性质和归属。狩猎权也需要按照物权法定的原则确定归属制度。其二，国有野生动物造成损害的赔偿制度需进一步健全完善。《物权法》规定国家享有国有野生动物所有权，野生动物造成他人损害，如果没有免责事由，就应该承担相应的民事责任。但是，目前由国务院代表国家行使所有权，而国家所有的野生动物所造成的危害由有关地方政府承担。这种权责利关系需要进一步合理调整。其三，非国有野生动物的种质资源如何保护，出现法律空档。依照《物权法》规定，个人或者集体对其所有的野生动物依法享有处置权，但是，对非国有野生动物种质资源的保护，法律规定存在缺陷，为防止我国种质资源向境外流失，应强化法律完善。

(6)采伐限额政策与权利主体物权行使的矛盾将进一步凸显。物权是指权利人依法对特定的物享有直接支配和排他的权利，包括占有、使用、收益和处置四个方面权能。目前，采伐限额政策对处置收益的限制已经超出了物权行使所应该承担的社会义务的范围，对于商品林而言更是如此。按照《物权法》的规定，权利人可以请求排除妨碍，也可以请求损害赔偿。虽然国家对公益林已给予了生态效益补助，但是经费的性质仅属于公益林提供生态产品的财政激励，不属于物权损害赔偿，也不属于生态产品的交易价格。这些限制已经与《物权法》相违背，将给林业部门全面推进依法行政带来巨大的挑战。在过去特定的历史条件下，这种限制是必需的，但是到今天，采伐限制政策应该根据实践发展进行调整，或加大购买生态产品的公共财政支付，或形成生态服务交易机制，保护生态服务提供者的合法权益。公权的行使应当在尊重和保护私权的基础上进行。

(二)贯彻《物权法》推进现代林业建设的对策建议

《物权法》的颁布实施对我国经济社会发展将带来极为深刻的影响，我们应当在分析现代林业建设和依法治林所面临的新形势新情况的基础上，认真学习贯彻《物权法》，加强林业物权制度研究，建立和完善现代林业物权制度，促进林业市场机制建设和宏观调控机制创新。

(1)以《物权法》统一思想，积极推动林权制度改革。《物权法》的核心在于通过物权法定，明确物的归属，达到“定分止争”，从而实现“物尽其用”。林业产权制度改革作为我国林业领域的一项重大改革措施，其根本目的就是要通过明晰产权、分清权责，充分调动广大农民等生产经营者造林营林管林的积极性，保障他们的合法权益和劳动成果，促进林业发展，实现兴林富民。两者的本质目的是一致的。要把在全国范围内推动林业产权制度改革作为林业贯彻落实《物权法》的最重要的手段之一，通过深化改革，使物权法律制度在林业法律制度体系中得到全面体现，并贯穿到林业生产经营活动的全过程，真正搞好用益物权，利用好担保物权，实现物尽其用，促进林兴民富。

(2)抓紧研究应对物权冲突的对策。对国营林场、自然保护区所占集体林地林木情况进行调查，充分了解实际情况，区分不同类型，采取不同的方式，制订相应的政策进行调整。要逐步加大补偿力度，待条件成熟时可以考虑出台土地征收为国有土地的财政政策，也可以采取用经营管理区以外的国有林地置换区内的集体林地、组织核心区居民移民的办法，解决当地原居民的生计和发展问题。对个人投资营造而被划入重点公益林的，适应《物权法》应当积极探索新机制。

(3)加强林权登记工作。《物权法》关于国家实行不动产统一登记制度的规定，明确了既要对城市房地产这一类型的不动产进行统一登记，又要对耕地、林地、草原等其他类型的不动产进行统一登记。对于林地(林木)这一类型的不动产，林业部门应该根据《物权法》的规定，在坚持林权登记日常管理职能由林业部门执行的前提下，加强研究和完善林权统一登记管理制度，尤其是林地这一不动产类型，满足林业各项改革和工作的要求。

(4)完善野生动物资源物权制度研究和建设。首先，按照《物权法》，研究确定驯养繁殖国家野生动物资源归属，加强驯养繁殖人的合法权益保护，创新各种物权机制实现驯养繁殖野生动物资源的商业开发利用，在保护和利用中寻求发展；其次，应积极探索国有野生动物造成损害赔偿制度，研究建立科学合理的中央政府、地方政府责任承担制度；再次，对法律未做规定的国家所有野生动物种质资源保护问题，要加快研究和强化立法力度，防止种质资源外流。

(5)抓紧推进相关配套立法工作。《物权法》的出台实施，需要一系列的下位法丰富和支持。目前，林业物权制度体系中还有不少需要予以补充和完善的地方，要抓紧审查林业法律、行政法规和部门规章，各级林业主管部门要尽快完成相关配套立法工作计划，抓紧开展行政法规、规章和规范性文件的清理工作，对有关物权的规定，都要依照《物权法》进行修改或者废止，并将清理结果向全社会公开；对林权流转抵押、森林资源资产评估、国有林经营管理、公益林管理补偿等方面也还存在立法空白，需要加快研究步伐。

(6)加强林业物权制度理论研究和调整相关政策。贯彻《物权法》，建立现代林业物权制度，是一项重要而紧迫的任务，也是长期的任务。我国林业管理涵盖了森林资源(含野生动植物资源)、沙地资源、湿地资源等诸多类型，物权客体对象情况复杂多样，兼具经济效益、社会效益和生态效益等多种价值。《物权法》关于林业物权的规定，主要在于物权的经济效益，至于社会效益和生态效益则留下了巨大的立法空间。要建立完善我国林业物权制度，建立经济利用和生态维持的平衡机制，就应该一方面抓紧研究森林资源、湿地资源、沙地(荒漠化、石漠化)资源物权制度的建设，按照《物权法》定原则，将狩猎权、驯养繁殖权纳入《物权法》范畴；另一方面也要抓紧推进林业物权社会效益和生态效益方面的理论研究，尤其是在林业物权社会化的义务内容。

根据《物权法》的规定，在充分研究的基础上，对采伐限额政策、公益林管理政策、生态补偿政策等现行林业政策重新审视，与《物权法》违背的要根据法律规定和实践需要进行调整完善。

(国家林业局经济发展研究中心：张蕾、吴柏海、许慧娟)

关于全民义务植树尽责率与法律修改

切实采取有效措施　深入开展新形势下全民义务植树运动

——关于全民义务植树尽责率检查和执法调研情况的综合报告

根据年初国务院召开的全国造林绿化电视电话会议部署，按照国家林业局重大调研活动的统一要求，为认真学习贯彻落实党的十七大精神，高举中国特色社会主义伟大旗帜，深入开展全民义务植树运动，全国绿化委员会以全绿字[2007]5号文下发了《关于开展全民义务植树自查工作的通知》。在全国31个省(自治区、直辖市)全面自查的基础上，全国绿化委员会办公室组织调研组先后赴江苏、四川等8个省份进行实地检查与调研。调研组每到一地，抽取部分市、县，深入到城市街道、社区、乡镇、村屯、部门等单位，实地察看义务植树现场，并召开不同层次的座谈会、查阅历年文件档案资料，还走访干部群众、进行街头随机问卷调查。为进一步摸清全面情况，调研组还分别在杭州市和成都市召开了华东六省一市和中西部八省(自治区)主管厅(局)长和绿化委员会办公室专职副主任参加的义务植树工作座谈会，广泛听取意见。国家林业局李育材副局长出席了华东地区的座谈会并作重要讲话。现将情况报告如下：

一、开展全民义务植树运动取得了巨大成绩

1981年四川、陕西等省遭受了严重水灾，邓小平同志从中国国情出发，提出植树造林是防治水旱灾害的根本之策，是保持生态平衡、造福子孙万代的重要之举。在他的倡议下，1981年12月13日第五届全国人民代表大会第四次会议通过了《关于开展全民义务植树运动的决议》，1982年2月27日国务院制定颁布了《关于开展全民义务植树运动的实施办法》。从此，全民义务植树运动以其特有的公益性、全民性、义务性、法定性在中华大地蓬勃开展。26年来全民义务植树运动在取得巨大成绩的同时，也在全面落实科学发展观中发挥着独特作用：

(一)加快了国土绿化进程

开展全民义务植树运动26年来，据统计，全国累计有104.8亿人次参加义务植树，植树492.7亿株，按每亩200株折算，折合面积2.96亿亩。20世纪80年代末、90年代初，通过全民义务植树运动的开展，在全国掀起了以消灭荒山荒地为主的造林绿化热潮，形成了千军万马齐上阵、生龙活虎搞绿化的大好局面。不仅有效地解决了没钱与要绿之间的矛盾，而且，使各地荒山荒地实现绿化的速度大大提前。广东、福建等12个省份实现了基本消灭荒山的绿化目标，得到了党中央、国务院的表彰。通过开展全民义务植树运动，甘肃省兰州市南北两山将62万亩荒山承包到省、市属500多家单位，建立义务植树基地800多处，包栽、包活、包70年管护，至今已绿化造林面积达到58万亩，创造了我国西北干旱地区的绿化奇迹。

进入21世纪，国家又先后启动实施重点林业工程建设。尽管国家安排了一定的造林资金，但与实际需要还不能得到保证。各地发动群众进行义务整地、栽植树木及管护等全民义务植树的多种形式，积极调动全社会力量共同建设，有力地促进了森林资源的培育、恢复和发展。全民义务植树成为重点工程建设不可缺少的补充，继续发挥不可替代的作用。河北省张家口市从2003年起通过市委组织部开展了“增绿添彩”(为荒山增绿给党旗添彩)工程，发挥各级党员的先锋模范作用，仅用3年时间就将市周边的12万亩迎面荒山全部实现了绿化。江苏省委、省政府于2003年提出建设“绿色江苏”的决策部署，全省迅速掀起全民参与绿化、全社会办林业的植树高潮，2003年初至2006年底，4年造林绿化总面积超过了2002年以前20年的总和，森林覆盖率和城市绿化覆盖率每年都提高一个百分点以上。像这样的典型全国各地屡见不鲜。

经过长期的不懈奋斗，我国森林覆盖率已由20世纪80年代初的12%提高到目前的18.21%，森林面积已达到26.2亿亩，森林蓄积量达到124.56亿立方米，其中人工林保存面积达到8亿多亩，居世界第一。在全球森林资源总体呈下降趋势的情况下，中国实现了森林面积和林木蓄积量的“双增长”。

(二)改善了城乡生态环境

在全民义务植树运动的推动下，城乡绿化加速发展，面貌焕然一新，人居环境质量不断改善。北京市、甘肃省兰州市、河北省张家口市、山西省太原市、河南省郑州市、内蒙古自治区呼和浩特市、四川省成都市、黑龙江省哈尔滨市等一大批城市，通过义务植树基地建设及政策的调动和利益机制的完善，不仅使城市周边贫瘠的荒山和废弃的荒地披上了绿装，彻底改变了面貌，而且建成了多处城郊森林公园和生态休闲基地。给城市居民创造了森林游憩、生态旅游、回归大自然的便利场所。

近年来，各地以“城区园林化、郊区森林化、道路林荫化、庭院花园化”为目标，以创建全国绿

化模范城市为载体，通过全民义务植树，全面推进城乡绿化一体化建设，努力打造良好的人居环境。上海市、长春市、南京市、深圳市、厦门市、河北省廊坊、邯郸等城市，通过义务植树加快了城市绿地和环城绿化带建设，有效地改善了城市环境和生态质量。

截至2006年底，全国城市建成区绿化覆盖面积达到106万公顷，城市绿化覆盖率已由1981年的10.1%提高到目前的32.54%，人均公共绿地面积由3.45平方米提高到7.89平万米。城乡生态环境的改善不仅大大提高了人们生活的质量，而且还带动房地产业、旅游业、农家乐等产业的发展。促进了当地经济、环境与社会的协调发展，为构建和谐社会和实现全面建设小康社会的目标奠定了良好基础。

（三）提高了全民绿化意识，促进了生态文明建设

虽然20多年来，全民义务植树加快了造林绿化速度，在物质文明建设上取得了巨大成绩，但是调查中，各地普遍认为，通过长期坚持不懈地开展全民义务植树运动，有力地促进了广大群众绿化意识的提高和全社会生态文明观念的增强。精神方面的成果还要比物质成果大的多，主要体现在：一是主动参与造林绿化的积极性空前高涨，由过去要我植树转变成我要植树。现在每到植树季节，社会各界群众主动要求参加义务植树的人员越来越多。造林护林，绿化家园，逐步成为广大人民群众的自觉行为。二是保护林地（绿地）为荣，破坏侵占林地（绿地）为耻的荣辱观正逐步形成。过去遇见盗伐破坏林木现象无人过问，现在举报案件和与不法行为作斗争的现象越来越多。三是绿化国土、美化家园、净化空气、延长寿命的生活理念已成为新的时尚。天更蓝、地更绿、水更清、空气更洁净、人与自然更和谐，是人们的共同追求。四是过去婚丧嫁娶、红白喜事习惯于封建迷信和大摆酒席，现在以植树作纪念的现象已随处可见。各种纪念林、纪念树，如“同心林”、“结婚纪念林”、“三八林”、“母亲林”等不胜枚举。这些都进一步表明，通过义务植树在绿化美化的同时，陶冶了人们的精神情操，弘扬了传统美德，抒发了爱国热情，强化了社会责任，提高了全民绿化意识，促进了生态文明建设。

（四）推动了部门绿化和社会造林

部门绿化和社会造林是发展林业的重要方面，也是全民义务植树的重要表现形式。我国人口众多、生态脆弱、森林覆盖率低，只靠一个部门（林业）的努力是远远不够的，特别是在市场经济体制下，更要充分依靠社会各行各业的力量，共同开展绿化和生态建设。多年来，各有关部门（系统）在国土绿化中发挥了重要作用，主要体现在：

（1）绿色通道建设上，铁路、交通、水利部门按照国务院要求，形成了齐力建设的局面并取得了显著成效。到2006年底，全国已完成公路绿化里程123万千米，占公路可绿化里程205万千米的60%；累计实现铁路绿化达标里程2.3万千米，占宜林铁路3.6万千米的64%。江苏省2006年实施沪宁高速公路绿色通道工程，交通部门出资6 000多万元补助苗木，沿线地方政府组织群众仅用一年时间，完成总长246千米、两侧宽50～100米的通道绿化；江西省交通部门投入苗木补助资金7 200多万元，2006年完成绿色通道建设里程2 650千米。安徽、山东、河北、江苏等省由于各部门的通力合作，已完成绿色通道建设任务的80%以上。可以满怀信心地说，到2010年全国主要路段都能实现绿化的任务要求。

（2）以部队、水利、城建等部门为代表行业，他们按照部门绿化分工负责制的要求，高度重视造林绿化工作。部队的国防林、军事管理区的生态林、支援地方的飞播造林等，都取得了明显成效。水利部门江河沿岸、水库周边的水土保持林建设也都纳入了水利建设总投资内进行安排。城市绿化以创建园林城市为载体全速推进。此外，冶金、石油、石化等部门在各自的区域范围内通过大力植树造林，使昔日的荒山、荒地和生活作业区都披上了绿装。

（3）社会资金向林业生产聚集。通过林权制度改革和林业生产利益机制的调整，极大促进了社会资本向林业集聚速度的加快。江西、福建、浙江、湖南、江苏、河北等省非公有制造林比重近年来都超过了70%。江苏省多渠道利用社会资金，大力发展杨树、银杏、种苗等绿色产业，2006年实现林业

产值达760亿元。以占全国0.7%的林地创造了全国7%的林业产值。江苏省阳光集团从2002年开始投资林业建设近7亿元。建成2万多亩的阳光生态农林园、高科技种苗组培中心。这些成绩不仅推动了国土绿化进程的加快，也为地方经济发展、老百姓致富等方面起到了较好的示范作用。

(五)扩大了国际影响

中国作为一个负责任的发展中国家，在经济很不富裕的情况下，为加速推进森林生态恢复，缓解全球气候变暖的趋势，深入持久地开展了全民义务植树运动。这在世界林业发展史上是一项伟大创举，也是世界造林绿化的一个奇迹。26年来，各级党政领导率先垂范，特别是党和国家领导人年年带头履行植树义务，从不间断，并多次对全民义务植树运动和生态建设事业作出重要指示和部署。《中共中央 国务院关于加快林业发展的决定》将全国动员、全民动手、全社会办林业作为今后发展林业的基本方针，并明确指出在贯彻可持续发展战略中，要赋予林业以重要地位；在生态建设中，要赋予林业以首要地位；在西部大开发中，要赋予林业以基础地位。这些都充分体现了中国共产党执政为民的宗旨，进一步树立了中国政府在国际上的形象，产生了很好的国际影响。自1992年联合国环境与发展大会以后，中国政府继续大力开展植树造林，不断加强生态建设和保护，成绩突出。据专家估算，1980～2005年中国造林活动累计净吸收约30.6亿吨二氧化碳，森林管理累计净吸收16.2亿吨二氧化碳，减少毁林排放4.3亿吨二氧化碳，为减缓全球气候变化作出了积极贡献，受到世界各国的尊敬和一致好评。

二、全民义务植树工作存在的主要问题

随着市场经济体制的不断完善，也由于我们各级绿化委员会办公室自身工作做的还很不够，对新情况缺乏研究，缺少工作的开拓创新精神，出现了在全民义务植树工作深入发展，不断前进的工作中还存在不少问题。主要反映在以下方面：

(1)对新形势下全民义务植树的重要意义认识不足。一些地方和部门对目前我国处于的社会主义初级阶段的国情、社情和林情没有足够、正确的认识，认为现在我国经济发展、财力增加了，城市绿化所需经费已纳入城市基本建设工程概算，资金有保证，农村造林也有国家有林业重点工程的支撑，不需要再开展义务植树了。不能够全面、系统地认识全民义务植树在绿化国土、改善生态以及提高全民绿化意识和树立生态文明观念等方面所发挥的巨大的和不可替代的作用。由于思想认识不到位，严重影响了全民义务植树运动深入、持久的开展。因此，需要对新形势下开展全民义务植树的重要意义进行再宣传、再认识、再提高。

(2)对市场经济条件下全民义务植树的多种形式缺乏深入研究。主要反映在：一是过去在计划经济条件下，社会组织结构比较简单，基本上是国有和集体单位，再加上城市周边要绿化的荒山荒地很多，义务植树相对好组织。现在，还习惯于过去那种打着红旗，抗着铁锹，兵团式的组织方式，对新的形式研究不够、组织不力。导致这项运动呈现逐步萎缩的状况。二是现在社会经济结构发生了深刻变革，非公有制经济组织迅速发展，就业方式和就业渠道呈多元化趋势，整个社会人员状况复杂。出现了义务植树人员难组织的新问题。各级绿化委员会办公室还仍习惯于义务植树的简单形式，对绿地认建认养和从事育苗、管护等其他代替植树的形式研究不够，措施不力，致使大部分适龄公民游离在履行法定义务之外。

(3)对全民义务植树工作管理薄弱。主要反映：一是现行的《关于开展全民义务植树运动的实施办法》已不适应新形势下深入开展全民义务植树运动的需要。1982年国务院颁布的《实施办法》是25年前在计划经济的条件下制订的，当时的所有制形式和社会组织形式都比较单纯，义务植树主要是通过国家机关、国有企事业单位和农村社队来组织实施。但是，在目前的市场经济环境下，只靠过去那种单纯的行政命令已经过时。在以法治国的今天，新的《全民义务植树条例》还未出台，没有与时俱进的法律作保证。二是中央9号文件明确的义务植树属地管理制度没有落到实处。民营企业、私营企业、个体工商户、城市社区居民、社会闲散人员、城镇农民务工人员等无人组织和管理。三是义务植

树登记卡和检查考核制度很不健全。究竟多少适龄公民履行义务人数心中无数，处于无人过问境地。四是以资代劳收费标准和其他相应劳动量及育苗管护任务折算标准不一。随意性很大，不能有效调动广大人民群众的积极性。据我们街头随机调查了解，被调查的市、县义务植树尽责率大多低于50%，不到国家法律规定的一半。湖北省今年进行大规模的调查，18 岁以上适龄公民约为 3 810 万人，履行义务植树的仅有 1 367 万人，全省义务植树尽责率为 36%，调查的某大城市尽责率还不到20%。这些都充分说明义务植树的潜力和空间还很大。需要我们很好地发动和组织。

(4)各级绿化委员会办事机构很不健全。作为全民义务植树的主管部门，各级绿化委员会办公室的管理体制、机构设置和人员配备现状，已严重不适应深入开展全民义务植树运动的要求，难以承担建设生态文明的重任。经调查发现，目前多数省、市、县绿化委员会办公室机构不健全，力量薄弱，存在“三多三少”的问题，即：绿化委员会办公室机构多、人员少，而且绿化委员会办公室兼职人员多、专职人员少，绿化委员会办公室需要完成的工作任务多、完成任务的手段少。据统计，全国 31 个省(自治区、直辖市)的省级绿化委员会办公室中共有专职人员 97 人，其中，有 12 个省绿化委员会办公室在林业厅(局)是单设机构，有专职人员 74 人，其余 19 个省绿化委员会办公室是设在林业厅(局)的某个处室，共有专职人员 23 人，平均一个省不到 1.2 人。即使这样，唯一的 1.2 人也还是身兼多职。省(自治区、直辖市)绿化委员会办公室如此，到了地、县绿化委员会办公室更是形同虚设。即使独立设置的绿化委员会办公室也因经费不足，无法开展工作，有畏难情绪。这种状况，严重制约了全民义务植树运动的开展。全国绿化委员会和各级绿化委员会布置的工作不能落到实处。座谈会上，地方各级绿化委员会办公室和有关部门同志对此反映十分强烈，呼吁全国绿化委员会、国家林业局先做个表率，加强全国绿化委员会办公室的机构队伍建设，促进地方各级绿化委员会办公室机构问题的解决，为各级绿化委员会办公室充分发挥职能作用提供基本的组织保障。

三、深入开展全民义务植树运动急需采取的主要措施

加快国土绿化，改善生态环境，是一项关系中华民族生存和发展的伟大事业，是一项全社会共同肩负的神圣使命。各地、各部门一致认为，坚持全国动员、全民动手、全社会办林业的基本方针，深入开展全民义务植树运动，是中国特色社会主义林业建设道路的具体体现，是社会主义初级阶段加快国土绿化和现代林业建设必由之路，是落实科学发展观，构建和谐社会，建设生态文明，以及加强应对气候变化能力建设的重要措施。党的十七大给新时期的全民义务植树运动赋予了新的使命，需要不断提高思想认识，积极采取有效措施，开创全民义务植树运动的新局面。

(一)进一步加强领导，完善各级政府造林绿化目标责任制和部门绿化负责制

各地、各部门应把深入开展全民义务植树运动，作为加快国土绿化进程的一项战略性措施，予以高度重视，切实加强组织领导。按照《中共中央国务院关于加快林业发展的决定》要求，一是认真落实领导干部任期绿化目标责任制，明确主要领导同志是第一责任人，分管领导同志是绿化工作的主要责任人的责任制度。并切实加强责任制执行情况的监督、检查、考核和奖惩工作，确保认识到位、责任到位、措施到位。二是继续按照部门绿化分工负责制的要求，组织各部门在搞好本辖区内绿化的同时，积极参加地方义务植树。对面积较大、绿化任务较重的部门，各地在分配义务植树任务时，应重点安排其辖区内的绿化，采取定地点、定任务、定完成时限的办法，促使其辖区尽快绿起来，美起来。各部门要结合实际，制订或修订部门造林绿化规划，并将规划所确定的任务落实到所属单位，落实到具体地域，做到任务明确，重点突出，措施配套。三是要认真研究新形势下部队、共青团、妇联、社会群团组织等参加重点生态工程建设的有效办法，形成多主体、多层次、多形式的造林绿化格局。各级绿委要做好组织、协调、检查、服务工作，促进部门绿化不断上水平。

(二)切实加强各级绿化委员会办事机构建设

1982年国务院颁布的《关于开展全民义务植树运动的实施办法》第一条规定："县以上各级人民政府均应成立绿化委员会，统一领导本地区的全民义务植树运动和整个造林绿化工作"。1992年颁布的《中华人民共和国城市绿化条例》第七条明确规定："国务院设立全国绿化委员会，统一组织领导全国城乡绿化工作，其办公室设在国务院林业行政主管部门。"因此，各级人民政府绿化委员会是法定的全民义务植树和城乡绿化的领导机构。为切实贯彻落实党中央、国务院关于深入开展全民义务植树运动的指示意见和工作要求，必须加强各级绿化委员会及其办公室的机构和队伍建设，建议建立健全中央、省、市、县、乡五级全民义务植树组织管理体系，增强组织协调能力。为各级绿委充分履行在全民义务植树和城乡绿化工作上的统一领导、宣传发动、组织协调、评比表彰和检查监督等职能，提供组织保障和基本条件。建议一是将各级绿化委员会办公室独立设置，解决形同虚设的问题。二是要安排足够行政编制，并配备工作事业心、责任心强且肯于吃苦奉献的同志充实到绿化委员会办公室队伍中工作，提高绿化委员会办公室人员素质和战斗力。三是要给绿化委员会办公室开展工作创造必要的条件和提供必要的资金保证。

（三）不断丰富和完善新形势下全民义务植树的实现形式

组织开展义务植树活动，要充分体现改革和创新精神，以新理念、新办法推进全民义务植树运动的深入开展，重点在实现形式上求突破、求发展。一是在坚持组织适龄公民直接参加植树活动作为履行义务的基本形式的前提下，确因条件限制，难以组织适龄公民直接植树的地方，应积极鼓励适龄公民从事育苗、林木管护、绿地养护、古树名木保护、门前三包、绿化宣传等多种方式履行植树义务。并制订相应的折算标准和组织管理办法，使之成为各界适龄公民简便易行的尽责形式。二是要根据新情况不断完善和规范"以资代劳"形式（即以交纳绿化费作为实现义务植树尽责的形式），对交费条件和金额等认真研究，使之更加切实可行。三是实行义务植树基地化，营造各种纪念树、纪念林是提高义务植树尽责率和成效的十分有效办法，要不断坚持下去。四是要结合新形势、新任务，不断发现全民义务植树新的载体，丰富拓展义务植树的实现形式，当前应突出做好以下五个结合：①全民义务植树与部门绿化相结合。例如，与铁路、交通部门开展的绿色通道建设相结合。通过义务植树的形式，充分利用各部门资金等条件的优势，弥补部门绿化力量的不足，加快部门绿化速度。②全民义务植树与林业重点生态工程建设相结合。例如，通过义务植树进行水源涵养林与生态防护林建设，一方面解决义务植树的场地，另一方面也弥补国家在防护林工程建设上资金投入不足的问题，推进当地生态环境建设。③全民义务植树与城市基础设施建设、景观建设相结合。可以结合城市基础设施改造，在拆迁建绿规划实施中充分发挥义务植树的作用。各地为群众办好事进行的景观建设，如建公园、休闲地、绿地等都给义务植树提供了空间。④全民义务植树与新农村建设相结合。在农村把义务植树与文明小康村、绿色小康村建设等相结合，通过农民在房前屋后、河旁湖旁、渠边路边、零星废地开展植树活动，改变村容村貌。通过鼓励和扶持农村群众发展经济林、花卉和育苗产业，增加收入。⑤全民义务植树与社区改造相结合。现在，城乡居民都迫切要求提高生活质量，绿化美化居住环境，城市的新社区正在开展绿化建设，老社区也在进行绿化改造。提倡社区群众自己动手，通过义务植树开展绿化活动、增加绿化面积来改善和治理居民区的环境，提高人们生活质量，也是义务植树的一个重要形式。

（四）认真落实全民义务植树属地管理

《中共中央 国务院关于加快林业发展的决定》中明确要求：一是义务植树要实行属地管理。各级政府要赋予乡镇政府和城市街道办事处相应的责任和权力。这是加强全民义务植树组织工作，提高公民义务植树尽责率的一项重要举措，也是加强全民义务植树管理工作的一项重要规定，要认真加以落实。二是要认真落实中央文件的要求，农村以乡镇为单位、城市以社区街道为单位，加强义务植树组织管理，建立健全义务植树登记和考核制度。实行全民义务植树管理工作重心下移，充分发挥乡镇政府和城市街道办在社会化活动组织方面的优势与作用，保证民营企业、个体户、社区群众和流动人口履行植树义务，提高整体尽责率。三是要为城市街道办事处、乡镇人民政府基层绿化办事机构，落实专职人员和专项经费，以保证工作的开展。四是各级政府要抓紧制订相应的配套文件和制度规定，明确城乡各单位、社区、村屯适龄公民的登记、植树任务安排、检查考核等具体工作的组织管理办法。切实做到责、权、利相统一。

（五）严格执行全民义务植树登记、考核、统计、通报等各项管理制度

国家要建立健全义务植树制度体系，除认真实行义务植树属地管理制度外，还要执行好以下几项管理制度：一是全面推行义务植树登记卡制度。城市以社区、街道、单位为基本单元，农村以乡、镇、村为基本单元，按县（区、市）将适龄公民人数，尽责方式等具体指标内容利用计算机等现代技术建卡登记。二是严格执行义务植树尽责情况考核制度。县级以上地方人民政府绿化委员会办公室要依托街道办事处、乡镇人民政府基层绿化办事机构，统一负责本地区适龄公民统计管理、任务分配落实、尽责情况检查考核。对拒不履行植树义务的单位和个人，应进行批评教育，直至追究单位领导的责任，并强制收缴以资代劳费用，增强法定义务的严肃性。三是规范建立义务植树统计制度。县级以上地方人民政府绿化委员会办公室要统一负责本地区适龄公民总数、参加人数以及完成情况的统计工作，应用计算机等先进手段进行统计建档。要提高统计数据的真实性、可靠性。四是建立义务植树的通报制度。上级绿化委员会要代表上级政府狠抓监督和检查，每年通报、公布下级政府义务植树尽责率情况。对尽责情况好的单位予以表彰奖励，对尽责率低的单位予以通报批评。五是坚持和完善全民义务植树评比表彰制度。在“全国绿化模范城市、县、单位”、“全国绿化先进集体、个人（劳动模范）”和“全国绿化奖章获得者”的评比、检查活动当中，要将全民义务植树的组织开展和尽责情况作为重要内容和硬性指标，严格考核。切实通过评比表彰活动的开展，进一步树立生态文明观念，推动全社会办林业向纵深发展。

（六）尽快制订颁布《全民义务植树条例》

依法治国是社会主义民主政治的基本要求。全民义务植树是一项涉及到全社会各部门、各单位，牵涉到每位适龄公民的一项公益事业，必须有健全的法制作保障。根据目前法制工作落后的现状，必须加快推进全民义务植树立法、普法工作。一是按照与时俱进的要求，抓紧修订《国务院关于开展全民义务植树运动的实施办法》，尽快由国务院颁布实施《中华人民共和国全民义务植树条例》。二是各省、自治区、直辖市、计划单列市、省会城市和其他有立法权的城市，也要根据自身的情况，加快制订、修订、配套、完善地方性义务植树法规。三是各省要会同财政、物价等部门，依法制订、完善《义务植树以资代劳绿化费管理办法》。适当调整绿化费的征收标准，规范绿化费的收缴、使用与管理制度。四是高度重视全民义务植树的普法宣传工作。大力宣传义务植树的法定性和义务性，宣传建设生态文明、促进人与自然和谐相处的先进理念。努力增强全民生态意识，最大限度地提高全社会关心、支持、参与国土绿化和生态建设的主动性和积极性。

调 研 单 位：全国绿化委员会办公室
调研组成员：高德占　韩国祥　周力军　陈思明　吴朝明

关于加快山东省山区绿化的调研报告

建设绿色山东，难点在山区。山东省山区（包括丘陵）面积 7 446 万亩，约占全省总面积的 1/3。山区林业用地 3 283 万亩，占全省林业用地面积的 64.4%，涉及全省 13 个市的 77 个县（市、区）。山区既是山东省几大河流的源头和汇流地，又是大中型水库的主要分布区。山区的地理位置和资源条件

决定了山区是山东省林业建设的主战场，山区绿化是山东省加强生态建设、保障生态安全、发展生态文明的重要组成部分。经过多年的努力，山东省山区绿化取得了很大成绩，取得了较好的生态、经济和社会效益，但山区绿化进展趋缓，整体绿化水平不高，与建设绿色山东的要求还有较大差距。因此，建设绿色山东，必须进一步落实责任主体，完善政策措施，建立稳定的投入机制，全面加快山区绿化步伐。

一、山东省山区绿化的基本状况

新中国建立以来，山东省各级十分重视山区绿化工作，一直把造林绿化作为山区建设的重要内容和增加农民收入的重要途径，并做出了长期艰苦的努力。目前，全省山区有林地面积达到2 455万亩，占全省有林地面积的60.7%，山区森林覆盖率达到33%以上，高出全省平均水平11个多百分点，泰山、沂山、蒙山、崂山、昆嵛山等主要山系基本实现绿化，生态环境得到明显改善。同时，林果、花卉、种苗、森林旅游等林业产业迅猛发展。五莲、山亭、莒南、栖霞等县(市)农民林果收入占总收入的比重达30%以上，成为农民增收、财政增长、就业增加的一个重要途径。同时各地积累了许多成功的经验，探索出一些行之有效的发展路子。概括起来，主要有以下八种类型：

(1)林场化经营型。主要包括国有林场、乡村集体林场和个人私有林场等几种类型。目前，全省国有林场153处，经营面积达250万亩，集体林场1 083处，经营面积达184万亩，这些林场大都植被茂盛、林木葱茏、绿树成荫、多姿多彩，呈现出人与自然和谐的美妙画卷。全省以国有和集体林场为依托，建立了110多处森林公园，成为人们游憩娱乐、休闲度假、陶冶性情的理想之地。

(2)工程造林型。20世纪90年代以来，国家在山东省先后实施了沂蒙山区造林绿化、沿海防护林建设、淮太流域防护林体系建设等一批重点工程，省和各市也实施了一批重点工程项目，对荒山造林实行定点规划、定点验收、定点补助，提高了造林成活率、林木保存率，解决了长期以来存在的造林面积不实和检查验收困难的问题，提高了林业投资效益。近几年，全省山区每年工程造林面积在20万亩以上。

(3)封育结合型。封山育林投资少、见效快，是荒山绿化的有效途径。五莲县对护林人员实行公推上岗，由县林业局统一管理、统一培训、统一发放工资，全县49万亩生态公益林配备护林员566人，其中23个重点封育区做到“盖上小房子、住上壮汉子、立上大牌子、修上好路子”，建立了县林业局、乡(镇)政府、村两委和护林员四级护林责任制，封育效果十分显著。

(4)大户经营型。大户经营型主要包括大户承包、企业建基地、地企合作、招商引资等类型。民营林业起步较早的莱芜市林业承包户已达3.3万户，其中百亩以上的508户，千亩以上的大户14户，万亩以上的2户。青岛市2002年引进了一大批企业集团建立林业基地，吸引外资1 873万美元，内资3.34亿元，当年造林10.2万亩，占全市年度造林的40%以上。

(5)专业队造林型。这是近年来出现的一种新型造林方式。如蓬莱市政府投入资金，组织5个造林专业队，近两年完成荒山造林1.5万亩，整治裸露山体21处，绿色通道植树28万株，造林成活率达95%以上，无论是造林规模，还是栽植质量都达到历史最好水平。

(6)义务植树基地型。一是领导兴办造林绿化点。20世纪90年代初，山东省各级领导兴办造林绿化点6 000多个，总面积达350多万亩，大部分现已郁闭成林。二是领导和部门绿化责任制。淄博市实行377个(县、市、区)部门、单位包荒山绿化责任制，规划面积达8.8万亩，计划5年完成造林绿化任务。三是全社会义务植树。主要是结合开展义务植树，建立公仆林、青年林、党员林、八一林、三八林等多种形式的纪念林和植结婚树、生日树等纪念树。

(7)产业拉动型。即通过发展发展经济林、森林旅游等林业产业，带动森林资源的培育、保护和管理。如莱芜市的房干村利用当地丰富的森林资源，大力发展森林旅游业，促进了封山育林和造林绿化，该村森林茂密，山清水秀，一派生机。

(8)捐助造林型。主要是企业和个人以无偿捐助的方式进行造林。淄川区的经商大户巩家吾无偿捐助本村100万元，绿化本村荒山1 000多亩。山亭区农民李奉田承包了本村488亩荒山，20多年如一日造林不止，现已全面实现绿化，去年全部无偿捐献给村集体。

二、山区绿化存在的突出问题及原因

(1)山区绿化整体水平不高。据13个山区市的调查，目前全省尚有宜林荒山500万亩，疏残林地110万亩，裸岩等难利用地117万亩。在77个山区县(市、区)中，有41个县(市、区)的荒山面积在5万亩以上，其中荒山面积在5万～10万亩的县有15个，10万～20万亩的大户县19个，沂源、章丘、淄川、山亭、青州、沂水、蒙阴等7个县(市、区)荒山面积多达20万亩以上。

(2)荒山造林速度趋缓。据统计，“八五”以来，全省山区防护林造林面积呈逐年减少之势。“八五”期间，山区年均营造生态防护林137万亩，“九五”期间年均造林57万亩，“十五”年均下降到35万亩，相当于“八五”期间的四分之一。据了解，近年来，在缺少国家和省扶持资金的大部分县市，开展荒山造林进度不大，山区绿化水平低。

(3)生态防护林面积减少。以山区面积最大的临沂市为例，1975～2002年的27年间，防护林面积由387万亩减至90万亩，年均减少10多万亩。防护林面积减少，是造成山区水土流失、土壤沙化的主要原因。临沂市虽经多年不懈治理，但由于防护林面积锐减，致使水土流失面积逐年扩大，目前该市山区水土流失面积扩至14 132平方千米，较1958年增加了4 096平方千米。

(4)造林树种单一、结构简单。从现有防护林来看，青石山区主栽树种是侧柏，沙石山区以松树居多，树种结构单一，混交林很少，加之造林密度小，致使多年难以郁闭成林。山区造林重视乔木树种而忽视灌木、藤本植物应用，影响了绿化效果。由于树种单一，造成林分结构简单，防护效益不高。

(5)山区林业产业发展压力大。与平原地区相比，山区林业产业贮藏、流通等综合配套服务体系建设滞后，二三产业对生产的拉动作用不强，影响了山区绿化的综合效益。目前，多数林产品尤其是果品总体上供大于求，买方市场初步形成，国内外市场竞争日趋激烈，加之山东省品种结构单一，上市时间过于集中，导致产品销售难的问题时有发生，影响了群众发展林果生产的积极性。

产生以上问题，既有自然条件等方面的原因，又有体制、机制方面的原因。概括起来，主要有以下几个方面：

(1)山区基础差，造林难度大、见效慢。新中国建立时，全省森林覆盖率仅1.9%，荒山秃岭，林木稀少，山区绿化的基础极差。同时，山东省山区土层瘠薄，干旱缺水，自然条件差，树木成活难，造成荒山绿化投资高、用工多、见效慢。据调查，一般荒山造林成本每亩高达150～300元，高的达千元以上，不但几十年不见效益，而且还要管护、防火、治虫，群众说“谁栽谁负担，树多负担多”，缺少绿化的积极性。

(2)山区绿化主体不落实，责任不清。山区绿化特别是公益林建设是社会公益事业，属于政府责任，但有的地方财力困难无力投入，同时造林绿化实绩不与干部政绩挂钩，基层干部动力不足。基层群众说：自古以来植树要靠“三爷”(老天爷、土地爷、县太爷)，而现在是“政府不去干，集体无力干，群众不愿干”。由于缺乏绿化责任主体，致使一些地方多年荒山依旧，又无人问津。

(3)林业政策不配套，影响了群众积极性。由于生态公益林既要全面禁伐，又未建立起适度的生态补偿机制，群众经营生态林的积极性不高。新泰市的一承包大户精心看护山林20多年，山绿林成，承包期满后，准备按合同进行采伐，但得知山林禁伐后，全家人陷入尴尬之中，守着价值几十万元的财富却过不上温饱生活，20多年的血汗投入无法收回，处在了进退两难的地步。由于生态林禁伐，经营户无直接经济收入或收入甚微，一些地方还发生了监守自盗、蚕食生态林的现象，使生态林建设面临着严重威胁。同时，国家早就规定对林业建设实行长期限、低利息、低税赋的扶持政策，并允许利用林木资源作抵押贷款，但基层林业经营户很难享受到这一优惠政策，只能依靠自有资金进行开发和建设，严重影响了绿化治理的规模、速度和质量。

(4)执法不严，管护不力，绿化成果巩固难。乱采滥挖、乱征滥用林地现象严重，是林地流失的重要原因。由于山区采石、采矿、采挖大树、违章建设侵占林地现象极为普遍，近几年山林餐馆、森林别墅发展无序且势头迅猛，其结果是毁坏了植被，破坏了山体，影响了自然景观，并导致了新的水土流失和环境污染。其原因，一是靠山吃山的传统观念；二是林业执法力度不够。由于林业执法人力不足、装备落后、经费缺乏和地方保护，致使林业执法横不到边、纵不到底，存在许多的空白和薄弱环节。三是部门协调不力，配合不够，一些地方林业部门虽然几经全力制止，但由于缺乏司法、矿产等部门的配合，收效甚微。

三、加快山区绿化的对策措施

(1)立足实际，制订切实可行的山区绿化规划。山区绿化规划要本着先易后难、先急后缓、尽力而为、量力而行的原则，既要符合林业发展总体目标，更要从当地的山情、人力、物力、财力实际出发，自下而上，上下结合，切实改变过去那种想当然规划、办公室规划、靠指标规划等一切脱离实际的规划，通过规划真正把造林绿化任务真正落实到山头地块，落实到单位人员，落实到年度季节。规划一经法定程序批准，要一张蓝图绘到底，一届接着一届干，扎扎实实地推进荒山绿化。

(2)坚持成功经验，切实把领导责任制落到实处。一是层层签订绿化目标责任状，把绿化的责任落实到党政主要领导、分管领导和林业局长等责任人的肩上，严格考核，严格奖惩。二是建立领导绿化点。办好领导绿化点关键在于明确办点领导、所在地和林业部门的职责，办点领导既参加植树劳动又要帮助解决造林经费等实际困难，所在村庄组织造林护林，林业部门负责技术指导。三是建立部门包荒山绿化责任制。结合开展义务植树活动，组织部门、系统与荒山面积集中的县、乡、村结对子，建立帮包荒山绿化责任制，一包几年，包栽包活包成林。四是搞好组织实施。做到有部署、有检查、有奖惩，动员社会各界力量投身荒山绿化事业。

(3)建立政府投入为主，长期持续稳定的山区绿化投入机制。一是积极争取加大政府投入。把荒山绿化所需经费列入各级财政预算，并且按照财力的增长逐年增加。当前，县级以上财政要采取逐级配套的办法，全额承担起苗木费用。二是突出投入重点。省及省以上林业建设资金主要用于荒山造林。三是用足用好生态公益林补助资金。要严格标准，从实际出发，科学准确地界定生态公益林，使生态公益林补助资金真正用于能发挥生态效益的公益林保护和管理上来。

(4)完善政策，加强扶持，激发广大群众荒山绿化的积极性。一是完善荒山承包责任制，依法及时调整和完善不合理的荒山承包合同。对于没有履行承包合同责任或承包合同责任不清、任务不明或以开荒种地、放牧拾柴、采矿取石等为经营目的没有完成绿化任务的，要依法完善合同或终止合同；对于监守自盗的承包户和护林员要依法进行处罚。二是支持和鼓励社会各行各业参与荒山绿化。要积极扶持造林大户参与荒山绿化，可以实行以下带上，以肥带瘦，以经济林带防护林，达到自我积累，自我发展；对于荒山造林集中连片，规模在500亩以上的造林大户，经验收合格后，省、市、县给予资金补助。三是进一步放宽荒山绿化政策，积极引导群众对陡坡地退耕还林，允许荒山承包大户利用3%～5%的林地从事非林项目开发；对各种社会主体投入的生态公益林，都要平等对待，纳入生态效益补偿范围。四是积极探索荒山商品化造林的新途径。对于个人投资营造的生态公益林，达到一定规模和年限，经评估后可由国家和集体收买下来，实行专业化管理，也可定期给予生态效益补偿，用政策吸引社会投入，用今后的钱办今天的事，先绿化后埋单。

(5)依靠科技进步，创新造林机制，大力推行工程造林。山东省现有荒山大多是难啃的硬骨头，土层瘠薄，绿化难度极大，加快山区绿化必须紧紧依靠科技进步。一是积极引进、繁育、推广耐干旱、瘠薄的树种，大力推广应用新技术新成果，提高造林成活率和保存率。二是严把苗木质量关。大力推广容器苗造林，对于省级以上重点工程项目要全面实行容器苗造林。三是推广科学造林。充分发挥山东省树种资源丰富的优势，大力营造混交林，保护生物多样性。四是大力推行工程造林。对于政府投资的造林项目，做到定点设计、定点施工、定点验收、定点投资，提高投资效益。五是积极推行专业队造林。凡具备条件的县(市、区)和乡(镇)，要组织具有相应能力的人员，经过造林技能培训后持证上岗，组成专业队伍进行造林作业，确保栽一棵活一棵，造一片成一片。

(6)健全管护队伍，严格封山育林。一是要严格落实封育措施。要制订和完善乡规民约，科学划定封育区，严禁牛羊上山和各种人为破坏。二是健全护林队伍。“养山先养人。”护林人员要公开招聘，持证上岗，并向社会公开，接受村民监督。要积极创造条件，采取多种形式解决好护林人员的报酬。三是积极推行林场化管理。对目前由集体统一经营管理的生态防护林或规划营造生态公益林的宜林荒山，原则上仍实行集体经营，由集体统一管理，不宜分山到户。可以村庄或流域为单元划定封山育林区，实行林场化管理，做到建成一个场，留下一批人，管好一片林。四是加强林木管理。要积极搞好林木病虫害防治，减少病虫危害。对新造幼林要及时进行抚育管理，提高造林成活率和林木保存率。

(7)强化宣传，形成良好的社会氛围。山区绿化是一项长期的社会系统工程，必须依靠全社会的广泛参与和广大群众的大力支持，要利用多种形式，大力宣传山区绿化的重要意义、方针政策、典型经验，使荒山绿化做到人人皆知，家喻户晓，形成浓重的氛围和强大的声势。要不断扩大社会宣传面，努力在全社会形成造林有功、护林光荣、毁林可耻的社会风尚，促各类林业经营者经营得放心、安心、顺心。

(8)搞好林业部门自身建设，提升服务能力和水平。林业工程技术人员要深入现场进行作业设计，编制详细的施工方案，确保作业设计的科学性、准确性和可操作性。省、市、县林业部门都要制订严格规范的管理制度，对山区绿化的规划、设计、施工、监督、验收、管护等各个环节都要建立档案，规范管理，确保山区绿化的标准和质量。各级林业部门要深入山区、深入基层，深入群众，开展深入细致的调查研究，为党委、政府决策当大参谋、好参谋，抓好检查监督，促进工作落实。

(山东省林业局)

第四篇
决 策 指 导

国务院关于印发中国应对气候变化国家方案的通知

国发[2007]17号 2007年6月3日

各省、自治区、直辖市人民政府，国务院各部委、各直属机构：

国务院同意发展改革委会同有关部门制订的《中国应对气候变化国家方案》(以下简称《国家方案》)，现印发给你们，请结合本地区、本部门实际，认真贯彻执行。

一、充分认识应对气候变化的重要性和紧迫性

气候变化所导致的气温增高、海平面上升、极端天气与气候事件频发等，对自然生态系统和人类生存环境产生了严重影响。气候变化问题已引起全世界的广泛关注，成为当今人类社会亟待解决的重大问题。我国人口众多、经济发展水平低、气候条件差、生态环境脆弱，是最易受气候变化不利影响的国家之一，同时我国正处于经济快速发展阶段，应对气候变化形势严峻，任务艰巨。应对气候变化，事关我国经济社会发展全局和人民群众的切身利益，事关国家的根本利益。各地区、各部门要从全面落实科学发展观、构建社会主义和谐社会和实现可持续发展的高度，充分认识应对气候变化的重要性和紧迫性，采取积极措施，主动迎接挑战。

二、明确实施《国家方案》的总体要求

各地区、各部门要按照《国家方案》确定的应对气候变化的指导思想、原则和目标，坚持以科学发展观为指导，统筹考虑经济发展与生态建设、国际与国内、当前与长远，把应对气候变化与实施可持续发展战略、加快建设资源节约型、环境友好型社会和创新型国家结合起来，纳入国民经济和社会发展总体规划和地区规划，努力控制和减缓温室气体排放，不断提高适应气候变化的能力，促进我国经济发展与人口、资源、环境相协调，为改善全球气候做出新的贡献。

三、落实控制温室气体排放的政策措施

全面落实国务院确定的各项节能降耗措施，通过调整产业结构、推动科技进步、加强依法管理、完善激励政策和动员全民参与，大力推进节能降耗。逐步改善能源结构，大力发展水电、风电、太阳能、地热能、潮汐能和生物质能等可再生能源，积极推动核电建设。继续推进植树造林工作，实施退耕还林还草、天然林资源保护等重点生态建设工程。大力发展循环经济，实施清洁生产，发展煤层气产业，最大限度地减少煤炭生产过程中的能源浪费和甲烷排放，加强农村沼气建设和城市垃圾填埋气回收利用。继续贯彻落实计划生育基本国策，防止低生育水平反弹，严格控制人口增长。

四、增强适应气候变化的能力

加强农田基础设施建设，调整农业生产布局，选育抗逆品种，治理草原退化和土地荒漠化。加强对森林资源和其他自然生态系统的保护。合理开发和优化配置水资源，加强农田水利基本建设，加大节水力度，建设大江大河防洪工程体系，提高农田抗旱标准。加强海洋和海岸带生态系统监测能力、海洋灾害应急能力建设，建设沿海防护林体系，提高沿海地区抵御海洋灾害的能力。加强对各类极端天气与气候事件的监测、预警、预报，及时发布信息，科学防范和应对极端天气与气候灾害及其衍生灾害。

五、充分发挥科技进步和技术创新的作用

加大对气候变化相关科技工作的组织协调和投入力度，加快减缓和适应气候变化领域重大技术的研发、示范和推广。加强气候观测系统建设，开发全球气候变化监测预测预警技术、温室气体减排技术和气候变化适应技术等，提高应对气候变化和履行国际公约的能力。加强应对气候变化的政策、战略和方案研究，为制订政策和对外谈判提供支撑。加强气候变化科技领域的人才培养，建立高素质、高水平的人才队伍。

六、健全体制机制

完善产业政策、财税政策、信贷政策和投资政策，充分发挥价格杠杆的作用，形成有利于减缓温室气体排放的体制机制，并根据工作需要，适当增加应对气候变化工作的财政投入。完善有利于减缓和适应气候变化的相关法规，依法推进应对气候变化工作。加强宣传教育，充分利用各种媒体宣传普及气候变化知识和我国在应对气候变化方面采取的措施，提高公众对气候变化问题的科学认识，动员全社会参与应对气候变化，推动《国家方案》的实施。

七、加强组织领导

为切实加强对我国应对气候变化工作的领导，国务院决定成立国家应对气候变化领导小组，温家宝总理任组长，曾培炎副总理、唐家璇国务委员任副组长。领导小组将研究确定国家应对气候变化的重大战略、方针和对策，协调解决应对气候变化工作中的重大问题。应对气候变化工作的办事机构设在发展改革委。国务院有关部门要认真履行职责，加强协调配合，形成应对气候变化的合力。地方各级人民政府要加强对本地区应对气候变化工作的组织领导，抓紧制订本地区应对气候变化的方案，并认真组织实施。

国务院关于完善退耕还林政策的通知

国发[2007]25号　　2007年8月9日

各省、自治区、直辖市人民政府，国务院各部委、各直属机构：

实施退耕还林是党中央、国务院为改善生态环境做出的重大决策，受到了广大农民的拥护和支持。自1999年开始试点以来，工程进展总体顺利，成效显著，加快了国土绿化进程，增加了林草植被，水土流失和风沙危害强度减轻；退耕还林(含草，下同)对农户的直补政策深得人心，粮食和生活费补助已成为退耕农户收入的重要组成部分，退耕农户生活得到改善。但是，由于解决退耕农户长远生计问题的长效机制尚未建立，随着退耕还林政策补助陆续到期，部分退耕农户生计将出现困难。为此，国务院决定完善退耕还林政策，继续对退耕农户给予适当补助，以巩固退耕还林成果、解决退耕农户生活困难和长远生计问题。现就有关政策通知如下：

一、指导思想、目标任务和基本原则

(一)指导思想。以邓小平理论和“三个代表”重要思想为指导，坚持以人为本，全面贯彻落实科学发展观，采取综合措施，加大扶持力度，进一步改善退耕农户生产生活条件，逐步建立起促进生态改善、农民增收和经济发展的长效机制，巩固退耕还林成果，促进退耕还林地区经济社会可持续发展。

（二）目标任务。一是确保退耕还林成果切实得到巩固。加强林木后期管护，搞好补植补造，提高造林成活率和保存率，杜绝砍树复耕现象发生。二是确保退耕农户长远生计得到有效解决。通过加大基本口粮田建设力度、加强农村能源建设、继续推进生态移民等措施，从根本上解决退耕农户吃饭、烧柴、增收等当前和长远生活问题。

（三）基本原则。坚持巩固退耕还林成果与解决退耕农户长远生计相结合；坚持国家支持与退耕农户自力更生相结合；坚持中央制订统一的基本政策与省级人民政府负总责相结合。

二、政策内容

（四）继续对退耕农户直接补助。现行退耕还林粮食和生活费补助期满后，中央财政安排资金，继续对退耕农户给予适当的现金补助，解决退耕农户当前生活困难。补助标准为：长江流域及南方地区每亩退耕地每年补助现金 105 元；黄河流域及北方地区每亩退耕地每年补助现金 70 元。原每亩退耕地每年 20 元生活补助费，继续直接补助给退耕农户，并与管护任务挂钩。补助期为：还生态林补助 8 年，还经济林补助 5 年，还草补助 2 年。根据验收结果，兑现补助资金。各地可结合本地实际，在国家规定的补助标准基础上，再适当提高补助标准。凡 2006 年底前退耕还林粮食和生活费补助政策已经期满的，要从 2007 年起发放补助；2007 年以后到期的，从次年起发放补助。

（五）建立巩固退耕还林成果专项资金。为集中力量解决影响退耕农户长远生计的突出问题，中央财政安排一定规模资金，作为巩固退耕还林成果专项资金，主要用于西部地区、京津风沙源治理区和享受西部地区政策的中部地区退耕农户的基本口粮田建设、农村能源建设、生态移民以及补植补造，并向特殊困难地区倾斜。

中央财政按照退耕地还林面积核定各省（区、市）巩固退耕还林成果专项资金总量，并从 2008 年起按 8 年集中安排，逐年下达，包干到省。专项资金要实行专户管理，专款专用，并与原有国家各项扶持资金统筹使用。具体使用和管理办法由财政部会同发展改革委、西部开发办、农业部、林业局等部门制订，报国务院批准。

三、配套措施

（六）加大基本口粮田建设力度。建设基本口粮田是解决退耕农户长远生计、巩固退耕还林成果的关键。要加大力度，力争用 5 年时间，实现具备条件的西南地区退耕农户人均不低于 0. 5 亩、西北地区人均不低于 2 亩高产稳产基本口粮田的目标。对基本口粮田建设，中央安排预算内基本建设投资和巩固退耕还林成果专项资金给予补助，西南地区每亩补助 600 元，西北地区每亩补助 400 元。退耕还林有关地区要加大投入力度，加强基本口粮田建设。

（七）加强农村能源建设。各地要从实际出发，因地制宜，以农村沼气建设为重点、多能互补，加强节柴灶、太阳灶建设，适当发展小水电。采取中央补助、地方配套和农民自筹相结合的方式，搞好退耕还林地区的农村能源建设。

（八）继续推进生态移民。对居住地基本不具备生存条件的特困人口，实行易地搬迁。对西部一些经济发展明显落后，少数民族人口较多，生态位置重要的贫困地区，巩固退耕还林成果专项资金要给予重点支持。

（九）继续扶持退耕还林地区。中央有关预算内基本建设投资和支农惠农财政资金要继续按原计划安排，统筹协调，保证相关资金能够整合使用。鼓励退耕农户和社会力量投资巩固退耕还林成果建设，允许退耕农户投资投劳兴建直接受益的生产生活设施。

（十）调整退耕还林规划。为确保“十一五”期间耕地不少于18亿亩，原定“十一五”期间退耕还林2 000万亩的规模，除2006年已安排400万亩外，其余暂不安排。国务院有关部门要进一步摸清25度以上坡耕地的实际情况，在深入调查研究、认真总结经验的基础上，实事求是地制订退耕还林工程建设规划。

（十一）继续安排荒山造林计划。为加快国土绿化进程，推进生态建设，今后仍继续安排荒山造林、封山育林。继续按原渠道安排种苗造林补助资金，并视情况适当提高补助标准。在安排荒山造林任务的同时，地方政府要负责安排好补植补造、抚育管理、病虫害防治和工程管理等工作，并安排相应经费。在不破坏植被、造成新的水土流失的前提下，允许农民间种豆类等矮秆农作物，以耕促抚、以耕促管。四、组织实施。

（十二）加强领导，落实责任。省级人民政府要对本地区巩固退耕还林成果、解决退耕农户长远生计工作负总责，坚持目标、任务、资金、责任“四到省”原则。市、县、乡要层层落实巩固成果的目标和责任，逐乡、逐村、逐户地狠抓落实。

（十三）科学规划，统筹安排。有关省级人民政府要制订切实可行的巩固退耕还林成果专项规划，重点包括退耕地区基本口粮田建设规划、农村能源建设规划、生态移民规划、农户接续产业发展规划等，并安排必要的退耕还林工作经费。规划要综合考虑还林的经营管理措施和退耕农户近期生计及长远发展配套项目，坚持因地制宜，突出重点，远近结合，综合整治，并与当地新农村建设规划等各专项规划相衔接。规划报发展改革委会同西部开发办、财政部、农业部、林业局等有关部门审批。经批准的规划作为安排年度项目和巩固退耕还林成果专项资金的前提和依据。退耕还林工作经费安排方案要随专项规划一并上报。

（十四）强化监督，严格检查。地方各级人民政府要认真落实政策，严肃工作纪律，严格核实退耕还林面积，严格资金支出管理，严禁弄虚作假骗取和截留挪用对农户的补助资金及专项资金。对于不认真执行中央政策的，根据问题性质和情节轻重，依法追究有关责任人员特别是地方人民政府负责人的责任。各级监察、审计部门要加强监督检查。

（十五）健全机制，加强协调。建立巩固退耕还林成果部际联席会议制度，协调巩固退耕还林成果有关工作。有关部门要按照规划要求，各司其职，各负其责，加强沟通，协同配合，形成合力，确保退耕还林成果切实得到巩固，退耕农户长远生计得到有效解决。

退耕还林工程涉及到亿万农民，把这一项荫及子孙、惠及万民的工程建设好、巩固好、发展好，需要地方各级人民政府和全社会的共同努力。地方各级人民政府要从事关我国生态安全、全面建设小康社会和构建社会主义和谐社会的高度，充分认识巩固退耕还林成果的重要性和紧迫性，采取有力措施，确保政策落到实处，取得实效。

财政部　国家林业局关于印发《中央财政森林生态效益补偿基金管理办法》的通知

财农[2007]7号　　2007年3月15日

各省、自治区、直辖市财政厅(局)、林业厅(局)，新疆生产建设兵团财务局、林业局，解放军总后勤部财务部、基建营房部，内蒙古、龙江森工集团：

为进一步规范和加强中央财政森林生态效益补偿基金管理，提高资金使用效益，我们对《中央森林生态效益补偿基金管理办法》(财农[2004]169号)进行了修订，制订了《中央财政森林生态效益补偿基金管理办法》，现印发给你们，请遵照执行。

附件：中央财政森林生态效益补偿基金管理办法

中央财政森林生态效益补偿基金管理办法

第一章　总　则

第一条　为保护公益林资源，维护生态安全，根据《中华人民共和国森林法》和中共中央、国务院《关于加快林业发展的决定》(中发[2003]9号)，各级政府按照事权划分建立森林生态效益补偿基金。中央财政安排专项资金建立中央财政森林生态效益补偿基金(简称中央财政补偿基金)，为规范和加强中央财政补偿基金管理，特制订本办法。

第二条　森林生态效益补偿基金用于公益林的营造、抚育、保护和管理，中央财政补偿基金是森林生态效益补偿基金的重要来源，用于重点公益林的营造、抚育、保护和管理。

第三条　本办法所称重点公益林是指国家林业局会同财政部，按照国家林业局、财政部印发的《重点公益林区划界定办法》(林策发[2004]94号)核查认定的，生态区位极为重要或生态状况极其脆弱的公益林林地。

第二章　补偿标准

第四条　中央财政补偿基金平均标准为每年每亩5元，其中4.75元用于国有林业单位、集体和个人的管护等开支；0.25元由省级财政部门(含新疆生产建设兵团财务局，下同)列支，用于省级林业主管部门(含新疆生产建设兵团林业局，下同)组织开展的重点公益林管护情况检查验收、跨重点公益林区域开设防火隔离带等森林火灾预防、以及维护林区道路的开支。

第五条　重点公益林所有者或经营者为个人的，中央财政补偿基金支付给个人，由个人按照合同规定承担森林防火、林业有害生物防治、补植、抚育等管护责任。

重点公益林所有者或经营者为林场、苗圃、自然保护区等国有林业单位或村集体、集体林场的，中央财政补偿基金的管护开支范围是：对重点公益林管护人员购买劳务、建立森林资源档案、森林防火、林业有害生物防治、补植、抚育以及其他相关支出。

第六条　省级财政部门应会同林业主管部门，根据管护任务、经营状况、当地经济社会发展水平等因素，合理确定国有林业单位和集体的重点公益林管护人员委派标准、开支水平。

第七条　省级财政部门应会同林业主管部门，在本办法规定的开支范围内，明确中央财政补偿基金的具体开支范围和要求。各级财政部门和林业主管部门发生的相关管理经费由同级财政预算另行安排，不得在中央财政补偿基金中列支。

第三章　资金拨付与管理

第八条　省级财政部门和林业主管部门应于每年 3 月 31 日之前，联合向财政部和国家林业局报送中央财政补偿基金申请报告、森林防火计划、当年林区道路维护计划、上年度中央财政补偿基金使用情况、重点公益林管护情况总结，以及上年度批准的征占用重点公益林林地情况。

第九条　中央财政补偿基金年度预算确定后，财政部根据各省、自治区、直辖市、计划单列市重点公益林面积和平均标准，按照财政国库管理制度有关规定拨付。

第十条　各级财政部门应对中央财政补偿基金实行专项管理，分账核算。已实行国库集中支付的，资金拨付按照国库集中支付有关规定办理；未实行国库集中支付的，资金由县级财政部门或林业主管都门采取报账制等方式拨付，确保中央财政补偿基金及时足额拨付，专款专用。各级财政部门和林业主管部门应分别建立健全中央财政补偿基金拨付、使用和管理档案。

国有林业单位和集体应建立健全财务管理和会计核算制度，对中央财政补偿基金实行分账核算。

第十一条　林业主管部门应与承担管护任务的国有林业单位和集体签订重点公益林管护合同，国有林业单位应与管护人员、集体应与个人签订管护合同。林业主管部门与国有林业单位、集体签订合同使用统一格式(附后)。国有林业单位、集体与个人签订合同的内容与格式，由省级林业主管部门商财政部门统一制订。

第十二条　国有林业单位、集体和个人都应按照合同规定履行管护义务，承担管护责任，根据管护合同履行情况领取中央财政补偿基金。

第十三条　各级财政部门和林业主管部门不得脱离管护任务随意切块下达资金，也不得搞平均分配。

第十四条　财政部根据各省、自治区、直辖市、计划单列市上报的征占用重点公益林情况，调减中央财政补偿基金。国家林业局对重点公益林征占用林地情况进行检查。

第四章　检查与监督

第十五条　凡存在下列问题之一的，财政部将在下年度一次性调减有关省区 1% 的中央财政补偿基金。

1. 中央财政补偿基金使用和重点公益林管护违反有关规定，出现严重问题的；

2. 征用占用重点公益林林地情况弄虚作假的；

3. 连续两年逾期 1 个月以上不报送有关材料或报送的材料内容不符合规定的。

第十六条　调减的资金用于管理水平较高省区的奖励，被奖励省区相应增加省级财政部门列支经费；有关省区相应减少省级财政部门列支经费。

第十七条　各级财政部门和林业主管部门应加强对中央财政补偿基金的监督管理，对违反本规定截留、挤占、挪用中央财政补偿基金的，按照《财政违法行为处罚处分条例》(国务院令第 427 号)及其他法律法规追究有关单位及其责任人的法律责任。

第十八条　凡违反重点公益林管理规定，或因管护不善造成重点公益林破坏及生态功能持续下降的，省级林业主管部门应按照有关规定对责任单位采取适当处罚措施。具体措施由省级林业主管部门会同财政部门制订。

第五章　附　则

第十九条　省级财政部门应会同林业主管部门根据本规定制订实施细则，并抄报财政部和国家林业局备案。

第二十条　军事管理区的中央财政补偿基金管理和重点公益林管护按照本规定执行，并由军队制订实施细则，抄报财政部和国家林业局备案。

第二十一条　本办法由财政部负责解释。

第二十二条　本办法自印发之日起执行。财政部和国家林业局印发的《中央森林生态效益补偿基金管理办法》(财农[2004\ ]169 号)同时废止。

附：重点公益林管护合同(样本)(略)

国家林业局令

第23号

《森林资源监督工作管理办法》已经2007年8月30日国家林业局局务会议审议通过，现予公布，自2008年1月1日起施行。

国家林业局局长 贾治邦

2007年9月28日

森林资源监督工作管理办法

第一条 为了加强森林资源保护管理，规范森林资源监督行为，根据《中华人民共和国森林法实施条例》和国家有关规定，制订本办法。

第二条 国家林业局依照有关规定向各地区、单位派驻森林资源监督专员办事处(以下简称森林资源监督专员办)。

第三条 本办法所称的森林资源监督是指森林资源监督专员办对驻在地区和单位的森林资源保护、利用和管理情况实施监督检查的行为。

森林资源监督是林业行政执法的重要组成部分，是加强森林资源管理的重要措施。

第四条 森林资源监督专员办实施森林资源监督，适用本办法。

第五条 国家林业局设立森林资源监督管理办公室，负责森林资源监督专员办的协调管理和监督业务工作。

国家林业局森林资源管理司归口管理森林资源监督管理办公室和森林资源监督专员办。

第六条 森林资源监督专员办应当按照国家林业局的有关规定，结合实际，建立和健全内部管理制度及岗位责任制度，并报国家林业局备案。

第七条 森林资源监督管理办公室应当加强对森林资源监督专员办的管理，严格考核工作实绩，组织开展业务培训，检查内部管理制度和岗位责任制度落实情况。

第八条森林资源监督专员办负责实施国家林业局指定范围内的森林资源监督工作，对国家林业局负责。其主要职责是：

(一)监督驻在地区、单位的森林资源和林政管理；

(二)监督驻在地区、单位建立和执行保护、发展森林资源目标责任制，并负责审核有关执行情况的报告；

(三)承担国家林业局确定的和驻在省、自治区、直辖市人民政府或者驻在单位委托的有关森林资源监督的职责；

(四)按年度向国家林业局和驻在省、自治区、直辖市人民政府或者单位分别提交森林资源监督报告；

(五)承担国家林业局委托的行政审批、行政许可等其他工作。

第九条 森林资源监督专员办在履行职责时，可以依法采取下列措施：

(一)责令被监督检查单位停止违反林业法律、法规、政策的行为；

(二)要求被监督检查单位提供与监督检查事项有关的材料；

(三)要求被监督检查单位对监督检查事项涉及的问题做出书面说明；

(四)法律、法规规定可以采取的其他措施。

第十条 森林资源监督专员办对履行职责中发现的问题，应当及时向当地林业主管部门或者有关单位提出处理建议，并对处理建议的落实情况进行跟踪监督，结果报国家林业局。

对省、自治区、直辖市人民政府林业主管部门管辖的、有重大影响的破坏森林资源行为，森林资源监督专员办应当向国家林业局或者驻在省、自治区、直辖市人民政府报告并提出处理意见。

对破坏森林资源行为负有领导责任的人员，森林资源监督专员办应当向其所在单位或者上级机关、监察机关提出给予处分的建议。

破坏森林资源行为涉嫌构成犯罪的，森林资源监督专员办应当督促有关单位将案件移送司法机关。

第十一条 县级以上地方人民政府林业主管部门或者有关单位对森林资源监督专员办提出的处理建议应当及时核实，依法查处，并将处理结果向森林资源监督专员办通报。

县级以上地方人民政府林业主管部门或者有关单位对森林资源监督专员办提出的处理建议有异议的，应当向森林资源监督专员办提出书面意见。

对森林资源监督专员办提出的处理建议，既不依法查处，又不提交书面陈述的，森林资源监督专员办应当向省、自治区、直辖市人民政府提出督办建议，同时报告国家林业局。

第十二条 森林资源监督专员办应当积极支持县级以上地方人民政府林业主管部门加强森林资源管理工作，建立和实行以下工作制度：

（一）向省、自治区、直辖市人民政府林业主管部门通报国家有关林业政策和重大林业工作事项；

（二）与驻在省、自治区、直辖市人民政府建立工作沟通机制，及时向其通报森林资源监督工作情况；

（三）与省、自治区、直辖市人民政府林业主管部门建立林业行政执法联合工作机制；

（四）根据需要，适时与省、自治区、直辖市人民政府林业主管部门召开联席会议。

第十三条 县级以上地方人民政府林业主管部门应当积极配合森林资源监督专员办履行职责：

（一）向森林资源监督专员办及时提供贯彻国家有关林业政策法规、加强森林资源和林政管理等方面的情况；

（二）积极听取森林资源监督专员办反映的问题和建议，研究、落实改进措施；

（三）在研究涉及森林资源和林政管理的重大问题时，应当征询森林资源监督专员办的意见。

第十四条 森林资源监督专员办的工作人员应当具备以下条件：

（一）遵守法律和职业道德；

（二）熟悉林业法律法规和林业方针政策；

（三）具备从事森林资源监督工作相适应的专业知识和业务能力；

（四）新录用人员具有大学本科以上学历；

（五）适应履行监督职责需要的其他条件。

第十五条 森林资源监督专员办工作人员开展森林资源监督工作，应当客观公正，实事求是，廉洁奉公，保守秘密。

第十六条 森林资源监督专员办的工作人员滥用职权、玩忽职守、徇私舞弊的，依法依纪给予处分；构成犯罪的，依法追究刑事责任。

第十七条 东北、内蒙古重点国有林区林业（森工）主管部门派驻森工企业局的森林资源监督机构，其主要负责人的任免应当事前征求国家林业局派驻本地区或者单位的森林资源监督专员办的意见；其森林资源监督业务工作接受国家林业局派驻本地区或者单位的森林资源监督专员办的指导。

第十八条 本办法自2008年1月1日起施行。

国家林业局关于科学编制森林经营方案全面推进森林可持续经营工作的通知

林资字[2007]1号 2007年1月4日

各省、自治区、直辖市林业厅(局)，内蒙古、吉林、龙江、大兴安岭森工(林业)集团公司，新疆生产建设兵团林业局，中国林科院：

为认真贯彻落实《中共中央 国务院关于加快林业发展的决定》精神，大力推进我国森林可持续经营工作，全面提高森林经营管理水平，我局指导福建省林业厅编制了几个不同类型森林经营方案的范例，现印发给你们，请认真学习研究和借鉴参考。并就加强森林经营方案编制和实施工作的有关问题通知如下：

一、充分认识森林经营方案编制工作的重要意义

加强森林的科学经营，是增加森林资源数量，提高森林资源质量的主要措施；是协调林业生态、社会、经济“三大效益”发挥，推进林业生态、产业“两大体系”建设的重要手段。科学编制森林经营方案，是加强森林的科学经营，实现森林可持续发展的重要手段；是森林经营主体制订年度计划、组织经营活动和林业主管部门实施森林资源管理、监督的重要依据；是建立高效、透明、科学、有序的森林资源经营管理体系的重要载体；是巩固林权制度改革成果、落实林权所有者经营自主权的重要保障。随着林业分类经营、集体林权制度和森林采伐政策等各项改革的深入推进，不同类型森林主导功能日益明确，产权主体日趋落实，为加强森林经营工作明确了方向，提供了广阔的空间，全面推进森林可持续经营的条件已基本成熟。各级林业主管部门要充分认识科学编制森林经营方案的重要意义，真正把编制和实施森林经营方案作为提高林业经营管理水平，转变林业增长方式，提高森林资源整体功能的重要措施，摆上议事日程，全面推动森林可持续经营工作，实现在经营中利用、在利用中经营，越采越多、越用越好，为林业又好又快发展提供有力保障。

二、正确把握森林经营方案编制工作的基本要求

森林经营方案的编制必须以科学发展观为指导，以森林可持续经营理论为依据，以培育健康、稳定、高效的森林生态系统为目标。通过科学规划、分类经营、分区施策，实现对森林资源的严格保护、积极发展、科学经营和合理利用，不断提高森林资源质量，优化森林资源结构，增强森林生态系统的整体功能，实现林业的可持续发展。

森林经营方案的编制必须坚持资源、环境和经济社会的协调发展，坚持所有者、管理者和经营者责权利相统一，坚持保护、发展与利用森林资源相并重，坚持生态效益、经济效益和社会效益相结合的原则。全面加强对森林、林木、野生动植物和生物多样性的科学经营、保护和利用，提高森林经营单位的经济效益，改善林区社会经济状况，促进人与自然的和谐发展。

各级林业主管部门要通过组织、指导和监督森林经营方案的编制与实施，逐步实现由单纯森林采伐指标管理向森林科学经营管理转变；由单纯控制森林资源消耗向保障生态安全与维护产权主体利益并重转变；由单纯行政决策向充分尊重经营者意愿和相关利益者共同参与的决策机制上转变。

三、认真组织开展森林经营方案编制工作

各省级林业主管部门要按照我局《森林经营方案编制与实施纲要》(试行)的要求，紧密结合本地实际，科学制订森林经营方案编制的规划，明确森林经营方案编制的进度、时限和要求，切实加强领导、精心组织，有计划、有步骤地稳步推进本区域森林经营方案的编制工作。“十一五”期间，各省、自治区、直辖市要首先完成国有森林经营单位和工业企业森林经营大户的方案编制工作。

各地要统筹安排森林资源二类调查和基础用表的修订、完善等工作，确保森林经营方案编制基础工作扎实有效；要充分发挥各级林业调查规划部门在森林经营方案编制工作中的核心作用，及时成立林业、生态、经济、社会等方面专家组成的森林经营方案编制工作专家库，为编制工作的顺利开展和其中关键问题的科学决策提供支持和保障；要进一步完善相关法规政策和技术规范，使森林经营方案编制工作有章可循、有规可依；要积极开展森林可持续经营的试验示范，探索不同森林类型、不同所有制、不同编制单位森林经营方案的编制模式。2007年各省级林业主管部门要确定2~3个不同类型的经营单位，组织开展森林可持续经营试验示范，并率先编制森林经营方案，为本区域其他单位的编制工作提供借鉴。各省级林业主管部门要将确定的森林经营编制名单和工作计划于2007年3月底前报我局。

四、切实保障森林经营方案的有效实施

各级林业主管部门要依法做好森林经营方案的审核审批工作，确立森林经营方案在森林经营工作中的法律地位和权威性；要逐步把森林经营方案的实施效果作为评价林业经营管理水平和考核各级林业主管部门领导保护发展森林资源目标责任制的重要依据；要把森林资源经营管理的各项检查、核查、验收与森林经营方案的执行情况紧密结合起来；要按照依法批准的森林经营方案编制、落实森林采伐限额和木材生产计划；要切实加大对森林经营方案编制和实施的资金、政策的扶持力度，可根据各地的实际情况，从征占用林地植被恢复费和育林基金中提取一定比例的资金，用于森林经营方案的编制和实施。认真加强对各个层次森林经营、管理人员的培训；要大力宣传编制和实施森林经营方案的意义、作用和相关林业政策、法规，为森林经营方案的实施创造良好氛围。要通过以上措施，力争到“十一五”末初步建立起以森林经营方案为基础的森林资源经营管理体系。

特此通知。

国家林业局关于进一步加强和规范林权登记发证管理工作的通知

林资发[2007]33号　　2007年2月8日

《农村土地承包法》实施以来，森林、林木和林地使用权的流转行为大量发生。特别是近一时期，各种社会力量投资林业比较活跃，一些地方出现了林权登记发证工作不够规范，有的地方甚至出现违法登记乱发林权证的现象。为进一步加强林权登记发证管理工作，保证林权登记内容准确无误，维护林权权利人的合法权益，根据《森林法》、《农村土地承包法》的有关规定，现就有关问题通知如下：

一、高度重视林权登记发证工作，确保集体林权制度改革的顺利进行

林权登记发证工作，是推进集体林权制度改革、解放和发展林业生产力的核心工作；是依法治林，加强森林资源保护管理的重要内容；是巩固林业生态建设成果的有力手段，也是构建和谐社会、建设社会主义新农村的基础保障。各级林业主管部门要充分认识林权登记发证的重要意义，在本级人民政府的统一领导下，认真履行职责，把加强和规范林权登记发证摆上重要工作日程。要明确工作机构，组织得力工作队伍，配备专职工作人员和必需的设备，将工作经费纳入本级财政预算，保障林权登记发证工作正常开展。各地在进行集体林权制度改革过程中，凡将林地使用权和林木所有权通过家庭承包方式落实到农户的，要依法及时进行林权登记，确保农民拥有长期而稳定的林地承包经营权。

二、做好林权登记法律咨询，正确引导社会投资发展林业

各级林业主管部门要提高服务意识，正确引导各种社会主体投资林业。要做好有关林权登记的法律政策咨询工作，指导投资者依法投资林业。对投资人依法取得的农村林地承包经营权，属于可以进行登记范畴的，投资人申请登记的，要依法及时予以登记；对于投资人取得的不符合法律规定的登记范畴的权利，要及时向投资人说明理由。

三、认真履行职责，依法做好林权登记申请受理工作

各级林业主管部门做为同级地方人民政府的林权登记申请受理机关，必须严格依照《林木和林地权属登记管理办法》(国家林业局 2000 年第 1 号令)的要求，认真审查申请人提交的申请材料，把好林权登记申请受理关。

(一)林权登记发证的申请

1. 依法获得国有森林、林木和林地使用权的，由国有森林、林木、林地使用者申请林权登记；未确定使用权的，由县级林业主管部门登记造册，不发放林权证书。

2. 农民集体所有和国家所有由农民集体使用的森林、林木和林地，依法采取家庭承包或其他方式承包的，由承包方申请；承包后依法转让或者互换的，由新的承包方申请；未发包的，由集体所有者或依法使用国家所有森林、林木和林地的集体使用者申请。

3. 实施退耕还林的，由土地承包经营权人申请并依法办理土地变更手续和调整土地承包经营合同。

4. 经依法处理的林权争议，明确林权归属的，由林权权利人申请。

(二)林权登记发证的申请材料

1. 林权权利人申请林权登记时，必须提交林权登记申请表，个人身份证明、法人或者其他组织的资格证明、法定代表人或者负责人的身份证明、法定代理人或者委托代理人的身份证明和载明委托事项和委托权限的委托授权书，申请登记的森林、林木和林地权属证明文件，以及省、自治区、直辖市人民政府林业主管部门规定要求提交的其他有关文件。

2. 林权发生变更的，林权权利人应当到初始登记机关申请变更登记并提交林权登记申请表、原林权证、林权依法变更的有关证明文件。

(三)各级林业主管部门要以高度负责的工作态度，依法审查林权登记申请人的申请材料，对于登记申请材料齐全的，要依法及时予以受理；对林权登记申请表填写不准确，申请人有关身份证明材料或委托授权书不齐备、不合规，申请登记的权属证明文件和省、自治区、直辖市人民政府林业主管部门要求提交的其他有关文件缺失的，不得受理，并及时通知申请人补正材料后重新申请。

四、严格审查把关，确保林权登记合法有效

（一）对于已经受理的林权登记申请，承办登记事宜的林业主管部门要认真审查申请的森林、林木和林地的权属状况，依法履行公告程序，及时完成现场勘验定界工作。对经审查符合登记条件的申请，报请同级人民政府核准登记，发放林权证。对经审查不符合登记条件的，不予登记并以书面形式告知申请人不予登记的理由。

（二）各级林业主管部门要把权属证明文件是否合法有效以及申请人是否具有申请资格作为林权登记审查的重点。按照《农村土地承包法》的有关规定，因农村集体林地承包经营权发生流转，当事人申请林地承包经营权变更登记时，对于以下几种情形应当不予登记：

1. 采取转让或互换方式对林地承包经营权进行流转，转让方未依法登记取得林权证，受让方直接申请登记的。

2. 采取转包和出租方式对林地承包经营权进行流转，原承包关系不变，受转包方和承租方申请登记的。

3. 没有稳定的非农职业或者没有稳定的收入来源的农户，将通过家庭承包取得的林地承包经营权转让给其他从事农业生产的农户，受让方申请登记的。

4. 有稳定的非农职业或者有稳定的收入来源的农户，将通过家庭承包方式取得的林地承包经营权采取转让方式转让给非农户，受让方申请登记的。

5. 不宜采取家庭承包方式的荒山、荒沟、荒丘、荒滩等农村林地发包给集体经济组织以外的单位或个人承包，若承包方不能提供该承包经本集体经济组织成员的村民会议三分之二以上成员或者三分之二以上村民代表的同意的证明文件和当地乡（镇）人民政府的批准文件，承包方申请登记的。

6. 不宜采取家庭承包方式的荒山、荒沟、荒丘、荒滩等，依法采用其他方式承包后，经依法登记取得林权证，其林地承包经营权不是采取转让方式流转的，受流转方申请登记的。

7. 其他不符合有关法律规定的申请林权登记条件的。

国有森林资源的流转，在国务院未制订颁布森林、林木和林地使用权流转的具体办法之前，受让方申请林权登记的，暂不予以登记。

五、加强林权登记原始档案管理，确保档案资料完整齐全

要健全林权登记档案管理。完整保存林权登记和林权证核发过程中形成的文件资料，做到登记申请、审查材料齐全，图表完备，坐落四至标注清楚，文字数据规范准确，申请表、登记册、林权证载明的登记内容与登记物现状一致。林权登记机关应当公开登记档案，接受公众查询和监督。要加强林权管理电子信息化建设，实现林权动态管理。

六、严格依法行政、强化岗位培训，确保林权登记发证准确无误

林权登记发证是一项法律性、政策性很强的工作，各级林业主管部门做为同级地方人民政府的林权登记事宜承办机关，必须严格依法行政，确保登记依据充分，登记内容准确，登记程序合法，发证准确无误。要加强对从事林权登记人员的业务培训和思想教育，使其须经考核合格后持证上岗，并严格实行岗位责任制。登记机关必须严格执行《财政部 国家计委关于批准收取林权证工本费和林权勘测费的复函》(财综[2001]43号)、《国家计委 财政部关于林权证工本费和林权勘测费收费标准及有关问题的通知》(计价格[2001]1998号)的规定,严禁乱收费。

自本通知下发之日起,各地要对已办理的林权登记和已发放的林权证进行复查,发现问题及时纠正,对违反法律规定和法定程序登记并发放林权证的,要依法予以撤销。各地在执行中遇到重大问题要及时向我局报告。

国家林业局关于切实制止破坏植被行为搞好沙区林草植被保护的紧急通知

林沙发[2007]60号 2007年3月15日

河北、山西、内蒙古、辽宁、吉林、黑龙江、西藏、陕西、甘肃、宁夏、新疆、青海省、自治区林业厅(局),新疆生产建设兵团林业局:

近年来,我局多次就贯彻实施《防沙治沙法》和《国务院关于进一步加强防沙治沙工作的决定》(以下简称"《治沙法》"和"《治沙决定》"),制止沙区各种破坏植被行为,加强沙区林草植被保护工作作出部署,沙区各级林业部门积极行动,采取各种措施,加强植被保护,取得了明显成效。但是,最近一个时期以来,沙区一些地区又相继出现了一些毁林毁草滥开垦、滥放牧、滥樵采等破坏林草植被的事件。这种现象如不予以有效制止,将有可能使多年来的防沙治沙成果毁于一旦。为切实将禁止滥开垦、滥放牧、滥樵采(以下简称"三禁")工作落到实处,坚决遏制各种破坏沙区林草植被行为,特紧急通知如下:

一、切实加大沙区林草植被保护力度。严格实施"三禁",加强沙区林草植被保护,是《治沙法》和《治沙决定》提出的具体要求,各有关省区林业主管部门要采取切实措施,严禁在沙化土地上毁林毁草开垦、采集发菜、采挖甘草、麻黄草等药用植物及砍挖灌木和其他固沙植物;要合理组织放牧,植被严重退化、沙化等生态脆弱区和林业重点工程项目区要严禁放牧;要加强对沙区开发建设活动的监管,搞好防沙治沙工作;积极引导和规范营利性治沙活动,防止造成植被破坏和新的土地退化、沙化。

二、组织开展林草植被破坏情况的专项清理和查处工作。各省级林业主管部门要于3~4月份期间,组织在沙区开展一次林草植被破坏情况专项检查和清理工作,要组织专门力量,集中一段时间,逐县摸清破坏林草植被情况。对于已经出现的破坏植被事件,要逐项登记造册,详细记录情况。对于各种违法案件,要依法予以查处,同时要制订整改措施,明确整改时间表,搞好整改工作。

三、健全保护制度,建立长效机制。各地要针对专项检查和清理中发现的问题,深入研究分析找出根源,举一反三,认真查找沙区植被保护工作中存在的问题和不足。要针对目前植被保护的薄弱环节,有针对性地提出对策措施。特别是要加强植被保护的制度建设,尽快建立一整套与《治沙法》相配套的植被保护制度和办法,用制度规范沙区的各种经营行为,逐步形成沙区林草植被保护的长效机制。

四、全面落实沙区植被保护责任制。加强沙区植被保护,是《治沙法》和《治沙决定》赋予地方各级人民政府的一项重要职责。沙区各级林业主管部门要切实负起责任，推动和促成地方各级人民政府把植被保护列为造林绿化和防沙治沙任期目标考核指标之一，层层签订责任状，把植被保护工作落到实处。今后凡破坏植被行为没有得到遏制，出现毁林毁草事件的省、市、县，3年内不得参与与此相关的防沙治沙、造林绿化、林政、执法等的评优活动。同时，还将视具体情节，相应调减该省区的造林投资额度。

五、要切实加强组织领导。地方各级林业主管部门要高度重视沙区植被保护工作，要切实负起责任，把它作为当前一个阶段的一项重要工作抓紧抓实抓好。要切实加强对沙区植被保护工作的组织领导，主要领导要亲自抓。要组成工作领导小组，建立协调协作机制，指定办事机构，强化工作组织。

请各省区按照本通知精神，制订工作方案，周密部署，扎实推进此项工作。请于2007年6月10日前将相关工作情况报我局防沙治沙办公室。我局将于适当时候就本通知执行情况进行检查，对于落实本通知措施不力，工作不到位，没有有效制止破坏植被行为的省区，我局将予以通报。

国家林业局关于进一步
做好当前退耕还林工作的通知

林退发[2007]58号　　2007年3月12日

各有关省、自治区、直辖市林业厅(局)，新疆生产建设兵团林业局：

党中央、国务院高度重视退耕还林工作。2006年春节期间，胡锦涛总书记在陕西省看望慰问干部群众时，到延安市安塞县沿河湾镇碟子沟村视察了退耕还林现场，就退耕还林工作嘱咐当地负责同志，要坚持不懈，巩固成果，争取经过一段时间的努力，使延安的山川更加秀美，农民的生活更加富裕。2007年春节期间，胡锦涛总书记在甘肃省看望慰问干部群众时，又视察了定西市响河梁退耕还林示范基地，看到远近山梁上都已种上树木，昔日的荒山正在改变模样，总书记十分欣慰。他对当地干部说，要下更大的气力，继续推进天然林保护、退耕还林、退牧还草、防沙治沙等工作，努力遏制生态恶化趋势，实现人与自然和谐发展。总书记连续两年春节期间视察退耕还林工作，充分肯定了工程建设取得的成效，并对巩固成果、继续推进退耕还林工程建设作出了明确指示，是我们做好退耕还林工作的行动指南。温家宝总理对退耕还林工作多次作出重要指示，强调退耕还林要“巩固成果，确保质量，完善政策，稳步推进”。为深入贯彻落实胡锦涛总书记和温家宝总理的重要指示精神，全面推进退耕还林工作，现就有关工作通知如下：

一、提高认识，进一步增强做好退耕还林工作的责任感和使命感

退耕还林是党中央、国务院站在中华民族生存和发展的全局高度，为加强生态建设、维护生态安全、实现经济社会可持续发展而作出的一项重大战略决策。退耕还林工程经过8年的实施，已经取得了明显成效，得到了党中央、国务院和社会各界的高度评价。基层干部群众把退耕还林工程称为“最合民意的德政工程，最牵动人心的社会工程，影响最深远的生态工程”。总书记连续两年春节期间视察退耕还林工作，充分体现了党中央、国务院对退耕还林工作的高度重视，充分说明了退耕还林工作的重要性。各地要进一步深化认识，深刻领会做好退耕还林工作的重大现实意义和深远历史意义。

做好退耕还林工作，事关国家生态安全，事关新农村建设，事关社会和谐稳定，事关人民群众的根本利益，事关林业发展战略目标的实现，意义十分重大。作为工程实施的主管部门，各级林业主管部门担负着十分重大的历史责任。一定要进一步增强责任感和紧迫感，认真做好本职工作，不辜负党和人民的期望。要认真学习、深刻领会胡锦涛总书记的重要指示精神，把思想统一到总书记的要求上来，开拓创新，下更大的力气，巩固和发展退耕还林成果，坚持不懈地做好退耕还林的各项工作，为促进现代林业建设做出更大的贡献。

二、大力加强补植补造和抚育管护，全面提升工程建设的森林质量

退耕还林的补植补造工作必须常抓不懈。从全国核查结果看，目前各地历年完成造林任务需要补植补造的面积在10%左右。特别是2006年以来，一些工程省区灾情严重，退耕还林已有的建设成果损失较大。各地要克服困难，抢抓春季造林时节，组织做好补植补造工作。要全面掌握需要补植补造的具体数量和地块，周密安排，将补植补造任务落实到山头地块，落实到退耕农户；要抓紧做好种苗准备工作，确保种苗供应的数量、质量和品种；要加强补植补造工作的指导服务和检查监督。要切实通过补植补造，全面提高退耕还林工程的造林成活与保存率。

“三分造，七分管”。当前已经形成的退耕还林成果绝大多数还处于幼林和未成林阶段，工程区大多自然条件差，许多地区常年干旱。同时，随着工程区植被的迅速恢复，病虫鼠兔害问题随之加剧，森林防火任务也加重，抚育管护工作更加重要。各地一定要克服种种困难，切实把抚育管护工作落实到位：一要建立健全管护制度，创新管护机制。进一步明确管护责任，在明确林地权属的基础上，按照“谁退耕、谁管护、谁受益”的要求，将政策补助与管护成效挂钩，加大对退耕还林合同和责任书执行情况的检查监督力度。完善责任追究办法，不断创新管护机制，确保管护成效。二要分类指导，搞好幼林抚育。对生态脆弱、坡度大的造林地块，抚育时不能造成新的水土流失；对相对平缓的造林地块，允许采取林药、林草间种等模式，提高农民抚育管护的积极性。对经济林要在不影响生态效果的前提下及时实施除草、追肥、修枝、嫁接等抚育作业，确保实现预期效益。三要抓好森林火灾和病虫鼠兔害防治工作。把退耕还林的防火和病虫鼠兔害防治纳入当地森林“三防”体系，确保责任到人，措施到位。

三、高度重视，下大力气做好土地变更登记和确权发证工作

及时颁发林权证，是依法保障退耕农民合法权益、巩固退耕还林成果的基础。各地一定要在不断总结经验的基础上，采取得力措施，切实按照全国退耕还林工作会议和年度责任书的要求及时完成确权发证工作。要进一步规范林权登记发证行为。要按照《退耕还林条例》规定，依法办理土地变更登记手续，调整土地承包经营合同，坚决杜绝出现“一地两证”现象；要严格按照《林木和林地权属登记管理办法》的规定，公开发证程序和确权依据，反复公示申请登记的内容，接受群众监督，确保林权登记发证工作的质量。要把确权发证进度质量纳入工程管理绩效考核。各地县级以上林业部门要认真履行林权登记职责，明确工作机构和人员，加强人员培训，配备必要设备，保障所需经费。

四、严格管理，把国家政策补助足额兑现到位

要着重抓好3个环节。一要规范档案管理。退耕还林工程涉及千家万户，遍布山头地块，政策兑现期长，成果长期管护的任务非常艰巨。对此，各地务必要高度重视，配备责任心强、业务素质高的档案管理人员，并保持相对稳定；要对工程建设过程中直接形成的各种文字、图表、证卡、声像等材料实行集中统一管理，保证档案的完整收集、规范整理和安全保管；切实加强对基层档案管理人员的培训，大力提高县、乡两级档案管理人员的业务素质；大力推广应用退耕还林工程管理信息系统，提升档案管理的信息化水平。二要严格检查验收。要强化对检查验收工作的领导和监督，确保三级检查验收制度执行到位，确保检查验收结果真实可靠。县级自查结果是政策兑现的直接依据。要从维护中央巨额投资效益出发，认真组织开展好县级自查工作，同时不定期对县级自查工作进行专项检查，一旦发现在县级自查中弄虚作假、伪造数据的，要一查到底，对出现严重问题的工程县，林业项目和资金要坚决调控，对违纪违规人员要严肃处理。三要及时兑现政策。严格执行有关法律、法规，强化项目和资金管理，确保资金安全运行。加快退耕还林资金拨付进度，减少资金滞留时间，严禁挤占挪用，确保专款专用和及时到位。加强对退耕还林工程建设资金拨付和使用情况的监督稽查。规范兑现程序，执行退耕还林公示制度，禁止冒领、克扣。政策兑现过程中严禁搭车收费、随意抵扣、变相兑付等行为，严禁村、组代签代领，确保将钱粮如数兑现到退耕农户，坚决维护农民利益，取信于民，确保退耕还林政策落实到位。

五、落实配套措施，切实帮助退耕农民解决好长远生计

巩固退耕还林成果，必须落实好各项配套措施，切实解决好退耕农户的吃饭、烧柴、增收等长远生计问题。要积极协调并主动配合有关部门认真贯彻落实《国务院办公厅关于切实搞好“五个结合”进一步巩固退耕还林成果的通知》，确保各项配套措施落实到位。配套措施的落实，关键在县一级。各地要认真按照国办《通知》要求，落实县级人民政府的责任。要结合当地实际，把国家现有用于基本农田建设、农村能源建设、生态移民、后续产业发展、禁牧舍饲等项目资金与退耕还林工程紧密结合，用在真正需要解决问题的地方，用在刀刃上，真正发挥巩固成果的作用，真正实现这一政策的目的。还要结合社会主义新农村建设，统筹安排扶贫开发、农业综合开发、水土保持、小流域治理等项目资金，创造性地开展各种配套措施建设。今后，退耕还林必须在基本口粮田、吃饭问题等配套措施已落实的地方推进，没有留足基本口粮田的地区、配套措施落实不到位的地区、成果巩固有问题的地区，一律不得再安排新的任务。

六、强化责任，确保退耕还林工作健康推进

退耕还林关系到广大退耕农民的切身利益。随着工程的深入推进，一些地区退耕还林案件呈多发态势，社会影响恶劣。防范工程建设中出现重大问题，确保健康推进，关键是落实责任。要通过责任书的签订和监督检查建立行政问责制。重点要落实好四个方面的责任：一要落实各级党委、政府的责任。国家对退耕还林工程实行省级政府负总责和各级政府负责制。按照“巩固成果，稳步推进”的总体要求，我局与各工程省区人民政府签订了年度工程责任书，各地要逐级分解落实地方各级人民政府特别是作为责任主体的县级人民政府的责任，加强考核和检查监督，协调解决好工程建设中的重大问题。二要落实林业主管部门的责任。负责退耕还林工程组织实施是《退耕还林条例》赋予林业主管部门的重要职责。各级林业主管部门要主动当好当地党委、政府的参谋，履职尽责，依法行政，不辱使命。要切实承担起作业设计、种苗生产供应、组织施工、检查验收、政策兑现、确权发证、档案管理、抚育管护等一系列职责和任务，严把设计关、种苗关、质量关和检查验收关，确保工程健康实施。三要落实各有关部门的责任。退耕还林是一项复杂的社会系统工程，是多部门共同承担的任务。要按照《退耕还林条例》和国务院有关文件的明确分工，在当地党委、政府的统一领导下，落实好发展改革、财政、粮食、农业、水利、西部开发等相关部门的责任，各司其职，共同推进。四要落实退耕农户的责任。要通过检查验收、兑现政策和确权发证等环节，落实好退耕农户的责任和权益，使之成为退耕还林成果巩固的直接责任主体和受益主体。五要加强监督检查和责任追究。要及时掌握实情，发现问题，认真整改，定期通报各地履行退耕还林目标责任制情况。要保持高度的政治敏感性，把群众的利益放到第一位，及时做好来信来访和案件办理工作，不得推诿、敷衍、拖延，对案件的查处和整改措施的落实要全程跟踪、及时通报。要畅通举报渠道，对任务分配情况、检查验收情况、政策兑现情况及时公示，并向社会公布举报电话、设立举报箱，接受全社会的监督。对退耕农户和社会各界人士关注和反映的热点和焦点问题，要及时进行调查核实，对查实的问题要限期整改，对相关责任人要依照党纪国法严肃处理。对整改不到位或弄虚作假、掩盖事实真相搞假整改的，要彻底查清、彻底纠正，从严追究有关人员的责任，绝不姑息。

各地区、各单位要组织干部职工认真学习胡锦涛总书记和温家宝总理的指示，深刻领会精神实质，紧密结合各自实际，研究制订贯彻落实的具体措施。要采取多种形式进行广泛宣传，尽快传达到基层，落实到退耕还林工程建设第一线。要及时将本地区、本单位贯彻落实情况向我局报告。

国家林业局关于印发《林木种子采收管理规定》的通知

林场发[2007]142号　　2007年6月15日

各省、自治区、直辖市林业厅(局)，内蒙古、吉林、龙江、大兴安岭森工(林业)集团公司，新疆生产建设兵团林业局：

为加强商品林木种子采收管理，规范商品林木种子采收行为，防止抢采掠青，损坏母树，根据《种子法》的有关规定，我局制订了《林木种子采收管理规定》，现印发给你们，请遵照执行。

附件：林木种子采收管理规定

林木种子采收管理规定

一、为加强商品林木种子采收管理，规范商品林木种子采收行为，防止抢采掠青，损坏母树，确保种源纯正和生产用种质量，根据《中华人民共和国种子法》(以下简称《种子法》)的规定，制订本规定。

二、从事商品林木种子采收和管理工作，应当遵守本规定。

三、县级以上人民政府林业行政主管部门负责商品林木种子采收管理工作，具体工作由其所属的林木种苗管理机构负责。

四、采种林分包括种子园、母树林、一般采种林和临时采种林、群体和散生的优良母树。

种子园是指用优树无性系或家系按设计要求营建的、实行集约经营的、以生产优质种子为目的的采种林分。

母树林是指选择优良天然林或种源清楚的优良人工林，经去劣留优、疏伐改造、抚育管理，以生产优良种子为目的而营建的采种林分。

一般采种林是指选择中等以上林分去劣疏伐，以生产质量合格的种子为目的的采种林分。

临时采种林是选择即将采伐的林分，以生产质量合格的种子为目的的采种林分。

五、林木种子的采集应当在确定的采种林分和采种期内进行。优先采集种子园、母树林、采种基地的种子。

种子园、母树林由省级人民政府林业行政主管部门确定，一般采种林、临时采种林、群体和散生的优良母树由市、县人民政府林业行政主管部门确定，并向社会公告。县级以上人民政府林业行政主管部门确定的采种林分应当报上一级人民政府林业行政主管部门备案。

六、采种期由县级以上人民政府林业行政主管部门确定，并在采种期起始日一个月前向社会公布。

七、林木种子生产者组织有采种经验的人员进行林木种子采集。县级以上人民政府林业行政主管部门应当加强对林木种子采收工作的监督检查。

八、采种现场应有技术人员或熟练工人对采种方法、采种质量、母树保护、人员安全进行检查指导。

九、林木种子生产者应当按照国家、行业或者地方林木采种技术标准要求采集种子，并按照国家标准《林木采种技术》(GB/T11619—1996)附录E填写《林木采种登记表》。

采集和收购林木种子的单位和个人应当建立林木种子采集和收购档案，包括种子产地、种源、数量、质量检验证书、责任人和林木采种登记表等内容。

十、收购林木种子的单位或个人应当依法取得林木种子经营许可证，具备林木种子贮藏设施，建立种子流向档案。

十一、禁止在采种林分内从事采石、采沙、采土、采脂、开垦、放牧、砍柴等影响林木种子正常生产的活动。

十二、在林木种子生产基地内采集种子的，由种子生产基地的经营者组织进行。

国家投资建设的林木种子生产基地生产的林木种子，由当地人民政府林业行政主管部门统一组织收购和调剂使用，优先用于生态公益林建设。

进入林区收购林木种子的，应当按照地方人民政府林业行政主管部门的有关规定办理手续。

十三、禁止抢采掠青、损坏母树，禁止在劣质林内、劣质母树上采种。禁止在确定的采种林分外采种。

吉林省林业厅关于印发《吉林省人工幼龄林抚育实施意见》的通知

吉林资[2007]401号　　2007年7月12日

延边州林管局，各市及所属县(市)林业局(经营局)，省直国有林业局，省属有关单位，省厅驻各地(局)专员办：

为加强人工幼龄林抚育工作，提高森林经营水平，根据全省林业局长会议精神，省厅研究制定了《吉林省人工幼龄林抚育实施意见》，现印发给你们，并提出如下要求，请遵照执行。

一、中东部地区县(市、区)和国有林业局要按照本次印发的《实施意见》结合2006年试点情况及省厅批复的《试点实施方案》执行；中西部“三北”地区要依据《实施意见》并根据各县(市、区）人工幼龄林需要抚育的情况，由县（市、区）林业局编制《人工幼龄林抚育实施方案》，报市林业局审批后实施，并报省厅备案。

二、各级林业主管部门对国有林业单位和集体所有的人工幼龄林，要按照《实施意见》的要求及各地编制的《实施方案》组织实施人工幼龄林抚育工作；对于个人所有的人工林，要加强宣传、教育、指导、服务工作，让林业个体经营者知晓人工幼龄林抚育的好处，促使其自愿开展人工幼龄林抚育工作。

三、各地、各单位人工幼龄林抚育所需的采伐限额，与年度木材生产计划一并提报，省厅将根据年度采伐限额的执行情况，统筹安排各地、各单位的人工幼龄林抚育。

吉林省人工幼龄林抚育实施意见

为深入贯彻《中共吉林省委 吉林省人民政府关于加快林业发展若干问题的决定》，根据吉林省林业三大区域发展战略的总体目标，从保护、培育、经营森林资源，促进林业可持续发展，提高森林经营水平和森林生态防护功能以及加快生态省建设的战略高度出发，针对我省人工幼龄林培育经营中存在的问题，依据《国家林业局关于调整人工用材林采伐管理政策的通知》（林资发［2002］191号）、《国家林业局关于完善人工商品林采伐管理的意见》（林资发［2003］244号）、国家林业局关于印发《国家重点生态公益林幼中龄林抚育及低效林改造实施方案》的通知（林计发［2004］175号）及《国家林业局办公室关于组织编制重点公益林中幼龄林抚育项目作业设计的通知》（办造字［2005］17号）的精神，结合人工幼龄林培育和经营的实际，现对我省人工幼龄林抚育提出如下实施意见。

一、提高对人工幼龄林抚育重要性的认识

1. 森林经营工作取得成效。培育森林是森林经营的重要组成部分，经过多年的努力，全省自上而下建立了森林经营体系，基本形成了适应社会经济发展的森林资源经营管理制度和政策法规体系，日益强化了森林资源可持续经营的理念。近年来，通过有效的经营，实现了林地面积、蓄积的双增长。全省林地面积达到929.0万公顷，森林覆盖率为43.2%，活立木蓄积8.7亿立方米。森林资源的持续增长，为推进林业可持续发展奠定了基础。

2. 森林抚育工作形势严峻。我省森林资源分布不均、质量不高、效益较低，难以满足国民经济和社会发展对林业的多元化需求；一些地方过度依赖森林资源、以牺牲生态为代价换取暂时的经济增长，林地非法流失、超计划采伐等破坏森林资源的问题，仍未从根本上得到解决；森林采伐与抚育中单纯取材，采伐后不及时更新与补植，经营森林的理念没有得到真正落实，特别是幼龄林抚育欠账的问题始终没有得到很好地解决，不能适应森林经营培育和可持续发展的需要。

3. 突出森林经营培育工作的地位。森林资源是林业可持续发展的基础，森林数量的多少、质量的高低是衡量一个区域生态状况的重要指标。加快森林经营培育特别是幼龄林抚育进程，对提高森林资源质量，巩固生态建设成果，促进林业可持续发展，构建社会主义和谐社会具有重要意义。对此，各级林业主管部门和森林经营单位要高度重视，在林业生态建设中突出幼龄林抚育在森林资源经营培育中的基础地位。

二、人工幼龄林抚育工作的指导思想、目标和任务

4. 指导思想。以省委《决定》精神为指导，坚持生态建设与产业发展并重，以积极发展、科学经营、有效培育、持续利用为方针，以增加总量、提高质量、优化结构为主线，以实现森林可持续经营为宗旨，不断深化改革、创新机制，全面提升森林经营培育水平，为促进林业可持续发展提供有力

保障。

5. 总体目标和任务。到2010年，抚育人工幼龄林面积30.0万公顷(国有森工企业12.3万公顷，地方林业17.7万公顷)，抚育人工幼龄林蓄积230.0万立方米(国有森工企业100.0万立方米，地方林业130.0万立方米)，将全省现有亟待抚育的人工幼龄林抚育一遍，促使森林资源总量不断增加，森林资源质量持续增长，森林生态系统的整体功能逐步增强，林产品供需矛盾进一步缓解，富于林业职工得以就业安置，和谐林区建设得到发展。

6. 人工幼龄林抚育遵循的原则。坚持依法实施，按照现行的法律法规和有关政策规定开展工作；坚持生态优先，选择在生态稳定的区域内进行，充分发挥森林的生态防护功能；坚持科学规划，按照分类区划、分类管理、分区施策的要求，落实经营目标和管理措施；坚持适度规模，选择亟待抚育的红松、落叶松、云杉、樟子松、杨树等人工幼龄林开展抚育工作；坚持效益兼顾，促使公益林改善林分卫生状况，提高林分质量和林地生产力，增强抗御自然灾害的能力，促使商品林缩短培育周期，满足国民经济和社会发展对木材的需求。

三、人工幼龄林抚育的技术标准和具体要求

7. 抚育范围。商品林、公益林(包括地方的国家重点公益林和天保工程区的限伐林和禁伐林，其中法律法规规定禁止采伐的森林、林木除外)中人工营造的红松、落叶松、云杉、樟子松、杨树等幼龄林。

8. 技术标准：

8.1. 商品林(用材林)：

8.1.1. 抚育对象：参照森林经营密度表的适宜保留株数并结合各地、各单位的实际，林分郁闭度在0.8以上；人工更新造林后，由于天然树种侵入形成的人工林，人工林木蓄积占林分蓄积50%以上，且林分郁闭度在0.7以上。

8.1.2. 抚育方式：透光抚育，伐除生长过密和生长不良的树木。

8.1.3. 抚育方法：根据林分特性，进行全面抚育、带状抚育和团状抚育。

8.1.4. 抚育强度：应根据经营目的、立地条件、初植密度、林分状况等综合因素确定。人工纯林，株数强度为20%～35%，蓄积强度15%～25%，伐后郁闭度不得低于0.7。人天混林分，株数强度为20%～35%，蓄积强度15%～25%，伐后郁闭度不得低于0.7。

8.2. 限伐林(包括防护林、国家重点公益林)：

8.2.1. 抚育对象：参照森林经营密度表的适宜保留株数并结合各地各单位的实际，林分郁闭度在0.9以上；人工更新造林后，由于天然树种侵入形成的人工林，人工林木蓄积占林分蓄积50%以上，且林分郁闭度在0.8以上；

8.2.2. 抚育方式：透光抚育，伐除生长过密和生长不良的树木。

8.2.3. 抚育方法：根据林分特性，进行全面抚育、带状抚育和团状抚育。

8.2.4. 抚育强度：应根据经营目的、立地条件、初植密度、林分状况等综合因素确定。人工纯林，株数强度为15%～30%，蓄积强度10%～20%，伐后郁闭度不得低于0.7。人天混林分，株数强度为15%～30%，蓄积强度10%～20%，伐后郁闭度不得低于0.7。

8.3. 禁伐林(指天保工程区)：

8.3.1. 抚育对象：参照森林经营密度表的适宜保留株数并结合各地各单位的实际，林分郁闭度在0.9以上；人工更新造林后，由于天然树种侵入形成的人工林，人工林木蓄积占林分蓄积50%以上，且林分郁闭度在0.8以上。

8.3.2. 抚育方式：透光抚育，伐除生长过密和生长不良的树木。

8.3.3. 抚育方法：根据林分特性，进行全面抚育、带状抚育和团状抚育。

8.3.4. 抚育强度：应根据经营目的、立地条件、初植密度、林分状况等综合因素确定。人工纯林，株数强度不超过25%，蓄积强度不超过15%，伐后郁闭度不得低于0.7。人天混林分，株数强度不超过25%，蓄积强度不超过15%，伐后郁闭度不得低于0.7。

9. 抚育要求：

9.1. 调查设计。按照技术标准科学设计，根据

林分状况和造林初植密度合理确定抚育强度。抚育地块选择：依据森林规划设计调查成果或经及时更新的森林资源档案资料，根据年度计划，按照先近后远、先急后缓、集中连片的原则，在全面踏查的基础上，合理选择抚育地块，将任务具体落实到各地块。小班区划：在选择确定的地块中，在原二类调查所区划的小班基础上，根据不同抚育经营类型，确定抚育小班。抚育小班面积最小不能小于1公顷，最大不能大于15公顷。小班调查：采用标准地调查法，标准地面积为0.1公顷，标准地总面积不得少于小班面积的2%。在标准地分树种、保留木进行每木检尺，起测径阶为6厘米。作业设计图：要注明小班在林班(村)中的位置(使用GPS进行定位，标注坐标点)、边界，并注明小班号、面积、采伐量和出材量等内容，比例尺要求选用1:5 000或1:10 000。其他外业调查和内业设计技术按相关规定执行。

9.2. 检查验收：实施单位对调查设计和采伐作业小班的调查设计质量和采伐作业质量进行自检自查，检查的比例为100%。检查结果要形成检查报告，作为核发采伐许可证的依据。市(州)林业(管)局和省林业厅派出的森林资源监督机构对县(市、区、经营局)和国有林业局进行抽查，抽查的比例为设计和作业小班数量的3%，检查结果要形成报告报省林业厅。市(州)林业(管)局和省林业厅派出的森林资源监督机构在对设计小班的设计质量进行检查时，要对标准地进行复位，核实标准地的测树因子等设计项目。省林业厅将对实施单位的调查设计和采伐作业质量进行抽查。检查方法按吉林资[2000]389号文件的相关规定执行。

四、加强人工幼龄林抚育工作的管理和监督

10. 强化对人工幼龄林抚育工作的领导。加强领导是完成人工幼龄林抚育任务的保证。市(州)林业主管部门要成立人工幼龄林抚育工作领导小组，加强对人工幼龄林抚育工作的组织、协调和指导；实施单位要成立以林业局长为组长、相关部门参加的领导小组，负责对实施工作的领导，领导小组要下设办公室，负责人工幼龄林抚育工作的组织实施

11. 编制人工幼龄林抚育《实施方案》。实施单位要编制人工幼龄林抚育采伐管理《实施方案》。明确指导思想，确定工作思路，落实抚育任务，研究产权改革，探索经营机制，落实保障措施，加强组织领导。按照批复的《实施方案》推进人工幼龄林抚育采伐管理工作。

12. 严格人工幼龄林抚育的审批工作。各县(市、区、经营局)的人工幼龄林抚育由市(州)林业(管)局审批；省属和延边州属国有林业局分别由省厅和延边州林管局审批。各审批单位要严格安按照有关规定和调查设计对人工幼龄林抚育采伐进行审批。

13. 研究人工幼龄林抚育的具体措施。人工幼龄林的抚育必须按照法律法规和有关政策实施。在具体实施过程中，要研究切实可行的措施和办法，保证人工幼龄林抚育采伐工作的顺利进行。一是要由有森林采伐调查设计资质的部门进行设计；二是要按照森林资源管理的有关规定加强管理；三是要落实责任，层层建立包保责任制；四是要实行采育挂钩，不按要求进行抚育的不批准采伐。

14. 加强对人工幼龄林抚育的监督检查。实施人工幼龄林抚育采伐，是我省林业建设的迫切需要，也是推动林业跨越试发展的重要手段。因此，要强化作业施工管理，切实落实各项技术措施，坚持按作业设计施工，抓好施工质量的监控、技术指导和检查验收，确保人工幼龄林抚育采伐工作的顺利实施。

五、实施人工幼龄林抚育工作的保证措施

15. 对人工幼龄林抚育采伐林木胸径小于10厘米(含10厘米)的只占采伐限额，不占木材生产计划，人工幼龄林抚育的采伐指标由省厅根据各地、各单位的木材生产计划情况统筹安排。

16. 对人工幼龄林抚育采伐的木材，免收育林费。对国有人工幼龄林抚育，应给予适当的补贴。

中共安徽省委、安徽省人民政府
关于全面推进集体林权制度改革的意见

皖发[2007]11号　　2007年4月20日

为进一步深化农村改革，促进林业发展和农民增收，推动社会主义新农村建设，现就全面推进我省集体林权制度改革(以下简称“林权改革”)工作提出以下意见。

一、指导思想和总体目标

指导思想：以邓小平理论和“三个代表”重要思想为指导，全面落实科学发展观，稳定和完善以家庭承包经营为基础、统分结合的集体林业双层经营体制，进一步确立农民的经营主体地位，盘活森林资源资产，激发林业发展活力，促进林业持续、稳定、健康发展，促进生态环境改善和农民增收。

总体目标：争取用两年左右的时间，通过确权发证推进主体改革，真正实现“山有其主，主有其权，权有其责，责有其利”。通过理顺林业管理体制，规范林业执法，促进林权流转，提高林业服务水平，全面推进林业配套改革，逐步建立林业要素市场，实现森林增长、生态改善、农民增收、林区增效的目标，建立起产权归属明晰、经营主体到位、责权划分明确、利益保障严格、流转顺畅规范、监管服务有效的现代林业产权制度。

二、基本原则

(一)坚持依法改革。林权改革应当以《森林法》、《农村土地承包法》，以及《安徽省林地保护管理条例》、《安徽省实施〈中华人民共和国农村土地承包法〉办法》等法律、法规为依据，依法保护林权所有者的财产权，维护其合法权益，维护和实现农村集体经济组织内部成员享有平等的承包经营权。集体山林已实行家庭承包经营的，应继续坚持并进一步完善。

(二)坚持尊重农民意愿。充分发挥农民在林权改革中的主体作用，改革的内容、程序、方法、结果要公开，确保农民群众的知情权、参与权、决策权和监督权。

(三)坚持尊重历史。稳定林业“三定”以来落实的林权，不打乱重来，不重新调整，保持林业政策的稳定性和连续性。妥善处理各种历史遗留问题，对权属不清的要依法依规确认，协商解决，确保林区社会稳定。

(四)坚持因地制宜、分类指导。根据本地森林资源状况和经济发展水平，分类指导，尊重农民的首创精神，通过民主决策，自主选择林权改革方式，自主确定经营管理形式，不搞“一刀切”。

(五)坚持综合配套、系统推进。把林权改革与创新林业管理体制和服务体系有机结合起来，正确处理好改革、发展、稳定的关系，确保改革达到预期目标。

三、改革的范围和主要内容

林权改革的范围主要是，农村集体经济组织统一经营的，农村居民在承包林地和自留山、自留地以及其他土地拥有的，以及通过合法流转获得的包括林木所有权、林地使用权等在内的林业产权。主要内容有：

（一）明晰产权

进一步明晰林木所有权和林地使用权，并落实到山头地块，通过核（换）发"中华人民共和国林权证"（以下简称林权证），落实和完善以家庭承包经营为主体、多种经营形式并存的集体林权经营管理体制。

1. 对已划定的自留山保持长期稳定不变，继续坚持长期无偿使用、允许继承的政策，由林农申请核（换）发林权证。对已经流转的自留山，要完善流转手续，办理林权变更登记。自留山上的林木一律归农户所有。

2. 林业"三定"以来承包到户经营的责任山（包括自营山），承包期内林地使用权、林木所有权归承包者，由承包者申请核（换）发林权证，允许继承和流转。分包到户的责任山，要保持承包关系稳定。上一轮承包到期后，原承包做法基本合理的，可直接续包；原承包做法经依法认定明显不合理的，可在完善有关做法的基础上继续承包。新一轮的承包 都要签订书面承包合同，承包期限按有关法律规定执行。对已经续签承包合同但不到法定承包期限的，经履行有关手续，可延长至法定期限。农户不愿意继续承包的，可交回集体经济组织另行处置。对已流转的，要依法分别办理林权登记和变更手续。

3. 目前尚未确权到户的集体山林，应按人均确权到户，实行家庭承包经营。集体统一经营状况好且群众满意的山林（包括集体规模林场），经本集体经济组织成员的村民会议三分之二以上成员或三分之二以上村民代表同意，可以继续由集体统一经营，并进一步完善经营机制，明确管护责任和收益分配办法；也可以采取招标、拍卖等形式转让经营，落实经营主体。对利用贷款营造的集体山林，在落实经营主体时，必须按照"债随林权走"的原则，明确债务偿还主体，落实抵押物。

4. 平原地区集体林地林木、村庄片林以及其他农村土地上的林木，按照"树随地走、谁造谁有"的原则，落实林木经营主体，发给林权证。通过拍卖、承包、租赁等方式取得树木、树穴或"四荒"（荒山、荒丘、荒滩、荒沟）等经营权的，也要发给林权证。

5. 自然保护区、森林公园、风景名胜区等规划范围内属集体经营或已由农民承包的集体林地，其林权维持不变，由林权人申请林权登记。自然保护区、森林公园、风景名胜区等管理机构应按有关法律法规规定严格管理，与林权人签订保护合同，并切实保障林权人的合法权益。

6. 林业"三定"以来划定的自留山和责任山，对属于同一集体经济组织的林地承包经营权，在林农自愿的基础上，可通过协商方式互换，也可以自愿联合以林地承包经营权入股，从事林业合作生产，实行规模经营，并依法申请办理林权变更登记手续。

7. 自留山和责任山等因抛荒被集体收回统一造林或重新组织承包造林的，要落实"谁造谁有"政策，发给林权证，并按原协议的比例分成，没有协议的由双方协商确定比例分成。林木采伐后，林地使用权归还给原承包农户。

8. 切实维护林权证的法律效力。这次林权改革中核（换）发的林权证，是森林、林木和林地所有权或使用权的法律凭证，也是申请采伐、流转、抵押、补偿等林事活动的唯一合法凭证。林权证发放到户后，原发放的有关林业权属凭证一律自行失效。

9. 落实林权管理责任。县级以上人民政府林业主管部门，承担本级政府日常林权登记变更、流转交易、评估监管、抵押登记、纠纷调处、承包仲裁、安全保障等管理职责，并负责建立健全林权档案管理，提供林权信息查询服务。

（二）规范流转

1. 按照“依法、自愿、有偿、规范”的原则，鼓励产权明晰的林木所有权和林地使用权有序流转，盘活现有森林资源存量，活跃林业要素市场。对山区农民主要生活来源的林地的流转，要加强引导，防止农民失山失地。

2. 林权流转应当向当地林业部门提出申请，凭合法有效的林权证和其他相关材料，签订林权流转合同进行流转。流转期限一般应控制在1～2个轮伐期内。林木所有权流转的，其已登记的林地使用权随之一并流转；林地使用权流转的，其已登记的林木所有权也可随之一并流转。

3. 集体经营的山林流转，其流转方式、流转基价、流转收入及其使用、分配等都要提前向村民公示，经本集体经济组织成员的村民会议三分之二以上成员或三分之二以上村民代表同意，并经森林资源资产评估机构评估后流转。林地承包经营权流转的转包费、租金、转让费等，应当由当事人双方协商确定。流转的收益大部分用于本集体经济组织成员的分配，其余部分可用于本集体经济组织发展林业和公益事业，任何组织和个人不得擅自截留、扣缴。

4. 已承包到户经营的山林，在流转时应当签订合同，林地承包经营权采取互换、转让方式流转，当事人要求登记的，应当向县级以上地方人民政府申请登记。农户或个人拥有的林权在流转时是否评估，由当事人自主决定，流转权益归承包者个人。已流转给大户或其他社会主体的林权再流转的，必须征得原承包人同意，并不得超过承包期的剩余期限。采取转让方式流转的，应当经发包方同意；采取转包、出租、互换或者其他方式流转的，应当报发包方备案。

5. 对未取得林权证已合理流转的林权，或以家庭承包方式取得的林权正在进行流转的，只要权属清晰，其林权流转申请和林权登记申请可以一并提出，经依法审查合格后，按相应程序办理林权登记或变更手续。

6. 对已经发生流转的林权，要本着“尊重历史、面对现实、依法合规”的原则，只要程序合法、操作到位、合同规范、手续完备，应予以维护。对流转合同基本符合法律法规和政策，只是程序不规范或合同某些条款不合理，群众有意见的，原则上也应予以维持，但对不合理或有争议的合同条款，可在乡镇政府和林业部门的指导下协商、补充、完善，并完善相关手续和程序。对流转合同虽不完善，但没有损害集体利益，且流转受让人已实际做出大量投入，现林木生长良好的，可以采取“动钱不动山”或调整流转期限等利益协调措施，加以完善和规范。对存在暗箱操作、以权谋私、损害集体或村民利益的流转行为，应当依法予以纠正。

7. 根据国家森林资源资产评估管理有关规定，省财政部门应加强对资产评估机构资格的认定和从业管理，省林业主管部门应当加强对具有丙级以上（含丙级）资质的森林资源调查规划设计、林业科研教学单位从事森林资源资产评估咨询服务的管理，引导、规范其开展相关森林资源资产评估活动。

8. 无论采取何种形式的流转，均不得改变林地性质，不得将林地改变为非林地。国家、省级重点公益林等确需进行林权流转的，不得改变其公益林性质。发包方将农村林地发包给本集体经济组织以外的单位或者个人承包，应当事先对承包方的资信情况和经营能力进行审查，然后经本集体经济组织成员的村民会议三分之二以上成员或三分之二以上村民代表同意，并报乡镇人民政府批准。

（三）放活经营

1. 继续执行发展林业的优惠政策。自留山和已承包到户的集体林地以及通过合理流转取得使用权的林地，其林业生产经营活动由经营者自主确定，不受任何干扰，并可享受林业相关优惠政策，林业部门要提供业务指导和相关服务。

2. 加大林种树种结构调整力度。已落实林权和经营主体的林地，在分类经营、适地适树的前提下，要注意引导调整林种树种结构，优先发展毛竹、经济林以及短周期商品林和工业原料林，符合条件的，纳入国家和地方重点造林工程并予以补助。要引导发展带有方向性的造林培育项目，按国家有关规定给予必要补助。

3. 放活商品林经营。在坚持森林采伐限额管理的前提下，放宽对商品林的采伐管理。木竹采伐指标分配实行公示制，林木采伐许可证由林木所有者直接申请。对农户个人经营的商品林，要按照批准的森林经营方案，足额满足采伐指标，符合条件的即申即批。对成熟的人工商品用材林、非规划林地林木的采伐，在采伐限额内优先审批；对定向培育的工业原料林和其他商品用材林面积在5000亩以上的，实行采伐限额单列，并予以充分满足。

4. 探索改革木竹采伐限额管理方式。继续探索并逐步实行采伐限额指标的年度接转滚动使用政策。采伐毛竹和抚育间伐胸径不足10厘米的林木，均不纳入年度木材生产计划，由县级林业主管部门在省下达的采伐限额指标内审批，符合条件的即申即批。木竹收购实行产销直接见面，取消各地制订的限制木竹自主经营的政策措施。

5. 大力发展林业产业。鼓励发展苗木花卉、森林食品、木浆造纸、人造板生产加工、森林旅游、生物制药、野生动植物繁育与利用、生物质能源等林业新兴产业，逐步淘汰生产工艺落后、污染环境、浪费资源的木材加工企业。积极培育和扶持林业龙头企业和名牌产品，鼓励发展林产品出口基地，延长产业链，逐步形成各具特色的产业集群，进一步拓宽农民就业途径和增收渠道。

6. 建立林业要素市场。建立林权登记、林木资产评估、林权流转交易、林权抵押贷款等综合服务场所，为广大林农和业主提供一站式服务，努力拓宽林业资源进入市场的途径。

7. 创新林业执法管理体系。在资源监管、行政执法和完善服务上创新方法，整合木竹检查站、林业工作站、森防站和森林派出所“三站一所”的执法职能，剥离经营性服务职能，实行林业综合行政执法。

8. 改进林业金融服务。开展森林资源资产抵押贷款业务，拓宽林业投融资渠道，盘活现有林地和林木资产，促进森林资源向资本的转变，为林权权利人提供完善的金融服务。

9. 鼓励和引导组建林业行业协会和林业专业合作组织，为农民进入市场提供方便、高效、优质服务。

四、保障措施

(一)精心组织，加强领导。各级党委和政府要从全面落实科学发展观、构建社会主义和谐社会，从深化农村改革、推进社会主义新农村建设的高度，充分认识全面推进集体林权制度改革的重要性和必要性。要加强领导，成立组织，抽调专门力量，集中时间和精力开展工作。省成立集体林权制度改革领导小组，协调解决改革中的重大问题。各级党委、政府要把林权改革纳入年度目标管理考核，确保改革工作积极稳妥推进。

(二)广泛宣传，层层发动。通过多种形式，广泛宣传发动，调动社会各方面特别是广大农民群众参与林权改革的积极性。要层层组织培训，重点是直接参与林权改革操作的乡、村、组干部，确保林权改革符合相关法律、法规、政策和技术要求，确保林权改革工作不走样。

（三）全面调查，制订方案。要以县、乡、村为单位，广泛深入开展林权现状调查，摸清底数，有针对性地提出林权改革方案。县级林权改革方案要报同级政府常务会议研究批准。乡、村林权改革方案要报上级政府批准，并报县级林业主管部门备案。

（四）紧密配合，明确责任。各级林业、财政、农业、宣传、法制、金融等部门，要认真履行职责，相互配合，形成合力。林业部门要加强对改革的政策、技术指导和检查督促。金融部门要积极开拓农村金融市场，为林农提供优质服务。新闻宣传部门要为改革营造良好的舆论氛围。县、乡人民政府要依法调处林木所有权和林地使用权争议。各级政府在林权改革中的组织发动、统计和印刷等必需的工作经费由同级财政列入预算统筹考虑。要确保林权改革不增加农民负担，不产生新的债务。

（五）严肃纪律，规范操作。林权改革中要严格按照政策规定办事，不得损害农民群众利益。要维护稳定，确保林区秩序不乱，确保不造成乱砍滥伐。各级纪检、监察机关要严肃查处林权改革中的违纪违规、不作为或乱作为行为，确保林权改革工作顺利进行。

福建省人民政府
关于推进生态公益林管护机制改革的意见

闽政文［2007］359 号　　2007 年 10 月 8 日

各市、县（区）人民政府，省政府各部门、各直属机构，各大企业，各高等院校：

为了调动广大林农保护和建设生态公益林的积极性，巩固集体林权制度改革成果，保护林农权益，维护海西国土生态安全，根据省委、省政府《关于深化集体林权制度改革的意见》（闽委发〔2006〕19 号）精神，现将推进生态公益林管护机制改革提出如下意见：

一、充分认识生态公益林管护机制改革的重要意义

根据主导功能的不同，森林分为生态公益林和商品林两类。生态公益林是以发挥生态效益、社会效益为主的森林。根据《森林法实施条例》关于省级行政区域内生态公益林面积不得少于本行政区域森林总面积百分之三十的规定，按照国家的统一部署，2001 年我省开展了生态公益林区划界定工作，为改善我省生态环境、抵御自然灾害、维系国土生态安全、保障经济社会持续发展发挥了重要作用。但是，随着集体商品林产权制度改革的不断完善，生态公益林与商品林的收益差距拉大，出现了管护难保证、补偿难到位、利用难开展等问题，保护的压力越来越大。为此，必须加快推进生态公益林管护机制改革，调动广大林农保护和管理的积极性，确保生态公益林安全。这是贯彻落实科学发展观、建设海峡西岸经济区的客观需要，是巩固和拓展集体林权制度改革成果的迫切要求，是保障农民权益、维护林区稳定的重要举措。各级人民政府要高度重视，切实承担起生态公益林保护和建设的责任，组织和协调各方力量，积极稳妥地推进生态公益林管护机制改革。

二、创新生态公益林管护机制

创新生态公益林管护机制，要在不改变林木所有权的前提下落实管护主体。管护主体只有限制性的经营权、有限的处置权和政策性补偿与限制性利用的收益权。创新生态公益林管护机制主要包括以下几个方面：

（一）主要内容。按照“落实主体、维护权益、强化保护、科学利用”的总体要求，在稳定生态公益林所有权的基础上，以落实管护主体为核心，将生态公益林管护的责任、限制性经营的权利、政策性补偿与林下利用的收益有机结合起来，建立主体落实、监管到位、补偿合理的责权利相统一的管护机制。

（二）遵循的原则。

——坚持“三个有利”的原则。生态公益林管护机制改革必须有利于生态公益林的保护管理，有利于林农权益的维护，有利于生态公益林质量的稳步提高。

——坚持责任共担、利益共享的原则。根据《农村土地承包法》的要求，通过均山、均权、均利方式，确保集体经济组织内部成员享有平等的管护权、收益权，体现集体所有是集体内部成员共同所有。

——坚持因地制宜、因村施策的原则。根据当地生态公益林资源状况和林农对山林的依赖程度，因地制宜，确定相应的 管护模式，不搞“一刀切”。

——坚持公开、公平、公正规范操作的原则。按照《村民委员会组织法》规定，改革方案等重大事项要经村民会议三分之二以上成员或三分之二以上村民代表讨论通过，确保村民的知情权、参与权、决策权，防止暗箱操作，以权谋私。

——坚持严格保护、科学利用的原则。生态公益林林木所有权不得买卖，林地使用权不得转让。在严格保护的前提下，依法开展生态公益林资源的经营和限制性利用。

（三）管护的主要模式。

——落实到户，联户管护。林农对山林依赖性强的地区，将集体生态公益林的管护权落实到户，再联户管护。联户形式可按自然村、村民小组或地块进行组合。对于自然村或村民小组面积过大、人数过多的，也可以进一步化小组织。生态公益林补偿资金，除按户分配的承包管护费等外，其余的补偿资金和林下利用收益也要均分到户。

——责任承包，专业管护。林农对山林依赖性一般或者不强的地区，采取先村内后村外的方法，由村集体将承包面积和权利、责任、报酬等，张榜公布，公开发包。生态公益林补偿资金，除按规定安排部分用于承包管护费等外，其余的要按照“集体所有、成员共享”的原则，在明确责任义务的前提下均分到户。林下利用的收益分配，应兼顾管护主体、村集体和全体村民的利益，具体分配方案由村民会议或村民代表会议决定。

——相对集中，委托管护。林农对山林没有依赖性的少林地区，或生态公益林面积较小、零散的、难于管护的，可采取村内优先方法，依法通过公开、规范的程序，将生态公益林委托给村民或附近的国有林场、林业采育场管护。生态公益林补偿资金除按规定安排部分用于承包管护费等外，其余的要按照“集体所有、成员共享”的方法，在明确责任义务的前提下均分到户。林下利用的收益分配，应兼顾管护主体、村集体和全体村民的利益，具体分配方案由村民会议或村民代表会议决定。

自留山、生态公益林区划界定前已承包经营的山林，由自留山户主、承包经营者管护。经权利人同意，也可以委托单位或个人管护。对这种管护模式，各地要加强引导，突出联合，通过成立联防组织、护林协会等形式，走联户管护路子，降低管护成本和便于监管。

国有林场、采育场和自然保护区等国有单位经营管护的生态公益林，保持现有管护模式不变。

（四）加强监管。要大力宣传生态公益林保护的重要性，提高公众保护的责任意识。各级人民政府应加强对辖区内生态公益林的监管，确保管护责任的落实。村级组织对辖区内的生态公益林的监管负有直接责任，除了发挥村级组织的监管作用外，要通过聘用专职监管护林员来强化对生态公益林的监督管理。要积极探索生态公益林管护责任与商品林承包收益挂钩的监管办法，确保经营者在管好商品林的同时，自觉保护好公益林。

三、科学开展生态公益林利用

生态公益林具有丰富的林木林地和景观资源，为充分发挥生态公益林的多种效益，增强自我补偿能力，增加社会财富，应在保护的前提下，积极开展生态公益林的科学利用。

（一）总体要求。在坚持生态优先的前提下，遵循“非木质利用为主，木质利用为辅”的原则，科学合理地利用生态公益林林木林地和景观资源。

（二）拓展非木质利用的途径。主要包括：①依托生态公益林植物资源，积极开展枝叶花果的开发利用；②依托生态公益林的林地资源，种植珍贵树木、中药材、食用菌等，开展林下养殖等多种经营；③依托生态公益林的景观资源，开发“森林人家”等森林生态旅游项目。

（三）开展限制性木质利用。根据不同区位，对生态公益林实行分级管理、有限利用。

——对生态区位极端重要、生态环境极其脆弱、采伐后难以更新的森林和列入世界自然遗产名录以及特种用途林中的名胜古迹和革命纪念地的林木、自然保护区的森林（实验区毛竹除外）等属于严格保护的生态公益林，禁止采伐利用。

——对闽江干流源头及两岸、闽江一级支流源头及两岸、库容6亿立方米以上的水库周围一重山等重要区位的生态公益林以及特种用途林中的国防林、环境保护林、风景林、科学实验林、良种生产基地的林木等属于重点保护的生态公益林，可进行抚育和更新性质的采伐。沿海基干林带只允许对老林带进行更新性改造。

——除以上两类生态公益林外，属于一般保护的生态公益林，实行梯度经营，在合理利用的同时，改善林分树种结构，引导形成混交复层林，增强生态系统功能。

对生态公益林利用的具体规定，由省级林业主管部门另行制订。

四、完善森林生态效益补偿基金管理制度

按照政府投入为主，受益者合理承担的原则，多渠道筹集生态公益林补偿资金，健全和完善森林生态效益补偿基金制度。

（一）多渠道筹集森林生态效益补偿基金。一是加大政府投入。各级政府要随着财政收入增长，逐步增加森林生态效益补偿资金的投入，提高辖区内生态公益林的补偿标准。二是建立受益者合理负担的直接补偿机制。依托森林资源开展旅游的，应从旅游经营收入中提取一定资金，直接用于生态公益林所有者的补偿。从利用水资源发电企业收取的水资源费，要安排一定比例用于生态公益林补偿。三是认真落实下游地区对上游地区生态公益林补偿的政策，鼓励社会各界通过认养、冠名等方式，捐资保护和建设生态公益林。

（二）明确森林生态效益补偿基金的使用管理。森林生态效益补偿基金使用项目是：生态公益林所有者的补偿费；管护主体的管护费；村级组织（含护林监管员）监管费；防火、林业有害生物防治、造林补植、林区道路维护、资源监测、检查验收等公共管护费。

市、县级人民政府要加强对上级财政拨付、下游补偿上游和按规定提取以及社会捐赠等补偿资金的使用管理，建立健全规章制度，确保专户存储、专款专用，不得挪用。

（三）加强对森林生态效益补偿基金使用的监督管理。各级财政、林业、审计等部门要按照各自的职责分工，加强对森林生态效益补偿基金的监督管理，开展监督检查，并建立责任追究制度，确保补偿资金安全到位、有效使用，以维护林权所有者的权益。

省级财政、林业主管部门要针对我省生态公益林管护机制创新要求，结合国家森林生态效益补偿基金管理的有关规定，制订我省森林生态效益补偿基金使用管理实施细则。

生态公益林的保护，不仅关系到全省生态环境建设，也直接关系到老百姓的切身权益，是事关国计民生的大事。各级政府要以对人民高度负责的精神，按照"政府牵头组织，林业搞好服务，部门分工合作，上下协同推进"的要求，切实加强生态公益林保护，争取用两年左右的时间完成生态公益林管护机制改革，推动我省生态公益林保护和建设，为海峡西岸经济区经济社会可持续发展提供有力的生态支撑。

中共江西省委、江西省人民政府关于贯彻落实温家宝总理重要指示全面深化林业产权制度改革的意见

赣发[2007]11号　　2007年6月27日

2004年9月以来，省委、省政府认真贯彻落实《中共中央 国务院关于加快林业发展的决定》，在全省开展了以"明晰产权、减轻税费、放活经营、规范流转"为主要内容的林业产权制度改革，取得了显著成效。今年4月，温家宝总理亲临我省视察工作，对我省林业产权制度改革取得的成绩给予了充分肯定，并就进一步深化林权制度改革作了重要指示。为认真贯彻落实温总理重要指示精神，全面深化我省林业产权制度改革，特提出如下意见。

一、抓住机遇，深入推进林业产权制度改革

各级党委、政府要组织广大党员和干部群众，认真学习温总理视察江西林改时的重要指示，进一步统一思想，提高对深化林业产权制度改革重要性和必要性的认识，增强紧迫感、责任感和使命感。要把学习贯彻温总理重要指示与贯彻落实省第十二次党代会精神紧密结合起来，与实施"生态立省、绿色发展"战略和推进全民创业结合起来，把林权制度改革作为我省新农村建设特别是发展山区经济的重要抓手扎扎实实向前推进。各地要采取多种有效形式，深入基层，进村入户，进一步宣讲中央关于加快林业发展的重要指示精神，宣讲温总理的重要指示精神，使之家喻户晓，深入人心，成为我省全面深化林权制度改革的强大精神动力。

二、攻坚克难，确保如期完成林权制度主体改革扫尾任务

各地要认真总结发证工作经验，分析原因，在此基础上进一步加大工作力度，采取领导包片、分工负责、定期调度、明察暗访、跟踪督查等措施，加快发证进度，提高发证质量。要围绕"8月底之前完成林权证发放任务"的目标，采取"倒计时"的方法安排好各项工作，确保把林权证发到林农手中。当前，尤其要抓好与周边县（市、区）的接界拼图工作，认真排查山林权属纠纷，并加大调处力度，妥善化解矛盾，尽可能使有争议山林尽早确权发证。各地要按照属地

管理、分级调处的原则，建立领导责任制，落实山林纠纷调处责任。因纠纷调处不力而出现大规模群体上访或者引发林区乱砍滥伐的，将追究有关领导的责任。

三、规范管理，积极培育林业产权交易体系

要加快林业产权交易中心建设，力争到今年底全省林业产权交易中心达到40个以上。要加强产权交易中心的管理，规范交易和收费行为，依法保护产权交易双方的合法权益。要进一步完善森林资源资产评估，培养一批森林资产评估师，依法、科学、公正地评估森林资源。要健全林业产权交易市场信息采集和联网发布系统，建立林产品价格及供求信息综合发布平台，逐步实现全省林业产权联网交易。

四、拓宽渠道，加大金融对林业的支持力度

全省金融机构要积极稳妥地开展林权抵押贷款等金融服务，抓紧建立和完善林权抵押贷款办法，简化贷款手续，降低融资成本。加大农户联保和小额贷款力度，积极支持林业产业龙头企业和商品林基地建设，不断开发适应林业生产特点的金融产品。要采取政府扶持、市场运作的方法，加快组建林业担保公司，为林业企业和林农贷款提供担保服务，探索建立"银行信贷+商业保险"的运作机制。林业主管部门对林权抵押贷款要做好林权证合法性和真实性的确认，在抵押贷款期间未经抵押权人同意，不得发放林木采伐许可证，不予办理林权变更手续。对贷款到期后无法还贷，且经招标拍卖仍无法变现的抵押林木，符合采伐条件的，林业主管部门要合理安排采伐指标。要按照政府引导、政策支持、市场运作、林农自愿、稳步推进的原则，将林业保险纳入我省即将建立的政策性农业保险制度，重点推进森林火灾保险业务，尝试开展森林病虫害保险业务，所需保费政府负担不少于30%，个人负担不超过70%。今年在部分县试点，力争明年在全省铺开。

五、积极引导，大力发展新型林业合作组织

加快林业"三防"体系建设，加快组建林业"三防"协会。要强化乡村两级组织在保护森林、发展林业、维护林区稳定中的重要职责，坚决制止涉林乱收费反弹。积极引导农民在自愿的基础上，以资金、技术等生产要素为纽带，组建新型林业合作经济组织和经营实体，提高林业经营的组织化程度。工商行政管理部门要积极支持林业合作经济组织依法登记，取得法人资格，登记时不得违法收取任何费用。各级林业主管部门要组织开展林业合作经济组织示范点建设，指导和帮助合作经济组织制订和完善规章制度，使之逐步走上规范化的轨道。要加大对林业合作经济组织的扶持力度，在信贷融资、采伐指标分配、科技服务等方面给予适当的倾斜。

六、保护优先，完善森林生态效益补偿制度

按照《江西省森林条例》的有关规定，建立"以政府投入为主、森林生态效益直接受益单位补偿为辅"的公益林补偿机制。从2008年起，省财政逐步提高地方公益林补助标准，力争到2010年补助标准达到每亩10元。市、县财政也应创造条件建立森林生态效益补偿制度。水电、旅游、矿产等生态效益的直接受益单位，应从其经营收入中提取一定比例的资金，用于生态公益林补偿。鼓励各地以森林资源入股方式参与新建水电站和旅游区的开发，积极探索建立江河下游地区对上游地区森林生态效益进行补偿的机制。要加大生态公益林建设力度，鼓励林权所有者搞好火烧迹地更新和林中空地的补植套种，提高公益林的防护功能。除自然保护区核心区、缓冲区和生态脆弱区域外，允许生态公益林林权所有者科学合理地利用林地资源和森林景观资源，发展种养业和森林旅游业；公益林中的毛竹和人工针叶纯林，经省林业主管部门批准，可以进行抚育和更新性质的采伐。要加大林业行政执法力度，坚决预防和制止乱砍滥伐、非法运输木材等违法行为。

七、兴林富民，加快现代林业建设步伐

各地要根据资源优势和产业基础，着力培植一批年产值超亿元的林业产业龙头企业。就全省而言，重点是做强做优油茶、毛竹两大特色产业。要鼓励农民充分利用林地资源，进行立体开发，发展中药材、食用菌、特色养殖业等林下产业以及平原地区杨树种植业，增加农民收入。从今年起至2010年，省政府每年筹措5 000万元(其中省财政3 000万元，省林业厅2 000万元)设立林业发展专项资金，采取担保、贴息等方式，重点支持油茶、毛竹等特色林业产业发展和龙头企业建设工业原料林基地等林业建设项目。要按照产业规划和资源的承载能力，对全省木材加工企业进行一次清理整顿，通过重新审核发证，关闭一批资源消耗大、环境污染重、经济效益差的小型木材加工企业。要重视和加强林业科技工作，积极开展江西现代林业战略研究与规划，明确全省林业发展的战略布局和发展重点，完善林业发展政策措施。要加大油茶丰产、竹腔施肥等先进林业实用技术的推广力度，举办多种形式的林业科技成果推介会，送科技下乡，让更多的林农掌握林业科技知识，提高经营水平。

八、转变职能，理顺林业管理体制

进一步加强林业机构和队伍建设，强化职能，理顺关系，改进林业管理方式，逐步构建以管理、执法、服务为主的林业管理新体制，把林业管理的重点转到宏观指导、依法行政和提供服务上来。各地要十分重视和加强林权管理，建立健全林权登记管理机构，行使林权证发放、林权登记、林地承包合同管理、林权抵押登记、山林权属纠纷调处等职责，所需人员从林业部门内部调剂解决。要健全林权档案管理制度，对林权实行动态管理，妥善保存林权变动过程中形成的各种材料，为林业经营者提供林权信息查询服务。要按照精简、统一、高效的原则，积极推进林业行政执法体制改革，逐步实现由分散执法向集中执法转变。执法人员和办案经费纳入本级财政预算，严格实行“罚缴分离”、“收支两条线”管理。要主动转变职能，建立林业社会化中介服务机构，引入市场竞争机制，加快森林资源评估、伐区设计、木竹检验等中介机构建设，鼓励和引导组建专业化的林业行业协会，加强行业自律和权益保护，为林农提供方便、高效、优质的服务。

九、总结典型，大力宣传林改经验

我省林业产权制度改革工作起步较早，为全国集体林权制度改革作出了积极探索。要把挖掘、培育、总结和宣传林改典型作为当前的一件大事来抓，由各级党委宣传部门牵头，文化、教育、林业等部门共同参与。要把总结、宣传典型与推动林改工作有机结合起来，积极培育林改示范乡、示范村、示范户，多层面、多角度、多形式地反映林改中涌现出来的先进典型和感人事例，进一步营造全面深化林业产权制度改革的氛围。

十、真抓实干，加强对林权制度改革工作的领导

各级党委、政府一定要把贯彻落实温总理重要指示、全面深化林业产权制度改革作为推动当前农业和农村工作，实现科学发展、和谐发展的一件大事来抓，继续坚持党政主要领导负总责、分管领导具体抓、有关部门配合参与的工作机制。要建立和完善林改目标责任制，健全监督检查机制，层层落实责任，为深化林权制度改革工作提供强有力的组织保障。林业部门要切实当好党委、政府的参谋和助手，加强协调，狠抓落实。农工、政法、宣传、纪检、发展改革、财政、金融、保险、科技、国土、工商、电力、水利、旅游等有关部门要根据各自的职责，主动配合和支持林业部门的工作，各司其职，各负其责，形成合力，把我省林业产权制度改革工作不断推向深入。

湖北省人民政府
关于加强湿地保护工作的意见

鄂政发[2007]52号　　2007年8月14日

各市、州、县人民政府，省政府各部门：

我省河流纵横、湖泊众多，湿地资源丰富，现有各类湿地156万多公顷，约占国土总面积的8.4%。为了进一步加强湿地保护工作，现提出如下意见：

一、提高认识，把湿地保护作为改善生态的重要任务来抓

湿地是重要的自然资源，如同森林和海洋一样，具有多种功能。在维持生态平衡、保持生物多样性和珍稀物种以及涵养水源、净化水质、蓄洪防旱、温室效应等方面发挥着重要作用。保护湿地生态系统和湿地资源对于改善生态环境，实现人与自然和谐，促进经济社会可持续发展，履行《湿地公约》、《保护生物多样性公约》等国际公约义务都具有十分重要的意义。各地、各有关部门必须牢固树立科学发展观，坚持生态优先、全面保护、合理利用、持续发展的原则，正确处理好湿地保护与开发利用之间的关系，把加强湿地保护，恢复湿地功能作为改善生态环境和促进经济社会可持续发展的一项重要任务来抓。

二、进一步明确湿地保护目标和工作重点

根据《中国湿地保护行动计划》、《全国湿地保护工程规划(2002～2030年)》以及有关法律法规规定，今后一个时期，我省湿地保护的目标是，通过10年左右的努力，使50%以上的自然湿地和70%以上的重要湿地得到有效保护，基本形成自然湿地保护网络体系，自然湿地面积萎缩、湿地生态环境恶化、生物资源衰退、湿地生态功能退化的趋势得到初步遏制，湿地保护管理和湿地资源的合理利用步入科学化、规范化、法制化轨道。湿地保护的重点是，在对现有自然湿地资源实行普遍保护的基础上，重点抓好洪湖、梁子湖、龙感湖、网湖、沉湖、天鹅洲故道、大九湖等一批重要自然湿地和三峡库区、丹江口库区人工湿地的保护。

三、强化措施，加强对现有自然湿地的保护

各地要从维护经济社会可持续发展出发，坚持保护优先的原则，对现有自然湿地资源实行普遍保护，坚决制止随意侵占和破坏湿地的行为。凡是列入国际和国家重要湿地名录以及位于自然保护区内的自然湿地，一律禁止开垦占用或随意改变用途；已经开垦或改变用途的，有关市、州、县人民政府应当采取措施，限期恢复湿地的自然特性和生态特征。凡因国家重点建设需要开垦或征用、占用国家重要湿地的，必须依法进行环境影响评价；因国家重点建设需占用自然保护区内自然湿地的，必须按照《中华人民共和国自然保护区条例》的规定办理，同时依法进行环境影响评价。国土资源部门在办理征用、占用国家重要湿地审批手续前应当征求同级林业、环保部门的意见。

禁止违反环境保护法律法规向湿地排放废水、倾倒固体废弃物等污染物。对农用薄膜、农药容器、渔网等不可降解或者难以腐烂的废弃物，其使用者应当回收。造成湿地环境污染的，按照“谁污染、谁治理”的原则，依法限期治理。

禁止在湿地狩猎、捕捞、采集国家重点保护的野生动植物。国家重要湿地所在地的县级以上人民政府应当依照有关法律法规确定并公告湿地禁猎区、禁渔区、禁采区。在珍稀候鸟越冬、繁殖期，不得在珍稀候鸟主要栖息地进行捕鱼、捡拾鸟蛋等危及候鸟生存、繁衍的活动。珍稀候鸟主要栖息地和越冬期、繁殖期的起止日期，由所在地的县级以上人民政府确定并公告。

要采取多种形式，加快推进自然湿地的抢救性保护。各地要在具有代表性的自然湿地生态系统区域、珍稀濒危野生动植物主要栖息地或自然分布区域、有特殊保护价值或重要科研价值的湿地区域建立湿地自然保护区，依法进行管理。对有特殊保护价值但不具备划建湿地自然保护区条件的湿地，可以由所在地县级以上人民政府批准建立湿地自然保护小区或湿地公园。

四、科学规划，促进湿地保护事业健康发展

湿地保护是一项长期而艰巨的任务，各市、州、县人民政府应当将湿地保护事业纳入本地区经济和社会发展计划，并根据国务院审批通过的《全国湿地保护工程规划(2002～2030年)》和《全国湿地保护工程实施规划(2005～2010年)》的要求，结合本地实际，抓紧制订和实施湿地保护规划。省林业局要尽快会同有关部门编制《湖北湿地保护工程实施规划》，明确建设目标、任务和具体措施，报省政府审批后公布实施。各市、州、县人民政府应按照国家和省湿地保护工程实施规划，把湿地保护的任务具体措施，落实到各有关部门和单位；各有关部门和单位要积极做好已列入《全国湿地保护工程实施规划》中的湿地保护建设工程项目申报、审批立项和批建工程的实施工作，项目所在地政府、各有关部门以及项目单位切实落实好工程项目建设配套资金。各级财政随着经济发展和财政收入的增长，逐步增加对湿地保护资金的投入。

五、加强领导，完善湿地保护管理体制

各市、州、县人民政府要增强责任感和使命感，切实加强湿地保护管理工作的组织领导，将湿地保护工作列入议事日程，作为一项重点工作和经常性工作来抓，确保各项湿地保护措施的落实和目标任务的实现。要坚持和逐步完善综合协调、分部门实施的湿地保护管理体制。林业部门要做好组织协调工作，农业、水利、国土资源、建设、环保等部门应按照各自的职责，加强沟通，密切配合，共同做好湿地保护管理工作；发展改革、财政、科技部门要加大对湿地保护管理和合理开发利用的支持力度。各地各有关部门要广泛开展宣传教育，进一步增强广大群众生态保护意识，提高保护湿地生态系统和湿地资源的自觉性和主动性，积极营造全社会参与的良好氛围。

甘肃省人民政府办公厅
关于印发《甘肃省重大沙尘暴灾害应急预案》的通知

甘政办发[2007]70号　　2007年6月7日

各市、自治州人民政府，省政府有关部门，有关单位：

现将《甘肃省重大沙尘暴灾害应急预案》予以印发，请认真遵照执行。

甘肃省重大沙尘暴灾害应急预案

1　总则

1.1　编制目的

为了建立健全全省突发沙尘暴灾害的监测、预报、预防和灾后救援的组织管理和紧急处置机制，及时、有效地应对和防范我省突发重大沙尘暴灾害，最大限度地减轻灾害造成的损失，保障公众的生命财产安全，特制订本预案。

1.2　编制依据

《中华人民共和国防沙治沙法》、《甘肃省实施〈中华人民共和国防沙治沙法〉办法》、《中华人民共和国森林法》、《中华人民共和国草原法》、《中华人民共和国气象法》、《全国防沙治沙规划(2005～2010)》、《国家林业局〈重大沙尘暴灾害应急预案〉》以及《甘肃省人民政府突发公共事件总体应急预案》等相关法律、法规、规章。

1.3　工作原则

(1)以人为本，积极预防。切实保障我省沙尘暴高发区人民群众的生命财产安全、生产安全和身体健康，大力开展宣传教育，积极做好监测、预报和预防工作。

(2)统一领导，分级负责。在省政府的领导下，省林业厅会同省政府相关部门制订和实施本预案，开展全省重大沙尘暴灾害应急处置工作。按照“条块结合，以块为主”和分级管理的原则，层层落实应急处置责任制。

(3)加强协调，整合资源。积极协调政府有关部门，密切配合，通力合作，形成合力。充分利用各部门现有资源，实现资源和信息共享，避免重复投资和建设。

(4)平战结合，快速反应。经常性地做好应对重大灾害的各项准备工作，确保迅速、及时、有效地应对和处置。

1.4　沙尘暴灾害级别

按照突发沙尘暴灾害的严重性和危害程度，将突发沙尘暴灾害分为4级。

1.4.1　特大沙尘暴灾害(Ⅰ级)：影响市(州)在两个以上或较大区域，造成人员死亡10人以上，或经济损失5 000万元以上。

1.4.2　重大沙尘暴灾害(Ⅱ级)：影响市(州)在一个以内或较大区域，造成人员死亡5～10人，或经济损失1 000万元至5 000万元，或造成机场、国家高速公路路网线路连续封闭12小时以上。

1.4.3　较大沙尘暴灾害(Ⅲ级)：影响范围小，造成人员死亡5人以下，或经济损失500万～1 000万元，或造成机场、高速公路路网线路封闭的。

1.4.4　一般沙尘暴灭害(Ⅳ级)：对人畜、农作物影响不大，经济损失在500万元以下。

1.5　适用范围

本预案适用于甘肃省境内发生重大沙尘暴灾害、需要省林业厅协助地方政府指导救灾的应急响应。有下列情况之一的，应立即启动本预案：

(1)发生特大沙尘暴灾害(Ⅰ级)时。

(2)发生重大沙尘暴灾害(Ⅱ级)，并且根据省政府或国家林业局指示，需要省林业厅协助指导救灾时。

(3)发生重大沙尘暴灾害(Ⅱ级)，并且市州或县市区人民政府提出请求，需要省林业厅协助指导救灾时。

2　组织指挥体系与职责

2.1　领导机构和职责

成立省重大沙尘暴灾害应急指挥部(以下简称“省应急指挥部”)，由分管林业的副省长担任总指挥，省政府分管林业的副秘书长和省林业厅厅长担任副总指挥，省民政厅、省财政厅、省国土资源厅、省交通厅、省农牧厅、省林业厅、省卫生厅、省环保局、省扶贫办、省气象局、兰州铁路局等单位分管领导为成员。

省应急指挥部是全省重大沙尘暴灾害应急指挥中心，负责贯彻落实党中央、国务院、省委、省政府以及国家林业局有关突发事件应急工作的方针、政策，建立和完善省林业厅重大沙尘暴灾害的应急机制，组织制订和完善重大沙尘暴灾害应急预案，负责沙尘暴灾害应急重大问题的研究、决策、指挥和协调，完成省政府或国家林业局交办的其他任务等。

2.2　办事机构和职责

省应急指挥部办公室设在省林业厅，由省林业厅分管副厅长担任办公室主任。

省应急指挥部办公室是省应急指挥部的日常办事机构和执行机构。具体负责贯彻落实省应急指挥部有关应急工作的指示和要求；负责组织应急人员的培训和应急演练工作；组织和协调林业系统各应急单位的应急行动；负责应急的信息收集、处理、通报以及对外联系、协调工作；负责组织重大沙尘暴灾害状况的调查、分析和评估；建立重点区域沙尘暴固定观测站和沙尘暴灾害应急资料库；研制应急管理信息系统；承担省应急指挥部交办的其他任务。

2.3　成员单位职责

省林业厅负责及时发布突发沙尘暴防灾害动态监测、信息分析预报结果，制订处置方案，组织协调各成员单位及各级政府开展突发沙尘暴灾害的处置工作。

省财政厅负责亘大沙尘暴灾害省级应急处置资金的筹集、拨付和监督管理工作。

省气象局负责沙尘暴天气的监测、预报工作，并及时向省政府及时作出预报相关部门提供监测和预报信息。

省农牧厅负责指导农牧业生产灾前预防和灾后自救工作，帮助灾区恢复农牧业生产。

省环保局负责监测沙尘暴发生时的大气环境质量状况，并及时向省政府相关部门提供监测信息，为灾害应急提供服务。

省民政厅负责组织抗灾救灾，参与灾情调查，管理和组织发放救灾款物并监督使用，组织社会各界为受灾地区募捐，承担全省抗灾救灾综合协调工作。

省卫生厅负责协调落实救灾医疗物品，协助解决医疗资源，防止灾区疫情、疾病的传播蔓延。

省交通厅负责做好交通运输防灾减灾对策预案，协调落实救灾交通车辆。

兰州铁路局负责组织制订铁路运输灾害应急预案，保证沙尘暴灾害天气状况下的铁路运输安全。

省国土资源厅负责组织灾后土地资源状况的调查与评价，基本农田保护以及灾后土地整理、复垦的管理和监督工作，稳定耕地面积。

省扶贫办负责筹措受灾地区受灾贫困户恢复生产、生活所需资金。

2.4　地方领导机构

市州、县市区人民政府应成立沙尘暴灾害应急指挥部，制订辖区内突发沙尘暴灾害的应急预案，负责组织落实本辖区内的灾前预防、灾后救助和生产恢复工作，并及时向上一级应急指挥部报告沙尘暴发生时间、持续时间、影响范围、造成危害以及灾后救助和生产恢复等情况。

2.5　专家顾问组

省林业厅设立防治荒漠化专家顾问组，负责对荒漠化防治工作的咨询、技术指导和决策论证；指导突发沙尘暴灾害应急预案的编制和修订完善；对沙尘暴灾害进行预测分析，为防灾减灾作好服务；参与突发沙尘暴事件调查结果的分析和评价；实地调研沙尘暴灾害形成的原因，提出预防和治理的对策及建议。

3 运行机制

3.1 预警和监测机制

3.1.1 预警预报

每年年初，由省气象局和省林业厅联合邀请专家对当年春季沙尘暴灾害状况进行预测和分析，重点区域建立的沙尘暴固定监测站应定期对区域内的沙尘暴状况进行监测和分析，并提出沙尘暴趋势状况，为省政府领导决策和防灾减灾服务。

按照早发现、早报告、早预防的原则，由省气象局利用气象卫星和地面气象观测站点，加强对沙尘暴灾害的监测，掌握沙尘暴发生源地、强度、路径、影响范围，并做好中短期沙尘暴灾害的预警预报，及时向省应急指挥部办公室及省政府相关部门提供沙尘暴情况及其相关资料，为应急决策服务。

3.1.2 预警预报支持系统

定期开展全省沙化土地监测工作，提高监测手段和水平，掌握沙化土地消长动态变化和植被状况等相关信息，建立并完善全省沙区沙化土地信息管理系统，特别是沙尘源区的沙化土地信息管理系统，为沙尘暴预测、分析、预警提供基础数据。收集并建立我省沙区社会经济状况数据库，为沙尘暴灾害评估提供服务。利用卫星遥感、雷达等高新技术手段，结合沙尘暴固定观测站地面监测资料，形成一个快捷、高效的省级沙尘暴灾害监测、预警系统。

加强沙尘暴灾害信息共享平台建设，建立现代化的决策指挥网络体系，实现沙尘暴灾害、决策和指挥信息的快速传递和反馈。

3.2 应急处置

3.2.1 信息报告

建立沙尘暴灾害信息报告制度。各级突发沙尘暴灾害应急指挥部办公室都要指定专人负责沙尘暴灾害信息的收集和上报。

突发沙尘暴灾害信息实行逐级报告制度。县级以上地方人民政府各有关部门在沙尘暴灾害发生后要及时将涉及本部门的沙尘暴灾害及其造成的损失情况报告本级应急指挥部办公室，应急指挥部办公室汇总后向本级政府和上级应急指挥部办公室报告。

信息报告时限要求。各市州、县市区人民应急指挥部办公室要在各地沙尘暴发生2小时内将沙尘暴强度、影响范围报告省应急指挥部办公室，属于重、特大沙尘暴灾害的，应在结束后1个工作日内，将沙尘暴灾害状况初步信息上报省应急指挥部办公室。在沙尘暴结束后2个工作日内将沙尘暴造成的损失报省应急指挥部办公室。

省应急指挥部办公室在接到各地特大沙尘暴灾害初步信息报告，经汇总和处理后，及时报告省政府、省应急指挥部和国家林业局。

3.2.2 应急响应

针对突发沙尘暴灾害的严重程度和影响范围，分别启动不同级别的预案。

当发生特大沙尘暴灾害（Ⅰ级）后，立即启动省、市州和县市区三级沙尘暴灾害应急预案，省林业厅向省政府、国家林业局分别报告沙尘暴灾害有关情况。发生重大沙尘暴灾害（Ⅱ级）后，启动市州、县市区二级沙尘暴灾害应急预案。必要时，启动省级应急预案。发生较大或一般沙尘暴灾害（Ⅲ或Ⅳ级）后，由各市州人民政府决定启动市州以下人民政府沙尘暴灾害应急预案。

当气象部门作出强、特强沙尘暴预警后，市州、县市区人民政府要及时作出响应，抓紧做好防灾工作，以确保人民群众生命及财产的安全。

3.2.3 指挥与协调

省应急指挥部办公室接到特大沙尘暴灾害信息后，报经省政府和国家林业局重大沙尘暴灾害应急领导小组办公室批准，启动重大沙尘暴灾害应急预案并发，采取以下应急措施：

（1）会同省政府相关部门详细了解特大沙尘暴灾害发生地点、范围、强度、灾害损失状况等情况，并及时向省政府报告；

（2）省应急指挥部召开全体成员会议，对应急预案启动进行部署，并立即组成现场工作组。

（3）现场工作组应在12小时内赶赴灾区，协助当地政府指导抢险救灾工作，检查督促突发灾害应急措施的落实，慰问受灾群众，并对当地沙尘暴灾害情况进行调研，掌握灾情。在到达现场后2日内将灾情书面报省应急指挥部。

（4）现场处置应按照统一领导、处置果断，依法办事、积极稳妥，化解矛盾、维护稳定的要求进行。

重、特大沙尘暴灾害发生后，事发地人民政府应立即组成救灾指挥部，认真组织做好救援工作，最大限度地减轻损失，做好舆论导向，维护灾区社会稳定，并立即将沙尘暴灾害信息上报省应急指挥部办公室，同时通报沙尘暴移动的下游市州和县市区。

3.3　调查与评估

在特大沙尘暴灾害结束后，省林业厅组织专家和相关部门具体负责人，对沙尘暴灾害及其所造成的损失进行全面调查，对灾害损失情况进行评估，提出灾后重建对策措施，并上报省政府和国家应急指挥部办公室。

3.4　信息发布

在特大沙尘暴灾害结束后，由省应急指挥部办公室向社会发布有关情况。

4　应急保障

4.1　通信与信息保障

各市州应充分利用社会基础通信设施，建立健全市州、县市区二级应急信息通信保障体系，要配备必要的有线、无线和卫星通讯器材，保证和维护信息通讯渠道的通畅，保证防灾信息能够及时上通下达。要建立和落实备用通讯系统。

省林业厅、省气象局等部门要加强沙尘暴灾害信息基础平台建设，实现信息资源共享，为领导决策和防灾减灾提供及时、准确的信息资料。

4.2　沙化基础信息保障。

抓紧做好全省沙化土地监测工作，进一步完善省、市州和县市区三级沙化土地信息管理系统，并掌握主要沙区的社会经济状况，为沙尘暴中短期预测提供基础数据，为防灾减灾提供服务。

4.3　荒漠化监测体系保障

建立和完善荒漠化监测体系，加强县级监测机构和站点建设，提高装备水平，逐步形成布局合理、设备先进、反应灵敏的全省荒漠化监测体系，保证沙尘暴灾害信息真实可靠和迅捷传递。

4.4　资金保障

处置突发沙尘暴灾害所需经费的筹集、拨付和监督管理工作，由省财政部门负责。

4.5　技术储备与保障

各级林业部门要增加配备沙尘暴灾害的预防、预警、应急和处置装备，保证在发生重、特大灾害时能够作出迅速反应。充分利用已经建立的沙尘暴监测与灾情评估系统，加强与气象部门的技术合作，共同开展沙尘暴预测、预警、预防和应急处置技术研究，为推进沙尘暴灾害防治工作做好服务。

4.6　宣传培训保障

充分利用现有的宣传媒体，积极开展《中华人民共和国防沙治沙法》和沙尘暴灾害有关知识的宣传教育，提高广大人民群众关于沙尘暴灾害的预防、避险、避灾、自救和互救意识。

定期组织各级沙尘暴灾害应急管理人员、沙尘暴灾害监测和信息管理人员等进行培训，使之掌握防沙治沙、沙尘暴灾害的有关知识，促进有效沟通，提高防控沙尘暴灾害的效率和效果。

5　附则

5.1　名词术语

沙尘暴：是指强风将地面大量尘沙吹起，使空气变得混浊，水平能见度小于1千米的天气现象。

5.2　预案管理

省应急指挥部办公室根据预案实施情况，邀请有关专家和市州、县市区相关人员对预案实施效果、存在的问题进行分析、评价，对预案进行修订和完善，并经专家论证、省政府批准后，报国家林业局备案。

5.3　奖励与责任

对突发沙尘暴灾害应急处置中做出突出贡献的单位和个人，按照有关规定给予表彰和奖励。因工作不力造成重大人员伤亡、人民财产损失的，依法追究相关人员的责任。

5.4　解释与实施

本预案由省林业厅制订并负责解释。本预案自印发之日起实施。

6　附录

6.1　甘肃省林业厅关于启动重大沙尘暴灾害应急预案的格式文本。

6.2　甘肃省重大沙尘暴灾害信息格式文本。

6.3　各市州、县市区沙尘暴灾害应急指挥部办公室向省应急指挥部办公室报告沙尘暴灾害的格式文本。

6.4　沙尘暴发生市州向毗邻市州（主要指未来几天有可能受到影响的市州）通报沙尘暴灾害情况的格式文本。

新疆维吾尔自治区林业厅
关于加快天然林资源保护工程区
后续产业发展的意见

天然林资源保护工程(以下简称天保工程)实施后，天保工程区全面停止木材商品性采伐，天保工程实施单位正处在林区产业结构调整、经营机制转变、经济体制转型的关键时期，大力发展符合林区特点、具有市场竞争力的后续产业，是林区可持续发展的必然要求，是振兴林区经济、增强企业实力，增加职工收入、提高生活水平的迫切需要，是发展现代林业、建设和谐林区的必由之路。

一、指导思想

1. 指导思想。以邓小平理论和"三个代表"重要思想为指导，全面落实科学发展观，按照推进社会主义新农村建设、构建社会主义和谐社会的要求，大力实施优势资源转换战略，营造促进林区职工增收的体制机制环境，拓展职工转移就业的领域，发展支撑职工增收的优势产业。以增强林区经济的实力、提高职工收入为核心，以创新机制为重点，以建立现代企业制度为突破，在全面保护森林资源的同时实现后续产业又好又快的发展。

二、基本原则

2. 后续产业发展的基本原则。

——坚持以人为本。尊重职工群众的主体地位，尊重职工群众的选择、探索和创新精神，充分调动全体职工自主创业的积极性和社会参与的积极性。在做大、做强后续产业项目的同时，积极组织森林管护人员利用林下资源，发展个体经济，增加经济收入。

——坚持综合措施并举。激发产业活力，构建管理高效、运行有序、充满活力、适应产业发展的体制机制。后续产业的发展要融入当地经济发展之中，拓宽发展领域，广开融资渠道，实现生态建设与产业发展相协调，促进林业全面发展。

——坚持建设现代林业。围绕林业三大体系建设，用现代发展理念引领产业、用现代科学管理提升产业、用现代市场机制发展产业、用开放搞活拓展产业、用培育新型人才推进产业，努力提高产业发展的质量、素质和效益。

——坚持从实际出发。因地制宜、统筹规划、合理布局。充分发挥区域比较优势，研究市场经济规律，通过市场选择项目，突出产业特色，宜工则工、宜农则农、宜牧则牧，宜旅则旅，避免区域产业结构雷同。

——坚持扶优扶强效益优先。优先扶持有资源、有市场、效益好的项目，加快推进后续产业的特色化、规模化、专业化、标准化、品牌化建设。

三、发展重点和目标任务

3. 发展重点。转变思想观念，拓宽后续产业发展领域，在发展以森林资源为依托的后续产业项目的同时，要注重发展非林后续产业项目。充分利用已有的森林资源、草场资源、土地资源、闲置厂房场地及靠近大中城市的地缘优势，结合实际重点发展森林旅游业、种植业、养殖业、种苗花卉、森林食品、森林药材、服务业、加工业及房地产开发等。实施分区发展战略，形成天山西部林业局以种植养殖和森林旅游为重点，阿尔泰山林业局以喀纳斯为中心的生态旅游和养殖业为重点，天山中东部以天山北坡大中城市群为依托多元化快速发展，基本建立起天保工程后续产业框架。

4. 目标任务。通过后续产业的快速发展，用3～5年时间实现每场有一个后续产业支柱项目。职工收入平均每年增长8%以上，五年后职工从天保工程后续产业发展中获得的收益占到总收入的三分之一以上，林区职工平均收入达到或高于本地区城镇职工的平均收入。

四、项目管理

5. 强化项目管理。天保工程后续产业项目按照国家林业局《林业固定资产投资项目管理办法》进行管理。对有资源优势、市场前景好、发展潜力大的后续产业项目要编制项目建议书，作为项目储备；储备项目经初审通过后应编制可行性研究报告，经专家评审委员会评审通过，报自治区林业厅批准立项；对批准立项的后续产业项目，建设单位应编制初步设计、施工设计，经审查后方可实施；项目竣工后按国家林业局《林业建设项目竣工验收实施细则》进行竣工验收。

6. 规范项目建设。清理现有后续产业项目，对效益差、没有发展前途的项目要坚决予以关、停、并、转。对有资源优势、市场前景好的项目要按照产权清晰、权责明确的要求，通过出售股份、职工购股、配股等形式在两年内完成股份制公司改造。新建的项目必须按照现代企业制度建立股份制公司，严格按照《公司法》有关规定，建立健全科学的法人治理结构。企业自有资本形成的股份不得低于20%。

五、资金筹措与管理

7. 加大资金投入。在现有后续产业发展资金的基础上，结合六大林业生态建设工程中的森林管护所、站建设资金、基础设施建设资金以及其他林业建设资金，增加对后续产业的投入。

8. 拓宽融资渠道。积极争取国家和自治区对后续产业发展的资金支持，天保工程后续产业实施单位可以积极争取山区综合开发、农业开发、新农村建设基础设施建设等资金，同时要充分利用国家对产业发展提供的贴息贷款等优惠政策。积极鼓励职工投资入股参与后续产业发展，同时加大后续产业项目招商引资力度，吸引社会资金投资参股。

9. 加强资金管理。后续产业发展资金作为国有股份投入后续产业重点扶持项目，随着后续产业项目规模的扩大和经济效益的提高，项目单位应减持这部分国有股份，逐步将国有股份转让给职工和其他投资主体。这部分国有股份从项目建成后第三年开始减退，五年内退完，退出的资金作为后续产业项目发展资金由自治区林业厅再投入其他项目。后续产业发展资金实现利润的50%用于提高职工收入；50%用于局、场扩大再生产。

10. 规范资金使用。后续产业发展资金要坚持集中使用，每年选择几个优势项目进行集中投入。并严格按照有关资金管理规定管理和使用，资金要做到专款专用，滚动发展，足额用于后续产业项目。

11. 加强项目协作。树立融和发展、合作发展、开放发展的意识，紧紧围绕当地经济社会的发展，选定发展项目。对有发展前景或同类型的项目在平等互利的条件下，可以跨局、跨场入股、联营合作，整合资金，发挥人、财、物优势，把天保工程区后续产业优势项目做大、做强，形成规模效益，提高产品的竞争能力。鼓励和引导民营企业通过产权转让、合资、合作、承包租赁、托管、股份制和股份合作制等多种形式参与后续产业的发展。

12. 资源合理流转。在明确权属和有效保护的基础上，鼓励森林、林木和林地使用权的合理流转，各种社会主体都可以通过承包、租赁等形式参与流转。创新思维，拓宽思路，充分发挥森林资源的价值。有条件的项目在不改变林地性质和用途的前提下可以将森林资源作价入股，吸引社会资金投资，按市场化运作，将其转化为资产，进而转化为资本，以股份形式参与天保工程后续产业的开发和合作。

六、保障措施

13. 加强组织领导。自治区林业厅天然林保护工程后续产业发展工作领导小组负责指导全区天保工程实施单位的后续产业发展。各局、场党委负责本单位后续产业发展，编制后续产业中长期发展规划，建立相应的管理办法、规章制度和经营目标，对后续产业的发展进行指导、帮助、监督、检查。

14. 完善经营机制。后续产业项目要按照产权清晰、权责明确、政务公开、管理科学的要求建立现代企业制度。后续产业的发展要实行项目法人负责制，要建立完善的项目管理机制。由局、场控股的后续产业项目，由局、场委派人员担任法人代表。自治区林业厅和各局、场对项目的立项到建成进行全过程监管。

15. 提升科技含量。加大天保工程区后续产业开发的科技支撑力度，增加后续产业项目的科技含量，建立健全信息网络，加快信息交流，促进市场、资源、技术和生产等信息共享。及时反馈产业发展情况和生产过程中的经验和存在的问题，为决策提供依据，推动产业技术进步。为产品增产、品质优化、质量安全提供技术保障。

16. 积极培训人才。加强后续产业从业人员的技能培训，提高竞争意识和服务意识，解放思想，开拓创新，集思广益。同时积极招贤纳士，引进懂技术、会管理的人才，为产业结构调整、提高产品的附加值、提高市场占有率提供坚实的技术基础。

七、监督检查

17. 严格项目考核。天保工程后续产业开发建设成效要作为工程区各单位年度考核的主要内容，要实行后续产业发展目标责任制，明确任务，由自治区林业厅按年度进行考核。

18. 加强监督检查。严格执行廉政建设，坚决杜绝项目建设中的腐败行为。林业厅将定期对后续产业重点扶持项目监督检查，发现问题及时纠正。监督检查的内容包括：建设标准、建设内容、投资规模、建设工期、工程质量、工程管理；职工和社会资金入股情况；资金使用是否规范；项目运营是否正常等。

19. 加大监控力度。没有按照现代企业制度要求进行改制或开发建设的项目一律不予投资；违规使用发展资金的重点扶持项目不予继续投资；弄虚作假、虚报瞒报的项目单位，将取消其资金扶持，并调控其他天保资金。

八、奖惩办法

20. 建立激励机制。对发展又好又快的项目，自治区林业厅将加大扶持力度。对发展后续产业有突出贡献的局（场）领导，将给予奖励。对后续产业发展不积极、组织领导不力的单位要追究领导的责任。

21. 严格责任追究。后续产业项目连续两年发生经营亏损，建议该项目单位董事会免去经营者职务，并追究其相应的领导责任和经济责任。后续产业指标完不成的项目实施单位领导班子成员不得发放绩效工资。

第五篇
附　录

国家林业局办公室
关于开展林业重大问题调研工作的通知

林办发[2007]号　　2007年5月15日

各司局、各有关直属单位：

为全面贯彻落实中央领导关于加快林业改革和发展的重要指示和全国林业厅局长会议精神，着力推动林业各项改革，大力推进现代林业建设，加快构建林业生态体系、林业产业体系和生态文化体系，5月14日召开了调研工作布置会，正式启动2007年林业重大问题调研工作。现就有关事项通知如下：

一、调研工作的总体要求

重大林业问题调研工作要做到深入实际，深入群众，谋大事，求发展，以更好地适应我国现代林业建设的要求。切实做到：

（一）坚持把调研工作与全国林业厅局长会议的重大部署和全局工作结合起来，通过调研解决影响林业发展的全局性重大问题；

（二）坚持把调研工作作为科学决策、解决实际问题的第一道工序和基础性工作来抓；

（三）坚持实事求是、求真务实的工作作风，结合本部门的工作，组织精干力量深入基层，准确把握林业发展动态和规律；

（四）坚持在调研工作中突破思想障碍和思维定势，大胆创新，提出切实解决问题的新思路和新方法，研以致用。

二、调研的主要内容

2007年调研重大专题为以下10项：

（一）现代林业建设研究；

（二）新时期林业作用的特殊性与地位研究；

（三）深化林业改革的重点与方向研究；

（四）林业重点工程建设成果巩固与发展政策研究；

（五）木材供给与产业发展研究；

（六）提升森林经营管理水平途径研究；

（七）国家主体功能区规划与森林生态补偿政策研究；

（八）森林生态文化体系建设研究；

（九）《物权》实施对林业影响调研；

（十）全民义务植树尽责率检查与执法调研。

三、具体要求

10项重大调研问题是涉及林业改革与发展的全局性问题，各承担单位务必高度重视。承办单位要根据《2007年重大调研问题任务计划》（见附件）的分工，制订和完善调研计划，确定调研项目工作人员，并明确其责任和任务。调研计划包括：调研目的、主要内容、时间地点、调研方法、提交成果方式和时间等。请于 5 月 21 日前将调研计划报协调小组办公室备案；项目参与单位应积极配合承办单位做好调研工作，除共同进行调研外，还应参与调研计划的制订和调研报告的撰写。

特此通知。

联 系 人：李天送、陈学群

联系电话：010－84239026(传真)、84239053

电子信箱：sfa84239026@163. com

附　　件：2007 年重大调研问题任务计划

附件

2007 年重大调研问题任务计划

调研题目	调研内容	承办单位	负责人	参与单位
一、现代林业建设研究	1. 现代林业的内涵、外延和特征以及现代林业建设规律	科技司	张永利	经研中心 林科院
	2. 现代林业建设统计和评价指标体系	计资司	姚昌恬	经研中心
二、新时期林业作用的特殊性与地位研究	3. 林业碳汇市场化机制调研	造林司	魏殿生	科技司 湿地办 林科院
	4. 林业生物质能源发展潜力和对策调研	造林司	魏殿生	科技司 林科院
三、深化林业改革的重点与方向研究	5. 集体林权制度配套改革情况调研	林改办	汪 绚	计资司 基金站 工作总站
	6. 伊春林改试点进展情况调研	资源司	肖兴威	计资司 天保办 经研中心
	7. 国有林区森工企业林区区域管理和政企分开改革调研	天保办	张志达	
	8. 国有林场改革意见实施情况调研	场圃总站	郝燕湘	造林司 计资司
四、林业重点工程建设成果巩固与发展政策研究	9. 民勤沙漠化治理及防沙治沙考核激励机制调研	治沙办	刘 拓	人教司 三北局 规划院
	10. 退耕还林工程确权发证对策研究	退耕办	张鸿文	资源司
	11. 天保工程公益性森工企业转制思路及对策调研	天保办	张志达	
五、木材供给与产业发展研究	12. 木材加工业发展循环经济调研	木行办	孙 建	速丰办
	13. 资源供给与木材安全问题调研	木行办	孙 建	资源司 国合司

（续）

调研题目	调研内容	承办单位	负责人	参与单位
六、提升森林经营管理水平途径研究	14. 强化森林经营政策调研	造林司	魏殿生	资源司
	15. 林木良种选育与推广扶持政策调研	场圃总站	郝燕湘	计资司
七、国家主体功能区规划与森林生态补偿政策研究	16. 矿区森林植被恢复问题调研	资源司	肖兴威	计资司 经研中心
	17. 区域生态效益补偿政策调研	计资司	姚昌恬	造林司 资源司 基金站 经研中心
	18. 湿地保护工程规划实施情况调研	湿地办	马广仁	保护司 规划院
八、森林生态文化体系建设研究	19. 建设森林生态文化体系调研	宣传办	曹清尧	科技司 人教司 工作总站 林科院
九、《物权法》实施对林业影响调研	20. 我国林业物权现状及改革趋势调研	政法司	汪 绚	资源司 工作总站
	21. 物权法对森林资源资产流转、抵押和国有资产保护的影响调研	资源司	肖兴威	政法司 计资司 森林公安局
	22. 物权法对野生动植物资源产权关系与保护利用的影响调研	保护司	卓榕生	政法司 计资司 经研中心
十、全民义务植树尽责率检查与执法调研	23. 提高公民义务植树尽责率的有效途径和措施调研	绿化办	韩国祥	造林司

国家林业局办公室
关于开展林业重大问题调研成果征稿的通知

林办发[2007]号　　2007 年 10 月 10 日

各省、自治区、直辖市林业厅(局)，内蒙古、吉林、龙江、大兴安岭森工(林业)集团公司，新疆生产建设兵团林业局：

自我局开展林业重大问题调查研究工作以来，在局党组的高度重视和各地的大力支持下，调研工作进展顺利、成效显著，对深化林业改革、加快林业建设起到了很好的促进作用。为了全面反映林业改革和发展动向，我局决定继续向各地征集 2007 年的林业重大问题调研成果并汇编出版，为国家宏观决策提供科学依据。为此，请你们提供以下方面的内容：

一、中央领导视察和关心当地林业工作的情况、作出的重要指示和批示。

二、省级地方党委、政府关于加强林业改革与发展的具体措施和办法。

三、各地林业主管部门贯彻落实全国林业厅局长会议精神，结合当地的实际，就有关林业热点、重点问题开展专题调研的成果。

请你们于 10 月 20 日之前将所提交材料以电子版形式报局重大问题调查研究工作协调小组办公室。

特此通知。

联 系 人：张志涛、许慧娟

联系电话：010－84239053

010－84239026(传真)

电子信箱：SFA84239026@163.com

后　　记

此项工作得到了中央财经领导小组办公室、中央农村工作领导小组办公室、国家发展和改革委员会、财政部、中国人民银行、国家统计局、国务院研究室、国务院发展研究中心、中国保险监督管理委员会、全国总工会中国农林水利工会、中国社会科学研究院等部门的大力支持；得到了北京大学、清华大学、中国人民大学、北京林业大学、福建农林大学等院校的积极配合；得到了国家林业局各有关业务司局、直属单位、31个省(自治区、直辖市)林业厅(局)以及内蒙古、吉林、龙江和大兴安岭森工(林业)集团和新疆生产建设兵团林业局等单位的通力协作。22个省(自治区、直辖市)林业厅(局)及森工(林业)集团提供了调研成果；有关专家付出了辛勤的劳动。在此，谨向这些部门、单位，以及所有关心、支持这项工作的同志，表示衷心感谢。

林业重大问题调查研究是一项长期的、动态的、需要不断深化的工作。我们诚恳希望广大读者对书稿中的不足之处提出宝贵意见，对加快林业发展提供宝贵建议。

联系方式：北京市东城区和平里东街18号
国家林业局经济发展研究中心
电话：010－84239053，84239026
E－mail：SFA84239026@163.com

编　者
2007年12月